KB176236

시몬 베유(1909~1943)

▲에콜 노르말 쉬페리외르(ENS)
1928년(19세) 이 학교에 입학한 시몬 베유는 유명한 철학자 알랭(본명 에밀 샤르티에) 교수로부터 철학 강의를 듣고 마르크스주의에 심취한다.

◀알랭(1868~1951)

▼알랭 동상

레온 트로츠키(1879~1940) 러시아의 혁명가. 10월혁명 무장봉기 공헌. 레닌과 대립하다 추방당함.
1930년 시몬 베유는 러시아(소련)에서 추방된 트로츠키를 자신의 부모 집에 묵게 했으며, 트로츠키와 '러시아와 노동
자계급'을 주제로 열띤 논쟁을 벌이기도 했다.

〈최후의 만찬〉 레오나르도 다 빈치, 1494~98, 밀라노, 산타마리아 델레 그라치에 성당
1937년 시몬 베유는 이탈리아 여행 도중 밀라노에서 〈최후의 만찬〉을 관람했다.

산타마리아 델리 안젤리 성당 움브리아 주 아시시. 성인 프란체스코가 빈곤의 삶을 선택하고 직접 지은 성당
시몬 베유가 특히 사랑한 성인 가운데 한 사람. 1937년 아시시를 방문한 그녀는 '태어나서 처음으로' 기도를 올렸다.

▶ 귀스타브 티봉(1903~2001) 프랑스의 철학자

1941년 시몬 베유는 페랭 신부의 소개로 철학자 티봉을 만나 함께 책을 읽고 토론했다. 1942년 페랭에게 《신을 기다리며》의 소논문을 맡기고, 티봉에게는 몇 권의 노트를 맡겼다. 이것이 시몬의 유고집이 되어 1947년 티봉에 의해 《중력과 은총》으로 출간되었다.

▼ 시몬 베유의 무덤 영국 켄트 주 애쉬포드

점령된 고국 프랑스로 잠입할 기회를 모색하기 위해 뉴욕에서 런던으로 건너왔으나 뜻을 이루지 못하고 지병이 악화되어 1943년(34세) 애쉬포드 요양소에서 숨을 거두었다.

SIMONE WEIL

LA PESANTEUR
ET
LA GRÂCE

avec une introduction par
GUSTAVE THIBON

PLON

14ᵉ mille

《중력과 은총》(초판, 1947) 표지

**Simone Weil:
Leçons
de philosophie**
transcrites et présentées
par Anne Reynaud-Guérithault

10 18

《철학강의》(초판, 1959) 표지

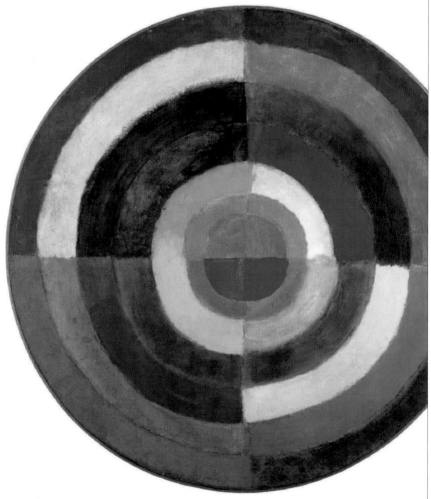

ATTENTE DE DIEU
SIMONE WEIL

PRÉFACE DE CHRISTIANE RANCÉ

Spiritualités vivantes   Albin Michel

《신을 기다리며》(초판, 1950) 표지

세계사상전집093

Simone Adolphine Weil

LA PESANTEUR ET LA GRÂCE
LEÇONS DE PHILOSOPHIE/ATTENTE DE DIEU

중력과 은총/철학강의/신을 기다리며

시몬 베유/이희영 옮김

동서문화사

디자인 : 동서랑 미술팀

중력과 은총/철학강의/신을 기다리며
차례

중력과 은총

철학강의

제1부

　　1 감정의 생성과 재생의 메커니즘/2 감정의 본성

관과 연역법/의지로 하는 행위와 의지와 상관없는 행위/주의/감정생활에서의 의지/감정생활에서의 사고/문학 창조와 과학적 사고에서의 상상/용기/자살/정의와 배려/추상적인 관념/베이컨/플라톤–《국가》

신을 기다리며

편지

에세이

La pesanteur et la grâce

중력과 은총

중력과 은총

영혼의 자연스러운 움직임은 모두 물질의 중력법칙과 유사한 법칙에 지배된다. 은총만은 예외이다.

∗

초자연이 개입하지 않는 한, 모든 것은 중력에 따라 일어난다고 늘 예기해야 한다.

∗

두 힘이 우주에 군림하고 있다. ─빛과 중력.

∗

중력─일반적으로 말해, 우리가 타인에게 기대하는 것은 우리 내부에서 작용하는 중력의 결과이다. 또 우리가 타인한테서 받는 것은 타인의 내부에 작용하는 중력의 결과이다. 때로 이 둘은 (우연히) 일치하기도 하지만, 대부분 불일치한다.

∗

한 사람이 다른 한 사람을 조금이라도 필요로 한다는 기색을 내비치기 시작하면, 어째서 상대는 멀어지는가? 중력 때문이다.

∗

《리어 왕》,[1] 중력의 비극. 낮음이라고 명명된 것은 모두 중력에 따른 현상이다. 낮음이라는 말 자체가 그것을 말해 준다.

∗

어떤 행동의 목적과 그 행동을 하는 데 필요한 에너지의 높이는, 별개의 것.

해야만 하는 일이 있다. 그러나 어디서 필요한 에너지를 얻을 것인가? 아무리 훌륭한 행동도 그것과 같은 수준에서 자유롭게 쓸 수 있는 에너지가 없다

---

[1] 시몬 베유는 만년에 런던에 머물던 중 셰익스피어의 《리어 왕》을 읽고 깊은 성찰을 한 바 있다(《런던 논집과 마지막 편지》 수록, 1943년 8월 4일자 편지 참조).

면 오히려 사람을 낮출 수 있다.

＊

낮은 것과 얕은 것은 같은 수준에 있다. "그는 사랑한다, 열렬히 그러나 저급하게"라는 표현은 가능하지만 "그는 사랑한다, 깊이 그러나 저급하게"라는 표현은 불가능하다.

＊

같은 고통이라도 낮은 동기보다 높은 동기에서 견디는 것이 훨씬 더 어렵다(계란 한 개를 얻으려고 새벽 한 시부터 아침 여덟 시까지 꼼짝 않고 줄을 설 수 있는 사람도, 한 이웃의 생명을 구하기 위해서 그렇게 하기는 좀처럼 어렵다). 이 전제가 진실이라면 다양한 관점에서 보아, 아마도 낮은 덕(德)이 높은 덕보다 온갖 역경과 유혹, 불행의 시련을 잘 견딜 것이다. 나폴레옹의 군사들. 그래서 군사들의 사기를 유지하거나 고취하기 위해서는 잔인한 행동도 해야 했다. 기력이 약해졌을 때 이 점을 잊지 말 것.

이것은 일반적으로 낮은 것에 힘이 있다는 법칙을 보여 주는 하나의 특수한 예이다. 중력은 말하자면 그 상징이다.

＊

식량을 얻기 위해 늘어선 줄. 같은 행동이라도 동기가 높을 때보다는 낮을 때 훨씬 하기 쉽다. 낮은 동기에는 높은 동기보다 많은 에너지가 들어 있다. 문제는 이것이다. 낮은 동기에 속하는 에너지를 어떻게 높은 동기로 옮기느냐.

＊

나는 두통*2에 시달리다가 발작이 심해지면, 다른 사람 이마의 같은 곳을 때려서 아프게 하고 싶은 강렬한 욕망에 사로잡혔다. 이것을 잊지 말 것.

이와 비슷한 욕망은 인간에게서 참으로 흔히 볼 수 있다.

그런 상황에서 나는 차마 때리지는 않았지만 상대에게 상처 주는 말을 해버리는 유혹에 져버린 적이 몇 번이나 있었다. 중력에 굴복해 버린 것이다. 가장 큰 죄. 그렇게 해서, 사물과 사물 사이의 관계를 표현해야 하는 언어의 기능을 훼손한 것이다.

---

*2 잠복성 부비강염이라 불리는 베유의 유명한 두통은, 1930년 어느 날, 첫 발작이 일어난 뒤로 거의 평생 그녀를 따라다니며 괴롭혔다.

애원하는 모습으로. 나는 나 자신 이외의 어떤 것을 향해 나아가지 않을 수 없다. 지금은 나 자신으로부터 벗어나는 것이 중요하기 때문이다.

자신의 에너지를 사용하여 이 해방을 이룩하려고 애쓰다가는, 암소가 발목에 찬 족쇄를 끌고 가다가 결국 무릎을 꺾고 쓰러지는 꼴이 될 것이다.

그렇게 되면 사람은 억지로 자기 안의 에너지를 내보내려다가 그 에너지를 더욱 저하시켜 버린다. 그것은 열역학에서 말하는 보정작용,[3] 그리고 악순환이며, 위쪽에서 끌려 나가지 않으면 결코 벗어날 수 없다.

인간의 정신적 에너지의 원천은 육체적 에너지의 원천(양식, 호흡 등)과 마찬가지로 외부에 있다. 그 원천은 언제나 발견된다. 육체의 경우와 마찬가지로, 자기 존재는 자기 내부에 자신을 보존할 원동력이 있다는 환상이 결핍되어야 비로소 욕구를 느끼게 된다. 그것이 결핍된 상태에서는 먹을 수 있는 것이면 뭐든지 가리지 않고 달려들 수밖에 없다.

이에 대한 단 한 가지 치료법. 바로 빛을 받고 자라는 엽록소.

심판하지 말 것. 과오는 모두 동등하다. 빛을 받고 자라는 능력을 지니지 못했다는 단 하나의 과오가 있을 뿐이다. 이 능력을 잃어버렸기 때문에 모든 과오가 일어나는 것이다.

"내 양식은 나를 보내신 분의 뜻을 실천하는 것."[4]

이 능력 말고는 아무것도 없다.

중력과 아무 관계도 없는 움직임을 통해 하강하는 것……중력은 하강하게 하고, 날개는 상승하게 한다. 날개의 힘을 제곱해도, 중력이 없다면 하강하게 할 수 있을까?

창조는 중력의 하강운동, 은총의 상승운동 그리고 제곱한 은총의 하강운동으로 이루어졌다.

---

[3] 열역학의 제1법칙에 의하면, 열과 일은 같은 것이 되지만, 열에너지가 평소에 보급 조정이 되지 않으면 일은 계속될 수 없다.

[4] 요한복음서 4장 34절.

*

은총은 하강운동의 법칙이다.

*

자기를 낮추는 것은 정신적인 중력을 거슬러 올라가는 것이다. 정신적인 중력은 우리를 높은 곳에서 떨어뜨린다.

*

너무 큰 불행에 빠진 인간은 동정조차 얻을 수 없다. 혐오, 두려움, 경멸을 당할 뿐이다.

동정은 어느 단계까지는 내려가지만, 그 밑으로는 더 내려가지 않는다. 그런데 사랑이 그 아래까지 내려가는 것은 어떻게 된 일일까?

그렇게 낮은 곳까지 떨어진 사람들은 자기 자신을 가엾게 생각할까?

비움과 보상작용

인간의 구조. 고통에 빠진 사람은 누구나 다른 사람을 괴롭히거나 동정심을 유발해서 자신의 고통을 알리려고 애쓴다. 그것은 고통을 줄이기 위한 행위이며, 사실 그렇게 하면 고통이 줄어든다. 더욱 낮은 곳에 있는 사람, 아무도 불쌍하게 여겨 주지 않고, 누구도 괴롭힐 권한이 없는 사람의 경우(자식이 없거나 사랑해 주는 사람이 없는 경우), 그 고통은 자기 속에 그대로 남아 자기를 해친다.

그것은 중력처럼 압도적으로 덮쳐온다. 거기서 어떻게 벗어날 수 있을까? 그 중력 같은 것에서 어떻게 벗어날 수 있을까?

*

악(惡)을 자기 밖으로 퍼뜨리려는 경향, 나에게는 아직 그것이 있다. 나에게 인간과 사물은 그다지 성스러운 것이 아니다. 내가 아무리 진흙투성이가 된다 해도 제발 아무것도 더럽히지 않기를. 생각으로도 아무것도 더럽히지 않기를. 최악의 순간에 이른다 해도 나는 그리스 조각 하나 또는 지오토*1의 벽화 하나도 파괴하지 않으리라. 그런데 어찌 다른 것을 파괴하겠는가. 이를테면 무엇 때문에 한 인간의 삶에서 행복한 시간이 될지도 모르는 한 순간을 파괴한단 말인가?

*

어떤 사람이 우리에게 악을 끼쳐 그 때문에 우리가 낮은 곳으로 추락했다면, 그 악을 끼친 자를 용서하기란 불가능할 것이다. 그러나 그 악이 우리를 낮은 곳으로 추락시킨 것이 아니라 우리의 실제의 수준을 드러내 준 것이라고 생각해야 한다.

---

*1 지오토(Giotto di Bondone, 1266~1337). 르네상스 초기의 이탈리아 화가. 깊은 정신이 담긴 종교화 명작을 남겼다. 특히 시몬 베유가 사랑한 성인 아시시의 성 프란체스코의 일생을 청순한 벽화로 그려냈다.

*

타인도 자기와 똑같이 고통받기를 바라는 욕망. 사회적으로 불안정한 시기는 제쳐놓고, 비참한 처지에 있는 사람들이 자기와 같은 처지의 사람들에게 그 원한을 돌리는 것은 바로 그 때문이다.

이것이 사회의 안정이 유지되는 한 요인이다.

*

고통을 자기 밖으로 퍼뜨리려는 경향. 만약 마음이 너무 약해서 타인의 동정심을 끌지도 못하고 타인에게 해를 가하지도 못할 때는 자기 내부에 있는 우주의 표상에 해를 가하려고 한다.

그때는 아름답고 선한 것이 모두 자기를 모욕한다고 생각된다.

*

타인에게 해를 가하는 것은 타인으로부터 무언가를 얻으려는 것이다. 무엇을? 해를 끼침으로써 무엇을 얻는가(그것은 나중에 갚아야 하는 것이 아닌가)? 자기를 크게 키우고 넓힌 것이다. 타인 속에 비움을 만들어 냄으로써 자기 안의 비움을 채운 것이다.

타인에게 해를 끼치고 자기는 아무런 벌도 받지 않는 것—가령 아랫사람에게 화풀이를 하고는 잠자코 있도록 억압하는 것—은, 자기는 에너지를 소모하지 않고 대신 그만큼 남이 쓰게 하는 것이다. 어떤 욕망을 부당한 방법으로 충족시키려 하는 것도 마찬가지이다. 그렇게 해서 절약된 에너지는 금방 타락한다.

*

용서. 그것은 불가능하다. 누군가가 우리에게 해를 끼치면 우리 마음속에는 다양한 반응이 일어난다. 복수의 욕구는 균형을 회복하고자 하는 본질적인 욕망이다. 균형을 찾되 다른 차원에서 찾을 것, 혼자서 이 극한까지 가야 한다. 바로 거기서 비움을 접하는 것이다. ("하늘은 스스로 돕는 자를 돕는다……")

*

두통. 그런 때는 통증을 우주를 향해 던져 버리면 조금 나아진다. 하지만 그러면 우주 쪽이 변질된다. 통증을 다시 원래의 자리로 되돌리면 통증은 더욱 심해지지만, 나의 내부에는 고통을 느끼지 않는 무언가가 있어서 변질되지 않은 우주와 그대로 서로 닿아 있다. 다양한 정념에 대해서도 마찬가지로 행동할 것. 정념을 아래로 끌어내려 한 점에 되돌리고, 그것에 얽매이지 말 것. 특히 모든 고통을 이렇게 다룰 것. 고통이 사물에 다가가지 못하게 할 것.

∗

균형을 찾아서는 안 된다. 상상으로 그렇게 할 뿐이기 때문이다. 복수는 그렇다. 설령 실제로 적을 죽이거나 괴롭히더라도 어떤 의미에서는 상상으로 그렇게 하는 데 지나지 않는다.

∗

자신의 나라[*2]와 가족과 친구를 위해, 또는 부자가 되기 위해, 사회적 지위를 높이기 위해 등등의 이유로 살아온 사람이 있다고 하자—전쟁이 일어난다. 그는 노예로 끌려간다. 그리고 그때부터 영원히, 오직 존재하기 위해 사력을 다해야만 한다.

그것은 끔찍하리만치 무섭고 견딜 수 없는 일이다. 그래서 자기 앞에 어떤 목적이 제시된다면, 아무리 비참한 목표라도 거기에 매달리게 된다. 설령 바로 옆에서 일하고 있는 노예가 벌 받을 수 있는 일일지라도. 이미 목표가 좋고 나쁘고 따질 형편이 못 된다. 어떤 목표라도 상관없다, 물에 빠진 사람이 지푸라기라도 잡으려는 심정처럼.

∗

나라가 멸망하여 노예로 끌려간 사람들에게는 과거도 미래도 없었다. 도대체 이들은 마음을 무엇으로 채웠을까? 거짓, 가장 비천하고 가장 가련한 욕망으로 채웠다. 이전에는 나라를 지키기 위해 목숨을 걸고 싸웠지만, 이제는 닭한 마리를 훔치기 위해 십자가에 처형되는 위험을 감수한다. 틀림없이 그렇게 할 것이다. 아니라면 그토록 잔인한 형벌을 내릴 필요가 없었을 테니까.

그렇게 되지 않으려면, 마음속으로 비움을 가만히 견딜 수 있어야 한다. 불행에 빠졌을 때, 그 불행을 응시할 수 있는 힘을 얻으려면 초자연적인 양식이 필요하다.

∗

지나치게 혹독한 상황은 인간을 타락시킨다. 그것은 높은 감정에서 생기는 에너지에는—일반적으로—한도가 있기 때문이다. 이 한도를 넘어서서 더욱 나

[*2] 원어는 시테(cité). 시몬 베유에게 '시테'란 인간과 그 문명이 진정으로 뿌리내려 생생하고 아름답게 살아갈 수 있는 이상적인 풍토였다.

아가야 하는 상황이라면, 에너지 면에서 더욱 풍부하고 낮은 감정(두려움, 욕심 또는 기록을 세우거나 외적인 명성을 얻으려는 마음)의 힘을 빌려와야 한다.

이렇게 한도가 있다는 것이 흔히 보이는 퇴보 현상의 이유를 푸는 열쇠이다.

*

선(善)에 대한 사랑이 시키는 대로 고통이 기다리는 길에 들어섰다가, 일정한 기간이 지난 뒤 자기 힘의 한계에 도달해 무너지고 마는 사람들의 비극.

*

길을 가로막는 돌. 그 돌에 내 몸을 부딪친다. 욕망이 어느 정도 이상으로 강해지면, 그런 돌 따위는 아예 존재하지 않는 것처럼. 그러지 않으면 자기가 사라져 버린다. 자기 자신이 존재하지 않는 것처럼.

욕망에는 어느 정도 절대적인 것이 들어 있다. 그리고 욕망이(일단 에너지가 다하여) 좌절되면, 그 절대적인 것은 장애물 위로 자리를 옮긴다. 패자, 억압받는 사람들의 정신상태는 이런 것이다.

*

(어떤 것에도) 한계가 있다는 것, 초자연적인 도움이 없으면 그것을 넘어설 수 없고(설령 넘어선다 해도 조금밖에 넘어서지 못한다), 또 넘지 못하면 나중에 무서울 정도로 타락하는 대가를 치러야 한다는 점을 알아두자.

*

다양한 동기의 원천이 되었던 대상이 사라지면, 그로 인해 해방된 에너지는 언제나 더 낮은 곳으로 향하는 경향이 있다.

낮은 감정(질투, 원한 등)은 타락한 에너지이다.

*

어떠한 형태로든 보답을 받는 것은 에너지를 타락시킨다.

*

선행한 뒤에(또는 예술작품을 만든 뒤에) 느끼는 자기만족은 고급 에너지가 타락한 것이다. 그러므로 왼손이 알아서는 안 된다……*3

---

*3 "네가 자선을 베풀 때에는 오른손이 하는 일을 왼손이 모르게 하여라"(마태오복음서 6장 3절).

*

　다만 상상(想像)에서의 보상(루이 14세의 미소)*4이라면, 자기가 기울인 노력과 정확히 똑같은 가치가 있다. 그런 보상에는, 자기가 노력한 것의 가치가 그대로 들어 있기 때문이다―실제의 보상이 실제의 일이기 때문에 너무 많거나 너무 적은 것과 반대로. 그래서 상상에서 혜택을 얻는 것만이 무한한 노력에 대한 에너지를 가져다준다. 그러나 루이 14세가 정말로 미소지어 주어야만 한다. 만일 미소지어 주지 않는다면 말로는 다할 수 없는 결여감이 밀려온다. 왕은 대부분의 경우 상상의 보상밖에 해 줄 수 없는 자이다. 그렇지 않으면 빚더미 위에 앉게 되리라.

　종교도 어느 단계까지는 마찬가지이다. 루이 14세의 미소를 얻을 수는 없기 때문에 우리에게 미소지어 줄 신을 스스로 만드는 것이다.

　그렇지 않으면 스스로 자기를 찬양한다. 같은 가치를 지닌 보상을 받아야 하기 때문이다. 이것은 중력과 마찬가지로 피할 수 없는 일이다.

*

　사랑하던 사람이 배신한다. 나는 그 사람에게 편지를 쓴다. 내가 그 사람을 대신하여 마음속으로 생각해 본 것을, 저쪽에서도 그대로 대답해 오지 않을 리가 없다.

　이 정도라면 줘도 좋다고 우리가 상상하는 것, 그만큼 사람들은 우리에게 빚지고 있다. 그 빚을 면해 주어야 한다.

　사람들은 우리가 상상으로 만들어 낸 것과는 다른 모습이다. 이 사실을 인정하는 것이 신의 자기희생을 본받는 것이다.

　나 역시 스스로 상상하는 모습과는 다르다. 그 진실을 아는 것이 바로 용서이다.

---

*4 루이 14세는 귀족과 신하들을 달래고 회유하기 위해 미소를 던지면서 한두 마디 말을 걸곤 했다.

비움 받아들이기

"어떤 존재라도 언제나 본성의 필요에 따라 자신의 힘을 모두 쓰려 한다는 것을, 우리는 신들에 관해서는 전승(傳承)을 통해서 믿고, 인간에 관해서는 경험을 통해서 안다"(투키디데스).*1 영혼에는 기체와 마찬가지로 주어진 공간을 완전히 채우려는 성질이 있다. 만약 수축하여 비움을 만들어 내는 기체가 있다면 엔트로피의 법칙*2에 어긋나는 것이다. 그리스도교의 신에 대해서는 똑같이 생각해선 안 된다. 여호와*3가 자연적인 신인 데 비해 그것은 초자연적인 신이다.

자신의 힘을 모두 쓰려고 하지 않는 것은 비움을 견디는 행위이다. 그것은 모든 자연법칙에 어긋나는 일이며, 오직 은총만이 할 수 있는 일이다.

은총은 채우는 것이다. 그러나 은총을 맞이해 받아들이는 곳에만 들어갈 수 있다. 그 비움을 만드는 것도 은총이다.

*

무슨 일이 있어도 보상이 있어야 한다, 자기가 준 것과 똑같은 가치가 있는 것을 반드시 받아야 한다는 기분. 그러나 그런 마음을 억제하고 비움을 남겨 두면, 뭔가 흡입하는 바람 같은 것이 일어나 초자연적인 보상이 문득 찾아온다. 그것은 다른 보상이 있을 때는 찾아오지 않는다. 비움이 그것을 불러들이는 것이다.

빚을 면해 주는 것도 마찬가지이다(타인이 우리에게 끼친 피해뿐만 아니라 우리가 타인에게 베푼 선행에 대해서도). 이때에도 역시 우리 자신 속에 비움을 받아들이게 된다.

---

*1 그리스 역사가(기원전 460?~400?). 《펠로폰네소스 전쟁사》를 썼다.
*2 엔트로피는 열역학에서 물질의 상태를 나타내는 변수의 하나로, 어떤 물질계의 불가역적인 변화 과정에서는 엔트로피는 언제나 커진다. 열역학의 제2법칙.
*3 유대교 신의 이름. 현재는 야훼라고 읽는 것이 정확하다고 한다.

자신 속에 비움을 받아들이는 것은 초자연적인 일이다. 대가 없는 행동을 하기 위한 에너지는 어디서 구해야 할까? 그것은 다른 곳에서 와야 한다. 그러나 그 전에 모든 것을 끄집어내야 하고, 뭔가 절망적인 일이 일어나야만 한다. 우선 비움부터 만들어져야 하는 것이다. 비움. 어두운 밤.

사람들한테서 칭찬받거나 동정을 받으면(특히 이 두 가지가 함께 일어나면) 실제의 에너지가 주어진다. 그러나 그런 것을 얻으려 하지 말자.

자연적인 것이든 초자연적인 것이든, 아무런 보상도 없는 한때를 보내야 한다.

＊

세계가 신을 찾게 하려면 비움도 내포한 세계의 표상을 지녀야 한다. 여기서 당연히 악의 존재를 예상할 수 있다.

＊

진리를 사랑하는 것은 비움을 견뎌 내는 것, 그 결과로서 죽음을 받아들이는 것을 의미한다. 진리는 죽음 옆에 있다.

＊

인간이 이 세상의 모든 법칙에서 벗어날 수 있는 것은 섬광처럼 짧은 순간에 지나지 않는다. 미동도 하지 않는 순간, 정관(靜觀)에 빠진 순간, 순수직관에 잠긴 순간, 마음이 텅 비는 순간, 정신적인 비움을 받아들인 순간, 이런 순간들을 통해 초자연적인 것을 얻게 된다.

한순간 비움을 견딘 사람은 초자연의 양식을 받든가 아니면 쓰러지게 된다. 무서운 위험이지만, 그 위험을 감당해야 한다. 아무 희망도 없는 순간조차도. 하지만 그 위험 속에 스스로 뛰어들어서는 안 된다.

집착에서 벗어나기

집착에서 완전히 벗어나려면 단순한 불행만으로는 충분하지 않다. 위안이 없는 불행이 필요하디. 위안이 있어서는 안 된다. 이렇다 할 형태로 표현할 수 있는 위안이 조금이라도 있어서는 안 된다. 그때 비로소 말로 다 표현할 수 없는 위안이 위로부터 내려온다.

빚을 면해 줄 것, 미래에 어떤 보상도 요구하지 않고 과거를 그대로 받아들일 것. 지금 당장 시간을 정지시킬 것. 그것은 또 죽음을 받아들이는 것이기도 하다.

"그분께서는 하느님의 모습을 지니셨지만 하느님과 같음을 당연한 것으로 여기지 않으시고……."[1] 이 세상을 벗어나 무(無)로 돌아갈 것. 종(노예)의 본성을 지닐 것. 공간과 시간 속에서 자기가 차지한 한 점으로까지 작아질 것. 무(無)가 될 것.

이 세상의 가공의 왕권을 벗어던질 것. 절대 고독. 그때 사람은 이 세상의 진리에 닿게 된다.

*

물질적인 행복을 버리기 위한 두 가지 방법.

영적인 행복을 상상해 봄으로써 물질적인 행복을 끊는다.

물질적인 행복이 영적인 행복의 조건임을 깨닫고 그렇게 통감하면서도((예) 굶주림·피로·굴욕은 지성을 흐리게 하고 깊은 명상을 방해한다) 그것을 버린다.

이 두 번째 방법만이 진정으로 모든 것을 벗어던진 영혼의 모습이다.

그리고 물질적인 행복이 단독으로 나타나서, 영적인 행복과 결부되지 않을 때는 거의 위험하지 않다.

은총이 아닌 것은 모두 버릴 것. 그리고 은총을 바라지 말 것.

---

[1] 필리피서 2장 6~7절.

번뇌를 버리는 것(불교)—또는 집착을 버리는 것—또는 운명애(運命愛)*²—또는 절대적인 선에 대한 갈망, 이러한 것들은 언제나 같다. 즉 욕망을 버리는 것, 모든 것의 내용의 궁극성을 버리는 것, 비우고 원하는 것, 기대 없이 원하는 것 등.

우리의 욕망을 모든 행복에 대한 집착에서 떼어내고 기다릴 것. 이렇게 기다리면 채워진다는 것을 경험이 보여 준다. 그때 절대적인 선을 접하게 된다.

*

무슨 일에서나, 어떤 특별한 목적이 있든지, 그것을 넘어서 텅 비우고 바랄 것, 비움을 바랄 것. 우리가 상상할 수도 정의할 수도 없는 선은 어차피 비움이기 때문이다. 하지만 이 비움은 어떤 충만한 상태보다도 가득 넘친다.

거기까지 도달하면 더는 문제될 게 없다. 신이 비움을 채워 주기 때문이다. 이것은 오늘날 흔히 말하는 의미에서의 지적인 방법과는 아무런 관계도 없다. 지성은 아무것도 발견하지 못한다. 다만 그 주변을 정리할 뿐이다. 지성은 다만 노예에게 어울리는 일에만 적합하다.

우리에게 선이란 무(無)와 같은 것이다. 그 어떤 것도 선한 것이 아니기 때문이다. 하지만 그 무가 부재하는 것은 아니다. 그 무에 비하면 존재하는 모든 것이 오히려 부재하는 것이다.

*

비움을 채우고 고뇌를 달래 주는 믿음을 물리칠 것. 불멸에 대한 믿음도. 죄의 효용, 즉 '죄조차도'*³라는 생각에 대한 믿음도. 모든 것에 신의 뜻이 작용한다는 믿음도—요컨대 사람들이 종교에서 얻고자 하는 모든 위안을 물리칠 것.

*

트로이와 카르타고의 멸망*⁴을 통해, 그리고 아무런 위안도 없이 신을 사랑할 것. 사랑은 위안이 아니다. 빛이다.

---

*2 스토아 철학의 용어. 니체도 사용했다.
*3 로마서 8장 28절에, "하느님을 사랑하는 이들, 그분의 계획에 따라 부르심을 받은 이들에게는 모든 것이 함께 작용하여 선을 이룬다"고 되어 있는데, 아우구스티누스는 이 '모든 것' 다음에 '죄조차도'라는 주석을 덧붙였다(《은총과 자유의지에 대하여》).
*4 트로이는 기원전 1182년 무렵, 카르타고는 기원전 142년 각각 그리스, 로마의 대군에 멸망당했다.

*

이 세상의 현실은 우리가 우리의 집착으로 만들어 낸 것이다. 그것은 모든 것 속에 우리가 옮겨 온 '자아'의 현실이다. 그것은 결코 외부의 현실이 아니다. 외부의 현실은 집착을 완전히 버렸을 때 비로소 느낄 수 있다. 단 하나의 실오라기라도 남아 있으면 여전히 집착하는 것이다.

*

불행 때문에 하찮은 대상에 집착할 수밖에 없을 때, 집착의 비참한 성격이 적나라하게 드러난다. 그것만으로도 집착을 버려야 할 필요성이 더욱 명쾌해진다.

*

집착은 온갖 환상을 만들어 낸다. 현실적인 것을 원하는 사람이면 누구나 집착을 버려야만 한다.

*

어떤 것이 현실적인 것임을 안 순간부터, 우리는 더 이상 그것에 집착할 수 없게 된다.

집착을 가지는 것은 현실성의 감각이 충분하지 않기 때문이다. 우리가 소유에 집착하는 것도 그것을 소유하지 않으면 그것이 존재하지 않는 것처럼 생각되기 때문이다. 어떤 도시가 멸망하여 사라져 버리는 것과, 그 도시에서 추방되어 다시는 돌아가지 못하게 되는 것 사이에는 매우 큰 차이가 있음을, 대부분의 사람들은 절실하게 느끼지 못한다.

*

인간의 비참함이 시간이 지나도 줄어들지 않는다면 정말 견딜 수 없는 일이다.

그것을 견딜 수 없도록 하기 '위해', 그것이 줄어들지 않게 해야 한다.

"그들은, 눈물을 흘리며, 그것으로 만족하고"*5 《일리아스》—이것 역시 아무리 심한 고통도 견딜 수 있게 해 주는 방법이다.

---

*5 호메로스《일리아스》24. 친구 파트로클로스의 원수를 갚고자 헥토르를 쓰러뜨린 아킬레우스는 그 시체를 전차 뒤에 매달아 끌고 간다. 그 잔인한 처사에 화가 난 포이보스 아폴론이 '아킬레우스보다 소중한 사람을 잃은 사람들'조차 '눈물을 흘린다면 그것으로 만족'할 거라고 말한다.

울어서는 안 된다, 위안을 받을 수 없도록.*6

*

사람을 집착에서 벗어나지 못하게 하는 고통은 모두 헛된 고통이다. 이보다 더 무서운 것은 없다. 황량한 사막, 움츠러든 영혼, 오비디우스.*7 플라우투스의 노예들.*8

*

자기가 사랑하는 것, 자기가 사랑하는 사람을 떠올릴 때, 그것이 지금 눈앞에 보이지 않는다면 언제나 이렇게 상상할 것. 어쩌면 사랑하는 물건은 부서졌을지 모르고, 사랑하는 사람은 죽었는지도 모른다고.

이러한 생각이 현실감각을 없애 버리지 않고, 오히려 더 강하게 해 주기를.

"당신의 뜻대로 하소서"*9라고 말할 때마다 일어날 가능성이 있는 불행을 모조리 마음속에 그려 볼 것.

*

자기를 죽이는 두 가지 방법. 자살하는 것 또는 집착을 버리는 것.

자기가 사랑하는 모든 것을 생각으로 죽이기. 그것이야말로 단 하나의 죽는 방법이다. ("자기 부모와……미워하지 않으면……")*10 그러나 "너희는 원수를 사랑하라……"*11

자기가 사랑하는 대상이 영원하기를 바라지 말 것. 인간에 대해서는, 그가 누구이든 그의 불멸도 죽음도 바라지 말 것.

---

*6 그런데 예수 그리스도는 "우는 사람은 행복하다"고 말했다. 시몬 베유는 여기서 지상의 부를 빼앗겼기 때문에 어쩔 수 없이 흘리는 눈물, 인간이 자기 자신을 위해 흘리는 눈물만 비난하고 있다(편자의 노트).

*7 푸블리우스 나소 오비디우스(기원전 43~서기 17 무렵). 로마 초기의 서정시인. 아우구스투스 황제에게 추방되어, 황제에게 거듭 감형을 탄원했으나 끝내 허락받지 못하고 비참하게 죽었다고 한다.

*8 로마의 희극시인 티투스 마키우스 플라우투스(기원전 254년 무렵~184년 무렵)의 대표작《포로》에 나오는 노예들, 희망 없는 신세가 되어 자기 존재의 철저한 허무성을 고백하는 노예들을 가리키는 것으로 보인다.

*9 주기도문의 일부, 마태오복음서 6장 10절 등.

*10 루카복음서 14장 26절 참조.

*11 마태오복음서 5장 44절 등.

　수전노는 자기의 재물이 아까워서 그것을 쓰려고 하지 않는다. 전 재산을 땅속 어디엔가 은밀하게 묻어 둘 바에야 차라리 신(神) 안에 간직해 두는 편이 낫지 않을까?

　그러나 신이, 수전노의 재물처럼, 의미로 가득 차게 되면, 신은 존재하지 않는다고 되풀이하여 강력하게 자신에게 들려줄 것. 신이 존재하지 않아도 자신은 신을 사랑하고 있다고 절실하게 느낄 것.

　신은 수전노가 재물을 사랑하는 것과 같은 방법으로 사랑받지 않기 위해, 밤의 어둠 속에 숨어서 모습을 감춘다.

*

　오레스테스의 죽음을 슬퍼하는 엘렉트라.*12 만약 신이 존재하지 않는다고 생각하면서 신을 사랑한다면, 신은 비로소 그 존재를 드러낼 것이다.

＊12 소포클레스(기원전 496년 무렵~406)의 비극 《엘렉트라》는 시몬 베유의 애독서 가운데 하나였다. 아버지 아가멤논이 어머니와 그 정부의 간책 때문에 살해당하자, 딸 엘렉트라는 외국으로 떠난 동생 오레스테스의 귀국을 기다리지만, 동생이 죽은 줄 알고 한 때 절망에 빠진다. 그러나 그 뒤 곧바로 오레스테스가 나타난다.

채우는 것으로서의 상상력

은총이 들어올 것 같은 빈틈을 모두 막으려고 상상력은 끊임없이 작용하고 있다.

*

모든 비움은 (받아들여지지 않았을 때) 미움·심술·고뇌·원한 등을 낳는다. 자기가 미워하는 것에 재앙이 내리기를 바라면서 그 모습을 상상하면, 다시 균형이 회복된다.

*

죽음을 감수하고 받아들이기 위해 승리를 날조한 《에스파냐의 유서》*1 속 민병들. 비움을 채우는 상상력의 한 예. 사람은 승리한 결과 뭔가 손에 들어오는 것이 없어도 승리하기 위해서라면 죽음도 감수하지만, 패배를 위해서는 그럴 수 없다. 힘을 완전히 박탈당한 자를 위해 그렇게 한다면 이는 인간성을 초월한 행위일 것이다(그리스도의 제자들). 죽음을 생각할 때는 그 생각과 균형이 맞는 무거운 것이 요구된다. 그 무거운 것은—은총은 제외하고—아마 가짜에 지나지 않을 것이다.

*

비움을 채우는 상상력은 근본적으로 가짜밖에 제공하지 않는다. 그것은 삼차원을 제거해 버린다. 삼차원 속에는 오직 실재하는 것만이 들어 있기 때문이다. 상상력은 다양한 관계들을 제거한다.

실제로 일어나고 있지만 어떤 의미에서는 어디까지나 상상 속의 것에 지나지 않는 사항을 정의해 볼 것. 전쟁·범죄·복수·극단적인 불행.

에스파냐에서는 실제로 범죄들이 얼마든지 저질러졌지만 단순한 자랑거리

---

*1 영국 소설가 아서 케스틀러(1905~83)의 1938년 작품. 에스파냐 내란에 종군했다가 붙잡혀서 석 달 동안 감옥에서 생활했던 이야기를 통해 인간성의 본질을 날카롭게 파헤쳤다.

나 다름없는 것으로 받아들여지고 있었다.*²

현실이면서도 꿈보다 차원이 많지 않은 수많은 것들.

악에도 꿈속과 마찬가지로 다양한 '읽기'*³가 없다. 범죄자가 단순한 것은 바로 그 때문이다.

단 두 가지 입장, 즉 가해자와 피해자밖에 없는 꿈속처럼 단조로운 범죄. 악몽 속에서는 죽는 것보다 무서운 일이 뭐가 있을까?

*

보상삭용. 마리우스*⁴는 미래의 복수를 꿈꾸었고, 나폴레옹은 내세(來世)*⁵를 꿈꾸었다. 빌헬름 2세*⁶는 차 한 잔을 마시고 싶어했다. 그의 상상력은 몇 년의 세월을 넘어설 수 있을 만큼 권력에 강하게 연결되지 않았던 것이다. 그래서 한 잔의 차를 향한 것이다.

*

17세기에 민중이 대귀족을 숭배했던 일(라브뤼예르).*⁷ 그것은 비움을 채우는 상상력의 영향이었다. 그 영향은 돈이 숭배의 대상이 되면서 사라져 버렸다. 둘 다 저급하지만, 돈이 더 저급하다.

*

어떤 상황에서든 채우는 상상력을 쓰지 않으면 비움이 생긴다(마음이 가난한 자).*⁸

어떤 상황에서든 (그러나 어떤 상황에서는 엄청난 굴욕을 치름으로써) 상상력은 비움을 채울 수 있다. 그러므로 지극히 평범한 사람들이 죄수나 노예, 매춘부가 되어 커다란 고통을 겪으면서도 여전히 정화되지 못하는 것이다.

---

*2 시몬 베유가 에스파냐에서 보고 들은 것들의 기록. 전쟁의 본질을 반성한 문헌은 《베르나노스에게 보내는 편지》 참조(《역사, 정치논집》 수록).

*3 그야말로 신은 창조된 것과 같은 방법으로 존재하지는 않는다. 우리의 자연적인 능력에서 보면, 오직 창조된 것만이 유일한 체험 대상이다. 그러므로 초자연적인 실재와의 접촉은 처음에는 무(無)의 체험으로 받아들여진다(편자의 노트).

*4 가이우스 마리우스(기원전 157~86), 로마 장군.

*5 미래 세상.

*6 독일의 황제(1859~1941).

*7 장 드 라브뤼예르(1645~1696). 프랑스의 도덕주의자. 그는 저서 《사람은 가지가지》 제9장 '대귀족에 대하여'의 첫머리에서 민중이 대귀족에 대해 품는 숭배심에 대해 썼다.

*8 마태오복음서 5장 3절 등.

　비움을 채우는 상상력이 작용하기 시작하는 것을, 자기 내부에서 언제나 잠시 중단할 것.

　우리가 어떤 비움이라도 받아들인다면 아무리 가혹한 운명이 닥쳐도 우주를 사랑하는 것을 그만두는 일은 없지 않을까.

　무슨 일이 일어나더라도 우주는 가득 차 있다고 확신할 수 있다.

시간 버리기

시간은 영원을 비추는 것, 그리고 영원의 대용품.

*

재산을 빼앗긴 수전노. 얼어붙은 과거를 빼앗긴 것이다. 과거와 미래, 그것만이 인간의 재산.

*

비움을 채워 주는 미래. 때로는 과거 역시 같은 역할을 한다(나는 ……였다. 나는 ……를 했다 등). 그렇지만 상황에 따라서는 불행에 빠져서 행복했던 추억마저 견딜 수 없을 때가 있다. 그럴 때 불행한 사람은 자신의 과거를 빼앗기는 것이다("이처럼 쓰라린 괴로움은 없습니다……").*1

*

과거와 미래는 상상력을 통해 자기 자신을 고양할 수 있는 무한한 자리를 제공함으로써 우리가 불행에서 무엇인가를 얻을 수 없도록 방해한다. 따라서 버리는 일에서는, 과거와 미래를 가장 먼저 버려야 한다.

*

현재에는 궁극성을 부여할 여지가 없다. 미래도 마찬가지이다. 미래 역시 이윽고 현재가 될 것이기 때문이다. 그러나 사람들은 이를 모른다. 우리 마음속에서 궁극성과 함께 있는 욕구를 현재에 옮겨보면, 그것은 현재를 꿰뚫고 영원에 이를 것이다.

절망의 효능은 이렇게 우리를 미래와 단절시키는 데 있다.

*

기다리던 기쁨이 현실이 되었을 때 오히려 실망을 느끼는 일이 있는데, 그것

---

*1 단테 《신곡》 지옥편, 제5곡 121~122행. 남편의 동생 파올로와 불륜에 빠진 프란체스카 다 리미니는 지옥의 고통에 괴로워하면서 지나간 행복했던 나날을 추억하는 것이 얼마나 고통스러운지 고백한다.

은 미래를 기대했기 때문이다. 일단 현실로 나타나면 그것은 현재가 된다. 미래가 미래로 남지 않고 현실로 나타날 필요가 있을까. 그것은 오직 영원만이 거기서 구해 줄 수 있는 부조리이다.

*

시간과 동굴. 동굴*2에서 나오는 것, 집착에서 벗어나는 것은, 더는 미래를 향하지 않는 일이다.

*

정화되기 위한 한 가지 방법. 신에게 기도하기. 다른 사람들이 모르게 은밀히 기도할 뿐만 아니라, 신이 존재하지 않는다고 생각하면서 기도하기.

죽은 사람에 대한 경건함. 모든 것을 존재하지 않는 것을 위해서 하기.

타인의 죽음으로 인한 고통은, 비움 때문에, 균형의 상실 때문에 생기는 고통이다. 이제부터는 대상도 없고 따라서 보상도 없는 노력. 만약 상상력이 그것을 보상한다면 인간은 전락할 뿐이다. "죽은 이들의 장사는 죽은 이들이 지내도록 내버려 두어라."*3 자신의 죽음 역시 마찬가지 아닐까. 대상(對象)이니 보상이니 하는 것은 미래에 있다. 미래를 빼앗는 것, 비움, 균형의 상실. 그렇기 때문에 "철학하는 것은 죽음을 배우는 것이고"*4 그렇기 때문에 "기도하는 것은 죽음과 비슷하다."*5

*

고통과 극도의 피로가 덮쳐서 영혼 속에 이 상태가 끝없이 이어질지도 모른다는 느낌이 들 때, 그 무한을 순순히 받아들이고 사랑하면서 가만히 응시하면, 인간은 이 세상에서 벗어나 영원에 이른다.

---

*2 동굴 비유는 플라톤에게서 따온 것《국가》7). 진정한 이데아의 빛을 보지 못한 채 이 세상의 미망에 싸인 인간의 상태를 가리킨다.
*3 마태오복음서 8장 22절.
*4 몽테뉴《수상록》1·20의 제목.
*5 P. 브뤽베르제《신에게 돌아가는 것》(1940)에서.

대상 없이 원하기

정화되는 것은 선과 욕심이 분리되는 일이다.

*

모든 욕망의 근원까지 내려가서 욕망의 대상에서 에너지를 떼어 놓을 것. 욕망은 거기서는, 에너지로서 볼 때 진짜이다. 그러나 대상은 가짜이다. 욕망과 대상을 분리하려 하면 영혼은 이루 말할 수 없이 아파한다.

*

자신의 내면 깊숙이 내려가면, 자기가 원하는 것을 그대로 소유하고 있음을 알게 된다.

어떤 사람(지금은 죽고 없는 사람)을 그리워할 때, 그것은 특정한, 정해진 사람을 그리워하는 것이다. 따라서 필연적으로 죽어야 하는 한 명의 인간이어야 한다. 그 사람은 이랬다거나 저랬다고 해서 그리워하는 것인데, 요컨대 그것은 어느 날 어느 시간에 죽은 사람이다. 그리하여 그 사람을 소유하는 것이다—죽은 사람으로서.

사람이 돈을 갖고 싶어하는 것은 화폐(제도로서의)를 갖고 싶어하는 것이다. 이는 어떤 조건 속에서만 얻을 수 있는 대상을 원하는 것이다. 다시 말해 그것은 어떤 범위 안에서만 원한다는 얘기이다. 그래서 그 범위 안에서 그것을 소유하게 된다.

고통과 비움도, 그러고 보면 욕망의 대상이 보여 주는 존재방식이다. 비현실성의 베일을 걷어내면, 이러한 대상은 그러한 방식으로 우리에게 주어져 있음을 알게 된다.

이 사실을 알면, 아직 괴로워해도 행복한 것이다.

*

재물을 도둑맞은 수전노는 자기가 무엇을 잃어버렸는지 엄밀하게 알아낼 것. 그러면 많이 배울 수 있을 것이다.

＊

로쟁[1]과 근위대 기병대장의 지위. 그는 자유의 몸이 되어 대장 지위를 잃기보다는 차라리 감옥에 갇혀 있어도 대장이기를 원했다.

이것이 의복이다. "그들은 옷 입지 않은 것을 부끄럽게 생각했다."[2]

＊

누군가를 잃는다고 하자. 그 죽은 사람, 이제는 없는 사람이 실체가 없는 가공의 존재가 되어 버린 것이 괴롭고 슬프다. 그러나 이때 그 사람을 그리워하는 마음은 가공의 것이 아니다. 자기 자신의 내면 깊은 곳으로 내려갈 것. 거기에는 가공의 것이 아닌 그리운 마음이 깃들어 있다. 굶주릴 때, 사람은 온갖 음식을 상상으로 그리지만, 굶주림 자체는 실제로 존재한다. 이러한 굶주림을 파악할 것. 죽은 사람이 존재하는 것은 상상에 지나지 않지만, 죽은 사람의 부재는 분명히 현실이다. 그 사람은 죽은 뒤에는 부재라는 형태로 나타난다.

＊

비움을 찾아서는 안 된다. 비움을 채우기 위해 초자연적인 양식을 기대하는 것은 곧 신을 시험하는 것이기 때문이다.

그렇지만 비움을 피해서도 안 된다.

＊

비움은 최고의 충만이다. 그러나 인간에게는 그것을 알 권리가 없다. 그리스도조차 한때는 전혀 몰랐다는 것이 그 증거이다.[3] '내' 안의 일부분은 그것을 알아야 한다. 그러나 나머지 부분은 알아서는 안 된다. 그 나머지 부분이 나름대로 낮은 방법으로 이것을 안다면, 비움은 더 이상 존재하지 않을 것이기 때문이다.

＊

그리스도는 인간의 비참함을 모두 겪었다.[4] 물론 죄는 예외였다. 그러나 인간에게 죄짓게 할 가능성이 있는 것은 모두 경험했다. 인간에게 죄짓게 할 가

＊1 앙토냉 농바르 드 코몽 로쟁(1633~1723). 루이 14세의 근위대 기병대장이었지만, 오만한 행동 탓에 궁정 사람들의 질시를 받아 약 10년간 투옥되었다. 석방된 뒤에 몽팡시에 공주(왕의 동생 가스통 드를레앙의 딸)과 결혼했다.

＊2 창세기 3장 7절 참조.

＊3 마태오복음서 22장 46절, 마르코복음서 15장 34절에 기록된 사실을 토대로 한 것이리라.

＊4 히브리서 4장 15절 참조.

능성이 있는 것이 바로 비움이다. 모든 죄는 온갖 비움을 채우려는 시도이다. 그렇다면 더러움으로 가득한 나의 생애도 완전히 순결한 그의 생애에 가까이 갈 수 있다. 아니, 훨씬 더 저급한 생애에 대해서도 마찬가지이다. 내가 아무리 낮은 곳에 떨어진다 해도 그리스도로부터 그리 멀리 떨어지는 일은 없을 것이다. 다만 떨어져 가는 나는 이 사실을 알지 못할 뿐이다.

＊

오랫동안 만나지 못하다가 재회한 친구와 악수를 나눈다. 그 접촉이 유쾌한지 불쾌한지 생각할 겨를도 없다. 시각장애자가 지팡이 끝으로 대상을 직접 느끼듯이 나도 친구가 그곳에 있는 것을 직접 느낀다. 우리가 인생에서 겪게 되는 여러 가지 일에 대해서도 그렇고, 신에 대해서도 마찬가지이다.

여기에는 어디까지나 고통을 달래는 위안을 구해서는 안 된다는 의미가 들어 있다. 참된 행복은 위안이나 고통의 영역을 넘어선 곳에 있기 때문이다. 지팡이 끝이나 도구로 대상을 느끼는 것은 고유한 의미에서의 촉각과는 다르듯이, 참된 행복도 다른 감각을 통해 느낄 수 있다. 그 다른 감각은 전심전력을 다한 훈련 결과를 통해 주의력이 변화함으로써 형성된다.

그래서 복음서에는 "내가 진실로 너희에게 말한다. 그들은 자기들이 받을 상을 이미 받았다."[5]라고 기록되어 있다. 보상작용은 필요하지 않다. 감수성 안에 있는 비움이 감수성을 넘어선 곳으로 가져가는 것이다.

＊

베드로의 부인(否認). 그리스도에게 "나는 결코 버리지 않겠나이다"[6]라고 말한 것은 이미 그리스도를 부인한 것이다. 끝까지 그리스도를 버리지 않을 수 있는 근원을 은총이 아니라 자기 자신 안에서 찾았기 때문이다. 다행히도 베드로는 선택받은 자였기에 그 부인은 모든 사람에게, 그리고 베드로 자신에게도 분명하게 드러났다. 그 밖에도 얼마나 많은 사람들이 베드로처럼 자신 있게 말했던가—게다가 그것을 끝까지 깨닫지 못하면서.

그리스도에게 충성하는 것은 어려운 일이었다. 그것은 비움에 대한 충성이었다. 차라리 죽을 때까지 나폴레옹에게 충성하는 편이 훨씬 쉬울 것이다. 그 뒤 순교자들이 충성을 바친 것도 훨씬 쉬운 일이었다. 이미 교회가 있었기 때문이

---

[5] 마태오복음서 6장 2절.
[6] 마태오복음서 26장 33절 등 참조.

다. 이 세상에서 이루어 줄 수 있는 수많은 약속을 수반한 하나의 힘이 있었다. 사람은 힘 있는 자를 위해서는 죽지만, 힘없는 자를 위해서는 죽지 않는다. 또는 일시적으로 힘없는 자로 보여도 적어도 힘의 광채를 잃지 않은 자를 위해서라면 죽을 수도 있다. 따라서 세인트헬레나 섬에 유배된 나폴레옹[*7]에 대한 충성은 비움에 대한 충성이 아니었다. 힘 있는 자를 위해 죽는 것에는 죽음의 고통이 없다. 동시에 죽음의 가치도 완전히 사라져 버린다.

*

사람에게 애원하는 것은 자신만의 가치체계를 타인의 정신 속에 억지로 강요하려는 절망적인 시도이다. 반대로 신에게 애원하는 것은 신적인 가치를 자기의 영혼 속에 받아들이려는 시도이다. 그것은 자기가 집착하는 가치를 필사적으로 생각하는 것과는 완전히 다른 것이며, 자기 내부에 비움을 견뎌 내는 것이다.

---

*7 1815년, 워털루에서 패한 나폴레옹은 세인트헬레나 섬에 유배되어 그곳에서 죽는다(1821년).

'자아'

우리는 이 세상에서는 아무것도 소유할 수 없다—우연이 모든 것을 빼앗아 가 버리는 일도 있기 때문이다—다만 '나'라고 말할 수 있는 힘만은 예외이다. 우리는 바로 그 힘을 신에게 바쳐야 한다. 즉 그것을 파괴해야만 한다. 우리에게 허락된 자유로운 행위는 아무것도 없다. 다만 이 '나'를 파괴하는 것 말고는.

＊

제물. '나' 이외에 다른 것은 아무것도 바칠 수 없다. 우리가 제물이라고 부르는 모든 것은 바로 '나'의 대용품 위에 붙여진 이름표일 뿐이다.

＊

이 세상에 그 어떤 것도 '나'라고 말할 수 있는 힘을 빼앗아 갈 수 없다. 다만 극한의 불행만은 예외다. 외부로부터 '나'를 파괴하려고 덤벼드는 극한의 불행만큼 곤란한 것도 없다. 그러면 스스로 '나'를 파괴할 수 없게 되기 때문이다. 불행 때문에 외부로부터 '나'가 파괴된 사람들에게는 어떤 일이 일어날까? 무신론적인 또는 유물론적인 견해에서 본 완전한 소멸밖에 떠오르지 않는다.

그 사람들이 '나'를 잃어버렸다 해도 그건 이기심이 사라져 없어졌다는 의미가 아니다. 오히려 그 반대이다. 물론 개처럼 헌신할 때는 이따금 이기심도 사라질지 모른다. 그러나 그게 아니라면 반대로 식물의 성장을 닮은 적나라한 이기심에 빠지게 된다. '나' 없는 이기심이다.

조금이라도 '나'를 파괴하는 과정에 들어서면 그 어떤 불행에도 해를 입지 않을 수 있다. 외부의 압력에 의해 '나'를 파괴하려 들면 반드시 격렬한 저항이 일어난다. 신을 향한 사랑 때문에 이러한 저항을 물리치면, 그때 '나'의 파괴는 외부로부터가 아니라 내부로부터 일어난다.

＊

속죄의 고통. 인간이 완전한 상태에서 은총의 도움으로 내부의 '나'를 완전히 파괴했을 때, 만약 외부로부터 '내'가 파괴당하는 것과 같은 불행에 빠지면, 바로 거기에 십자가가 완전한 모습으로 존재한다. '나'는 완전히 사라져 더는 존재하지 않고 신에게 자리를 내주었기 때문에, 새삼스럽게 불행이 내부의 '나'를 파괴하는 일은 있을 수 없다. 그러나 완전성이라는 면에서는, 불행은 외부에서 '나'를 파괴하는 것과 같은 결과를 가져온다. 즉 신의 부재(不在)를 낳는 것이다. "나의 하느님, 나의 하느님, 어찌하여 나를 버리셨습니까."[1]

극단적인 불행이 완전에 도달한 이 영혼 속에 불러일으키는 신의 부재는 어떤 것일까? 이와 관련하여, 속죄의 고통이라 불리는 가치는 무엇일까?

속죄의 고통이란, 악이 수용할 수 있는 최대한의 고통을 완전한 형태로 현실에서 보여 주는 것이다.

속죄의 고통을 통해 신은 극단의 악 속에도 존재한다. 신의 부재는 악에 상응하는 신의 존재방식이기 때문이다. ―그 부재는 감지할 수 있는 것이다. 자기 안에 신이 없는 자는 신의 부재를 느낄 수 없다.

이것은 순수한 악, 완전한 악, 충만한 악, 심연의 악이다. 이에 비하면 지옥은 가짜 심연에 지나지 않는다(티본의 해제 참조). 지옥은 피상적이다. 지옥은 스스로 존재한다고 생각하고, 정말 존재하는 것 같은 착각을 주지만, 무에 지나지 않는다.

다만 외부로부터 '나'를 파괴당하는 것은 산지옥에 비길 만한 고통이다. 외부로부터의 파괴에 영혼이 사랑으로 관여한다면, 그것은 보상의 고통이 된다. 사랑 때문에 완전히 자기 자신을 버린 영혼 속에 신의 부재가 생긴다면, 그것은 속죄의 고통이 된다.[2]

*

불행에 있어서는 모든 집착이 제거되어도 생명의 본능만은 여전히 살아남아서, 식물이 덩굴을 감고 올라가듯이 기댈 수 있는 것이라면 뭐든지 맹목적으로 매달린다.[3] 이런 상태에서는 고마운 마음(저급한 형태의 것은 제외하고)이나 정의감을 도저히 품을 수 없다. 예속상태. 인간은 자유의지의 버팀목이 되는 에너지가 보충되어야 비로소 여유를 가지고 판단도 할 수 있는데, 이미 그런 건 기대도 할 수 없다. 그런 면에서 보면 불행은, 적나라한 삶의 모습이 늘 그렇듯

---

*1 마태오복음서 27장 46절, 마르코복음서 15장 34절.
*2 시몬 베유는 '보상의 고통'과 '속죄의 고통'을 단계적으로 구별한다. 원어도 다르다.
*3 시몬 베유의 '불행'론에 대해서는 논문 〈신을 향한 사랑과 불행〉 참조(《신을 기다리다》 수록).

이, 반쯤 잘려 나가고 남은 팔다리나 벌레가 우글거리는 모습처럼 추악하다. 볼품없이 일그러진 삶. 거기에는 오직 살아남는 것만이 단 하나의 집착이다. 바로 그때, 즉 삶에 대한 집착이 다른 모든 집착을 대신할 때, 극한의 불행이 시작된다. 거기서는 집착이 적나라한 모습으로 드러난다. 자기 자신 속에 어떤 대상도 없는 지옥이다.

그러므로 불행한 사람들은 사는 편이 죽는 편보다 조금도 낫지 않은데도 무엇보다 살아 있음이 기쁨인 것이다.

이러한 상황에서 죽음을 받아들이는 것은 집착에서 완전히 벗어나는 것이다.

*

이 세상의 산지옥. 불행 속에서 뿌리까지 완전히 뽑히는 것.

인간은 부정하게도, 일반적으로 순교자가 되는 것보다는 살면서 지옥의 고통을 당하는 쪽이 낫다고 생각한다. 생지옥에 떨어진 사람들은, 말하자면 도둑한테 털리고 몸까지 다친 사람들과 같다. 정신의 힘이라는 옷을 잃어버린 것이다.

아무리 심한 고통이라도 아직 조금이라도 뿌리를 남겨 두는 것은 이런 생지옥과는 한참 거리가 멀다.

이런 식으로 뿌리째 뽑힌 사람들에게 애써 도움을 주면 악의에 찬 행동과 배은망덕과 배반으로 보답하는 일이 있는데, 그래봤자 그들의 불행을 아주 조금 함께 겪은 것에 불과하다. 우리 자신을 불행에 맡길 힘이 있으므로, 한정된 범위 안이지만 남의 불행에도 몸을 내밀 의무가 있다. 만약 그런 일이 일어난다면 자기가 불행을 견딜 때처럼 그것을 견뎌야 하고, 그것을 정해진 몇몇 사람들에게만 강요해서는 안 된다. 그것은 누구에게도 강요할 수 없는 것이다. 생지옥이라고도 할 수 있는 불행 속에는, 완전한 상태와 마찬가지로 개개의 인간을 떠난 무엇이 있다.

*

'나'가 죽어 버린 사람들은 조금도 어떻게 해볼 도리가 없다. 그 어떤 것도 해 줄 수가 없다. 그러나 어떤 사람의 '나'가 완전히 죽었는지, 다만 움직이지 못할 뿐인지는 여간해서 분간할 수 없다. '나'가 완전히 죽지 않았다면 주사를 놓아 사람을 살리듯이 사랑이 그것을 다시 살아나게 할 수 있다. 단 그것은 완전히 순수한 사랑에 한하며, 아주 조금이라도 동정하는 마음이 섞여서는 안된다. 멸시하는 기색이 조금이라도 엿보이면, 상대방을 당장 죽음으로 내몰게된다.

'나'가 외부로부터 상처를 받으면 처음에는 미쳐 날뛰는 짐승처럼, 한도를 넘어서서 격렬하게 반항한다. 그러나 '나'가 반쯤 죽어 버리면, 차라리 빨리 죽기를 바라면서 실신상태에 빠져든다. 그럴 때 사랑의 손길이 건드려 깨우면 매우 고통스러워하며 분노가 끓어올라, 때로는 그런 고통을 불러일으킨 사람에게 증오마저 품게 된다. 실의에 빠진 사람들이 은혜를 베풀어 주는 사람에게 오히려 복수심을 품는, 언뜻 이해할 수 없는 반응을 보이는 것은 이 때문이다.

때로는 은혜를 베푸는 사람의 사랑이 순수하지 않을 수도 있다. 이때 사랑 때문에 깨어난 '나'는 당장 멸시를 당하게 되어 새로운 상처를 입고, 무엇보다 격렬한 증오심을 품는다. 당연한 증오심이다.

반대로 '나'가 완전히 죽어 버린 사람은 다른 사람이 사랑을 보여 줘도 조금도 거북해하지 않는다. 이들은 마치 먹을 것과 따뜻한 잠자리를 제공받고 주인의 애무를 받으며 행복해하는 개나 고양이처럼 순한 태도로, 되도록이면 많이 받기를 갈망한다. 때에 따라서 개처럼 매달리기도 하고 고양이처럼 태연한 모습으로 순순히 따르기도 한다. 자기를 걱정해 주는 사람이면 누구든 그의 에너지를 모두 흡수하고 그것을 조금도 미안하게 여기지 않는다.

불행히도 어떤 자선사업에서도 뻔뻔한 사람들, 특히 '나'가 죽어 버린 사람들을 상대해야 할 때가 많다.

*

불행에 빠진 사람의 성격이 약하면 약할수록 그 사람의 '나'는 빨리 죽는다. 더 정확하게 말하면, 성격이 강하게 단련되어 있는가 그렇지 않은가에 따라 불행의 경계가 정해져서, '나'를 파괴하는 불행의 위치가 멀어지기도 하고 가까워지기도 한다. 그 위치가 멀면 멀수록 성격이 강하다고 할 수 있다.

이 경계 위치의 차이는 수학에 대한 재능처럼 선천적인 것이다. 그러므로 특별한 신앙도 없이 인생의 역경에서 '기운'을 잃지 않았다고 자랑하는 것은, 나면서부터 수학적 재능이 있는 것을 대단하게 여기는 학생처럼 아무런 근거도 없다. 신을 믿는 사람은 더욱 심한 착각에 빠질 위험이 있다. 즉, 원래 기계적인 자연작용에 지나지 않는 일을 은총의 결과라고 믿어 버리는 것이다.

*

극단적인 불행으로 인한 고뇌는 외부로부터 '나'를 파괴한다. 아르놀프,*⁴ 페드르,*⁵ 리카온*⁶ 등.

난폭한 죽음이 금방이라도 덮쳐 생명을 앗아가기에 앞서서, 먼저 '나'를 외부로부터 죽이려고 노릴 때, 무릎을 꿇고 저자세로 애원하는 것은 당연한 일이다.

*

"머리칼이 그토록 아름다운 니오베도 식사하는 것은 잊지 않았다."*⁷ 이 말은 조토가 그린 벽화의 여백과 마찬가지로 참으로 숭고하다.

절망마저 포기할 수밖에 없게 하는 굴욕의 상태.

*

내 안에 있는 죄가 '나'라고 말한다.

'나'는 모든 것이다. 하지만 그때의 '나'는 신이다. 그것은 그냥 '나'가 아니다.

악은 구별 짓는다. 신이 모든 것과 같아지지 못하도록 방해하는 것이다.

내가 '나'임이 바로 '나'의 비참함이다. 어떤 의미에서 신이 (하나의 인격인) '나'이게 하는 것은 바로 우주의 비참함이다.

*

바리사이인*⁸은 자기 힘에만 의존해 높은 덕을 갖춘 훌륭한 인간이 되려고 했던 사람들이다.

'나'라고 불리는 것 속에는 자기를 높일 수 있는 에너지의 원천 같은 것은 절대 존재하지 않는다는 것을 아는 것, 그것이 바로 겸손이다.

'나' 안에 있는 귀중한 것은 모두, 하나의 예외도 없이, 내가 아닌 다른 곳에

---

*4 몰리에르 《여인학교》(1662)의 주인공. 장래를 기대하며 키운 젊은 여성 아녜스의 마음을 얻지 못해 괴로워한다.

*5 라신 《페드르》(1677)의 여주인공. 의붓아들 이폴리트에 대한 불륜의 사랑, 이루어질 수 없는 사랑에 몸부림치며 괴로워한다.

*6 아르카디아의 왕. 아들들을 제우스신에게 제물로 바쳤지만, 제우스신의 분노를 사 남은 아들들과 함께 벼락맞아 죽는다.

*7 호메로스 《일리아스》 24, 602행. 테베의 여왕 니오베는 아들 열둘을 레토의 아들들에게 잃는다. 아킬레우스는, 아들 헥토르를 잃고 상심한 프리아모스에게 이 고사를 인용하여 위로하고 저녁 식사에 초대한다.

*8 바리새인.

서 온다. 그러나 선물로서가 아니라, 끊임없이 되풀이하여 갱신해야 하는 대여
물로서 찾아온다. '나' 안에 있는 것은 모두 아무 가치도 없다. 다른 데서 주어
지는 선물도, 내가 그것을 가져 버리면 당장 무가치한 것이 된다.

*

완전한 기쁨은 기쁨이라는 감정조차 바라지 않는다. 대상으로 가득 찬 영혼
속에는 '나'라고 특별히 말할 여지가 어디에도 없기 때문이다.

그러한 기쁨이 없는 사람은 그것을 상상할 수 없다. 즉 기쁨을 구하려 해도
자극이 없는 것이다.

벗어나기 창조*1

벗어나기 창조, 창조된 것을 창조되지 않은 것 속으로 옮겨 가는 행위.

파괴하는 것. 창조된 것을 무로 옮겨 가는 행위. 벗어나기 창조를 대신하는 죄악.

*

창조는 사랑의 기술이며 영원히 계속되는 것이다. 모든 순간에 우리가 존재하는 것은 곧 신이 우리를 사랑하기 때문이다. 그러나 신은 오직 자기 자신밖에 사랑할 수 없다. 신이 우리를 사랑하는 것은 곧 우리를 통해 자기 자신을 사랑하는 것이다. 따라서 우리에게 존재를 부여하는 신은 존재하지 않아도 좋다는 우리의 동의를 기대한다.

우리의 존재는 오로지 신의 기대와, 존재하지 않아도 좋다는 우리의 동의로 성립된다.

신은 우리에게, 우리에게 부여한 이 존재를 한없이 영원히 갈구하고 있다. 그것을 준 까닭은 우리한테서 그것을 갈구하기 위함이다.

*

피할 수 없는 필연·비참·곤궁·짓누르는 것처럼 무겁게 다가오는 결핍과 극도의 피로를 유발하는 노동·잔인함·박해·비명의 죽음·강제·공포·질병 등— 이 모든 것이 신의 사랑이다. 신은 우리를 사랑하기 때문에, 우리가 신을 사랑할 수 있도록 우리한테서 멀리 물러선다. 만약 우리가 공간과 시간과 물질의 보호를 받지 않고, 직접 신의 사랑을 쬐게 된다면, 햇빛을 받은 물처럼 증발해

---

*1 '벗어나기 창조'(décréation)는 시몬 베유의 독자적인 조어(造語)이다. 하지만 창조란 무에서 유를 만들어 내는 것이라면, 일단 존재가 허락된 자가 그 존재를 부정하고, 원래의 무로 돌아가는 움직임을 이렇게 부른다고 해도 무방할 것이다. 인간 쪽에서 볼 때 창조란 신으로부터 존재를 빼앗는 것이라면, 창조된 성질(피조성)을 벗어던지고 완전한 무를 지향하는 것이 바로 '벗어나기 창조'이다.

버릴 것이다. 우리 안에는 사랑하기 때문에 '나'를 버린다고 할 수 있는 '나'도 사라지고 만다. 필연은 우리가 존재할 수 있도록 신과 우리 사이에 놓인 장막이다. 우리는 존재하는 것을 그만두기 위해 이 장막을 뚫어야만 한다.

*

'신으로부터 떠나려고 하는' 하나의 힘이 존재한다. 그렇지 않다면 모든 것이 신이 될 것이다.

*

인간에게는 가공의 신성이 주어졌다. 그것은 그리스도가 진정한 신성을 벗어 버린 것처럼 인간도 그 신성을 벗어 버릴 수 있게 하기 위해서이다.

*

버릴 것. 창조할 때 신이 버린 것에서 배울 것. 신은—어떤 의미에서—모든 것이기를 포기한다. 우리는 무엇인가이기를 포기해야 한다. 우리에게는 그것이 유일한 선이다.

우리는 밑바닥이 없는 통이다. 바닥이 있는 것을 이해하지 못하는 한.

*

높게 하는 것과 낮게 하는 것. 거울에 자신의 모습을 비춰 보면서 치장하는 여인은 자기를, 모든 것을 바라볼 수 있는 무한한 존재를, 조그만 공간에 축소시켜 넣으면서도 부끄러워하지 않는다. 마찬가지로 사람이 자아를(사회적 자아, 심리적 자아 등……) 높이려 할 때, 아무리 높이 올라가 봐도 자기를 그것밖에 되지 않는다고 본다면, 한없이 아래로 떨어진다. 자아가 낮추어질 때(어떤 욕망 때문에, 그것을 높이려는 에너지가 작용하지 않는 한), 자기는 단순히 그만한 존재가 아니라는 걸 안다.

아름다운 여자는 거울에 자신의 모습을 비춰 보고 그것이 자신임을 당연히 믿는다. 그러나 못생긴 여자는 비친 모습이 자기가 아니라고 생각한다.

*

자연적인 능력으로 파악할 수 있는 것은 모두 가정 위에 서 있다. 오직 초자연적인 사랑만이 토대가 확고하다. 이리하여 우리는 신과 함께 창조자가 된다.

우리는 창조에서 이탈함으로써 세계 창조에 참여할 수 있다.

*

우리는 스스로 버리는 것밖에 소유하지 못한다. 버리지 않는 것은 우리에게

벗어나기 창조 49

서 달아나 버린다. 그런 의미에서 우리는 신을 통하지 않고는 그 어떤 것도 가질 수 없다.

*

가톨릭의 영성체. 신은 단 한 번만 육화한 것이 아니다. 신은 날마다 물질로 변하여 자기를 인간에게 내주어 인간이 먹게 한다. 거기에 응답하듯이 인간은 피로·불행·죽음 등에 의해 물질이 되어 신에게 먹히고 있다. 이러한 상호적 관계를 어떻게 거부할 수 있겠는가?

*

그분께서는 하느님의 모습을 지니셨지만 오히려 자기를 비워……[*2] 우리도 태어나면서 부여받은 가짜 신성을 버리고, 비워야만 한다.

일단 자기가 무(無)라는 것을 이해하고 나면, 모든 노력의 목표는 무가 된다. 그 목표를 향해 모든 것을 참고 견디며 그 목표를 위해 일하고, 그 목표를 위해 기도한다.

신이여, 부디 저를 무가 되게 하소서.

내가 무가 되면 신은 나를 통해 자기 자신을 사랑한다.

*

낮은 곳에 있는 것은 높은 곳에 있는 것과 비슷하다. 그래서 노예의 처지는 신에 대한 복종의 닮은 모습이고, 굴욕을 받는 것은 겸손의 닮은 모습, 육체적 욕구는 은총의 억제할 수 없는 충동의 닮은 모습, 성인들이 신을 믿고 따르는 모습은, 시간을 자잘하게 토막내는 범죄자나 창녀들의 닮은 모습이다.

그러므로 우리는 닮은 형상으로서는 가장 낮은 것을 추구해야 한다.

높은 것이 높은 곳으로 향할 수 있도록, 우리 안의 낮은 것은 낮은 곳으로 향하기를. 우리는 거꾸로 되어 있다. 나면서부터 그렇게 태어났다. 질서를 회복하려면 우리 안의 피조물을 파괴해야 한다.

*

객관성과 주관성을 거꾸로 뒤집을 것.

마찬가지로 긍정과 부정을 뒤집을 것. 이것은 우파니샤드 철학[*3]이 하려는 말이기도 하다.

[*2] 필리피서 2장 6, 7절.
[*3] 고대인도의 철학서, 정통 브라만 사상의 원천을 이룬다.

우리는 거꾸로 태어나서 거꾸로 된 모습으로 살아간다. 그것은 죄 속에서 태어나 죄 속에서 살아가기 때문이며, 죄는 질서를 뒤엎기 때문이다. 가장 먼저 해야 할 일은 원래대로 돌리는 것이다. 회심(回心)이 바로 그것이다.

*

밀알 하나가 땅에 떨어져 죽지 않으면[*4]······밀알은 자기가 품은 에너지를 방출하여 또 다른 결합물을 만들어 내기 위해 죽어야 한다.

그와 마찬가지로 우리도 자기에게 묶여 있는 에너지를 해방하여, 사물들에게 진정한 관계를 맺어 줄 수 있는 자유로운 에너지를 소유하기 위해, 죽어야만 한다.

*

나는 대수롭지 않은 일을 하는 것도 너무 힘겨울 때가 많은데, 그것도 나에게 주어진 은혜의 하나이다. 덕분에 지극히 평범한 행동으로써 사람들의 시선을 끌지 않고 나무뿌리를 베어 버릴 수 있기 때문이다. 세상의 평판에 아무리 초연해도, 평범하지 않은 행동에는 사람을 자극하는 요소가 들어 있고, 그것을 없앨 수는 없다. 이렇게 자극하는 것이 평범한 행동에는 결코 없다. 평범한 행동을 할 때 커다란 장애를 만나는 것은 은혜이니 이에 감사해야 한다. 그 장애가 사라지기를 바라서는 안 된다. 은혜로 그것을 유용하게 쓸 수 있게 해 달라고 간절히 기도해야 한다.

더 넓게는, 자기의 많은 불운 가운데 단 하나라도 사라지기를 바라지 않고, 그 불운을 빛나게 해 주는 은총을 기원해야 한다.

*

육체적인 고통(그리고 물질적인 결핍)은 용기 있는 사람들에게는 인내심과 정신력을 시험하는 기회가 되는 일이 많다. 그러나 그것을 더 좋은 일에 쓸 수 있는 길이 있다. 그러므로 나에게는 고통이 그저 인내심과 정신력을 시험하는 기회로 끝나지 않기를. 인간의 비참함을 생생하게 느끼게 하는 증거가 되기를. 완전히 수동적인 태도로 그 고통들을 감내할 수 있기를. 어떤 일이 닥쳐도 불행이 너무 크다는 생각은 하지 않으리라. 불행의 상처를 겪고 그로 인해 굴종을 강요받을 때야말로, 인간이 얼마나 비참한지 알 수 있기 때문이다. 그것을 아

[*4] 요한복음서 12장 24절.

는 것은 모든 지혜로 통하는 문이다.

그러나 기쁨·행복·번영도, 그 속에서 외부에서 유래한 것(우연이나 제반 상황에서 유래한 것)을 분간해 낼 수 있다면, 그 역시 인간이 얼마나 비참한지를 말해 주는 증거가 된다. 이 또한 그런 식으로 사용할 것. 그리고 은총도 실제로 느낄 수 있는 형태로 나타난다면, 그렇게 할 것…….

전체 속에서 진정한 자신의 자리에 있기 위해 무가 될 것.

*

버리기 위해서는 사랑하는 모든 사람, 모든 재산을 잃었을 때 현실에 일어나는 고뇌와 똑같은 고뇌를 극복해야 한다. 그 재산 중에는 지성이나 품성 면에서의 선천적인 자질, 후천적으로 습득된 것, 또 무엇이 선한 것이고 무엇이 안정된 것인지에 대한 의견과 신념도 포함된다. 그리고 그 모든 것을 스스로 제거해서는 안 되고, 잃어버려야 한다—욥이 그랬던 것처럼. 게다가 그렇게 대상에서 분리되어 흔들리는 동안, 에너지가 떨어지고 다 소비되어서는 안 된다. 그러므로 이 고뇌는 실제로 불행에 빠졌을 때보다 더 커져야 하고, 시간이 흐를수록 자잘하게 세분화되거나 희망을 향해 나아가서는 안 된다.

*

사랑의 정념이 격렬하게 높아져서, 초목이 무성하게 자라는 것과 비슷한 에너지에 이를 때, 페드르나 아르놀프 같은 사례가 발생한다. "이러다가는 내가 무너져 버리지 않을까 하는 느낌이 든다……."[5]

페드르의 생명에 이폴리트[6]는 먹을 것보다, 그야말로 글자 그대로 반드시 있어야 하는 것이다.

신의 사랑을 그토록 낮은 곳까지 스며들게 하기 위해 자연은 극한까지 거친 폭력을 겪어야 한다. 욥, 십자가…….

페드르나 아르놀프의 사랑은 순수하지 않다. 그렇게 낮은 곳까지 내려가고도 순수할 수 있는 사랑을…….

식물의 단계에 이를 정도로 무가 될 것. 그러면 비로소 신이 우리의 양식이 된다.

---

[5] 몰리에르 《여인 학교》 4막 1장, 아르놀프의 말.
[6] 페드르가 사랑하는 대상인 의붓아들.

한정된 어떤 순간—과거와 미래로부터 단절된 현재의 한순간—에 자기를 주시해 보면 우리는 죄 없는 자이다. 그런 순간에는, 우리는 있는 그대로의 우리일 뿐이다. 모든 진보에는 어떤 지속 기간이 있다. 그 한순간에 우리가 이러한 사람이라는 것은 세계의 질서에 속한다.

이렇게 한 순간을 따로 떼어 내는 것에는 용서가 내포되어 있다. 그리고 이렇게 떼어 내는 것이 집착을 버리는 것이다.

*

인생에서 완전히 순수하고 적나라한 순간은 두 번밖에 없다. 태어날 때와 죽을 때. 갓 태어났을 때와 죽어 가는 임종 때만이 인간의 형상을 한 신을, 그 신성을 더럽히지 않고 경배할 수 있다.

*

죽음. 과거도 미래도 없는 순간적인 상태. 영원에 다가가는 데 반드시 필요한 것.

*

신이 있다고 생각하며 충만한 기쁨을 느낀다면 자기는 존재하지 않는다는 것을 알아도 똑같은 충만함을 느껴야 한다. 두 가지는 결국 같은 생각이기 때문이다. 그리고 이 지식은 다만 고통과 죽음을 통해 감각에까지 확대되어 간다.

*

신 안에서의 기쁨. 신 안에는 완전하고 무한한 기쁨이 실제로 존재한다. 거기에 내가 참여한다고 해서 그 기쁨에 무언가가 더해지지는 않으며, 또 참여하지 않는다고 없어지지도 않는다. 그렇다면 내가 거기에 참여하고 안 하고에 무슨 중요성이 있겠는가. 중요성 따위 전혀 없다.

*

자신의 구원을 바라는 사람들은 신 안에서의 기쁨이 실제로 존재한다는 것을 진심으로 믿지 않는다.

*

영혼불멸을 믿는 것에는 해악이 있다. 우리는 우리의 영혼이 정말로 육체를 가지지 않는다고는 도저히 생각할 수 없기 때문이다. 그래서 영혼불멸을 믿는다 해도 실제로는 생명이 연장된다고 믿는 것이고, 따라서 죽음을 유용하게 쓸수가 없다.

＊

신의 현존(現存). 이것은 두 가지로 이해할 수 있다. 신은 창조자이므로 존재하는 모든 것이 존재하는 한, 그 속에 현존한다. 신이 피조물의 협력을 필요로 하는 현존도 신의 현존이다. 그것은 창조자가 아니라 성령으로서의 신의 현존이다. 첫 번째 현존은 창조의 현존이고, 두 번째 현존은 벗어나기 창조의 현존이다(우리의 도움 없이 우리를 창조하신 분은 우리의 동의 없이 우리를 구원하지는 않는다—성 아우구스티누스).＊7

＊

신은 자신의 모습을 감추지 않고는 창조할 수 없었다. 그러지 않았다면 오직 신밖에 없었을 것이다.

그러므로 신성함 역시 어느 정도는, 의식에 대해서조차 숨어 있어야 한다. 그리고 이 세상에서도 숨어 있어야만 한다.

＊

존재와 소유. —인간은 존재를 갖지 않는다. 단지 약간의 소유만 가질 뿐이다. 인간의 존재는 장막 저편, 초자연성 쪽에 있다. 인간이 자기 자신에 대해 알 수 있는 것은 다만 그와 관련된 모든 상황에서 일시적으로 빌려온 것에 지나지 않는다. '나'는 이 나에게도(그리고 타인에게도) 감춰져 있다. 그것은 신 쪽에 있고, 신 안에 있으며, 신이다. 자신이 신임을 잊는 것은 교만이다……장막이란 인간의 비참함을 가리킨다. 그리스도에게도 장막은 있었다.

＊

욥. 사탄이 신에게 말했다. "욥이 까닭 없이 하느님을 경외하겠습니까?"＊8 여기서 중요한 것은 사랑의 높이다. 사랑은 양이나 밀밭, 많은 아이들 따위와 같은 높이에 있을까? 아니면 더 멀리, 3차원에, 그 뒤에 있을까? 그 사랑이 아무리 깊다 해도, 사랑이 무너져 내릴 때와 패할 때가 있다. 그때 사람은 변화하여, 유한에서 무한으로 산산이 부서져 사라지며, 신에 대한 영혼의 사랑이 영혼의

＊7 《설교집》 169·11, 13, 3~2, 2판 라틴교부 전집 제38권, 제923부.
＊8 욥기 1장 9절.

내부에서 초월성을 띠게 된다. 그것이 영혼의 죽음이다. 육체의 죽음이 영혼의 죽음에 앞서는 자들은 불행하다.[*9] 사랑으로 충만하지 않은 영혼은 추악한 죽음을 맞이한다. 그러한 죽음이 왜 누구에게나 구별 없이 닥쳐야 하는가. 참으로 그럴 필요가 있다. 모든 일이 모든 사람에게 구별 없이 일어나야 하는 것이다.

*

가상(假象)이 존재에 달라붙어 있다. 오로지 고통만이 이 둘을 억지로 떼어 놓을 수 있다.

존재를 가진 자가 누구나 다 가상을 지니는 것은 아니다. 가상은 존재를 끌고 온다.

시간의 흐름이 존재에서 외관을, 외관에서 존재를 폭력적으로 떼어 놓는다. 시간은 자신이 영원하지 않다는 것을 드러낸다.

*

자기를 뿌리뽑아야 한다. 나무를 베어 십자가를 만들고, 매일 그것을 짊어져야 한다.

*

'나'여서는 안 된다. 그리고 '우리'여서는 더욱 안 된다.

나라란, 내 집에 있는 듯한 느낌을 주는 것.

유배된 몸이면서 내 집에 있다는 느낌을 받는 것.

장소가 없는 곳에 뿌리를 내릴 것.

*

사회적으로도 생물로서도 자기를 뿌리째 뽑아 버릴 것.

지상의 모든 나라에서 추방자가 될 것.

이 모든 일을 타인에 대해 외부에서 행하는 것은 벗어나기 창조의 대용품이다. 비실재적인 것을 만들어 내는 행위이다.

그러나 자기를 뿌리째 뽑는 것은 더 많은 실재성을 구하는 일이다.

[*9] 마태오복음서 10장 28절 등 참조.

사라지기

신이 나에게 존재를 준 까닭은 그것을 나에게서 돌려받기 위해서이다. 이는 말하자면 함정처럼 사람을 속이는 장치로, 옛이야기나 비전을 전수하는 이야기에 흔히 등장하는 내용이다. 이 선물을 내가 받아들인다면, 그것은 생명에 유해한 것이 된다. 그것을 거절함으로써 그 선물의 고마움이 드러나게 된다. 신은 내가 신 밖에서 존재하는 것을 허락해 준다. 이 허락을 거절하는 것이 내가 할 일이다.

겸손은 신의 바깥에 존재하는 것을 거절하는 일이다. 모든 덕 중의 여왕이다.

*

'나'는 신의 빛을 가로막는 죄와 과오가 투사하는 그림자일 뿐인데도, 나는 그것을 하나의 존재라고 착각한다.

설령 신처럼 될 수 있다 해도, 차라리 신에게 복종하는 흙덩이인 편이 나을 것이다.

*

눈을 감고 연필 끝으로 책상을 긁어본다, 그때 나에 대해 연필이 하는 역할을, 그 역할을 그리스도에게 할 것. 우리는 우리에게 주어진 창조의 부분과 신 사이의 매개자가 될 수 있다. 신이 우리를 통해 자신이 창조한 것을 살펴보려면 우리의 동의가 필요하다. 우리의 동의가 있어야 신은 이 놀라운 기적을 이룩할 수 있다. 내가 나 자신의 영혼에서 스스로 물러날 수 있다면, 그것만으로도 신이 내 눈 앞에 있는 이 책상을 보게 되는 놀라운 행운을 얻을 수 있다. 신이 창조자이면서도 물러나 우리에게 통로를 열어 주었듯이, 우리도 물러나서 신에게 통로를 열어주겠다고 동의한다면, 신은 우리 안에서 오직 그 동의만을 사랑할 것이다. 이 두 가지 작용에서는 오직 사랑만이 의미 있다. 마치 아버지의 생일선물을 살 수 있도록 아버지가 아이에게 돈을 주는 것과 같다. 사랑 그 자체인 신은 사랑 말고는 아무것도 창조하지 않았다.

＊

내가 보고 듣고 숨쉬고 만지고 먹는 모든 것, 내가 만나는 모든 사람들, 그 모든 것들이 신과 접촉하지 못하도록 방해하고, 또 내 안에서 '나'라고 계속 말하는 뭔가가 신이 그 모든 것들과 접촉하지 못하도록 방해한다.

나에게도 그 모든 것과 사람 그리고 신을 위해 할 수 있는 일이 있긴 하다. 바로 내 몸을 빼기, 그 모든 것들과 신의 밀접한 만남에 끼어들지 않기이다.

다만 인간으로서 지켜야 할 의무는 엄격하게 완수하는 것이 내 몸을 빼기 위한 한 가지 조건이다. 그렇게 함으로써 나를 이 자리에 묶어놓고 몸을 빼지 못하게 하는 끈을 조금씩 닳아 없어지게 할 수 있다.

＊

나는, 신이 무슨 일이 있어도 나를 사랑해야 하는 이유를 생각해 낼 수가 없다. 인간들 사이에서도, 그들이 나에게 품고 있는 애정이 어쩌면 나의 착각일 뿐일지 모른다는 생각이 갈수록 확고해지니까. 그렇지만 신이 지금 내가 있는 이 지점에서만 볼 수 있는 창조의 광경을 꼭 보고 싶어한다는 것은 쉽게 상상할 수 있다. 그런데 내가 그것을 방해하고 있다. 나는 신이 그 광경을 볼 수 있도록 비켜서야만 한다.

우연히 내가 지나가는 길 위에 놓인 신에게 사랑받는 사람들과 신이 서로 접촉할 수 있도록 나는 물러서야 한다. 내가 그 사이에 있는 건, 마치 연인들이나 친한 친구들 사이에 끼여 있는 것처럼 조심성이 없는 일이다. 나는 약혼자가 오기를 기다리는 젊은 아가씨가 아니다. 오히려 약혼자들 곁에 붙어 있는 성가신 제삼자이다. 약혼자들이 진정 둘만 있을 수 있도록 제삼자는 물러나야 한다.

다만 내가 그렇게 사라질 수 있다면, 신과 내가 지금 걷고 있는 이 땅, 지금 내 귀에 파도 소리가 들리는 저 바다⋯⋯사이가 완전한 사랑으로 이어질 것이다.

내 안에 있는 에너지니 타고난 재능이니 하는 것이 도대체 무슨 소용이란 말인가? 나는 그것들이 지겹다. 너무 지겨워서 사라져 버리고 싶을 정도다.

＊

"그리고 죽음은 내 눈에서 빛을 빼앗아, 이 눈이 더럽히던 햇빛에 맑은 순수를 되찾아 주겠지요……."[1]

제발 내가 사라져 버렸으면. 지금 내 눈에 보이는 것들이 더는 내 눈에 보이지 않게 됨으로써 완전히 아름다운 것이 될 수 있도록.

*

나는 이 창조된 세계를 더는 느낄 수 없게 되는 건 조금도 바라지 않는다. 단지 내가 느끼는 식으로는 느끼고 싶지 않을 뿐이다. 나에게는, 너무나도 높은 그 비밀을 말해 줄 수가 없다. 나는 떠나고 싶다. 그러면 창조주와 피조물이 그 비밀을 서로 주고받을 테지.

내가 사라지고 없으면, 그때 그런 광경이 되는 것이다…….

내가 어딘가에 있을 때는, 나는 호흡하고 심장을 울림으로써 이 하늘과 땅의 고요한 침묵을 더럽히는 것이다.

---

[1] 라신 《페드르》 5막 7장. 여주인공 페드르가 죽어 가면서 하는 말.

필연과 복종

태양은 선인과 악인 위를 똑같이 비춘다[1]……신은 스스로 필연이 되었다. 필연의 두 가지 측면, 행사하는 필연과 감내하는 필연. 태양과 십자가.

＊

필연에 대한 복종에 동의하고, 다만 필연을 잘 다뤄 가면서 움직일 것.

＊

종속관계. 에너지의 조화. 종속관계의 힘을 빌리면 명령하는 자와 복종하는 자 누구도 영웅이 되지 않으면서 영웅적인 행동을 할 수 있다.

신의 다양한 명령을 받아들일 것.

＊

어떤 때 유혹에 맞선 투쟁이 선(善)에 연결된 에너지를 소모시켜 버리는가? 또 어떤 때 그 에너지의 질을 더욱 높은 단계로 끌어올리는가?

그것은 의지와 주의력의 역할이 각각 어떤 중요성을 갖느냐에 달려 있다.

사랑의 힘으로 억압을 견디어 낼 수 있는 사람이 되어야 한다.

＊

복종은 최고의 덕이다. 필연을 사랑할 것. 한 개인에게는 필연보다 더 낮은 것은 없다고 할 수 있다(억압, 압력, '괴로운 필연'). 우주의 필연은 그런 것에서 인간을 해방시켜 준다.

＊

그것이 가능하다는 한 가지 사실 때문에, 어떤 일이 필연이 될 때가 있다. 배고플 때 먹거나, 목말라 죽어 가는 부상자에게 가까이 있는 물을 마시게 해 주는 것이 그런 일이다. 강도이건 성자이건 누구나 그렇게 할 수밖에 없을 것이다.

---

[1] 마태오복음서 5장 45절.

이런 예처럼, 처음에는 그다지 확실하게 알 수 없어도 가능이 필연을 내포하는 때를 잘 간파해야 한다. 그럴 때만 행동하고 그렇지 않으면 행동하지 말 것.

*

석류알.[2] 사람은 스스로 신을 사랑하겠다고 약속하지 않는다. 자기가 모르는 사이에 자기 내부에서 이루어진 약속에 동의하는 것이다.

*

훌륭한 행동을 할 때는, 스스로 어찌할 수 없는 일, 즉 할 수밖에 없는 일만 할 것. 끊임없이 주의를 기울여서 해야만 히는 일의 수를 계속 늘려 갈 것.

*

신에게 쫓겨 더 저항할 수 없는 곳을 넘어서기 전에는, 비록 선을 향해서라 해도 한 발자국도 나아가지 말 것. 이것은 행동에서도, 말에서도, 그리고 생각에서도 마찬가지이다. 신이 나를 밀어 낸다면 그곳이 어디든 극한까지라도 나아갈 각오를 할 것(십자가……). 최대한의 각오를 한다는 것은 신이 나를 밀어 내기를 기원하는 것이다. 어디로 밀어 내는지는 알려고도 하지 않고.

*

만일 나의 영원한 구원이 어떤 물체가 되어 이 탁자 위에 있고, 또 손만 내밀면 그것을 붙잡을 수 있다 해도, 나는 그렇게 하라는 명령이 없는 한 손을 내밀지 않으리라.

*

행동의 결과에 연연하지 말 것. 그 숙명에서 벗어날 것. 어떻게 그럴 수 있을까?

어떤 목표를 '위해'서가 아니라 필연에 '의해' 행동할 것. 그것 말고는 없다. 즉, 행동이 아니라 일종의 수동성이다. 능동적으로 행동하지 않는 행동이다.

어떤 의미에서는 노예가 가장 좋은 예이다(가장 낮은 예…… 가장 높은 예……어느 쪽이든 법칙은 같다). 물질도 마찬가지이다.

---

*2 제우스와 데메테르의 딸 코레(페르세포네)는 명계(冥界)의 왕 하데스의 눈에 들어, 지하로 납치되어 그 아내가 된다. 어머니 데메테르는 슬퍼하며 그 뒤를 쫓지만, 코레는 명계에서 '석류알'을 먹었기 때문에 규칙에 따라 지상으로 돌아갈 수 없게 되었다. 시몬 베유는 '신에 대한 암묵적인 사랑의 온갖 모습'(《신을 기다리다》 수록) 등에서 이 신화를 아름답게 얘기하고, 독특한 싱크리티즘적 전망 속에서 그 의미를 해석했다.

자신의 행동 동기를 자기 외부에 둘 것. 그 동기에 쫓길 것. 가장 순수한 동기(또는 가장 비열한 동기. 어느 쪽이든 법칙은 같다)는 '외부에' 있지 않을까.

*

　어떤 행위이든 그 목표 면에서가 아니라 충동 면에서 바라볼 것. 어떤 목적에서가 아니라 어디에서 비롯되었는가를 볼 것.

　"내가 헐벗었을 때에 입을 것을 주었고."[3] 이런 선행은 그 행동을 한 사람들이 그때 어떤 경지에 있었는지를 말해 줄 뿐이다. 그 사람들은 배고픈 사람에게 먹을 것을 주고 헐벗은 사람에게 옷을 입혀 줄 수밖에 없는 경지에 있었다. 그리스도를 위해서 그렇게 한 것은 전혀 아니다. 그리스도처럼 타인의 고통을 함께하고자 하는 사랑이 마음속에 있었기 때문에 그렇게 할 수밖에 없었던 것이다. 신을 만나기 위해 함께 러시아 대초원을 횡단하던 성 니콜라스[4]와 성 카시아누스[5]가 진흙에 빠진 마차 바퀴를 끌어 내던 어느 농부를 도와주느라 약속 시간에 늦어 버린 것과 같다. 이처럼 자기도 어쩔 수 없이, 조금은 겸연쩍어하면서 또는 후회하면서까지 베푼 선행이야말로 순수하다. 절대적인 의미에서 순수한 선행은 우리의 의지와 전혀 무관하다. 선은 초월적이다. 신이 바로 선이다.

*

　"내가 굶주렸을 때에 먹을 것을 주었고."[6] 주여, 저희가 언제 그랬습니까? 그들은 몰랐다. 그것은 몰라야 하는 일이다.

　그리스도를 위해서가 아니라 그리스도에 의해서 이웃을 도와야 한다. 나의 자아가 사라지고 우리의 몸과 영혼을 매개로 그리스도가 이웃을 구하시기를! 불행한 사람에게 구원을 주라고 주인이 보낸 종이 되어야 한다. 구원은 주인이 주는 것이며, 불행한 사람을 향한 것이다. 그리스도는 아버지인 신을 위해 고초를 당한 것이 아니다. 아버지의 뜻에 의해 사람들을 위해 고초를 당한 것

---

*3 마태오복음서 25장 36절.
*4 리카아의 미라 주교였던 사람(4세기). 어린이들의 수호성인으로서 러시아, 로렌 주, 북유럽에
　서까지 널리 추앙받았다. 산타클로스의 모델.
*5 요한 카시아누스(350~432). 이집트의 사막에서 수행한 뒤 콘스탄티노플의 총주교 성 크리
　소스토무스를 섬긴다. 상류계급의 사치에 반대한 이 성인과 함께 박해를 받고, 마르세유로
　옮겨 수도원 두 곳을 설립한다.
*6 마태오복음서 25장 35, 37절.

이다.

구원을 가져다주려는 종에 대해, 그는 주인을 위해 그렇게 하는 거라고 말할 수 없다. 그는 아무것도 하지 않는다. 불행한 사람에게 가기 위해 설령 맨발로 못 위를 걸어간다 해도, 고초를 겪기는 하지만 아무것도 하지 않는 것이다. 그는 종에 지나지 않기 때문이다.

"저희는 쓸모없는 종입니다."[7] 즉 우리는 아무것도 하지 않았다고 말하는 것이다.

일반적으로 '신을 위해'라는 말은 그릇된 표현이다. 신은 '위해'라는 말 앞에 놓일 수 없다.

신을 위해 이웃에게 가는 것이 아니라, 신에게 떠밀려 이웃을 향해 갈 것. 사수가 쏜 화살이 표적을 향해 날아가듯이.

*

다만, 아직 개척되지 않은 땅과 경작된 땅, 주어진 문제와 그 해답, 백지와 시(詩), 굶주리는 불행한 사람과 주린 배를 채운 불행한 사람, 그 사이에 서는 자가 되고 싶다.

*

모든 것 가운데 외부에서, 대가 없이, 운명의 선물처럼, 원하지도 않았는데 예고 없이 찾아오는 것, 그것만이 순수한 기쁨이다. 마찬가지로 진정한 선은 오직 외부로부터 오는 것이지, 우리의 노력으로 얻을 수 있는 것이 결코 아니다. 어떤 상황에서도 우리는 우리 자신보다 더 나은 것을 만들어 낼 수 없다. 그러므로 실제로 선을 향해 모든 노력을 기울여도 그것이 결실을 맺을 리가 없다. 길고 헛된 긴장 끝에 결국 절망에 빠져 더는 아무것도 기대하지 않게 될 때, 비로소 놀라운 기적처럼 외부에서 선물이 찾아온다. 이렇게 노력함으로써, 우리 안에 있던 거짓된 충실의 일부가 파괴된 것이다. 그런 충실보다 더욱 충실한, 신적인 공허가 찾아와 우리 안에 자리잡은 것이다.

*

신의 뜻. 그것을 어떻게 알 수 있을까? 내면에 침묵을 만들어 내어, 모든 욕망과 의견을 침묵하게 하고, 사랑을 담아, 온 영혼을 바쳐서, 소리내지 않고 "뜻

---

[7] 루카복음서 17장 10절.

이 이루어지이다"*⁸ 하고 생각할 때, 무슨 일이 있어도 해야 한다고 한 점 의심 없이 느껴지는 일이 있다면, (어떤 점에서는 이것도 잘못 생각한 것일 수도 있지만) 그것이 바로 신의 뜻이다.

한 점을 향해 집중해 가는 기준. 이성을 통해 고찰하면 몇 가지 동기가 뚜렷하고 분명하게 한 점을 향해 집중해 가는 모습이 보이지만, 어떤 동기를 그려 보아도, 역시 유난히 뛰어나다고밖에 느껴지지 않는 그런 행동 또는 태도.

*

초자연적으로 뭔가 그런 영감이 주어진 때가 아니라면 기도할 때 개별적인 사항을 염두에 두어서는 안 된다. 신은 보편적인 존재이기 때문이다. 물론 신은 개별적인 것 속에 내려온다. 창조 행위 속에도 내려왔고, 지금도 내려오고 있다. 마찬가지로 강생(降生),*⁹ 성체, 영감에서도 내려오고 있다. 그러나 그것은 하강운동이지 결코 상승운동이 아니다. 신의 움직임이지 우리의 움직임이 아니다.

우리는 신의 명령이 있어야 비로소 개별적으로 신과 관계 맺을 수 있다. 우리의 의무는 보편적인 것을 향하는 일이다.

상대적인 것을 절대적인 것과 연관지을 수 없는 점에 대해 베르제*¹⁰는 난제를 제기했는데, 아마 그 해답은 여기에 있지 않을까. 그것은 상승운동으로는 불가능하지만, 하강운동으로는 가능하다.

*

신이 무언가 명령을 내렸는지 우리로선 결코 알 수 없다. 신을 자기보다 한없이 높은 곳에 있는 존재로 본다면, 우리가 무엇을 하든 신에게 복종하고자 하는 마음이 우리를 구원해 줄 것이다. 반면에 자신의 마음을 신이라고 부른다면 무엇을 하든 결국 멸망하고 만다. 전자의 경우에는 자기가 과거, 현재, 미래에 하는 일이 선이 될 수 있다고 절대로 생각하지 않는다.

유혹을 잘 이용할 것. 그것은 영혼과 시간의 관계에서 비롯된다. 하려고 하면 할 수 있는데도 그것을 실행에 옮기지 않고, 그저 오랫동안 가만히 악을 응

---

*8 마태오복음서 6장 10절 등.
*9 신이 인간으로 태어남.
*10 가스통 베르제, 푸사르의 흐름을 이어받은 현상학 철학자. 파리대학 교수, 그 저서 《인식의 조건 연구》에서 인용.

시하고 있으면, 일종의 성변화(聖變化)*¹¹가 일어난다. 한정된 에너지로 그것에 저항할 때, 어느 정도 시간이 지나면 에너지가 소모되고, 에너지가 소모되면 결국 복종하는 수밖에 없다. 그러나 가만히 움직이지 않고 주의를 기울이고 있으면, 이번에는 유혹이 소모되어 버리고—더욱 상승한 에너지를 얻게 된다.

마찬가지로 하려고 하면 할 수 있는 선을 같은 방법으로—즉 가만히 움직이지 않고 주의를 기울여—응시하면 역시 에너지의 성변화가 일어나, 그로 인해 그 선을 실행할 수 있다.

에너지의 성변화란, 선에 관한 일에서는 그 선을 행하지 않을 수 없는 순간이 찾아오는 것을 말한다.

여기서도 선악을 판별하는 기준을 이끌어 낼 수 있다.

*

완벽한 복종에 도달한 피조물은 각각 이 세상에서의 신의 현존과 지(知)와 행위의 독자적이고 유일한, 무엇과도 바꿀 수 없는 모습을 보여준다.

*

필연. 사물과 사물 사이의 다양한 관계, 다음에는 자기 자신 그리고 자기가 마음에 품고 있는 온갖 목적도 이 관계의 한 요소로 포함하면서, 보고 확인할 것. 행동은 그 결과로서 저절로 나온다.

*

복종. 거기에는 두 가지가 있다. 중력에 복종할 수도 있고, 사물과 사물의 관계에 따를 수도 있다. 전자의 경우는 비움을 채우는 것으로서, 상상력이 떠미는 대로 행한다. 게다가 거기에는 선이니 신이니 하는 레테르(label)까지 포함하여 모든 레테르를, 그것도 어쩌면 너무도 진짜처럼 붙일 수 있다. 비움을 채우는 것인 상상력의 작용을 정지시키고, 사물과 사물의 관계에 주의를 기울인다면, 필연이 나타나 그것에 따를 수밖에 없게 만든다. 그때까지는 필연에 대해 아무것도 몰랐고 복종하려는 마음도 없었던 것이다.

그때부터는 아무리 경이로운 행위를 해도, 자기가 한 일을 자랑할 수 없게

---

*11 가톨릭 용어. 화체(化體), 변화지례(變化之禮). 예수 그리스도는 빵과 포도주를 그의 살과 피로 완전히 변화시켜, 성체 안에 실질적으로 존재한다고 설명하는 교리. 미사성체 때 사제가 외치는 말에 따라 성체의 실질이 변화하는 것이 '성변화'이다. 여기서는 물론 비유적으로 사용되었다.

된다.

*

어떻게 그런 일을 할 수 있었는지 묻는 기자에게 브르타뉴[12]의 소년 선원이 한 말. "해야만 했으니까요!" 이것은 가장 순수한 영웅주의. 이런 일은 다른 곳보다 민중 속에서 많이 볼 수 있다.

복종이 단 하나의 순수한 동기이다. 그것만이 자기가 한 일에 대해 조금도 대가를 기대하지 않고, 보상에 대해서는 "숨어 계시고 숨은 일도 보시는[13] 아버지 하느님에게 맡기고자 하는 태도이다.

단 그것은 필연에 대한 복종이지, 압박에 대한 복종(노예들에게서 볼 수 있는 끔찍한 비움상태)이 되어서는 안 된다.

*

아무리 자신을 타인이나 큰 목적에 바쳐도, 어떠한 고통을 견뎌내도, 그것이 사물과 사물의 관계에 대한 명확한 인식과 필연에 대한 순수한 복종의 결과라면, 그것을 실행하는 데 상당히 수고해야 할지언정 하겠다고 결심하는 데는 노력이 필요 없다. 그것밖에 길이 없기 때문이다. 그러므로 그 결과로서 어떤 퇴보도, 채워야 할 비움도, 보상에 대한 기대도, 원한도, 타락도 있을 수 없다.

*

행동은 저울의 눈금을 가리키는 바늘이다. 바늘을 건드려서는 안 된다. 그 추를 건드려야 한다.

여론에 대해서도 완전히 같다.

그것을 잊으면 혼란과 고통이 온다.

*

미련한 처녀들.[14] 이 이야기의 의미는 선택해야 한다는 사실을 깨달았을 때는 이미 선택이 끝나 있다―어떤 방향으로든―는 것이다. 악덕과 미덕 사이에 놓인 헤라클레스의 비유[15]보다 훨씬 더 진실하다.

---

*12 프랑스 서북부의 반도. 어부와 선원이 많다.
*13 마태오복음서 6장 18절.
*14 마태오복음서 25장 1~13절.
*15 그리스 신화의 영웅 헤라클레스는 소년 시절에 아버지의 명령으로 양을 키우고 있었다. 어느 날 자신의 장래에 대해 걱정할 때 각각 쾌락과 덕을 상징하는 두 명의 여인이 나타나 선택을 재촉한다. 그는 두 번째 여성을 선택한다.

＊

　인간의 마음속 본성이 어떠한 육체적 충동도 끊었을 뿐더러 어떠한 초자연의 빛을 잃고도, 초자연의 빛이 비친다면 당연히 취할 행동과 똑같은 행동한다면, 그것이 바로 순수함으로 넘치는 행위이다. 이것이 수난의 중심점이다.

＊

　신과의 올바른 관계는 관상(觀想)에서는 사랑이고, 행동에서는 노예이다. 이를 혼동하지 말 것. 사랑으로 관상하면서 노예로서 행동할 것……

환상

사람들은 어떤 것이 좋다고 믿기 때문에 그쪽을 향해 나아간다. 그 다음엔 그것이 필요해졌기 때문에 계속 거기에 매여 있게 된다.

*

감각으로 느낄 수 있는 것은 감각적인 사물로서는 실재한다. 그러나 선(善)으로는 실재하지 않는다.

*

가상에도 넘치도록 실재성이 있지만, 그것은 단지 가상일 뿐이다. 가상이 아닌 다른 것으로서는 허망한 것에 지나지 않는다.

*

이 세상의 온갖 사항에 대한 환상은 존재와 관련된 것이 아니라 가치와 관련된 것이다. 동굴의 비유도 가치와 관계있다. 우리가 소유한 것은 단지 선을 모방한 모조품의 그림자뿐이다. 그러므로 선과 관련하여 우리는 쇠사슬에 묶여 갇혀 있다(집착). 우리는 거기에 나타나는 가짜의 가치를 받아들인다. 그리고 스스로 행동한다고 생각하지만 사실은 움직이지 않고 가만히 있는 것이다. 결국은 같은 가치체계 속에 머물러 있기 때문이다.

*

실제로 실행되었지만 상상 속의 것에 지나지 않는 행위. 한 남자가 자살한다. 아슬아슬하게 살아나지만 자살을 결행하기 전보다 집착에서 벗어난 것은 아니다. 그 자살은 상상 속의 행위에 지나지 않았다. 아마도 자살이란 언제나 그런 것이리라. 그래서 금지된 것이다.

*

엄밀하게 말하면 시간은 존재하지 않는다(현재는 제외하고). 그러나 우리는 시간에 종속되어 있다. 그것이 바로 우리의 조건이다. 우리는 존재하지도 않는 것에 종속되어 있다. 수동적으로 견뎌 내야 하는 시간(육체적 고통, 기다림, 회한, 후회, 공포 등)이든, 조작되는 시간(명령, 방법, 필연 등)이든 우리는 존재하지 않는 것에 종속된다. 그러나 우리가 종속된다는 것은 존재한다. 우리는 실재하지 않는 쇠사슬에 실제로 묶여 있는 것이다. 시간은 실재하지 않으면서 모든 것을 또 우리를 비실재성으로 감싸버린다.

*

수전노에게 재물은 선의 모조품의 그림자이다. 그것은 이중의 의미에서 비실재적인 것이다. 수단(금전)은 이미 그 자체만으로 선과 다르며, 그것을 수단으로서의 역할에서 떼어내 목적으로 승격시켜도 선에서는 더욱 멀어질 뿐이기 때문이다.

가치판단에서 감각은 비실재적이다. 가치로만 보면, 사물은 모두 우리에게 비실재적인 것이 된다. 대상에 거짓의 가치를 부여해 봤자 역시 이 대상의 지각에서 실재성이 사라지고 만다. 거짓의 가치는 지각을 상상 속으로 빠뜨리기 때문이다.

그래서 집착에서 완전히 벗어나야만, 사람을 혼란에 빠뜨리는 가치의 안개 너머에 있는 생생하고 적나라한 모습을 볼 수 있는 것이다. 종기에 뒤덮여 쓰레기더미 속에서 몸부림치며 괴로워하지 않는 한 욥은 세계의 아름다움을 계시받을 수 없는 것이다.[1] 고통 없이는 집착에서 벗어날 수 없기 때문이다. 또 집착에서 벗어나지 않고는, 어떠한 고통도 혐오감이나 속임수 없이 견뎌 낼 수 없기 때문이다.

*

하늘 바깥쪽으로 얼굴을 내민 영혼은 인간을 먹고 산다.
하늘 안쪽에 남아 있는 영혼은 사람의 의견을 먹고 산다.

*

필연은 원래 상상과는 무관하다.

*

지각에서 실재적이고 꿈과 구별할 수 있는 것은, 감각이 아니라 그 감각 속에 싸인 필연이다.

"어째서 다른 어떻게가 아니라 이렇게 되었는가?"[2]

---

[1] 욥기 2장 7, 8절.
[2] 보마르셰 《피가로의 결혼》(1781) 5막 3장에서 피가로가 하는 말.

"그건 그렇게 되어 있으니까."*3

영적인 생활에서도 환상과 진실은 같은 방식으로 구별된다.

지각에서 실재적이고 꿈과 구별할 수 있는 것은 감각이 아니라 필연이다.

동굴 속에 앉아 눈을 감고 여행을 상상하는 사람과 실제로 여행하는 사람의 구별. 영적인 것 중에도 실재적인 것과 상상의 것이 있고, 여기서도 차이를 만드는 것은 역시 필연이다. 단순한 고통만으로는 안 된다. 고통에는 상상의 것도 있기 때문이다. 인간의 내적인 감정만큼 사람을 기만하는 것은 없다.

*

영적인 영역에서는 실재적인 것과 상상의 것을 어떻게 구별하는가?

상상의 천국보다는 실재하는 지옥이 낫다고 생각해야 한다.

*

낮은 곳에 있는 상태와 높은 곳에 있는 상태의 구별. 높은 곳에 있는 상태는 여러 개의 면이 중첩되어 공존한다.

*

겸손의 목적은, 영적 성장의 길에서 상상에 지나지 않는 부분을 버리는 것이다. 자기가 실제보다 발전이 훨씬 느리다고 생각하는 건 아무 문제도 되지 않는다. 그래도 역시 빛은 그 효과를 미친다. 빛의 원천은 사람들의 의견에 있지 않다. 많은 사람들이 자기가 실제보다 성장했다고 생각하지만, 이는 사람들의 의견에 좌우된 것이다.

*

실재하는 것을 판별하는 기준은 견고함과 거칢이다. 거기서 찾을 수 있는 것은 기쁨이지 쾌적함이 아니다. 쾌적한 것은 몽상이다.

*

상상을 섞지 않고 사랑하도록 노력할 것. 있는 그대로의 모습을 아무런 해석도 가하지 않고 사랑할 것. 그때 우리는 진정으로 신을 사랑하게 된다.

절대적인 선을 지나온 뒤에 다시 환상적이고 부분적인 선을 발견할 때가 있다. 그러나 하나의 선을 추구하는 것도, 다른 하나의 선을 마음에 두는 데 방해되지 않는 선에서만 할 수 있는 계층적인 질서 속에서 가능한 일이다. 이 질

---

*3 "우리는 필연적인 것에 대해 '그건 그렇게 되어 있다'고 말한다……"(헤겔《소논리학》147절)

서는, 그 밑에 관련된 개별적인 선에서 본다면, 초월적이고 절대적인 선을 반영하는 것이다.

이미 논리적인 추리(다양한 관계의 지적 이해)를 통해서도, 개개의 선과 악에는 한계가 있고 서로 뒤섞여 유입한다는 사실이 고찰되어, 우상숭배를 해소하는 데 도움을 주고 있다.

선이 악으로 이행하는 지점, 즉 '……인 한', '……의 범위 안에서', '……에 관해서는' 등을 잘 분간할 것.

비례관계를 넘어설 것.

*

중요한 것은 언제나 시간과의 관계이다. 시간을 소유한다는 환상을 버릴 것. 스스로 육화(肉化)할 것.

인간은 육화해야 한다. 인간은 상상 때문에 영혼과 육체가 분리되어 있기 때문이다. 우리 내부에서 사탄으로부터 나온 것이 상상력이다.

*

상상의 사랑을 치유하는 것. 아주 작은 최소한의 것, 신에 대해 더는 어떻게도 거부할 수 없는 것을 신의 것으로 인정할 것, ―그리고 언젠가, 되도록 빨리 그 최소한의 것이 모든 것으로 확대되기를 바랄 것.

*

바꿔 놓기. 여전히 낮은 마음의 경향(《예》 남을 이기고 싶은 욕망)을 유지하면서, 그것에 높은 목표를 부여했으니 자신은 높아졌다고 생각하는 것.

반대로 낮은 목적에 높은 마음의 경향을 연결한다면 자신을 높일 수 있을 것이다.

*

모든 정열에는 언제나 경이로운 점이 있다. 도박을 하는 사람은 성자들처럼 밤을 새우고 단식하며, 때로는 예지력을 얻기도 한다.

도박꾼이 도박을 사랑하듯 신을 사랑하는 것은 무척 위험한 일이다.

*

무한을 어느 차원에 배치하느냐에 주의할 것. 다만 유한만이 어울리는 차원에 놓는다면, 그것을 뭐라 부르느냐 따위는 아무 의미가 없다.

*

내 안의 낮은 부분도 신을 사랑해야만 한다. 그러나 지나치게 사랑해선 안된다. 그러면 신이 아니게 되어 버릴 것이다.

목이 마를 때, 배고플 때처럼 사랑해야 한다. 다만 가장 높은 것만이 충분히 만족할 권리를 지닌다.

*

십자가의 성 요한*⁴이 느낀 신에 대한 두려움. 그것은 그럴 자격이 없는 자신이 신을 생각하는 데 대한 두려움이 아닐까? 신을 잘못 생각함으로써 신을 더럽히는 데 대한 두려움? 그러한 두려움 때문에 우리 안의 낮은 부분은 신으로부터 멀어진다.

*

육체가 위험한 것은 신을 사랑하지 않으려 하기 때문이지만, 생각 없이 아무렇게나 신을 사랑하려 하기 때문이기도 하다.

*

편견과 싸우려는 의지가, 편견이 배어 있다는 확실한 증거가 되는 것은 어찌된 일일까? 그런 의지는 반드시 어떤 편집(偏執)에서 비롯된다. 거기서 벗어나려고 하지만 그 노력도 전혀 결실을 맺지 못한 채 끝나고 만다. 이때 효력을 발휘할 수 있는 것은 오직 주의력의 빛뿐이다. 그것은 논쟁적인 의도와 양립할 수 없다.

프로이트의 학설에는 편견이 가득 배어 있다. 편견과 싸우는 것을 사명으로 하면서도 성적(性的)인 것은 비천하다고 간주하는 편견.

성 에너지를 생리적인 기초로 하는 사랑과 욕망의 능력을 신으로 향하게 하는 신비사상과, 그 능력을 제 맘대로 가게끔 방치하여 그것에 상상 속의 목표를 부여하고, 그 목표에 신이라는 이름을 붙이는 사이비 가짜 신비사상에는 본질적인 차이가 있다. 이 두 가지 작용—후자는 방종보다도 낮은 것이지만—을 명확하게 구별하기란 어렵기는 하지만 불가능한 일은 아니다.

*

신과 초자연적인 것은 우주에서는 숨어 있어서 형체가 없다. 그 두 가지가

---

*4 에스파냐의 수도승(1542~91). 맨발의 카르멜회의 창시자로, 신비주의 저작《영혼의 성(城)》, 시《어두운 밤》등)을 남겼다. 그의 저서를 시몬 베유는 만년에 이르기까지 애독한다.

영혼 속에 이름 없이 숨어 있는 것은 좋은 일이다. 그렇지 않으면 사람들은 상상적인 것에 신과 초자연이라는 이름을 붙였을 것이다(그리스도에게 먹을 것과 입을 것을 준 사람들[*5]은 그가 그리스도라는 사실을 몰랐다). 고대의 밀교에 담긴 의미가 여기에 있다. 그리스도교[*6]는 성스러운 것에 대해 너무 많은 이야기를 한다.

*

도덕과 문학. 우리의 현실 속 인생은 4분의 3 이상이 상상과 허구로 이루어져 있다. 선과 악을 정말로 접하기란 드문 일이다.

*

우리를 신에게 다가가게 하지 못하는 학문에는 아무런 가치가 없다.

그러나 올바르게 다가가지 못하게 한다면, 즉 상상 속 신에게 다가가게 한다면 그것은 더욱 나쁜 일이다.

*

자연이 나의 내부에서 기계적으로 할 뿐인 일을 내가 한다고 믿는 것은 잘못이다. 그러나 성령이 그 일을 한다고 믿는 것은 더더욱 잘못이다. 그런 믿음은 인간을 진리에서 더욱 멀어지게 한다.

*

상반되는 것들 사이의 상관관계와 교류관계의 온갖 모습들.

위대한 것(신을 포함하여)에 전적으로 헌신하면서 자기 내부의 저열한 경향은 제멋대로 방치해 둘 것.

위대한 것과 자신 사이에 놓인 무한한 거리를 생각하고, 나를 그 위대한 것의 도구로 삼을 것.

두 유형을 구별하는 기준은 무엇인가?

유일한 기준은, 올바르지 않은 관계는 본디 유한한 것을 무한하다고 간주한다는 점이다.

*

인간 속에서—성스러움과 천분이 최고의 형태로 나타난 경지는 예외로 하고—참이라는 인상을 주는 것은 거의 어김없이 가짜이고, 참된 것은 거의 어김없

[*5] 마태오복음서 26장 37절.
[*6] 가톨릭과 프로테스탄트.

이 가짜라는 인상을 준다.

참된 것을 표현하는 데는 고통스러운 노력이 필요하다. 참된 것을 받아들일 때 역시 마찬가지이다. 거짓 또는 적어도 표면적인 것은 노력 없이 표현하고 받아들일 수 있다.

참된 것이 적어도 거짓된 것처럼 참되게 보일 때, 성스러움과 천분이 빛을 발하기 시작한다. 그러므로 성 프란체스코*7는 통속적이고 연극조로 얘기하는 설교가와 마찬가지로 청중의 눈물을 자아냈다.

*

시간의 지속—문명을 위해서는 몇 세기 동안, 개인이라면 몇 년 또는 몇 십 년 동안—은 적응하지 못한 것은 도태된다는 다윈의 학설과 같은 작용을 한다. 모든 것에 적응하는 것이 영원히 이어진다. 우리가 경험이라고 부르는 것이 이 점에 한해서는 진가를 발휘한다. 그러나 인간은 흔히 거짓이라는 갑옷을 몸에 두르고, 자기 안의 적응하지 못한 것도 다양한 풍운을 극복하고 살아남게 하려고 한다. 그런 갑옷이 없으면 죽어 버렸을지도 모르는 것을(그래서 여러 가지 치욕 속에서도 오만은 견디고 살아남는다). 이 갑옷은 적응하지 못한 자가 위험으로부터 몸을 방어하기 위해 스스로 분비한 물질 같다(치욕을 받으면 오만은 내면을 거짓으로 두껍게 칠한다). 영혼 속에는 식세포 같은 것이 있는 모양이다. 시간의 위협 앞에 있는 모든 것은, 죽지 않기 위해 죽음의 위험이 닥쳐오는 정도에 따라 거짓을 분비한다. 그러므로 조금도 주저하지 않고 죽음을 거부하는 곳에는, 진리를 향한 사랑이 없다. 그리스도의 십자가는 지식에 이르는 유일한 문이다.

*

내가 저지른 죄를 모두 신의 은혜로 여길 것. 나의 깊은 곳에 숨겨진 본질적인 결함이 바로 그날 그 시간 그 상황에서 부분적으로 내 눈 앞에 똑똑히 드러난 것은 신의 은총이다. 나는 인간의 사고의 시선이 감당할 수 있는 한, 나의 결함이 송두리째 내 눈앞에 드러나기를 간절히 원한다. 나의 결함이 치유되기를 바라서가 아니다. 이 결함이 치유되지 못한다 하더라도 나는 진리 안에 있

---

*7 아시시의 프란체스코(1181~1226)로 유명한 성인. 프란체스코파의 창시자로, 시몬 베유가 특히 사랑한 성자의 한 사람이다. 1937년 여름에 그녀는 아시시를 방문하여, 산타마리아 델리 안젤리의 작은 예배당에서 '태어나서 처음으로' 기도를 올렸다.

고 싶기 때문이다.

*

무가치한 것은 모두 빛을 멀리한다. 이 세상에서는 육신 속에 숨을 수 있지만, 죽음이 찾아오면 더는 그럴 수 없다. 알몸 그대로 빛에 몸을 드러내게 된다. 그것은 저마다의 상황에 따라 지옥이 되고, 연옥이 되고, 천국이 된다.

*

사람이 선으로 다가가게 해 주는 노력 앞에서 주저하는 것은 바로 육체의 혐오 때문이다. 그러나 육체가 혐오하는 것은 노력이 아니라 선이다. 옳지 않은 것을 위해서라면, 자극이 충분히 강하고 그렇게 해도 죽지 않는다는 사실을 알면, 육체는 무엇이든 받아들일 준비가 되어 있기 때문이다. 옳지 않은 것을 위해 죽어야 하는 지경에 이르러도, 영혼의 육체적인 부분에서는 진정한 죽음이 아니다. 영혼의 육체적인 부분에서 죽음은 얼굴과 얼굴을 마주하여 신을 보는 것이다.

우리가 내면의 비움을 피하려 하는 것도 거기에 신이 비집고 들어올 우려가 있기 때문이다.

쾌락을 추구하고 노력을 싫어하는 마음이 죄를 짓게 하는 것이 아니다. 신에 대한 두려움 때문에 죄를 짓는다. 우리는 죽지 않고서는 신을 마주대할 수 없다는 사실을 안다.

죽기를 바라는 사람은 아무도 없다. 죄를 지으면 신과 마주 대하는 것을 효과적으로 피할 수 있음을 우리는 안다. 쾌락이나 고통은 우리에게 죄를 짓는 데 반드시 필요한 추진력을 아주 조금 제공해 줄 뿐이다. 그리고 무엇보다 특히 필요한 구실과 알리바이도 제공해 준다. 부정한 전쟁에도 이런저런 구실이 필요한 것처럼 죄에도 여러 가지 거짓 선이 필요하다. 인간은 자신이 악을 향해 가고 있다는 생각을 감당하지 못하기 때문이다. 육체는 우리를 신으로부터 멀리 떼어 놓는 것이 아니다. 육체는 신과 우리 자신 사이를 가로막기 위해 우리 스스로가 치는 얇은 장막이다.

아마도 그것은 어떤 지점까지 간 뒤에 비로소 시작될 것이다. 동굴의 비유도 이를 잘 보여 준다. 처음에는 몸을 움직이는 것이 고통스럽다. 입구에 이르면 이번에는 빛 때문에 힘들다. 빛은 눈을 어지럽게 할 뿐만 아니라 상처를 입힌다. 눈은 빛을 보지 않으려고 저항한다.

그때부터는 이미 죽음에 이르는 죄*⁸밖에 저지를 수 없게 되는 것이 진실 아닐까. 빛으로부터 자기를 숨기기 위해 육체를 취하는 것은 죽음에 이르는 죄가 아닐까. 이렇게 생각하면 끔찍하다.

차라리 한센병에 걸리는 것이 낫다.

*

신이 강제로 나를 붙잡아 가야 한다. 만일 지금 죽음이 육체의 베일을 벗기고 나를 신의 얼굴 정면에 끌고 간다면 나는 달아나 버릴 것이기 때문이다.

---

*8 가톨릭에서 말하는 '대죄'. '중대한 사항이나 자기 양심의 목소리에 비추어 중대하다고 믿는 사항에 대해, 완전하게 의식하고 완전하게 승낙함으로써 고의로 신의 뜻을 어기는 것'이다.

우상숭배

우상숭배가 생기는 까닭은, 절대 선을 갈망하면서도 초자연적인 주의력을 갖추지 못했을 뿐더러 그것이 자라나긴 참을성 있게 기다릴 수 없기 때문이나.

*

우상이 없을 때는 먼저, 날마다 또는 거의 날마다, 비움상태에서 괴로워해야 한다. 초자연적인 양식 없이는 불가능한 일이다.

그러므로 우상숭배는 동굴 안에서는 살아가는 데 꼭 필요한 것이다. 우상숭배에 빠지면 아무리 좋은 사람도 지적 이해력과 선의가 좁게 한정되는 것을 피하기 어렵다.

*

인간의 사고는 정념이나 공상, 피로 등에 끌려다니기 쉽고 변하기 쉽다. 그런데 실제 행동은 날마다 그리고 하루 중 몇 시간이나 똑같이 계속되어야 한다. 그러므로 사고와는 관계가 없는, 즉 다양한 관계를 떠난 활동 동기가 필요하다. 그것이 바로 우상이다.

*

사람은 누구나 자기가 사랑하는 것을 위해서라면 죽을 각오가 되어 있다. 사랑하는 정도, 사랑의 집중도 내지 확산도에 차이가 있을 뿐이다. 자기 자신을 사랑하는 사람은 아무도 없다.

인간은 이기주의자가 되고 싶어하지만 그럴 수 없다. 그것이야말로 인간의 비참함이 지닌 가장 감동적인 특성이고 또 인간의 위대함의 원천이다.

인간은 언제나 어떤 질서에 헌신한다. 다만 초자연적인 계시를 받을 때는 예외로, 그 질서의 중심에 있는 것은 언제나 자기 자신 또는 자기를 이입한 어떤 특정한 존재(어쩌면 추상적인 것)이다(나폴레옹의 병사들에 대한 나폴레옹 또는 과학, 정당 따위). 투시화법 같은 질서.

*

우리는 겸손을 얻으려고 할 필요가 없다. 겸손은 우리 안에 있다. 다만 우리는 거짓 신들 앞에서 겸손해져 있을 뿐이다.

사랑

사랑은 우리의 비참함의 표시이다. 신은 자기 자신밖에 사랑할 수 없다. 우리는 우리 자신이 아닌 다른 것만 사랑할 수 있다.

*

신이 우리를 사랑하기 때문에 우리가 신을 사랑해야 하는 것은 아니다. 그보다는 신이 우리를 사랑하기 때문에 우리는 우리 자신을 사랑해야 한다. 이런 이유가 아니라면 우리가 어떻게 자신을 사랑할 수 있겠는가?

이러한 에움길이 없는 한 인간은 자기를 사랑할 수 없다.

*

만약 내가 눈을 가린 채 두 손이 사슬로 기둥에 묶여 있다면, 그 기둥은 나를 주위의 사물과 분리시키지만 또 그 기둥 덕분에 나는 주위의 사물을 탐색해 볼 수 있다. 내가 느끼는 것은 기둥뿐이고 내가 인지하는 것은 벽뿐이다. 피조물이 지닌 사랑의 능력도 마찬가지이다. 초자연적인 사랑은 오직 피조물에게만 오며 오직 신을 향해 나아간다. 신은 오로지 피조물만을 사랑한다(우리로서도 달리 사랑할 것이 있을까?). 그러나 매개자로서 사랑하는 것이다. 그런 명분으로 자기 자신도 포함하여 모든 피조물을 똑같이 사랑한다. 타인을 자기 자신처럼 사랑하는 것 속에는 대조적으로 자기 자신을 타인처럼 사랑하는 것이 내포되어 있다.

*

기쁨과 고통이 똑같은 감사의 마음을 불러일으킨다면, 신을 향한 사랑은 순수하다.

*

행복한 사람에게 사랑이란 사랑하는 사람이 겪는 불행의 고통을 함께 나누고자 하는 마음이다.

불행한 사람에게 사랑이란 사랑하는 사람이 기쁨 속에 있음을 아는 것만으로 만족할 뿐 그 기쁨을 함께 나누지도, 그러기를 바라지도 않는 것이다.

*

플라톤의 눈으로 보면, 육체적인 사랑은 진정한 사랑이 타락한 모습이다. 인간의 순수한 사랑(부부가 서로에게 성실한 것)은 타락의 정도가 비교적 덜한 모습이다. '승화'*¹의 관념은 이 어리석기 짝이 없는 현대에 이르러 출현한 생각이다.

*

《파이드로스》의 사랑.*² 그것은 힘을 행사하지도 않고 힘에 당하지도 않는다. 그것이 유일한 순수이다. 일단 칼을 잡으면 자루를 잡든 날을 잡든 어차피 더럽혀지긴 마찬가지이다. 누군가를 사랑하는 사람에게선 금속의 차가움도 사랑을 앗아 가지는 못하겠지만 신으로부터 버림받았다는 느낌은 줄 것이다. 초자연적인 사랑은 결코 힘과 관계를 맺지도 않지만, 힘의 차가움, 철의 차가움으로부터 영혼을 보호해 주지도 않는다. 다만 이 세상에서의 관계 가운데 충분한 에너지를 지닌 것이 있다면, 철의 차가움으로부터 지켜 줄 수 있을지도 모른다. 갑옷 역시 칼과 마찬가지로 금속으로 되어 있다. 오로지 순수한 사랑만 하는 사람의 영혼은 살인 탓에 얼어붙는다─그가 가해자이든 피해자이든. 또 죽음까지는 가지 않는다 해도 폭력에 속하는 모든 것을 통해서도, 그 사람의 영혼은 마찬가지로 얼어붙는다. 영혼이 상처받지 않도록 지켜 주는 사랑을 원한다면 신이 아닌 다른 것을 사랑해야 한다.

*

사랑은 언제나 더 멀리 나아가려 한다. 그러나 사랑에는 한계가 있다. 그 한계를 넘어서면 증오로 변한다. 그러한 변화를 피하기 위해 사랑은 다른 것이 되어야 한다.

*

인간들 사이에서는 자기가 사랑하는 사람들의 존재만이 완전하게 눈에 들

---

*1 프로이트의 정신분석학 용어. 성적 에너지를 예술과 종교, 사회적으로 가치 있는 활동으로 바꾸어 가는 것.

*2 라신 《페드르》에서의 사랑을 암시한다고도 볼 수 있지만(여주인공 페드르가 이폴리트의 허리에서 칼을 빼드는 장면─3막 5장), 플라톤의 《파이드로스》에 설명된 사랑의 순수성(254 이하)을 가리킨다고 받아들이는 편이 낫다. 프랑스어에서는 모두 같은 말.

어온다.

*

다른 사람들이 존재하는 모습 그대로 믿는 것이 사랑이다.

*

정신은 그 어떤 존재도 믿도록 강요받아서는 안 된다(주관주의, 절대적 이상주의, 유아론, 회의론, 우파니샤드, 도가, 플라톤을 보라. 이들은 모두 정화되기 위해 그러한 철학적 태도를 취했다). 그러므로 존재와 접촉할 수 있는 유일한 관계는 받아들이는 것이고, 사랑하는 것이다. 그러므로 미(美)와 실재는 하나이다. 그러므로 기쁨과 실재감은 하나이다.

*

사랑하는 사람을 자기 손으로 창조하고자 하는 욕구는 신을 모방하려는 욕구이다. 더욱이 그것은 가짜 신을 향해 기울어진다. 하늘 저 멀리 보이는 전범(典範)을 따르지 않는 한.

*

피조물에 대한 순수한 사랑. 신을 향한 사랑은 아니지만, 마치 불 속을 지나가듯이 신을 지나가는 사랑. 피조물로부터 완전히 이탈하여 신에게 올라가서, 거기서 신의 창조적인 사랑과 결합하여 다시 내려오는 사랑.

그리하여 인간의 사랑을 분열시키는 두 가지 상반되는 것이 하나로 이어진다. 즉 사랑하는 사람을 그대로 사랑하기, 그 사람을 재창조하기.

*

피조물에 대한 상상의 사랑. 사람은 어떤 집착의 대상에도 끈으로 묶여 있다. 끈은 언제든지 끊어질 수 있는 것이다. 사람은 또 상상의 신에게 끈으로 묶여 있다. 그 신에 대한 사랑 역시 집착이다. 그러나 실재하는 신에게는 매여 있지 않다. 따라서 끊어질 끈도 없다. 신은 우리 안으로 들어온다. 오직 신만이 우리 안에 들어올 수 있다. 다른 것은 모두 밖에 머물러 있다. 그러한 것에 대해 우리가 알 수 있는 사실은 기껏해야 그러한 것이나 우리가 이동했을 때 끈이 당기는 긴장의 정도와 방향이 변한다는 점, 이 변화가 끈에 나타나는 모습뿐이다.

*

사랑에는 실체가 필요하다. 육체라는 가상(假象)을 통해 상상의 존재를 사랑하다가 어느 날 그것을 깨닫는 것, 그보다 더 가혹한 일이 있을까? 그건 죽음보다 더 가혹하다. 죽음도 사랑하는 사람이 존재했다는 사실을 바꾸지는 못하기 때문이다.

그것은 상상으로 사랑을 키운 죄에 대한 벌이다.

*

예술작품은 그저 그것이 존재한다는 사실만으로 우리에게 힘을 준다. 사랑하는 사람들에게 그런 예술작품이 주는 위안과는 다른 위안을 요구하는 것(또는 그들에게 주기를 원하는 것)은 비열한 짓이다. 사랑하고 사랑받는 것은 서로 그렇게 존재한다는 사실을 더욱 구체화하여, 언제나 마음의 눈에 생생하게 보이도록 하는 것이다. 그러나 마음에 눈에 생생하게 보인다 해도, 그것은 사고의 원천이 되어야지 사고의 목표가 되어서는 안 된다. 이해받고 싶어하는 마음에 무리가 없는 까닭은, 그것이 자신을 위해서가 아니라 타인을 위해서, 타인을 위해 존재하고자 하는 마음에서 나온 것이기 때문이다.

*

우리의 내부에 있는 비천하고 범용한 것은 모두 순수성을 외면하며, 순수성을 더럽힘으로써 자신의 생명을 유지해 나간다.

더럽히는 것은 변화시키는 것이고 접촉하는 것이다. 아름다운 대상을 변화시킨다는 것은 생각도 할 수 없는 일이다. 뭔가에 대해 힘을 휘두르는 것은 더럽히는 행위이다. 소유하는 것은 더럽히는 것이다.

순수하게 사랑하는 것은 거리에 대한 동의(同意)이다. 자기와 사랑의 대상 사이에 있는 거리를 무엇보다 존중하는 일이다.

*

상상력은 언제나 어떤 욕망, 즉 어떤 가치와 연결되어 있다. 그러나 대상이 없는 욕망에는 상상력이 허무하게 빠져 있다. 상상력으로 가려지지 않은 것 속에서는 어디나 신이 생생하게 현전하고 있다. 아름다운 것은 우리 안의 욕망을 꿰뚫어 보고 그 대상을 제거한 뒤, 그 대신 그것에 실제로 존재하는 대상을 부여함으로써 욕망이 미래를 향해 날갯짓하며 날아가는 것을 저지하고자 한다.

그것이 순수한 사랑으로 얻을 수 있는 것이다. 쾌락을 향한 모든 욕망은 미래에 속하고, 환상의 세계에 속한다. 한 사람이 존재하기를 원하는 것만으로 그 사람이 존재한다면 더 무엇을 바라겠는가. 그때 사랑하는 그 사람은, 상상의 미래에 가려지지 않고 알몸 그대로 실제로 존재한다. 수전노가 자기의 재물을 바라볼 때는 언제나 반드시 n배의 크기로 불어나 있는 광경을 상상한다. 알몸 그대로를 보려면 일단 죽어 있어야 한다.

그리하여 욕망이 미래를 향하는가 그렇지 않은가에 따라, 사랑은 순수한 것도 되고 순수하지 않은 것도 된다.

그런 의미에서는 미래를 본보기 삼아 생각해 낸 거짓 불멸성으로 향해 있지 않다면, 죽은 자에게 바쳐지는 사랑은 완전히 순수하다. 그것은 이제 새로운 것은 아무것도 가져올 수 없는, 종료한 삶을 원하기 때문이다. 그 사자(死者)가 예전에 존재한 적이 있기를 우리는 원한다. 그러면 그 사자는 존재한 것이 된다.

*

정신이 원칙인 것을 그만두는 곳에서는 목적인 것도 그만둔다. 그래서 모든 형태에 대한 집단적인 '사고'와 의미의 상실, 영혼 존중의 소실이 밀접하게 연관되어 나타난다. 영혼이란 그 자체 속에 가치를 지녔다고 인정되는 인간존재를 가리킨다. 한 여성의 영혼을 사랑하는 것은 자신의 쾌락과 관련하여 그 여성을 생각하지 않는 것이다. 사랑은 조용하게 주시할 수 없게 되면 소유하려고 욕망한다. (플라톤적인 사랑의 소멸)

*

자신의 눈에 자기를 명료하게 비춰 보기도 전에 타인들의 이해를 구하는 것은 잘못이다. 이는 우정 속에서 쾌락을, 그것도 받을 가치가 없는 쾌락을 구하는 행위이다. 사랑보다 더 부패시키고 타락시키는 행위이다. 당신은 우정을 위해 영혼을 팔아넘길 생각인가.

우정을, 아니 우정에 대한 몽상을 단호하게 물리치는 법을 배우자. 우정을 바라다니 심각한 잘못이다. 우정이란 예술이나 인생에서 얻는 환희처럼 대가 없이 받는 기쁨이어야 한다. 그런 우정을 받을 가치가 있는 사람이 되려면 그것을 거부해야 한다. 우정은 은총의 차원에 속하는 것이다("주여, 저에게서 떠나 주십시오……").*3 우정은 여분으로 주어지는 것의 하나이다. 우정에 대한 모든 몽상은 깨져야 한다. 당신이 지금까지 한 번도 사랑받지 못한 건 우연이 아닐진대……. 고독을 피하려는 건 비열하다. 우정은 구할 수 있는 것도, 꿈꿀 수

---

*3 루카복음서 5장 8절.

있는 것도, 욕망할 수 있는 것도 아니다. 우정은 일어나는 것이다(그것은 하나의 덕이다). 불순하고 혼란스러운 이 쓸데없는 감정은 모두 없애 버리자. 그뿐이다!

아니면 오히려(자기 내부에 있는 것을 너무 엄격하게 쳐내서도 안 되니까) 우정에서 실제로 서로 좋은 영향을 주고받지 못하는 것에 대해 깊이 반성해 볼 것. 우리에게 힘을 주는 우정이라는 덕을 모르고 사는 것은 아까운 일이다. 절대로 용서할 수 없는 것은 감정의 향락에 빠지는 것이다. 이는 부패이며, 음악이나 미술에서 하찮은 공상에 빠지는 것과 마찬가지로 어리석은 일이다. 우정은 미와 마찬가지로 현실에서 분리되어서는 안 된다. 우정은 또 미와 마찬가지로 기적이라고 할 수 있다. 그 기적은 단지 우정이 존재한다는 사실 그 자체이다. 스물다섯이면 이미 청춘시대와는 단호하게 작별을 고할 나이이다…….

*

어떤 애정에도 사로잡혀서는 안 된다. 고독을 지키자. 언젠가 진정한 애정이 주어지는 날이 온다면, 그때는 내면의 고독과 우정 사이의 대립이 사라져 있으리라. 오히려 그 틀림없는 표식을 통해 당신은 우정을 확인하게 될 것이다. 그밖의 애정은 모두 엄격한 규율에 따라 다스려야 한다.

*

같은 말(이를테면 남편이 아내에게 "사랑해" 하고 말할 때)이라도 그것을 어떻게 말하느냐에 따라 천박하게 들리기도 하고, 멋들어지게 울리기도 한다. 그것은 의지와는 상관없이, 그 사람이 어떤 장소에서 얼마만큼의 깊이에서 말하느냐에 달렸다. 때로는 멋진 하모니가 일어나, 그 말이, 듣는 사람의 똑같이 깊은 곳까지 가 닿는 일이 있다. 그때 듣는 사람도 분별해서 듣는 귀만 있다면 그 말에 얼마만큼의 가치가 있는지 가려낼 수 있다.

*

은혜 베푸는 일이 허용되는 까닭은 그 행위 덕택에 고통보다 더 큰 굴욕을 주기 때문이고, 종속관계가 생긴 것을 더욱 은밀하고 부정할 수 없는 형태로 시험하기 때문이다. 그리고 같은 이유에서 고마움도 표시되어야 한다. 누군가 행한 선행의 은혜를 입게 되면 결국 종속될 수밖에 없다. 그러나 종속관계라 해도 운명에 대한 것이어야지 누군가 특정한 인간에 대한 것이어서는 안 된다. 그러므로 은혜 베푸는 사람은 그 행위 뒤에 완전히 숨어야 한다. 그리고 고마움 속에는 집착하는 마음이 조금이라도 섞여 있어서는 안 된다. 그것은 개가 고마워하는 것과 같기 때문이다.

＊

고마움은 먼저, 타인에게 도움의 손길을 내미는 사람이 알아야 한다. 그 도움의 손길이 깨끗하고 더럽혀지지 않았다면. 은혜를 입는 사람도 고마워해야 하지만, 그것은 단지 서로 그렇게 해야 한다는 이유에서이다.

＊

순수한 고마움의 마음을 느끼려면(우정의 경우는 제외하고) 다음과 같이 생각해야 한다. 즉 사람들이 나를 따뜻하게 대해 주는 이유는 연민이나 동정 또는 변덕 때문이 아니고, 호의나 특별대우 때문도 아니고, 따뜻한 마음을 타고 났기 때문도 아니며, 다만 정의가 명령하는 대로 실천하려는 마음 때문이라고 말이다. 따라서 나를 그렇게 대하는 사람은, 나와 같은 처지에 있는 모든 사람들이, 그 사람과 같은 처지에 있는 모든 사람들한테서 똑같은 대접받기를 희망하는 것이다.[4]

---

[4] 여기서 말하는 '플라톤적인' 사랑(플라토닉 러브)은 오늘날 그 이름으로 불리는 것과는 아무 관계도 없다. 그것은 상상력이 아니라 영혼에서 오는 것이다. 그것은 또 순수하게 영적인 정관(靜觀)이다. 뒤에 나올 '미'에 대한 장을 참조할 것(편자의 노트).

악(惡)

창조. 선은 조각조각 부서져서 악 속에 뿌려져 있다.

*

악은 한계가 없다. 그러나 무한하지는 않다. 무한한 것만이 한계가 없는 것에 한계를 정한다.

*

악의 단조로움. 새로운 것은 아무것도 없다. 악에서는 모든 것이 동질이다. 실재하는 것은 아무것도 없다. 악에서는 모두가 가공이다.

이 단조로움 때문에 양(量)이 아주 큰 역할을 한다. 많은 남자들(돈 후안)[1] 또는 많은 여자들(셀리멘).[2] 거짓의 무한성을 추구하지 않을 수 없는 형벌. 이것은 지옥 그 자체이다.

*

악은 제멋대로 행동하는 것이다. 그래서 단조롭다. 자기 안에서 모든 것을 이끌어 내야 한다. 그런데 인간에게는 창조가 허락되지 않았다. 그것은 신을 모방하려는 악랄한 시도이다.

창조할 수 없음을 알려고도, 인정하지도 않는 데서 많은 과오가 생겨난다. 우리는 창조행위를 모방해야 하는데 그 방법에는 두 가지가 있다—실제 모방과 표면적인 모방—즉 보존하는 것과 파괴하는 것이다.

보존 속에는 '나'의 흔적이 전혀 없다. 파괴 속에는 '나'의 흔적이 어느 정도 있다. '나'는 파괴함으로써 이 세상에 흔적을 남긴다.

---

[1] 전설의 에스파냐 기사 돈 후안 테노리오. 에스파냐의 극작가 티르소 데 몰리나 이후 몰리에르·모차르트·키에르케고르 등이 예술작품의 주제로 삼았으며, 방탕아·엽색가의 대명사이다.

[2] 몰리에르 《인간혐오》(1666)의 등장인물로, 주인공 알세스트의 연인. 요부이자 천박한 사교계 여성.

*

문학과 도덕. 상상 속의 악은 낭만적이고 변화가 풍부하며, 실재하는 악은 음산하고 단조롭고 삭막하고 지루하다. 상상 속의 선은 지루하지만, 실재하는 선은 언제나 새롭고 사람을 놀라게 하며 매혹적이다. 그러므로 '상상력의 문학'은 지루하거나 부도덕하거나(아니면 이 두 가지가 섞여 있거나) 둘 중의 하나이다. 이 양자택일에서 벗어나려면, 어느 정도 예술의 힘을 빌려 실재 쪽으로 다가가야만 한다—이것은 오직 천재의 영역이다.

*

어떤 종류의 열등한 덕은 타락한 선의 한 모습이다. 그러한 덕을 실행했다면 뉘우쳐야 하지만, 그것은 악을 뉘우치기보다 더 어려운 일이다. 바리사이인과 세리(稅吏).*³

*

악에 대립하는 선은, 어떤 의미에서는 대립하는 모든 것이 그렇듯이 악과 질이 같다.

*

악이 침범하는 것은 선이 아니다. 선은 침범할 수 없는 것이기 때문이다. 악은 타락한 선만 침범할 뿐이다.

*

어떤 하나의 악과 직접 대립하는 것은 선의 더 높은 차원에 속하는 가치가 아니다. 대체로 그것은 악보다 아주 조금 위에 있을 뿐이다! 예를 들어 도둑질과 부르주아의 사유재산 중시, 간음한 여자와 '정숙한 여자', 저축과 낭비, 거짓말과 '진실성' 등.

*

선은 본질적으로 악과 다르다. 악은 복잡하고 토막토막 끊겨 있지만 선은 하나이다. 악은 표면뿐이지만 선은 바닥 모를 깊이가 있다. 악은 행동에 있지만 선은 비(非)행동 또는 행동하지 않는 행동에 있다 등—. 악과 같은 수준에서 서로 대립하는 것으로 간주된 선은 형법상의 선에 지나지 않는다. 이러한 선의 훨씬 위쪽에, 그 낮은 형태의 선보다 어떤 의미에서는 악을 더 닮은 선이 존재

---

*3 루카복음서 18장 10절 이하 참조.

한다. 그 때문에 수많은 선동과 말도 안 되는 이상야릇한 일들이 횡행하는 것이다.

악을 정의하는 것과 같은 방식으로 정의되는 선은 부정되어야 한다. 그런데 악도 그러한 선을 부정한다. 그 방법이 좋지 않은 것이다.

＊

악에 몸을 맡긴 사람들에게는 도저히 존재할 수 없는 악덕이 함께 있는 것일까? 나는 그렇게 생각하지 않는다. 악덕은 중력을 따르는 것이고, 따라서 악 속에는 깊이도 초월성도 없다.

＊

선은 실행하지 않으면 체험할 수 없다.

악은 그 실행을 스스로 중단하지 않으면 또는 이미 실행해 버린 뒤에는 그것을 뉘우치지 않으면, 체험할 수 없다.

우리는 악을 행할 때는 악이 무엇인지 모른다. 악은 빛을 피하기 때문이다.

＊

악이란 그것을 행하지 않을 때 상상했던 것과 같은 방식으로 존재할까. 악은 자기가 행하고 있으면 뭔가 단순한, 부득이 할 수밖에 없는, 뭔가 자연스러운 것으로 생각되는 게 아닐까. 또 악은 환상과 비슷한 게 아닐까. 환상에 사로잡혀 있을 때는 그것이 환상이 아니라 현실로 느껴지는 법이다. 어쩌면 악도 그럴지 모른다. 자신이 악 속에 있으면 그것은 악이 아니라 필연, 심지어 의무로까지 생각된다.

＊

사람은 일단 악에 물들면 그 악이 마치 일종의 의무처럼 보이기 시작한다. 대부분의 사람들은 일종의 나쁜 행위에서 의무감을 느낀다. 좋은 행위에서 그것을 느끼는 사람은 매우 드물다. 같은 사람이 남에게 되도록 비싸게 물건을 파는 것과 도둑질하지 않는 것을 동시에 의무로 느낄 수 있다. 그런 사람의 선이란 악과 같은 수준의 것, 빛이 없는 선이라 할 수 있다.

＊

죄 없는 사람이 괴로워할 때, 그의 감각은 말하자면 범죄를 느낀다고 할 수 있다. 진정한 범죄는 느껴질 수 있는 것이 아니다. 죄 없이 괴로워하는 사람은 자기를 괴롭히는 가해자의 참모습은 알지만 가해자는 모른다. 죄 없는 사람이 자신의 내부에서 느끼는 악은 가해자 속에 있지만, 가해자는 자기 안에서 그것을 느끼지 않는다. 죄 없는 사람은 오직 고통을 통해서만 악을 알 수 있다. 범죄자는 범죄를 느끼지 못한다. 죄 없는 사람이 느끼지 못하는 것은 자기에게 죄가 없다는 사실뿐이다.

죄 없는 사람이야말로 지옥을 느낄 수 있다.

*

우리 안의 죄는 우리한테서 빠져나가 밖으로 퍼져 가서 죄의 형태로 전염된다. 우리가 화를 내면 주위 사람들이 같이 화를 내는 것은 그 때문이다. 노여움이 윗사람한테서 아랫사람에게 전해질 때는 공포를 일으킨다. 그러나 완전히 정결한 사람을 접하면 거기에 변화가 일어나, 죄가 고통으로 바뀐다. 이것이 이사야가 보는 의로운 종*⁴이나 신의 어린 양*⁵의 역할이었다. 이것이 속죄의 고통이다. 로마제국의 범죄적인 폭력이 모두 그리스도에게 향해져, 그리스도 안에서 순수한 고통으로 바뀐 것이다. 이에 비해 사악한 사람들은 단순한 고통(이를테면 질병)도 죄로 변화시킨다.

아마 이런 점에서, 속죄의 고통이 사회적인 원인에서 생겨난다고 간주되는 것이리라. 그것은 사람들이 부정을 저지르고 폭력을 휘두르기 때문임이 틀림없다.

*

가짜 신은 고통을 폭력으로 바꾼다. 그러나 참된 신은 폭력을 고통으로 바꾼다.

*

보상의 고통은 우리가 행한 악에 대한 대가로서 받는 타격이다. 그러나 속죄의 고통은 우리가 바라는 순수한 선의 그림자이다.

*

남에게 상처 주는 행위는, 자기 안에 있는 타락을 남에게 전가하는 짓이다. 따라서 마치 그렇게 하면 구원받을 수 있는 것처럼 그런 행위로 기울어지는 경향이 있다.

---

*4 이사야서 52장 13절 이하. 바빌론 유수 시대에 박해받던 이스라엘 민족이 민족의 고뇌를 지는 상징적 존재로서 애타게 기다렸던 인물상. 그리스도의 예언의 하나로 간주된다.
*5 요한복음서 1장 29절 등.

　모든 범죄는 가해자가 피해자에게 악을 전가하는 것이다. 불륜이나 살인에 이르기까지 모두 마찬가지이다.

　처형을 위한 기구는 몇백 년 전부터 악인들과 접촉함으로써 완전히 악에 물들었고, 더욱이 그것을 씻어 내거나 정화하지 않았다. 따라서 대체로 처형을 통해 처형기구에 밴 악이 수형자에게 전달되는 결과를 낳았다. 이것은 수형자가 실제로 죄를 지었고 또 형벌이 적절한 경우에도 마찬가지이다. 다만 근본부터 악인인 자만은 처형기구로 인해 어떠한 해악도 입지 않는다. 그러나 죄가 없는 사람들은 끔찍한 해를 입는다.

　악이 전가될 때도, 악을 만들어 낸 사람에게는 악이 줄어들기는커녕 반대로 늘어난다. 주면 줄수록 늘어나는 현상이다. 사물에 악이 전가될 때도 마찬가지이다.

　그렇다면 악을 어디에 간직해 두어야 할까?

　악을 자신의 불순한 부분에서 순수한 부분으로 옮김으로써 순수한 고통으로 바꿔야 한다. 자기가 안고 있는 범죄의 해악은 자기의 몫이 되어야 한다.

　그러나 그렇게만 했다가는 자기 내부에 있는 순수한 한 점마저 이내 더러워지고 말 것이다. 어떠한 공격도 미치지 않는 곳에 있는 불멸의 순수와 접촉하면서, 끊임없이 그 한 점을 새롭게 소생시키지 않는 한.

　고통이 범죄로 전환되지 않도록 하는 것이 인내이다.

　악을 외부 사물에 전가하는 것은 사물과 사물의 관계를 왜곡하는 짓이다. 수(數)·비례·조화처럼 정확하고 한정된 것은 왜곡하기 어렵다. 내가 기운이 가득한 상태이든 피로에 지친 상태이든 상관없이 5킬로미터 안에는 킬로미터 표시가 언제나 다섯 개뿐이다. 따라서 괴로워할 때 수는 고통이 된다. 수는 전가하려는 행동에 정면으로 저항한다. 내 내부의 변화 때문에 왜곡되지 않을 만큼 엄밀한 대상에 조용히 주의를 기울일 것, 그럼으로써 나의 내부에 불변하는 것이 나타날 준비를 갖추고, 영원에 다가갈 채비를 하는 것이다.

*

　누군가 우리에게 가하는 악을, 우리가 이미 행한 악에서 구출해 주는 것으로 받아들이자.

　정말 구원이 되는 것은 우리가 스스로 짊어지는 고통이 아니라 외부에서 가해오는 고통이다. 더욱이 그 고통은 불법적인 것이어야 한다. 불법으로 죄를 지었는데도 정당하게 괴로워하는 것만으로는 부족하다. 불법을 견뎌 내야만 한다.

*

순수함은, 그것이 순수함인 한, 즉 어떠한 폭력도 그 순수를 조금도 더럽힐 수 없다는 의미에서 절대로 상처받지 않는다. 그러나 악의 공격을 받으면 괴로움을 겪고, 어떠한 죄를 접하더라도 그것이 자기 안에서 고통으로 바뀐다는 의미에서는 무엇보다 가장 상처받기 쉽다.

*

누군가가 나에게 해를 가해도, 그 해악 때문에 내가 타락하지 않도록 해 달라고 간구하자. 그것은 나에게 상처를 주는 사람들에 대한 사랑 때문이며, 그러면 그 사람이 실제로는 어떠한 해도 주지 않았다는 얘기가 되기 때문이다.

*

성인들(성인에 가까운 사람들)은 다른 사람들보다도 더 많이 악마에 노출되어 있다. 자신의 비참함을 잘 아는 그들은 빛을 거의 견뎌 낼 수 없기 때문이다.

*

어떤 사항이 좋은 일이라는 사실을 알면서, 좋은 일이기 때문에 증오하는 것은 성령에 대한 죄악이다. 우리는 선을 향할 때마다 그와 비슷한 것을 저항의 형태로 느낀다. 선과 접촉하기 시작하면, 선과 악 사이의 거리가 의식되어, 동화하려는 괴로운 노력이 시작되기 때문이다. 그리하여 고통이 찾아오고 두려움이 생긴다. 그러한 두려움은 선과의 접촉이 현실임을 말해 주는 표시 아닐까. 그에 상응하여 죄가 태어나는 까닭은, 희망을 찾을 수 없어 그 거리를 못 견디는 것으로 느끼고, 고통이 증오로 변하기 때문이다. 이에 대해서는 희망만이 구원이다. 그러나 더 좋은 구원이 있다. 자기에게 무관심해지는 것이다. 또한 구원은 선에서 멀리 떨어져 있을 뿐 아니라 거기서 무한하게 멀어져 가는 법칙에 있다고 생각될 때도, 선이 선인 것은 다행스러운 일이라고 생각하는 것이다.

*

아주 작은 한 조각이라도 순수한 선이 영혼 속에 들어오면, 아무리 크고 죄 많은 나약함도, 아주 작은 배신보다 훨씬 덜 위험해진다. 배신은 아주 짧은 시간이긴 하지만 우리가 스스로 동의한 것이기에 전적으로 내적인 사고의 움직임이기 때문이다. 그것은 지옥에 가담하게 될 것이다. 영혼은 순수한 선을 맛보기 전에는 천국에서도 떨어져 있지만 지옥에서도 떨어져 있다.

지옥을 선택하는 것은 구원에 대한 집착이 있을 때만 가능하다. 신의 기쁨을 얻으려 하지 않고 단지 신 안에 실제로 기쁨이 있음을 아는 것만으로 만족하는 사람은 쓰러질지언정 배신하지는 않는다.

*

악 자체를 통해 신을 사랑할 때 진정으로 신을 사랑하는 것이다.

*

악 자체를 통해 신을 사랑할 것. 우리가 증오하는 악을 통해 그 악을 증오하면서 신을 사랑할 것. 지금 우리가 증오하는 악을 만들어 낸 신을 사랑할 것.

악과 사랑의 관계는 신비*[6]와 지적 이해의 관계와 같다. 신비 때문에 신앙의 덕은 초자연적인 것이어야만 하는데, 마찬가지로 악 때문에 사랑의 덕은 초자연적인 것이어야만 한다. 또한 악에 대한 보상을 찾아내어 거기에 정당성을 부여하려는 행위는 신비의 내용을 인간적인 지적 이해로 설명하려는 것과 마찬가지로 사랑을 손상시키는 짓이다.

*

《카라마조프의 형제들》에서 이반이 한 말. "이 거대한 건축이 아무리 멋지다 해도, 이걸 얻는 데 어린아이의 눈물이 한 방울이라도 필요하다면 나는 거부하겠다."

나는 이 말에 전적으로 공감한다. 어린아이의 눈물을 대가로 하는 것이라면 그 무엇도 받아들일 수 없다. 인간의 지성이 생각해 낼 수 있는 어떤 이유이든 역시 마찬가지이다. 단 하나의 이유만은 제외하고. 다만 그것은 초자연적인 사랑으로만 이해할 수 있다. 즉 신의 뜻이었다는 이유. 그리고 그 이유를 위해서라면 나는 어린아이의 눈물뿐 아니라 악에 지나지 않는 세계도 기꺼이 받아들이리라.

*

죽음의 고뇌는 마지막으로 통과하는 어두운 밤이다. 완전을 얻은 사람들조

---

*6 현의(玄義)·비법. 인지(人知)로는 이해할 수 없는, 계시된 초자연적 진리를 말한다.

차 절대적인 순수에 이르기 위해서는 그것이 필요하다. 그러니 고통은 힘들고 가혹한 편이 낫다.

*

선에서 선을 제거하려는 비실재성은, 그렇게 함으로써 악이 된다. 악은 언제나 지각할 수 있는 사물, 선의 실재를 담고 있는 사물을 파괴한다. 악은 그러한 실재를 인식하지 못하는 사람들을 통해 실행된다. 결국 어느 누구도 자기의 의지로 악인이 되는 것은 아니다. 힘의 관계에 따라 실재하지 않는 것에 실재하는 것을 파괴하는 힘이 주어진다.

인간이 얼마나 널리 악을 행할 수 있는지 또 얼마나 악을 참아내야 하는지 가만히 생각하면 두려움을 느끼지 않을 수 없다.

이 악으로 인해 신이 십자가에 못 박히는 고통을 겪었는데, 어떻게 이 악을 보상하는 것을 찾을 수 있다고 믿겠는가?

*

선과 악, 실재성. 선은 인간과 사물에 더 많은 실재성을 부여하고, 악은 그 실재성을 제거한다.

로마인들이 그리스의 도시에서 조각상들을 탈취해 간 것은 악이었다. 그리스인들의 삶과 도시 그리고 신전은 그 조각상들이 없어지면 실재성을 얼마간 잃기 때문이고, 또 그 조각상들이 로마에서는 이전에 그리스에 있었을 때만큼 실재성을 지닐 수 없기 때문이다.

조각상 몇 개를 지키기 위해 그리스인들은 비굴하고도 절망적으로 애원했다. 자신의 가치관을 타인의 마음에 전하려는 절망적인 시도였다. 그렇게 이해한다면 이 시도에 비열한 것은 아무것도 없다. 그러나 그 행위가 효과 없음은 거의 틀림없는 듯하다. 타인의 가치체계와 자기의 가치체계를 함께 이해하고, 같은 저울에 달아보아야 한다. 그러한 저울을 고안해낼 것.

*

언제까지나 좋지 않은 것만 상상하는 것은 비겁한 행위이다. 사람은 있지도 않은 것을 통해 기쁨을 느끼고 지식을 얻으면서 성장해 간다.

어떤 일들을 가능하게 여기고 잠시 이를 상상만 해도 (그뿐이라면 그 일의 가능성을 명확하게 파악하는 것과는 전혀 다르다. 사실 덕을 위해서는 이 일이 꼭 필요하다) 이미 그 안에 빠져 버린 것이다. 그것은 호기심 때문이다. 생각을 물리칠 것(그런 생각을 품기를 그만두는 것이 아니라, 언제까지나 그런 생각에 사로잡히기를 그만두는 것이다). 생각에 빠져서는 안 된다. 사람들은 생각만으로는 어떤 일에 빠져들지 않는다고 믿지만, 사실은 생각만으로도 빠져들게 된다. 사고의 방종 속에는 모든 방종이 포함되어 있다. 생각에 빠지지 않는 것이 최고의 능력이다. 순수함, 소극적인 덕. 잘못된 일을 계속 상상한 뒤에, 이를 말과 행동을 통해 구체적으로 실천하는 사람들을 만나, 그들이 직접 사회의 장벽마저 극복하고 있는 모습을 본다면, 이미 희망은 없는 것이다. 이보다 쉽게 일어나는 일은 없다. 다른 점은 어디에도 없지 않은가. 도랑이 보이는 순간 벌써 뛰어넘어 버린 것이다. 선의 경우는 완전히 그 반대이다. 도랑은, 뛰어넘어야 할 때는 뿌리째 뽑히고, 갈기갈기 찢길 때는 생생하게 보이는 것이다. 사람은 선에는 빠지지 않는다. '낮음'이라는 말이 이 악의 특성을 잘 표현하고 있다.

*

성취된 뒤에도 악은 이 비실재성을 계속 지닌다. 범죄자들이 단순한 까닭이 그 때문일 것이다. 꿈속에서는 모든 것이 단순하다. 최고의 덕이 지닌 단순함과 좋은 짝을 이루는 단순함.

*

악은 정화되어야 한다—그렇지 않으면 살아갈 수 없다. 단 그것은 신만이 할 수 있는 일이다. 이것이 《바가바드기타》[7]에 담긴 사상이다. 또한 모세와 마호메트, 히틀러주의……의 사상이다.

그러나 여호와와 알라, 히틀러는 지상의 신들이다. 그들이 행하는 정화는 상상 속의 정화이다.

*

악과, 얼핏 선처럼 보이는 악이 있을 수 있다는 것을 명확하게 이해하는 덕은 본질적으로 악과 다르다. 일단 환상을 버렸지만, 여전히 마음속에 남아서 모습을 나타낼 때가 있는 것이, 아마도 진실의 기준이 될 것이다.

*

타인이 우리에게 더는 해를 가할 수 없는 지점에 도달했을 때 비로소 우리

---

[7] 힌두교의 경전. '신의 노래'라는 뜻. 산스크리트어로 되어 있고 작자와 성립연도는 미상. 시몬 베유는 1939년 이후에 원어로 이 책을 읽고 강한 인상을 받았다. 《카이에르》에 일부를 불역했다.

는 타인에게 해를 가하는 것이 무섭게 여겨지기 시작한다(그때 우리는 타인을 과거의 자신처럼 극한까지 사랑한다).

*

인간의 비참함을 응시하면 신에게 이끌리게 된다. 우리는 마치 자기 자신처럼 사랑하는 타인 속에서만 인간의 비참함을 응시할 수 있다. 그것은 있는 그대로의 자신 속 또는 있는 그대로의 타인 속에서는 불가능하다.

*

사람들을 덮치는 매우 큰 불행이 인간의 비참함을 만들어 내는 것은 아니다. 다만 그것을 드러내 보여 줄 뿐이다.

죄와 힘의 위광. 온 영혼으로도 인간의 비참함을 알지 못하고 인정할 수도 없었기 때문에 우리는 인간들 사이에 차이가 있다고 생각한다. 그래서 자신과 타인을 구별하거나 타인들 중에서 일부만 특별하게 취급하여 공정함을 잃게 된다.

모르기 때문에 그러는 것이다. 인간의 비참함은 결국 한 사람 한 사람 속에 되도록 크게 자리잡고 있으며 줄일 수 없는 일정한 양이라는 사실을, 그리고 인간의 위대함은 오직 신으로부터 오기 때문에 한 인간과 다른 인간이 동일하다는 사실을.

*

불행이 인간을 고귀하게 만들지 않는 것은 놀라운 일이다. 이는 우리가 불행한 이웃을 생각하면서 그 사람 자체가 아니라 그의 불행을 생각하기 때문이다. 그러나 실제로 불행한 사람은 자신의 불행에 대해 생각하지 않는다. 다만 그의 마음은, 조금이라도 좋으니 자신의 불행을 덜어 주는 것이 있기를 간절히 바라는 갈망으로 가득 차 있다.

*

어떻게 하면 세상에서 악이 사라질까? 그러려면 세상이 우리의 욕망과 아무런 관계도 맺지 않아야 한다. 만일 그렇게 되어 세상이 악을 품지 않는다면, 우리의 욕망이 완전히 악 자체가 될 것이다. 그런 일이 일어나서는 안 된다.

*

피조물과 신 사이에는 온갖 단계의 거리가 있다. 신을 향한 사랑이 불가능한 단계도 있다. 물질·식물·동물. 악이 완벽하게 존재하는 이곳은 저절로 붕괴되어 간다. 그렇게 되면 악은 이제 존재하지 않는다. 완전무결한 신의 순결을 비추는 거울이 되는 것이다. 우리는 사랑이 간신히 가능한 지점에 있다. 이것은 커다란 특권이다. 결합시켜 주는 사랑은 거리에 비례하기 때문이다.

신이 창조한 세계는, 가능한 최선의 세계는 아니었지만, 다양한 정도의 선과 악을 내포하고 있다. 우리는 지금 그 세계가 최악의 상태인 지점에 있다. 이 지점을 넘어서면 악도 죄 없는 것이 되는 단계가 존재하기 때문이다.

불행

고통, 인간이 신보다 나은 점. 이 우월성이 독이 되지 않기 위해 그리스도가 인간으로 태어나야 했다.

*

나는 자신의 고통이 유용하기 때문에 그것을 사랑하는 것이 아니다. 고통이 존재하기 때문에 사랑해야만 하는 것이다.

*

괴로운 고통을 받아들일 것. 그러나 그 받아들임이 고통을 줄여서는 안 된다. 그렇지 않으면 받아들이는 힘과 순수함이 그에 따라 줄어들고 만다. 받아들임의 목적은 고통을 고통으로 받아들이는 것일 뿐, 다른 건 없다. ―이반 카라마조프를 모방하여 말할 것. 어린아이의 눈물 한 방울조차 보상할 수 있는 것은 아무것도 없다고. 그런데도 모든 눈물을 그리고 눈물보다 훨씬 더한 수많은 두려운 일들을 받아들일 것. 거기에 뭔가 보상될 만한 것이 들어 있어서가 아니라, 그냥 그 자체를 받아들일 것. 그것이 존재한다는 사실만으로 그 존재를 인정할 것.

*

이 세상에 불행이 없다면 우리는 천국에 있다고 믿을지도 모른다.

*

지옥의 두 가지 개념. 사람들의 일반적인 생각(위안 없는 고통)과 나의 생각(가짜의 완전한 행복, 천국에 있다고 잘못 믿는 것).

*

육체적인 고통은 훨씬 더 순수하다(티봉). 그러므로 민중이 훨씬 더 고귀하다.

*

고통이 사라지기를, 고통이 줄어들기를 원하지 말 것. 고통에 손상되지 않기를 바랄 것.

＊

그리스도교의 가장 위대한 점은 고통에 대해 초자연적인 해결책을 얻으려 하지 않고, 오히려 고통을 초자연적으로 활용하는 데 있다.

＊

되도록 불행을 피하려고 노력해야 한다. 자기가 만나는 불행이 완전히 순수하고, 완전히 고통스러운 것이 되도록 하기 위해.

＊

기쁨은 실재감이 충만한 상태이다. 그러나 실재감을 그대로 유지하며 괴로워하는 편이 더 좋다. 악몽 속에 빠지지 말고 괴로워할 것. 고통이 어떤 의미에서는 완전히 외적이고 또 어떤 의미에서는 완전히 내적인 것이 되기를. 그러기 위해서는 고통이 오로지 감각의 범위 안에만 머물러야 한다. 그때 고통은 외면적이기도 하고(영혼의 영적인 부분의 바깥에 있으므로) 내면적이기도 하다(우리 자신에게만 집중하여, 우주에 솟아올라 우주를 변질시키는 일이 없으므로).

＊

불행은 도저히 불가능하다고 믿는 것을 억지로 현실로서 인정하게 만든다.

＊

불행. 시간이, 생각하는 존재로서의 인간을, 도저히 감당할 수 없지만 반드시 찾아올 수밖에 없는 것 쪽으로 데려가는 것. "이 잔을 저에게서 거두어 주옵소서."[1] 흘러가는 1초 1초가 이 세상에 있는 한 사람을 뭔가 감당할 수 없는 것을 향해 끌고 간다.

＊

불행이 이대로 계속되는 것도, 불행에서 벗어나는 것도 더는 견딜 수 없는 지점이 불행에는 있다.

＊

과거와 미래의 관계를 제외하면 고통은 아무것도 아닌 것이 되어 버린다. 그러나 인간에게는 그러한 관계만큼 생생한 현실이 또 있을까? 그것은 현실 그 자체이다.

---

[1] 마태오복음서 26장 39절, 루카복음서 22장 42절.

미래. 우리는 그것이 내일 찾아오리라 생각한다. 그것이 다시는 찾아오지 않으리라고 생각하기 전까지는.

두 가지의 생각이 불행을 어느 정도 완화시킬 수 있다. 불행이 곧 끝나리라는 생각, 아니면 불행이 영원히 끝나지 않으리라는 생각. 즉 있을 수 없는 일이라는 생각 또는 필연적이라는 생각. 그러나 불행이 단적으로, 존재한다고 생각할 수는 없다. 그런 생각은 견딜 수 없다.

"그건 있을 수 없는 일이다." 있을 수 없는 일이란, 불행이 계속되는 미래를 상상하는 것이다. 미래를 향한 사고의 자연스러운 날갯짓을 멈추고, 사람은 시간 감각 위에서 분열상태에 빠진다. "한 달 뒤에, 일 년 뒤에 우리는 얼마나 괴로워하게 될까요?"*2

＊

과거에 대해서도 미래에 대해서도 생각하는 것을 견디지 못하는 사람. 그런 사람은 물질의 상태에 빠진 것이다. 르노 자동차 공장에서 일하는 백계(白系) 러시아인들.*3 우리는 그렇게 해서 물질처럼 복종하는 것을 배운다. 그러나 아마 그들은 가까운 과거와 미래를 날조하고 있었을 것이다.

＊

범죄자와 매춘부들이 시간을 잘게 조각내는 것. 노예도 마찬가지이다. 그것이 불행의 표시이다.

＊

시간은 폭력을 휘두른다. 그것이 오직 하나뿐인 폭력이다. "남이 네게 띠를 묶어 원하지 않는 곳으로 데려가리라."*4 시간은 우리가 가고 싶지 않은 곳으로 우리를 데려간다. 사형선고를 받았더라도 기다리는 동안 시간이 멈춰 버리면 처형을 피할 수 있다. 그러나 아무리 무서운 일이 일어나더라도 시간이 멈추고 벌이 걸음을 그치기를 바랄 수는 없지 않은가. 시간의 폭력은 영혼을 분열시키고, 그 찢긴 틈새로 영원히 들어온다.

＊2 라신 《베레니스》(1670) 4막 5장에서 여주인공 베레니스가 한 말.
＊3 시몬 베유는 1935년 6월 5일부터 약 두 달 동안, 파리 교외의 르노 자동차 공장에서 일했다. 백계 러시아인이란 러시아혁명 때 혁명을 반대한 사람들. 좌파의 붉은색과 대조되는 개념이다.
＊4 요한복음서 21장 18절.

*

모든 문제는 시간으로 귀결된다. 극도의 고통. 방향이 정해지지 않은 시간. 지옥의 길 또는 천국의 길. 영속성 또는 영원성.

*

기쁨과 고통은 대립하는 것이 아니다. 기쁨과 고통의 각각에서 다양한 종류가 대립하는 것이다. 지옥 같은 기쁨과 고통이 있고 또 치유해 주는 기쁨과 고통, 천상적인 기쁨과 고통이 있다.

*

우리는 원래 고통을 피하고 쾌락을 찾는다. 그 때문에 기쁨이 선의 닮은꼴, 고통이 악의 닮은꼴로서 유용하다. 천국과 지옥의 그림도 이것을 토대로 그려진다. 그러나 사실 쾌락과 고통은 서로 떼어 놓을 수 없는 짝이다.

*

괴로워하는 것, 가르치는 것, 변화하는 것. 입문자가 갖추어야 할 요건은 무언가를 배워 하는 것이 아니라, 내면의 변화를 일으켜 가르침받기에 적합한 마음가짐이 되는 것이다.

파토스는 고통(특히 죽음에 이르는 고통)과 변용(특히 불멸의 존재로 변하는 것)을 동시에 의미한다.

*

지식의 원천인 고통과 쾌락. 뱀은 아담과 이브에게 지식을 주고자 했다.[5] 세이렌은 오디세우스에게 지식을 주었다.[6] 이 이야기들은 영혼이 쾌락 속에서 지식을 얻으려다가 파멸하는 모습을 보여 준다. 어째서 그럴까? 우리가 쾌락 속에서 지식을 얻으려 하지 않는다면 죄 없는 쾌락이 가능하다. 우리는 오직 고통 속에서만 지식을 얻을 수 있다.

*

인간 속에 있는 무한은, 칼이라는 작은 쇳조각 하나에 좌우된다. 그것이 인간의 조건이고, 공간과 시간은 그 원인이다. 쇳조각을 조금만 휘둘러도 인간 속

---

*5 창세기 3장 4~6절.
*6 호메로스《오디세이아》에 나오는 바다의 괴물. 여자의 얼굴과 새의 모습을 하고, 요염한 목소리로 항해자를 유혹하여 죽음에 빠뜨린다. 오디세우스는 자신을 돛대에 묶게 하여 그 목소리의 주술에 저항한다.

에 있는 무한은 찢어지는 듯한 고통을 겪으면서 순식간에 쇳조각 끝의 한 점이나 손잡이의 한 점으로 축소된다. 존재 전체가 한 순간에 무너져 버리는 것이다. 그러면 신을 받아들일 자리가 완전히 사라진다. 심지어 그리스도도 그랬다. 그리스도에게 신의 생각은 고작해야 상실감 정도일 뿐이었다. 그리스도가 인간이기 위해서는 그 상태에 이르러야만 했다. 존재 전체가 신을 완전히 상실한 모습이 되는 것이다. 그것을 넘어서 더욱 나아갈 수가 있을까? 그 뒤에는 오로지 부활밖에 없다. 부활에 이르기 위해서는 뽑아든 칼의 차가움을 느껴야한다.

그 칼이 닿으면 그리스도가 그랬던 것처럼 자신도 신으로부터 떨어져 나왔다고 느껴야 한다. 그렇지 않으면 그때의 신은 그리스도의 신이 아니다. 아마도 순교자들은 그렇게 느끼지 않았을 것이다. 그들의 신은 다른 신이었다. 그들은 차라리 순교자가 되지 않는 편이 더 나았다. 순교자들은 고문을 받고 죽어 가면서도 신 안에서 기쁨을 발견했지만, 그 신은, 로마제국이 공인한 뒤부터는 몰살이라는 수단을 써서 신앙을 강요한 그 신과 별로 다르지 않다.

*

이 세계도, 이 삶도 아무 가치가 없는 것이라고 떠들면서, 그 증거로 악을 내세우는 것은 말이 안 된다. 만일 세계와 삶이 가치 없는 것이라면, 악이라 해도 우리한테서 무엇을 빼앗아 갈 수 있겠는가?

불행 속에서 겪는 고통과 타인에 대한 연민은 우리가 충만한 기쁨을 느낄수록 더욱 순수하고 강렬해진다. 기쁨이 없는 사람한테서 고통이 무엇을 빼앗아 갈 수 있겠는가?

우리가 충만한 기쁨을 느낄 때 고통과 기쁨의 관계는 배고픔과 먹을 것의 관계와 같다.

고통 속에서 확실한 실재를 보기 위해서는, 기쁨을 통해 실재가 미리 계시되어야만 한다. 그렇지 않으면 삶은, 약간의 차이는 있을지언정 나쁜 꿈에 지나지 않을 것이다.

무(無)이고 비움인 고통 속에서 더욱 충실한 실재를 발견할 수 있어야 한다.

마찬가지로 죽음을 더욱더 사랑하기 위해 삶을 깊이 사랑해야만 한다.

폭력

죽음은 지금까지 인간에게 주어진 것 가운데 가장 소중하다. 따라서 죽음을 제대로 살리지 못하는 것이 가장 불경건한 일이다. 잘못 죽는 것, 잘못 죽이는 것(자살과 살인 모두를 피하려면 어떻게 해야 한단 말인가). 죽음 다음에는 사랑이다. 거기에도 같은 문제가 있다. 잘못된 향락과 잘못된 금욕도 안 된다. 전쟁과 에로스는 인간을 환상과 착각으로 이끄는 두 가지 원천이다. 이 둘이 뒤섞여 있는 상태가 가장 불순하다.

*

이 세계에서 점차적으로 효과적인 비폭력으로 폭력을 대신하도록 노력할 것.

*

비폭력은 효과가 있을 때에만 좋은 것이다. 한 젊은이가 여동생을 어떻게 보호해야 하느냐고 물었을 때 간디가 한 대답. 폭력을 쓰지 않고도 폭력을 쓸 때처럼 동생을 지킬 수 있는 인간이 아니라면 힘을 사용하라. 당신의 근육에 들어 있는 에너지와 동등한 에너지(가장 육체적인 의미에서, 얼마나 효과를 올릴 수 있는가 하는 성질)를 내는 빛을 발할 수 없다면.

비폭력을 관철할 수 있는 사람이 되도록 노력할 것.

그것 역시 상대에게 달려 있다.

*

전쟁이 일어나는 원인. 한 사람 한 사람의 인간과 인간 집단은, 당연한 일이지만 자기가 정당한 우주의 주인이자 소유자라고 느낀다. 그러나 이 소유라는 개념이 잘못 이해되었다. 그것을 이해하려면—지상에서 사는 인간으로서 되도록—저마다 자신의 몸을 통해 그곳에 다가가야 함을 모르기 때문이다.

알렉산더 대왕과 자작농의 관계는 돈 후안과 행복한 남편의 관계와 같다.

*

전쟁. 자기 내부의 생명에 대한 사랑을 온전히 지켜갈 것. 스스로 죽음을 받아들이려 하지 않으면서 타인을 죽이려 하지 말 것.

X……라는 인간의 생명이 그 자신의 생명과 밀접하게 연결되어 있어서, 하나가 죽으면 둘 다 죽게 되어 있는데도 그를 죽게 해도 된다고 생각할 수 있을까? 육체와 온 영혼이 삶을 갈망하면서도 진심으로 그렇게 해도 좋다고 대답할 수 있다면, 그때는 그를 죽일 권리가 있다.

십자가

"칼을 잡는 자는 모두 칼로 망하느니라."[1] 그리고 칼을 잡지 않는 자(또는 칼을 버리는 자)는 십자가 위에서 죽으리라.

*

그리스도가 병자를 고치고 죽은 자를 살린 것은, 그리스도의 사명 가운데 인간적이고 보잘것없으며 저급한 부분에 지나지 않는다. 초자연적인 부분은 피땀이고, 인간에게 위안을 구해도 얻을 수 없었던 것이며, 가능하다면 면하게 해 달라는 간절한 기도[2]이고, 신으로부터 버림받았다는 생각[3]이다.

*

십자가에 못 박히는 고통의 마지막 찰나에 버림받는 것, 어느 쪽에도 무한한 사랑의 심연이 있다.

*

"나의 하느님, 나의 하느님, 어찌하여 나를 버리셨나이까?"[4]
바로 여기에 그리스교의 신성함을 보여 주는 진실한 증거가 있다.

*

의로운 자가 되기 위해서는 알몸으로 죽어야 한다. 상상적인 것은 아무것도 없이. 따라서 의로움의 모범이 되는 사람은 알몸으로 죽어야 한다. 오직 십자가만이 상상 속에서 모방하는 것이 허용되지 않는다.

*

신을 모방하는 것이 그저 말에 그치지 않으려면 모방의 대상이 되는 의로운

---

[1] 마태오복음서 26장 52절.
[2] 십자가에 매달리기 전날 밤, 그리스도는 겟세마네 동산에서, "만일 할 만하시다면 이 잔을 내게서 지나가게 하옵소서"(마태오복음서 26장 39절 등) 하고 피땀을 흘리면서 기도했다. 이때 베드로를 비롯한 제자들은 정신없이 자고 있었다.
[3] 마태오복음서 27장 46절.
[4] 위와 같음.

인간이 반드시 있어야 한다. 그러나 우리가 자기의 의지를 넘어선 곳까지 가기 위해서는, 그 사람을 모방하고자 하는 의지를 품어서는 안 된다. 스스로 십자가를 원할 수는 없는 것이다.

금욕이나 영웅적인 행위를 바라는 것은 얼마든지 가능한 일이다. 그러나 형벌로서 주어지는 십자가의 고통을 원할 수는 없다.

십자가형을 신에 대한 봉헌이라는 면에서만 생각하는 사람들은 거기에 숨겨진 구원의 신비와 그 시련을 간과하는 것이다. 순교를 원하는 것만으로는 턱없이 부족하다. 십자가는 순교를 훨씬 뛰어넘는 것이다.

그 진정성을 보장하는 것은, 어떠한 불순물도 없이 가혹하기만 한 고통, 형벌로서 주어지는 고통.

*

십자가. 죄악의 나무는 살아 있는 나무였지만, 생명의 나무는 재목이었다. 그것은 어떠한 열매도 맺지 못하는 것, 다만 수직으로 올라가는 운동 자체였다. "내가 땅에서 들리면 모든 사람을 내게로 이끌어 들일 것이다."*5 사람은 오직 수직으로 올라가는 운동만 유지함으로써, 자기 속의 생명 에너지를 죽일 수 있다. 그저 위로 올라가는 것만 원한다면 나뭇잎과 열매는 에너지를 낭비할 뿐이다.

*

아담과 이브는 생명의 에너지(살아 있는 나무)에 있어서 신처럼 되고자 했다. 한 그루의 나무, 하나의 열매처럼. 그러나 우리의 신성은 네모나게 잘린 죽은 각재와, 거기에 매달린 한 주검 위에 갖춰져 있다. 우리가 신과 피의 유대를 맺었다면, 그 비밀은 우리가 죽어야 하는 존재라는 데서 찾아야 할 것이다.

*

신은 영혼에 닿아 영혼을 사로잡기 위해, 시간과 공간의 끝없는 두께 속을 지나오는 데 전력을 다한다. 비록 섬광 같은 한순간만이나마 영혼으로부터 순수하고 완전한 동의를 얻어낼 수 있다면, 신은 영혼을 정복한 것이다. 그리고 영혼이 온전히 신의 것이 되고 나면 신은 영혼을 외면한다. 영혼을 완전한 고독속에 내버려 두는 것이다. 그러면 이번에는 영혼 쪽에서 사랑하는 것을 찾아

---

*5 요한복음서 12장 32절.

더듬거리며, 시간과 공간의 끝없는 두께를 지나가야 한다. 그리하여, 영혼은 신이 영혼을 향해 더듬어 온 여로를 반대 방향으로 다시 더듬어 간다. 그것이 십자가이다.

＊

신은 필연과 공간과 시간의 지배에 맡겨진 유한한 존재가 생각하는 존재라는 사실 때문에 십자가에 못 박혔다.

생각하는 유한한 존재로서 바로 내가 이른바 십자가에 못 박힌 신이라는 것을 알 것.

신을 닮을 것, 단 십자가에 못 박힌 신을 닮을 것.

오직 필연에 매인 전능한 신을 닮을 것.

＊

프로메테우스,[6] 인간을 너무도 사랑했기 때문에 십자가에 못 박힌 신. 이폴리트,[7] 너무도 순수하고 또 너무도 신들의 사랑을 받아 벌받은 인간. 인간적인 것과 신적인 것이 서로 다가가면 벌을 초래한다.

＊

우리는 신으로부터 가장 먼 곳에, 신에게 절대로 돌아갈 수 없는 극한의 지점에 있다. 우리라는 이 존재 속에서 신은 찢어진다. 우리가 신의 십자가형이다. 우리에 대한 신의 사랑이 수난이다. 어떻게 고통 없이 선이 악을 사랑할 수 있으랴? 그리고 선을 사랑함으로써 악 또한 괴로워한다. 신과 인간의 사랑은 어느 쪽에게도 고통이다.

＊

우리가 신과 우리 사이에 있는 거리를 느낄 수 있도록 신은 십자가에 못 박히는 노예가 되어야 한다. 우리는 낮은 쪽을 향하는 거리밖에 느낄 수 없기 때문이다. 십자가에 못 박힌 그리스도의 위치에 몸을 두기보다는 상상력을 통해

---

[6] 하늘에서 불을 빼앗아 인간에게 준 그리스신화의 영웅 프로메테우스는 타이탄 신족으로, 그에 대한 벌로 바위산에 묶여 독수리에게 간을 쪼아먹히는 고통을 당한다. 시몬 베유는 프로메테우스에 대한 시 한 편을 남겼는데, 인류의 은인인 그에게서 그리스도의 이미지를 찾아내고 있다.

[7] 그리스어로는 히폴리토스. 에우리피데스 《히폴리토스》와 라신 《페드르》(전출)의 주인공. 계모 페드르의 불륜의 사랑 때문에 아버지의 분노를 사, 해신이 조종하는 괴수에게 희생되어 죽는다.

창조주인 신의 위치에 몸을 두는 편이 훨씬 쉽다.

*

그리스도의 사랑의 확대는 신과 피조물 사이에 있는 거리를 뒤덮는다.

사이에 서는 역할은 그 자체가 스스로 갈기갈기 찢어진다는 의미……

그렇기 때문에 갈기갈기 찢기지 않고는, 신이 인간 쪽으로 내려오는 것도 인간이 신을 향해 올라가는 것도 이해할 수 없는 것이다.

*

우리는 넘어서야 한다 물론 맨 처음에는 신이 우리에게 오기 위해 그렇게 했다. 무엇보다 신이 먼저 이쪽으로 온 것이다―시간과 공간의 끝없는 두께를 넘어서. 신과 인간의 관계에서 가장 큰 것은 사랑이다. 사랑도 넘어서야 하는 거리가 큰 만큼 크다.

사랑이 가능한 한 큰 것이듯 거리도 가능한 한 크다. 그러므로 악도 극한까지, 그것을 넘으면 선의 가능성조차 사라져 버리는 극한까지 뻗어 갈 수 있다. 악은 언제라도 그 극한에 이를 수 있다. 때로는 그 극한을 넘어서 버리는 것처럼 생각될 정도다.

중력과 은총십자가 이것은 어떤 의미에서 라이프니츠의 사상과는 정반대이다.*8 그러나 신의 크기라는 점에서 보면 그렇게 생각하는 것이 훨씬 더 부합된다. 신이 할 수 있는 한 가장 좋은 세계를 만들었다면, 신에게는 이제 아주 작은 힘밖에 남지 않은 셈이다.

*

신은 우리에게 오기 위해 이 세계의 두께를 넘었다.

*

수난은 어떠한 가상도 섞여 들 수 없는 완전한 정의(正義)가 존재함을 보여 준다. 정의는 원래 능동적으로 행동하지 않는다. 정의는 초월적인 것이거나 고통을 참고 견디는 것이어야 한다.

그것은 모든 감각적 구원―감각적인 한 신의 사랑까지―을 다 빼앗긴, 순수하게 초자연적인 정의이다.

대속(代贖)의 고통은, 고통을 적나라하게 드러난 순수 상태 그대로 실제 인

---

*8 라이프니츠의 예정조화설을 가리킨다.

생 속으로 옮겨 가는 것이다. 실제 인생의 구원이 되는 것은 바로 그 고통이다.

*

신은 빵의 성별(聖別)을 통해 감각적으로는 한 조각의 빵으로만 느껴지는 것 속에도 임재하듯이, 대속의 고통과 십자가를 통해 극단의 악 속에도 임재한다.

*

인간의 비참함에서 신에게 이를 것. 그러나 보상이나 위안을 구하는 것이 아니라 그와 관계를 맺기 위해.

*

신을 자신에게 가깝게 해 주는 모든 것을 은혜로 여기는 사람들이 있다. 나에게는 신을 멀어지게 해 주는 것이 그렇다. 나와 신 사이에는 우주의 두께가 있고—또 거기에 십자가의 두께가 덧붙여진다.

*

고통은 죄 없는 자의 완전한 외부에 있는 동시에, 죄 없는 자를 본질적으로 따라다닌다.

하얀 눈 위의 피. 죄 없는 것과 악. 악 자체가 순수해지기를. 악은 죄 없는 자가 고통받는 형태를 취하지 않는 한, 순수가 될 수 없다. 죄 없는 자가 고통받을 때, 악 위에 구원의 빛이 내려온다. 그 사람이야말로 죄 없는 신의, 눈에 보이는 형상이다. 그러므로 인간을 사랑하는 신도, 신을 사랑하는 인간도 고통받아야만 하는 것이다.

죄가 없고 행복하다는 것. 이 역시 무한하게 귀중하다. 그러나 그것은 불안정하고 깨지기 쉬운 행복, 우연한 행복이다. 사과꽃.[9] 행복은 죄 없는 것과는 아무 관계가 없다.

*

죄가 없다는 것은 우주 전체의 무게를 지탱하는 것이다. 우주의 무게에 걸맞은 것을 내던지는 일이다.

사람은 자기를 비움으로써 자기를 둘러싼 우주의 모든 압력에 자기 몸을 드

---

[9] 시몬 베유의 미완성 희곡 《구원받은 베네치아》에는 이 한순간의 덧없는 행복의 아름다움이 노래되어 있다.

러낸다.

*

　신은 인간 앞에 힘 있는 자로 나타나거나 완전한 자로 나타나거나 둘 중 하나이다—인간이 어떻게 선택하느냐에 따라서.

저울과 지렛대

저울로서, 지렛대로서의 십자가. 내려가는 것, 올라가는 것의 조건. 땅으로 내려오는 하늘은 땅을 하늘까지 들어 올린다.

*

지렛대. 올리고 싶을 때는 낮출 것. 마찬가지로 "누구든지 자신을 높이는 자는 낮아지고 자신을 낮추는 자는 높아질 것이다."[1]

은총의 영역에도 하나의 필연과 다양한 법칙이 있다. "지옥에도 그 법칙이 있다."[2](괴테) 천국도 마찬가지이다.

*

모든 자유재량 모든 우연을 배제하는 엄격한 필연이 있어서, 이것이 물질계의 모든 현상을 규정한다. 영적인 사항에서는, 비록 자유롭기는 하지만 자유재량과 우연은 훨씬 적을 수 있다.

*

1, 수(數) 가운데 가장 작은 것. "1이야말로 유일하게 지혜로운 것."[3] 1은 무한이다. 우리는 수가 커질수록 무한에 다가간다고 생각하지만, 사실은 더 멀어진다. 높아지기 위해서는 자기를 낮춰야 한다.

만약 1이 신이라면 무한대는 악마이다.

*

인간의 비참함에는 신의 지혜의 비밀이 들어 있지만, 쾌락에는 없다. 쾌락을 추구하는 것은 모두 인공낙원을, 취기를, 자기확대를 추구하는 것이다. 게다가 그것은 우리에게 아무것도 가져다 주지 않는다. 다만 그런 것이 헛되다는 경험은 제외하고. 우리의 한계와 비참함을 지긋이 응시하는 것만이 우리를 더 높

---

[1] 루카복음서 14장 11절.
[2] 괴테 《파우스트》 제1부 1413행.
[3] 헤라클레이토스(기원전 5세기 무렵의 그리스 철학자)의 말.

은 차원으로 옮겨 줄 수 있다.

"자신을 낮추는 자는 높아질 것이다."[*4]

우리 안에 있는 상승운동은 하강운동에서 비롯된 것이 아닌 한 헛되다(헛된 것보다 더 나쁘다).

*

몸이 저울이 되었다.[*5] 십자가에 못박힌 몸, 시간과 공간 속에서 한 점으로 작아진 몸이 바로 정의의 저울이다.

*

심판하지 말라.[*6] 심판하지 않는 하늘의 아버지를 본받을 것. 하늘의 아버지를 통해 인간이 스스로 심판하는 것이다. 모든 인간을 자기 곁에 오게 할 것. 인간에게 스스로 자기를 심판하게 할 것. 저울이 될 것.

심판하지 않는, 진정한 심판자의 형상이 되면 사람은 더는 심판받지 않게 될 것이다.

*

우주가 온 무게로 우리 위를 덮칠 때, 그 무게와 균형을 유지할 수 있는 존재는 오직 신뿐이다—오직 참된 신. 거짓 신들은 아무리 참된 신이라는 이름을 얻어도 거기서는 할 일이 아무것도 없기 때문이다. 악이 무한하다는 것은 한계가 없다는 뜻이다. 물질·공간·시간처럼. 이러한 종류의 무한을 이길 수 있는 것은 참된 무한뿐이다. 그러므로 십자가는 저울이고, 그 저울 위에서 연약하고 가벼운 육체—그러나 그것은 신의 육체—가 온 세상을 들어 올린 것이다. "나에게 받침점을 주면 지구를 들어 보겠다."[*7] 그 받침점이 바로 십자가이다. 그것 말고는 받침점이 있을 리 없다. 그것은 세계와, 세계가 아닌 것이 교차하는 점에 있어야만 한다. 십자가가 그 교차점이다.

[*4] 루카복음서 14장 11절.
[*5] 성금요일의 저녁기도 '왕의 깃발' 23행. 십자가를 향해 "당신은 주의 몸의 저울이 되었도다"고 노래한다.
[*6] 마태오복음서 7장 1절 등.
[*7] 아르키메데스(기원전 287?~212)가 한 말로 유명하다.

불가능한 것

인생은 불가능하다. 그러나 불행만이 그것을 느끼게 해 준다.

*

불가능한 선(善). "선은 악을 부르고, 악은 선을 부른다. 이것은 언제 끝날까?"*1

*

선은 불가능하다. 그러나 인간은 언제나 상상력을 멋대로 발휘해 개별적인 경우에 선이 불가능하다는 진실을 보지 않으려고 한다(우리 자신을 파괴해 버리는 사건이 아니면 악의 한 부분을 가리고 가공의 선을 덧붙이기만 하면 된다—더욱이 일부 사람들은 자신을 파괴시키면서까지 그런 일을 할 수 있다). 동시에 '필연적인 것의 본질과 선의 본질이 얼마나 다른지'도 외면한 채 결국 이 세상에서는 어디서도 찾을 수 없는, 선 그 자체인 신과의 진정한 만남을 스스로 거부하려고 한다.

*

욕망은 불가능하다. 그것은 대상을 파괴해 버린다. 서로 사랑하는 두 사람은 하나가 될 수 없고, 나르키소스*2는 둘이 될 수 없다. 돈 후안, 나르키소스. 무언가를 원하기란 불가능하므로 우리는 무를 원해야 한다.

*

우리의 삶은 불가능하고 부조리하다. 우리가 원하는 것은 모두 저마다와 관련된 조건·결과와 모순을 이루고, 우리가 제안하는 명제는 모두 반대 명제를 내포하며, 모든 감정에는 반대되는 감정이 혼합되어 있다. 우리는 피조물이면서 신이고, 그러면서도 신과는 한없이 다른 존재이며, 다만 모순 그 자체이기 때문

---

*1 이러한 생각은 옛날 인도의 《바가바드기타》 등에서도 볼 수 있다고 한다.
*2 그리스 신화에 나오는 미소년. 사랑의 신 아프로디테의 저주를 받아, 샘에 비친 자기 모습에 반하여 이룰 수 없는 사랑에 괴로워한다.

이다.

*

우리가 전부가 아니라는 증거는 모순 한 가지만 봐도 충분하다. 모순은 우리의 비참함이고, 우리의 비참함을 느끼는 것이 실재를 느끼는 것이다. 우리의 비참함은 우리가 만들어 낸 것이 아니기 때문이다. 비참함은 진실하다. 그러니 무엇보다 소중히 여기자. 그 밖의 것은 모두 상상의 산물에 지나지 않는다.

*

불가능성은 초지연적인 것에 이르는 문이다. 우리는 그 문을 두드릴 수 있을 뿐이다. 문을 열어 주는 것은 다른 이의 몫이다.

*

꿈에서 벗어나려면 불가능과 접해야 한다. 꿈속에서는 불가능이 없다. 단지 무능력이 있을 뿐이다.

'하늘에 계신 저희 아버지.'*3 여기에는 일종의 유머가 있다. 이것은 당신들의 아버지이다. 그렇다면 그 아버지를 찾아 저 높은 곳으로 한번 올라가 보라! 그러나 우리 몸은 마치 지렁이처럼 지면을 떠날 수가 없다. 하늘의 아버지도 땅으로 내려오지 않는다면, 어떻게 우리에게 올 수 있단 말인가? 신과 인간의 관계 가운데 그리스도께서 인간으로 태어났다는 진리만큼 이해하기 어려운 부분도 없을 것이다. 신이 인간이 되었다는 데서 우리의 부족한 이해력이 여실히 드러난다. 그것은 신의 강하가 불가능하다고 생각하게 하는 가장 구체적인 모습이다. 그러니 어떻게 그것이 진리가 아닐 수 있겠는가?

*

우리가 스스로 맺을 수 없는 관계야말로 초월적인 것을 증거한다.

*

우리는 알고 원하고 사랑하는 존재이다. 자기가 알고 원하고 사랑하는 대상에게 주의를 기울여 보면, 자신이 할 수 있는 것이 하나도 없음을 이내 확실하게 알 수 있다. 이 명백한 사실을 은폐할 수 있는 것은 허위뿐이다. 그 불가능을 일단 알고 나면, 우리는 자기가 바라고, 알고, 원하는 모든 사정을 통해 붙잡을 수 없는 것을 붙잡으려고 끊임없이 갈망하게 된다.

---

*3 마태오복음서 6장 9절 등.

아무리 노력해도 원하는 바를 얻을 수 없다고 생각될 때, 이는 그 수준에서는 넘어설 수 없는 한계가 있다는 것, 수준을 변경하고 천장을 깨 봐야 한다는 것을 나타낸다. 본디 수준에서 노력을 거듭하다가 지쳐 버리면 타락하게 된다. 차라리 한계를 인정하고 한계를 조용히 응시하면서, 그 씁쓸함을 음미하는 편이 낫다.

*

잘못된 동기가 에너지의 원천이 되는 것. 아는 사람인 줄 알고 달려간다. 가까이 가서야 다른 사람이라는 사실을 알게 된다. 마찬가지로 우리는 상대적인 것을 절대적인 것과, 피조물을 신과 혼동한다.

개별적인 동기는 모두 잘못된 것이다. 동기가 무엇이든 그것에서 얻지 않은 에너지만이 올바른 것이다. 신에 대한 복종은—신은 우리가 상상하고 이해할 수 있는 모든 것을 넘어서는 존재이므로—무에 대한 복종이다. 신에 대한 복종은 불가능하기도 하고 필연적이기도 하다. 달리 표현하면 초자연적이다.

*

선행. 그 행위를 하면서도 선행 따위는 절대로 불가능하다는 사실을 온 영혼으로 의식하고 있다면, 그것은 선한 행위이다.

선을 행하기. 어떤 행동을 하건 나는 그것이 선이 아니라는 사실을 무엇보다 확실하게 안다. 선한 존재가 아닌 사람은 선행을 하지 않기 때문이다. 그리고 "하느님 한 분 외에는 아무도 선하지 않다."[*4]

어떤 상황에서 무엇을 하든 인간은 악을 행할 뿐이다. 그것도 용서받을 수 없는 악을.

우리가 행하는 악이 자기 자신 위에만 떨어지기를 기도해야 한다. 그것이 십자가이다.

*

선행이란 주의와 의도를 오로지 순수하고 불가능한 선에 계속 맞춘 채, 순수한 선의 매력과 그 불가능성을 어떠한 허위로도 은폐하려 하지 않고 실행하는 행위를 말한다.

[*4] 루카복음서 18장 19절.

그 점에서 덕행은 예술적인 영감과 매우 비슷하다. 아름다운 시(詩)란 말로 표현할 수 없는 영감을 말로 표현하지 못한 채 그쪽으로 주의를 계속 기울이면서 짓는 시를 가리킨다.

모순

    정신이 맞닥트리는 다양한 모순들, 모순만이 현실의 모습이고, 현실성의 기준이다. 상상 속에는 모순이 없다. 모순은 필연인지 아닌지를 확인하는 잣대이다.

    존재의 가장 깊은 곳까지 음미되는 모순은 사람을 갈기갈기 찢는다. 그것이 십자가이다.

*

    뭔가에 가만히 주의를 기울이고 있으면, 거기서 모순이 드러나기 시작하는데, 그때 뭔가 벗겨지는 작용이 일어난다. 그것을 가만히 견디다 보면 이윽고 집착에서 벗어날 수 있다.

*

    서로 상반되는 것의 상관관계를 나타낼 수 있다면, 이는 서로 모순되는 것의 초월적인 상관관계를 밝혀 주는 이미지가 된다.

*

    참된 선이라면 어떤 것이든 서로 모순되는 조건들을 포함하고 있다. 그러므로 그것은 불가능하다. 이 불가능하다는 사실에 진심으로 주의를 기울이면서 행동하는 사람은 선을 행할 수 있다.

    마찬가지로 모든 진리에는 모순이 내포되어 있다.

    모순은 피라미드의 정점이다.

*

    선이라는 말은, 선과 악의 상관관계를 나타낼 때와 신의 존재를 나타낼 때의 의미가 다르다.

*

    성인(聖人)의 영혼 속에는 서로 상반되는 덕이 있다. 이를 산에 오르는 것에 빗대어 보자. 내가 산 중턱에 이르렀는데 처음에는 호수가 보이고 조금 더 올라가면 숲이 보인다. 거기서 호수인지 숲인지 보고 싶은 쪽을 선택해야 한다. 호수와 숲을 동시에 보고 싶으면 좀더 높은 곳으로 올라가야 한다.

단지 산이 존재하지 않는다는 점이 다를 뿐이다. 이것은 공기로 되어 있는 산이다. 올라가기란 불가능하다. 위에서 우리를 끌어올려 주어야 한다.

*

실험적, 존재론적 증명.[1] 내 안에는 상승의 원동력이 없다. 공중을 기어올라 하늘까지 가기란 불가능하다. 다만 나의 사고를 나보다 더 나은 것으로 향할 때, 그것이 나를 높은 곳으로 끌어올려 줄 것이다. 만약 실제로 끌어올려졌다면 그것은 실재하는 것이다. 상상의 것은 아무리 완전하다 해도 나를 1밀리미터도 끌어올릴 수 없다. 상상 속 완전한 것은 그것을 상상하는 나와 자동적으로 같은 수준에 머물러 그보다 높지도 낮지도 않기 때문이다.

사고에 이렇게 방향을 부여함으로써 얻을 수 있는 결과는, 암시 따위와는 비교도 할 수 없는 것이다. 만일 아침마다 내가 "나에게는 용기가 있다. 나는 무섭지 않다"고 나 자신에게 말한다면, 나는 정말 용기 있는 사람이 될지도 모른다. 하지만 그 용기는 현재의 불완전한 내가 용기라는 이름으로 상상하는 것, 그러므로 나의 불완전함을 넘어서지 못하는 것이다. 이는 같은 차원에서 변화한 것일 뿐, 차원 자체가 바뀐 것은 아니다.

모순이 있는 것이 기준이 된다. 암시를 통해서는, 서로 양립하지 않는 것을 자기 손에 넣을 수 없다. 은총만이 그 일을 할 수 있다. 마음이 온화한 사람이 암시를 통해 용기 있는 사람이 되면 냉혹해진다. 또는 일종의 잔인한 쾌락을 즐기면서, 스스로 자신의 온화함을 저버리기도 한다. 은총만이 온화함을 그대로 남겨두고 용기를 주거나, 또 용기를 그대로 남겨두고 온화함을 줄 수 있다.

*

어린 시절부터 시작되어 죽을 때까지 지속되는 인간의 커다란 고통은, 바라보는 것과 먹는 것이 서로 다른 두 가지의 행위라는 점이다. 영원한 지복(至福)은 보는 것이 곧 먹는 것이 되는 상태이다.

이 세상에서 사람이 바라보는 것은 실재가 아니다. 장식에 지나지 않는다. 사

---

[1] 존재론적 증명(본체론적 증명)은 신의 개념에서 출발하여, 완전자인 신의 개념의 본질에는 단순히 이념뿐만 아니라 그 실재가 속한다고 설명한다. 안셀무스, 데카르트 등이 시도했다.

람이 먹는 것은 파괴되어 없어져서 더는 실재가 아니게 된다.

죄 때문에, 우리에게 이러한 분리가 생겨났다.

*

자연적인 덕(德)도, 덕이라는 말을 진정한 의미에서 다룬다면, 즉 세상에서 볼 수 있는 덕에 대한 모방을 배제한다면, 오직 자기 내부에 초자연적인 은총을 지닌 사람만이 평소에 일상적으로 실천할 수 있다. 자연적인 덕이 지속되는 것은 초자연적인 일이다.

*

상반되는 것과 모순되는 것. 상반되는 것이 서로 연관을 맺어 자연적인 인간 존재에 어떤 영향을 미칠 수 있다면, 서로 모순되는 것을 전체적으로 아울러 생각해 볼 때 이는 신에게 다가가는 것이므로 역시 같은 효과가 있을 것이다.

신의 영감을 받은 사람은, 말로 표현하기 어려운 하나의 끈으로 이어진 행동, 사고, 감정을 지닌 자이다.

*

피타고라스의 사상.*² 선은 언제나 상반되는 것의 일치라고 정의해도 무방할 것이다. 어떤 악에 반대되는 것을 칭송할 때는 그 악의 수준에 머무른다. 그 반대되는 것을 다 체험하고 나면 이번에는 다시 원래의 악으로 돌아간다. 이것이 《바가바드기타》에서 '상반되는 것의 방황'*³이라고 부르는 것이다. 마르크스주의의 변증법은 이 방황의, 심하게 타락하고 완전히 왜곡된 견해에 지나지 않는다.

*

상반되는 것들의 일치가 나쁜 예. 마르크스주의가 발전시킨 노동자의 제국주의. 이제 막 해방된 노예들의 오만함을 얘기하는 라틴어 속담들. 오만함과 노예근성은 서로를 악화시킨다. 착실한 무정부주의자들은 상반되는 것이 일치하는 원칙을 안개 저편에 희미하게 보고서, 피억압자에게 권력을 주면 악을 파괴할 수 있을 거라고 믿었다. 불가능한 꿈.

상반되는 것의 일치가 나쁜 예와 좋은 예, 과연 각각에 특유한 뭔가가 있는

---

*2 고대 그리스의 철학자 피타고라스(기원전 582?~497?)의 종교적 과학적인 사고방식, 특히 자연계를 수와 비례를 통해 파악하는 시각은 시몬 베유에게 큰 영향을 주었다.
*3 《바가바드기타》 7장.

것일까?

상반되는 것의 나쁜 일치란(나쁜 것은 속임수이기 때문이다), 그 상반되는 것이 자리잡은 것과 같은 차원에서 이루어지는 일치를 말한다. 그래서 피압박자에게 지배권을 주는 것이다. 그렇게 되면 억압과 지배라는 연관에서 벗어날 수 없다.

상반되는 것의 좋은 일치는 더욱 높은 차원에서 이루어진다. 따라서 지배와 억압의 대립은 균형이라는 법의 차원에서 해결된다.

마찬가지로 고통은(그리고 고통 본디의 작용은 여기에 있다) 일치한 상반되는 것을 분리했다가, 처음의 일치보다 더 높은 차원에서 다시 결합시킨다. 고통과 기쁨이 함께 맥박을 울린다. 그러나 수학적으로는 언제나 기쁨이 더 뛰어나다.

고통은 폭력이고 기쁨은 온화함이다. 그러나 기쁨이 훨씬 더 강하다.

*

서로 모순되는 것의 일치는 곧 여러 갈래의 분열을 낳는다. 극도의 고통 없이는 있을 수 없는 일.

*

서로 모순되는 것이 관계 맺는 것은 집착을 버리는 일이다. 어떤 특정한 사물에 대한 집착은 그것과 공존할 수 없는 모순되는 집착을 통해 비로소 파괴된다. 그래서 "너희는 원수를 사랑하여라······"[4] "자기 부모를 미워하지 않으면······"[5]이라고 말한 것이다.

사람은 상반되는 것을 자기에게 복종시키거나 자기가 상반되는 것에 복종한다.

*

영혼의 움직임 속에 서로 양립할 수 없는 것이 존재한다. 동시에 양쪽으로 기우는 저울. 그것은 신성함이고 소우주의 실현이며 세계 질서의 모방이다.

*

인간의 영혼 속에는 상반되는 덕이 동시에 존재한다. 신을 붙잡을 때 쓸 수 있는 핀셋처럼.

인간의 조건에 대해서는 깊은 고찰이 수없이 거듭되어, 개별적인 사례도 밝

---

[4] 마태오복음서 5장 44절.
[5] 루카복음서 14장 26절.

혀지고 있는데, 그 가운데 몇 가지 법칙을 찾아내어 그것을 명확한 언어로 표현해 볼 것.

그러면 이렇게 된다. 완전히 위에 있는 것이 완전히 밑에 있는 것을 비춰준다. 단, 치환하는 형태로.

악과 힘, 악과 존재의 혈연관계. 선과 약함, 선과 무의 혈연관계.

동시에 악은 결여이기도 하다. 서로 모순되는 것이 왜 각각 진실인지를 밝힐 것.

연구 방법. 뭔가를 생각하면 곧, 어떤 의미에서 그 반대도 진실인지를 탐색해 볼 것.*6

*

악은 선의 그림자이다. 부피와 두께를 갖춘 실재하는 선은 모두 악의 그림자를 비추어 낸다. 단 상상 속의 선은 비추어 내지 않는다.

모든 선은 악과 이어져 있으므로, 만약 사람이 선을 원하고 그것과 통하는 악을 주위에 퍼뜨리고 싶지 않다면, 어차피 그 악을 피할 수는 없으므로 자기 자신 위에 악이 집중적으로 떨어져 내리도록 하는 수밖에 없다.

그래서 완전히 순수한 선을 바라는 것은 최종단계의 불행을 자기 몫으로 받아들이는 것을 포함한다.

오직 선만 원하는 것은 빛을 받는 물체와 그림자가 이어져 있듯이 실재의 선과 악을 잇고 있는 법칙에 어긋나게 된다. 그리고 그 세계의 보편적인 법칙을 어기면 불행 속에 빠질 수밖에 없다.

그리스도의 십자가의 신비는 하나의 모순 속에 있다. 그것은 스스로 동의하여 바치는 제물인 동시에, 자신의 의지와 상관없이 받아들여야만 했던 벌이기 때문이다. 거기서 제물로서의 면밖에 보지 못한다면, 자신에게도 같은 일이 일어나도 좋다고 생각할지 모른다. 그러나 자신의 의지와 상관없이 받아들여야 하는 벌을, 스스로 원하는 것은 누구도 할 수 없는 일이다.

---

*6 이 아포리즘은 시몬 베유의 작품 곳곳에서 나타나는 몇 가지 표면적인 모순을 해결할 열쇠가 된다. 이를테면 전통에 대한 사랑과 과거로부터의 탈피라는 모순, 신을 지고의 실재로 이해하는가 하면 또 무(無)로 간주하는 모순 등이 그러한 예이다. 서로 모순되는 이런 것들은 각각 다른 존재의 차원에서 진실이 되고 그들의 대립은 초자연적인 사랑의 단계에서 마침내 해소된다. 이성은 사슬의 양끝은 지각할 수 있으나 이 둘을 하나로 묶는 중심은 지각할 수 없으므로, 말로는 표현할 수 없는 직관을 통해서 이에 접근할 수밖에 없다.

필연과 선의 거리*1

필연은 신을 가리는 베일이다.

*

신은 모든 현상을 예외 없이 이 세상의 메커니즘에 맡겼다.*2

*

신 안에는 인간의 모든 덕과 유사한 것이 있다. 복종도 그렇다. 복종이란 신이 필연성을 위해 이 세상에 마련해 놓은 것이다.

*

필연. 인간의 지성이 파악할 수 있는 신의 무관심과 공평함의 형상.

그러므로 기적이라는 관념은 경건하지 못하다(이차적인 이유는 없고 오로지 일차적인 이유만 있는 사실).

*

필연과 선의 거리는 피조물과 창조주의 거리이다.

*

필연과 선의 거리. 끝없이 숙고해 볼 것. 그리스의 위대한 발견. 그들은 아마도 고대 트로이의 함락에서 필연과 선의 거리를 배웠을 것이다.

악이 존재한다는 이유 이외의 것에 바탕을 둔다면, 악을 정당화하려는 시도는 모두 이러한 진리에 어긋나는 오류이다.

---

*1 플라톤 《국가》 제6권 참조(편자의 노트).

*2 시몬 베유가 데카르트와 스피노자의 결정론을, 심리학적인 사실도 포함하여 모든 자연적 현상에까지 확대했음을 확인해 두어도 의미가 있을 것이다. 그녀에게 중력작용을 제지할 수 있는 것은 오직 은총뿐이었다. 그 점에서 그녀는, 신이 자연 속에 남겨둔 것, 이 세계에 자유와 기적이 끼어들 수 있는 장소, 미한정과 '무상의 선물'의 주변 부분을 보지 않은 것이다. 그래도 사실상 중력이 실제로는 전능한 힘을 미친다는 사실에는 변함이 없다. 성 토마스는 인간행동의 대부분은 감각의 맹목적인 욕망이 시키는 대로 따르며, 별(星)의 결정에 맡겨져 있다고 인정했다(편자의 노트).

우리는 단지 아담과 이브가 짊어진 무거운 짐, 선과 악이 함께하는 견딜 수 없는 짐을 던져 버리고 싶을 뿐이다.

그러려면 "필연적인 것의 본질과 선의 본질"을 혼동하거나 아니면 이 세상을 떠나야 한다.

악을 정화할 수 있는 것은 신 그리고 짐승 같은 사회뿐이다. 순수는 악을 정화한다. 힘 역시 그렇게 할 수 있다. 물론 순수와 다른 방식이다. 무엇이든 할 수 있는 자에게는 모든 것이 허용되고 그를 섬기는 자들 역시 그 안에서 무엇이든 할 수 있기에, 힘은 인간을 선과 악의 대립으로부터 해방할 수 있다. 힘은 행하는 자와 겪는 자 모두를 해방할 수 있다. 그리하여 주인과 노예 모두가 마음대로 할 수 있다. 칼자루 그리고 뾰족한 칼끝은 견딜 수 없이 무거운 의무로부터 우리를 해방한다. 은총 역시 우리를 해방할 수 있다. 그러나 그것은 의무를 통해서만 가능하다.

한계를 벗어나기 위해서는 단일성을 향해 올라가거나 무한성을 향해 내려가야 한다.

한계는 신이 우리를 사랑한다는 증거이다.

다가올 세계의 종말을 향한 기다림에서 초기 교회의 행태가 생겨났다. 세계의 종말에 대한 믿음 때문에 "필연과 선을 구별하는 엄청난 거리를 망각"한 것이다.

신의 부재는 완전한 인간을 보여 주는 가장 훌륭한 증거이다. 그렇기 때문에 순수한 필연, 즉 선과 분명하게 구별되는 필연이 그토록 아름다운 것이다.

무한은 일자(一者)의 시련이다. 시간은 영원의 시련, 가능성은 필연성의 시련, 변화는 불변의 시련이다. 학문이나 예술작품, 도덕 혹은 한 영혼의 가치는 저마다 이러한 시련에 얼마나 저항하느냐로 측정된다.

우연

내가 사랑하는 존재는 창조된 것들이다. 그들은 우연에서 태어났다. 내가 그들을 만난 것도 우연이다. 그들은 언젠가 죽을 것이다. 그들이 생각하고 느끼고 행동하는 것에는 한계가 있고 선과 악이 섞여 있다.

온 영혼을 기울여 그러한 사실을 깨닫고, 그러고 나서도 여전히 그들을 사랑할 것.

유한한 것을 유한한 것으로서 한없이 사랑하는 신을 본받을 것.

*

우리는 가치 있는 것이면 무엇이든 영원하기를 바란다. 그런데 가치 있는 것은 모두 만남으로 생겨나서 만남을 통해 존속하며 만남이 헤어질 때 사라진다. 이것이 불교의 중심 사상이다(헤라클레이토스의 사상). 이 사상은 우리를 곧바로 신에게 이르게 한다.

나의 아버지와 어머니를 만나게 해 준 우연에 대해 깊이 생각해 보는 것은 죽음에 대해 명상하는 것보다 유익하다.

내 안에 이 만남에서 비롯되지 않은 것이 단 한 가지라도 있을까? 오직 신뿐이다. 그리고 내가 신에 대해 생각하는 것도 이 만남에서 비롯된 것이다.

*

반짝이는 별과 꽃이 만발한 과일나무. 영원히 존속하며 변하지 않는 것과 더없이 약하고 덧없는 것은, 똑같이 영원한 느낌을 준다.

*

진보라느니 '시대를 관통하며 명성을 떨치는 천재'라느니 하는 주장이 제기되는 까닭은, 이 세상에서 가장 중요한 것이 우연에 달려 있다고 생각하면 견딜 수 없기 때문이다. 그러나 견딜 수 없는 일이기 때문에 더욱 주시해 보아야 한다.

창조란 바로 그런 것이다.

우연에 복종하지 않는 단 하나의 선은 이 세상 밖에 있는 선이다.

＊

소중한 것이 상처받기 쉬운 것은 정말 좋은 일이다. 상처받기 쉽다는 것이야말로 살아 있다는 증거이기 때문이다.

＊

트로이의 멸망. 꽃이 만발한 과일나무에서 꽃잎이 떨어지는 것. 가장 소중한 것은 존재 속에 뿌리내리지 않음을 알아야 한다. 그것은 참으로 좋은 일이다. 어째서일까? 영혼을 시간 밖으로 내던질 것.

＊

눈처럼 하얗고 피처럼 붉은 아이를 원하는 여자가 그런 아이를 얻는다. 그러나 여자는 죽고 아이는 계모에게 맡겨진다.[1]

---

[1] 그림 동화《백설공주》참조. 만년의 시몬 베유는 각국의 신화와 민간전승에도 깊은 흥미를 느끼고, 그 속에 숨겨진 근원적인 진실을 알고자 했다.

우리가 사랑해야 할 자는 존재하지 않다

신은 부재(不在)의 형태를 취하지 않는 한, 천지만물 속에 존재할 수 없다.

*

악 그리고 신의 순결. 신이 악에 대해 순결하다는 것을 알기 위해, 신은 무한히 먼 곳에 있다고 생각해야 한다. 뒤집어 말하면, 악이 있다는 사실에서, 신이 무한히 먼 곳에 있다고 보아야 함을 알 수 있다.

*

신이 전혀 없다는 사실에서 이 세계는 신 그 자체이다.

선과는 어디까지나 다른 것이라는 사실에서 필연은 선 그 자체이다.

그러므로 불행 속에서는 어떠한 위안도 사랑과 진실로부터 사람을 멀어지게 한다.

그것이 바로 신비 중의 신비이다. 그 신비를 접해야만 비로소 우리는 평화를 얻을 수 있다.

*

"황폐한 동방의 나라에서⋯⋯"[1] 아무도 살지 않는 황야에 있어야 한다. 사랑해야 할 사람은 부재하기 때문이다.

*

신에 대한 믿음에 생명을 거는 사람은 그 신앙을 잃을 수도 있다.

그러나 신 자체에 생명을 거는 사람은 결코 그 생명을 잃지 않을 것이다. 절대로 접촉할 수 없는 것에 생명을 거는 것. 그것은 불가능하다. 그것은 죽음이다. 그러나 그것은 필요하다.

*

존재하는 것 가운데 절대적인 의미에서 사랑할 가치가 있는 것은 하나도

---

[1] 라신 《베레니스》(1670) 1막 4장 234행, 안티오키스가 한 말.

없다.

그러므로 존재하지 않는 것을 사랑해야 한다.

그러나 이 사랑의 대상은 존재하지 않는다고 해서 가짜가 아니다. 우리가 가짜라면, 사랑할 가치가 없는 우리와 마찬가지로 사랑할 가치가 없을 테니까.

*

선에 대한 동의. 자기가 파악할 수 있고 제시해 보여 줄 수 있는 선이 아니라, 절대선에 대한 조건 없는 동의.

우리가 제멋대로 상상하는 선에 동의하는 것은 선과 악의 혼합에 동의하는 것일 뿐이다. 그런 동의에서 선과 악이 생겨난다. 우리 안의 선과 악의 비율은 변하지 않는다. 우리가 현재도, 미래에도 결코 멋대로 상상할 수 없는 선에 무조건 동의하는 것, 그것이야말로 순수한 선에 속하고, 그것이야말로 오직 선만 생겨나게 하며, 그것이 지속되기만 하면 마침내 온 영혼이 선 자체가 되는 것이다.

*

신앙은(자연적인 것을 초자연적으로 해석하는 것이 신앙이라면) 초자연적인 경험을 바탕으로 유추적으로 추측하는 것이다. 그래서 신비적인 명상에 잠길 수 있는 특권을 얻은 사람들은 신의 자비에 대해 이미 체험했다고, 또 신은 곧 자비이므로 세계 창조는 자비에 따른 행위였다고 추측한다. 그러나 이 자비를 자연 속에서 직접 확인하는 것은, 아무것도 보지 않고, 아무것도 듣지 않고, 어떤 것에도 마음이 움직이지 않는 자가 아닌 한 불가능하다. 그러므로 자연 속에서 신의 자비의 증거를 찾으려고 한 유대교도와 이슬람교도는 비정한 자들이다. 그리고 그리스도교도도 그랬던 적이 많았다.

그러므로 신비주의야말로 인간의 바람직한 정신적 자세의 유일한 원천이다. 이 세상의 장막 뒤에 무한한 자비가 숨어 있음을 믿지 않는 것, 또 그 자비가 장막 앞쪽에 보인다고 믿는 것, 이 두 가지 사실이 사람을 잔인하게 만들기 때문이다.

*

이 세상에는 신의 자비를 나타내는 네 가지 증거가 있다. 신비적인 명상 능력을 어떤 사람들에게 허락해 주신 신의 은혜(이러한 상태는 분명히 존재하며, 그들은 피조물로서 그것을 체험한다). 그 사람들이 발산하는 빛과 다른 사람들의 고통에 대한 공감—그것은 신이 그 사람들 속에서 고통에 공감하는 것. 세계의 아름다움. 네 번째 증거는 이 세계에는 자비가 완전히 결여되어 있다는 사실이다.*2

*

신이 인간으로 태어남. 신은 공평하기 때문에 약하다. 신은 악인에게나 선인에게나 똑같이 해를 비추고 비를 내린다.*3 아버지인 신의 이 무차별과 그리스도의 약함은 서로 상응한다. 신의 부재. "하늘나라는 겨자씨와 같다······."*4 신은 누구에 대해서도 아무것도 바꾸지 않는다. 사람들은 그리스도기 단지 신이었다는 이유 때문에 화가 나서 그를 죽였다.

*

나에게 고통을 주는 것은 신의 의지에 따른 행위이고 나의 행복을 위한 일이라고 생각한다면, 나는 자신을 중요한 존재로 보는 것이다. 그리고 내가 하찮은 존재에 지나지 않는다는 점을 가르쳐 주려는 고통의 가장 중요한 효용을 헛되이 흘려 버리는 것이다. 그러므로 그런 생각은 절대로 해서는 안 된다. 우리는 고통을 통해 신을 사랑해야 한다.

우리는 자신이 하찮은 존재에 지나지 않음을 다행으로 여겨야 한다. 내가 중요한 존재라면 얼마나 끔찍한가! 자신의 무를 사랑할 것, 무인 것을 사랑할 것. 눈에 보이는 장막 저편에 있는 영혼의 부분으로 사랑할 것. 그것은 의식이 지각할 수 있는 영혼의 부분은, 무를 사랑할 수 없을 뿐만 아니라 두려워하기 때문이다. 설사 그 부분이 무를 사랑한다고 생각하더라도, 그것이 사랑하는 것은 실제로는 무와는 다른 것이다.

*

신은 악인에게나 선인에게나 똑같이 해를 비추고 비를 내려 주듯이*5 불행도 똑같이 내린다. 신은 그리스도만을 위해 십자가를 마련한 것이 아니다. 신

---

*2 바로 이 반대명제를 통해, 즉 우리 안에 작용하는 은총의 효과와 우리 주위에 있는 세계의 아름다움 그리고 이 우주를 지배하는 불굴의 필연이 이렇게까지 구별되어 있는 것을 통해, 우리는 신을, 인간 앞에 실재하는 존재로서, 동시에 인간의 어떠한 척도로도 절대 축소되지 않는 존재로서 인지한다(편자의 노트).

*3 마태오복음서 5장 45절 참조.

*4 마태오복음서 13장 31절.

*5 마태오복음서 5장 45절.

은 자기를 바라보는 눈길에 응답하여, 즉 개인이 개인이기를 그치는 정도에 정확하게 응하여, 순수하게 영적인 은총을 보내고, 오직 그것을 통해 있는 그대로의 개인적인 인간과 교류하기 시작한다. 무슨 일이 일어나든 그것은 신의 은혜가 아니다. 오직 은총만이 그것이다.

*

영성체는 선한 자들에게는 복이 되고 악한 자들에게는 재앙이 된다. 그 결과로서 지옥에 떨어져야 할 자도 천국에 있지만, 그 자에게는 천국이 지옥이다.

*

"왜?"라는 고통의 외침이 《일리아스》 전편에 울려 퍼지고 있다.

고통의 이유를 설명하면 고통이 완화된다. 따라서 고통의 이유를 설명해서는 안 된다.

거기서 죄 없는 자들에게 주어진 고통의 가치가 높아진다. 이는 죄 없는 신이 창조에 악을 받아들인 것과 비슷하다.

*

자신이 고통을 겪고 있을 때는 반드시 고통에 심한 혐오를 느끼는 것이 고통의 가장 중요한 특징인데, 거기에는 의지의 작용을 멈추게 하려는 목적이 있다. 부조리를 만나 지성이 활동을 멈추고, 부재가 사랑을 저지하도록. 그리하여 인간적인 능력의 한계에 도달하여, 사람은 손을 내밀고 멈춰 서서 응시하며 그저 기다리려고 하는 것이다.

*

"그분께서는 무죄한 이들의 절망을 비웃으신다."*6 신의 침묵. 이 세상의 온갖 소리는 이 침묵의 모방이다. 소리는 내고 있어도 의미 있는 말은 한 마디도 하지 않는다.

우리가 무엇이든 의미 있는 말을 하는 소리를 진심으로 원할 때, 대답을 듣기 위해 계속 소리치는데도 끝내 대답을 듣지 못할 때, 그때 우리는 신의 침묵을 접한다.

흔히 우리는 상상력을 동원하여 그런 소리에도 말을 집어넣어 본다. 마치 연기를 보고 그 속에서 여러 가지 형상을 찾아내면서 태평하게 즐길 때처럼. 그

---

*6 욥기 9장 23절.

러나 완전히 지쳐 버려 즐길 힘도 남지 않았을 때, 우리에게는 진실한 말이 필요해진다. 그것을 달라고 소리쳐 외친다. 그 외침이 우리의 내장을 찢어 놓는다. 그러나 돌아오는 것은 침묵뿐이다.

그곳을 통과한 뒤, 일부 사람들은 실성한 사람처럼 자신을 향해 혼자 얘기하기 시작한다. 일단 그렇게 되고 나면 그들이 무엇을 하든, 그들에 대해서는 그저 연민의 마음이 들 뿐이다. 나머지는 그리 수가 많지는 않지만, 온 마음을 다해 한결같이 침묵에 몸을 맡기는 사람들도 있다.

무신론의 샤워하기

서로 모순되는 사항이 모두 진실인 경우. 신은 존재한다, 신은 존재하지 않는다. 어디에 문제가 있는가? 나는 내 사랑이 환상이 아니라고 전적으로 확신한다는 의미에서, 하나의 신이 존재하는 것을 전적으로 확신한다. 나는 실재하는 것 가운데 어느 것도 내가 신이라는 이름을 입에 올릴 때 마음에 떠오르는 것과 닮지 않았음을 전적으로 확신한다는 의미에서, 신이 존재하지 않음을 전적으로 확신한다. 내가 마음에 그릴 수는 없어도, 그것은 환상이 아니다.

*

두 가지 무신론이 있는데, 그 하나는 신에 대한 관념을 정화하는 것이다.

악에 지나지 않는 어떠한 것이라도, 선을 향해 나아가는 동안 정화되는 일면과, 더 높여진 선이라는 더욱 다른 일면을 지닌다.

이 세 가지 면을 잘 구별할 것. 이를 혼동하는 것은 사고를 위해서도, 효과적인 삶을 위해서도 매우 위험하기 때문이다.

*

신에 대해 어떠한 체험도 하지 못한 두 사람 가운데, 신을 부인하는 사람이 아마 신에 훨씬 가까이 있을 것이다.

접할 수 없다는 점을 빼고 가짜 신은 모든 점에서 진짜 신을 닮았지만, 그것은 언제나 진짜 신에 다가가는 데 방해가 된다.

존재하지 않는다는 점을 빼고 모든 점에서 진짜 신과 닮은 하나의 신을 믿을 것. 아직 우리는 신이 존재하는 지점에 닿지 않았기 때문이다.

*

현대의 온갖 오류는 초자연적인 요소를 갖추지 않은 그리스도교에서 비롯되었다. 세속화에 대한 움직임이 그 원인이다. 그리고 무엇보다 휴머니즘이.

＊

종교가 위안의 원천인 한, 참된 신앙의 방해물이 된다. 그런 의미에서 무신론은 인간을 정화시킨다. 나 자신 안의 신을 위해 만들어지지 않은 부분에서 보면, 나는 무신론자여야 한다. 자기 안의 초자연적인 부분이 아직 눈뜨지 않은 사람들은 무신론자인 것이 옳고 신자가 되는 것은 그르다.

＊

모든 가족이 고문당한 끝에 죽었고 당사자 역시 강제수용소에서 오랫동안 고문당한 사람이 있다고 하자. 또는 16세기에 일족이 몰살당하고 혼자 살아남았다는 인디언*1을 생각해 봐도 좋다. 이런 사람들은 설령 그때까지 신의 자비를 믿었다 해도 더는 믿지 않거나 이전과는 전혀 달리 이해하게 된다. 나는 아직 그런 일은 겪지 않았다. 그러나 그런 일들이 존재한다는 것은 안다. 그렇다면 무슨 차이가 있는가?

운명이 나에게 어떤 사건을 겪게 하더라도, 나는 신의 자비에 대해 결코 사라지지도 변하지도 않는 견해 그리고 누구에게도 전할 수 있는 견해를 갖추도록 노력해야 한다.

---

*1 16세기 에스파냐의 식민 통치로 박해받은 중남미의 아메리카 인디언.

주의와 의지

신기한 것들을 이해하지 않아도 좋다. 그러나 인내와 노력과 체계를 가지고, 자기의 모든 것을 쏟아 부어 명백한 진리를 이해하도록 노력할 것.

*

신앙의 여러 단계. 가장 평범한 진리라도 온 영혼에 스며들 때는 계시와 같다.

*

의지가 아니라 주의(注意)를 통해 온갖 죄과를 속죄하려고 시도할 것.

의지는 가까이 있는 물건들을 옮겨 놓고 싶은 마음을 겉으로 드러낸, 몇 개 근육의 작은 운동에만 힘을 미칠 수 있다. 나는 한 손을 책상 위에 살짝 얹어 보고 싶다고 생각할 수 있다. 그런 종류의 동작에 맑은 마음이니 영감이니 진실한 사고니 하는 것이 반드시 관련된다면, 그런 동작도 의지의 대상이 될 수 있을 것이다. 그러나 실제로는 전혀 그렇지 않으므로, 결국은 맑은 마음, 영감, 진실한 사고를 간절히 원하는 수밖에 없다. 간절히 그것을 바란다는 사실은 우리가 하늘에 아버지가 존재함을 믿는다는 증거이다. 그렇지 않다면 그렇게 원하기를 그만두어야 한다. 그보다 더 불쾌한 일이 또 있을까. 마음속으로 간절히 바라는 것만이 이때 어울리는 일이다. 그것은 당면한 일과 아무 관계도 없는 근육을 긴장시키지 않아도 되기 때문이다. 덕을 실천하기 위해, 시를 쓰기 위해, 어떤 문제를 풀기 위해 근육을 긴장시키거나 이를 악무는 것만큼 어리석은 일이 또 있을까? 주의란 그런 것과는 전혀 다른 것이 아닐까?

오만은 그러한 긴장을 가리킨다. 오만한 자에게는(이중의 의미에서) 우아함(또는 은총)이 결여되어 있다. 그것은 오류의 결과이다.

주의는 가장 높은 단계에서는 기도와 같다. 그것을 위해서는 먼저 신앙과 사랑이 필요하다.

*

어떠한 불순물도 섞이지 않은 주의가 곧 기도이다.

*

지성(知性)을 선으로 향하고 있으면 온 영혼이 자기도 모르게 조금씩 선으로 끌려가게 된다.

*

극도로 긴장된 주의야말로 인간에게 창조적 능력을 만들어 준다. 극도의 주의는 종교적인 것 이외에는 존재하지 않는다. 한 시대의 창조적 영감의 총량은 그 시대의 극도의 주의의 총량, 즉 진정한 종교의 총량과 정확하게 비례한다.

*

잘못된 추구 방식. 한 가지 문제에 주의를 묶어 두는 것. 이것도 진공을 혐오하는 한 현상이다. 인간은 자신의 노력이 헛되이 끝나 버리는 것을 원하지 않는다. 사냥에서 사냥감을 끈질기게 추적하는 것. 찾아내기를 원해서는 안 된다. 지나치게 헌신할 때처럼 노력의 목표에 자기가 종속되어 버린다. 밖으로 드러난 보상도 필요하고, 이따금 우연히 주어지기도 하지만, 진실을 왜곡해서라도 그런 외적인 보상을 얻으려고 기다리는 것이 실상이다.

다만 어떠한 욕망도 수반하지 않는(하나의 목적에 묶이지 않은) 노력만이 확실하게 보상을 은닉하고 있다.

추구하는 목적 앞에서 후퇴할 것. 멀리 둘러 가야만 효과를 얻을 수 있다. 가장 먼저 후퇴하지 않는다면 아무것도 이룰 수 없다.

포도송이를 잡아당기면 포도알이 모두 땅에 떨어지고 만다.

*

추구하는 목표와 상반된 결과를 낳는 노력이 있다(예를 들어, 심하게 조바심을 내는 신앙심 깊은 여자, 거짓 금욕, 일종의 헌신적인 행위 등). 한편 목표에 순조롭게 이르지 못하더라도 언제나 유용한 노력이 있다.

이 두 가지를 어떻게 구별하는가?

전자의 노력은 자기 내부의 비참함을 인정하지 않고(그것도 속임수지만), 후자의 노력은 있는 그대로의 자신과 자기가 사랑하는 것 사이의 거리에 끊임없이 주의를 집중한다.

*

사랑을 통해 신과 인간들은 많은 것을 배운다. 누구든지 배우려는 마음이 없으면 배우지 못한다. 진리는 진리이기 때문에 추구되는 것이 아니라 선이기 때문에 추구되는 것이다.

주의는 의지가 아니라 그런 욕망과 이어져 있다. 아니면 좀더 정확하게 말해 동의(同意)와 이어져 있다.

*

사람은 자기 내부에서 에너지를 해방한다. 그러나 그 에너지는 언제나 또다시 구속되고 만다. 어떻게 하면 에너지를 완전히 해방할 수 있을까? 우리 내부에서 그것이 이루어지기를 간절히 염원해야 한다. 진정으로 염원해야만 한다. 다만 염원하는 데만 머물고, 그것을 스스로 실행하려 하지 말 것. 그런 방면에서의 시도는 모두 헛되고 또 비싼 대가를 치르기 때문이다. 그런 종류의 행위에서는 내가 '나'라고 부르는 것이 모두 수동적이 되어야 한다. 오직 주의만, '나'가 사라져 버릴 정도로 긴장한 주의만이 필요할 뿐이다. 나의 이른바 '나' 전체에서 주의의 빛을 거둬들여 상상도 미치지 않는 곳에 그 빛을 비출 것.

*

하나의 사념을 결정적으로 쫓아 버리는 능력은 영원에 이르는 문이다. 한순간 속의 영원.

*

다양한 유혹 앞에서는, 유혹하는 남자가 수작을 걸어도 대답하지 않고 들리지도 않는 척하는 정숙한 여성을 본보기로 삼을 것.

*

우리는 선과 악을 구별해서는 안 된다. 구별하지 않으면, 즉 어느 쪽에나 똑같이 주의를 기울이면, 선 쪽이 저절로 이기게 된다. 이것이야말로 반드시 필요한 은총이다. 또 선의 정의이고 기준이다.

신의 영감(靈感)은, 거기서 주의를 돌리지 않고 스스로 거부하지 않으면 반드시 작용해 오는 법이다. 그렇게 되도록 굳이 선택할 필요도 없다. 그것이 존재한다고 인정하는 것을 거부하지만 않으면 된다.

*

사랑을 담아 주의를 신에게로(또는 좀더 낮은 단계에서는 진정으로 아름다운 모든 것을 향해) 돌린다면 불가능해지는 일들이 있다. 그것은 영혼 속에서의 기도가 능동적으로 작용하지 않고 저절로 이루어지는 일이다. 어떤 행동은 그대로 내버려 두면 이러한 주의를 흐트러지게 할 수도 있지만, 반대로 이 주의 때문에 움직일 수 없게 되기도 한다.

*

영혼 안에 영원성의 한 점을 지니게 되면, 그때부터는 오로지 그것을 소중하게 지키는 것밖에 할 일이 없다. 그것은 씨앗처럼 스스로 자라난다. 무장한 병사들에게 그 주위를 꼼짝 말고 지키게 하고, 수(數)와, 일정불변의 정확한 상호관계에 대해 명상함으로써 그것을 키워 나가야 한다.

인간은 육체 속에 있는 불변의 것을 가만히 주시함으로써 영혼 속의 불변하는 것을 키울 수 있다.

*

글쓰기는 아기를 낳는 것과 같다. 이것이 최선이다 하는 지경까지 애를 쓸 수밖에 없다. 행동할 때도 마찬가지이다. 과연 이것이 최고의 노력일까 하고 걱정할 필요는 없다. 단 자신을 속이지 않고 충분히 주의를 기울인다면.

*

시인은 진정으로 실재하는 것에 주의를 기울임으로써 아름다움을 이끌어낸다. 사랑 역시 마찬가지이다. 내가 존재하는 것과 마찬가지로 배고프고 목마른 사람이 진실로 존재함을 알기만 해도 충분하다. 나머지는 저절로 따라온다.

어느 한 사람의 활동 속에 진·선·미 같은 진정으로 순수한 가치가 태어나는 것은 언제나 하나의 행위를 통해서이다. 대상에 완전히 주의를 기울이는 행위.

교육의 목적은 주의력을 훈련하여 그러한 행위를 할 수 있도록 준비시키는 것이다.

교육에는 그 밖에도 여러 가지 유익한 점이 있지만, 모두 대단치 않은 것이다.

*

학문연구와 신앙. 기도는 순수한 상태에서의 주의이고, 학문연구는 주의력의 훈련이라 할 수 있으므로, 학교에서의 학습은 모두 영적 생활의 일부분이어야 한다. 그것은 체계적인 방법론을 필요로 한다. 라틴어를 번역하는 데도, 기하학 문제를 푸는 데도 어떤 일정한 방식을 지키는 것이(어떤 방식이라도 좋다는 말은 아니다), 주의력을 기도에 훨씬 더 적합하게 하는 훈련이 된다.

＊

비유와 상징을 이해하는 방법. 그것을 해석하려 하지 말고 빛이 넘쳐날 때까지 가만히 응시할 것.

일반적으로 지성을 훈련하는 방법은 응시하는 것이다.

실재하는 것과 환상을 구별하기 위해 이 방법을 쓸 것. 감각을 통해 인식할 때, 자기가 보고 있는 것을 확신할 수 없을 때는 시선을 떼지 않고 자신의 위치를 바꿔 보면 실재가 나타난다. 내적인 삶에서는 시간이 공간을 대신한다. 시간이 지나면서 사람은 변화하지만, 그 변화를 겪으면서도 여전히 동일한 것을 주시하며 시선을 떼지 않으면 결국 환상이 사라지고 실재가 나타난다. 단 조건이 있는데, 주의가 집착이 되어서는 안 되고 단지 응시하는 것이어야 한다.

＊

무슨 일이 있어도 의무를 수행해야 한다는 의지와 악한 욕망 사이에 갈등이 일어나면, 선에 기울어졌던 에너지가 다 소모되어 버린다. 자기의 비참함을 통감하면서 괴로워할 때처럼, 욕망의 혹독한 공격도 그대로 견뎌 내야만 한다. 그리고 가만히, 선을 향해 계속 주의를 기울여야 한다. 그러면 에너지의 질이 점차 높아진다.

욕망이 시간 속에서 무엇을 향해 나아가야 할지 모르게 하여, 그 에너지를 빼앗을 것.

＊

욕망이 갖고자 하는 것은 무한하지만 욕망을 만들어 내는 에너지는 한정되어 있다. 그러므로 우리는 은총의 도움으로 욕망을 다스릴 수 있고 또 소모시켜 파괴할 수도 있다. 이러한 사실을 분명히 이해한다면, 그리고 그러한 진실을 접하는 데 주의를 흐트러뜨리지 않는다면, 우리는 이미 욕망을 극복한 것이나 마찬가지이다.

＊

"나는 더 좋은 것을 본다……."[1] 이러한 상태에서 인간은 선을 생각하는 것처럼 보이고 또 어떤 의미에서는 실제로 그렇기도 하지만, 그 가능성에 대해서

---

[1] 오비디우스(로마의 시인, 기원전 43~서기 17?) 《변신 이야기》 제7권, 20행. 전문은 "나는 더 좋은 것을 보고 좋다고 생각한다. 그러나 좋지 않은 것을 따라가고 만다."

는 생각하지 않는다.

*

사람이 모순이라는 핀셋으로 집어 올리는 진공이 높은 곳의 진공인 것은 확실하다. 지성과 의지, 사랑이라는 타고난 능력을 잘 갈고 닦을수록 그 진공을 더욱 잘 포착할 수 있기 때문이다. 낮은 진공은 타고난 그 능력을 위축시키면 빠져들게 되는 진공이다.

*

초월적인 것을 체험할 것. 이 말은 모순되는 것처럼 보인다. 그러나 우리는 접촉을 통해서만 초월적인 것을 알 수 있다. 우리가 자신의 능력으로 만들어 낼 수 있는 것이 아니기 때문이다.

*

고독. 고독의 가치는 도대체 어디에 있을까? 우리는 단순한 물질(하늘·별·달 그리고 꽃이 만발한 나무까지) 그리고 (아마도) 인간의 정신보다 가치가 낮은 것만 마주하고 있을 뿐인데, 그 가치는 주의력을 작용하게 할 가능성이 훨씬 높다는 것이다. 한 사람의 인간을 마주하고서도 그것과 똑같은 정도로 주의력을 기울일 수 있다면 좋으련만…….

*

우리는 신에 대해서는 단 한 가지 사실밖에 알 수 없다. 신은 우리와 같지 않다는 것. 단지 우리의 비참함이 신을 비춰 주는 영상이다. 따라서 우리가 자신의 비참함을 응시하고 바라보는 것은 곧 신을 응시하고 바라보는 것이다.

*

우리의 죄는 인간의 비참함을 모른다는 데 있다. 그것은 의식되지 않는 비참함으로, 바로 그 점에서 죄가 된다. 그리스도의 생애는 인간의 비참함은 어쩔 수 없다는 것, 죄가 전혀 없는 사람도 죄가 있는 사람과 마찬가지로 이토록 심각한 비참함에 빠져 있다는 것을 실제로 보여 준 증거이다. 다만 그리스도의 그 비참함에는 빛이 비치고 있었지만…….

*

부자나 권력자들은 인간의 비참함을 알기 어렵다. 그들은 필연적으로 자기가 중요한 존재라고 믿는 경향이 있기 때문이다. 가난한 자들 역시 인간의 비참함을 알기 어렵다. 그들은 필연적으로 부자와 권력자가 중요한 존재라고 믿는 경향이 있기 때문이다.

＊

죽음에 이르는 죄[2]가 되는 것은 저지른 잘못 자체 때문이 아니다. 어떤 잘못이든 그것을 저지를 때 영혼 속에 있는 빛의 정도에 따라 결정된다.

＊

순수란 더러움을 가만히 응시하는 힘이다.

＊

극한의 순수는 순수한 것도 순수하지 않은 것도 모두 주시할 수 있다. 반면 불순은 그 어느 것도 바라볼 수 없다. 순수함은 그(인간)를 두렵게 하고, 불순은 그를 삼켜 버린다. 그에게는 이 두 가지를 섞은 것이 필요하다.

---

[2] '대죄'를 가리킨다.

훈련

불가능한 것을 접하기 위해서는 가능한 것을 완수해야 한다. 이 의무에 입각해, 의지·사랑·인식 같은 자연적 능력을 올바르게 훈련해야 영적인 현실을 접할 수 있다. 이는 몸이 운동해야 감각대상을 인지할 수 있는 것과 똑같다. 마비 환자는 아무것도 인지할 수 없다.

*

엄밀하게 인간적인 의무를 완수하는 것도 작문, 번역, 계산과 같은 작업을 정확하게 이행하는 것과 같은 차원에 속한다. 그러한 정확성을 소홀히 하는 것은 대상을 존중하지 않는 것이다. 의무를 게을리 하는 것 역시 마찬가지이다.

*

영감과 관련된 사항은 시간이 유예될수록 오히려 풍부해질 수 있다. 인간의 본분이나 의지와 관련된 사항은 유예될 수 없다.

*

교훈은 단지 실행하라고 주어진 것이 아니다. 오히려 교훈을 잘 이해하기 위해 실행하라는 것이다. 그것은 음계와 같다. 음계 연습을 마치지 않고 바흐의 곡을 연주할 수는 없다. 그러나 음계 자체를 위해 음계를 연습하지는 않는다.

*

훈련—자기도 모르는 사이에 마음속에 오만한 생각이 숨어 있는 것을 알았다면, 그때마다 잠시 동안 지난날의 굴욕을 기억하고 있는 힘을 다해 주의력을 집중시켜 바라볼 것. 되도록 가장 괴롭고 견디기 어려웠던 굴욕을 기억해 낼 것.

*

자기 안에서 욕망과 혐오, 쾌락과 고통을 변화시키려 하거나 사라지게 하려고 애쓸 필요는 없다. 색의 감각을 느낄 때처럼 그것을 수동적으로 느끼며, 거기에 색의 감각에 대해서보다 더 큰 신뢰를 보내서는 안 된다. 내 방의 유리창이 빨간색이라면 창문을 통해 보는 방은, 일 년 내내 아무리 봐도 장밋빛일 수밖에 없다. 그 방은 장밋빛으로 보이는 게 당연하고, 옳고, 좋은 일이라는 것을 나는 안다. 동시에 그 색깔을 하나의 정보로 받아들이기는 하지만, 유리창과의 상호관계를 앎으로써 나는 그것에 한정된 신뢰밖에 보낼 수 없다. 나의 내부에 일어나는 모든 종류의 욕망과 혐오, 쾌락과 고통도 오직 그렇게 받아들여야 한다.

한편 사람은 또 자기 안에 폭력의 뿌리, 즉 의지를 지녔으므로, 한정된 범위 안에서, 그러나 그 안에서는 어디까지나 이 폭력의 뿌리를 힘으로라도 억제해야 한다. 그러한 욕망, 그러한 혐오를 품지 않은 것처럼 행동하도록, 억지로라도 자기에게 강요해야 한다. 감각을 강제로 억제하고 어떻게 해서든 복종하게 해야 한다. 그러면 감각은 반항할 것이다. 그 반항을 겪고 맛보고 지긋이 음미하여, 그것을 외적인 것, 붉은 유리창을 통해 보는 어느 방의 장밋빛처럼 받아들여야 한다.

이런 정신으로 자신을 힘으로 억제한다면, 그때마다 자기 안에 있는 동물을 조금씩 그러나 확실하게 훈련시켜 나가는 셈이다.

물론 이런 식으로 자기에게 힘을 가하는 것이 실제로 훈련에 도움이 되려면, 이는 어디까지나 단순한 수단이어야 한다. 개를 영리하게 키우기 위해 훈련하다가 때릴 때, 때리는 것은 훈련의 수단이어야지 그 자체가 목적이 되어선 안 된다. 따라서 훈련을 게을리할 때만 때려야 한다. 앞뒤 가리지 않고 무조건 때리면 그 개는 결국 어떤 훈련도 이겨내지 못하게 된다. 그릇된 금욕주의도 이와 똑같은 결과를 불러일으킨다.

자기에게 힘을 가하는 것이 허락되는 때는, 그것이 이성에서 비롯되었을 때(스스로 확실히 의무라고 생각하는 것을 실행하고자 할 경우)—또는 거역할 수 없는 은총의 압력으로 도저히 그렇게 할 수밖에 없을 때(그러나 그때는 힘이 자신에게서 비롯된 것이 아니다)뿐이다.

*

내가 초조함을 느끼는 까닭은 피곤하거나 생명력이 다 빠져 나가 버려서, 내 활동이 극히 일반적인 수준 이하로 떨어졌기 때문이다. 그런데 무언가가 나를 붙잡고 끌어올려 주면 나도 수준 이상에 도달한다. 그럴 때는 그 시간을 일상적인 활동을 하느라 써 버리는 것이 한심하게 느껴질 것이다. 어떤 때는 힘으로라도 자기를 억제해야만 하는데, 좀처럼 스스로 그런 힘을 끌어내지 못한다.

그 결과 비정상적인 행동을 할 때도 있고, 그것은 나도 어쩔 수 없다고 생각한다. 그러나 나는 그렇게 해서는 안 된다는 것을 알고, 또 안다고 믿는다. 그것은 태만의 죄를 내포한다. 그리고 나도 그것에 사로잡혀 버린다.

그렇다면 어떤 방법이 있을까?

"주님! 하고자 하시면 저를 깨끗하게 하실 수 있습니다."[1]

나는 노력하고 있다는 느낌을 고통을 겪고 있다는 수동적인 느낌으로 바꾸도록 자신을 훈련해야 한다. 어떠한 상태에서든 신이 고통을 준다면 내 몫으로 주어진 것을 그대로 겪는 수밖에 없다. 의무에 대해서도, 이행해야 하는 모든 것을 그러한 방식으로 해야 하는 것이 아닐까?

*

"산과 바위에게 말하되, 우리 위로 무너져 보좌에 앉으신 분의 얼굴과 어린 양의 진노에서 우리를 숨겨다오."[2]

지금, 나는 이 분노를 받아 마땅한 자이다.

십자가의 성 요한에 따르면, 어렵지 않고 고급스럽지도 않은 의무는 완수할 필요가 없다고 속삭이는 목소리는 악한 곳에서 찾아온다고 했는데, 그 점을 잊지 말 것.

우리에게 의무가 주어지는 까닭은 바로 이기심을 죽이기 위해서이다. 그런데 나는 그토록 소중한 도구를 녹이 슬게 방치해 둔다.

외부 세계가 확실히 존재한다고 믿기 위해, 정해진 때 자기의 의무를 완수해야 한다.

시간이 확실히 존재한다고 믿어야 한다. 그렇지 않으면 결국 꿈이 되고 만다.

몇 년 전부터 나는 내 안에 그런 결점이 있음을 알았고, 그 결점이 얼마나 큰지도 알았지만, 그것을 없애기 위해 아무 노력도 하지 않았다. 뭐라고 변명하면 좋을까?

그것은 열 살 무렵부터 내 안에서 조금씩 커져 간 것이 아닐까. 하지만 이 결점이 아무리 크다 해도 거기에는 한계가 있다. 그것이면 충분하다. 결점이 너무 커서 평생 지울 수 없을 정도이고, 나아가 내가 완전한 상태에 도달할 가능

---

*1 마태오복음서 8장 2절 등(원문 그리스어).
*2 요한묵시록 6장 16절.

성이 없다고 해도, 존재하는 모든 것과 마찬가지로 이 사실도 받아들여야만 한다. 사랑을 가지고 진심으로 받아들여야 한다. 나에게 그러한 결점이 있으며, 그것이 나쁘다는 것, 또 한계가 있다는 것을 안다면 그것으로 충분하다. 그러나 이 세 가지 사실을 따로따로, 또 전체에 대해 실제로 안다는 것은, 그 결점을 없애는 과정이 시작되었음을 그리고 그것이 끊임없이 계속됨을 의미한다. 이 과정이 아직 시작되지 않았다면 나는 내가 글로 쓰고 있는 것을 실제로는 알지 못한다는 증거가 된다.

필요한 에너지는 내 안에 있다. 그래야 살 수 있기 때문이다. 그 에너지를 나는 내 안에서 억지로라도 분리해야 한다. 그것 때문에 죽는 한이 있어도.

*

선악을 구별하는 완전한 잣대는 끊임없는 내면의 기도뿐이다. 기도를 방해하지 않는 것은 모두 허용되며 방해하는 것은 모두 금지된다. 기도 상태에서 행동할 때는 타인에게 해를 끼치는 일은 있을 수 없다. 진정한 기도라면 절대로 불가능한 일이다. 그러나 그런 상태에 도달하기 전까지는 온갖 규율을 준수함으로써 자기의 의지가 다 소모되어야 한다.

*

희망이란, 자기 안에 숨겨둔 악에는 한계가 있다는 것, 영혼을 단 한순간만이라도 선을 지향하게 한다면 악이 소멸한다는 것, 영적인 영역에서 선은 조금이나마 또 다른 선을 낳는다는 것 등을 앎에 있다. 그것을 모르는 사람들은 다나오스의 딸들이 받았던 형벌을 받게 되리라.[3]

*

순수하게 영적인 영역에서는 반드시 선은 선을 낳고 악은 악을 낳는다. 자연적인 영역(심리적인 면도 포함하여)에서는 반대로 선과 악은 서로 대립하는 것을 만들어 낸다. 그러므로 우리는 영적인 영역에 이르기 전에는 평안을 얻을 수 없다—자기 스스로는 아무것도 얻을 수 없고, 모든 것이 외부에서 오길 기대하며 기다려야 하는 영역에 이르기 전에는.

---

[3] 아르고스 왕 다나오스의 딸 50명은 아이기프토스의 아들 50명에게 시집갔는데, 첫날밤 아버지의 명령에 따라 남편들을 죽였다. 그 뒤 지옥에 떨어져 구멍 뚫린 그릇에 끝없이 물을 채워야 하는 형벌을 받았다.

지성과 은총

우리는 지성으로 파악할 수 없는 것이 지성으로 파악할 수 있는 것보다 더 실재적이라는 사실을 지성을 통해 안다.

*

신앙은 지성이 사랑의 빛을 받는 체험이다.

다만 지성은 지성 고유의 수단을 통해, 다시 말해 확인하고 증명함으로써 사랑의 우월성을 인정해야 한다. 지성은 그 이유를 남김없이 확실하고 명료하게 안 상태에서 복종해야 한다. 그렇지 않으면 지성의 복종은 과오가 되고, 그 복종도 어떤 이름이 붙여지든 초자연적인 사랑과는 다른 것이다. 이를테면 사회적인 영향 같은 것.

*

지성의 영역에서 겸손의 덕은 바로 주의력이다.

*

그릇된 겸손은 인간이 자신을, 개인으로서의 자신을, 아무것도 아니라고 믿게 만든다.

참된 겸손은, 자기가 인간으로서, 더욱 넓게 말하면 피조물로서 아무것도 아님을 아는 것이다.

거기서는 지성이 큰 역할을 한다. 보편적인 것을 염두에 두어야 한다.

*

바흐의 곡이나 그레고리오 성가*1의 선율에 귀를 기울이노라면, 영혼의 모든 능력은 저마다 나름대로 이 완벽하게 아름다운 선율을 이해하기 위해 숨을

---

*1 가톨릭 예배의식에서 노래되는 성가로, 교회선법(教會旋法)에 따른 단순하지만 장엄한 선율이 특징이다. 6세기 그레고리우스 1세 시대에 집대성되었다. 프랑스의 솔렘 수도원은 이 그레고리오 성가의 전통을 보존하고 연구하는 활동으로 유명하며, 1938년 수난주에 시몬 베유는 솔렘 수도원의 행사에 참여하여 잊을 수 없는 중요한 계시를 받는다.

삼키며 긴장한다. 인간의 지성 역시 마찬가지이다. 그러한 음악에서 지성은 그 어떤 것도 긍정하거나 부정하지 못하지만, 그것을 자양분 삼아 자라날 수 있다.

신앙은 이런 종류의 한결같은 몰두가 아닐까?

신앙의 신비는 명상의 대상이 되어야 하는데, 그것을 긍정하거나 부정할 수 있는 대상으로 다룸으로써 타락시키고 있다.

＊

진정한 사랑에서 지성이 특히 중요한 역할을 하는 까닭은, 작용하자마자 곧 사라지는 것이 지성의 본디 성질이기 때문이다. 나는 온갖 진리에 다가가기 위해 노력할 수 있다. 그러나 그 진리가 일단 눈앞에 나타나면, 오직 진리만 존재하고 나는 이미 없는 것이나 다름없게 된다.

지성만큼 진정한 겸손에 가까운 것은 없다. 지성을 실제로 발휘할 때는 자기의 지성을 자랑하는 일은 있을 수가 없다. 그 다음 순간 자신이 백치가 되어 남은 인생 내내 그렇다 해도 진리는 변함없이 존재한다는 사실을 알기 때문이다.

＊

가톨릭 신앙의 신비는, 영혼의 어느 부분이나 다 받아들일 수 있게 되어 있는 것은 아니다. 성체의 빵 속에 그리스도가 현존한다는 것은, 바오로라는 사람의 영혼이 바오로의 몸에 현존하는 것과 같은 사실이 아니다(둘 다 전혀 이해할 수 없는 일이지만, 같은 방식으로 이해 못하는 것은 아니다). 그러므로 나 자신 속에서 사실만을 파악할 수 있는 부분에는 성체성사가 신앙의 대상이 될 수가 없다. 이 점에서는 프로테스탄트의 교리에 일면의 진리가 있다.[2] 그렇지만 성체의 빵에 그리스도가 현존하는 것은 상징이 아니다. 상징은 추상적인 존재와 이미지의 조합으로, 인간의 지성도 표현할 수 있으며, 따라서 초자연적인 것이 아니다. 이 점에서는 가톨릭이 옳고 프로테스탄트는 그르다. 다만 자기 자신 속에서 초자연적인 것에 적합한 부분만이 이러한 신비에 참여해야 한다.

지성—우리 자신 속에서 긍정하거나 부정하고 또 여러 가지 의견을 제시하는 부분—의 역할은 오로지 복종하는 것이다. 내가 진실하다고 이해하는 대상

---

[2] 가톨릭 교리에 따르면 성찬의식 때 빵과 포도주는 실제로 그리스도의 육체와 피로 변화('전질변화')한다고 하지만, 프로테스탄트(특히 츠빙글리, 칼뱅)는 빵과 포도주는 다만 그리스도의 살과 피를 상징하는 데 지나지 않는다고 설명한다.

보다, 내가 그 진실함을 이해하지 못하더라도 사랑하는 대상이 더 진실하다. 십자가의 성 요한은 신앙을 '어두운 밤'이라고 불렀다. 그리스도교 교육을 받은 사람들은 정신의 낮은 부분으로부터, 아무런 권리도 없으면서 이러한 신비에 몹시 애착을 느끼는 일이 있다. 그래서 그들은 십자가의 성 요한이 말한 단계에 따라 정화되어야 한다. 무신론과 무신앙은 그러한 정화와 같은 작용을 한다.

*

새로운 것을 발견하려는 욕망이 있으면, 이미 발견된 것의 진정한 의미, 초월적이고 표현할 수 없는 의미를 깊이 생각하지 못한다. 재능이 없어서 그러한 욕망을 품지 못하는 것은 오히려 나에게 주어진 커다란 은혜이다. 지적 능력을 타고나지 못했다는 것을 인정하고 받아들이면, 지성을 아무런 사심 없이 발휘할 수 있게 된다.

*

탐구해야 할 대상은 초자연적인 것이 아니라 이 세상이어야 한다. 초자연적인 것은 빛이다. 한낱 대상으로 삼는 것은 그 빛을 낮추는 짓이 된다.

*

세계는 여러 가지 의미를 내포한 하나의 문장이다. 우리는 힘들게 의미를 하나하나 파악해 간다. 그 수고에는 육체도 늘 참여한다. 외국어의 알파벳을 배울 때처럼. 알파벳은 수없이 쓰면서 손에 익혀야 한다. 그렇지 않고 제아무리 사고의 방법만 바꾸어 봤자 환상일 뿐이다.

*

여러 가지 가치판단 가운데 어느 것을 선택할까 망설일 필요 없다. 전부 받아들여야 한다. 그러나 그 의견들을 수직으로 배열하고 각각에 어울리는 수준에 위치를 정해 줄 것.

우연·운명·신의 섭리, 이런 식으로.

*

지성은 신비에 결코 깊이 파고들 수 없다. 그러나 지성은 그리고 지성만이 신비를 표현하는 언어가 적합한지 아닌지 판단을 내릴 수 있다. 지성을 이 용도로 사용하려면 어느 때보다 예민하고, 첨예하고, 정확하고, 엄밀하고, 모질어야 한다.

그리스인들은 오직 진리만이 신성하며, 오류나 대략적인 추측은 신적인 것에 부적합하다고 믿었다. 그래서 신성을 지닌 것에 대해서는 매우 엄격한 정확성을 요구했다(선전이 일상화된 세상에서 타락한 우리는 그와 정반대의 일을 하고 있다). 그들은 기하학 속에서 신의 계시를 보았기 때문에 엄밀한 논증의 방법을 만들어 냈다…….

*

인간과 초자연적인 것의 관계. 이러한 영역에서 우리는 수학보다 더 엄격한 정확성을 추구해야 한다. 그리고 과학보다도 더 정확해야 한다.

*

데카르트적인 의미에서의 합리적인 것, 즉 기계론, 인간이 제시할 수 있는 필연 등을 그것이 적용될 만한 데라면 어디든 일단 상정해 보아야 한다. 그렇게 함으로써, 아무래도 그러한 합리적인 것에 귀착시킬 수 없는 것들을 명백하게 밝혀야 한다.

이성을 사용하는 까닭은, 정신이 사물을 투명하게 인지하도록 하기 위해서이다. 그러나 투명한 것은 보이지 않는다. 우리는 투명한 것을 통해 불투명한 것을, 즉 투명한 것이 투명하지 않았을 때 숨어 있던 불투명한 것을 보는 것이다. 유리창에 쌓인 먼지나 유리창 너머의 경치는 보이지만 유리창 자체는 결코 보이지 않는다. 유리창의 먼지를 닦아 봐도 결국 경치가 잘 보일 뿐이다. 이성은 진정한 신비, 정말 증명할 수 없는 것, 즉 실재 자체에 도달하려 할 때만 그 역할을 해야 한다. 이해되지 않은 것이 남아 있으면, 이해할 수 없는 것을 보이지 않게 해 버린다. 바로 그 때문에 이해되지 않은 것이 남지 않도록 해야 한다.

*

오늘날 과학은 과학을 넘어선 것에서 영감의 원천을 찾아야 한다. 그렇지 않으면 멸망할 것이다.

과학은 세 가지 이익을 제공할 뿐이다. 첫째로 기술적인 응용, 둘째로 체스시합, 셋째는 신으로 나아가는 길(체스 시합은 대회와 상금, 메달 따위 덕에 재미가 더해진다).

*

피타고라스. 기하학을 이렇게 신비적으로 이해했기 때문에 이 학문의 초창기에 필요했던 고도의 주의력을 발휘할 수 있었다. 그리고 사실 천문학은 점성술에서, 화학은 연금술에서 비롯된 것으로 보지 않는가. 그러나 주의력 면에서는 타락했는데도 그러한 유사함이 진보인 것처럼 해석되고 있다. 초월적인 점성술과 연금술은 별이나 물질의 조합이 보여 주는 다양한 상징 속에서 영원한 진리를 관조하려고 한다. 천문학과 화학은 그것이 타락한 모습이다. 마술로서의 점성술과 연금술은 더욱 낮은 타락의 모습이다. 종교적인 주의 외에는, 어떠한 주의도 완전한 모습으로 나타나지 않는다.

*

갈릴레이. 근대과학은 순환운동이 아니라 무한정한 직선운동을 그 원리로 삼았기 때문에, 더는 신에게 나아가는 통로가 될 수 없었다.

*

가톨릭의 신앙을 철학적으로 정리한 적은 지금까지 한 번도 없었다. 그러기 위해서는 가톨릭의 내부에 있는 동시에 외부에 있어야 한다.

읽기*1

　타자. 인간들 각자(자신의 형상)를 하나의 감옥이라고 상상하고, 그곳에 한 죄수가 주위의 우주 전체와 함께 감금되어 있는 모습을 볼 것.

*

　엘렉트라는 유력자를 아버지로 두었지만 노예 신분으로 전락한 뒤, 오직 남동생에게만 희망을 걸고 있다가 한 젊은이를 만나 동생이 죽었다는 소식을 듣는다. ―그리하여 비통한 슬픔에 잠겨 있을 때 바로 그 젊은이가 동생임을 알게 된다. "여자들은 그가 동산지기인 줄 알았다."*2 모르는 사람 속에서 자기 동생을 알아볼 것. 우주 속에서 신을 알아볼 것.

*

　정의. 타인이 바로 옆에 있을 때(또는 타인을 생각할 때), 그는 우리가 '읽는' 것과 다름을 언제나 인정할 수 있도록 준비할 것. 아니면 그 타인은 우리가 '읽는' 것과는 다르다는 것, 어쩌면 전혀 다르다는 것을 '읽어' 낼 것.

　인간은 저마다 다르게 '읽어' 달라고 침묵 속에서 외치고 있다.

*

　내 쪽에서도 타인을 '읽고' 있지만, 타인에게도 내가 '읽히고' 있다. 읽기와 읽기가 서로 충돌한다. 어떤 상대에게, 자기가 그를 '읽는' 대로 그도 그 상대 자신을 '읽으'라고 강요하기(노예로 만들기). 다른 사람들에게, 자기가 자기를 '읽는' 대로 자기를 '읽어' 달라고 강요하기(정복). 기계적인 작용. 대부분은 귀머거리들끼리의 대화.

---

*1 시몬 베유에게 이 단어는 마음의 움직임을 바탕으로 하는 해석, 구체적인 가치판단과 같은 의미이다. 이를테면 담을 기어오르는 남자를 보았다고 하자. 본능적으로 (그리고 아마도 오해하여) 나는 그 사람한테서 도둑을 '읽는다'(편자의 노트).

*2 요한복음서 20장 15절. 막달라 마리아는 처음에는 부활한 예수를 알아보지 못했다.

사랑과 부정(不正)은 여러 가지 '읽기'를 해야 비로소 의미를 이해할 수 있다
—따라서 정의할 수 없는 것이다. 착한 도둑의 기적의 의미는, 그가 신에 대해
생각한 것이 아니라, 바로 옆에 있는 사람 속에서 신을 보았다는 데 있다.[*3] 베
드로는 닭이 울기 전에는 그리스도 안에서 신을 알아보지 못했다.[*4]

거짓 예언자 속에서 신을 '읽고' 그 잘못 때문에 죽음당한 사람들도 있다.

과연 누가, 나는 앞으로도 제대로 '읽으리라'고 우쭐댈 수 있겠는가?

사람이 부정해지는 것은, 정의를 이기려고 마음먹고 행동했기 때문이기도
하지만, 정의를 잘못 '읽었기' 때문일 수도 있다. 대부분은 후자이다.

정의를 아무리 사랑한들 그것이 잘못된 '읽기'를 배제한다는 보장이 될 수
있을까?

모든 사람이 언제나 각자가 '읽는' 정의에 따라 행동한다면 올바른 자와 부정
한 자의 구별이 어디에 있겠는가?

잔 다르크.[*5] 오늘날 과장된 칭송의 말을 늘어놓으면서 그녀를 옹호하는 사
람들도, 만일 당시였다면 대부분 그녀에게 사형을 선고했을 것이다. 게다가 잔
다르크를 재판했던 사람들은 그녀를 성녀나 동정녀가 아니라 마녀 또는 이단
자로서 처벌했다.[*6]

잘못된 '읽기'의 원인. 여론, 여러 가지 정념들.

여론은 매우 강력한 원인이다. 잔 다르크 이야기 속에서 우리는 그 시절의
여론이 요구하는 바를 읽을 수 있다. 그러나 그 여론이란 불확실한 것이었다.
그리고 그리스도에 대해서도……

가공의 도덕적 문제라면 비난이나 중상은 있을 수 없다.

죄짓지 않은 것을 인정받지 못한다면 실제로 죄를 짓지 않아도 무슨 희망이

---

*3 골고다 언덕에서 그리스도가 십자가형을 당할 때, 옆에서 함께 같은 형벌을 받았던 두 도둑
  가운데 참회한 쪽(루카복음서 23장 39~43절).
*4 마태오복음서 26장 69~75절 등.
*5 신의 계시를 받고 프랑스를 위기에서 구한 이 애국소녀(1412~31)는, 종교재판에 회부되어
  마녀, 이단자로서 화형에 처해졌다.
*6 잘못된 '읽기'를 하는 자에 대한 복음서의 다음 말을 참고할 것. "아버지, 저들을 용서해 주
  십시오. 저들은 자기들이 무슨 일을 하는지 모릅니다." "너희를 죽이는 자마다 하느님께 봉
  사한다고 생각할 때가 온다."(각각 루카복음서 23장 34절, 요한복음서 16장 2절)(편자의 노트).

있단 말인가?

*

　여러 가지 '읽기'. '읽기'는—어느 정도의 높은 주의력이 작용하는 때를 빼면—중력에 따른다. 우리는 중력이 제시하는 평가를 그대로 '읽고' 있다(우리는 인간이나 여러 사건들에 대해 가치판단을 내릴 때, 정념과 사회에 일반적으로 통용되는 정설에 얼마나 큰 부분을 할애하는가).

　더 높은 주의력을 기울이면, 중력 자체도, 또 사용할 수 있는 여러 가지 균형의 방법도 읽을 수 있다.

*

　'읽기'의 중첩. 감각 너머로 필연을 '읽을' 것. 필연 너머로 질서를 '읽을' 것. 질서 너머로 신을 '읽을' 것.

*

　'심판하지 마라.'[7] 그리스도 자신도 심판은 하지 않는다. 그리스도는 심판 그 자체이다. 심판의 척도로서 죄 없이 고통받는 자이다.

　심판하는 것, 투시화법. 그런 의미에서 모든 심판은 심판하는 자를 심판한다. 심판하지 말 것. 그것은 무관심이나 회피가 아니라, 초월적인 심판이고, 우리는 할 수 없는 신의 심판을 모방하는 일이다.

---

*7 마태오복음서 7장 1절.

기게스의 반지*1

　유럽 문명 이외의 다른 문명들. 그 문명들에 결점이 있는 것은, 그 문명들과 연결되어 있는 종교가 불완전한 증거라고 사람들은 생각한다. 그러나 유럽에서도 지난 2천 년의 역사를 통해 그것과 거의 비슷한 결점들을 쉽게 찾아볼 수 있다. 학살로 아메리카를, 노예제도로 아프리카를 짓밟고, 프랑스 남부 지방에서 대량학살을 자행한 일*2은 그리스의 동성애나 동방에서 벌어진 광란의 디오니소스제(祭)와 하나도 다르지 않다. 사람들은 유럽에서는 그리스도교의 완전성에도 불구하고 결함이 생겼고, 다른 문명에서는 종교가 불완전하기 때문에 결함이 생겼다고 말한다.

　판단착오의 구조를 이토록 잘 보여 주는 예는 충분히 숙고할 가치가 있다. 별개로 생각하는 것. 인도나 그리스에 대해 평가할 때는 선과 악을 관련시키고, 그리스도교를 평가할 때는 악을 따로 떼어 내서 생각한다.*3

　우리는 자기도 모르게 별개로 생각하게 되는데, 거기에 위험이 있다. 더 나쁜 것은 자발적인 의지를 품고서 그렇게 하는 것이다. 그것도 자신의 눈을 피

---

*1 기게스는 리디아의 왕(기원전 687~652). 칸다울레스 왕을 섬겼는데, 전설에 따르면 어느 날 투명인간이 되게 해주는 마법의 반지를 발견하고, 그것을 이용하여 왕을 암살한 뒤 스스로 왕위에 올라 메름나다니 왕조를 열었다고 한다. 플라톤의 《국가》 2·359, 10·612에도 나온다.
*2 11~13세기 무렵, 프랑스 남부 알비 지방에 널리 침투한 중세 최대의 이단파(이른바 알비파)를 정통파 교회가 무력탄압으로 소멸시키려고 한 역사적 사건. 이른바 알비주아 십자군이 3회에 걸쳐 파견되어, 프랑스 남부 여러 도시를 불태우고, 주민을 학살하는 횡포를 부렸다. 시몬 베유는 이 사건에 대해 깊은 문명론적 통찰에 찬 논문을 발표하고(1942), 특히 만년에 수많은 독자적인 사색을 이끌어 내는 단서로 삼았다.
*3 시몬 베유가 그리 좋은 예를 고른 것 같지는 않지만, 이를 인용하여 여기서 하나의 깊은 진리에 주석을 더한다. 한 사람의 그리스도교도(이를테면 종교재판소의 판사)가 잔인한 행동을 할 때, 무엇보다 사랑하라고 한 그의 종교에 반하여 그런 행동을 하는 것은 그 종교에 어긋나는 행위로 볼 수 있다. 그러나 한 나치당원이 그런 행동을 했을 때는, 그 행위를(적어도 부분적으로는) 그의 이념 탓으로 돌려도 무방하다. 그의 이념은 잔인한 행위를 정당한 것으로 인정하기 때문이다(편자의 노트).

해서 몰래 한다. 일단 별개로 생각하고 나면, 그 뒤에는 자기가 그랬다는 것조차 모르는 척한다. 알려고도 하지 않고, 그렇게 알려고도 하지 않는 동안 마침내 정말로 알 수 없게 되어 버린다.

모든 범죄는 이처럼 별개로 생각하는 능력 때문에 일어난다. 교육이나 훈련을 통해 별개로 생각할 수 없게 된 영역을 제외하면, 그런 능력이 모든 것에서 멈출 줄을 모르는 방종에 대한 열쇠가 되었다. 그것이 사람들에게 일관성 없는 행동을 하게 하는 원인이 되고 있다. 특히 사회적인 것, 집단적인 감정(전쟁, 국가와 계급 사이의 증오, 당파와 교회에 대한 충성심 등)이 개입할 때는 언제나 그렇다. 사회적인 것에 뒤따르는 권위로 둘러싸인 것은 모두 다른 것과는 다른 장소에 안치되며, 어떤 종류의 관계에도 얽매이지 않는다.

쾌락의 매력에 끌려 갈 때도 이 열쇠를 쓴다.

내 의무를 하루하루 뒤로 미룰 때도 이 열쇠를 쓴다. 그 의무와 시간의 흐름을 따로따로 떼어 놓는 것이다.

무엇보다 이 열쇠를 버리자. 다시는 절대로 주울 수 없도록 우물 속 깊이 던져 버려야 한다.

사람들의 눈에 보이지 않게 된 '기게스의 반지'가 바로 별개로 취급하는 행위이다. 자신과 자신이 저지른 범죄를 따로 떼어 놓는 것. 이 두 가지를 서로 연관짓지 않는 것.

열쇠를 버리는 행위, 기게스의 반지를 버리는 행위야말로 의지에 걸맞은 노력이다. 동굴 밖으로 나가려고 힘들고 고통스러운 발걸음을 과감하게 내딛는 것이다.

기게스. 나는 왕이 되었고, 또 한 사람의 왕은 살해되었다. 이 두 가지 사건 사이에는 어떠한 관계도 없다. 이 반지가 있기 때문이다.

어느 공장주. 나에게는 돈을 들여 즐길 수 있는 쾌락이 있지만, 내가 고용한 근로자들은 가난에 허덕이고 있다. 이렇게 자기의 근로자들을 진심으로 가엾게 여기면서도, 자신과 관계지어서 생각하지는 않는다.

사고를 통해 관계가 만들어지지 않으면, 어떠한 관계도 성립되지 않기 때문이다. 2와 2는 언제까지나 2와 2다. 사고를 통해 그 둘이 더해져서 4를 만들어 내기 전까지는.

우리는, 자신은 그런 관계를 맺고 싶지 않은데 그렇게 되게 하려는 사람을 미워한다.

유사한 것들 가운데, 서로 닮은 항 사이의 관계와 같은 관계를 설정하려는 것이 정의(正義)이다. 그 가운데 어떤 것이 우리와 개인적으로 관계가 있고 애착의 대상인 경우에도.

이 덕은 자연적인 것과 초자연적인 것의 접점에 위치한다. 그것은 의지와 명석한 지성의 영역에 속하는 것이고, 따라서 동굴 속의 것이다(우리의 명석함은 어둠이기 때문이다). 그러나 사람은 언제까지나 그런 곳에 가만히 있지 않고 빛 속으로 나아갈 것이다.

우주의 의미*[1]

우리는 전체의 일부분이며, 전체를 모방해야 하는 것이다.

*

아트만.*[2] 부디 인간의 영혼이 온 우주를 몸으로 여기게 되기를. 영혼과 온 우주의 관계가 수집가와 수집품 또 "황제폐하 만세!"라고 외치며 죽어 가는 병사와 나폴레옹의 관계와 같아지기를! 영혼은 지금의 몸 밖으로 나가서 다른 것 속으로 옮겨 간다. 그렇다면 온 우주 속으로 옮겨 가기를!

우주 자체와 동일화할 것. 우주보다 작은 것은 모두 고통 속에 복종하고 있다.

내가 죽어도 변하는 것은 아무것도 없다. 우주는 여전히 계속된다. 내가 우주와 별개의 존재라면 그런 사실이 무슨 위로가 될까. 우주가 내 영혼의 또 다른 육체라면, 나의 죽음은 내가 모르는 타인의 죽음과 마찬가지로 중요하지도 어떠하지도 않다. 나의 고통 역시 마찬가지이다.

*

온 우주와 내 몸의 관계가 장님의 지팡이와 그 지팡이를 든 손의 관계와 같기를 바란다. 시각장애자의 감각은 손이 아니라 지팡이 끝에 있다. 그렇게 되려면 수련을 해야 한다.*[3]

---

*1 여기서는 영혼과 우주의 동일화를 볼 수 있는데, 이것은 범신론과는 아무 관계가 없다. 사람은 우주를 초월한 신과 사랑으로 단단히 이어져 있을 때, 비로소 이 우주를 지배하는 맹목적인 필연을 완전한 형태로 받아들일 수 있다. 앞에 나온 "신이 전혀 없다는 사실에서, 이 세계는 신 그 자체이다" 참조(편자의 노트).

*2 인도 고대철학, 특히 《우파니샤드》 등에서 개인의 본체인 '자아'를 의미하는 말. 우주의 근본원리를 의미하는 브라만과 아트만은 본디 동일하다는 것이 정통 바라문의 근본사상이다 (梵我一如).

*3 시몬 베유의 논문 〈신을 향한 사랑을 위해 학업을 선용하는 것에 대한 성찰〉 참조(《신을 기다리다》에 수록).

자기의 사랑을 순수한 것에만 한정하는 것과 우주 전체로 확대하는 것은 같다. 자신과 세계의 관계를 바꿔갈 것. 마치 수련을 통해 직공이 자신과 도구의 관계를 바꿔 가듯이. 다치는 것, 그것은 직업이 몸에 배어드는 것이다. 고통을 겪을 때마다 우주가 우리 몸 안에 파고들듯이.

습관·숙련·의식을 지금의 육체가 아닌 다른 대상으로 옮겨 갈 것.

이때 대상은 우주·계절·태양·별이어야 한다.

육체와 도구의 관계는 수련을 쌓으면서 변화한다. 육체와 세계의 관계를 바꿔야 한다.

우리는 집착에서 벗어날 수 없다. 집착의 내용이 바뀔 뿐이다. 모든 것에 집착하기.

모든 감각을 통해 우주를 느낄 것. 그것이 쾌락이건 고통이건 상관없다. 사랑하는 사람과 오랜만에 만나서 악수를 하는데 손을 꽉 쥐어 아프다 한들 무슨 상관인가?

고통도 어떤 단계에 도달하면, 세계가 힘없이 사라져 버린다. 그러나 그 뒤에는 평안이 찾아온다. 그리고 다시 격심한 고통이 와도 곧 다시 평안이 온다. 그것을 알면 이 단계가 오히려 다음에 올 평안에 대한 기대가 된다. 그 결과 세계와의 접촉도 계속 이어지는 것이다.

*

두 가지의 극단적인 경향. 우주를 위해 자기를 파괴하는 것, 나를 위해 우주를 파괴하는 것. 무(無)가 되지 못한 자는 자기 이외의 모든 것이 부재하는 순간에 봉착할 위험이 있다.

*

외적인 필연 또는 호흡처럼 반드시 있어야 하는 내적인 필요. '중심이 되는 기식(氣息)*⁴이 되자.' 가슴에 통증이 있어서 호흡이 극도로 힘들어도 역시 호흡은 한다. 그럴 수밖에 없기 때문이다.

*

육체의 생명의 리듬을 세계의 리듬과 결합시킬 것. 평소에 이러한 결합을 느

---

*4 '기식(氣息)'이란 산스크리트어 '프라나(prana)'의 역어. 바라문의 경전 《베다》에서는 세계와, 그곳에 사는 생물을 지배하는 근본원리를 가리키지만, '아트만'과 마찬가지로 개인 안에 움직이는 '호흡'도 의미하며, 이것은 이윽고 우주에 충만한 생기와 일치한다.

끼고, 또 물질이 끊임없이 교환되고 인간이 이 세계 속에 잠긴 모습을 느낄 것.

살아 있는 한 어떤 이유로도 인간에게서 빼앗을 수 없는 것. 의지가 지배하는 운동으로서는 호흡, 인지할 수 있는 것으로는 공간(설령 지하감옥에 갇혀 눈이 파이고 고막이 찢겨도 살아 있는 한 공간은 인지할 수 있다).

우리가 어떤 상황에서도 사고를 빼앗기지 않으려 하는 까닭은 이러한 사항과 관련지어 이해할 수 있다.

*

네 이웃을 너 자신처럼 사랑하라.*5 이는 모든 사람을 똑같이 사랑하라는 의미가 아니다. 사실 우리는 자신의 존재방식마저 똑같이 사랑하지 않는다. 또한 모든 사람을 절대로 괴롭히지 말라는 의미도 아니다. 우리는 때때로 자기 자신도 괴롭히지 않는가? 그것은 우주에 대한 생각이 하나하나 다르듯이 한 사람 한 사람과의 관계도 다를 수 있으며, 단순히 우주의 일부분과 관계를 맺고 있는 것은 아니라는 얘기이다.

*

세계에서 일어나는 하나의 사건을 부인하는 것은, 세계가 존재하지 않기를 바라는 것과 같다. 그런데 그렇게 원하는 것은 내 권한 안의 일이다. 내가 그렇게 원하면 그렇게 된다. 그렇게 되면 나는 이 세계의 몸속에 난 종양이 된다.

민담 속에 등장하는 소원. 소망은 이루어질지도 모른다는 위험이 있다.

세계가 존재하지 않기를 바라는 것은 내가 지금 있는 그대로 전체가 되기를 바라는 것이다.

*

우주 전체가, 내 발 아래 있는 조약돌에서 가장 먼 곳에 있는 별에 이르기까지, 모든 순간에 언제나 나를 위해 존재해 주기를. 아르놀프에게 아녜스가,*6 아르파공*7에게 금고가 그러하듯이.

원하기만 하면, 수전노가 재물을 소유하듯이 나는 세계를 소유할 수 있을지도 모른다.

그러나 그것은 불어나지 않는 재물이다.

---

*5 마태오복음서 19장 19절.
*6 몰리에르 《여인 학교》(1662)에서 주인공 아르놀프가 정성들여 키워 결혼하려던 여자.
*7 몰리에르 《수전노》(1668)의 주인공.

*

아무리 줄이려 해도 줄일 수 없는 내 고통의 밑바닥. 더는 줄일 수 없는 것. 그것을 보편적인 것으로 할 것.

*

내 안에 지금까지 기쁨이 한 번도 없었다 한들 무슨 상관인가. 신 안에 줄어들지 않는 완전한 기쁨이 있는데! 아름다움, 지성, 그밖의 모든 것에 대해서도 마찬가지이다.

*

자신의 구원을 바라는 것은 잘못이다. 이기적이어서가 아니다(이기적이 되는 것은 인간의 힘으로 할 수 있는 일이 아니다). 그것은 영혼을 존재의 충만감과, 조건 없이 존재하는 선으로 향하게 하지 않고, 개별적이고 우연적이며 단순한 가능성을 향하게 하기 때문이다.

*

내가 원하는 모든 것은 현재·과거·미래에 걸쳐 어딘가에 존재한다. 무엇이든 나 스스로 만들 수는 없기 때문이다. 그렇다면 이 바람이 어떻게 이루어지지 않을 수가 있겠는가?

*

Br …:[8] 나는 그가 살아 있다고 생각할 수밖에 없었다. 그의 집은 그와 즐거운 대화를 나눌 수 있는 장소로밖에 생각되지 않았다. 그래서 그가 죽었다는 사실을 통감하자, 끔찍한 사막 속에 있는 것 같았다. 금속 같은 차가움. 그 말고도 사랑하는 사람이 몇 명 더 있다 한들 무슨 소용인가? 나는 그를 사랑했고, 마음속에는 희미하나마 그 사랑이 구체적인 형태로 자리 잡고 있음도 느꼈다. 또 그와의 사이에만 한정되어 있었지만, 사랑이 서로 교류하는 것도 믿었다. 그 사랑이 대상을 잃어버린 것이다. 이제 나는 그가 살아 있다고 생각하지 않는다. 그의 죽음을 견딜 수 있게 되었고, 그와 관련된 추억을 감미롭게 기억할 수 있게 되었다. 새로 알게 된 사람들, 그들이 죽는 날, 나는 똑같은 상태에 빠지리라.

D … 는 아직 죽지 않았다. 그러나 내가 그에게 품고 있던 우정은 이미 죽었

---

[8] Br……이나 D……는, 시몬 베유가 교류했던 실제 친구 이름의 이니셜일 것이다.

다. 정말 그가 죽은 것과 똑같은 고통과 함께. 지금 그는 그림자에 지나지 않는다.

그러나 X, Y, Z……에 대해서도 같은 변화를 상상하기란 불가능하다. 그래도 그들은 얼마 전까지 나에게는 모르는 사람이었고, 존재하지 않는 것과 같았다.

세 살 난 아이가 3년 전까지만 해도 존재하지 않았다는 사실을 생각하지 못하는 부모가 있듯이, 우리는 자기가 사랑하는 사람들을 모르던 때가 있었다고는 좀처럼 생각하지 못한다.

나는 제대로 사랑할 줄 모르는 것 같다. 사랑할 줄 알았다면 지금처럼 되지 않았으리라. 그랬으면 내 사랑이 몇몇 사람에게만 얽매이지는 않았을 텐데. 사랑받을 자격이 있는 모든 것에 사랑을 주었을 텐데.

"하늘의 너희 아버지께서 완전하신 것 같이 너희도 완전한 사람이 되어야 한다."[9] 태양이 만물을 비추듯이 사랑해야 한다. 자신의 사랑을 일단 자기 곁에 모으고, 그런 다음에 모든 것을 향해 퍼뜨려야 한다. 신만이 모든 것을 사랑하고 또 자기 자신만을 사랑한다.

신 안에서 사랑하는 것은 생각보다 훨씬 어려운 일이다.

*

나는 나 자신의 비참함으로 온 우주를 더럽힐 수도 있다. 그런 뒤에는 나의 비참함을 느끼지도 않거나, 아니면 그것을 내 안에 집중시킬 뿐이다.

*

상상과 사실 사이의 불일치를 견딜 것.

'나는 괴롭다' 그렇게 말하는 것이 '이 경치는 추하다'고 말하는 것보다 낫다.

*

세계의 저울—제우스의 황금저울[10]—에서 자신의 무게를 바꾸려고 하지 말 것.

*

우리는 암소의 젖에서 우유를 짜지만, 결국은 암소 전체가 우유를 주는 것이다. 세계가 성스러움을 만들어 내는 것도 마찬가지이다.

---

*9 마태오복음서 제5장 48절.

*10 제우스가 헥토르와 아킬레우스의 운명을 정하는 데 쓴 저울(호메로스 《일리아스》 22권 209 참조).

중간적인 것*1

창조된 것은 모두 나의 목표가 되어 주지 않는다. 그것이 바로 신이 나에게 베풀어 준 가장 큰 자비이다. 그리고 바로 그것이 악이다. 이 세세에서 신의 자비는 악의 모습으로 나타난다.

*

이 세계는 닫힌 문이다. 그것은 장애물이다. 그러나 동시에 통로이기도 하다.

*

나란히 있는 독방에 갇혀서 벽을 톡톡 두드리며 통신하는 두 죄수. 이때 벽은 두 사람을 갈라놓지만 동시에 통신을 할 수 있게 해 주기도 한다. 우리와 신의 관계도 마찬가지이다. 신과 우리를 갈라놓는 모든 것은 동시에 우리를 신과 연결시켜 주는 끈이 된다.

*

우리는 선을 바라는 자신의 생각을 한 가지 일에 집중함으로써, 그것을 살아가는 보람의 하나로 삼는다. 그러나 그렇게 한다고 해서 그것이 선이 되진 않는다. 우리는 언제나 단순히 살아 있다는 것만으로는 만족하지 않는다.

*

만들어진 것은 본질적으로 매개체가 된다. 각각이 서로 다른 것에 대해 매개체가 되며, 그 과정은 끝없이 이어진다. 만들어진 것은 신에 대해서도 매개체가 된다. 만들어진 것을 그렇게 느껴 갈 것.

*

그리스인들의 '다리'. 우리는 그것을 물려받았지만 어떻게 쓰는지 모른다. 집을 짓는 토대라 생각하고 우리는 거기에 마천루를 쌓고, 지금도 쉬지 않고 부지런히 층수를 늘려가고 있다. 그것이 '다리'이며, 건너가는 용도로 만들어졌다

---

*1 원어는 '메타크쉬'(그리스어).

는 것, 그곳을 지나 신의 곁으로 갈 수 있다는 사실을 우리는 이제 모른다.

*

초자연적인 사랑으로 신을 사랑하는 사람만이 수단을 단순히 수단으로 간주할 수 있다.

*

권력(그리고 권력의 만능열쇠인 돈)은 수단일 뿐이다. 그야말로 그 때문에 이 사실을 깨닫지 못한 사람들에게는 최고의 목표가 된다.

*

이 세계는 필연의 영역이고, 단지 수단인 것 말고는 아무것도 주어지지 않은 곳이다. 우리의 의지는 당구공처럼 하나의 수단에서 다른 수단으로 끊임없이 굴러갈 뿐이다.

모든 욕망은 식욕이 그렇듯이 모순을 안고 있다. 나는 내가 사랑하는 사람이 나를 사랑해 주기를 바란다. 그러나 그가 나에게 완전히 헌신하게 되면, 그는 이미 존재하지 않는 자가 되고 나는 그를 더는 사랑하지 않게 된다. 그런데 완전히 헌신하지 않을 때는 나를 충분히 사랑하지 않는 것이다. 굶주림과 포식.

*

욕망은 악하고 거짓된 것이다. 그러나 욕망이 없으면 사람은 절대 진리도, 진정 무한한 것도 추구하지 않으리라. 한번은 욕망을 거쳐야 한다. 욕망의 원천이 되는 이 여분의 에너지를 피로 때문에 잃어버린 자들의 불행.

그리고 욕망으로 눈먼 자들의 불행.

우리의 욕망을 이 양극의 중심에 붙잡아 두어야 한다.

*

파괴하면 모독이 된다는 것은 도대체 무엇일까? 낮은 것은 아니다. 그런 것은 별로 중요하지 않기 때문이다. 높은 것도 아니다. 그것은 아무리 파괴하려 해도 손이 닿지 않기 때문이다. 중간적인 것. 중간적인 것은 선의 영역이기도 하고 악의 영역이기도 하다.

그 누구에게서도 그의 중간적인 것, 즉 좋은 것이기는 하지만 상대적이고 여러 요소가 혼재한 것(가정·조국·전통·문화 등)을 빼앗아서는 안 된다. 이러한 것은 영혼을 따뜻하게 살찌우는 양식으로, 성자가 아닌 이상 이것 없이 살아가기란 불가능하다.

*

이 세상의 진정한 행복은 중간적인 것이다. 우리는 자신의 행복을 단순히 중간적인 것에 지나지 않는다고 생각할 수 있어야 비로소 타인의 행복을 존중할 수 있다. 여기에는 우리가 모두 그런 행복 없이도 살 수 있는 점을 향해 다가가기 시작했다는 의미가 들어 있다. 예를 들어 다른 나라를 존중하기 위해서는 자신의 나라를 우상으로 삼지 않고 신에 이르는 하나의 발판으로 생각해야 한다.

*

다양한 능력이 모두 단 하나의 근원에서 나와, 서로 뒤섞이지 않으면서 자유롭게 활동하는 모습. 그것이 소우주이고 세계의 모형이다. 성 토마스*²가 말하는 그리스도. 《국가》에 등장하는 의인.*³ 플라톤은 전문화에 대해 말했는데, 이는 인간이 지닌 능력을 독자적으로 살리라는 뜻이지, 인간 한 사람 한 사람이 전문가가 되어야 한다는 말은 아니다. 계층질서에 대해서도 마찬가지이다.─현세적인 것은 오직 영적인 것을 통해서 그리고 영적인 것을 위해서만 의미를 지니지만, 영적인 것에 섞여 들어가지는 않는다. 그것은 고향을 그리워하는 마음에 이끌려 자기를 초월하고, 영적인 것으로 향한다. 현세적인 것을 다리로 또는 중간적인 것으로 보는 것이다. 그것이 그리스와 프로방스*⁴의 소명이었다.

*

그리스 문명. 힘의 숭배는 전혀 없었다. 현세적인 것은 다리에 지나지 않았다. 영혼의 어떠한 상태에서도 강함보다는 순수함이 추구되었다.

---

*2 토마스 아퀴나스(1225?~1274)를 가리킨다.
*3 플라톤 《국가》 4권 432b, 441d 참조.
*4 시몬 베유의 저작 《그리스의 샘》 등 참조. 프로방스는 중세의 카타리파(알비파) 사회의 문명을 가리킨다.

미(美)

미는 우연과 선(善)이 조화를 이룬 상태이다.

*

아름다운 것은 필연적인 것이다. 그것은 그 자체의 법칙, 오직 그 법칙에만 부합하는 것으로서, 또한 선을 따른다.

*

과학의 대상, 초감각적이고 필연적인 것으로서의 아름다움(즉 질서·비례·조화).

예술의 대상, 우연과 악의 그물을 통해 느껴지는 감각적이고 우발적인 아름다움.

*

자연 속에서 아름다운 것. 감각적인 인상과 필연성의 감각의 일치. 그것은 (무엇보다) 그러한 상태여야 하며, 실제로 그러하다.

*

미는 영혼까지 들어갈 수 있는 허락을 얻기 위해 육체를 유혹한다.

*

아름다운 것에는 상반되는 것의 다양한 일치가 들어 있으며, 특히 순간적인 것과 영원한 것의 일치가 숨겨져 있다.

*

아름다운 것은 우리가 꼼짝 않고 응시할 수 있는 것이다. 몇 시간이고 바라볼 수 있는 조각상 한 점과 그림 한 장.

아름다운 것은 우리가 주의를 집중할 수 있는 것이다.

그레고리오 성가. 똑같은 것을 몇 시간씩, 더욱이 날마다 노래한다면, 완성도가 조금이라도 떨어지는 작품은 도저히 참지 못하고 곡목에서 빼 버릴 것이다.

그리스인들은 자기들의 신전을 응시했다. 우리가 뤽상부르 공원의 조각*¹을 참고 견딜 수 있는 까닭은 그것을 응시하지 않기 때문이다.

무기징역에 처해진 죄수의 독방에 걸어 두어도 흉하지 않을 한 장의 그림.

*

움직임 없는 극만이 진정으로 아름답다. 셰익스피어의 비극은 《리어 왕》을 제외하고는 모두 이류들이다. 라신의 비극은 《페드르》를 제외하면 삼류 작품이다. 코르네유*²의 비극은 등급을 매길 수도 없을 정도이다.

*

어떠한 예술작품도 그것을 만든 사람이 있다. 그러나 그 작품이 완전한 것일 때는 무언가 본질적으로 익명적인 것이 있다. 이는 신의 행위가 익명으로 이루어진 것의 모방이다. 세계의 아름다움*³이 인격적인 동시에 비인격적인 신, 그 어느 한쪽만이 아닌 신을 가리키는 이유이다.

*

아름다운 것은 관능에 호소하는 것으로, 거기에는 사람을 멀리 보내 체념시키는 힘이 내포되어 있다. 그 속에는 마음 가장 깊은 곳에서의 체념, 상상력마저 버리게 하는 것이 있다. 만약 다른 욕망의 대상이라면 우리는 무엇이든 먹어 치우고 싶을 것이다. 그러나 아름다운 것은 욕망의 대상이 되더라도 먹고 싶은 생각이 들지는 않는다. 우리는 그것이 그냥 그대로 있기를 바라는 것이다.

*

움직이지 않고 가만히 있을 것, 그리고 스스로 원하면서도 다가갈 수 없는 것과 하나로 결합할 것.

그리하여 인간은 신과도 하나로 맺어진다. 신에게는 가까이 다가갈 수 없기 때문이다.

거리는 미의 중추이다.

*

바라보기와 기다리기. 그것이 아름다움을 대하는 적절한 태도이다. 자기가

---

*1 파리 제6구의 뤽상부르 공원에는 옛날의 귀족, 예술가 등의 많은 조각상이 있다.

*2 피에르 코르네유(1606~84). 프랑스 고전주의 전기의 비극작가.

*3 세계의 아름다움에 대해 시몬 베유는 '신을 향한 암묵적 사랑'의 하나로 논한다(《신을 기다리다》 참조).

생각할 수 있고, 욕구할 수 있고, 염원할 수 있는 한, 아름다운 것은 모습을 드러내지 않는다. 그렇기 때문에 모든 미 속에는 제거할 수 없는 모순·고통·결여가 있다.

＊

시(詩). 있을 수 없는 고통과 기쁨, 가슴을 찌르는 듯한 촉감과 향수(鄕愁). 프로방스와 영국의 시[*4]는 그런 것이다. 순수하고 어떠한 불순물도 없기 때문에 고통이 될 정도의 기쁨. 순수하고 불순물이 없기 때문에 마음을 부드럽게 녹여 주는 고통.

＊

미, 가만히 바라보기만 하고 손을 내밀지 않는 과일.
마찬가지로 가만히 바라보며 뒷걸음치지 않아도 되는 불행.

＊

이중의 하강운동. 중력이 하는 일을 사랑을 통해 다시 한 번 하기. 이 이중의 하강운동이야말로 모든 예술의 열쇠가 아닐까?[*5]

＊

은총을 비추는 거울인 하강운동이야말로 모든 음악의 본질이다. 나머지는 모두 그 본질을 풍성하게 해 주는 역할밖에 하지 않는다.

기세가 올라가는 것은 순수하게 감각적인 것으로서 상승하는 것이다. 내려가는 것은 감각적으로는 하강인 동시에 영적으로는 상승이다. 그것이 바로 모든 사람이 원하는 천국이다. 자연의 경향에 따를 때, 그것이 제발 선을 향한 상승이 되기를!

＊

우리 안에서 아름답다는 순수하고 확실한 감정을 불러일으키는 모든 것 속에는, 실제로 신이 현존한다고 할 수 있다. 세계 속에는 신이 인간으로 태어났

[*4] 시몬 베유는 마르세유 시절에 중세 프로방스의 음유시인들과 《알비주아 십자군의 노래》를 애독했다. 또 1938년 솔렘에서는 한 영국인 학생한테서 허버트, 던 등의 형이상파 시인들에 대해 배웠다. 이는 그녀가 크게 성숙하는 발판이 된다.
[*5] '저승에 가시어……'(그리스도교의 신앙고백문 '사도신경'의 한 구절. 프로테스탄트 교회에서는 '장사한 지……'로 번역된다. 전승에 따르면, 그리스도는 부활하기 전에 저승에 내려가, 그리스도 이전에 죽은 선인(善人)의 영혼에 구원을 전했다고 한다) 이와 마찬가지로, 차원은 다르지만, 위대한 예술은 사랑에 의해 중력과 결합하여 중력의 죄를 보상한다(편자의 노트).

다고 할 수 있는 것이 존재하며, 미는 그 표시이다.

아름다운 것은 신이 인간으로 태어나는 일이 가능하다는 체험상의 증거가 된다.

그리하여 최고의 예술은 모두 본질적으로 종교적이다(오늘날 사람들은 그 사실을 알려고 하지 않는다). 그레고리오 성가의 선율 하나는 순교자 한 사람의 죽음만큼 많은 것을 증언하고 있다.

*

아름다운 것은 물질 속에서 나타난 신의 확실한 현존이고, 아름다운 것과의 접촉은 언어의 완전한 의미에서 성사(聖事)이다. 그런데 어째서 타락한 유미주의자가 이렇게도 많이 나타날까? 네로*6 황제. 흑미사*7를 애호하는 자들이 성별된 성체의 빵을 몹시 탐하는 것과 비슷한 심리일까? 아니면 더욱 가능성 있는 견해로서, 그러한 유미주의자들은 진정으로 아름다운 것이 아니라 하찮은 모조품에 집착한 것은 아닐까? 신의 예술이 있는 것처럼 악마의 예술도 있다. 네로는 아마 그러한 악마의 예술을 사랑했을 것이다. 현대 예술의 대부분은 악마적이다.

음악을 열광적으로 애호하는 사람이 배덕적인 인간일 수는 있다. —그러나 그레고리오 성가를 간절히 원하는 사람은 결코 그럴 수 없을 것이다.

*

우리는 많은 죄를 지은 끝에 신에게서 버림받은 인간이 되고 만 것이 분명하다. 우주의 시를 완전히 잃어버렸으니까.

*

예술의 미래는 이제 그리 길지 않다. 모든 예술은 집단적인 것이 되었지만, 지금은 이미 집단적인 삶이 존재하지 않기 때문이다(단지 죽어 버린 집단성이 있을 뿐이다). 그리고 육체와 영혼 사이의 진정한 약속이 깨져 버렸기 때문이다. 그리스의 예술은 초창기의 기하학과 운동경기와 같은 시대의 산물이었고, 중

---

*6 네로 클라우디우스 카이사르 아우구스투스 게르마니쿠스(37~68). 폭군으로 유명한 로마의 제5대 황제. 64년 로마의 대화재 때는, 그리스도교도에게 죄를 전가하고 자기는 불타는 시가지를 바라보면서 미적 흥분에 취해 시를 읊었다고 전해진다.

*7 흑미사란 교회의 미사성제를 풍자하여 나체 여성을 제단 삼아 성체의 빵을 모독하고 악마에게 예배를 바치는 기학적(嗜虐的)인 행위.

세의 예술은 장인들의 시대, 르네상스 예술은 기계 시대 초기에 각각 일어났다. 1914년 뒤로 완전한 단절이 일어난다. 희극조차도 거의 성립 불가능한 상황이다. 간신히 풍자시에서 여지를 찾아볼 수 있을 뿐이다(유베날리스[*8]가 지금보다 더 잘 이해되었던 시대는 언제였던가?). 이제 예술은 거대한 무정부 상태의 품속이 아니면 다시 태어날 수 없을 것이다. ―어쩌면 서사시가 되살아날지도 모른다. 불행 때문에 많은 것들이 단순화되고 말았기 때문이다. 그러므로 당신이 다빈치나 바흐를 부러워하는 것은 의미가 없다. 오늘날 위대해지기를 원한다면 좀더 다른 길을 걷는 수밖에 없다. 게다가 그것은 고독하고 난삽하며, 어떠한 반향도 부르지 못하는 것일 수밖에 없다(그런데 반향이 없으면 예술도 없다).

[*8] 데키무스 유니우스 유베날리스(60?~140?). 로마의 풍자시인.

대수(代數)

돈·기계론·대수. 현대 문명의 3대 괴물. 세 가지가 완벽에 가깝도록 유사하다.

*

대수와 돈은 본질적으로 대상을 수평화하려고 한다. 대수는 지적으로, 돈은 실제적으로 수평화한다.

*

프로방스 지방 농민들의 생활은 약 50여 년 전부터 헤시오도스[1]가 묘사했던 그리스 농민들의 생활과 닮은 점이 사라졌다. 그리스인들이 예상했던 대로 거의 그 무렵에 과학에 의한 파괴가 일어난 것이다. 돈과 대수가 동시에 승리를 차지했다.

*

기호와 기호 내용의 관계가 사라졌다. 기호와 기호를 바꾸는 데 지나지 않는 유희가 늘어났다. 유희 그 자체로서 또 유희를 위한 유희로서 늘어난 것이다. 그리고 점점 복잡해지면서 기호를 위한 기호를 만들어 내야 하는 지경에 이르렀다…….

*

현대 세계에서는 다양한 특징들을 볼 수 있는데, 그 가운데서도 노력과 그 결과 사이의 관계를 구체적으로 생각할 수 없게 된 점을 기억하자. 중간에 끼어든 것이 너무 많아졌다. 다른 경우도 마찬가지지만, 노력과 그 결과의 관계가 인간의 사고 안이 아니라 오직 한 가지, 돈 속에 존재할 뿐이다.

*

집단적인 사고는 사고로서는 존재할 수 없고, 사물(기호, 기계 등……) 속으로

---

[1] 기원전 8세기 말의 그리스 서사시인. 그의 교훈시 《일과 나날》 속에서 농사에 대한 서술을 볼 수 있다.

옮겨가 버린다. 그로 인해 다음과 같은 역설이 가능해진다. 사물이 생각을 하고, 인간은 사물의 상태로 환원되어 버린다는 역설.

*

집단적인 사고라는 것은 없다. 반면에 현대 과학은 오늘날의 기술과 마찬가지로 집단적이다. 전문화. 단순히 결과가 계승될 뿐만 아니라 잘 이해할 수 없는 방법까지 그냥 전수된다. 게다가 결과와 방법은 분리할 수 없는 것이다. 대수의 결과가 다른 과학에도 방법을 제공하기 때문이다.

*

현대 문명을 총결산한다 또는 그것을 비판한다는 것은 과연 무엇을 의미하는가? 인간을 자기 손으로 만들어 낸 것의 노예로 만들기에 이른 함정을 확실한 방법으로 밝혀 내려고 노력하기. 도대체 무의식은 어떤 경로를 통해 방법적 사고와 행동 속에 숨어든 것일까? 원시적인 삶으로 도피하는 것은 게으른 해결법이다. 우리가 살아가는 바로 이 문명 속에서 정신과 세계 사이의 원초적인 관계를 다시 발견해야 한다. 그러나 인생은 짧고 또 사람들의 협력을 얻거나 계승자를 찾기란 어렵기 때문에, 이것은 실현 불가능한 일이다. 그렇다고 해서 그것을 시도하지 않아도 된다는 의미는 아니다. 우리는 모두 감옥에서 죽음을 기다리며 리라 연주를 배우던 소크라테스와 비슷한 상황에 처해 있다[2]……어쨌든 잘 살았다고 말할 수 있어야 하지 않을까…….

*

양(量)의 무게에 짓눌린 정신에는 오로지 유효성 외에는 기준이 없다.

*

현대인의 생활은 무절제에 빠져 있다. 무절제가 곳곳에 침투해 있다. 행동에도, 사고에도, 공적 생활에도, 사생활에도. 거기서 예술의 퇴폐적 경향이 생겨난다. 이미 어디에서도 안정을 볼 수 없다. 그나마 가톨릭 운동이 어느 정도 그러한 경향에 저항하고 있다. 적어도 가톨릭의 의식은 원래 그대로, 변화하지 않고 있다. 그러나 바로 그 때문에 생활의 다른 부분과의 관련을 잃어버리고 말았다.

---

*2 플라톤《파이돈》85e 참조.

자본주의는 집단으로서의 인간을 자연에서 해방시켜 주었다. 그런데 이 집단은 전에 자연이 했던 억압의 역할을 물려받아 지금은 그것을 개인에게 행사하고 있다.

이것은 물질적인 면에서도 진실이다. 불과 물 등등. 집단은 이러한 자연의 힘을 모두 차지해 버렸다.

문제는, 사회가 얻어 낸 이 해방을 개인에게 미칠 수 있느냐 하는 것이다.

사회적 낙인을……[1]

행동과 그 결과, 노력과 그 성과 사이에 자신이 알 수 없는 의지가 개입되는
한, 인간은 노예일 수밖에 없다.

이것은 오늘날에는 노예와 주인 모두에게 적용된다. 인간이 자신의 활동에
주어진 조건을 직접 마주하는 일은 거의 없다. 사회가 자연과 인간 사이를 가
로막고 있다.

*

인간이 아니라 자연과 직접 마주하는 것이 둘도 없는 배움이 된다. 자신이
알 수 없는 의지에 종속되는 것이 노예이다. 그런데 그것이 모든 인간의 운명이
다. 노예는 주인에게 종속되고, 주인은 노예에게 종속된다. 묘하게 겁먹고 비굴
해지거나, 전제적으로 횡포 부리거나, 아니면 그 두 가지 태도를 동시에 취하게
하는 상황("지배권을 위해서라면 무슨 일이든 노예처럼 한다").[2] 이와 반대로 무
엇에도 흔들리지 않는 자연과 직면했을 때, 인간은 사고할 수밖에 없다.

*

억압이라는 관념은 결국 말이 안 되는 것이다. 《일리아스》를 읽어 보면 알 수
있다.[3] 하물며 억압하는 계급이라는 관념은 더욱더 그렇다. 다만 사회의 억압
적인 구조에 대해서라면 논할 만하지만.

*

노예와 시민의 차이(몽테뉴, 루소……). 노예는 주인에게 복종하고 시민은 법
에 복종한다. 견해를 바꾸면, 주인이 매우 선할 수도 있고 법이 아주 가혹할 수

---

[1] 낭만파 시인 알프레드 드 비니(1797~1863)는 시 《목자(牧者)의 집》(1844)에서 억압당하는 인
   간사회의 실태를 강렬한 이미지로 파혜쳤다. 갤리선에서 '드러난 어깨에 인두로 지진 사회적
   낙인을'(제2절) 지닌 채 고역에 종사하는 노예의 모습도, 예종에 묶인 영혼의 상징이었다.
[2] 로마의 역사가 타키투스(55?~120?)의 《역사》 1·36에서 인용.
[3] 시몬 베유는 1940년 〈카이에 뒤 쉬드〉 지(誌)에 《일리아스, 힘의 시》라는 제목으로 글을 기
   고하여, 이 서사시의 본질을 독자적인 견해로 분석했다.

도 있다. 그러나 달라지는 것은 아무것도 없다. 일시적인 기분과 규칙 사이에 거리가 있다는 것에 모든 원인이 있다.

어째서 타인의 일시적인 기분에 복종하면 곧 노예가 되는가? 그 최종 원인은 영혼과 시간의 관계에 있다. 타인의 일시적인 기분에 복종하는 사람에게는 시간의 흐름이 일시 정지된다. 다음 순간에는 무엇이 올지 기다리는 것이다(너무나 굴욕적인 상황에서……). 이 사람은 자신의 시간조차 마음대로 쓰지 못한다. 현재는 이제 미래 쪽으로 무게를 가하는 지렛대가 아닌 것이다.

＊

사물과 직접 마주하는 것은 정신을 자유롭게 한다. 인간과 마주하는 것은 타락의 원인이다. 복종형태로든 지배형태로든 인간에 대한 종속이 거기에 있는 한.

어째서 이런 인간들이 자연과 나 사이에 끼어드는가?

결코 미지의 사상에 의지해서는 안 된다……(그러면 모든 것이 우연에 좌우된다).

해결책, 형제 관계에 있는 사람들을 제외한 모든 인간을 경치 따위로 간주하고, 결코 우정을 구하지 말 것. 생테티엔에서 르퓌로 달리는 그 기차를 타고 있다는 생각으로 살아갈 것.[4] 무엇보다 자신에게 우정을 꿈꾸는 것을 허락해서는 안 된다. 모든 것은 대가를 치르게 되어 있다. 오로지 자기 자신만을 믿을 것.

＊

억압이 일정한 단계에 이르면, 권력자는 필연적으로 노예들의 숭배를 받게 된다. 타인의 노리개가 되어 완전한 강제에 복종한다고 생각하는 것은 한 인간에게 견딜 수 없는 일이기 때문이다. 그래서 강제에서 벗어날 수단을 모조리 빼앗겼을 때 남는 길은 오직 강제로 주어지는 일들 하나하나를 자발적으로 하고 있다고 자기를 설득하는 것이다. 다시 말하면 복종을 헌신으로 바꿔 생각하는 것이다. 그러면 명령받은 것 이상을 해내려고 노력하는데도 전만큼 힘들게 느껴지지 않는다. 마치 아이들이 벌로서 감당할 때는 견디기 힘들었을 육체

---

[4] 르퓌는 프랑스 남부의 작은 도시(오트루아르 주). 시몬 베유는 1931년부터 1년 동안 이 도시의 여자고등학교에서 철학교사로 지냈는데, 르퓌에서 약 60킬로미터 떨어진 탄광도시 생테티엔 노동자운동을 지원하며, 적어도 1주일에 한 번씩 기차를 타고 이 두 도시를 오갔다.

적 고통도 놀면서 당하면 웃으며 잘 참아내는 것과 같은 현상이다. 이렇게 예속은 먼 길을 둘러 가면서 영혼을 타락시킨다. 실제로 이러한 헌신은 음미해 볼 필요도 없는 이유에서 기인하는 이상, 기만 위에 성립되어 있다(이 점에서 가톨릭의 복종하라는 가르침은 자유를 가져다 주는 것으로 보아도 무방할지 모른다. 한편 프로테스탄트는 희생과 헌신이라는 관념에 입각해 있다). 단 하나뿐인 구원의 길은, 강제당한다는 참을 수 없는 생각을 헌신 같은 환상으로 바꿔치기하는 것이 아니라, 필연이라는 개념으로 바꿔 놓는 데 있다.

이에 비해 강제에 대한 반항은 정확하고 효과적인 행동으로 즉시 옮기지 않는 한 오히려 반대의 결과에 빠지는 것이 보통이다. 거기서 생겨나는 근본적인 무력감 때문에 갈수록 비굴해지기 때문이다. 달리 말하면, 억압받는 자의 반항이 무력하게 끝나 버리는 것을 억압하는 자는 둘도 없는 발판으로 삼고 일어서는 것이다.

그러한 의미에서 나폴레옹 휘하의 한 병사를 주인공으로 소설을 쓸 수도 있으리라.

게다가 헌신이라는 기만은 노예뿐 아니라 주인도 배신한다.

*

권력의 자리에 있는 사람들을 언제나 위험한 존재로 간주할 것. 자기를 경시하지 않아도 되는 한계 안에서 최대한 그들을 피할 것. 그리고 만약, 언젠가 겁쟁이라는 비난을 받지 않기 위해 그들의 권력에 부딪쳐 부서져야 할 때가 왔음을 깨닫는다면, 인간이 아니라 사물의 자연력에 정복당했다고 생각할 것. 사람은 쇠사슬에 묶여 감옥에 갇힐 수도 있지만, 장님이 되거나 반신불수가 될 수도 있다. 거기에는 특별한 차이가 없다.

힘으로 복종을 강요당할 때 자기의 존엄을 지키는 유일한 방법. 주인에 해당하는 자를 단순한 사물로 여길 것. 모든 인간은 필연의 노예이다. 그러나 자각이 있는 노예는 주인보다 훨씬 훌륭하다.

*

사회문제. 여유롭게 숨 쉴 수 있는 사회생활을 위해서는, 반드시 필요한 초자연적인 것도 그 역할을 최소한으로 억제할 것. 그 역할을 크게 키우려는 경향이 있는 것은 모두 나쁜 것이다(그것은 신을 시험하는 일이다).

되도록 사회생활에서 불행을 제거해야 한다. 불행은 다만 은총에 도움이 될 뿐이고, 사회는 선택받은 자들의 사회가 아니기 때문이다. 선택받은 자를 위해서는 불행이 충분히 이어질 것이다.

대괴물*1

대괴물*2은 우상숭배의 유일한 대상, 신의 유일한 대용품, 나로부터 무한히 떨어져 있으면서 동시에 나 자신인 것에 대한 유일한 모조품이다.

*

만약 이기주의자가 될 수 있다면 매우 쾌적하고 편할 것이다. 그러나 그런 일은 절대로 불가능하다.

나는 자신을 궁극의 것으로 볼 수 없고, 따라서 나와 동류라는 이유로 나와 같은 인간을 궁극으로 간주할 수도 없다. 물질적인 것도 무엇 하나 그렇게 간주할 수가 없다. 물질은 인간보다 더욱 궁극성을 갖출 자격이 없기 때문이다.

이 세상에서 궁극의 것으로 받아들여질 수 있는 것은 단 하나다. 그것은 개인으로서의 인간에 대해 일종의 초월성을 지닌다. 바로 집단적인 것. 집단적인 것은 모든 우상숭배의 대상이고, 그것이 우리를 이 지상에 묶어 놓는다. 수전노 근성에 따르면 황금이 사회적인 것이다. 야심에 따르면 권력이 사회적인 것이다. 과학과 예술도 마찬가지이다. 그렇다면 사랑은? 사랑은 어느 정도 예외라고 할 수 있다. 수전노 근성이나 야심을 통해 신에게 다가가기는 불가능하지만, 사랑을 통해서는 가능한 것도 이 때문이다. 그러나 사랑에도 사회적인 것이 전혀 없지는 않다(군주, 저명인사들, 권세를 누리는 모든 사람들이 불러일으키는 정열 등……).

*

이름은 같지만 근본적으로 다른 두 가지 선이 있다. 악에 반대되는 선과 절

---

*1 이 신화의 기원에 대해서는 플라톤 《국가》 제6권 참조.—'대괴물' 숭배란 진리와 선을 자기 독자적으로 탐구하길 그만두고, 군중의 편견과 반사작용에 휩쓸리는 대로 생각하고 행동하는 것이다(편자의 노트).

*2 플라톤이 《국가》 제6권(493) 등에서 말한 이 '대괴물'에 대해서는 시몬 베유도 틈만 나면 언급한다(이를테면 《그리스의 샘》). '사회(군거체(群居體))' '사회적인 것(군거)' '집단'의 상징이자 인간을 줄곧 위협하고 힘만 행사하는 비대하고 기괴한 존재이다.

대적인 선. 절대적인 것에는 반대가 존재하지 않는다. 상대적인 것은 절대적인 것의 반대가 아니다. 절대적인 것에서 나왔지만 그 반대의 관계는 성립되지 않는 것이다. 우리가 원하는 것은 절대적인 선이다. 그러나 우리가 도달할 수 있는 것은 오직 악과 상관관계에 있는 선이다. 하녀를 주인 아가씨인 줄 알고 사랑에 빠지는 왕자처럼 우리도 잘못 알고 그런 선으로 향하게 된다. 그 오류를 일으키는 것은 옷이다. 상대성에 절대성의 외관을 씌우는 것은 사회적인 것이다. 이 오류를 피하려면 상관관계라는 관념에 생각이 미쳐야 한다. 상관관계는 사회적인 것을 세차게 박치고 뛰쳐나온다. 그것은 오직 개인만이 잘할 수 있는 일이다. 사회는 동굴이지만, 거기서 나오는 것은 고독이어야만 한다.

상관관계는 고독한 정신에 어울린다. 군중은 그것을 결코 이해하지 못한다. 상관관계란 '……에 대해서는' 또 '……에 한해서는' 좋다거나 나쁘다고 생각하는 것이다. 군중은 이런 일에 취약하다. 군중은 그 위에 덧붙여서 생각할 줄 모르기 때문이다.

사회적인 삶을 넘어선 사람은 필요할 때 다시 그 생활로 돌아갈 수 있지만, 사회적인 삶에 아직 도달하지 못한 사람은 그럴 수가 없다. 이것은 모든 일에 적용된다. 비교적 좋은 것과 비교적 좋지 않은 것의 관계는 역전될 수 없다.

*

자연적인 것과 사회적인 것은 선이 들어갈 수 없는 두 영역이다.

그리스도는 자연적인 것의 죄를 대속했지만 사회적인 것의 죄까지 대신 지지는 않았다. 이 세상을 위해서는 기도하지 않은 것이다.

사회적인 것은 아무래도 이 세상의 왕인 사탄의 영역이다. 사회적인 것에 대해서는, 기껏해야 악을 제한하려고 애쓰는 것 외에는 아무것도 할 일이 없다(리슐리외, 국가의 구원은 오직 이 세상 안에 있다).[3]

교회와 같이 신성한 성격을 주장하는 사회가 위험한 까닭은, 그것을 더럽히는 악 때문이 아니라 오히려 그 안에 숨어 있는 선의 대용품 때문이다.

사회적인 것에 붙여진 신성이라는 이름표. 모든 방종을 숨기고 사람을 취하게 하는 그 복잡한 것. 변장한 악마.

---

[3] 프랑스의 재상(1585~1642). 국가이성을 바탕으로 권모술수를 일삼은 정치가로, 이 말은 《회상록》에 있다.

　*

　사회적인 것 때문에 마음을 너무 많이 쓴다. 여분의 에너지(풍부한 상상력)는 대부분 사회적인 것에 빼앗겨 버려 다른 데까지 미치지 못한다. 에너지를 거기서 떼어 내야 한다. 그것이 가장 어려운 일이다.

　사회구조에 대해 깊이 생각하는 것은, 이 점에서 가장 중요한 정화 행위이다.

　사회적인 것에 대한 깊은 명상은 이 세상으로부터 벗어난 은둔만큼 유익한 방법이다. 그 점에서 내가 그토록 오랫동안 정치 주변에서 맴돈 것은 잘못이 아니었다.

　*

　인간이 사회적인 것보다 뛰어난 존재가 되는 것은 오직 초월적인 것, 초자연적인 것, 진정으로 영적인 것을 향해 들어갈 때이다. 그 전까지는 사실상 인간이 무엇을 하든 결국 사회적인 것이 인간을 초월한다.

　*

　초자연적이지 않은 차원에서, 사회는 인간을 악(악의 몇 가지 현전)으로부터 분리하는 울타리와 같다. 그러나 죄인이나 악인들의 사회는 설사 얼마 안 되는 사람으로 구성된다 해도 그 울타리를 제거해 버린다.

　우리는 왜 그런 사회에 발을 들여놓았는가? 어쩔 수 없어서? 별 생각 없이? 아니면 그 두 가지가 뒤섞인 이유 때문에? 인간은 자신이 그 안에 발을 들여놓았다고는 생각하지 않는다. 초자연적인 것을 제외하면 오직 사회만이 악행이든 범죄든 가장 흉악한 형태로 치닫는 것을 억제해 주고 있다는 사실을 모른다. 인간은 자기가 지금까지의 자신과는 다른 자가 되려 하는 것을 모르는 것이다. 자기 내면에서 외적인 영향으로 변할 수 있는 부분이 어디까지인가를 알지 못하기 때문이다. 인간은 언제나 아무것도 모르고 그 안에 발을 들여놓는다.

　*

　로마는 무신론적이고 물질적이며 자기만을 숭배하는 대괴물이다. 이스라엘은 종교적인 대괴물이다. 둘 다 사랑할 가치가 없다. 대괴물은 언제나 혐오스럽다.

　*

　중력만이 군림하는 사회에서도 살아갈 수 있을까? 아니면 살아가려면 초자연적인 것이 조금이라도 필요할까?

　로마에서는 아마도 중력만이 군림했을 것이다.

　유대인들도 마찬가지였으리라. 그들의 신은 무거웠다.

＊

　고대에서 신비적인 감각을 전혀 지니지 않았던 유일한 민족, 로마인. 그 이유는 무엇일까? 로마는 이스라엘처럼 망명자가 세운 인공의 국가였다.

＊

　플라톤의 대괴물—마르크스주의가 진리라면, 그것은 플라톤의 책에서 대괴물이 나오는 페이지에 이미 다 얘기되어 있다. 그리고 마르크스주의에 대한 반증도 거기에 들어 있다.[4]

　사회적인 것의 힘. 몇 사람 사이에 일치가 성립되면, 거기서 실재감이 생겨난다. 또 의무감도 생겨난다. 이 일치를 멀리하는 태도는 죄로 간주된다. 여기서 모든 것을 뒤집어 볼 수 있다. 모두가 일치한 상태는 은총상태의 모방이다.

＊

　매우 기묘하고 신기한 일이지만—사회적인 것의 힘이 숨어서 작용하고는 있다—평범한 사람도 직업을 통해, 직업과 관련된 사항에서는 다양한 덕을 갖추게 된다. 그러한 덕이 인생의 모든 국면으로 확장된다면 그들도 영웅이나 성인이 될지 모른다.

　그러나 사회적인 것의 힘이 작용하여 그 힘도 자연적인 것에 머무르고 만다. 따라서 그것은 보상받아야 한다.

＊

　바리새인. "내가 진실로 너희에게 말한다. 그들은 자기들이 받을 상을 이미 받았다."[5] 이를 뒤집어서 그리스도는 세리와 창녀에 대해 이렇게 말하지 않았을까? "분명히 말해 두지만, 그들은 이미 그 벌을 받았다." 즉 사회의 비난을 이미 받았다고 말이다. 그들이 벌을 받았으니 '숨은 일도 보시는 아버지'[6]는 그들을 벌하지 않는다. 그와 반대로 사회의 비난을 받지 않은 죄는 '은밀한 중에

---

[4] 마르크스주의에 대한 시몬 베유의 의견은 《억압과 자유》에 수록된 논문들을 참고할 것.

[5] 마태오복음서 6장 16절.

[6] 마태오복음서 6장 18절.

보시는 아버지'로부터 참으로 합당한 벌을 받게 된다. 결국 사회적인 비난은 자연의 은혜가 되는 것이다. 그러나 그 사회의 비난도, 그것을 견디지 못해 자기들만의 특수한 사회를 형성하여 그 안에서 멋대로 난행을 일삼는 사람들에게는 오히려 추가의 악이 된다. 범죄자, 성도착자들의 사회.

*

거짓의 신(즉 사회의 괴물, 그 겉모습이 어떻든)을 섬기는 것은 공포를 제거하고 악을 물리쳐 준다. 거짓 신을 섬기는 사람에게는 그 섬김을 게을리하는 것 외에는 그 어떤 것도 악으로 보이지 않는다. 그러나 참된 신을 섬기면 악에 대한 공포가 사라지기는커녕 오히려 커진다. 그 악에 공포를 느끼기는 하지만 동시에 사랑하기도 한다. 신의 뜻에서 비롯된 것으로서.

*

오늘날 서로 싸우고 있는 두 나라 가운데 어느 한쪽이 선에 속한다고 믿는 사람들은, 그 나라가 이윽고 승리를 거두리라고 믿는다.[*7]

어떤 하나의 선을 그대로 사랑할 때, 금방 사건이 급진전하여 그 선이 옳지 않았음을 보아야 하는 것은 견딜 수 없는 고통이다.

이제는 완전히 존재하지 않는 것이 어쩌면 선일지 모른다고 생각하기도 괴롭고 힘든 일이어서, 그런 생각은 멀리하는 것이 보통이다. 이는 대괴물에게 복종하는 짓이다.

공산주의자들의 정신력은, 그들이 선이라고 믿는 것을 향해 걸어가고 있을 뿐만 아니라, 어쩔 수 없이 가까운 미래에 반드시 일어날 거라고 믿는 것을 향해 나아가는 데서 비롯된다. 그렇기 때문에 그들은 성자가 아니면서도—결코 성자일 수 없지만—오직 성자만이, 그것도 정의를 위해서만 감내할 수 있는 온갖 위험과 고통을 견디는 것이다.

몇 가지 점에서 보면, 공산주의자들의 정신은 초기 그리스도교도들과 매우 비슷하다.

이 양자에게서 볼 수 있는 종말론적인 선전 방법은 각각의 발생 초기에 받았던 박해를 참으로 생생하게 증명해 준다.

---

*7 이 몇 행은 1942년에 쓰였다(편자의 노트).

"적게 용서받은 사람은 적게 사랑한다."*8 이것은 사회적인 덕이 마음속에서 큰 자리를 차지하는 사람에게 적용되는 말이다. 그 사람 속에서 은총은 극히 작은 자리밖에 차지할 수 없다. 선과 일치하는 대괴물에 복종하는 것이 사회적인 덕이 될 뿐이다.

바리사이인이란 대괴물에 복종함으로써 덕이 높은 훌륭한 사람이 된 자를 가리킨다.

어느 나라에서든 사랑의 이름으로 각 개인의 영적 발전에 대한 조건이 되는 것이면 뭐든지 사랑해도 되고 또 사랑해야 한다. 즉 한편으로는 사회질서를. 아무리 나쁜 것이라 해도 무질서보다는 낫다는 이유로. 또 한편으로는 언어·의식·습관·미와 관계되는 모든 것, 어느 한 나라의 생활을 감싸는 모든 시를.

그러나 국가는 있는 모습 그대로는 초자연적인 사랑의 대상이 되지 못한다. 그것은 영혼이 없는 대괴물이다.

그러나 '나라'*9는 어떤가……

그것은 사회적인 것이 아니다. 사람들이 숨쉬는 공기만큼도 의식하지 않는 인간적인 환경이다. 자연과 과거와 전통과의 접촉이다.

뿌리를 내리는 것은 사회적인 것과는 다른 것이다.

애국심. 완전한 사랑이 아닌 사랑을 품어서는 안 된다. 국가는 완전한 사랑의 대상이 될 수 없다. 그러나 '나라'*10라면 영원한 전통을 계속 짊어지는 장소로서 사랑의 대상이 될 수 있다. 어느 나라나 모두 사랑의 대상이 될 수 있다.

---

*8 루카복음서 7장 47절.
*9 '나라'에 대해서는 이 책 앞부분 '진공과 보상작용'의 역주(2) 참조.
*10 여기서 '나라'는 pays의 역어로, 흙과 결부된 일정한 영역. 인간이 태어나 생활하는 환경을 가리킨다.

이스라엘

그리스도교도는 전체주의자, 침략자, 살인자가 되었다. 그것은 이 세상에서 신이 부재하며 행동하지 않는다는 생각을 발전시키지 못했기 때문이다. 그리스도교도는 그리스도에게 매달리는 것만큼 야훼에게도 매달렸다. 신약성서를 구약성서의 방식으로 이해한 것이다. 이스라엘만이 로마에 저항할 수 있었는데, 그것은 이스라엘이 로마와 유사했기 때문이다. 그리스도교는 발생 초기부터, 다시 말해 로마제국의 공인을 받기 이전부터 이미 로마 때문에 더럽혀져 있었다. 로마가 휘두른 악은 끝내 진정으로 보상된 적이 없었던 것이다.

＊

신이 모세와 여호수아에게 순전히 현세적인 약속을 주던 시기[1]에, 이집트는 영혼의 영원한 구원을 지향하고 있었다. 히브리인들은 이집트의 계시를 거부하고 자기들에게 합당한 신을 받들고 있었다. 그것은 바빌론 유수[2] 때까지는 누구의 영혼에도 이야기한 적 없는(단 시편은 제외하고) 육적인 신, 집단의 신이었다. 구약성서에 등장하는 인물 가운데서는 아벨·에녹·노아·멜기세덱·욥·다니엘만이 순결한 사람이다. 도망다니는 노예의 민족, 다른 문명이 가꾸어 놓은 낙원의 땅을 정복한 민족, 그 문명을 이룩하는 데 조금도 힘을 빌려 주지 않았을 뿐만 아니라 그저 학살을 거듭하여 그 문명을 파괴해 온 민족이, 선을 행할 수 없었던 것은 조금도 놀라운 사실이 아니다. 이 민족에 대해 '가르침을 주시는 신[3]'을 언급하는 것은 말도 안 된다.

그 무서운 기만 때문에 밑바닥의 밑바닥까지, 그 영감마저 부패해 버린 문명
—그 속에서 그토록 많은 악을 볼 수 있는 것은 전혀 놀라운 일이 아니다. 이

---

[1] 예를 들어 민수기 34장 등 참조.
[2] 유대왕국은 기원전 6세기 두 번에 걸쳐 바빌론의 공략을 받았고, 유대인의 대부분이 바빌론에 포로로 끌려갔다. 시편 137편 등 참조.
[3] 신명기 8장 5절, 히브리서 12장 5절 참조.

스라엘의 저주가 그리스도교도를 무겁게 짓누른다. 수많은 잔악행위, 종교재판, 이교도와 비신자들에게 가한 학살, 그것이 이스라엘이었다. 자본주의 역시 이스라엘이었다(어느 정도는 지금도 그렇다). 전체주의는 이스라엘이다. 특히 이스라엘을 미워하는 적들에게 이스라엘은 곧 전체주의이다.

인간과 신의 인격적인 관계는 오직 중보자(仲保者) 그리스도의 인격을 통하지 않고는 있을 수 없다. 중보자를 젖혀 둔다면 신이 인간에게 온다 해도 그것은 집단의 신, 민족의 신일 수밖에 없다. 이스라엘은 민족의 신을 선택하는 동시에 중보자를 인정하지 않았다. 때로는 진정한 유일신을 향하기도 했지만 언제나 부족의 신으로 되돌아갔다. 되돌아갈 수밖에 없었던 것이다.

*

초자연적인 것과 관계하는 인간은 본질적으로 왕이다. 그 사람은 사회에서, 한없이 작은 형태이기는 하지만 사회적인 것을 넘어선 질서를 체현하기 때문이다.

그러나 그가 사회의 계급제도 속에서 차지하는 위치는 참으로 하잘것 없다.

사회적 질서에서 위대한 자가 되려면, 오직 대괴물로부터 많은 에너지를 교묘하게 손에 넣어야 한다. 다만 그런 사람은 초자연과 접할 수 없다.

모세와 여호수아, 사회적 에너지를 많이 절묘하게 얻은 사람의 초자연적인 부분이 어느 정도였는지를 말해 준다.

이스라엘은 초자연적인 사회생활을 실현하려고 시도한다. 이런 일에서는 거의 최상의 성과를 이루었다고 할 수 있다. 두 번 다시 시도할 것도 없다. 지금까지의 결과로 봐서, 대괴물이 어떤 신의 계시를 받을 수 있는지는 명백하다.

이사야는 최초로 순수한 빛을 가져온 자이다.

*

이스라엘이 로마에 저항한 이유는 그들의 신이 비록 무형의 것이기는 하지만 로마 황제와 같은 수준에 있는 이 세상의 주권자였기 때문이다. 그리고 바로 그에 힘입어 그리스도교가 탄생할 수 있었다. 이스라엘의 종교에는 충분히 성장하지 못했기 때문에 깨지기 쉽다는 약점이 없었다. 바로 그러한 견고함 덕택에 세상에서 가장 고귀한 것이 자라도록 보호할 수 있었다.*4

---

*4 이스라엘 역사 속에서 순수하고 신비적인 체험의 빛이 몇 번 번뜩인 것(이사야 등), 발생 과정의 그리스도교가 유대민족이라는 '껍질'에 싸여 보호받은 것을 시몬 베유도 여기서 인정

그리스도의 수난이 완성되기 위해 이스라엘은 신이 인간이 된다는 관념을 몰라야 했다. 로마 역시 마찬가지다(아마도 이 두 민족만이 그 관념을 알려고 하지 않았을 것이다). 그러나 이스라엘은 어느 정도 신과 관계 맺을 필요가 있었다. 그것은 영적인 면도 초자연적인 면도 생략한, 최대한 넓은 관계였다. 다른 요소를 배제한 완전히 집단적인 종교가 되었다. 그 무지, 그 암흑 때문에 이스라엘은 선택받은 민족이 되었다. 그러고 보면 이사야서에 나온 다음과 같은 말도 잘 이해할 수 있다. "너는 저 백성의 마음을 무디게 하여라. 그들이 마음으로 깨닫고서 돌아와 치유되는 일이 없게 하여라."[*5]

그리하여 이스라엘에서는 모든 것이 죄로 더럽혀졌다. 인간이 된 신에 접하지 않는 한 정결한 것은 아무것도 없기 때문에, 그리고 이렇게 신성과 접하지 않은 사실이 분명하게 드러나도록.

＊

야곱이 천사와 싸운 것은 커다란 오점이 아닐까? "주는…… 야곱을 그 행실에 따라 벌하신다. 그는 모태에서 제 형을 속이고 어른이 되어서는 하느님과 겨루었다. 그는 천사와 겨루어 이기자 울면서 그에게 호의를 간청했다."[*6]

신과 싸워서 지지 않는 것은 커다란 불행이 아닐까?

＊

이스라엘. 모든 것은 더럽혀져서 잔인함 그 자체가 되었다. 마치 일부러 그렇게 한 것처럼. 아브라함도 포함하여 그 이후로 모든 것이(몇몇 예언자들을 제외하고). 이는 다음과 같은 내용을 참으로 확실하게 가르쳐 주기 위함일까. '조심하라! 여기에 악이 있으니까!'

눈이 멀기 위해 선택받은 민족, 그리스도의 사형집행인이 되기 위해 선택받은 민족.

＊

유대인, 이 한 줌의 뿌리째 뽑힌 자들이 지구 전체의 뿌리가 말살되는 원인이 되었다. 그들이 그리스도교의 발생에 관계했기 때문에 그리스도교 세계는

하고 있다. 이미 이스라엘이 신으로부터 사명을 받았음을 용인한 셈이다(편자의 노트).
[*5] 이사야서 6장 10절.
[*6] 호세아서 12장 2~14절.

자기 과거를 잃어버리고 뿌리가 말살되고 말았다. 르네상스는 다시 그 뿌리를 내리려는 시도였지만 실패로 끝났다. 반그리스도교적인 것을 지향했기 때문이다. 계몽주의 사상의 경향, 1789년의 대혁명, 정교(政敎) 분리주의 등이 진보라는 속임수로 이러한 뿌리 말살을 더욱 확대시켰다. 그리고 뿌리를 잃은 유럽은 식민지 정복을 통해 나머지 세계의 뿌리까지 말살하고 말았다. 자본주의와 전체주의는 이렇게 세계의 뿌리가 말살되는 과정에 가담했다. 반유대인 사상을 지닌 자들이 유대인의 감화력을 더욱 전파했다고 할 수 있다. 그러나 그들이 독(毒)으로 이 세계의 뿌리를 말살하기 전부터, 동양에서는 아시리아가, 서양에서는 로마가 칼로 그 일을 시작하고 있었다.

*

원시 그리스도교가 진보의 관념이라는 독을 만들어 낸 것은, 인간을 훈련하여 그리스도의 메시지를 받아들일 수 있는 자격을 갖추게 하는 신의 교육이 있다는 생각을 바탕으로 한다. 이는 세계 모든 민족의 회개와 세계 종말이 임박한 것으로 보는 희망과 결부되어 있었다. 그러나 두 가지 중 어느 것도 이루어지지 않았기 때문에, 17세기 말에 이 진보의 관념은 그리스도교적 계시가 이루어졌을 때보다 더욱 오랜 시대까지 확장하여 생각하게 되었다. 그때부터 이 관념은 그리스도교와 상반되는 것이 될 수밖에 없었다.

그리스도교의 진리 안에는 이 밖에도 독소가 섞여 있는데, 그것은 유대교에서 비롯되었다. 다만 앞서 말한 독소만은 그리스도교 특유의 것이다.

신의 교육이라는 비유를 사용함으로써, 개인의 운명은 모든 민족의 운명 속으로 사라져 버린다. 구원에서는 오직 개인의 운명만을 무겁게 짊어져야 함에도.

그리스도교는 역사 속에서 조화를 추구했다. 헤겔이나 마르크스의 사상은 일찌감치 여기서 싹튼 것이다. 역사를 일정한 방향으로 연속하는 것으로 보는 관념은 그리스도교적이다.

이렇게까지 철저하게 잘못된 생각은 그 예를 찾기 힘들 것이다. 그것은 생성하고 발전하는 가운데, 즉 영원과는 반대되는 것 속에서 조화를 추구한다. 상반되는 것들의 잘못된 일치이다.

인본주의*⁷와 그 결과로 일어난 것은 고대로의 회귀가 아니라, 그리스도교에 내재해 있던 독소를 확대한 것에 지나지 않았다.

*

초자연적인 사랑이야말로 자유롭다. 그런데 그 사랑을 강제로 실행하려 하면 곧 자연적인 사랑으로 바뀌어 버린다. 반대로 자유롭지만 초자연적인 사랑이 없을 때, 즉 1789년의 자유는 완전히 공허하고 단순한 추상물에 지나지 않으며, 그것이 현실이 될 가능성은 전혀 없다.

---

*7 르네상스 때 그리스, 로마, 히브리의 고전을 원어로 연구하여 풍부한 지식을 흡수하고자 한 지식인들의 모습.

사회의 조화

어떤 질서라도 좋다, 어느 하나의 질서에 그보다 고차원의 질서, 따라서 끝없이 높이 동떨어진 질서를 대치시켜 볼 때, 이 고차원의 질서를 저차원의 질서 속에 어떻게든 표현하고자 한다면 무한하게 작은 것으로 나타내는 수밖에 없다. 한 알의 겨자씨, 영원을 상징하는 순간 등……

*

원과 직선의 접점(탄젠트). 고차원의 질서가 저차원의 질서 속에 무한하게 작은 모습으로 나타난 것.

그리스도는 인류와 신의 접점이다.

*

겸허함, 순수한 선이 무한하게 작은 형태로 나타난 것.

*

안정(균형)이란 어떤 질서가 자기를 초월한 다른 질서, 게다가 무한한 작은 것이 되어 자기 속에 생생하게 존재하는 질서에 종속되는 것이다.

그러므로 이상적인 왕국이야말로 완전한 나라가 된다.

사회 속의 각 개인은 무한히 작지만 사회적인 것을 초월한 질서, 그리고 그보다도 무한하게 큰 질서를 나타낸다.

나라를 향한 국민의 사랑, 주군에 대한 가신의 사랑은 초자연적인 사랑이어야만 할 것이다.

*

안정만이 힘을 파괴하고 힘을 무로 만든다. 사회질서란 여러 가지 힘의 균형일 뿐일지도 모른다.

은총을 얻지 못한 사람이 의인(義人)이 되기를 기대할 수는 없으므로, 여러 가지 부정이 끊임없이 동요하며 서로 벌하도록 조직된 사회가 필요하다.

∗

힘이 사라지게 할 수 있는 것은 균형뿐이다.

사회의 균형이 어디서 무너졌는지를 알면, 가벼운 쪽 접시에 추를 더 얹기 위해 모든 일을 다 해야 한다. 그 추가 설사 악이라 하더라도 균형을 되찾는다는 의도로 그것을 다룬다면, 아마 우리를 더럽히지 않을 것이다. 그러나 먼저 균형에 대해 제대로 이해해야 하며, '승리자의 진영에서 달아나려고 하는' 정의를 본받아, 자신도 언제든지 자리를 바꿀 마음의 준비를 하고 있어야 한다.

∗

기하학에 관한 《고르기아스》[1]의 유명한 문장의 의미. 사물은 본질적으로 무한하게 발전하기가 불가능하다. 세계는 그 전체가 절도와 균형 위에 세워져 있다. 나라도 마찬가지이다. 모든 야심은 절도가 없고 부조리하다.

"그대가 기하학을 소홀히 여기기 때문이다."[2]

야심가가 까맣게 잊은 것은 '비례'의 관념이다.

어리석은 사람들이여, 나는 이 권력 때문에 그대들에게 속박되고,
아아, 이 자부심 때문에 그대들의 손을 구해야 하는구나.[3]

∗

봉건적인 주종관계는 복종을 인간 대 인간의 일로 만들어 대괴물의 역할을 현저하게 감소시켰다.

법률은 그것을 더욱더 감소시켰다.

법률, 아니면 인간에게만 복종해야 한다. 가톨릭 수도회는 대부분 그렇게 되어 있다. 이 모범을 본받아 '나라'를 건설해야 한다.

주군에게 복종하기, 한 인간에게, 그러나 벌거숭이 인간, 대괴물한테서 빌려온 위엄이 아니라, 맹세에 근거한 위엄을 갖춘 인간에게 복종하기.

∗

올바른 모습의 사회는, 국가가 배의 키처럼 소극적인 작용만 하는 사회일 것이다. 균형이 무너지기 시작하면 적당한 때 살짝 밀기만 하여 그 불균형을 바

---

[1] 플라톤의 대화편 508행 이하.

[2] 플라톤의 말. 원문은 그리스어.

[3] 폴 발레리(1871~1945)의 《구시집》 가운데 '세미라미스의 노래' 73, 74행.

로잡는 키처럼.

*

플라톤의 《정치가》가 말하고자 한 바는, 정권은 승자와 패자 양자로 구성된 사회계층이 행사해야 한다는 것이다. 그러나 이는 승자가 미개인이 아니고서야 자연에 어긋나는 일이다. 이 점에서는 철저한 파괴로 승리한 것이 아닌 한, 미개인이 문명인을 이기는 것이 문명인이 미개인을 이기는 것보다 훨씬 더 좋은 결과를 보일 수 있다.

기술은 힘과 문명을 병존시키려 하기 때문에 플라톤이 말하는 새로운 시도는 불가능하다. 기술은 저주받은 것이다.

사회적으로 양자가 뒤섞여서 공존할 기회가 있으면 몰라도, 강자와 약자에게 힘을 분배하는 것은 초자연적인 요소가 개입하지 않는 한 불가능하다.

사회에서 초자연적인 것은 바로, 법률과 최고 권력의 부여라는 두 가지 면을 지닌 공정함이다. 법률에 의해 고도로 통제된 군주정체라면 《정치가》에 나오는 승자와 패자의 혼합체를 실현할 수 있을지도 모른다. 그러나 종교적 신앙 없이는 공정함도 있을 수 없다.

*

공정함의 빛을 받지 못하는 권위, 그런 권위를 쥔 인간에게 종속되는 것은 악몽과도 같다.

*

모든 힘을 내던져 버린 이념인 이 순수한 공정성이 최고의 권위가 될 수 있는 것은 오직 다음과 같은 생각을 바탕으로 한다. 그것은 지금까지 줄곧 그래 왔고 앞으로도 계속 그러리란 생각이다.

따라서 어떠한 개혁이든, 그때까지 하락의 길만 걸어온 과거로 회귀하게 하거나, 하나의 제도를 새로운 다양한 조건에 적합하도록 만든다. 이때 적합하도록 만든다는 것은, 변화를 가하는 것을 목표로 하지 않고, 오히려 반대로 변하지 않는 비례관계를 유지하는 것을 목표로 한다. 말하자면 12 : 4의 비율에서 4가 5로 바뀌면, 그냥 12 : 5를 그대로 두지 않고 12를 15로 바꾸려 하는 사람이 진정한 보수주의자라는 뜻이다.

*

공정한 권위가 존재한다면, 사회생활에서 노동이나 행위의 궁극적 목적이 생겨난다. 자기 확대의 갈망(자유주의가 인정하는 유일한 동기) 이외에 궁극적인 목적.

공정성은 시간 속에서 연속하는 것, 영구적인 것, 변하지 않는 것이다. 공정성이 사회생활에 궁극의 목적으로 부여하는 것은, 현재 존재하고 과거에도 존재했으며 미래에도 존재하게 될 그 무엇이다. 그것은 인간들에게, 지금 있는 것을 그대로 욕망하기를 요구한다.

*

공정성의 파괴. 즉 뿌리 말살이 외국의 정복 때문이 아니라 공정해야 할 권위를 남용한 결과로서 한 나라 안에 발생하면, 집요하게 따라다니던 진보라는 관념이 다시 고개를 쳐드는 것은 피할 수 없는 일이다. 그런 때는 궁극의 목적이 미래를 향하게 되기 때문이다.

*

무신론적 유물론이 혁명을 지향하는 것은 당연한 일이다. 이 세상의 절대적 선을 지향하기 위해서는 그 선이 미래에 존재한다고 생각해야 하기 때문이다. 이러한 미래로의 도약이 완성되려면 다가올 미래와 현재를 잠시 이어주는 매개체가 필요하다. 이렇게 잠시 이어주는 것이 지도자이다. 레닌 같은. 지도자는 실수하는 일이 없고 완전히 깨끗하다. 악도 그를 거칠 때는 선이 된다.

그러한 모습을 받아들이거나, 아니면 신을 사랑하거나, 그것도 아니라면 일상생활에서의 사소한 불행, 사소한 행복에 좌우되며 살아가는 수밖에 없다.

*

진보와 낮은 수준의 결합(한 세대가 선행하던 세대가 멈춰 선 지점에서부터 계속 추구해 갈 수 있는 것은 필연적으로 외적인 것에 지나지 않기 때문이다)은 힘과 낮음이 같은 부류에 속한다는 사실을 잘 말해 준다.

*

마르크스주의자들과 19세기 전체가 범한 가장 큰 오류는, 인간이 똑바로 앞으로 걸어가는 사이에 하늘로 올라갔다고 믿어 버린 것이다.

*

특히 뛰어난 무신론적 사상은 진보사상이다. 그것은 실험적, 존재론적 증거를 부정하기 때문이다. 거기에는 열악한 것이 스스로 최상의 것을 낳는다는 생각이 들어 있다. 그런데 현대과학은 앞다투어 진보사상을 파괴하려 한다. 다윈은 라마르크*⁴에게서 볼 수 있는 내적 진보의 환상을 깨뜨렸고, 돌연변이설에 따라 우연과 도태만이 살아남게 했다. 에너지론*⁵에 따르면 에너지는 저하하기만 할 뿐 결코 상승하지 않는다. 이것은 식물과 동물에도 적용된다.

심리학과 사회학은 에너지 개념을 비유적으로 사용함으로써—모든 진보 사상과 양립할 수 없는 방법으로 사용함으로써, 비로소 진정한 과학이 될 수 있을 것이다. 그리고 바로 그때 진정한 신앙의 빛을 비춰 줄 수 있으리라.

*

영원한 것만이 시간에 손상당하지 않는다. 예술작품이 영원토록 칭송받기 위해서는, 사랑이나 우정이 일생 동안 지속되기 위해서는(아니 어쩌면 단 하루 동안이라도 순수하게 지속되기 위해서는), 그리고 여러 가지 체험을 하고 운명의 변천을 겪으면서도 인간 조건에 대한 이해가 변하지 않기 위해서는, 하늘 저편의 한 곳에서 내려오는 영감이 필요하다.

*

에스파냐의 무정부주의자들이 꿈꾸었던 이상처럼, 전혀 불가능한 미래는 가능한 미래에 비해 오히려 인간을 덜 타락시키고, 영원한 것에서도 그리 멀지 않다. 어쩌면 그 불가능한 미래는 가능성이라는 환상에 사로잡히지만 않는다면, 인간을 전혀 타락시키지 않는다고까지 할 수 있을 정도이다. 불가능으로 받아들여지는 것은 사람을 영원한 것 속으로 데려가 주기도 한다.

가능한 것에는 상상력이 활동할 여지가 있고 따라서 타락이 일어날 우려도 있다. 우리는 확실히 존재하거나 아니면 절대로 존재할 수 없는 것을 원해야 하며, 더 좋은 것은 이 두 가지를 모두 원하는 것이다. 확실히 존재하거나 절대로 존재할 수 없는 것은 생성과 발전에서 벗어나 있다. 상상력이 개입되지 않고 한순간 온전히 솟아오르는 순수한 과거는 영원의 색채를 띤 시간에 속한다. 거기서는 실재감도 순수하다. 그것이 바로 순수한 기쁨이요 아름다움이다. 프루스트*⁶

---

*4 프랑스의 박물학자(1744~1829). 용불용설을 바탕으로 한(내적 가능성을 바탕으로 한다) 진화론을 주장했다.

*5 에너지가 만물의 원천이며 본질이라고 보는 철학이론. 헤겔의 흐름에서 나온 것으로, 독일의 화학자 오스트발트가 창시자의 한 사람이다.

*6 1871~1922. 장편《잃어버린 시간을 찾아서》(1913~27) 제1권에서 마들렌을 홍차에 적셔서 입으로 가져갔을 때, 주인공은 콩브레에서 보낸 어린 시절의 행복을 무의식적으로 '떠올린다'. 영원이 시간 속에 들어오는 그 순간의 아름다움을 시몬 베유도 인정하고 있다.

우리는 현재에 얽매어 있다. 그리고 상상 속에서 미래를 만들어 낸다. 오직 과거만이, 우리가 다시 만들어 내지 않은 과거만이 순수한 실재가 될 수 있다.

*

시간은 흘러감으로써 시간에 제약받는 것을 완전히 낡게 만들고 파괴한다. 그러므로 과거 속에는 현재보다 더 많은 영원성이 있다. 프루스트에게 있어서 기억이 갖는 가치도 똑같다. 그리하여 과거는 실재적이기도 하고, 동시에 우리보다 뛰어난 무언가를 우리에게 주어, 우리를 높은 쪽으로 끌어 올려준다. 미래는 좀처럼 그렇게 해 주지 않는다.

*

과거, 실재적인 것, 게다가 우리의 손이 절대로 닿을 수 없는 곳에서, 우리는 그 방향으로 한 걸음도 내딛지 못한 채, 오로지 그쪽을 향한 자세로 서서, 거기서 나오는 빛이 자신에게 도달하기를 기다리는 수밖에 없다. 이 점에서 과거는 영원하고 초자연적인 실재의 가장 뛰어난 모습이다.

있는 그대로의 추억 속에 기쁨과 아름다움이 있는 것은 그 때문이 아닐까?

*

우리를 되살아나게 해 주는 것은 어디서 오는가. 온 지구를 더럽히고 다니며 텅 비어 버릴 때까지 삼켜 버린 우리를.

오직 과거에서 온다. 단 우리가 과거를 사랑한다면.

*

모순되는 것. 오늘날 사람들은 전체주의를 갈망하면서 동시에 역겨워한다. 거의 모든 사람들이 하나의 전체주의를 사랑하면서 또 다른 하나의 전체주의를 증오한다.

사랑과 증오는 결국 같은 것이 아닐까? 우리는 증오하고 있는 바로 그것을 다른 형태로 사랑하고 싶어하며, 그 반대 역시 마찬가지 아닐까?

*

변하지 않는 혁명의 환상은, 현재 일어나는 폭력에 대해 아무런 죄가 없는 피해자들에게 힘이 주어진다면, 그들이 그 힘을 올바르게 사용하리라고 믿는 것이다. 그러나 영혼이 신성함의 영역에 가까이 이른 사람들을 제외하고 피해자는 가해자와 마찬가지로 힘에 더럽혀져 있다. 칼자루에 있는 악은 칼끝으로 옮겨 간다. 그리하여 높은 지위에 올라 그 변화에 우쭐해진 피해자는 가해자와 똑같은 악, 아니 그 이상의 악을 휘두른다. 그리고 얼마 가지 못해 다시 그 힘을 빼앗기게 된다.

*

사회주의는 패자에게 정의를 부여하고 민족주의는 승자에게 정의를 부여한다. 그러나 사회주의 중에서도 혁명적인 파(派)는, 비록 낮은 신분으로 태어났더라도 그 성격상 또 사명으로서도 이기기를 원하는 사람들을 모은다. 그래서 민족주의와 같은 윤리의식에 빠지는 것이다.

*

현대의 전체주의와 12세기 가톨릭 전체주의의 관계는 세속적인 프리메이슨*7 정신과 르네상스 인본주의의 관계와 비슷하다. 인류는 한 번씩 동요할 때마다 타락하고 있다. 어디까지 가게 될까?

*

현대 문명이 붕괴된 뒤에는 다음 두 가지 가운데 하나가 일어날 것이다. 즉 현대 문명은 수많은 고대 문명과 마찬가지로 송두리째 멸망하거나, 중심을 잃고 흩어져 나간 세계에 적응해서 살아남을 것이다.

중앙집권화를 말살하는 것(그것은 어느새 눈덩이처럼 커져서 마침내 파국을 불러오게 될 것이다)이 아니라 미래를 준비하는 것, 그것은 우리에게 달려 있다.

*

이 현대라는 시대는 마음의 계층질서를 파괴하고 말았다. 그런데도 그 조잡한 모방에 불과한 사회적 계급제도를 어떻게 존속시킬 수 있을까?

*

당신이 모든 것을 잃어버린 이 시대보다 더 나은 시대에 태어난다는 건 도저히 불가능한 일이다.

---

*7 중세의 동업조합을 모델로 18세기 초 영국에서 결성된 비밀결사. 프랑스에도 곧 흘러들었다. 종교신앙을 견지하고, 형제의 결속을 중시하며, 비밀을 고수하고, 기성권위에 순종했지만, 정통파 교회로부터는 배척당했다.

노동의 신비

인간 조건의 비밀은 바로 인간과 인간을 둘러싼 자연의 여러 힘 사이에 어떤 균형도 없다는 것이다. 자연은 인간이 행동하지 않을 때는 한없이 인간을 넘어선다. 다만 균형은 인간이 노동을 통해 자신의 삶을 재창조해 가는 행동 속에만 있다.

*

인간의 위대함은 언제나 자신의 삶을 재창조하는 데 있다. 자기에게 주어진 것을 재창조하기. 어쩔 수 없이 받은 것도 다시 연마하기. 인간은 노동을 통해 자신의 자연적인 삶을 창조한다. 그리고 학문을 통해 여러 가지 상징을 동원하여 우주를 재창조하고, 예술을 통해 육체와 영혼의 결합을 재창조한다(외팔리노스의 연설 참조).*1 이 세 가지 사항은 그 하나하나를 다른 둘과 관련시키지 않고 별도로 보면 어딘지 초라하고 공허하며 헛되다는 점에 주의할 것. 이 셋을 하나로 하는 것, 노동자의 문화(아마 좀더 기다려야 하리라)……

*

플라톤은 한 사람의 선구자일 뿐이다. 그리스인들은 예술이나 스포츠라면 잘 알았지만 노동에는 무지했다. 주인이 노예의 노예라는 것은, 노예가 주인을 만들어 낸다는 의미에서 그렇다.

*

해야 할 일 두 가지.

기계에 개성을 부여할 것.

학문에 개성을 부여할 것(대중화, 직업의 기본문제에 대해 소크라테스적인 형식의 민중대학*2을).

---

*1 폴 발레리의 작품 《외팔리노스 또는 건축가》(1922)에서, 파이드로스가 외팔리노스의 입을 빌려 말한 한 구절에 같은 취지의 내용이 나온다.

*2 1898년, G. 드에름이 창시한 학교. 민중에게 교육을 펴고 지식인과 노동자 계급을 가깝게 하

*

육체노동. 왜 지금껏 노동자나 농민 중에서는, 노동에 대한 혐오를 어떻게 활용하느냐, 이에 대해 글을 쓴 신비주의자가 한 사람도 나오지 않았을까? 이 혐오는 거의 언제나 집요하게 따라다니면서 사람을 위협하기 때문에, 영혼은 생물적인 본능에 따라 거기에 반발하고 그것을 피하며 보지 않으려 한다. 그런 것이 있다고 인정하면 죽음의 위험이 뒤따르기 때문이다. 거기에 서민 대중 특유의 속임수의 원천이 있다(어떤 수준에서도 각각 독특한 속임수가 있게 마련이다).

이 혐오는 시간의 중압감에서 온다. 그 존재를 인정한 뒤 그것에 지지 않는다면 상승할 수 있다.

모든 형태의 혐오는 상승하기 위한 사다리로서 인간에게 주어진, 무엇보다 소중한 비참함의 하나이다. 나는 그 혜택을 충분히 누리고 있다.

어떠한 혐오도 자기에 대한 혐오로 돌려놓기…….

*

단조로움은 이 세상에 존재하는 것 가운데 가장 아름답거나 가장 추한 것이다. 그것이 영원성의 반영일 때는 무엇보다 아름답지만, 변화 없이 계속해서 이어지기만 하는 것의 표시일 때는 무엇보다 추하다. 시간이 초월되거나, 아니면 시간이 불모가 될 뿐이다.

원은 아름다운 단조로움의 상징이며, 시계추가 흔들리는 것은 추악한 단조로움의 상징이다.

*

노동의 영성(靈性). 노동 뒤 피곤에 지쳤을 때, 튕겨진 공이 되돌아오듯 궁극의 목적이 되돌아오는 것을 느낄 수 있다. 먹기 위해 일하고 일하기 위해 먹고……. 이 둘 중 하나를 목적으로 보거나, 둘을 서로 떼어 놓고 각각을 목적으로 본다면, 우리는 어찌할 바를 모르고 말 것이다. 진실은 순환에 내포되어 있다.

상자 속에서 빙글빙글 도는 다람쥐와 천체의 회전. 극한의 비참함과 극한의 위대함.

고자 했다. 시몬 베유는 학생 시절에 알랭의 제자인 귭우들이 파리의 팔기에르 거리에 설립한 '민중대학'에 협력한 적이 있다.

자신이 쳇바퀴 도는 다람쥐라고 생각될 때 자신을 속이지만 않는다면 구원에 가까이 다가가 있는 것이다.

*

육체노동의 극심한 고통은, 오직 생존하기 위해서 이토록 오랜 시간 노력해야 한다는 점에 있다.

노예에게 노동의 목적은 그저 생존하는 것뿐이다. 그 어떤 행복도 목적이 되지 못한다.

따라서 노예는 거기서 해방되어야 한다. 그렇지 않으면 식물의 수준까지 떨어지는 수밖에 없다.

*

현세적인 목적은 그 어떤 것도 노동자를 신에게서 떼어 놓을 수 없다. 이것은 노동자에게만 해당된다. 그 밖의 계급 사람들에게는 저마다 특수한 목적이 있고, 그것이 인간과 순수한 선 사이를 가로막고 있다. 노동자에게는 그런 방해물이 없다. 벗어 버려야 할 여분의 것이 조금도 없는 것이다.

*

행복을 위해서가 아니라 필연에 쫓겨, 뭔가에 이끌려서가 아니라 억지로 내몰려서—지금 있는 그대로 자신의 생존을 유지하기 위해—노력하는 것, 그것은 언제나 노예의 생활이다.

그런 의미에서 육체노동자가 노예인 것은 어쩔 수 없는 사실이다.

궁극적 목적이 없는 노력.

그것은 끔찍하다—또는 무엇보다 아름답다—만약 그것이 끝이 없고 결정적인 것이라면. 아름다운 것만이 지금 있는 그대로에 만족할 수 있게 해 준다.

노동자들은 빵보다 시를 원한다. 그들의 삶이 시가 되길 원한다. 영원에서 비쳐드는 빛을 원한다.

오직 종교만이 그 시의 원천이 될 수 있다.

종교가 아니라 혁명이야말로 민중의 아편이다.

이 시를 빼앗긴 것, 그것이 바로 모든 형태의 도덕이 타락한 이유이다.

*

영원에서 비쳐드는 빛도 없고 시도 없고 종교도 없는 노동은 노예의 것이다. 영원에서의 빛을 통해, 살아갈 이유나 일할 이유를 얻는 게 아니라, 그런 이유

노동의 신비 193

를 찾지 않아도 되는 충실함을 얻기를.

그것이 없으면, 강제와 이익만이 노동으로 내모는 자극제가 되어 버린다. 강제에는 민중의 억압이 내포되어 있고, 이익에는 민중의 타락이 내포되어 있다.

＊

육체노동. 육체 속으로 들어오는 시간. 노동을 통해 인간은 물질이 된다. 그리스도가 성체성사를 통해 그렇게 되듯이. 노동은 죽음 같은 것이다.

우리는 죽음을 통해서 나아가야 한다. 죽음을 겪어야 한다. 이 세상의 중력을 견디 내야 한다. 우주가 인간의 허리를 무겁게 짓눌러 오는데, 인간이 고통을 느끼는 것은 당연하지 않은가?

노동은 자극제가 없는 한 죽음과도 같다. 결실 얻기를 포기하고 일하기.

노동하는 것—지칠 대로 지쳐 버리는 것은, 물질처럼 시간의 종속물이 되는 일이다. 사고(思考)는 과거에도 미래에도 매달리는 것이 허락되지 않고, 오직 순간에서 순간으로 옮겨 가도록 강요당한다. 그것이 복종이다.

＊

피로와 함께 오는 기쁨. 확실하게 느낄 수 있는 기쁨. 먹는 것, 쉬는 것, 일요일의 즐거움……. 그러나 돈은 그렇지 않다.

민중에 관한 시는 무엇이든 피로와, 피로에서 오는 굶주림과 목마름이 없으면 진정한 것이라고 할 수 없다.[3]

---

[3] 시몬 베유의 노동관에 대해서는 《노동과 인생에 대한 성찰》에 수록된 논문 '노예적이지 않은 노동의 첫째 조건', '노동일기' 등을 참조.

Leçons de philosophie
철학강의

범례

1. 이 책은 안느 레노가 필기한 강의 노트로, 원서에는 되도록 원형을 유지하기 위해 이탤릭체, 고딕체, 대문자 등 다양한 활자가 사용되어 있다. 따라서 역문에서도 그러한 원서의 뜻을 존중하여 다음과 같은 원칙에 따라 표기되어 있다.

이탤릭체 → 〈 〉

고딕체 → 고딕체

《 》→ ' '

대문자만인 것 → { }

단 작품명에 대해서는 개개의 시편·단편·논문명은 ' ', 단행본·잡지·신문명은 《 》으로 표시했다.

1. 원서에서는 제1부, 제2부, 제3부 각각에 목차가 붙어 있지만, 역서에서는 하나로 일괄했다.

1. 역주는 인명에 대해서는 원칙적으로 본문 할주(割註)*1로 하여 〔 〕에 넣고, 그 밖의 주는 권말에 정리했다.

---

*1 본문 사이에 두 줄로 잘게 단 주.

시몬 베유의 철학강의

(로안 1933~34)

시작하면서

시몬 베유를 가리켜 어떤 사람들은 '20세기 최대의 신비주의자' 또 어떤 사람들은 '혁명적 아나키스트'라 소개했습니다. 이 때문에 열광적인 논쟁이 일었지요. 그때 나는 단순히 철학교사로서의 시몬 베유를 알리는 것도 흥미로운 일이 아닐까 하는 생각이 들었습니다.

시몬 베유는 1933년부터 34년까지 로안 여자고등중학교(리세)에서 나의 선생님이었습니다. 우리 반은 극소수의 학생들이 무척 가족적인 분위기로 지냈습니다. 학교의 커다란 본관에서 떨어진 정원 안 거의 잊혀 가는 듯한 별관의, 외부로부터 완전히 단절된 환경에서 우리는 위대한 사상의 기초를 배운 셈입니다. 날씨가 좋을 때는 아름다운 서양삼나무 그늘에서 수업을 했습니다. 때로는 일탈하여 기하학 문제를 풀기도 하고 서로에 대해 얘기를 나누기도 했지요.

지금도 인상적인 장면들을 떠올리면서 추억에 잠기곤 합니다. 이를테면 시몬 베유가 점수 매기고 등수 정하는 걸 완강하게 거부하자 교장이 직접 조사하러 온 일, 우리가 교실 문 앞에 써 붙인 플라톤의 말('기하학을 모르는 자는 들어오지 말 것')을 떼라는 명령을 받았을 때의 일……

그러나 나는 귀스타브 티봉*1 씨와 마찬가지로, 그렇게 하는 것이 그다지 마음이 내키지 않습니다. 그와 마찬가지로 나도 '그렇게 하기에는 그녀를 너무 사랑했기' 때문입니다.

'작가가 동료에 대해 얘기하듯 오빠가 누이동생에 대해 얘기할 수는 없다'면 학생도 자기가 존경하고 깊은 영향을 받은 교사에 대해 그렇게 얘기할 수는 없

---

*1 1903~2001. '농부 철학자'로 불리는 아르데슈 지방의 가톨릭 사상가. 베유는 1941년 여름, 페랭 신부의 소개로 그의 농장에 가서, 낮에는 농장일을 하고 밤에는 늦도록 그와 이야기 나눴다고 한다. 1940년 《진단》으로 프랑스 사상계에 혜성처럼 나타나 좋은 의미이든 나쁜 의미이든 비시(Vichy) 체제 하의 파스칼로 불렸다. 베유의 아포리즘 《중력과 은총》의 편자이기도 하다.

습니다.

게다가 더 좋은 방법이 있습니다. 나는 그녀가 유명해지기 훨씬 전부터 그녀의 강의 노트를 소중하게 간직하고 있었습니다. 시몬 베유는 자신의 사상은 어딘가 넣어둔 채 학생들에게 대학 입시를 준비시키기에는 너무나 순진하고 솔직한 사람이었습니다. 이 강의 노트는 나에게는 당시의 그녀를 잘 보여 주는 것으로 생각되어서, 열일곱 살 소녀가 필기한 그대로 거의 손질을 하지 않은 채 출판합니다. 독자 여러분은 틀림없이 누락이나 미비한 점을 발견하게 되겠지만, 너그럽게 봐 주시고 오히려 그것이 강의 노트기 진짜라는 증거라고 생각해 주었으면 합니다. 고등학교와 대학 강의실에서 필기를 해본 사람이라면 누구나 어쩔 수 없이 빠뜨리는 것도 있음을 잘 아실 겁니다. 또 실제 강의에서는 흔히 억양과 미소 등이 단정적인 표현을 부드럽게 완화시켜 주지만, 급하게 필기해야만 하니 노트에 그런 뉘앙스까지 담을 수는 없는 노릇입니다. 특히 강조해 두고 싶은 점은, 시몬 베유는 필기를 시킨 적이 한 번도 없었다는 것과 이 노트는 속기록이 아니라는 것입니다. 따라서 '이 노트를 시몬 베유의 저작으로 간주할 수는 없습니다.' 이 안에서 어떤 표현을 끌어다가 그녀의 것으로 단정하는 것은 잘못입니다. 제가 원하는 바는 이 노트가 적어도 전체로서 파악된다면 그녀 사상의 진정한 모습을 밝혀주리란 것입니다. 또 이런저런 주석을 주렁주렁 붙여서 이 강의 노트를 딱딱한 것으로 만들고 싶지도 않습니다.

다만 나는 '신비주의자 시몬 베유'의 가장 특징적인 사상을 다시 정리하여, 그것을 '무정부주의자 시몬 베유'의 강의와 반드시 연결하고 싶었습니다. 이를 통해, 텍스트 자체가 이야기하고 또 그것을 통해 읽혀지겠지만, '아나키스트'의 문제가 내면적 규율과 진실의 탐구 이외에 아무것도 아니었음이 밝혀지리라 생각합니다.

나는 그 뒤로도 시몬 베유와 1년을 함께 보냈습니다. 이제 불후의 명성을 얻게 된 이 젊은 철학자의, 아마 의외일지도 모르는 측면을 공개하면서, 사람들이 쓰기 시작한 '두 사람의 시몬 베유'는 존재하지 않는다고 나는 단언할 수 있습니다. 지금까지는 그녀가 괜히 뒷말에 휘말릴까봐 두려워했습니다.(사람들은 예술가와 작가와 영웅과 성자에 대해, 그때까지 마음속에 그려온 것과 어긋나는 모습을 갑자기 보게 되는 것을 좋아하지 않으니까요). 내가 그 망설임을 물리친 것은 이 확신이 있었기 때문입니다. 망설임 따위는 필요 없습니다. 그리스도교도가 되어 1943년 런던의 병원에서 '배급량 이상'은 먹지 않은 끝에 죽어 간 이 그리스도교도는(세례를 받은 것은 아니지만 마음속으로는 그랬습니다), 1933년에 로안의 공장 노동자들과 자신의 급여를 나누었던, 제가 아는 바로 그녀였습니다.

'현실' 앞에서 '진공(眞空)'(이 유명한 '진공'은 은총을 맞이하려는 상태를 말합니다)을 만들어 내는 이 신비주의자도, 또 우리에게 '증명'에 대해 얘기하고, 세계의 모든 사실들 앞에서는 조심스럽게 자기를 지우려고 한 이 물리학자도 똑같은 그녀였습니다.

또 르노의 공장에서 일한 무명의 여성 노동자는(또는 프로방스 지방 농장의 가정부는), 알랭의 제자로서 지적 오만으로 가득 차 있다는 말을 들은 철학자 이외에 아무것도 아니었습니다. 이 철학자는 그때 이미 '오만함은 겸허함에 이르는 수단이 될 수 있다*²'는 사실을 알고 있었습니다.

그녀에게는 타고난 오만한 데가 있어서 그 성향과 평생 싸워야 했습니다. 이 '강의' 속 그리고 그녀의 모든 '사고'에서 끊임없이 되풀이 나타나는 것은, '지나치게 알아서는 안 되는 진실'이 있다, 사람은 자신이 행하는 선에 대해 의식해서는 안 되고 의식할 수도 없다, 어떠한 가치, 어떠한 미덕도 본질적으로 있는 그대로의 형태로는 파악할 수 없다, 이러한 생각이었습니다. 그녀에게 그것을 가르쳐 준 것은 지성이었습니다.

런던의 하숙집에서('페랭 신부*³'가 《신을 기다리며》의 서문에서 언급한 것처럼) 여주인의 지적장애가 있는 아이에게 얘기를 해 주다가 자신의 일과 명상을 잊어버린 것도—또 철학 강의 속에서 '희생'에 대해 얘기하면서 우리에게 모든 자기포기, 모든 자기비하에 대한 경계를 논한 것도 역시 같은 그녀였습니다. 다시 말해 그녀는 '바라는 목적과는 반대의 효과를 낳는 노력(이를테면 일종의 헌신)*⁴'을 무척 두려워했습니다.

'두 사람의 시몬 베유'를 주의 깊게 조사해 나가면, 때로는 단순한 발전과 치환이, 때로는 선명한 대조가 부각될 것입니다. 그리고 곧 그런 것에도 그다지

---

*2 《초본성적(超本性的) 인식》.
*3 장 마리 페랭. 도미니크회 수도사. 베유의 마르세유 시절의 친구. 《신을 기다리며》의 편자. 티봉과의 공저 《회상의 시몬 베유》가 있다.
*4 《중력과 은총》.

놀라지 않게 되겠지요. 뿐만 아니라 그 모든 것을 깊은 결속이 지배하고 있습니다.

그녀의 일생이야말로, 그녀가 즐겨 인용하고, 어떤 숙제인지 이미 알 수 없지만 언젠가 우리 숙제의 결론이 되었을 터인 괴테의 말 '진실을 낳는 자는 빛에 도달한다'였습니다. 이 말이 진실이라면 그녀는 틀림없이 빛을 얻었을 것입니다. 그것은 바로 '행동하기는 쉽고 생각하기는 어렵다. 행동을 사고와 일치시키는 것이 가장 어렵다'는 말에 빛을 던져 줍니다. 그녀는 어려움을 두려워하지 않았지만, 자기가 어려운 일을 해냈다는 것을 알지 못했습니다.

1951년 5월
안느 레노

머리말

비교를 보여 주는—적어도 시사하는—'주(注)'는 처음에는 《철학강의》 본문 속에 구성되어, 그때마다 '부록'으로 넘어가도록 되어 있었다. 그런데 간행자가 《강의》를 너무 세분화하지 않는 편이 좋겠다고 판단해, 나에게 역방향으로 비교할 것을 지시하도록, 즉 '부록'에서 강의로 넘기도록 요구해 왔다.

따라서 본문에는 독자에게 어떤 페이지와 어떤 절에 주의하라는 별표가 붙어 있지 않다(별표는 일반적으로 특별히 관계가 있는 문장의 맨 뒤에 붙어 있다).*1 즉, 《강의》 속 별표와 관련된 문장은 권말의 항목별로 정리된 사상에서 비로소 볼 수 있다.

나는 이 책이 이러한 형태로 시몬 베유를 사랑하는 모든 사람들, 그녀의 사상을 심화시키고 거기에 '다리'를 놓도록, 그녀가 동시에 그토록 냉정함과 정열을 담아서 얘기했던 '끊임없이 위험에 처하면서도 매순간마다 구출되는' 그 〈생생한 조화〉*2를 거기서 발견하고자 하는 사람들, 그러한 모든 사람들의 관심을 끌기 바란다.

이상한 우연의 일치지만, 이 책의 교정쇄 교정을 끝낸 노르망디의 레빌이라는 작은 마을 근처에서, 내가 시몬 베유를 알았을 무렵 그녀가 여름방학 때 힘든 바다 일을 도왔다고 말하는 어부를 만났다. 우리는 그녀에 대해 얘기했다. 그 어부와 그의 아내가 들려준 몇 마디의 말을 여기에 수록하는 것만큼, 그 '끊임없는 위험에 처한 조화'를 환기시킬 적절한 방법이 또 있을까?

"—그 사람은 며칠 동안 우리와 같은 생활을 하려고 했지요. 몇 시간씩 쉬지 않고 까나리를 잡고(그건 정말 힘든 일이었어요!), 식사를 하고 나면 바로 우리

---

*1 《철학강의》의 서술과 관련된 베유의 저작 속 텍스트를 모은 '부록'은 이 책의 편자인 안느 레노 게리트의 판단으로 베유의 저작을 모르는 독자를 위해 만든 것이다. 베유의 저작이 있는 이 책에서는 특별히 수록할 필요가 없다고 판단되어 이 역서에서는 생략했다.

*2 371쪽 참조.

와 함께 다시 바다로 나갔어요…….

— 그 사람은 나에게 수학을 가르쳐 주었어요!

— 피서객들은 대부분 그 사람을 좋아하지 않았어요. 빨갱이라는 겁니다…….
하지만 난 그렇게 생각하지 않아요. 우리 딸이 암기하느라 교리문답집을 들고
있으면 '이리 줘 봐. 내가 설명해 줄 테니까, 암송은 나중에 하는 거야' 하고 말
했지요…….”

분명히 〈조화는 위협받고〉 있다! 게다가 이 순박한 바닷사람은 우리의 이야
기의 첫머리에 이렇게 말했다.

“그녀는 특이한 사람이었습니다!”

그러나 확실히 〈조화는 구출되었다.〉 남자는 이내 그리고 지극히 자연스럽
게 이렇게 말을 이었다.

“그 사람은 성녀였어요!”

1959년 8월

A. R

제1부

"높은 것이 높은 쪽을 향할 수 있도록, 부디 우리 속에서 낮은 곳에 있는 것이 낮은 쪽을 향하기를."

시몬 베유《중력과 은총》

심리학에서 쓰는 방법

1 〈타인의 사고 표출에 대한 고찰〉(객관적 심리학)

행위 {
반사(외부에 기초를 두는 것은 모두 〈반사〉의 수준에 머문다).
관습, 습관.
의지에 따른 행위.

2 〈자기 자신에 대한 고찰〉(내성(內省 : 자기관찰)))

A. 내성은 그 자체로 하나의 심리상태를 구성하며, 다른 심리상태와 양립하지 않는다.

(1) 내성은 세계에 대한 〈관상(觀想)〉(천문학과 물리학) 및 이론적 〈사변〉(수학적 추론)과 양립하지 않습니다.

(2) 내성은 〈행동〉과 양립하지 않습니다. 적어도 일종의 기계적 행위는 자기관찰을 배제하지 않으므로, 의지에 따른 행동과 양립하지 않습니다. 그러나 주의를 필요로 하는 행동(스포츠·예술·노동 등)은 모두 내성과는 양립하는 일이 없습니다. 이를테면, 코르네유의 작품에 나오는 주인공들의 의지에 따른 행동은 내성과 양립하지 않습니다. 만약 로드리그*¹가 아버지가 받은 모욕을 안 뒤

---

*1 돈 로드리그. 코르네유의 에스파냐 역사를 제재로 한 고전비극《르 시드》의 주인공. 로드리그와 시멘은 서로 사랑하는 사이지만, 두 사람의 아버지들끼리 싸움이 벌어져, 모욕을 당한 로드리그의 아버지가 아들에게 복수를 명한다. 로드리그는 명예와 사랑 사이에서 고민하다

에 자기의 정신상태를 분석했다면, 거기서는 절망밖에 찾아낼 수 없을 것이고, 따라서 행동으로 나가는 일은 없었을 것입니다.

(3)내성은 〈격렬한 감동〉과 양립하지 않습니다. 이를테면 《페드르》*² 속의 '청천벽력', 공포, 말할 수 없는 기쁨, 분노 등.

〈요컨대〉 사고와 행동과 감동은 자기검증을 배제하는 것이라는 얘깁니다. 우리는 인생에서 능동적인 태도를 취할 때나 적극적인 작용을 받을 때는, 언제나 자신에 대해서는 생각하지 못합니다.

〈결론〉 그저 자기만 관찰해서는 거의 아무것도 파악할 수 없다는 이유로, 내성에 대해 일반적인 결론을 이끌어 낼 수는 없습니다. 내성이 인간 사고의 특별히 수동적인 측면에 주목하는 결과로 끝나는 것은(아미엘*³의 경우) 당연한 일일 것입니다. 자기를 관찰함으로써 우리는 자기를 바꾸는데, 그 변화는 우리 속의 더욱 귀중한 것이 기능하지 못하도록 방해하기 때문에 나쁜 변화라고 할 수 있습니다.

B. 이상과 같이 내성을 한정하고 나서, 내성 그 자체를 내부에서 살펴보기로 하자.

앞에서도 알 수 있듯이, 내성은 온갖 종류의 마음 상태만을, 게다가 거기서 강렬한 감동을 배제한 뒤라야만, 대상으로 삼을 수가 있습니다.

그런데 〈극한에까지 내몰린 데다 현재시간에 적용된 내성은 그 대상을 쫓아 버린다〉는 것을 우리는 경험을 통해 알고 있습니다. 사실 현재의 자기를 관찰하려 해도, 거기서는 자기를 관찰하려는 마음의 상태밖에 찾을 수가 없습니다. 따라서 내성은 과거의 정신상태밖에 대상으로 할 수 없게 되며, 그것이 내성이 지닌 객관적인 힘을 손상시키고 있습니다. 우리는 어느 인생 시점에서의 정신 상태에 대해 잘못 생각할 수 있기 때문입니다(이를테면 누군가를 깊이 사랑하게 되면, 처음에는 그 사람에게 반감을 느꼈던 일을 잊어버릴 때가 있습니다). 과거에 어떤 감동을 느꼈다 해도, 그것을 행동으로 옮기지 않으면 그 감동은 어디에도

가 마침내 연인의 아버지를 죽인다.

*2 라신 비극의 대표작. 아테네의 왕 테세우스의 원정 중에 일어난 비극. 왕비 페드르가 전실 아들 이폴리트에게 불륜의 사랑을 품고, 이것이 오해와 비극을 부른다.

*3 1821~81. 스위스의 도덕주의자. 《아미엘의 일기》 저자.

흔적을 남기지 않게 됩니다.

〈내성에서는 대상 자체가 사라져 버립니다.〉

심리학에서 사용되는 두 가지 방법을 살펴보면 다음과 같은 사실을 알 수 있습니다.

1 타인을 관찰해도 그 행동의 본질을 밝힐 수는 없다는 것.

2 사고를 자기 자신에게 향하려 해도, 거기서 자기 사고 이상의 것은 발견할 수 없다는 것.

〈어떠한 해결책이 좋을까요?〉

철학자들이 몇 가지 해결책을 찾아냈습니다.

(1) 〈행동주의 심리학〉 또는 '비헤비어리즘'(왓슨)*⁴에서는 모든 것이 단순한 〈반사〉의 차원에 끌려들어가고 맙니다. 이 해결책의 요점은 정신 따위는 찾아낼 수 없다, 정신 따위는 존재하지 않는다고 말하려는 데 있습니다.

(2) 〈직관에 따른 심리학〉(베르그송)

우리가 자신의 정신상태를 사고하지 못하는 것, 또 거기서 공허한 느낌을 품는 것은, 지성이 충분한 수단이 아니기 때문입니다. 그러므로 〈직관〉을 이용해야 합니다. 지성은 사회적이고 실천적인 목적을 지향하지만, 우리를 자기의 깊은 본성 속으로 내려 보내 주지는 않습니다. 따라서 사고를 파악하기 위해서는 지성을 쫓아 버려야만 합니다.

첫 번째 해결에서는 정신이 배제되고, 두 번째 해결에서는 정신을 고찰하기 위해 지성이 배제됩니다. 전자의 철학자들에게는 신체상태만 있고 정신상태는 없습니다.

베르그송에게는 정신상태를 아는 것이 아니라 그것을 탄생시키는 것이 문제가 됩니다. 〈이 두 가지 이론은 어느 쪽이든 모순에 부딪치면 다른 항을 배제해 버린다는 점에서 서로 상관관계에 있다고 할 수 있습니다.〉 전자는 심리학

---

*4 1878~1958. 미국의 심리학자. 동물심리학에서 출발하여 행동주의를 제창.

적이지 않고, 후자는 과학적이지 않습니다.

〈어떤 해결책이 좋을지 다시 생각해 봅시다.〉

우선 〈사고에 대한 과학적 이론을 내세우려고 할 것이 아니라〉 〈분석〉하려고 노력해야 합니다. 사고에 대해 과학적 이론을 내세우는 것은 불가능한 일입니다. 사고는 수단으로서만 도움이 되고, 능동적인 경우에만 비로소 무언가가 될 뿐이기 때문입니다. 이미 경험했듯이 사고는 관찰 대상이 되어 버리면 더는 아무것도 아닙니다.

그런데 한쪽에는 〈외적 세계〉*5를, 다른 한쪽에는 '나'를 두어 보십시오. 그것을 정확하게 고찰하는 것이 문제입니다.

〈외적 세계와 '나'와의 관계〉

우리는 〈순수하게 내적인 건 아무것〉도 찾을 수 없습니다. 이를테면, 수학의 추론을 위해서는 표상이 필요하고, 기쁨도 슬픔도 분명히 신체적 조건에 좌우됩니다.

반대로 〈순수하게 외적인 것도 아무것〉도 없습니다. 이를테면 색채가 가져다주는 감각은 각자에 따라 다릅니다. 인상은 주관적이고, 우리는 세계에 대해 각각 독자적인 견해를 보입니다.

그래서 외적 세계는 분명히 실재한다는 가설을 세우기로 하고, 맨 먼저 정신에 대한 〈신체의 영향〉에 대해 생각해 봅시다.

반사

신체는 반사, 즉 특정한 자극에 따라 반응을 일으킬 때가 있습니다.

A. 반사 가운데 어떤 것은 〈선천적인 반사〉〈정상적인 모든 사람에게 공통되는 반사〉입니다.

---

*5 신체를 통해 인식되는 세계

〈예〉 소화액 분비, 무릎을 쳤을 때의 다리의 움직임.

반응과 자극의 관계를 조사해 보면 〈자극은 무한하게 많은 데 비해 반응은 그 수가 한정되어 있음〉을 알 수 있습니다. 이를테면, 침샘은 그 음식이 무엇이든 언제나 침을 분비하는데, 마치 무한하고 다양한 음식 중에서 음식의 일반적인 성질을 구별할 줄 아는 것 같습니다. 다른 반사는 더욱 주목할 가치가 있습니다. 침샘은 음식을 보기만 해도 침을 분비하지만, 그 음식의 겉모양(색과 모양의 변화)이 결코 같은 것은 아닙니다.

따라서 〈우리는 반응에 따라 자극을 일반화하는 것〉입니다. 만약 각각의 자극에 대해 각각 다른 반응이 대응한다면, 각각의 반응은 일생에 오직 한번밖에 일어나지 않게 되어, 우리는 살아갈 수 없게 되고 맙니다. 신체는 어떠한 사고보다도 먼저 세계를 분류해 버립니다.〉 (예. 병아리는 알에서 부화하면, 부리로 쪼아서 먹을 것과 그렇지 않은 것으로 분류합니다.)

따라서 〈우리가 신체를 입고 있다는 그 사실만으로, 세계는 신체에 있어서 조리 정연한 것이 되고, 세계가 신체 반응에 따라 정리되는 것입니다.〉

그러나 선천적인 반사만 하는 것은 아닙니다. 만약 그렇다면 반사에 대한 고찰은 한정되어 심리학에 집어넣을 수 없게 됩니다.

B. 〈후천적인 반사〉 또는 〈조건반사〉도 있습니다.

〈예〉

(a) 파블로프*6의 실험. 그가 개에게 고깃덩이를 보여 주자 개는 당연히 침을 흘렸습니다. 되풀이하여 고기와 함께 붉은 원반을 보여 주자, 개는 계속 침을 흘렸고, 마지막에는 붉은 원반만 보여 주었습니다. 이때도 개는 침을 흘린다는 것을 파블로프는 입증했습니다. 이 실험은 〈어떤 특정한 반응은 동시성을 이용하여 다른 어떠한 자극과도 결부할 수 있다〉는 점을 보여 줍니다. 동물 조련은, 관념의 연합을 이용하여 동물에게 후천적인 반사가 일어나도록 하는 것입니다.

(b) 자주 경험하는 일인데, 이를테면 어떤 장소에서 고통을 느낀 적이 있으면, 그 장소에 갈 때마다 그 고통이 다시 되살아나는 일이 흔히 있습니다.

(c) 후천적인 반사의 다른 예. 나무 의자나 벨벳을 씌운 안락의자는 우리에

---

*6 1849~1936. 러시아의 생리학자. 조건반사 현상 발견.

게 똑같은 반사를 불러일으킵니다. 즉 앉을 준비를 하는 것입니다. 나무 의자보다 벨벳 의자가, 같은 벨벳 테이블보가 씌워진 테이블과 훨씬 더 비슷해도 사정은 마찬가집니다. 판단하는 것은 눈이 아닙니다.

그것이 아무리 지각하기 어려운 것이라도, 〈우리가 보는 대상은 모두 우리에게 어떤 운동을 연상시킵니다.〉 (의자는 앉는 것, 계단은 올라가는 것, 등등)

〈그러므로 우리의 신체와 관련이 있는 것은 전체이지 세부가 아닙니다.〉 (계단은 나무로 되어 있든 돌로 되어 있든, 카펫이 깔려 있든 없든, 무엇보다 계단이라는 관념을 불러일으킵니다.) 이 명제는 〈형태론〉이라고 하며 매우 중요합니다. 이에 대해 독일의 심리학자가 재미있는 실험을 했는데, 거기서 우리는 〈신체는 관계를 인식하는〉 것이지 사물을 개별적으로 인식하는 것이 아니라는 결론을 내릴 수 있습니다. 그런데 관계를 느낀다고 말할 때와 전체를 느낀다고 말할 때, 우리는 서로 비슷비슷한 관념을 표현하고 있는 것입니다. 일례로 누군가가 테이블을 계속해서 몇 번 두드리면, 두드리는 횟수를 헤아리지 않고도 우리는 똑같이 테이블을 두드릴 수 있습니다.

이상의 모든 상황에서 사고는 아무런 관련이 없습니다. 관계를 파악하는 것은 신체입니다.

〈반사에 관한 지금까지의 고찰을 토대로 내리는 결론〉

선천적인 반사와 후천적인 반사는 모두 세계를 분류하는 것이다.
신체는 〈전체〉와 〈관계〉를 느끼는 것이다.
〈우리는 이미 정리된 우주 속에서 사고를 낳는다.〉
(베르그송 참조. '일반성이라는 관념은 원래 우리가 상황의 다양성 속에서 동일한 태도를 취하는 것에 대한 자기의식이다.')

이제 〈인간생활 속에서 반사가 차지하는 영역〉을 밝혀야 합니다. 반사가 인간생활에서 커다란 역할을 하는 것은 분명합니다. 교육은 대부분 아이들에게 조건반사를 가르치는 것으로 성립되어 있습니다. 그렇다면 우리가 자기 안에 지닌 도덕관념은 모두 단순한 조건반사(보상이나 처벌의 관념)가 아닐까 하는 의문이 생길 수도 있습니다.

여기서 〈우리의 고찰 전체에 대한 대략적인 계획〉을 살펴보기로 합니다.

         (1) 행동에서의 ⎫
1. (2) 감정에서의 ⎬ ⟨신체의 관여⟩
         (3) 사고에서의 ⎭

         (1) 사고에서의 ⎫
2. (2) 감정에서의 ⎬ ⟨정신의 관여⟩
         (3) 행동에서의 ⎭

모든 것을 신체로 설명할 수 있는지, 모든 것을 정신으로 설명할 수 있는지 또는 그 둘을 함께 개입시켜야 하는지에 대해 생각해 봅시다. 이 문제는 말하자면 근본적인 것으로, 그것은 윤리, 즉 우리의 생활을 지배하고 방향을 정하는 것이 다음 세 가지 경우에 각각 다른 형태로 생각되기 때문입니다.

⟨유물론자⟩에게 윤리는 단순히 경찰 역할을 하는 것에 지나지 않습니다.

⟨관념론자⟩에게 윤리는 항상 원칙에 머물러 있어서 가치가 없습니다.

⟨이원론자⟩에게 윤리는 물질을 정신 지배 아래 두려 함으로써 성립됩니다.

본능

생물체 안에서 관찰할 수 있는 반응 중에는, 반사라는 매우 단순한 것(이미 고찰했다)과, 본능이라는 더욱 복잡한 것이 있습니다. 여기서 문제는 본능 안에 반사 안에 있는 것과는 다른 무언가가 실제로 존재하는가 하는 것입니다. 이 의문은 우리를 본능론 전체의 전개로 이끕니다.

⟨다윈(19세기의 영국 학자)의 본능에 대한 이론⟩ ⟨진화⟩에 대해 맨 처음 얘기한 사람은 라마르크*7인데, 진화론은 다윈의 학설로 되어 있습니다. 이 학설은 몇 가지 논쟁을 불러일으켰는데(금방 인정 받지 못한 것은 종교적 이유에서입니다), 19세기 중반의 진화론자*8와 결정론자*9의 대논쟁*10에서는 진화론자가

---

*7 1744~1829. 프랑스의 생물학자.

*8 라마르크와 조프루아 생틸레르(1772~1844. 프랑스의 생물학자).

*9 퀴비에(1769~1832. 프랑스의 생물학자).

*10 1830년, 생물의 분류를 둘러싸고 파리 아카데미를 무대로 조프루아 생틸레르와 퀴비에 사

승리를 거두었습니다. 그렇다면 진화에서는 무엇이 그 원동력이 되었을까요? 라마르크는 본질적인 것을 두 가지로 듭니다.

  (a) 〈환경에 순응하고자 하는 힘〉

  (b) 〈조상을 통해 획득한 특질의 유전〉

  (a) 환경에 순응하고자 하는 힘은 생존 본능에 뿌리내리고 있습니다. 즉 기본적인 본능의 하나가 원인으로 정의되어 있는 것이지요. 그렇다고 해도 본능 그 자체는 어떻게 설명하면 좋을까요?

  본능은 기계 따위와는 다른 것일까요? 라마르크는 그렇다고 했습니다. 본능이 기계 같은 것이라면, 동물은 언젠가 멸망해 버릴 것이라는 게 그 이유입니다. 우리로서는 본능은 의식적인 사고에 뿌리내리고 있는 것이 아님을 인정해야 합니다. 여기서 곤충에 대한 파브르의 연구를 생각해 봅시다. 이를테면 땅벌은 침으로 직시류(直翅類)*11의 신경중추를 찌르는데, 이 행위는 땅벌이 알 리 없는 많은 지식을 전제로 이루어지는 것이 명백합니다.

  (b) 유전에 따라 이렇게 행동한다거나, 땅벌의 조상들이 많은 경험을 쌓은 끝에 직시류의 신경중추를 찌를 수 있게 되었다고 할 수도 있습니다. 그러나 그것만으로는 과학적 이론이 되지 못합니다. 이를테면, 저명한 수학자의 아들이 반드시 수학에 뛰어난 것은 아니기 때문입니다.

  따라서 원칙 (a) 에서는 진화에 대해 생각할 때의 방법이 문제가 되고, 원칙 (b) 에서는 사실이 문제가 됩니다.

  각각 다른 이유에서 〈양쪽 다 거의 과학적이지 않습니다.〉

〈베르그송의 진화에 대한 이론〉

  베르그송은 기계론자인가 목적론자인가에 따라 생명을 보는 견해에 두 가지가 있다고 했습니다. 그러나 그에 따르면, 그 어느 쪽도 생명을 내부가 아니라 외부에서 본다는 이유로 만족할 만한 것이 못 됩니다. 베르그송은 그것을《창

  이에 격렬한 논쟁이 벌어졌다. 그때부터 퀴비에와 진화론자는 종종 대립했다.

*11 원문에서는 larve(유충)로 되어 있지만 오기일 것이다. 땅벌은 메뚜기, 귀뚜라미 같은 직시류를 침으로 찔러 죽인 뒤, 땅속에 있는 자기 집으로 끌고 가 그 몸에다 알을 낳는다. 부화한 땅벌 유충은 그 먹잇감을 먹고 자란다.

조적 진화》속 생명의 비약(엘랑비탈)에 관한 대목에서), 손으로 그린 곡선 AB와 줄밥 위에 찍은 손자국을 비교하여 설명했지만, 어느 경우에도 기계론자와 목적론자는 사물을 내부에서 보지 않는 셈이 됩니다. 생명에 대해서도 마찬가집니다. 생명을 내부에서 보면 '운동'과 '생명의 비약'이 발견되고, 〈거기서 본능의 완성으로 나아갑니다.〉다윈은 열렬한 합리주의자였기 때문에 다른 것을 추구했습니다.

환경에 적응하지 못하는 동물은 금방 죽어 버립니다. 죽은 동물은 이미 동물이 아니지요—그래서 다윈은 〈적응성은 동물의 일부〉라고 생각했습니다. 그렇다면, 남는 것은 어떻게 하면 올바르게 적응할 수 있는가 하는 문제뿐입니다.

〈적응하지 않는 생물은 도태된다〉는 기본개념(고대의 철학자 가운데서도 이미 찾아볼 수 있는 것)은 합리주의적인 사고 방법의 단서를 이루는 것입니다. 그러나 다윈은 더욱 다른 것, 즉 생존경쟁이라는 개념(적응의 정도는 다른 동물의 적응 정도에 좌우된다)을 개입시켰습니다—그리하여 생존경쟁 덕분에, 도태되는 것에는 적응하지 않는 것뿐만 아니라 적응이 나쁜 것도 포함된 것입니다. 가장 적응성이 높은 동물에게는 새끼가 생기고, 그 중에서 살아남은 새끼가 가장 적응성이 높으며 다른 동물에게도 더욱 잘 적응합니다. 즉 거기에는 진보의 방향을 따라가지 않는 것은 모두 냉엄하게 도태되는 데서 유래하는, 오직 명백하고 기계적인 진행이 있다는 것입니다. 당연히 도태되는 생물의 비율은 상당이 높아지고, 따라서 살아남는 생물의 적응 완성도도 높아집니다. 본능을 지닌, 특히 완성된 본능을 지닌 생물만이 살아남게 되는 것입니다.

따라서 진화에 대해 생각할 때는,

(1) 자연발생적 변이

(2) 살기 위한 투쟁

(3) 자연도태

이 세 가지 개념이 필요합니다.

본능에 대한 고찰에서는 〈구조와 본능 사이의 관계〉를 고려해야 합니다. "어디서 구조가 끝나고 어디서 본능이 시작되는지는 말할 수 없다."(베르그송)

〈예〉자기 껍질을 깨는 병아리, 자기 둥지를 만드는 새. 본능과 구조를 구별하기 어려운 것이 종종 있습니다. 먹이를 소화하는 것과 둥지를 짓는 것 사이에는, 〈새의 경우, 순수하게 구조적인 기능과 본능 사이에 일련의 중간적 사실이 있고, 그 어디에도 명확한 경계선은 없습니다.〉

이를테면 새가 나는 것은 구조의 기능에 따른 것일까요, 아니면 본능에 따른 것일까요?

마찬가지로 말이 귀를 떠는 것과 질주하여 달아나는 것 사이에는 정도의 차이가 있을 뿐입니다. 그런데 말이 위험 앞에서 달아나는 것은 본능에 따른 것으로 볼 수 있고, 다만 귀를 떠는 것뿐이라면 기관의 구조에 따른 것입니다.

"본능은 자기가 쓰고자 하는 수단을 구조화하거나, 구조가 기관을 결정한 본능 속까지 비집고 들어가 버린다고, 원하는 대로 말할 수 있다."(베르그송)

(베르그송의 태도. 그는 오히려 전자의 표현을 택할 것입니다. 그에게 구조와 본능은 생명의 비약을 표출하는 것이지만, 본능이 운동인 데 비해 구조는 하나의 사물이기 때문입니다.)

본능은 어느 하나의 대상에 대한 지식인 것처럼 보일 수가 있습니다(땅벌에게 직시류의 신경중추, 꿀벌의 육각형 벌집). 그러나 지식이 본질적으로 보편적인 것인 이상 본능은 지식이 아닙니다.

요컨대 〈'다위니즘'의 본질은 본능을 구조로, 구조를 외적 환경의 직접적 내지 간접적인 영향으로 환원하려는 데 있습니다.〉 직접적인 영향은 자연발생적인 변이를 통해 구성되고, 간접적인 영향은 자연환경에 따라 대략적으로, 생존 환경에 따라 교묘하게 이루어지는 자연도태를 통해 구성됩니다.

다윈이 이룩한 것은 데카르트가 다른 분야에서 이룩한 일과 비슷합니다. 즉 다윈은 동물 속에 숨겨진 힘을 배제해 버린 것입니다. 인간이 의식적으로 선택하는 것에 비해 자연은 맹목적으로 선택한다고 생각했습니다. 어떠한 해결법을 선택해야 할까요? 이 단계에서는 우리도 〈본능은 반사로 환원할 수 있다〉고 생각해 봅시다.

그래서 다음에는, 계획한 대로 먼저 인간생활에서 반사와 본능(즉 신체)이 차지하는 위치에 대해 살펴 보기로 합시다.

행위에서의 신체 역할

〈조건반사는 우리의 생활 속에서 커다란 역할을 하고 있습니다(습관, 가족의 관습, 제품의 상표 같은 극히 사소한 것까지).〉 따라서 거짓말에 대한 그와 같은 본질적 〈도덕관념〉은 반사 때문에 생겨나는 것이 아닌가 하는 의문이 제기될 수도 있습니다. 말 한 마디 한 마디가 사람들 각자에게 하나의 조건반사입니다.

〈노동〉은 조건반사 위에 성립되어 있습니다. 미장이가 마무리가 안 된 벽이 마음에 걸리고, 피아니스트가 피아노에 이끌리는 것이 그것입니다. 한편, 사회에는 조건반사를 일으킬 수 있는 수단이 얼마든지 있습니다. 노트·좌석·장식품 등.

〈요컨대 외부에서 보는 한, 이러이러한 행위는 반사에 따른 것이 아니라고 단언하기란 불가능합니다.〉

〈모방의 본능〉도 인간 행동의 중요한 요인입니다.

감정에서의 신체(반사와 본능) 역할

1 감정의 생성과 재생의 메커니즘

A 〈자식이 부모를 생각하는 본능과 어머니가 자식을 생각하는 본능〉

어머니와 자식 사이에는 탄생 이전과 유년기, 나아가서는 일생을 통해 매우 강한 연대감이 있습니다.

처음에는 본능, 이어서 조건반사(자식과 마찬가지로 어머니 쪽에서도)라고 할 수 있겠지요. 처음에는 수유, 포유의 욕구 같은 생리적인 것입니다. 가족의 유대는 모성애를 통해 맺어집니다.

〈따라서 가족의 유대는 조건반사로 쉽게 설명할 수 있습니다.〉

B 〈성적 본능〉

이것은 더욱 복잡한데, 프로이트가 이 문제에 대해 연구했습니다.

(a) 〈성적 본능 일반〉

사춘기에 일어나는 정신면의 변화(바이런의 《돈 후안》*12 참조)는 당연히 생리적 변화와 관련이 있음을 보여 줍니다. 사춘기는 애정·우정·공감 등 모든 감정을 품을 수 있는 능력이 나타나는 시기입니다. 이 시기에 가족에 대한 감정이 변화하여, 때로는 격렬한 반동(증오)이 일어날 수도 있습니다. 그것을 극복하여 위기를 한 번 넘기면 가족의 유대는 다시 튼튼해지지만, 그렇지 않으면 단절이 생깁니다.

'위기'는 노년기에도 찾아옵니다. 관대함은 청춘기에 형성되어 노년기에 사라지기 때문입니다.

〈따라서 감정과 생리학적 사실 사이에는 연관이 있습니다.〉 —동물의 생명력은 유년기에는 자기의 조직 형성에 주어지고, 조직이 형성되면 이번에는 종(種)의 형성에 주어진다고 할 수 있습니다. 그건 인간에 대해서도 마찬가지입니다. 다만 사춘기의 생명력이 어떻게 배분되는가 하는 문제가 남습니다. 프로이트가 연구한 것은 바로 이 문제였습니다. 그는 과연 결론에 도달했을까요? 어쨌든 〈인생의 그때그때 일어나는 생리적 변화가 특별히 감정을 통해 나타나는 것은 확실합니다.〉

(b) 〈더욱 개별적인 생각에서〉

그러나 이러한 모든 것은 너무나 일반적입니다. 생리학적 사실에 대한 고찰에 머무는 한, 이를테면 어떤 젊은이가 어떤 처녀를 사랑하는 것은 무엇 때문인지 설명하려면 〈조건반사의 도움을 빌려야 합니다.〉 '우리는 어른이 되기 전에는 아이였다'고 말한 데카르트는 이렇게 생각했습니다. 증오를 어린 시절 먹기 싫은 것을 먹었을 때의 생리상태의 재현으로, 불안을 탄생한 아이의 상태 재현으로 보는 한편, 안도감을 주는 모든 것은 태내에 있었을 때의 이상적인 상태와 비슷하다고 했습니다. 인간생활은 단계를 좇아 자기의 어린 시절을 재현해 가는 것입니다. 데카르트에 따르면, 누군가가 사랑할 때는 어머니의 품에 안겼던 순간과 같은 생리적 상태에 있는 거라고 합니다. 그렇다면 왜 이러한 생리적 상태가 재현되는 것일까요? 최초의 쾌락은 젖을 빠는 쾌락입니다. 따라서 아이는 어머니를 보기만 해도 쾌락을 느끼게 됩니다. 조

---

*12 바이런의 《돈 후안 Don Juan 》. 1821~24년에 걸쳐 출판된 바이런의 미완의 장편시. 에스파냐 청년 돈 후안의 국외 도망과 여행 이야기로, 작자의 과거 생활체험을 바탕으로 사회풍자를 시도한 작품이다.

건반사에 따라, 사람이 자기 어머니, 즉 하나의 생리적 상태를 연상시키는 인물을 발견하면 그는 사랑을 하게 됩니다. 그때의 생리적 상태와 상대의 성별에 따라서, 그것은 좁은 의미에서의 애정일 때도 있고 우정일 때도 있는 것입니다.

이를테면 페드르의 사랑도 반사로 설명할 수 있습니다. 페드르가 남편과 전처 사이의 아들인 이폴리트를 사랑하는 것은 이폴리트가 남편 테세우스를 연상시키기 때문이며, 이폴리트를 증오하는 것은 간통이라는 말이 반사에 따라 그녀에게 혐오감을 불러일으키기 때문입니다. 이 두 가지의 반사는 서로 모순되기 때문에 그녀는 출구가 없는 상황에 놓여 죽음으로밖에 해결할 수 없게 됩니다.

스탕달도 비슷한 현상의 실례를 제공해 주었습니다(교회에서 발견한 젊은이를, 소문으로 들었던 에두아르일 거라고 믿어 버리는 처녀. 진짜 에두아르가 도착했을 때, 그녀는 이미 에두아르와 결혼할 마음이 없습니다).[13] 결정(結晶)작용이라는 현상이 그렇습니다.

"사랑하는 사람한테서 완벽을 찾아내려면 그것에 대해 생각하는 것만으로 충분하다."

스피노자는 이렇게 썼습니다.

"기쁨은 더욱 큰 완벽으로 이행하는 감정이고, 슬픔은 더욱 작은 완벽으로 이행하는 감정이다."

"어떠한 사물이든 〈우연에서〉 기쁨의 원인도, 슬픔의 원인도, 또 욕망의 원인도 될 수 있다."

"마음이 동시에 두 가지 감정에 흔들리는 것을 경험하면, 언제나 나중에 그 두 가지 감정 가운데 한쪽을 느낄 때마다 다른 쪽도 느끼게 된다……. 마음이 기쁘거나 슬플 때 우연히 마음에 나타나는 모든 것은, 나중에 우연에서 기쁨과 슬픔의 원인이 된다."

따라서 어떤 사물이 우리에게 기쁨과 슬픔을 느끼게 하는 다른 사물과 비슷하다는 사실만으로, 그 사물도 우리에게 기쁨과 슬픔을 느끼게 합니다.

---

*13 스탕달 《연애론》 제10장에 나오는, 연애의 결정작용의 예이다.

2 이제 <감정의 본성 자체>에 대해 살펴볼 차례입니다.

격렬한 감동은 모두 신체 현상을 수반합니다(혼절, 눈물). 이러한 신체의 표시는 정신적인 감동의 나타남이라고도 할 수 있고, 신체의 표시 자체가 감정을 구성한다고도 할 수 있습니다. 〈윌리엄 제임스*[14]의 정식(定式)〉 '사람은 공포를 느끼기 때문에 달아나는 것이 아니다. 달아나기 때문에 공포를 느끼는 것이다.'
이에 대해 예를 들면서 생각해 봅시다.

(a) 이제 막 자전거를 배운 사람은 장애물이 무서워서 그것을 피하는 것밖에 생각하지 않습니다. 하지만 바로 그것밖에 생각하지 않기 때문에, 그 손은 곧장 장애물이 있는 방향으로 핸들을 돌리고 맙니다. 이 현상의 본질적인 성격은, 자전거를 탄 사람이 그 욕망에 대한 자기의 신체 저항을 결국 대상의 내부까지 끌고 가 버리는 데 있습니다. 이와 같이 피험자의 신체 속에서만 일어나는 사항을 대상 속에까지 전이해 버리는 것을 〈상상〉이라 부르기로 합시다.

(b) 현기증—신체가 낙하를 흉내내어, 현기증이 낙하시키는 건지도 모릅니다. 강물의 여신(님프)과 물의 요정(나이아스)은 위험을 의인화한 것으로, 바로 〈숙명을 대상 자체 속에 전이시킨 것〉입니다. 대상 자체는 당신에게 무관심해도, 당신은 대상에 무관심할 수가 없습니다. 그 결과, 당신은 대상 쪽에서도 당신에게 무관심할 수 없을 거라고 생각해 버립니다.

(c) 위험(소 떼와 마주쳤을 때)

결론적으로 〈유물론적 관점에서의 감정생활에 관한 이론은 일관성을 보여 준다〉고 할 수 있겠지요. 모순된 점은 찾아볼 수 없습니다. 이 이론의 바탕을 이루는 것은 다음과 같은 생각입니다.

〈감정의 소재가 되는 것은 신체 운동에 따라 구성되고(윌리엄 제임스), 감정을 구성하는 신체 운동은 모두 본능, 자연반사, 조건반사 또는 그러한 요인의 조합으로 이루어져 있다(데카르트·스피노자·프로이트).〉

여기에 덧붙여야 할 것은, 우리가 대상에서 감정으로 또는 반대로 감정에서 대상으로 이행할 수 있는 것은 〈언어 덕분〉이라는 점, 그리고 우리가 공상에만 빠지지 않도록 제지해 주는 것은 〈기호〉라는 점입니다.

---

*14 1842~1910. 미국의 심리학자, 철학자. 프래그머티즘의 대표자 가운데 한 사람.

사고에서의 신체의 역할

사고 위에 기록된 신체의 흔적을 구성하는 것으로서 두 가지 현상이 있습니다. 〈상상〉과 〈습관〉(=기억, 사고와 결부되었을 때)이 그것입니다.

여기서 잘 살펴보면, 유물론자로서 성실하려고 하면 할수록 결국은 유물론자들과 맞설 수밖에 없게 됩니다. 따라서 유물론과 유심론은 상관관계에 있다고 할 수 있습니다. 우리는 물질에 대해 생각하는 것에서 정신을 발견하게 될 것입니다.

신체가 사고에 가장 먼저 제공하는 것은 〈감각된 외견〉입니다. 그러므로 먼저 그것에 대해 생각해 봅시다.

감관—감각

시각
〈시각이 우리에게 하나의 대상(의자)에 관해 무엇을 가르쳐 주는가에 대한 탐구의 최초 시도〉

(a) 의자와 배경 사이의, 또 등받이와 시트와 다리 사이의 구별.

(b) 등받이—갈색, 칙칙한 대리석 무늬, 선명한 얼룩.

(c) 시트—등받이와 비슷하다.

(d) 다리—같은 것이 네 개, 모양, 길이, 더욱 검은 색조.

〈논의〉

(a) 우리의 눈이 구별하는 것은 아니다.

(b) 눈은 이러이러한 선명한 얼룩이 어디에 있는지 알까요? 눈은 적어도 얼룩이 우리 앞쪽에 있다는 것을 압니까? 아닙니다, 모릅니다. 우리의 눈은 뒤를 모르고, 따라서 앞도 모릅니다. 시각에서 거리는 존재하지 않습니다. 눈은 대상을 내 것으로 할 수가 없습니다(시각은 볼 수 있는 감관이고 촉각은 소유하는 감관입니다. 나르시스에 대한 발레리의 시*15 또는 장난감을 더 많이 차지하려다가 부수고 마는 아이 참조). 거리를 배제하는 것은 우리의 우주를 완전히 파괴해

---

*15 나르시스에 대한 발레리의 시—시집 《매혹》에 수록된 〈나르시스 단장(斷章)〉을 가리킴.

버리는 행위입니다. 그렇게 되면 모든 색채는 같은 평면상에 있게 될까요? 그림이나 거울과의 유추에서 그렇게 생각하고 싶기도 하지만, 그 평면은 과연 어디에 있을까요? 우리 앞쪽일까요, 뒤쪽일까요? 아니면 우리와 함께 이동하는 것일까요? 그 평면 바로 앞에는 또 맞은쪽에는 무엇이 있을까요? 그런데 앞쪽이나 맞은쪽의 관념 없이 평면을 떠올릴 수 있나요? 그럴 수는 없습니다. 평면에 대한 관념은 세 개 차원을 가진 공간의 절단이라는 관념, 그 평면을 통한 공간의 2분할, 평면 및 그것과 평행하는 평면상에서 서로 대응하는 각 점 사이의 거리의 균등 등을 포함하고 있습니다. 따라서 색채는 어딘가의 평면에 있는 것이 아닙니다. 시각에서 공간은 존재하지 않습니다.

(c) 〈시각이 대상의 형태를 취할 수 있을까요?〉 〈그렇지 않습니다.〉 운동에 대한 관념 없이 형태에 대한 관념을 취하기란 불가능합니다. 직선 또는 곡선은 더듬어 갈 수 있는 무엇(눈과 손가락과 연필의 운동)입니다. 그러나 운동은 눈에 속하는 것이 아닙니다.

(d) 그렇다면 〈색채〉밖에 남지 않는 것일까요? 그러나 우리가 지금 보고 있는 색채에 하나의 이름을 부여하기란 불가능합니다. 색이 있는 점(点)은 각각 다른 어떤 것도 닮지 않은 고유의 색채를 지닌 것이 아닐까요? 그것은 시간에서 각각의 색채 사이에는 많든 적든 차이가 있기 때문입니다. 그런데 차이에 정도가 있다는 것은, 우리가 조합해야 하는 색채의 계(系)가 전제되어 있으며, 그 색채의 계를 우리는 구체적으로 구성할 수 있는 계를 이용하여 상상 속에 구성하고 있는 데 지나지 않습니다. 〈계가 있는 한, 거기에는 정신 활동이 있습니다.〉 우리는 각 항을 이웃 항과 구별하기 어렵도록 배열함으로써 색채의 계(파랑에서 보라를 거쳐 빨강에 이르는)를 구성할 수 있습니다. 따라서 오직 시각에만 의지해서는, 색채의 계에 대해서도, 많든 적든 색채의 차이에 대해서도, 말할 수가 없습니다. 두 가지의 색채가 구별되어 나타나는 순간, 그 구별은 절대적인 것이 되어 버립니다. 두 가지 색채 사이에 계가 정립되는 일은 없습니다. 색은 〈양〉*16과 결부됨으로써만 계열을 부여할 수 있기 때문입니다. 그런데 시각에만 의지하면 양을 얻을 수가 없습니다. 분명하게 말하면 질에는 차이가 없다는 것입니다. 질의 차이는 본성의 차이이지 정도의 차이가 아닙니다. 질의 계

---

*16 파랑의 비율 감소.

는 항상 이른바 질의 생성 조건에 근거를 두고 있습니다(베르그송의 《의식의 직접 여건에 관한 시론(試論)》 참조). 그런데 하나의 질이 생성되는 조건은 〈겉으로 보는 질〉과는 아무 관계도 없습니다.

색이 있는 점(点)은 각각 다른 어떤 색채와도 닮지 않은 그 점 고유의 색채를 지니고, 색이 있는 각각의 점은 매순간마다 완전히 변형해 갑니다. 즉 〈공간과 시간 속에는 절대적인 다양성〉이 있고, 〈시간은 우리에게 한없이 다양하게 변화하는 전체를 보여 주는〉 것입니다. 시간은 어느 한정된 시간 안에서는, 그것이 보여 주고 있는 이질적인 것으로 구성된 전체에 대해, 우리에게 정확한 것은 아무것도 가르쳐 주지 않습니다. 그러므로 시간이 멎는다면 우리는 그것에 대해 아무것도 말할 수 없습니다. 그런데 시간은 멈추지 않습니다. 시간이 가져다 주는 색채 전체를 우리가 의식하는 순간 그 전체는 완전히 자취를 감추고, 그것과는 아무런 공통점도 없는 다른 전체가 대신하며, 또 그것도 곧 사라져 버립니다. 〈결론적으로 시간은 그 자체로는 우리에게 아무것도 제공해 주지 않습니다.〉

촉각(수동적, 즉 운동을 수반하지 않는다)
이것에 대해서도 마찬가지로 분석할 수 있습니다.

촉각은 우리에게 거리도 형태도 제공해 주지 않습니다. 시간과 마찬가지로 수동적 촉각에서도 공간은 존재하지 않습니다. 수동적 촉각이 우리에게 제공하는 감각(딱딱하다, 부드럽다, 거칠다, 뜨겁다, 차갑다 등)은 색채 전체와 마찬가지로, 서로 긴밀하게 뒤섞인 이질적인 것으로 구성된 전체를 형성할 뿐입니다.

수동적 촉각은 대상이 있는 곳은 보여 주지 않아도, 적어도 감각하는 신체가 있는 곳은 보여 줄까요? 그것은 수족을 절단당한 사람의 착각이라고 할 수 있습니다. 어딘지도 모르면서 아픔을 느낄 때를 생각해 보십시오. 아픔 자체는 그것이 어디서 오는지 우리에게 가르쳐 주지 않습니다(충치가 아니라 그 옆의 건강한 이에서 아픔을 느낄 때). 아픈 곳을 확인하려면 신체의 몇몇 부분을 차례차례 움직여 보거나 만져보아야 합니다. 아픔은 그 자체로 하나의 순수한 성질이며, 어떠한 장소와도 결부되지 않는 하나의 정신상태입니다.

〈따라서 촉각이, 질적으로 다른 몇 가지 감각을 우리에게 제공한다 해도, 그러한 감각은 시각과 마찬가지로 장소를 수반하지 않는 감각입니다.〉

청각

우리는 소리를 그 원인 속에서 파악하지는 않습니다. 소리는 색채와 마찬가지로, 어디에도 위치가 부여되지 않으며, 청각기관의 대상에 지나지 않습니다. 우리의 귀는 소리가 어디서 오는지 가르쳐 줄 수 없습니다. 귀는 소리가 원인이 있는 것인지조차 모르기 때문입니다.

후각과 미각

이것에 대해서도 같은 분석이 가능합니다.

감관에 대한 결론

이상에서 알 수 있듯이, 어떤 기관도 그것과 다른 감관이 있을 수 있다는 점을 가르쳐 주지 않습니다. 어떤 기관도 그것이 제공하는 감각과 다른 감관이 제공하는 감각 사이의 관계에 대해 가르쳐 주지 않습니다. 이러한 감관은 수동적으로만 작용하기 때문에, 시각은 눈에 대해서 아무것도 가르쳐 주지 않고, 청각도 귀에 대해서 아무것도 가르쳐 주지 않습니다.

운동과 상관없이 이루어지는 감관의 작용에 대해 우리가 말할 수 있는 것은, 〈우리는 무한하게 다양한 감각을 갖추고 있지만, 그러한 감각은 우리에게 아무것도 가르쳐 주지 않는다〉는 것입니다.

{운동의 감관}

운동은 우리에게 언제나 촉각의 질서에 대한 감각, 전신 감각, 고통의 감각 등을 얻게 해 줍니다. 이러한 감각은 하나의 변화를 포함하고 있는데, 변화는 질적인 것이고 운동은 양적인 것입니다. 여기서 문제는, 우리가 어떻게 질적 변화에서, 공간 속에서 전개되는 양적 운동으로 이행하느냐를 아는 것입니다.

〈운동 속에서 지각되는 감성적인 변화는 아직 우리에게 공간을 제공해 주지 않습니다.〉 이를테면 고통 속에는 어떤 공간도 존재하지 않습니다. 우리의 고통은 사고처럼 세계와 그 크기가 같습니다(아름다운 풍경을 보아도 극심한 고통을 느낄 때는 그것에 매료될 수가 없습니다. 고통은 우리의 세계 전체에 침입합니다. 그러나 이가 아픈 때, 고통이 이에 한정되어 있으면 책을 읽거나 풍경에 매료

될 수는 있겠지요). 따라서 운동으로 초래되는 고통이 반드시 더욱 국소적인 것은 아닙니다. 접촉은 공간을 제공해 주지 않습니다. 〈공간을 내포하지 않는 감각도 변화한다는 사실이 우리에게 공간을 제공해 주는 일은 없습니다.〉

신경분포설

우리는 신경충동이 운동신경에 전달되는 것을 느낄 때가 있습니다. 신경충동이라는 감각은 근육에 힘을 주려고 할 때의 감각이라고 할 수 있습니다.

〈경험〉 우리는 힘을 주지 않고 그 느낌만을 자기에게 줍니다. 그러나 이때, 힘에 대한 감각을 가져오는 것은 호흡의 정지이고 근육의 긴장입니다. 〈그런데 우리는 힘을 직접 느낄 수 있을까요?〉 우리가 힘을 느끼는 것은, 우리가 힘을 낼 때에 한해서일까요, 아니면 힘에 희생될 때에 한해서일까요? 우리는 단순히 자기가 활동한 결과만을 느끼는 것일까요, 아니면 자기의 활동 자체를 느끼는 것일까요? 습관적으로 청각이 소리의 원인을 소리 그 자체로 간주하는 것처럼, 활동의 결과를 활동 그 자체로 간주하는 것일까요?

〈분명한 사실은 우리는 순수한 활동이라는 것을 결코 느끼지 않으며, 활동을 그 결과로부터 떼어 놓을 수 없다는 것입니다.〉

〈그리고 거의 모든 상황에서 힘을 내고 있다, 노력하고 있다는 느낌은 의지와 반비례합니다.〉 〈여유〉는 언제나 〈의지〉가 정말로 작용하고 있다는 표시입니다. 무언가(예술·스포츠·노동 등)를 할 수 있는 사람은 노력하고 있다는 인상을 주지 않습니다(테니스, 풀을 베는 사람 등). 노력하고 있다는 느낌은 의지가 아직 작용하지 않는다는 표시(고통, 마음의 동요, 거북함……)입니다. 비극에서 〈평정〉은 의지가 최고로 작용할 때 찾아옵니다('친구로 남아주게, 시나여……').[17] 따라서 〈여유는 직업(職業)의 표시인 동시에 영웅적 행위의 표시이기도 합니다. 의지가 순수하면 순수할수록 노력은 적어집니다. 이것은 우리에

─────

＊17 코르네유의 비극 《시나》 마지막 장에서 황제 아우구스투스가 하는 대사. 그 줄거리는 이렇다. 아우구스투스에게 아버지를 잃은 에밀리는 연인 시나에게 결혼을 조건으로 황제의 암살을 의뢰하지만, 음모가 탄로난다. 황제는 분노에 사로잡히지만, 극심한 고뇌 끝에 시나를 용서하고 두 사람의 결혼을 허락한다. 자신의 감정을 극복하는 아우구스투스의 '의지의 비극'으로 불린다.

게 노력은 오히려 밖에서 주어지는 무엇이라고 생각하게 합니다.〉

결론 감각은 언제나 의지가 강하게 작용하고 있다고 느껴질 때조차 밖에서 주어지는 것, 즉 수동적인 것입니다.

윤리적 사정(射程) 자기가 노력하고 있다고 느끼는 착각은 신비적인 윤리와 형식주의를 낳는 원인이 됩니다. 단순하다는 것은 자기 자신이 덕을 행하고 있는데도 그 사실을 알려 하지 않는 태도입니다. 자신의 활동을 느끼고 있다고 믿는 것 자체가 자족하는 것입니다. 아직 실현도 하기 전에 구상하고 있다는 것만으로 자기를 대예술가라고 착각하는 사람들이 그 부류입니다. 어떠한 과실도 능동적이 아니라 수동적일 때 발생합니다. 〈우리는 자신의 행동을 결과를 통해서만 인식합니다.〉

{감각과 시간}

이미 알다시피 〈느낌은 언제나 밖에서 주어집니다.〉 느낀다는 사실은 우리에게 세계에 대해서나 우리 자신에 대해서 아무것도 가르쳐 주지 않습니다. 각 감각은 저마다 별개의 것으로서 직접 우리 앞에 나타나지 않습니다. (라뇨*18의 말 〈감각은 하나의 추상이다〉 참조) 감각을 대상과 결부하기 전에 그 감각을 식별하는 일은 없습니다. 콩디야크*19(영국 경험주의 흐름을 이어받은 유물론 철학자)는 사고는 모두 감각을 토대로 형성된다는 이론을 주장했습니다. 예. 조각상에 먼저 후각을 주고 나서 향기롭고 아름다운 장미꽃을 내밀면, 만약 그 조각상이 말을 할 수 있다면 "나는 장미 향기다"라고 말할 것이 틀림없습니다. 〈느끼는 것에만 자기를 한정하면, 우리는 자기가 느끼는 감각의 모든 총화(總和)가 됩니다.〉

그러므로 감각은 우리에게 공간관념을 가져다 주지는 않습니다. 〈그럼, 시간관념은 제공해 줄까요?〉 하나의 감각은 지속하는 '무엇'이지만, 감각이 우리에게 시간관념을 가져다 줄 수 있으려면, 우리가 과거의 감각에 어떤 의미를 부여해야만 합니다.

그 실례로서 음악과 관련된 추억을 들어 봅시다. 먼저 멜로디를 재현하려 하

*18 1851~94. 프랑스의 철학자, 알랭 등의 스승.
*19 1715~80. 프랑스 철학자.

겠지만, 그러면 감각을 재현할 수 없다는 것을 잘 알 수 있습니다. 그래서 그 감각을 낳은 대상 또는 그 감각이 불러일으킨 인상을 떠올리려고 시도하겠지요.

〈순수한 성질로서 받아들여진 감각(이를테면, 꿈속에서 본 푸른 하늘, 바이올린의 거슬리는 소리)에 대한 추억의 분석〉. 그때 시도해야 하는 것은 (1) 과거의 감각과 비슷한 무언가를 재현하거나 세계 속에서 찾아내는 일, (2) 그 감각이 우리 속에 불러일으킨 반응을 되도록 충실하게 재현하는 일입니다. 〈감각 그 자체에 대해 말하면, 실제로 다시 한 번 느끼는 일만으로 그것에 대해 사고하기란 불가능합니다.〉 즉, 과거에 느낀 감각 또는 미래에 느낄 감각은 결코 아무것도 아니며, 따라서 〈감각은 현재에만 의미가 있으므로, 어떤 시간의 경과도 포함하지 않으며 우리에게 시간의 관념을 제공하지도 않습니다.〉 감각이 일종의 지속을 포함하기 때문에 우리에게 시간관념을 제공하지 않는다고 생각하는 것은 어쩌면 곤란한 일일지도 모릅니다. 그러나 여기서 베르그송의 분석과 그 〈시간과 지속의 구별〉[20]을 떠올릴 필요가 있습니다. 시간이 균질하고 무한정한 것인 데 비해, 지속은 단순한 감각의 질을 나타내는 성격에 지나지 않습니다. 우리가 감각은 지속된다는 인상을 품더라도, 그것은 단순히 각 감각은 고립된 형태로 나타나지 않는다는 의미일 뿐입니다. 즉, 각 감각 사이에 연속성과 융합이 있는 것입니다. 감각이 지속된다는 것은 감각이 시간을 포함한다는 의미가 아닙니다. 반대로 감각을 현재에 한정하는 것은 불가능합니다. 감각은 현재에만 존재한다는 것은, 감각을 다시 시간 속에 위치시키는 일이 됩니다.

감각 일반에 대한 결론

〈감각은 우리에게 아무것도 제공해 주지 않습니다.〉 감각은 〈질료도 공간도 시간도 내포하지 않으며, 감각 그 자체의 외부에 있는 것에 대해 우리에게 아무것도 제공하지 않는, 말하자면 아무것도 아닌 것입니다.〉

〈그래도 우리는 세계를 지각합니다.〉 그것은 우리에게 주어지는 것은 단순히 감각만이 아니라는 얘기입니다. 〈감각은 우리에게 직접 주어지는 유일한 것

---

[20] 베르그송은 등질적, 양적 연속으로서의 시간에 비해, 지속은 의식에 직접 주어지는 진정한 계기(繼起), 즉 끊임없이 서로 침투하며 움직이는, 불가분의 질적 다양성이라고 생각하고, 그것을 생명 자체로 간주했다.

은 아닙니다. 오히려 있는 그대로의 감각은 추상화(抽象化)의 노력, 그것도 엄청난 노력 덕택에 비로소 우리에게 주어지는 것입니다.〉

〈예〉 인상파의 그림, 감각의 분석. 감각은 있는 그대로의 형태로 의식에 직접 주어지는 것은 아닙니다. 그렇지 않다면 감각을 조사하기 위해 우리가 그토록 노력하는 일은 없었을 테고, 인상파 화가들이 마찬가지로 본 대상을 재현하려고 그토록 수고를 거듭하는 일도 없었을 것입니다. 감각이 상상된 사물을 나타내는 것으로서 우리에게 주어질 때가 있다 해도, 그것은 감각과는 아무런 관계도 없고, 단순히 감각과 마주했을 때의 우리의 반응과 관계가 있을 뿐입니다.

지각(知覺)

1 지각에서 상상의 역할
〈상상은 감각을 얼마나 바꿀 수 있을까? 상상과 순수의 겉모습과의 관계〉

(1) 〈상상은 감각을 바꿀 수 있는가, 아니면 감각을 보충할 뿐인가?〉
정상적인 지각에서는 상상이 정상적인 감각을 바꾸지 못하며 보충할 수도 없음이 확실하다고 생각됩니다. 착각에서도 마찬가집니다. 다만 꿈에서는 문제가 복잡합니다. 거기에는 상상(想像)의 감각이 끼어드는 것 같기 때문입니다.
더욱 가까운 데서 생각해 봅시다.
〈예〉 꿈을 연구하는 어느 심리학자가 혁명재판소에 끌려가서 기요틴에 처형당할 뻔하는 꿈을 꾸었습니다. 기요틴(Guillotine)[21]의 차가운 칼날을 느낀 순간 눈을 떴는데, 실은 심리학자의 아내가 그의 목덜미를 두드린 것이었습니다. 이상한 것은 당사자에게는 오랫동안 지속된 것처럼 느껴졌던 꿈은 순간적인 것이었고, 재판소의 광경 자체가 아내가 목덜미를 두드린 뒤에 일어났다는 것입니다.
또 어떤 사람은 꿈속에서 유령이 쇠사슬을 끌고 있는 것을 눈으로 보고 소리로도 들었는데, 깨어나고 보니 그것은 자명종 시계 소리였다고 합니다.

─────────
*21 참수형 기구. 단두대.

〈우리가 밤에 다양한 감각을 얻게 되는 것은 확실합니다.〉청각(큰 힘이 있습니다). 촉각(이불의 무게와 저항, 신체에 걸리는 중력, 심장의 움직임 같은 기관의 작용). 미각(후각과 마찬가지로 오랫동안 지속됩니다). 시각(밤새도록 지속되며, 망막은 언제나 상을 맺습니다).

그런데 〈착각〉의 경우, 문제는 꿈과 착각 사이에 있는 것이 정도의 차이인가, 본성상의 차이인가 하는 것입니다.

다음과 같이 단언하기는 언제라도 가능할 것입니다. 즉 꿈에서 각성으로 이행하면서 우리가 느끼는 감각은 이미 꿈속에서 느꼈던 감각이 아니다, 그리고 각성 상태에서도 착각은 존속한다(이를테면, 각성의 장치를 꾸미고 있는데 유령을 꾸미고 있는 셈이 된다)는 것입니다. 꿈은 지각 전체에 전개되는 착각이라고 할 수 있을지 모릅니다. 꿈은 환각(비현실적인 감각)이 아니라 착각(감각에 보태진 상상)입니다.

따라서 〈모든 감각은 실제로 느껴진 것이고, 상상이 형태를 바꿔 감각이 되는 일은 절대로 없습니다.〉

(2) 〈의식의 바로 전면에는 무엇이 있는가? 상상된 것인가, 아니면 느껴진 것인가?〉

〈우리가 의식하는 것은 자기가 보고 있다고 생각하는 것에 대해서지, 보고 있는 것에 대해서가 아닙니다.〉만지는 것에 대해서가 아니라, 자기가 만지고 있다고 생각하는 것에 대해 의식하는 것입니다. 감각은 스스로 느끼고 있다고 생각하는 것에 대해 의식하기 위한 기회로서 유용할 뿐입니다.

〈예〉흑판에 정육면체 하나를 처음에는 하얀색, 이어서 장미색으로 그린다 해도 차이는 거의 없을 것입니다. 다만 정육면체가 보일 뿐이겠지요.

따라서 동일성을 생각하는 것도, 자기가 보고 있는 것이 아니라 상상하고 있는 것 속에 동일성이 있을 때입니다. 〈대상의 동일성의 원천은 오로지 상상 속에 있습니다.〉

〈상상이 외적 세계에 대해 우리에게 주는 모든 것을 생각해 봅시다.〉

(1) 먼저 〈공간〉입니다.

〈그림으로 그려진 평행육면체의 예〉 실제로 거기에는 하나의 공간이 보입니다. 그 공간을 우리에게 주는 것은 무엇일까요? 이 상상의 정육면체가 실재하는 정육면체를 바탕으로 한 유추를 통해 지각되고 있다고 생각할 수는 있지만, 우리는 실재하는 정육면체는 결코 본 적이 없습니다. 정육면체의 공간은 본질적으로는 대상을 포착하고자 하는 〈행위〉 속에 있습니다. 정육면체의 상상상의 공간은 본질적으로는 〈여러 가지 감각과 나의 관계〉, 〈일종의 행동하고자 하는 의향〉에 따른 관계 속에 있습니다. 그럼 상상의 공간과 현실 속 공간은 어떻게 다를까요? 우리가 그림으로 그려진 정육면체를 보는 견해와 실재하는 정육면체를 보는 견해 사이의 관계만 구한다면, 거기에는 진정한 차이가 아무것도 없음을 알게 될 겁니다. 〈공간의 여러 관계〉는 무엇이든 언제나 〈우리와 감각 사이의 관계〉에 따라 구성되며, 그러한 관계는 감각을 통해 우리 속에 환기되는 〈어떤 종류의 행동에 대한 의향에 의거합니다.〉

거울을 보고 거기에 들어가고 싶어지면, 그것이 거울이라는 사실을 알 때까지는 멈추지 않습니다. 〈모든 공간은, 우리가 실제로 다가갈 수 없는 공간조차, 우리에게 그 공간을 더듬어 보게 합니다.〉 〈건축의 위력〉(대성당, 커다란 계단……), 〈풍경의 위력〉은 이러한 마음의 움직임을 토대로 한 것입니다. 우리는 양쪽이 깎아지른 듯한 골짜기에 내려가면, 설령 골짜기를 돌아다녀 보지 않아도 숨이 막히는 듯한 인상, 평원에 있을 때는 느낄 수 없는 인상을 받습니다. 조금 구석진 곳에 있으면 마음이 안정되는 인상을 느끼는데, 그러한 인상은 다 드러난 들판 한복판에서는 설령 앉아 있다 해도 얻을 수 없는 것입니다. 즉 들판에 있으면 그 들판을 더듬어 보고 싶어지기 때문입니다.

(2) 〈부각(浮刻)〉
공간에 기하학 도형을 만들기 위해 끼는 빨강과 초록색 안경의 현상.[22]

입체경
이 두 가지의 경우, 평면적이어야 하는 것이 부각으로 보이는 것처럼 생각되고—두 개여야 하는 상이 하나밖에 보이지 않는 것처럼 생각됩니다. 이러한 착

---

[22] 빨강과 초록색 렌즈를 통해서 보면 파장의 차이에 따라 빛이 분해되어 스펙트럼을 얻을 수 있다. 그 현상을 말한다.

각은 현실의 지각과 유추함으로써 생기는 거라고 말할 수 있을까요? 사실 우리의 두 눈은 우리에게 두 개의 다른 상을 보여 주지만, 우리가 보는 것은 그 두 개의 상 가운데 어느 쪽도 아닙니다. 〈이중으로 보기 위한 첫 번째 조건은 움직이지 않는 것입니다.〉 두 개의 상은 같은 간격을 두고 차례차례 나타납니다. 상은 각각 달라도, 각각의 상에 대해 우리의 운동이 가져오는 결과는 같습니다. 이렇게 우리의 신체는 두 개의 시상(視像)에 대해 마치 하나의 시상밖에 없는 것처럼 놓여집니다. 〈책을 양쪽 끝을 잡고 드는 경우를 생각해 보십시오. 당연히 두 손이 같은 간격을 두고 차례로 책을 잡게 됩니다. 우리는 그것을 옮김으로써 그 책이 같은 한 권의 책임을 알 수 있습니다.〉 두 눈이 움직이지 않는 한, 대상을 동일한 것으로 생각할 이유는 아무것도 없습니다. 그러나 눈은, 그것이 보고 있는 것을 옮겨봄으로써 대상의 단일성을 이해합니다.

다시 한 번 되풀이하겠습니다. 〈나는 내가 보고 있는 것이 아니라, 내 신체의 반응에 대응하는 것을 보고 있는 것입니다.〉

다른 예를 들어 보지요. 데카르트는 시각을 시각장애자의 지팡이에 비유했습니다. 뇌수 속에, 망막에 비친 상을 보는 난쟁이가 들어 있다고 생각하는 것보다는, 눈을 시각장애자의 지팡이 두 개로 간주하는 편이 나은 것은 확실합니다. (시각장애인은 그 지팡이 두 개를 움직임으로써 앞에 있는 장애물이 하나인지, 아니면 다른 두 개인지를 압니다.)

따라서 외적인 대상이 부각되는 것은 입체경으로 보는 상이 부각되는 것처럼 착각 때문입니다. 그렇다고 각각의 대상에 대해 평면적인 상 두 개가 현실적으로 존재한다고 말해서는 안 됩니다. 상 두 개가 평면적인 것은 망막 속에서만 그럴 뿐, 우리가 그 상을 볼 때는 대상이 가진 현실성은 이미 사라지고 없습니다.

(3) 〈형태〉

〈예〉 천장의 전등에 대해 생각해 봅시다. 우리는 그것을 원형이라고 말합니다. 정확하게는, 원형이라는 지각은 상상의 것이고, 실제로 보는 것은 타원이라고 말해야 합니다.

우리의 망막에는 타원이 비치는 것이 분명하지만, 우리는 결코 망막 위의 타원을 보는 것이 아니고, 뇌수 속에 난쟁이가 있는 것도 아닙니다. 게다가, 우리가 보고 있다고 생각하는 타원은, 우리의 두 눈이 각각 보고 있는 타원의 어느 쪽과도 일치하지 않습니다.

두 번째로, 전등을 타원으로 보기 위해서는 전등을 천장에서 분리하여 보아야만 합니다. 그렇게 하지 않으면, 전등을 단일한 것으로 보지 않게 되어 버립니다. 우리가 눈을 움직이면 상은 배경보다 빨리 움직이는데, 그것이 대상에 단일성을 줍니다.

우리는 차례차례 나타나는 전등의 모든 상 가운데, 다른 것과 비교하여 더욱 현실적이지 않은 하나의 상을 골라냅니다. 따라서 나는 스스로 원을 보고 있다고 생각하지만 사실은 타원을 보고 있는 것입니다. 이에 대해서 타원과 원이 완전한 상관관계에 있기 때문이라고 할 수는 없으며, 타원의 관념을 잃으면 곧 원형관념도 사라진다고 말할 수도 없습니다.

〈대상이 형태를 취하는 것은, 현실적인 형태라 불리는 것에 대한 상상을 통해서일 뿐입니다.〉〈현실적인 형태〉라 부르는 것은 〈대상이 우리의 시야 전체를 차지할 때〉 우리에게 나타나는 형태를 말합니다. 따라서 다음과 같은 의문이 생깁니다. 그러한 선택을 결정하는 이유는 무엇인가?

다른 각도에서 생각해 봅시다. 동시에 두 개 내지 세 개의 점(点)을 보는 것은 불가능합니다. 그래서 그 점들을 연결하여 직선의 선분이나 삼각형을 만들기도 합니다. 그런데 이 삼각형이라는 것은 존재하지 않으며, 다만 세 개의 점이 존재할 뿐입니다. 즉, 상상이 작용하고 있는 것입니다.

그러면, 우리는 왜 세 개의 점으로 보지 못하고 삼각형으로서 보는 것인지 반문해 봅시다. 삼각형은 우리의 시선이 그리는 것이고, 선을 그린다 해도 뭔가 추가되는 것은 아무것도 없습니다. 두 개의 점에 대해 생각하는 것은 하나의 직선에 대해 생각하는 것입니다. 하나의 점에 대해 생각하는 것은 우리와 그 점을 잇는 직선에 대해 생각하는 것입니다. 그것은 우리를 에워싸고 있는 모든 대상에 대해 부연할 수 있습니다. 〈대상의 윤곽을 그리고 대상의 형태를 구성하는 모든 선은, 우리의 반사와 우리 자신의 운동을 통해 우리에게 주어집니다.〉

따라서 〈공간·부각·형태는 우리의 상상을 통해 우리에게 주어집니다.〉 물론 이때 '상상'은 공상이나 변덕의 동의어가 전혀 아닙니다. 두 개의 점을 볼 때, 우리에게는 하나의 직선 이외의 것을 볼 자유가 없습니다.

〈지각 속에는 이미 하나의 초보적인 기하학이 존재하고 있습니다.〉 마치 우리의 신체가, 정신이 아직 모르는 기하학 정리를 알고 있는 것처럼 일이 진행됩니다.

정상적인 지각 속에는 이미 기하학이 있습니다. 〈따라서 지각 속에 이미 상상이 들어 있으므로, 기하학 속에 상상이 들어 있다 해도 놀랄 필요는 없습니다.〉 (이 문제는 기하학을 연구할 때 살펴보기로 합시다.)

우리가 매우 흔한 사물을 지각하는 것이나, 모든 과학의 기초인 기하학을 생각하는 것 또는 대성당의 첨탑을 보거나 교향곡을 듣고 감동하는(폴 발레리의 《외팔리노스》*23 참조) 것도, 모두 같은 본질적인 원인(상상)에 따른 것입니다.

우리를 위해 외적인 세계의 〈지각〉을 구성하는 것은, 〈반응〉과 〈반사〉에 근거하는 우리와 외부 사이의 본질적인 관계입니다. 〈자연에 대한 단순한 지각은 무용(舞踊)과 같습니다.〉 우리에게 지각을 촉구하는 것은 바로 이 무용입니다.

(4) 상상은 또 〈느낄 수 없는 감각〉에서도 어떤 역할을 합니다.

무언가를 볼 때, 우리는 무게나 경도 등에 비해 색채에 대해서는 그다지 생각하지 않는 편입니다.

한 권의 책을 슬쩍 보기만 해도 이것은 책이고, 페이지를 넘기는 것이며, 종이로 만든 것이라고 말할 수 있습니다.

마찬가지로 손이 어떤 모서리에 닿으면, 반드시 느낀 것을 떠올리지 않아도 네모난 테이블 모서리 같은 느낌이 들었다고 말할 수 있습니다. 목이 몹시 마를 때 물 비슷한 액체를 보면, 그 물 같은 겉모습은 우리의 시각보다 훨씬 더 많이 목에 얘기를 합니다. 어떠한 지각에 대해서도 이러한 방향에서의 분석이 가능합니다.

〈어떤 감관의 관심을 끄는 것은 다른 감관에도 말을 합니다.〉

(5) 〈운동에 대한 착각〉(영화, 바다의 파도, 강, 지평선의 달)과 〈크기에 대한 착각〉은, 한편으로는 상당히 막연한 데가 있습니다. 어쨌든 같은 사물이라도 수직으로 했을 때와 수평으로 했을 때는 높이가 서로 다르게 생각됩니다. 대

---

*23 폴 발레리의 《외팔리노스 Eupalinos 》. 정식으로는 《외팔리노스 또는 건축가》.

체로 놀랐을 때와 허를 찔렸을 때는 사물의 크기가 더욱 커지는 것처럼 느낍니다.

(6) 〈대상의 동일성〉

우리는 〈자신과의 유추〉에서 자기와는 다른 인간을 하나의 정신을 지닌 존재로 간주합니다. 그와 마찬가지로 대상의 개체성은 다른 인간 존재의 개체성과의 유추에서 생각하게 마련입니다.

우리에게 단일성에 대한 최초의 관념을 주는 것은 우리 자신입니다. 팔다리가 절단되었다는 관념은 단일성 관념과 상관관계가 있는데, 먼저 인간 존재에게 하나의 의미가 되고, 이어서 만들어진 사물·동물·식물에게 의미 있게 됩니다. 마지막으로, 광물은 만들어진 사물과의 유추를 통해 하나의 단일성을 지니게 되는 듯합니다. 〈예〉 모래는 단일성이 없지만, 모래의 퇴적은 만들어진 것으로 보이기 때문에 하나의 단일성을 지니게 된다. 액체에 대해서도 마찬가지이다)

우리는 모든 감관이 자기에게 갖춰진 듯 보는 것과 마찬가지로, 〈모든 감각이 대상 자체에 갖춰진 것으로 간주합니다.〉 사물의 영혼은 이러한 감각의 집합에서 유래한다고 우리는 생각합니다. 〈실제로 어떤 대상의 단일성을 만들어내는 것은, 대상 앞에서 내가 가진 반응의 총계입니다.〉

〈각 사물의 개체성은 그 사물 앞에서 우리가 취하는 태도의 동일성에서 유래합니다.〉 운동을 통해 깨닫는 것은, 모든 감각은 하나로 융합되어 나에게 어떤 인상을 주며, 그 인상이 바로 반응을 나타내는 것이라는 사실입니다. 그리고 대상이 단일한 것이라는 관념을 나에게 가져다 주는 것도 바로 이 인상입니다. 집합과 분리에 대한 개념은 모두 운동을 통해 태어납니다.

(7) 〈대상의 본질적인 특성과 부수적인 특성 사이의 구별〉

본질적 특성을 표현하는 것으로 생각되는 감각이 있고, 부수적 특성을 표현하는 것으로 생각되는 감각이 있습니다. 〈예〉 이 책은 노란색이지만 그 위에 그림자를 드리우면 회색으로 보입니다. 그러나 그것은 우리에게는 부수적인 것처럼 생각됩니다. 그림자 밑에는 여전히 노란색 층이 있는 듯한 느낌이 들기 때문입니다. 그런데 실제로는 노란색과 회색은 어디에도 없습니다. 색채가 대상 위에 단순히 놓여 있다고 믿는 데 지나지 않습니다. 그러므로 나는 마음대로 그 색을 바꿀 수가 있습니다. 마음대로 대상 위에 그림자를 만들 수도 있습니다. 다만 회색을 유지하려면 노력이 필요합니다.

소리와 촉각에 대해서도 같은 분석을 할 수 있습니다. 이러한 모든 것은 지각에서의 상상의 본질적인 역할을 잘 보여 줍니다.

이제 다음의 고찰로 넘어가겠습니다.

2 지각에서 기억이 하는 역할

〈주의〉—지각에서 기억이 하는 역할을 논하는 것은 〈대상이 불러일으키는 반응을 과거에 느낀 반응과 결부할 때의 차이와 함께 상상의 역할을 논하는 것이 됩니다.〉

〈예〉 율리시스의 활. 율리시스가 다시 활을 잡자 활시위가 팽팽하게 당겨졌습니다.《오디세이아》[24]

프루스트의 분석. 프루스트가 산책에서 돌아옵니다. 무척 피곤합니다. 그러나 자기 아내를 본 순간 피로가 거짓말처럼 사라집니다.

베르그송의 분석. 익숙한 마을은 우리에게는 처음 보는 마을과 전혀 다르게 보입니다. 매우 자주 경험하는 일입니다.

키플링의 '그때 그 남자.[25] 인도에 주둔하는 영국군 부대에 들어간 방랑자가, 연회석에서 여왕의 건강을 축하하며 건배한 뒤, 영국 육군의 전통대로 컵을 깨뜨리고 그 밖의 다양한 관습을 그대로 실행하여 사람들을 놀라게 합니다. 남자의 신체는 옛날의 부대를 인정하고 있지만 정신은 아직 인정하지 않습니다. 조사해 보니, 13년 전 한 사관이 그 부대에서 자취를 감춘 사실이 밝혀졌습니다.

허위의 재인식. 신체가 완전히 안심한 상황에서는(활을 잡은 율리시스처럼), 자기 앞에 뭔가 익숙한 것이 있다는 인상을 받습니다. 이는 모든 것이 우리의 반응에서 유래한다는 증거입니다.

〈추억〉〈추억에서는 대상에 시간 속 위치를 부여하는 데〉 비해, 기억의 경우,

---

[24] 트로이에서 귀국한 이타케 왕 율리시스(오디세우스)는 자기가 없는 동안 아내 페넬로페를 유혹한 구혼자들을 자신의 강궁으로 죽인다.

[25] 영국 작가 키플링의 단편집 《인생의 재앙》(1897)에 수록된 작품.

기억이 과거의 흔적을 통해서만 구성되기 때문에, 대상을 과거의 어느 특정한 시점과 결부하지는 않습니다.

〈예〉 어떤 시를 암송하는 학생에게는 〈기억〉이 있고, 어떤 기회에 시를 암송한 것을 기억하는 학생에게는 〈추억〉이 있습니다. (베르그송 참조. '과거는 다른 두 가지의 형식 아래 잔존한다. (1) 운동기구에 있어서, (2) 독립된 추억에 있어서')

여기서는 독립된 추억에 대해 생각해 봅시다. 유물론의 방식으로 논합니다.

베르그송은 이렇게 썼습니다.

"기억은 과거의 흔적(암기한 학과)을 현재에 적용하는 일밖에 하지 않으므로 습관의 특징을 모두 갖추고 있다. 과거 속에 위치가 부여되는 사건에 대한 추억은 습관의 특징을 전혀 갖추고 있지 않다."(사건은 한 번에 한하는 것으로, 되풀이되는 일은 있을 수 없습니다.)

추억은 유용성이 아니라 감정과 관계 있습니다(이를테면, 시험을 치루는 데 도움이 되는 역사상의 날짜보다는 자기가 좋아하는 영웅의 전기상 날짜를 더 잘 떠올리게 마련입니다). 앞에서 나는, 정신상태는 우리 속에 아무런 흔적도 남기지 않는다고 했습니다. 그러나 이 모순은 실제로는 모순이 아닙니다. 이를테면, 어느 날 자기 앞에 지적인 전망이 열렸다고 가정합시다. 그때 우리는 미래를 향해 걸음을 내딛고 있는 것에 지나지 않습니다(이러한 일은 사춘기에 종종 일어납니다. 예술의 발견 등……).

베르그송은 무의식적 기억은 오직 신체에만, 상(이미지)으로서의 추억은 오직 사고에만 각각 갖춰진 것으로 보았습니다. 추억의 중요한 성격은 곧 완성된다는 것입니다. 시간은 거기에 아무것도 보태지 못하고 추억을 지우기만 할 뿐입니다. 반대로, 이를테면 학과는 되풀이하면 그만큼 머릿속에 들어옵니다. 기계적 기억은 의지의 영향 아래 있다는 특성을 지닌 데 비해, 추억은 의지에 의지하지 않습니다. 추억은 과거에 속합니다. 과거에 대한 이러한 사고는 반사로는 환원할 수 없는 것으로 생각됩니다.

〈베르그송의 이론〉 베르그송은 추억을 저장해 두는 장소로서 〈무의식〉의 영역이라는 것이 존재한다고 했습니다. 그렇지만 우리는 한 번에 모든 추억을 생각할 수는 없습니다. 이를테면, 분노를 느꼈을 때와 마음이 평온했을 때를 동시에 떠올릴 수는 없습니다. 이것은 그러한 감정과 대응하는 현재의 신체상태가 서로 다른 상태를 배제하기 때문입니다. 신체가 거부하는 행동을 하기 때문이라고도 할 수 있겠지요. 매순간마다 그때의 신체상태가 배제하지 않는 추억만이 우리의 마음에 들어옵니다. 〈추억은 신체가 연주해야 비로소 의식됩니다.〉

이 이론은 기묘하게 흥미를 불러일으키지만 그다지 과학적이지는 않은 것 같습니다. 도대체 이 무의식이라는 건 무엇일까요? 존재하지 않는 추억이란 과연 무엇일까요? 현재의 세계 속에서 대상을 찾지 않고, 따라서 표현되지 않은 채 무의식 상태 밖으로 나가지 않는 감정은 있습니다.

우리는 추억 속 정신이라는 것을 발견한 듯 싶습니다. 이제 더 가까운 데서 분석해 보기로 합니다.

〈추억의 분석〉

프루스트, 한 잔의 차와 마들렌 과자.[26]

그 대상에서 끝없이 끓어오르는 강한 감정. 이 변용은 프루스트 속에서, 무의식 속에, 굳이 말하면 기계적으로 이루어집니다.

자기의 마음을 비움으로써, 프루스트는 그 감정이 자기 안에 뭔가를 낳는 것을 느낍니다. 그러나 그것이 무엇인지는 모릅니다. 그리고 단숨에 추억이 그에게 나타납니다.

〈프루스트가 탐구해 가는 동안, 그는 추억을 불러일으키기는커녕 오히려 추억을 내던져 버립니다. 따라서 추억의 환기는 정신의 능동성과는 아무 관계도 없습니다.〉

차에 적신 마들렌 과자의 맛 그 자체에는 어떤 날짜도 담기지 않았습니다. 현재 세계에 더는 존재하지 않는 뭔가를 불러일으킴으로써 과거를 가져올 뿐입니다. 〈조건반사〉는 널리 이러한 현상을 설명해 줍니다.

추억이 찾아오는 〈과정〉

(1) 〈직접적인 내용과 균형을 이루지 못하는 감정(기쁨과 슬픔)을 불러일으키

---

[26] 프루스트의 《잃어버린 시간을 찾아서》 제1권 《스완네 집 쪽으로》 제1부 '콩브레' 참조. 여기서 화자(話者)는 차에 적신 마들렌 과자에서 느끼는 기쁨이 어디서 오는지 탐색한 끝에, 그것이 어린 시절 콩브레에서 할머니가 준 맛이었음을 발견한다. 이를 계기로 화자 안에 모든 과거가 되살아난다. '무의식적 기억'을 단적으로 표현하는 장면으로 유명하다.

는 지각이 있습니다.〉 어떠한 상황에서도 감정은 그 원인이 되는 것에 대한 관념에 선행합니다(자기도 알 수 없는, 가슴이 죄어오는 듯한 느낌에 눈을 뜰 때—옛날에 괴로워했던 장소에 다시 가서 알 수 없는 고통을 느끼기 시작할 때).

(2) 〈대상이, 그때 눈앞에 있는 대상에는 적용되지 않는 태도와 운동을 각성시킬 때가 있습니다.〉 이때 그 태도와 운동은 다른 대상을 같이 끌고 갑니다(프루스트는 숙모, 콩브레, 소년 시절 등……). 그러한 다른 대상 그 자체가 날짜를 수반하는 일이 있습니다. 각자의 추억은 그것이 끌고 들어가는 대상을 통해 개인적인 연대기 속에 자리를 잡습니다.(가족의 대화. "그건 누구누구가 결혼하고 누구누구가 병에 걸렸던 해였어……"). 어떠한 정신적 노력도, 추억이 그 자체 속에 날짜를 담을 수 있게 하는 내용이 수반되지 않는 한, 그 추억을 시간 속에 위치시킬 수는 없습니다. 추억이 정신에 좌우된다면, 시간의 맥락이 없고, 실제로 경험한 것인지 꿈에 본 것인지도 모르는 추억은 존재하지 않게 되어 버릴 겁니다.

〈게다가 사건에 날짜를 매기는 대상을 '추억'이라 부르므로, 일반적으로 우리는 지각에 강력한 힘을 주고 있습니다.〉

(가족의 기념품—결혼반지—《오셸로》의 손수건*27 참조) 사물은 생각해내기 위한 도구가 될 때가 있습니다. 가장 중요한 사람을 떠올리는 데, 그 자체로는 하잘것없는 사물이 필요할 때도 있습니다. 그런 때 그러한 사물은 어떤 현실적인 힘을 지닙니다. 그러한 사물을 지니지 않은 죄수는 감옥 벽에, 사랑에 빠진 사람은 나무껍질에, 애인의 이름을 새겨 넣습니다. 자기에 대한 추억을 영원히 간직하기 위해, 누구나 자신의 이름과 결부되는 사물을 만들려고 노력합니다. 〈추억의 충실한 파수꾼은 정신이 아니라 물질입니다.〉

사람은 누구나 물질 속에 자기 자신을 새겨 넣기를 열망합니다.

외견이 지적인 활동에 대한 고찰 〈일반개념〉—〈추상화〉—〈비교〉—〈관념연

---

*27 셰익스피어의 비극 《오셸로》는 무어인 장군 오셸로가 부하 이아고(데스데모나를 짝사랑하다가 거절당하다)의 음모에 빠져 사랑하는 아내 데스데모나를 죽이지만, 이내 자기 실수를 깨닫고 자살한다는 내용이다. 이 비극을 초래하는 직접적인 매개물이 데스데모나의 손수건이다. 데스데모나는 오셸로한테 사랑의 증표로 받은 손수건을 잃어버리고, 그것을 주운 이아고가 그에 관련된 참언을 꾸며내 오셸로에게 고했던 것이다.

합〉

일반개념, 추상화

'인간, 개, 존재, 빨갛다' 등의 말은 모두 일반개념을 표현합니다. 중세에는 일반개념에 대해 많은 논의가 이루어졌습니다.

〈유명론자(唯名論者)〉 개개의 대상밖에 존재하지 않는다.

〈실제론자〉 일반개념은 현실 속에 실재한다.

유명론자는 이렇게 선언했습니다.

"눈이 검지도 푸르지도 갈색이지도 않은 인간이 있는가? 머리카락이 금발도 빨강머리도 갈색머리도 아닌 인간이 있는가? ……이등변삼각형도 부등변삼각형(不等邊三角形)*28도 정삼각형도 아닌 삼각형이 있는가?"

그러나 유명론의 주장은 어리석은 것입니다. 그에 따르면 "X 씨와 의자는 X 씨와 Z 씨가 닮은 것처럼 서로 닮았다"고 말할 수 있게 되기 때문입니다.

인간이라는 개념이 있는 이상, 인간이라는 것이 어딘가에 존재하는 건 틀림없습니다. 사물과 우리 사이의 관계는 〈사물이 우리 속에 불러일으키는 반응〉에 따라 구성됩니다. 〈인간〉은 무엇보다도 얘기를 걸 수 있는 존재이며, 〈눈〉은 우리가 그 속을 들여다보는 무엇, 들여다봄으로써 거기에 어떤 운동을 불러일으킬 수 있는 그 무엇입니다.

〈따라서 같은 종류의 모든 존재에 공통되는 뭔가가 존재하는 것은, 세계 속이 아니라 우리 자신의 신체 속입니다.〉(아기는 어떤 남성이든 처음에는 '아빠'라고 부릅니다.) 스피노자는 이렇게 썼습니다.

"'존재'나 '사물' 같은 명사는, 신체 자체가 유한한 이상 그 자신 속에 일정수의 상(像)밖에 형성할 수 없다는 것에서 유래한다. ('상'이란 신체에 남겨진 사물의 흔적이고, 현실적으로는 사물에 대한 신체 반응의 흔적입니다.) 가령 그 일정수를 넘으면 그러한 상은 혼란에 빠지기 시작하고, 훨씬 초과할 때는 완전히 혼란에 빠져 버린다. 이때 정신은 모든 물체를 전혀 구별하지 않고 뒤죽박죽인 채 상상하며, 이른바 같은 하나의 속성, 즉 존재의 속성이나 사물의 속성 속에 포괄해 버리게 된다. 인간이니 개니 하는 일반개념에 대해서도 마찬가지이다.

---

*28 세 변의 길이가 모두 다른 삼각형.

사람은 인간에 대해 상당한 수의 상을 형성할 수 있어서 상상하는 능력을 완전히 넘어서지는 않더라도, 일정한 수의 인간을 개개의 특징까지 상상할 수는 없기 때문이다. 우리는 다만, 모든 인간은 신체가 있는 한 동류라는 점에서 인간을 분명하게 상상하는 데 지나지 않으며, 인간이라는 명사가 표현하는 것도 바로 그런 것이다. 바로 그 때문에 인간이라는 명사는 모든 사람에 대해 같은 것을 표현하는 것은 아니다."

따라서 〈일반개념이라 불리는 것은 현실에서는 단순히 하나의 혼란된 상에 지나지 않습니다. 정신은 언제나 이 혼란된 상에서 시작되며, 그 다음에 개별 개념의 획득으로 나아가는 것입니다.〉

(파스칼의 "사람은 정신을 소유하면 할수록 근원적인 것이 보이기 시작한다." 참조)

사람들의 일반적인 생각과는 반대로, 〈인간은 일반적인 것에서 개별적인 것으로, 추상적인 것에서 구체적인 것으로 올라갑니다.〉(이것은 교육학에서 중요한 의미가 있습니다)

하나의 예술작품은 다른 어떤 것과도 닮지 않은 '무엇'입니다. 개별적인 것에 대한 관념을 우리에게 가장 많이 가져다 주는 것은 〈예술〉입니다. 이를테면 파리의 노트르담 대성당은 단순한 교회가 아니라 노트르담 대성당입니다. 한 장의 아름다운 그림을 보면서 그림 일반에 대한 개념을 생각하는 사람은 없습니다. 그런 것은 모독적인 행위로 여겨질 것입니다. 게다가 예술의 기원은 종교에 있습니다. 개인적인 것을 표상할 수 있게 된 것은 〈종교〉와 〈예술〉 덕분입니다. 하나의 인간 존재가 타인으로부터 자기를 떼어 놓는 것은 〈감정〉(우정·사랑·애정) 덕분입니다. 사랑하는 사람에게 라벨을 붙이거나 등급을 매기는 것은 불경건한 행위입니다.

아이들에게 관찰하는 법을 가르치고, 추상적인 것에서 구체적인 것으로 이행하게 하기 위해서는 감정에 호소해야 합니다.

사물이 추상에서 빠져나가 구체 속으로 옮겨가는 것은 오로지 감정 덕분입니다.

〈이와 같이 일반적인 생각과는 반대로, 개개의 사물에 대해 명상하는 것은 인간을 높이고, 인간을 동물과 구별하는 일입니다.〉 동물은 사물에서 결코 그 유용성을 빼내지 않습니다. 그러므로 동물에게는 어떠한 구체적인 것도 존재하지 않습니다. 동물의 신체(야생동물)에 는 어떠한 개별적인 것도 존재하지 않습니다.

〈추상화〉 추상화 문제는 정확하게 말해 일반개념의 그것과 같습니다. 추상적이라고 부르는 것은 바로 일반개념의 성격입니다.

비교

우리는 정신만이 관계를 설정할 수 있다고 생각하고 싶어합니다. 그러나 여기서는 색채 실험에서 원숭이가 색채 사이의 관계를 알아낸 것을 떠올려야 합니다. 우리는 단순히 하얀 얼룩을 지각하는 것이 아니라, 그것이 검은 색으로 에워싸여 있는지 어떤지에 따라 하얀 정도가 달라진다는 사실을 알고 있습니다. 마찬가지로 소리를 지각하려고 해도, 밤의 정적 속에서 듣는 것과 낮에 듣는 것은 소리의 강도가 다르다는 사실을 알고 있습니다. 〈상상은 관계를 바탕으로 작용합니다.〉 우리가 두 개의 대상에서 색채의 차이를 인식하는 것은, 각각의 색채를 개별적으로 인식하기 이전의 일입니다. 〈우리는 전체에서 세부로 이행합니다. 전체를 지각하는 것은 관계를 지각하는 일입니다.〉 〈신체에서〉 중요한 것은 사물이 신체 속에 불러일으키는 〈변화〉입니다. 익숙한 소리가 들릴 때 신체가 취하는 태도는 조용할 때와 거의 같습니다. 마찬가지로, 신체는 조용함에 대해 익숙한 소리에 대하듯이 반응합니다. 따라서 조용함 속의 희미한 소리에 대해서는, 익숙한 소음 속의 커다란 소리에 대하듯이 반응하는 것입니다.

〈신체의 반응이 두 가지 사물 사이의 관계를 결정합니다. 그리고 관계를 설정하는 것은 바로 상상입니다.〉

관념 연합

1—〈현상은 어떻게 일어나는가〉

〈예〉 (a) 프루스트의 마들렌 과자. 그 덕분에 숙모와 재회하고, 거기서 방으로, 다시 콩브레로 전개되어 갑니다(〈인접성〉에 따른 연합).

(b) 잠을 자려던 프루스트는, 어머니와 밤인사를 나누던 일과, 어린 시절의

여러 가지 걱정거리를 떠올립니다(《유사성》에 따른 연합). 〈다른 예〉 초상화는 그것이 표상하고자 하는 인물을 떠올리게 합니다. 〈부모를 닮은 아이〉 페드르에게 이폴리트는 테세우스의 닮은 모습입니다.

ⓒ 검은 것은 흰 것을, 큰 것은 작은 것을 생각하게 합니다(《대조》에 따른 연합).

2—〈현상의 사정(射程)〉

'관념연합론자'의 발상은, 정신 활동은 모두 상(이미지)의 연합으로 환원된다는 것입니다. 〈텐〉*29 "정신은 상의 모태이다."

이것은 유물론적인 이론이 아닙니다. 여기에는 신체와 능동적 정신이 배제되어 있습니다. 그러므로 남아 있는 건 순수한 심리학에 속하는 무엇에 지나지 않으며, 그것은 능동적인 나나 신체의 다양한 상태에 따라 구성된 것이 아닙니다.

다양한 영역을 살펴봅시다.

〈몽상〉 연합이 하는 역할은 명백합니다.

〈판단〉 시간과 공간의 관계. 유사와 차이의 관계.

이러한 판단을 서로 유착하는 관념을 표현하는 것으로 간주할 수 있습니다.

〈과학적 추론〉

〈대수학〉 정신에는 동류항을 하나로 일괄하는 자연스러운 경향이 있습니다.

〈기하학〉 정리의 발견은 흔히 다른 정리를 떠올림으로써 일어납니다. 필요한 정리의 환기.

〈물리학〉 빛과 소리에서의 유추, 전기와 물에서의 유추. 신체의 낙하와 별의 운행 사이의 유추에 근거하는 인력(引力)의 이론. 사람은 매순간마다 자연의 힘을 단순한 기계로 간주합니다. 물리학의 모든 이론은 잘 알려지지 않은 사물과 단순한 사물 사이에 설정되는 유추에 근거하여 성립됩니다.

---

*29 1828~93. 프랑스의 실증주의 비평가.

이상과 같이, 인간의 사고 활동은 여러 가지 표상을 그러모으는 것일 뿐이라고 할 수 있습니다.

이것이 〈심리학적 원자론〉입니다. 이 이론을 주장하는 사람들은, 마음에 대한 진정한 과학을 정립할 수 있다고 믿습니다. 그들은 이렇게 말합니다.

스튜어트 밀.[30]

"심리학에서 관념연합의 법칙은 천문학에서 인력의 법칙과 같은 것이다."

흄.[31]

(1) "각각 다른 지각은 모두 각각 다른 실재(實在)이다."

(2) "정신은 각각 구별되는 실재 사이에 존재하는 관련에 대해 지각하지 않는다."

이와 같이 관련은 우발적인 것으로, 표상의 본성에 바탕을 두는 것이 아니라, 우연히 정신 속에서 이러한 표상이 표상들 사이에서 취하는 관계에 바탕을 둔 것으로 여겨지고 있습니다.

이것은 심리학에서 자립한 하나의 과학을 만들어 내고자 하는 시도입니다 (한편 '행동주의 심리학' 쪽에는 심리학을 생물학으로 환원하려는 경향이 있습니다).

이 이론을 어떻게 생각해야 할까요?

관념연합이라는 이 악명 높은 법칙은 과학적 법칙이라고는 할 수 없습니다. 하나의 관념은 그것이 다른 어떤 관념을 불러오는지 우리에게 예지시키는 일이 없습니다. 마찬가지로 하나의 관념은 다른 어떠한 관념도 배재하지 않기 때문입니다.

이를테면 '대수학'이라는 말은, 우리가 대수의 이러이러한 문제를 푼 날 입었던 옷과 연합할 수도 있고, 우리가 사용했던 노트와 연합할 수도 있습니다. 이 법칙은 관념들 사이에 특정한 결합을 설정하는 것을 허락하지 않습니다. 이러이러한 관념이 왜 다른 관념이 아니라 그 관념을 선택하는지 대답해 주지는 않습니다. 각 표상이 각각 독립하여 존재한다고 주장하는 것은, 각 표상이 정신과 신체와 대상으로부터 독립해 있다고 주장하는 것과 같습니다. 정신생활을 심리학적 원자론의 관점에서 생각한다는 것은 바로 이상과 같습니다.

---

[30] 1806~73. 영국의 공리주의 철학자.
[31] 1711~76. 영국의 회의주의 철학자.

〈관념연합론에 대한 비판〉

　본질적인 오해는 관념연합론자가 관념을 개체로 간주하고 있는 일입니다('개체'도 '원자'도 동일한 것을 의미합니다).

　한 사람의 인물을 마음속에 떠올려 봅시다. 일단 어떤 감정상태에서 시작하게 됩니다. 정신 속에 표상이 만들어질 때마다, 사고는 추상적인 것에서 구체적인 것으로, 막연한 것에서 정확한 것으로, 보편적인 것에서 개별적인 것으로, 모든 표상이 뒤섞인 총체적 인상에서 각 표상에 대한 계기적 사고로 이행합니다.

　따라서 〈관념연합론자들의 커다란 실수는 관념이라는 것이 조금씩 무리를 이루어 간다고 생각한 데 있습니다. 실제로는 그 반대로, 관념은 서로 멀어져 갑니다.〉

　단일성은 감정의 분야에 속합니다. 사고는 먼저, 모든 표상이 혼합되는 장으로서의 감정에 눈을 돌리고, 이어서 그러한 표상을 구분합니다. 그때 사고는 기하학의 도움도 빌립니다. 어떠한 사고도 언제나 전체 속에서 명확한 사물을 이끌어 냄으로써 성립됩니다. 사고는 대체로 감정에서 시작하지 않으면 풍부해지지 않습니다. (보브나르그*32 "위대한 사상은 마음에서 태어난다." 참조)

　사고의 진행에 대한 이 법칙은 교육학의 몇몇 흥미로운 원리를 바탕으로 합니다. 아이에게 읽기를 가르칠 때는, 이제 말을 분석하지 말고 문자를 결합하기를 원하는 것입니다(총괄적 독해). 마찬가지로, 외국어와 난해한 작가의 경우에도 먼저 전체를 읽도록 하는 것이 좋습니다.

　〈독립한 상(관념연합론자가 가정하는)이라는 것은 정신이 뒤늦게 만들어 낸 인위적인 산물에 지나지 않습니다.〉

　사실 우리는 서로 닮은 개인 이전에 유사성을, 연속하는 부분의 집합체 속에서도 부분 이전에 전체를 먼저 지각합니다. 〈그러므로 연합은 본원적인 사실이 아닙니다. 우리가 먼저 시작하는 것은 서로 멀어져 가는 것입니다.〉

　〈비판점의 요약〉

---

*32 1715~47. 프랑스의 도덕주의자.

(1) 이른바 관념연합의 법칙에 따르면, 모든 표상은 다른 어떠한 표상도 끌어당길 수 있고 또 선택이라는 것을 설명해 주지 않기 때문에 법칙이라고 할 수 없습니다.

(2) 그러한 표상이 가령 독립된 것이라면, 다른 표상을 끌어당긴다는 것은 설명이 되지 않습니다.

(3) 특히 심리학적 원자로 간주된 이른바 관념이라는 것은, 사물과는 비슷하지만 사고와는 아무런 고통점이 없습니다. 그것은 사고에서는 몇 가지 관념이 결합되기 전에 먼저 결합이라는 것이 지적 차원(개개의 수 이전에 주어지는 수의 계)과 감정적 차원(어떤 인물의 추억)에서 동시에 주어지기 때문입니다.

〈설명〉

우리가 취하고 있는 유물론적 관점에서 보면, 〈조건반사〉는 〈생리적 상태의 재현〉이라고 할 수 있습니다.

전설, 즉 영웅과 성인들에 대한 사람들의 찬탄은, 그러한 영웅과 성인들도 부정을 저지르거나 겁을 먹고 불신을 지닌 적이 있다는 사실을 잊어버리게 합니다. 그 망각 때문에, 우리는 실제보다 위대한 인물을 만들어 내고, 이어서 그것을 모방하려고 노력하게 됩니다.

사랑은 찬탄하는 마음 없이는 절대로 자라나지 않습니다. 자기가 사랑하는 사람을 자기 속의 이미지에 억지로 갖다 붙이려고 합니다. 〈감정이 사고를 지배하는 것은 그러한 현상을 통해서입니다.〉 어떤 사람이 이러이러한 타인을 사랑하는 것이 당연한 까닭은, 그가 자기 안에서 자기가 좋다고 인정하는 모든 것을 보기 때문입니다. 다른 사람이 같은 사람을 미워한다 해도 같은 이유에서 그것도 당연한 일이 됩니다. 우리는 신체의 태도가 감정을 규정하는 경우의 예를 여러 가지로 생각할 수 있습니다.

〈윤리적 사정(射程)〉 가장 중요한 것은 〈신체의 태도를 바꾸려고 노력하고, 정신을 미움에서 미움으로 이끄는 그 연합을 깨뜨리는〉 일입니다. 〈관념연합은 잘 이해하기만 하면, 타인이나 자신의 교육에 크게 도움이 됩니다.〉

언어

언어는 매우 인간적인 사물입니다. 데카르트는 동물이 생각을 하는지 어떤지 자문했을 때, 언어 덕분에 그 문제를 해결할 수 있었습니다. 만약 동물이 말을 할 수 있다면 우리와 의사소통을 할 수 있을 것입니다. 그러나 아무리 교묘하게 조련해도, 말이나 개에게 말을 하게 하는 것은 절대적으로 불가능합니다. 그런데 유럽인은 아무리 미개한 민족 속에 들어가더라도 말로써 의사소통은 할 수 있습니다. 꿀벌이나 개미처럼 군거하는 동물이 있지만 그들이 말을 한다고 생각할 만한 근거는 아무것도 없습니다. 어쨌든 그러한 동물들에게 문자나 문서 같은 것은 없습니다. 상속하는 본능은 있어도 교육은 없습니다. 따라서 언어를 통해 〈우리는 순수하게 인간적인 영역에 들어가게 됩니다.〉

말의 성격

A 〈자연발생적인 언어〉 그것은 〈동물적〉인(따라서 또한 인간적인) 것으로, 〈감정〉을 전달합니다. 그것이 〈자연적인 것〉은, 이 말이 근육과 샘과 폐의 자연스러운 반응으로 만들어져 있다는 의미에서입니다. 그것은 〈개인적〉인 말입니다.

B 〈엄밀한 의미에서의 언어〉 그것은 〈오로지 인간적인 것〉으로, 〈사고〉를 전달합니다. 개인에게는 〈인공적인 것〉(그러나 사회에는 자연적인 것)입니다. 그것은 또 〈사회적인 것〉이기도 합니다. 거기에는 자연적인 말의 잔재가 포함되어 있습니다. 감탄사, 의성어(모방은 자연반사이므로), 말투, 사투리 등.

그렇지만 대체로(말은 사물과 전혀 닮지 않았습니다) 〈시의 매력의 하나는, 시가 인공적인 말과 자연적인 말의 일종의 만남 위에 성립되어 있다는 데 있습니다.〉 이 말이 특히 두드러지게 나타나는 것은 기록하는 말에서입니다. 기록하는 말은 기록한 문자가 그 말과 닮지 않았다는 의미에서 이중으로 인공적인 것이 됩니다. 게다가 말이 사물을 닮았다면 말로서의 효력이 사라지고 말겠지요. 〈말과 사물의 관계는 조건반사의 관계입니다.〉 모든 말은 파블로프의 원반*33에 비유할 수 있습니다.

---

*33 파블로프가 조건반사를 밝힌 유명한 실험에서, 개에게 먹이를 줄 때 반드시 빨간 원반을 보여 주었더니, 개는 빨간 원반을 볼 때마다 침을 흘렸다.

지금까지 말의 두 가지 성격, 즉 〈인공적인 것〉인 것과 〈사회적인〉 것을 살펴보았습니다. 이제 말이 지닌 훌륭한 힘이 무엇에 의거하는지 설명해야겠군요.

1―〈조건반사를 낳는 수단으로서의 언어〉

사람은 각자 언어를 사용함으로써 조건반사를 하기도 하고(개처럼), 동시에 조건반사를 불러일으키기도 합니다(파블로프처럼). 거기서 다음의 사실을 이끌어 낼 수 있습니다.

(a) 〈기억〉 언어 덕분에 〈이러이러한 일을 스스로 생각할 수 있습니다.〉 (〈예〉 이미 예를 들었지만, 독방에 들어간 죄수는 소중한 사람을 잊지 않으려고 그 이름을 벽에 새깁니다. 그렇게 함으로써 아직 조건반사를 불러올 수 있음을 확인하려는 것입니다.) (자기 속에서 어떤 말이나 어떤 문장을 되풀이합니다. 죽은 사람들을 〈추억하기 위해 기도를 올립니다.〉)

(b) 〈감정생활〉 우리는 어떤 이름에 대해 강한 조건반사를 보일 때가 있는데, 그 결과 그 뒤에는 어떠한 자연반사도 그 이름을 지울 수 없게 됩니다. 사랑하는 사람은 상대의 옆에 있는 것과 비슷한 상황에 놓일 때마다, 모든 것이 상대에게서 유래한다고 생각해 버립니다(결정작용).

〈우리는 이런 종류의 현상에 대해 말을 사용하여 조장할 때가 있습니다. 우리에 대해 충실한 것은 말이고, 이름입니다.〉

〈주의〉 언어의 형태는 정착하면 할수록 감정에 유리해집니다(기도, 시편 참조). 우리는 시의 내용을 바꿀 수 없습니다. 한 줄 한 줄의 시는 이른바 새겨진 말, 변경할 수 없는 말입니다. 그 때문에 감정이 영원성을 띠게 됩니다. 이를테면 라마르틴의 시편 '호수*34'는 연인들이 지난날 사랑했던 장소를 다시 찾았을 때의 회한을 영원히 불멸하는 것으로 만들었습니다.

(c) 〈의지〉 사람은 자기 자신에 대해서도 반응을 불러일으키는데, 그 사실에서 언어는 의지와도 관련이 있게 됩니다. 〈언어는 우리에게 있어서 견고하고 왜

---

*34 라마르틴(1790~1869)은 낭만파 시인. '호수'는 낭만파의 대표적인 서정시. 지난날 연인과 사랑을 속삭이던 호수를 찾아온 시인이, 그 옛날을 떠올리면서 지금은 재회할 수 없는 슬픔을 자연에게 호소하고 사랑의 추억을 남기고 싶다고 노래하는 내용이다.《명상시집》에 수록되어 있다.

곡할 수 없는 것입니다.〉(〈예〉 '명예·성실·비약' 등) 격언이 하는 역할. 그러므로 자기의 다양한 반응을 얻기 위해, 같은 것을 표현하는 데도 다른 언어를 씁니다. 그것은 〈수많은 사람에게 작용하기 위한 수단인 것과 마찬가지로, 자기 자신에게 작용하기 위한 수단이기도 합니다.〉 우리는 망설인 끝에 어떤 결심을 했을 때, 그 상태를 지속시키기 위해, 사물을 그 결심에 따라 보여 주는 말을 속으로 되풀이합니다. 이와 같이 말은 행동에 도움이 되지만, 사고에서는 위험한 것도 됩니다. 그러한 말은 사물을 오직 하나의 모습으로만 보게 하기 때문입니다. 어떤 말이 입에 한번 오르면 끊임없이 그것을 되풀이하기도 합니다.

(d) 〈주의〉 마지막으로 언어는 심리적 생활의 네 번째 형태라고도 할 수 있는 〈주의〉(의지가 취하는 하나의 형태)에서 크게 중요합니다. 우리가 언어를 사용하기 때문에, 〈가령 입술까지 나왔더라도 우리가 입 밖에 내기를 거부하는 언어〉도 있습니다. 즉 〈우리가 말을 선택하는 것입니다.〉 이를테면, 우리가 수학 숙제를 할 때는 '삼각형'이라고 쓰는 일은 있어도 '태양'이라고 쓰는 일은 없습니다. 그 결과, 우리의 관심은 바깥에서 빛나는 태양보다 기하학 쪽으로 향하게 됩니다.

2—〈언어는 하나의 대상이다〉

(언어는 고정된 것, 영속적인 것, 인공적인 것이므로)

〈언어는 자기를 이중화할 수 있게 해 줍니다.〉 눈물이나 외침, 신음 같은 것은 종종 무의식적이기는 하지만, 그래도 자기의 것으로 느껴지는, 우리의 어떤 상태인 것은 분명합니다. 반대로 '고통'이라는 말이 고통을 느끼게 하는 것은 아닙니다. 〈자기의 감정에 일단 이름을 붙이면, 그 감정을 하나의 대상으로 바라볼 수 있게 됩니다.〉

〈시〉 놀랍게도, 표현된 감정은 그 자체로서 시에 남아 있습니다. 거기서는 인공적인 말과 자연발생적인 말의 접근에 균형을 맞추기 위해, 음수(音數)가 인공적인 성격을 부여합니다. 시인은 흉내내려 하는 감정에 빠지지 않기 위해, 율동과 음수와 규칙 같은 방어 수단을 행사합니다.

〈산문〉에는 그런 수단이 없어서, 감정이 사고(思考)에까지 발전하지 않은 산문은 어느 것이나 취약합니다.

〈말하는 언어〉 청각과 목소리의 생리적 구조는 자신을 작용하는 존재와 지각하는 존재의 두 가지로 분할할 수 있으며, 그럼으로써 〈내적 대화〉가 가능해집니다. 플라톤은 '사고는 자기와의 대화'라고 했습니다. 대화가 없는 곳에는 몽상과 직접적 사고가 있습니다. 직접적 사고에서 자기를 높이기 위해서는, 즉 깊이 생각하기 위해서는 두 가지 존재여야만 합니다.

〈글로 쓴 언어〉는 더욱 비인칭적인 것으로, 특히 인쇄될 때 그러합니다.

〈인쇄된 산문〉은 (a)그 글을 쓴 우리에게는 외적인 것이 되어 자기 것이 아닌 듯 보이게 됩니다. (b)타인에게도 우리에게와 마찬가지로 나타납니다. 그리하여 그것은 인류 전체에 속하는 것이 됩니다.

표현수단이 인물과 친근한 것일수록 더 많은 언어의 의미를 포함시킬 수 있습니다. 즉, 그러한 표현수단은 객관적인 것일수록 개성적인 것을 더 잘 표현하게 되는 것입니다.

미켈란젤로가 조각을 할 의욕에 사로잡힌 것은, 자기 자신과 견디기 힘든 갈등을 되풀이했기 때문입니다. 베토벤이 '환희의 송가'를 작곡한 것은 견딜 수 없는 기쁨을 느꼈기 때문입니다.

〈요컨대 언어는 예술의 하나에 지나지 않으며, 산문 또한 예술의 하나입니다.〉 사고가 특정한 반사를 불러일으키는 특정한 기호를 포함하기 때문에, 사고에 가장 적합한 것은 예술입니다.

3―〈언어는 조작할 수 있다〉

왜냐하면 언어는 운동에 좌우되며, 확실하게 한정되고 고정되며 인공적인 것이기 때문입니다.

〈우리는 언어 덕분에 어떠한 것도 불러일으킬 수 있습니다. 언어는 이렇게 우리를 능동적인 존재로 바꿉니다.〉

확실히 우리는 사물을 통해 외부로부터 움직여지는 일은 있지만, 말을 통해 거의 모든 것에 대해 하나의 힘을 가지고 있습니다. 나는 태양이나 별에 대해서는 결코 아무것도 할 수 없지만, '태양'이라는 말에 대해서는 뭐든지 할 수 있습니다. 그런 의미에서 "열려라 참깨!"는 하나의 상징입니다. 죽은 사람이나 영혼의 일깨움을 생각하면 알 수 있듯이, 말만이 사물이 불러일으키는 것과 같은 반응을 불러일으킵니다. (마법사의 제자로 들어간 파우스트가 사용하는 길조와 흉조의 말 참조)

언어 덕분에 무엇이든 우리의 장난감이 됩니다. 나는 말을 함으로써 대지를, 태양을, 별을 내 마음대로 할 수 있습니다. 우리가 사물에 대해 무력할 뿐더러 수동적이라면 어떠한 사고도 불가능합니다.

〈마술〉은 말을 함으로써 어떠한 것에도 작용할 수 있다는 (더할 나위 없이 진실한) 관념을 표현하고 있습니다.

더욱 깊이 고찰해 봅시다.

〈세계를 내 것으로 하기 위한 도구로서의 말〉

(1) 〈언어는 우리에게 부재(不在)하는 모든 사물을 가져다 줍니다.〉(기억의 도움으로)

분명히 우리는 언어 없이도, 부재하는 사물에 대해 총괄적인 감정을 한 순간 품을 수 있습니다. 그러나 언어가 없으면, 부재하는 사물의 성격을 정확하게 일깨울 수는 없습니다.

언어가 없으면, 지금 보고 있는 것을 보지 않는 것이나 전에 본 것과 연관지을 수가 없습니다. 〈언어는 시간의 매순간 위에 다리를 놓아줍니다.〉 과거도 언어가 없으면 우리의 인식을 도울 수 없는 막연한 감정으로밖에 존재하지 않습니다. 마찬가지로 미래도 언어 덕분에 존재합니다.

(2) 〈언어는 우리에게 질서를 가져다 줍니다.〉 언어 덕분에 세계는 우리에게, 어린아이가 부수고는 다시 조립하는 장난감 같은 것이 됩니다. 질서는 시간 속에서 전개되어, 계기하는 정신활동 사이의 관계에 바탕을 둔 무엇입니다. 언어가 없으면 추억도 존재하지 않고, 따라서 과거의 정신활동도 더는 존재하지 않게 되어 버립니다.

우리에게 세계를 작은 기계(월식과 오렌지)로서 마음에 그릴 수 있게 해 주는 것은 언어입니다. 언어는 우리가 세계를 다시 만들어 낼 수 있게 함으로써 우리를 신과 같은 존재로 만들어 줍니다. 물론 그것은 상징을 통해서일 뿐입니다. 그 사실에서 〈세계를 자기 속에 잉태하는 두 가지 방식〉을 깨닫습니다.

세계를 파악하는 두 가지 방법

(A) 〈언어〉는 우리에게 〈모든 것〉을 가져다 줍니다. 과거, 미래, 먼 것, 가까운 것, 부재하는 것, 현존하는 것, 상상상의 것, 천상계, 원자……. 다만 〈상징〉을 통해서입니다.

(B) 〈행동〉(신체의 운동)은 우리에게 〈현실적인 힘〉을 가져다 줍니다. 그러나 그것은 현존하는 것, 신체의 차원에 가까운 것, 욕구와 관계가 있는 것에 대한 힘에 지나지 않습니다.

그러므로 모든 것을 언어에 관여시켜야 하는지 또는 모든 것을 행동에 관여시켜야 하는지, 아니면 그 둘을 조합해야 하는지 어떤지가 특히 중요한 문제가 됩니다.

〈윤리〉는 이러한 문제를 어떻게 생각하는가에 달려 있습니다.

〈인식〉은 원칙을 결과에 종속시키는 것(프래그머티즘) 속에 있는 것일까요? 이 문제는 (A)와 (B)의 두 경우에 해결해야 하는 유일한, 그리고 양쪽에 공통되는 문제입니다.

우리는 우리와 사물 사이에 〈두 종류의 관계〉를 설정합니다. 즉 ⓐ〈말한다〉는 형태로 반응함으로써 설정되는 질서, ⓑ〈실제로 작용하는〉, 단 매순간마다 세계 속 우리 힘이 미치는 범위에만 작용하는 형태로 반응함으로써 설정되는 질서입니다.

〈우리에게 행동을 가져오는 관계와 말을 가져오는 관계를 비교해 봅시다.〉

(A) 〈우리에게 행동을 가져오는 관계는 우리의 욕구에 종속되어 있습니다.〉 이를테면 땅벌은 직시류(메뚜기류)의 신경중추하고만 관계가 있습니다. 우리가 소를 보고 달아날 때, 우리에게 관계가 있는 것은 소뿔뿐입니다. 우리는 자기의 욕구에 대해서는 아무런 힘도 없습니다. 〈질서가 정해지지 않았기〉 때문입니다. 소금 한 알은 아무짝에도 쓸모가 없습니다. 우리에게 쓸모가 있는 것은 한 줌의 소금입니다. 도르래를 이용하여 10킬로그램의 물건을 끌어올리려면 10킬로그램 이상의 무게가 필요합니다. 이때, 수의 계(系) 속의 연속성에 중단이 일어납니다. '양은 질로 변화한다'고 헤겔은 말했습니다. 다른 예로서, 과학적인 부엌이 반드시 시골 농가의 부엌보다 위생적인 것은 아니라는 점을 들 수

있습니다.

피아노를 칠 때 현이 어떻게 진동하는지 알 필요는 없습니다.

〈욕구는 항상 전체와 관련이 있습니다.〉 신체 그 자체가, 사체를 가져오지 않고는 해부할 수 없는 하나의 전체일 뿐입니다. 〈욕구는 그때그때 되는 대로 계속 일어납니다.〉 따라서 오직 주의(注意)만이 우리가 아무것도 할 수 없는 질서 위에 관계를 설정하므로, 우연을 통한 하나의 질서밖에 없게 됩니다. 즉, 〈질서 자체는 전혀 존재하지 않습니다.〉

(B) 〈우리에게 방법체계를 가져올 수 있는 것은 언어뿐입니다. 그것은 바로, 언어가 현실과는 무관한 것이기 때문입니다.〉 실제로 우리는 세계 속에서 욕구를 따라야만 합니다. 이를테면 우리는 어떤 한정된 무게밖에 들어올리지 못합니다. 그 이상의 무게는 모두 동일한 명목(너무 무겁다) 아래 우리와는 무관한 것이 되므로, 우리에게는 어느 것이나 똑같은 것이 되고 맙니다. 반대로, 우리는 아무리 무거운 것에 대해서도 원하는 대로 말을 할 수 있습니다. 무게라는 말에는 어떠한 무게도 없기 때문입니다. 〈언어는 우리에게 우리의 욕구와는 전혀 무관한 관계를 설정하는 것을 가능하게 해 줍니다.〉

〈달에 대한 예〉 우리는 언어 덕분에 달을 보지 않고도 달이 존재한다는 것을 말할 수 있습니다. 말은 돈도 들지 않고 무게도 없습니다. 우리는 말을 사용하여 〈우리가 완전히 마음대로 할 수 있는 하나의 질서〉를 내세울 수 있습니다.

여기서 〈객관적인 것으로서, 하나의 필연성으로 우리에게 나타나는 것은 오직 우리에게서만 말미암는 질서〉라는 역설에 주목해 주십시오.

세계는 우리에게 수(數)를 전혀 제공해 주지 않습니다. 수라는 계(系)는 전적으로 우리가 만들어 낸 것입니다. 이를테면 폭풍이 불어닥칠 때, 세계는 우리에게 모래알을 한 알, 두 알, 세 알 하는 식으로 제공해 주는 것이 아닙니다.

1+1=2라는 필연성과, 무게가 2킬로그램인 사물이 머리 위에 떨어지는 필연성 사이에는 어떠한 관계도 없습니다.

따라서 다음과 같이 말할 수 있습니다.

(1) 〈언어는 모든 방법체계에서 유일한 원천이다.〉

(2) 〈언어만이 우리가 객관적이라고 부르는 필연성을 가져다 준다.〉 그 필연성은 우리의 욕구와 신분, 감정, 상황 등에서 독립해 있다는 의미에서 객관적입니다. 이 두 가지는 서로 상관관계에 있습니다. 방법체계가 없으면 객관적인 필

연성도 없고, 객관적인 필연성이 없으면 방법체계도 없기 때문입니다.

(c) 〈그러나 다만 말에만 한정하면 질서와 필연성은 사라집니다.〉

예를 들어, 대수학에서 한 면에 선을 하나 긋는 경우를 생각해 봅시다. 언어에 한해서 말하면, '백 걸음'을 말하기 위해 '한 걸음'부터 시작할 필요는 없습니다. 즉 〈언어의 힘은 언어와 다른 사물의 관계 속에서 찾아볼 수 있습니다.〉 〈행동〉이 〈현실〉을 가져다 줍니다.

그리하여 우리에게 〈현실〉이라는 완전히 새로운 개념이 등장합니다. 행동이 언어 뒤에서 나타나 자신을 언어에 따르게 할 때, 행동은 그때까지 없었던 〈뭔가〉를 가져다 주게 됩니다. 백 걸음이라고 〈말하는〉 것과 백 걸음을 〈걷는〉 것 사이에는 하나의 차이가 있습니다. 언어와 비교했을 때, 행동이 내포하는 이러한 '더하기'를 부정해 버리기란 불가능합니다. 오히려 어쩌면 거기에 있는 것은 '더하기'가 아니라 전혀 다른 무엇이라고 해야 할지도 모릅니다. 그것이 현실입니다. 언어를 아무리 멀리 밀고 나가도, 언어를 통해 현실을 발견하는 일은 결코 없습니다. 그래서 외적 세계의 현실과 관련된 문제는 간단하게 이렇게 정리할 수 있을 것입니다. 〈백 걸음을 걷는 것은 백 걸음이라고 말하는 것과 다른 사항이라는 이 단순한 사실이야말로 우리에게 현실을 증명해 준다.〉

〈의외성〉이란, 체계적인 언어 속에는 포함되어 있지 않았음을 말합니다.

사물이 우리에게 극복할 수 없는 장애가 되어 나타날 때(산사태), 우리는 그러한 사물 속에서 악의적인 힘을 보는 듯한 기분이 듭니다. 냉정함을 잃게 만드는 파국에 부딪치면, 우리는 흔히 '이게 정녕 꿈은 아닐까?' 하고 중얼거립니다. 가령 지금 바윗덩어리를 앞에 둔 인간들이 무턱대고 움직이기를 멈추고, 체계적으로 연구하여 지렛대를 사용할 생각을 한다면 모든 것은 바뀝니다. 지렛대는 대상을 분할하지 않고 대상의 무게를 분할하는 수단이라고 할 수 있습니다. 그때 바위는 그때까지의 악의를 모두 잃어버립니다. 어떠한 무게도 끝까지 힘에 저항하지는 못합니다. 이를테면 우리의 50킬로그램의 힘과 300킬로그램의 무게 사이에 하나의 〈관계〉를 성립시키는 것만으로 충분합니다.

"받침점만 주어진다면 나는 지구도 들어 보이겠다."

이러한 발상은 세계에 있는 악의에 찬 모든 힘을 억제해 줍니다. 우리의 힘과 그것에 대항하는 모든 힘 사이에는, 그러한 것들이 아무리 동떨어졌을지라도, 우리가 작용하여 우리의 흔적을 세계에 남기게 되는 그러한 관계가 언제나 존재합니다. 분해할 수만 있다면, 아무리 작은 힘이라도 가장 큰 힘을 이길 수 있습니다.

즉 바위에 무턱대고 달려들어 마술 같은 방법으로 바위를 이기려는 사람과, 지렛대를 찾으러 가는 사람 사이에는 본질적인 차이가 있습니다. 마음은 첫 번째 태도를 취하게 하고, 두 번째 태도를 취하는 데는 영웅적인 노력이 필요하다는 것에 주의합시다. 〈노동〉은 끊임없이 이런 종류의 〈노력〉을 요구합니다.

바위에 무턱대고 달려들 때에는 마치 악몽 속에 있는 듯한 기분이 들지만, 〈체계적인 언어에 따른 행동〉은 꿈과 어떠한 관계도 없습니다. 그러나 지금 바위에 대해 얘기한 것 속에는 〈의외성〉이 전혀 없기 때문에, 현실적인 것도 전혀 없습니다. 과학과 〈추론〉에서는, 자기가 다루는 문제 속에 〈자기가 가져온 것밖에〉(가설) 남지 않습니다. 그러나 행동 속에 자기가 가져온 것밖에 없다고 하면, 거기에는 장애가 없었던 것이 되고 행동도 없는 것이 되겠지요. 내가 자신에게 과제를 정했을 때와 행동을 이룩했을 때 사이에는 여러 가지로 우연한 사건이 일어나게 마련입니다. 〈현실은 그런 것들을 통해 정의됩니다. 현실은 처음의 과제 속에는 들어 있지 않습니다. 현실이란 체계적인 방법으로도 예지할 수 없는 것을 말합니다.〉

현실은 왜 이렇게, 이른바 부정적으로밖에 나타날 수 없는 것일까요? 〈'나'의 흔적〉이 〈방법체계〉이고, 그것은 우리 이외의 곳에서 오지 않습니다. 우리가 현실에 〈존재〉하기 시작하는 것은 바로, 우리가 〈방법체계〉를 〈현실에서〉 행사하는 순간부터입니다. 방법체계를 상징에 대해서만 행사할 때, 우리는 그저 놀이 같은 것에 머무를 뿐입니다. 체계적인 행동에서는 우리 자신이 행동합니다. 방법체계를 찾아낸 것이 우리 자신이기 때문입니다. 〈의외성〉이 모습을 드러내기 때문에 우리는 현실에서 행동하는 것입니다.

어떠한 현실도 결코 증명할 수는 없습니다. 〈현실은 증명해야 하는 것이 아니라 확인해야 하는 것입니다.〉 현실은 증거가 되는 것이 불충분하기 때문에 확증되어야만 합니다. 〈외적 세계의 현실을 보여 주는 것은, 언어가 지닌 불가결한 동시에 불충분한 그 성격입니다.〉

반성과 그 결과

누구에게도 이 관계가 밝혀지는 일은 거의 절대로 없을 겁니다. 행동이 추론에서 나오는 일은 좀처럼 없기 때문입니다. 더 정확하게 말하면, 〈같은 인간이 그 추론을 행동으로 옮기는 것은 드문 일입니다.〉(머리를 일하게 하는 것은 기사(技師)이고, 일을 하는 것은 노동자입니다.)

칸트는 〈예술〉을 〈자연과 정신 사이의 기적적인 일치〉라고 정의했습니다.

음악의 한 대목이 정신에만 속하는 무엇이 아님을 깨닫게 하는 것은 매순간마다 의외성이 있기 때문입니다. 〈인간의 위대함이 존재한다〉면, 그것은 다만 현실을 확실하게 의식하고 있을 때뿐입니다. 각자 속의, 언어와 현실을 가져다 주는 행동 사이의 이 관계를 밝히려 하지 않는 것은 무척이나 유감스러운 일입니다.

그리하여 우리는 〈과학상의 문제〉와 〈윤리상의 문제〉를 한꺼번에 해결해 버린 셈이 됩니다. 즉, 〈악의를 품고 있는 사람은 자기 자신의 행동을 말로 표현할 수 없다는 것입니다.〉 〈덕〉은 체계적인 언어와 행동의 관계 속에 있습니다. 지적(知的)인 덕은, 언어를 체계적으로 사용하고 잘 운용하기 위해 결코 언어를 억제하지 않는 것 속에 있습니다.

4―언어에 대한 결론을 내리기 위해서는 〈언어를 통해 사회가 개인에게 미치는 영향〉을 검토해야 합니다.

(1) 이것은 먼저 언어가 존재한다는, 오직 그 사실을 통해서만 영향을 미칩니다.

사회는 개인의 집합이 아닙니다. 〈개인은 사회보다 뒤에 오는 무엇이고 사회가 있어야 존재합니다.〉 사회 더하기 다른 무엇이 개인입니다. 그 순서는, 먼저 사회요 다음이 개인입니다. 개인은 사회를 통해서만 존재하며, 사회는 그 가치를 개인한테서 이끌어 냅니다.

(2) 이어서, 사회가 그 영향을 미치는 것은 이러저러한 언어가 지닌 특성을 통해서입니다. 이를테면 그리스어와 프랑스어는 분석적인 언어이고 추론에 적합합니다. 영국에서는 몽테스키외나 루소의 이름이 거론되는 일이 없습니다. 그렇지만 시에서는 훌륭한 도구입니다. 독일어는 분석보다 체계화하기 쉬운 언어입니다(칸트).

(3) 다음에 말이 있습니다.
아래와 같이 몇 가지 의미가 담긴 말이 있습니다.

〈머리〉(tête) ┌ 사고(머리가 이상해지다)
　　　　　　 │ 의지(저항하다)
　　　　　　 └ 지휘(선두에 서다)

〈가치〉(valeur) ┌ 교환가치
　　　　　　　 │ 윤리적 가치
　　　　　　　 └ 숙고한, 의욕적인 용감함

〈소유〉(propriété) ┌ 사람이 소유하고 있는 것
　　　　　　　　　└ 본질적 성격

〈재산〉(fortune) ┌ 금전 형태의 자산
　　　　　　　　└ 운(運)

〈아궁이〉(foyer) ┌ 불
　　　　　　　　│ 가정
　　　　　　　　└ 어떤 운동의 원천(음모의 소굴)

〈세계〉(monde) ┌ χοδυός 정돈하는 것, 질서
　　　　　　　 │ 우주
　　　　　　　 │ 군중
　　　　　　　 └ 형식적인 모임

〈우아함〉(grâce) ┌ 태도에서 볼 수 있는 자연스런 조화
　　　　　　　　│ 용서하다
　　　　　　　　│ 감사하다
　　　　　　　　└ 신의 은총

<시력>(vue)
┌ 시각의 감관
├ 풍경
└ 정신의 시야 등……

<따라서 언어 그 자체는 이미 사상을 내포하고 있습니다.>

언어는 사회가 자연히 만들어 낸 것이고, 우리가 어떤 말을 생각해 내기란 완전히 불가능한 일입니다(과학의 영역에서는 새로운 물질이 발견되면 그리스어 또는 라틴어의 어근이나 발견자의 이름에서 파생한 말이 명칭으로 붙는데, 이것은 상당히 난폭한 일입니다).

(4) 그리하여 언어 덕분에 우리는 지적인 환경을 누리게 됩니다. 우리가 언어를 통해 전달되는 어떠한 사상과도 무관한 사상을 품기란 불가능합니다. 우리는 자신의 어떤 상태를 표현함으로써, 그 상태를 모든 인간에게 공통되는 영역에 넣게 됩니다. 그러므로 <언어에는 정화작용이 있다>는 것입니다. 그런 의미에서 언어가 우리의 내부에 해를 끼치는 모든 사물을 표현하는 것은 건강한 일입니다. 표현되고 나면 그것은 일반적이고 인간적인, 따라서 극복할 수 있는 것이 되기 때문입니다.

아리스토텔레스는 <비극은 정화>라고 말했습니다.

괴테가 《젊은 베르테르의 슬픔》에서 자신의 절망을 표현하자, 그것은 모든 인간이 한 번은 통과하는 단계가 되었습니다.

자기 속에 있는 모든 광기를 표현함으로써 우리는 그것을 재생하게 됩니다. 그리하여 우리를 인간성에서 떼어 놓았던 것에 인간성을 주게 되기 때문입니다.

(5) 반대로, 우리는 언어 때문에 타자의 사상과, 그것이 자기의 것인 듯한 관계를 맺게 됩니다. 그것을 자기 것으로 하지 않고 사상을 받아들일 수는 없습니다.

그리하여 <사상끼리의 교환>이 이루어집니다. 이 교환이 문화를 구성합니다. 그 문화가 '인문과학'이라고 불리는 것은 이때문입니다. 언어는 인간 사이에 우애관계를 만듭니다. 이것은 특히 저작에 대해서뿐만 아니라 민간의 구승, 신화(성서·그리스신화·콩트·마법), 시, 예술작품에 대해서도 진실입니다. 이러한 모든 것은 인간 사이에 사상뿐만 아니라 감정에 관해서도 하나의 공유 재산을 만들어 냅니다. 누구든지 《페드르》 속의 질투와 사랑을 인정할 것입니다. 두 사람이 싸울 때, 만약 한쪽이 상대의 분노가 자신의 것과 같음을 안다면 싸움은 금방 끝날 것입니다.

5—언어의 잘못된 사용법

〈언어는 기계적인 것인 한 위험합니다.〉

오류의 원인이 언어의 잘못된 사용법에 있다고 생각함으로써, 오류에 대한 유물론적 이론을 만들어 낼 수 있습니다.

우리는, 언어가 자기를 이중화할 수 있게 해 주기 때문에 소중하다는 점을 살펴보았습니다. 그러나 언어에 완전히 끌려다닐 때, 언어는 우리를 이중화시켜 주지 않고 오히려 해를 끼치게 됩니다. 언어는 데카르트가 모든 오류의 원천으로 간주한 〈억단(臆斷)*35과 성급함의 원천입니다.〉

〈원한다면, 살아가기 위한 수단은 모두, 언어의 올바른 사용법을 발견하는 것에 환원할 수 있다고 해도 무방할 것입니다.〉

추론

라이프니츠*36는 모든 판단은 〈분석적〉이라고 생각하고, 거기서 〈동일성의 원리〉는 중요한 원리이며 〈충족률의 원리〉이기도 하다는 결론을 내렸습니다.

"모든 것은 하나의 원인 없이는, 적어도 하나의 결정적인 이유 없이는 결코 일어나지 않는다. 그 이유란, 왜 이러이러한 것이 비실재하지 않고 실재하는가, 왜 이러이러한 것이 전혀 다른 방식이 아니라 이런 식으로 되어 있는가를 선험적으로 설명하는 데 도움이 되는 것을 말한다."

칸트는 추론하는 데 도움이 되는 여러 가지 원칙을 표로 정리하고자 했습니다. 그리하여 다음과 같은 것을 발견해 냈습니다.

1° 〈동일성〉의 원리

---

*35 근거 없이 판단함.
*36 1646~1716. 독일의 철학자, 사상가.

2° 〈카테고리〉

(1) 〈양〉의 카테고리(단일성, 수다성(數多性), 전체성)

(2) 〈질〉의 카테고리(실재성, 부정성, 모방성)

(3) 〈관계〉의 카테고리(실체와 우유성(偶有性)의 관계, 원인과 결과의 관계, 상호작용)

(4) 〈양태〉의 카테고리(가능성, 존재성, 필연성)

칸트는 이러한 카테고리에 〈종합적 판단을 위한 원리〉인 〈선험적 원리〉를 다음과 같이 대응시켰습니다.

(1) 모든 현상은 〈외연성을 수반하는 크기〉이다.

(2) 모든 현상에서, 감각과 대상 속에 있으며 감각에 대응하는 것은 〈강도(強度)〉를 지닌다.

(3) (a) 일반적 원리. 경험은 시간 속에서 지각끼리의 관계를 결정한다, 〈지각의 필연적 연관〉에 대한 표상을 통해서만 가능하다. (b) 〈실체는 현상의 어떠한 변화 속에서도 존속하며〉, 그 양은 자연 속에서 증가도 감소도 하지 않는다. ('그 어떤 것도 스스로를 잃어버리지 않고, 그 어떤 것도 스스로를 만들어 내지 않는다' 참조) (c) 모든 변화는 〈원인과 결과의 결합법칙〉에 따라서 일어난다. (칸트에게 이 결합은 시간에서의 필연적 계기(繼起)를 말한다.) (d) 모든 실체는 공간 속에 동시적으로 존재한다고 지각될 수 있는 한, 〈보편적 상호작용〉 속에 있다.

(4) 〈형식적〉 조건에 합치하는 것은 〈가능태〉이고, 경험의 〈물질적〉 조건에 합치하는 것은 〈현실태〉이며, 현실적인 것과의 합치가 경험의 일반적인 조건에 따라 결정되는 것은 〈필연태〉이다.

스펜서*37에 따르면, 원리는 단순히 종(種)의 경험에 따라 획득된 일반적인 규칙에 지나지 않습니다. 따라서 불변의 원리 따위는 존재하지 않는다는 겁니다.

〈얼핏 모순인 것처럼 보이는 사항〉

〈아인슈타인의 이론〉 아인슈타인은 빛의 속도도 무한하다고 하면서도, 빛은

---

*37 1820~1903. 영국의 철학자.

1초에 30만 킬로미터를 나아간다고 생각했습니다.

또 〈큰 것과 작은 것〉의 관계는 명백하게 상대적인 것으로 생각되는데도, 큰 것과 작은 것은 절대적이라는 법칙도 있습니다.

〈총계의 이론〉 정수(整數)는 짝수의 두 배로 되어 있는데도, 이 이론에 따르면 짝수의 총계는 정수의 총계와 같은 것이 됩니다.

추론 방법을 다음의 세 가지로 분류하고, 그 각각에 대해 고찰해 봅시다.

1 삼단논법

〈예〉 소크라테스는 인간이다. 인간은 반드시 죽는다. 따라서 소크라테스는 죽어야 한다.

삼단논법은 귀류법(歸謬法)을 써야만 증명할 수 있습니다. 요컨대 삼단논법은 〈언어에서의 모순을 피하기 위한 하나의 규칙〉에 지나지 않습니다. 실은 〈동일성의 원리라는 것도 문법의 원리입니다.〉

일반적으로 쉽게 할 수 있는 통속적이고 직접적인 추론은, 명백한가 어떤가의 차이는 있을지언정 모두 삼단논법입니다.

삼단논법의 규칙에 대해 생각할 수 있는 것은 오직 〈형식논리〉 안에서입니다.

2 수학적 추론

데카르트가 등장하기 전까지, 수학적 추론은 결국 삼단논법을 가리키는 것이었습니다.

"A＝B이고, B＝C이다. 그러므로 A＝C이다"에 대해 생각해 봅시다.

여기서 문제가 되는 것은, B를 통해 A를 정의하는 것이 아닙니다. 사실 수를 헤아려 보지 않으면 이 추론은 의미가 없습니다. "두 개의 양이 각각 제3의 양과 같으면 그 두 개의 양은 같다"는 명제는 삼단논법이 아닙니다. 분석적인 판단이 아닌 것입니다. 우리는 '양이 같은 것끼리는 같지 않다'는 명제를 바탕으로 과학의 한 부문(미적분)을 내세우는데, '하얀 머리는 검다'는 것과 같은 명제에 의거하지는 않습니다.

"A＝B이고, B＝C이다. 그러므로 A＝C이다"는 〈정도(程度)〉를 정의하기 위한 조작입니다.

우리는 산술의 기본적인 연산을 함으로써 〈질서〉를 파악할 수 있습니다. 여기에도 언어가 재빨리 개입합니다. 도중에 중단될 때, 언어가 없으면 어디까지 했는지 생각해 내기란 어려운 일입니다. 그렇지만 거기에는 언어와는 다른 무엇이 있습니다. 〈질서〉는 항상 같은 행동을 재현하려고 합니다. 차례차례 우리를 나아가게 해 주는 연산(학급의 학생들, 병사들 등)을 고려하지 않으면, 수라는 것은 사물에도 동물에도 적용할 수 없을 것입니다.

〈자연 속에는 수(數)라는 것이 없습니다.〉

기하학에서 사물을 유물론적으로 생각하면, 거기에는 언제나 언어와 질서가 있습니다. 삼단논법이 그 역할을 하는 것은, 일단 증명이 된 뒤부터입니다. 그럼, 그 증명은 어떻게 이루어질까요? 선(線)을 사용해서입니다. 그런데 〈선은 자연 속에는 존재하지 않습니다.〉 그렇다면 수학은 어떻게 해서 기계와 철도와 자동차 같은 물질을 제조하는 기본으로서 도움이 될 수 있을까요?……

종이와 흑판 위의 경미한 흔적이라고도 할 수 있는, 〈선이라는 것의 마술적인 힘은 무엇에 근거하는 것일까요?〉 우주의 왕이라고 할 수 있는 것은 삼각형이 아니라 오히려 거의 직선이었습니다.

일반적인 직선과 기하학 도형의 성격에 대해 살펴봅시다. 이를테면, 우리는 왜 서양삼나무의 가지를 이용하여 기하학을 가르치지 않는 것일까요?

거기서 우리는 〈기하학 도형이 (a) 다루기 쉽고, (b) 단순하다〉는 것을 깨닫습니다.

직선은 쉽게 더듬어 갈 수 있기 때문에 곡선보다 단순합니다. 직선을 더듬어 갈 수는 있어도 면을 더듬어 갈 수는 없기 때문에 직선은 면보다 단순합니다.

가까이 가기 힘든 것을 단순한 것으로 환원할 수 있음이 우리의 위대함의 표시이고, 그것을 그 자리에서 바로 할 수는 없음이 우리의 무력함의 표시일 겁니다.

또 기하학 도형은 실체도 저항도 무게도 우연성도 없는 (c) 〈고착물〉이고, (d) 〈상징적인 것〉입니다.

〈따라서 우리가 이러한 사물을 세계를 지배하는 데 활용하는 까닭은 바로, 그것이 가까스로 존재하는 데 지나지 않기 때문이고, 완전히 우리 마음대로

할 수 있는 것이기 때문입니다.〉 (그것을 통해 모든 것이 우리 마음대로 되는 〈언어〉 참조)

직선은 〈운동의 상징〉인(우리가 더듬어 갈 수 있다는 의미에서) 동시에, 〈이동시킬 수 있는 사물〉이기도 합니다.

이 두 종류의 운동만을 토대로 기하학 전체를 새로 만들 수도 있을 것입니다. 〈직관〉이나 〈암시〉의 기원은 우리가 기하학 도형을 조작하거나 끌어내고 이동시킬 수 있는 것으로 간주하는 데 있습니다.

그러나 참으로 곤혹스러운 건, 오류에 빠지는 운동에서도 직관을 얻을 수 있다는 사실입니다. 하지만 그렇다면 어째서, 이를테면 성냥개비 같은 것을 쓰지 않는 것일까요? 성냥개비라면 잘 조작할 수 있고……틀림없이 그럴 것입니다. 그러나 〈우리는 단순히 도형을 그리는 데 머무름으로써 우연성을 배제하려는 것입니다.〉 우연성은 우리가 예견하지 못하는 사이에 일어나는 것을 말합니다. 우연성은 시간을 통해 매순간마다 우리에게 주어집니다.

시간은 우리의 모든 방법체계를 뒤엎어 버립니다. 인간이 하나의 방법체계를 발견하기 위해 고심참담하는 것은 그다지 놀라운 일이 아닙니다. 현실과 방법체계 사이에는 대립이 있기 때문입니다. 흑판과 분필(또는 종이와 연필) 속에 있는 그야말로 마술적인 것은 흑판이 시간을 배제한다는 것입니다.

그렇지만 우리가 시간이 원하는 대로 되어야 하는 때는 언제나 존재합니다. 삼각형을 그리기 전에 다각형을 그릴 수는 없습니다. 그러나 이때의 시간은 이미 우리가 조금 전에 고찰한 시간이 아닙니다. 〈시간은 행동할 때의 규칙으로 간주되는 일이 있습니다. 하지만 그런 경우의 시간은 시간 속에 존재하는 의외성이 모두 배제된 시간입니다.〉

백까지 헤아리거나 삼각형에 대해 추론하는 것은 '인공적인 환경' 속을 나아가는 것과 같습니다.

이제 여기까지 오면 〈방법체계〉라는 것이 무엇인지 정의할 수 있을 겁니다. 〈우연성을 가져온다는 시간의 특성을 우리가 배제할 때마다, 행동을 규정하려는 시간의 특성을 우리가 보유할 때마다, 거기에는 방법체계가 존재합니다.〉

〈질서〉도 그와 같습니다.

질서는 그것이 행동 속에 들어 있는 질료를 배제함으로써 행동 그 자체만을 보유하는 한, 힘을 보여 주는 것이 분명합니다. 그러므로 기하학은 그 밑바탕에서는 노동을 위한 과학이라고 할 수 있습니다.

〈정리〉

흑판이 지닌 힘은, 우리가 흑판에 글을 씀으로써 우연성을 배제하고, 따라서 시간의 재촉을 받지 않아도 된다는 데 있습니다. 기하학은 방법체계 외에도 〈운동의 흔적〉을 내포하고 있습니다.

기하학이 운동의 흔적을 내포하는 한, 〈상상〉은 어떤 역할을 수행합니다.

이러한 점을 토대로, 수학에 몰두하는 세 가지 방법을 구별할 수 있습니다.

(1) 〈상상이 언어에 선행할〉 때

이때 직관적으로 해답을 찾았다고 말합니다.

(2) 〈상상이 언어를 수행(隨行)할〉 때

이때는 해답을 총괄적으로 느끼려는 것이 아니라, 문제에 대해 한 걸음 한 걸음 체계적으로 상상합니다. 상상은 하나의 운동을 상상한다는 의미에서, 또 문제가 아무리 복잡해도 모두 일련의 단순한 운동으로 환원될 수 있다는 의미에서, 하나의 역할을 하게 됩니다.

(3) 〈상상이 부재할〉 때

이때는 언어밖에 없습니다.

데카르트가 지적했듯이, 수학에서는 상상이 작용하고 있을 때 말고는 진정한 이해가 없다고 할 수 있습니다.

3 자연과학에서의 추론

(A) 자연과학에서의 질료에 대해 생각해 봅시다.

먼저 자연을 들 수 있습니다. 그것은 〈관찰〉과 〈실험〉이라는 두 가지 형태 아래 나타납니다.

관찰밖에 사용할 수 없는 것은 천문학뿐으로, 나머지 과학에서는 반드시 실험이 개입합니다. 인간은 실험 속에, 인공적인 환경을 만들어 내려고 함으로써 개입하게 됩니다.

(a) 〈관찰〉에 쓰는 장치는 다음과 같이 유용합니다.

(1) 겉모습을 측정하는 것. 크로노미터, 망원경, 컴퍼스.

(2) 겉모습의 측정을 방해하는 것(이를테면 신경충동의 속도 같은 개인적 요인)을 모두 배제하는 것.

관찰에 사용하는 장치는 관찰에 필요하고도 충분한 조건입니다. 관찰할 때는 추론조차도 해서는 안 됩니다. 어떠한 상상도 확실하게 배제하기 위해 사고를 삼가야만 합니다. 따라서 관찰은 겉으로 보기에 순수하게 물질적인 행위입니다.

(b) 〈실험〉

실험이라는 것은 어느 순간에서 어느 순간으로, 두 순간 사이에 관계를 수립하면서 나아가는 것이 가능해지는 장치입니다. 실험에서는 어느 한정된 공간을 기초로 하나의 독립된 세계를 만들어 내며, 그 세계를 실험자가 관여할 수 없는 것으로 해야 합니다. 즉,

(1) 〈인공적인 환경을 만들어 낼〉 것. 다시 말해 유한한 몇몇 요인에만 한정할 것. 다른 표현을 빌리면, 무한대, 무한소 같은 무한성을 멀리할 것. 무한하게 큰 것을 멀리하기 위해서는 주위 환경을 추상해야만 합니다. 무한하게 작은 것을 멀리하기 위해서는 실험요인 가운데 몇몇 부분을, 또 그 부분 안에서 다시 몇몇 부분을, 이런 식으로 계속해서 추상해야 합니다. 무한대와 무한소라는 두 가지 방향 속에서, 우리에게서 벗어나 사라지는 것도 있습니다. 물리학자에게는 십억 분의 1밀리미터만 달라도 완전히 다른 결과가 나와 버립니다.

이를테면 물체의 낙하에 대해 연구하는 경우, 분필이 낙하할 때 그 내부에서 무슨 일이 일어나는지 알아야 한다 해도 그것을 위해 실험하기란 불가능합니다. 〈요컨대 실험이란 인위적인 무엇입니다.〉 사실 외부에 있는 것을 배제하거나 내부에 있는 것을 배제하기는 모두 완벽하게 하기 어려운 일입니다.

그렇게 보면, 모든 실험은 하나의 픽션을 바탕으로 하는 것처럼 보입니다. 따라서 실험도 이론과 마찬가지로, 〈약속한 사항〉을 바탕으로 하고 있음을 알 수 있습니다. 약속한 사항이 없는 실험은 단순한 우발적인 일이 되어 버릴 것입니다.

〈일반적으로 말해, 인공적인 환경 자체는 어떠한 의미도 없습니다.〉 그렇다

면 어떤 의미를 부여하면 될까요? 〈하나의 계에서 최고의 항〉이라는 의미를 부여하는 건 불가능합니다. 모든 건 마치 도구를 점차 완전하게 만들어 감으로써 외적인 영향과 내적인 영향을 조금씩 줄여 갈 수 있는 것처럼 진행됩니다. 실험의 완성은 인간의 노동에 달린 셈입니다. 그것은 중요한 사실입니다. 그렇지 않으면 사람은 계에 대한 관념을 품을 수 없고 또 실험은 인간적인 세계에서 이루어지기 때문입니다. 이것은 물리학에서 '절사(切捨, trimming) 가능'이라는 말에 하나의 의미를 부여합니다. '절사 가능'한 것이란 인공적인 환경의 불완전함에서 유래하는 것을 말합니다. 이를테면 열량계에서 부속품에 흡수된 열량은, 더 좋은 도구를 사용하면 감소시킬 수 있기 때문에 절사 가능한 것이 되는 겁니다.

〈실제로 실험에서는 이상적인 실험과 이상적인 결과라는 두 가지 미지의 사항을 토대로 추론합니다. 그리고 이 두 가지는 그러한 계가 동시에 한 점에 수렴할 때만 의미가 있습니다.〉

이를테면 줄의 법칙*38은 아직도 완전하게 입증되지는 않았지만, 더 정확한 도구를 사용할수록 더 정확하게 입증될 거라고 단언할 수 있습니다.

〈따라서 실험은 궁극적으로는 이론과 대립하는 것이 아닙니다. 실험은 이론과 같은 원리, 즉 질서의 원리를 바탕으로 합니다.〉

순수한 경험론을 적용하고자 할 때는 실험만 해서는 안 되는 것입니다.

(2) 〈계〉 계를 세우는 것은 이미 살펴본 인공적인 환경을 조성하는 것에 비해 더욱 일반적이지 않은 조건처럼 보입니다.

단 하나의 계를 토대로 실험 요인의 하나를 변화시키고, 다른 요인이 변화할 때 그 바탕이 되는 계를 찾아내야 합니다. 흔한 일반화(물은 100도에서 끓는다)는 어떤 법칙이 1, 2, 3, 4……의 경우에 입증되면 다른 어떤 수의 경우에도 참이라는 사실과는 전혀 관계가 없습니다. 수에 대한 이 조작은 자연 속에 질서를 불어넣으려는 시도입니다. 다른 몇 가지 계를 대응시키기 위해서는 더욱 철저한 탐구가 필요합니다.

〈첫 번째〉 실험을 통해 계 전체를 재현하려는 경우에 대해서는 이미 고찰했습니다. 이 작업은 〈가설의 입증〉이라고 부를 수 있습니다.

---

*38 영국의 물리학자 줄(1818~89)은 전류로 인해 도체 내에 발생하는 에너지는 전류의 세기의 제곱 및 도선의 저항에 비례한다는 법칙을 발견했다. 이것을 줄의 법칙이라고 한다.

〈두 번째〉 주먹구구로 하는 실험입니다. 하나의 요인을 변화시킨 뒤 다른 요인이 어떻게 변하는지 주목함으로써 하나의 계를 세우고자 하는 것입니다. 이때 〈외삽법(外揷法)〉과 〈내삽법(內揷法)〉이 이용됩니다. 첫 번째에선 수학이 실험을 이끌고, 두 번째에선 수학은 다만 요약하는 데 도움이 될 뿐인 하나의 언어에 지나지 않습니다.

〈첫 번째에선 실험을 시작하기 전에 가설이 세워지지만, 두 번째에선 실험이 끝난 뒤에 가설이 세워집니다.〉

(B) 〈가설〉

〈예〉 중력은 불변하는 힘이다. 빛의 전파는 직선 형태나 물결 형태로 이루어진다.

가설에는 몇 가지 종류가 있습니다.

(a) 〈순수하게 수학적인 연역에 따라 형성되는 가설〉

〈예〉 지렛대 이론. 물체가 뜨는 것에 대한 이론. 무게가 있는 물체가 공간 안에서 나아가는 궤적에 대한 법칙.

〈가설과 실험의 관계〉는 어떤 것일까요?

〈보통 학자는 추론을 통해 자연의 동의를 구한다고 합니다.〉 자연이 긍정하면 그 추론은 옳고, 부정하면 틀렸다는 식입니다.

〈그러나 자연과 추론은 다른 것임을 생각해야 합니다.〉 자연 속에는 질서가 없습니다. 추론 속에는 있지만 자연 속에 없는 것은 추론 그 자체입니다.

"자연은 적분법의 어려움 따위는 개의치 않는다." (앙페르)*39

추론과 자연은 다음의 두 가지 점에서 이질적인 것이라고 할 수 있습니다. 그것은 추론 속에는 자연 속에 없는 질서가 있고, 자연 속에는 추론 속에 없는 소여(所與)*40가 있다는 것입니다.

가령 저울의 균형이 지렛대 이론과 불일치한다면, 지렛대 이론이 잘못된 것이 됩니다.

〈그런 종류의 순수하게 수학적인 연역은 결코 입증되지 않습니다.〉 그것이

---

*39 1775~1836. 프랑스의 물리학자.
*40 사고의 대상으로 의식에 직접 주어지는 내용.

자연 속에는 결코 존재하지 않는, 완전히 정의상(定義上)의 소여에서 출발하기 때문입니다. 〈이런 종류의 연역은 자연 속에 계(오차의 정도가 큰 저울부터 작은 저울에 이르는 계)를 만들어 내는 것을 가능하게 해 줍니다.〉

따라서 이러한 이론을 자연에 적용함으로써, 〈현실에서의 소여와 이론상의 소여 사이에 있는 차이의 정도〉를 밝힐 수 있습니다.

〈예〉 현대의 모든 열역학은 기본적으로 완벽히 기체인 것(마리오트의 법칙과 게이뤼삭의 법칙[41]이 입증하고 있다)을 토대로 세워져 있지만, 그러한 기체는 실제로 존재하지 않습니다.

(b) 〈이미 알고 있는 현상과의 유사에 따라 형성되는 가설〉

데카르트는 이렇게 말했습니다.

"내가 사용하는 비교에 대해 말하면, 나는 운동을 다른 운동에만, 도형을 다른 도형에만, 다시 말해 너무 작아서 우리의 감관에 도달하지 않는 사물을, 우리의 감관에 도달할 뿐만 아니라 커다란 원이 작은 원과 다른 만큼 다를 뿐인 다른 사물에만 비교한다. 그러한 비교야말로 인간 정신이 안을 수 있는 물리학적 문제들의 진실성을 설명하는 데 가장 어울리는 수단이다. 그러므로 자연에 관해 이러한 비교 없이 무언가가 단언될 때는 논증을 통해 잘못이 밝혀질 것이다."

〈유추〉는 〈관계의 동일성〉을 말합니다.

일반적으로 유추는 유사와 혼동됩니다. 물속의 돌과 빛 사이에는 물질적 유사는 전혀 없지만 유추는 있습니다.

(c) 〈대수학적 유추에 따른 가설〉

〈예〉 헤르츠[42]의 가설. 헤르츠는 전기(電氣)를 분석했습니다. 그는 실험을 통해 빛에 대한 공식과 매우 비슷한 공식을 이끌어 내고, 그것을 통해 빛은 전자기적인 현상이라는 결론을 내렸습니다.

이런 종류의 가설에는 주목할 만한 것이 있습니다. 사람은 전기의 본성에 대

---

*41 마리오트(1620무렵~84)는 프랑스의 물리학자. 기체의 압력과 부피의 관계와 관련된 '보일의 법칙'을 재발견했으며, 이것은 프랑스에서는 보통 '마리오트의 법칙'이라고 불린다. 게이뤼삭(1778~1850)도 프랑스의 물리학자로, 두 종류의 기체가 결합할 때 그 부피는 간단한 정수비를 이룬다는 기체반응의 법칙을 발견했다.

*42 1857~94. 독일의 물리학자.

해서는 아무것도 모릅니다. 그래서 특수한 것을 일반적인 것으로 환원합니다.

다른 가설이 명백한 것인데 비해 세 번째 가설은 상당히 막연합니다. 이런 종류의 가설은 상상을 통해 표상할 수가 없고(두 번째 가설의 경우에는 그것이 가능하고 또 그렇게 해야 합니다) 또 기계적인 표상에 좌우될 때도 있습니다. 앙리 푸앵카레[43]는 기계적인 표상은 한 번 만들면 나머지는 무한하게 만들어 갈 수 있으므로, 하나의 현상을 기계적으로 표상하려는 것만큼 무의미한 일은 없다고 했습니다. 라그랑주[44]는 모든 기계적인 현상에 대해 단 하나의 일반적인 공식을 부여했습니다.

앙리 푸앵카레는 이렇게 말했습니다.

"어떤 현상이 라그랑주의 일반적 공식을 입증할지도 모르지만, 그렇게 되면 기계적인 표상이 무한하게 있게 된다. 만약 그렇지 않고 그 공식이 입증되지 않을 때는 어떠한 표상도 찾아내지 못한다."

〈이 세 번째 가설에서는 인간의 사고가 대수학을 대신할 수 있는 셈입니다.〉

〈어떤 종류의 가설에도 확실하게 한정된 물질적인 뒷받침이 있습니다.〉

〈오귀스트 콩트[45]가 만든 과학의 상호관계에 대한 표〉

〈가설〉	〈과학〉	〈방법〉
수학적	〈수학〉	논증
천문학적	〈천문학〉	관찰
물리학적	〈물리학〉	실험
화학적	〈화학〉	물질의 분류
		(비연속성)

(참고. 화학에 대해 말하면 화학에서 고찰되는 질료 속에는 생존 조건도 들어 있습니다. 고대의 원자론은 수를 토대로, 현대의 원자론은 화학을 토대로 합니다. 〈아보가드로의 법칙.[46] 물리와 화학 사이의 전이를 담당하는 도구는 저울입니다.)

---

[43] 1854~1912. 프랑스의 수학자, 물리학자.

[44] 1736~1813. 프랑스의 수학자.

[45] 1798~1857. 실증주의의 창시자. 프랑스의 사회학자.

[46] '모든 기체는 같은 온도와 압력하에서는 같은 부피 속에 같은 수의 분자를 포함한다'는 법칙. 1811년, 이탈리아의 화학자 아보가드로(1766~1856)가 가설로 제출했고, 나중에 실험적으로도 증명되어 법칙으로 불리게 되었다.

$$물리·화학적 가설 \begin{cases} 생물학 비교 \\ (이러한 과학은 모두, 그 가설을 선행하는 과학에서 \\ 이끌어 내기는 하지만, 각각의 독자성은 유지하고 \\ 있습니다.) \end{cases}$$

이 표에 콩트, 마르크스와 마르크스주의자, 프랑스의 사회학파(뒤르켐,[*47] 레비브륄)[*48]이 연구한 〈사회학〉을 추가할 수도 있을 것입니다.

정신을 찾아서

(1) 우리는 언어가, 능동적 존재와 수동적 존재 사이에서 인간이, (a)자기 자신의 조건반사 창출, (b)자기 관념의 검증이라는 두 가지 형태로 자신을 〈이중화하는〉 도구를 보아왔습니다. 그러므로 우리는 인간 속에서 〈이원성〉, 곧 〈질이 다른 두 가지 요소〉를 본 셈입니다.

(2) 한편 우리는, 우리에게 〈무한〉이라는 것의 의미, 〈완전함〉이라는 것의 의미를 가져다 주는 〈계〉라는 개념을 살펴보았습니다.

〈이의〉 무한은 최대의 것을 향한 점진으로서 표상되고, 완전함은 더 불완전하지 않은 것으로서 표상되고 있습니다.

〈반론〉 유물론자들은 '이상적 극한으로서의 완전한 직선을 상상하는 것은, 불완전한 직선에서 완전한 직선에 이르는 계를 통해서'라고 말합니다. 그것은 확실합니다. 그러나 점진은 그 자체 속에 필연적으로 무한을 내포합니다. 이러이러한 직선이 다른 직선보다 똑바르다고 말하는 것은, 완전한 직선과의 관계를 세운 뒤에 가능합니다. 그렇지 않으면 계라는 것은 아무런 의미도 없게 됩니다. 거기에는 상상을 통해 얻은 사고와 오성을 통해 얻은 사고를 구별하는 뛰어난 기준이 존재합니다. (데카르트의 《방법서설》 '제2의 성찰' 속 밀랍에 관한 대목 참조) 사고인 것과 사고가 아닌 것 사이에는 근원적인 단절이 있습니다. 우리는 무한을 마음에 그리거나, 아니면 무한을 전혀 마음에 그리지 않거나 어느 한쪽이기 때문입니다.

---

*47 1858~1917. 프랑스의 사회학자.
*48 1857~1939. 프랑스의 철학자, 사회학자.

(3) 우리는 마지막으로 〈필연성〉이라는 것을 찾아냈습니다. 〈우발적인 사상〉과 〈필연성의 흔적을 지닌 사상〉 사이에는 근원적인 차이가 있습니다.

〈우발적인 사상〉 물은 100도에서 끓는다. 물체는 낙하한다. 태양은 아침마다 떠오른다. 우리가 지금 보고 있지 않은 대상(인간 존재)도 항상적으로 존재한다……

〈필연성의 흔적을 가지는 사상〉 이전에 존재한 것이라도 이후에 존재하지 않을 수도 있다. (칸트에 따르면, 〈공간〉과 〈시간〉은 선험적으로 종합적인 판단의 두 가지 또는 두 가지만의 원천이다.)

〈필연성이라는 개념의 심화〉

〈필연성은 사고가 장애를 만날 때만 나타납니다.〉

〈예〉 ⓐ 소중한 것을 잃어버리고 당황하여 찾아다닐 때 필연성의 관념을 놓칩니다. 그러나 체계적으로 찾을 때, 찾아다닌 곳에서는 발견되지 않는다는 필연성과, 있다면 이러이러한 장소에 있을 거라는 필연성이 보이기 시작합니다.

ⓑ 공장 안에 들어서면 현기증이 나는 걸 느끼지만, 숙련공은 어떻게 하면 기계의 움직임을 바꿀 수 있는지 안다는 이유로, 필연성의 관념을 지니고 있습니다.

ⓒ 정념의 영역. 페드르는 자기가 무엇을 피하려 하는지조차 모른다는 이유로, 필연성의 관념을 지닐 수 없습니다. 〈필연성이 나타나는 것은 정신이 무언가를 구축하고자 할 때입니다.〉 필연성을 이해하기 위해서는 정신이 그것을 〈다시 구성해야만 합니다.〉

정신은 필연성을 묵살함으로써 필연성을 자기의 도구로 삼습니다. 인간이 필연성의 개념을 지니는 것은 실제에서이든, 상징을 이용해서이든, 인간이 자연을 조작하는 한에서입니다.

필연성이 있기 위해서는, 〈만남〉이, 〈세계〉와 〈인간〉(정신)이라는 〈두 가지 요소〉가 반드시 필요합니다. 따라서 유물론은 필연성의 개념을 바탕으로 세워질 때 스스로를 파괴하게 됩니다.

〈인간의 진보는 모두 구속을 장애로 변형하고자 하는 데 있습니다〉

인간은 왜 수학에 몰두할 때 세계에서 벗어나 자기 자신과 마주해야만 하는 것일까요? 세계는 인간에게 어떠한 유예도 허락하지 않기 때문입니다. 인간은 현실 세계와 부딪치고 있는 한, 하나의 계를 수립하기가 불가능합니다.

인간은 상징을 조작할 때는 왕이지만, 자연 앞에서는 완전히 무력한 존재가 되고 맙니다. 인간은 손으로 직접 세계를 만지면서 무언가를 구축할 수는 없습니다. 추상적으로 구축한 뒤에 다시 세계 쪽으로 방향을 바꿀 수 있을 뿐입니다.

공교롭게도, 추상적으로 구축하는 것과 세계 속에 있는 것은 동일하지 않습니다.

칸트는 말합니다.

"비둘기는 대기를 가르며 자유롭게 날아다닐 때, 대기의 저항을 느끼고 '진공 속에서는 더욱 자유롭게 날 수 있을 텐데' 하고 생각할지도 모른다."(이때 비둘기는 사고이고 대기는 세계입니다.)

베이컨은 말합니다.

"인간은 오직 자연에 순응해야만 자연을 지배할 수 있다."

진정으로 인간적이라고 할 수 있는 행동과 사상은 하나의 필연성을 내포합니다. 외부에서 강제되지 않는 한, 반드시 필연성이 없는 행동과 사상을 배제해야만 합니다. 필연성이 없는 사상은 단순한 억측에 지나지 않습니다. 그러나 억측에는 우리가 그것 없이 해결할 수 있는 것과 없는 것이 있으며, 우리는 그것을 구별해야 합니다.

제2부

"기하학을 모르는 자는 들어오지 말 것."*1

플라톤

제1편 정신의 발견 뒤에

정신—그 성격

정신을 직접 고찰하는 것은 〈그 성격에 부정적인 데가 있기〉 때문에 불가능한 일입니다.

(1) 〈이원성〉 이원성이라고 해도, 존재하는 두 개의 항을 함께 강요하는 것은 아닙니다. 우리 속에 있으면서 우리 자신의 사고에서 분리되어 우리의 사고를 판가름하는, 그러한 것은 결코 파악할 수 없습니다.

(2) 〈완전함과 무한성〉

우리가 자기 자신에 대해 일단 알고 있는 것은 자기가 불완전하다는 사실입니다.

'나는 나 자신을 알기 이전에 신을 알았다'고 말한 데카르트의 참뜻은 거기에 있습니다. 〈우리 위에 찍힌 신의 유일한 각인은, 우리가 자신이 신이 아님을 느끼는 것입니다.〉 우리는 불완전하거나 유한한 것을 좋은 것으로 인정할 권리가 자기에게 없다는 점도 느끼고 있습니다. 가령 그것을 좋다고 인정하는 것이 정당하고 또 정상적이라면, 자기를 불완전하다고 말하지 않게 될 것입니다. 우리는 자기가 그러한 불완전함과는 무관하다고 생각하고 있습니다.

(3) 〈필연성〉 필연성이라는 것은 분명히 정신이 끼어 있음을 가리킵니다. 그

---

*1 플라톤은 아카데메이아 현판에 이 말을 썼다.

렇지만 우리가 포착하는 것은 사물의 필연성입니다. 하기야 정신이 필연성을 낳게 하지 않으면 필연성 따위는 존재하지 않을 겁니다. 세계는 정신에 〈장애〉로서 나타납니다.

그러므로 우리가 정신을 파악했다고 의식해도 그것은 언제나 착각에 지나지 않습니다.

정신에 대한 고찰은 아무리 해도 내성(內省)의 도움을 빌려서 할 수 있는 것이 아니며, 하물며 관찰을 통해 할 수 있는 것도 아닙니다.

정신에 대한 고찰은 표현된 우리의 사고 속에서 〈회의(懷疑)와 완전함과 질서(필연성)의 흔적〉을 찾음으로써만 가능합니다. 따라서 정신에 대한 고찰은 형이상학과 관계가 있다고 할 수 있습니다.

의식—무의식—의식의 정도

고전주의 시대의 철학에서는, 의식적인 사고밖에 없는 것으로 생각했기 때문에, 문제가 이런 식으로 제기되는 일은 없었습니다. 고전주의 시대의 철학 속에는 심리학적 무의식의 영역에 대해서는 어떤 관념도 찾아볼 수가 없습니다.

라이프니츠는 이 개념을 다음과 같은 방법으로 도입했습니다. 그는 사람이 무언가에 몰두하고 있을 때, 희미한 소리는 들리지 않지만(물 한 방울) 빗소리는 들린다(수많은 물방울)는 사실에 주목했습니다. 이 사실에서 의식되는 지각은 의식되지 않는 지각의 총계로 이루어져 있다는 결론을 내렸습니다. 이것이 〈작은 지각에 대한 이론〉입니다.

라이프니츠는 또 지각뿐만 아니라 사고에 대해서도 의식되지 않는 것이 있다고 생각했습니다.

"음악은 자기가 계산하고 있다는 사실도 모른 채 계산하고 있는 영혼의 수학이다."

라이프니츠의 이 개념이 철학에 도입되자, 특히 19세기에 크게 활용되었습니다.

일반적으로 봤을 때 문제가 미치는 범위

우리는 이제 자기를 물질적인 세계와 싸우는 유일한 존재라고도, 자기 마음의 주인이라고도 생각하지 않게 되고 말았습니다. 자기가 지배하지 않는 제2의 마음에 대해 생각하게 된 것입니다. 도식적으로 말하면, 이 제2의 마음에 대한 생각에는 두 가지 흐름이 있습니다. 제2의 마음을 우리 속의 더 나은 것으로 보거나, 더 나쁜 것으로 보는 두 가지 생각이 그것입니다.

전자의 흐름에는 베르그송이 있고, 후자의 흐름에는 프로이트가 속합니다. 프로이트에게 잠재의식이란 나쁜 것으로, 밝은 빛 속에 드러나서는 안 되는 모든 사고를 가두어 두는 장소입니다. 또 프로이트에게 사고는 모든 심리적 현상 가운데 하나를 선택하는 것이고, 억제는 바로 사회의 규범에 따라 이루어지는 것입니다.

베르그송에 따르면, 이 억제를 작용하게 하는 것은 세계이며, 이는 실천적 생활을 보내는 데 필요합니다.

이 두 가지 발상은, 우리에게는 외적인 어떤 도움을 빌리려 한다는 점에서 일치합니다.

여기서 '심리학적 현상'과 '의식된 현상'이 같은 것인지 어떤지 살펴봅시다. 또 무의식과 잠재의식이라는 개념이 형성된 이래 어떠한 형태로 사용되어 왔는지 검토하고 하나의 판단을 내리도록 노력해 봅시다.

〈예〉

〈희미하게 의식된 심리적 현상〉 나중에 가서야 치통이라는 걸 알 수 있는 둔한 불쾌감. 어떤 불행에 대한 추억이라는 걸 나중이 되어서야 알 수 있는 막연한 고통(이를테면 깨어날 때의), 막연한 원한……매우 흔한 막연한 애정 등.

〈의식의 가장 말단에 걸리는 현상〉 익숙한 소리—그 소리를 듣고 있었던 것은 아닌데, 소리가 그치면 들리고 있었다는 것을 깨닫습니다. 따라서 자기도 모르게 그 소리를 의식하고 있었던 것입니다. ……마찬가지로 잠자리에 들 때와 깨어났을 때의 모든 지각. 주의를 극도로 집중할 때 그것에 수반되는 모든 심리적 현상. '방심'(그때는 깨닫지 못해도 나중에 생각나는 사항). 어렴풋이 주의하고 있는 상태에 수반되는 모든 현상(루소가 훌륭하게 묘사한 몽상상태). 이러한 상태에서 앞으로 나아가지 않는 존재도 있습니다. 어린이입니다.

반대로, 〈주의〉상태에서 〈선명한 의식〉을 가지는 경우도 있습니다. 이를테면 기하문제에 전념할 때, 몸은 피곤하지만 거의 꿈꾸는 듯이 무의식 속에서 추론해 버리는 일도 있습니다. 천재는 〈무의식 상태에서 천재〉인 사람을 가리킨다고 할 수 있습니다.

프로이트와 잠재의식

〈잠재의식의 예〉 문학에서는, 라신의 《앙드로마크》 속에서 잠재적으로는 피루스를 사랑하고 오레스테스를 미워하는 헤르미오네("누가 당신더러 그렇게 하라고 했어요?……"*²)—《페드르》 속—몰리에르의 희극 《사랑싸움》*³ 속. 높은 지위에 있는 인물에 대해 자신은 존경의 기분으로 말하는 찬사, '괜히 미운 것이 아니라 이러이러한 결점이 있기 때문'이라고 자신에게 들려 주면서 어떤 인물에 대해 얘기하는 험담 등.

(희극은 대부분 이러한 비밀스러운 동기의 폭로로 성립되어 있다.)

몰리에르의 《평민귀족》에서. 스스로 교양있다고 믿지만, 실제로는 으스대고 싶어하는 것뿐인 주르댕 씨.*⁴ 일반적으로 동기가 불쾌한 행동은 모두, 당사자의 의식에는 그것과 다른 동기에 따른 행동으로 나타납니다.

현재의 자기와 자기가 되고 싶은 자기 사이에 충돌이 일어날 때, 사람은 자기가 되고 싶은 자기가 된 것처럼 꾸미게 마련입니다.

프로이트는 이 단순한 사실에서 〈억압〉이라는 관념을 이끌어 냈습니다. 우리가 억압한 것은 모두 일상생활에서는 꿈이나 실수의 형태로, 병리학적으로는 노이로제나 고정관념 같은 형태로 밖으로 드러납니다. 〈예〉 지루한 일을 불가능하게 하는 서투름, 마음속으로는 타고 싶지 않기 때문에 기차를 놓치는 것 등.

따라서 프로이트에 따르면, 실수는 당사자에게 착란적인 성향이 있기 때문에 일어나게 됩니다.

---

*2 《앙드로마크》는 트로이가 함락된 뒤 피루스 왕의 궁정을 배경으로 한다. 이곳에는 죽은 헥토르의 아내 안드로마케(앙드로마크)가 노예로 끌려와 있는데, 피루스는 약혼자 헤르미오네가 있음에도 그녀와 결혼한다. 헤르미오네는 자기를 사랑하는 오레스테스를 부추겨 피루스를 살해하게 하고는 자살한다. "누가 당신에게 그렇게 하라고 했어요?"는 제5막 제4장, 오레스테스가 피루스를 살해했다고 알리자, 헤르미오네가 자신의 말을 들은 그를 책망하며 내뱉는 분노에 찬 대사이다.

*3 연인 사이인 에라스트와 뤼실, 그리고 그들의 하인과 하녀 그로르네와 마리네트, 이 두 쌍의 다툼과 화해를 다룬 희극.

*4 부자인 주르댕 씨는 귀족이 되기 위해 무술, 음악, 무용, 철학 선생까지 고용하는 한편, 따로 연인이 있는 딸을 궁중의 유력자 도랑트에게 시집보내려고 한다.

프로이트는 〈꿈〉에 대해 고찰했습니다. 그에 따르면 꿈은 채워지지 않은 충동을 만족시키는 것, 특히 억압당한 충동을 상징적으로 만족시키거나, 억압당한 사고를 상징적으로 표현하는 것에 지나지 않습니다. 그러나 꿈속에서도 검열이 있습니다. 그래서 꿈속에서는 사물이 상징적으로만 나타납니다.

프로이트는 특히 〈노이로제〉에 대해 고찰했습니다(집에 혼자 있으면 불안에 사로잡히는 소녀, 어머니가 결혼하고 싶지 않은 남자를 만나러 가게 하는 것을 방해하고 싶은 것입니다). 그에 따르면, 모든 노이로제는 일반적으로 억압당한 성향이 상징적인 방법으로 자기를 만족시키려 하기 때문에 일어납니다. 이 병을 고치려면 정신분석을 이용하여(완전한 구두질문) 잠재의식의 충동(억압당한)을 찾아내야 합니다. 이러한 충동은 일단 드러나기만 하면 소멸시킬 수 있습니다. 프로이트는 또 억압은 '터부'나 사회적 편견 때문에 생긴다고 생각했습니다. 사회가 미치는 영향에 굴복하기 쉬운 것은 주로 성에 관한 사항입니다.

〈이상의 여러 가지 이론의 귀결〉 이것은 매우 중요한 사항입니다. 이러한 이론을 지적·윤리적 영역에서 파악한다면, 다음과 같이 말할 수 있습니다. 우리의 정신 속에는 우리가 생각하지도 않은 생각이 있다는 것, 우리의 마음속에는 우리가 원하지도 않는 '욕망'이 있다는 것입니다. 〈그리하여 결국 우리는 모든 방해로부터 해방됩니다.〉

프로이트는 나중에 풍속을 어지럽힌다는 이유로, 자기 학설의 어떤 부분을, 승화라는 상당히 막연한 관념을 사용하여 정정하고 말았습니다. 확실히 사랑은 어떤 인물들에게는 격렬한 욕망이 되고(페드르), 다른 인물들에게는 예술작품이 된다(단테)는 사실은 인정할 수 있습니다. 그러나 그것은 분명하게 설명되지는 않습니다. 이 정정은 윤리적인 관점에 따른 것이지 이론적인 관점에 따른 것은 아니었습니다.

검증——우리의 마음속에는 우리가 의식하지 못하는 생각이라는 것이 정말로 있을까요?

이 문제를 더욱 가까이에서 다시 생각해 보기로 합시다.

A 〈의식의 정도〉

(1) 〈몽상상태〉와 〈마음 전체가 멍한 상태에 있는 그 밖의 경우〉(반수면 상태,

극도로 피곤한 상태, 질병 중의 어떤 상태)

루소는 이러한 상태를 훌륭하게 분석해 보여 주었습니다.

이러한 상태에 있을 때 우리는 거의 아무것도 식별할 수 없습니다. 대체로 이러한 상태는 변하기 쉽습니다.

이러한 상태에서는, 멍하게 있는 것은 의식의 대상 쪽이지 그 시선 쪽은 아니라고 할 수 있습니다. (심리적 상태가 멍한 데 비해, 그 상태에 대한 의식은 상당히 뚜렷합니다.)

어쨌든 이러한 심리적 상태는 왜 멍한 것일까요? 〈수동적이고 감정적인 상태〉이기 때문입니다. 사람들은 이 수동성을 의식합니다.

따라서 〈반의식(半意識)〉이라는 명칭을 사용한다면 문제의 소재가 애매해지고 맙니다.

(2) 〈방심상태〉 여기서 이상한 점은, 마음속에 사고가, 그때 형성된 것이 아닌데도 나타난다는 사실입니다. 역설처럼 보일지도 모르지만, 아무도 생각하지 않는데도 사고가 거기에 있다고 생각할 필요는 없습니다. 왜냐하면 〈거기에는 신체가 있기〉 때문입니다. 정신이 신체의 어떤 부분에 작용하고 있고, 정신이 신체에 대해 어떤 행동을 작용시키고 있다는 것만은 확실합니다. 그러나 신체로서는 멍하게 정신 앞에 서 있을 뿐입니다. 자신에 대한 〈의식이 멍하다〉는 것은 〈사실〉, 즉 신체의 〈메커니즘〉 쪽이지 사고 쪽이 아닙니다.

B 〈무의식〉

(1) 〈라이프니츠의 예〉(작은 지각에 대하여)를 하나 더 들어보겠습니다. 물방울 소리는 신체의 균형을 깨는 것이 아니고, 따라서 마음은 소리를 느끼기에 이르지 않습니다. 그것은 이상한 일이 아니며, 〈의식과는 어떤 관계도〉 없습니다.

(2) 종종 무의식적인 〈주의〉

하나의 일에 완전히 주의를 기울일 때, 자기가 주의를 기울인다는 사실을 모를 때가 있습니다. 데카르트는 말했습니다.

"의식하는 것과 의식을 의식하는 것은 다르다."

극도로 주의를 기울이고 있는 상태는 무의식 상태와 비슷합니다.

(3) 베르그송의 무의식적인 〈추억〉

그것은 〈조건반사〉로 설명할 수 있습니다. 베르그송에 따르면, 마음은 무의식적인 기억을 저장해 두는 창고이고, 거기서 추억을 꺼내오는 것은 신체입니다(그때 신체의 자세와 조화를 이루는 추억이 의식에 떠오릅니다).

또 〈신체는 무의식적인 추억을 저장해 두는 창고〉라고 생각할 수도 있습니다.

(4) 이른바 〈관념연합〉 속에는 관념이 들어 있지 않습니다. 〈관념연합을 설명하는 데는 신체만으로 충분합니다.〉

(5) 〈습관〉 어떤 습관 속에도 잘 구성된 생리적인 메커니즘 같은 것이 있습니다. 그밖에 또 무엇이 있을까요? 〈기계적인 행위〉와 〈습관에서 하는 행위〉가 크게 다른 것은 확실합니다.

보통 행위가 잘못되었을 때 '기계적으로 했기 때문'이라고 말하고, 잘 알고 있는 행위에 대해서는 '익숙하다'고 표현합니다. 그러므로 습관으로 하는 행위(직업)에는 방향이 부여되어 있고, 〈습관 속에는 무의식적인 추억이 있는 것처럼 생각됩니다.〉 그러나 바로 거기에 복잡한 문제가 있는데, 그것에 대해서는 좀더 뒤에 가서 다루기로 하겠습니다.

그리하여 습관은 무의식적인 지식을 사용하지 않아도 설명할 수 있다는 것이 이제 밝혀졌습니다. 기계적이 아니고 습관적인 행동은 언제나 제어가 필요합니다. (〈예〉 파리에서 길을 건널 때, 가볍게 스포츠를 즐길 때 등)

한번 습관이 되면 주어진 상황에 신체를 적응시키기만 하면 되지만, 그래도 언제나 제어를 작용시켜야 합니다. 다만 주의를 번뜩이는 일은 있어도 정정해야 할 일은 아무것도 없을 때는 그 번뜩임은 곧 잊혀집니다. 〈자기가 작용시키고 있는 자기제어를 의식하는 것은 일이 잘 되지 않을 때뿐입니다.〉 올바르게 행동하고 있을 때는 자기가 무엇을 하는지 마음에 두지 않지만, 잘못되었을 때는 반드시 의식하게 마련입니다. 이것은 익숙한 소리가 들리지 않는 것에 비유할 수 있습니다. 소리가 그쳤을 때 비로소 깨닫게 되는데, 신체의 메커니즘에서도 거의 같은 일이 일어납니다. 즉 '습관으로' 하는 행위에서는 의식에 의한 제어가 번뜩이며 작용하더라도, 우리는 자신이 자기제어를 작용시켰다는 것을 잊어버립니다. 이러한 설명은 혼란스럽게 생각될지 모르지만, 어쨌든 설명하려고 노력하고 있다는 것은 인정해 주었으면 합니다. 그에 비해 무의식은 아무것도 설명해 주지 않습니다.

C 〈잠재의식〉

잠재의식의 문제는 실제로는 프로이트가 말하는 억압된 사고와의 관계에서만 제기할 수 있습니다. 또 그것이 의식에 관한 문제 가운데 가장 흥미로운 문제입니다. 여기서도 또한, 우리가 마음속에 친숙한 괴물을 넣어두는 상자를 상정하지 않고, 억압에 대해 다른 설명을 찾아낼 수 있는지가 문제가 됩니다.

프로이트가 말한 현상은 어느 시대에도 관찰된 것입니다. 그리스도교의 전승에 나오는, 인간을 유혹에 빠뜨리는 악마는 잠재의식이 만들어 낸 것으로 간주할 수 있습니다. 마찬가지로 17세기 문학에 등장하는 '뭐라 말할 수 없는 어떤 것'이나 몰리에르의 《사랑싸움》을 생각해 보십시오.

〈우리는 분명히 자기의 행동에 스스로 본디의 것과는 다른 동기를 부여할 때가 있습니다. 그러나 그것은 우리가 진정한 동기를 의식하고 있지 않다는 것을 의미하지는 않습니다.〉

우리에게는 종종, 자기가 이제부터 이러이러한 것을 생각하려 한다는 걸 느끼다가도 어떤 반동이 일어나 그 사고가 중단되어 버리는 일이 일어납니다. 만약 우리에게 자신의 사고를 끝맺는 힘이 없다면, 우리가 일상생활에서 하고 있는 일련의 행위는 불가능해지고 말 것입니다. 〈예〉 책략을 써서 훈장을 손에 넣었을 때도, 남의 그림을 베껴서 입선했을 때도, 우리는 타인에 대해서뿐만 아니라 자기 자신에 대해서도 자랑스럽게 생각합니다. 또 투기로 생활하고 있는 사람은, 말하자면 도둑질이나 다름없는 투기의 부정할 수 없는 본질을 자기의 정신에는 보여 주지 않으려고 합니다.

〈문제는 자기 자신에 대한 이 거짓 메커니즘이 어떤 것인지 아는 데에 있습니다.〉 우리 속에는 두 개의 존재가 있습니다. 한 사람은 레지옹도뇌르 훈장 서훈을 위해 동분서주하고, 또 한 사람은 그것을 진지하게 생각합니다.

〈프로이트가 사용한 '잠재의식'이라는 명칭은, '억압'이라는 명칭만 남겨두고 사라져도 별 지장이 없을 것 같습니다.〉 억압당한 사고가 꿈의 형태로 밖으로 드러나는 일은 있습니다. 〈사고는 본질적으로 의식적인 것〉이라고 할 수 있지만, 〈우리는 언제나 자기의 사고가 완전히 형성되는 것을 저지할 수 있습니다.〉

지금 문제가 되는 억압당한 사고에는 어떤 혼란이 있습니다. 이는 그 사고가 밝혀지는 걸 원하지 않는데도, 잠재의식 속에서 그 사고에 대한 의식은 결코 몽롱하지 않기 때문입니다. 억압이라는 것은 다른 이름을 찾는 일이라고도 할 수 있습니다. 이를테면 야심가는 자기의 야심을 '공공을 위한 것'이라고 합니다. 헤르미오네는 오레스테스에게 자기는 피루스를 미워한다고 말하지만, 피루스에 대한 그녀의 사랑은 잠재의식적인 것이 아니라 언어 덕분에 억압되어 있는 것일 뿐입니다.*5 페드르는 아들에 대한 사랑일 뿐이라고 생각하면서 이폴리트에게 호소하러 가지만, 자기도 모르게 자기의 억제당한 욕망을 밖으로 드러내고 맙니다.

의식이 없으면 억압도 없습니다. 〈억압이란 나쁜 의식을 말합니다.〉 따라서 언젠가는 자기를 억압할 필요가 없어질 때가 온다고 할 수 있습니다.

그러므로 억압은 또 〈자기 자신에 대해 위선적이 될 수 있는 능력〉이기도 합니다. 억압은 인간 속에 있는 이원성에 뿌리를 두고 있습니다. 그러나 프로이트처럼, 사람은 자기의 억압에 대해서는 아무런 책임도 없다고 말해서는 안 됩니다. 우리에게는 타인 속의 잠재의식적인 사고를 비난할 권리가 있습니다. 또 자신의 그러한 사고를 〈비난할〉 권리가 있습니다. 그것은 심지어 의무라고도 할 수 있습니다. 우리에게는 그러한 사고를 〈제어할〉 의무가 있습니다.

〈문제의 윤리적 영역〉(〈선택〉)

여기서는 명료한 의식을 믿거나, 아니면 의식의 각 단계만을 각각 믿거나, 둘 중의 하나를 선택하는 것이 문제가 됩니다.

잠재의식과 무의식에 관한 이론은 우리를 트로이의 목마로 만듭니다. 플라톤의 비유를 모방하면, 그 목마 속에는 목마와 상관없이 살고 있는 병사들(사고)이 있습니다.

그 반대 극에 있는 것이 칸트의 '나는 생각한다'는 발상입니다.

잠재의식이라고 불리는 것은 언어로는 표현할 수 없는 것입니다. 언어로 표현할 수 없는 것은 안에 모순을 품고 있기 때문입니다. 소크라테스가 명료한 사

---

*5 주2 참조.

고를 표현하고자 하는 데 비해, 〈프로이트는 우리에게 순수함과 불순함은 공존할 수 있다는 것을 보여 줍니다. 바로 거기에 프로이트 학설의 위험성이 있습니다.〉 물론 그 프로이트도 꿈과 노이로제를 통해 밖으로 드러나는 충동에 대해 얘기하면서, 우리 속에 있는 불순한 것은 밖으로 드러나야만 한다고 말했습니다. 그런데 잠재의식적인 관념과 싸우는 진정한 방식은, 아무것도 억압하지 않는 것, 〈소크라테스가 그랬듯이 모든 것을 밝은 곳으로 끌어 내려고 노력하는 것〉입니다. 잠재의식적인 충동에 대해서는 두 가지 잘못을 생각할 수 있습니다. 하나는 그러한 충동을 억압하는 것, 또 하나는 〈자기 위안을 위해 넣어 두는〉 것입니다.

우리가 해야 할 일은 자기에게 이렇게 들려 주는 것입니다.

"넌 도대체 무슨 생각을 하고 있는 거냐?—이 나쁜 놈.—자, 이제 그런 생각일랑 떨쳐버려라."

이렇게 하면 억압 따위는 일어나지 않을 겁니다.

우리 속에 있는 괴물들을 밝은 곳으로 끌어 내어 그들과 대결하는 것을 두려워해서는 안 됩니다. 가톨릭에서도 이렇게 말하지 않습니까. '자기 속에서 찾아내는 것을 두려워하지 말라, 모든 종류의 괴물이 거기에 들어 있으니.'

그래서 우리로서는, 잘 표현할 수 없는 생각에 대해서도, 잘 표현할 수 있는 사고에 대해서와 마찬가지로 책임을 져야 한다는 결론을 내릴 수 있습니다. 그런데 억압당한 사고에 대해 '나'는 어떤 형태로 관여하고 있을까요? 그것은 그야말로 억압이라는 형태입니다. 〈억압당한 충동의 본질을 이루는 것은 거짓이고, 그 거짓의 본질을 이루는 것은 의식된 억압입니다.〉

프로이트는 정신분석을 과학에 속하는 것으로 생각하고, 〈무엇보다 윤리 문제〉라는 점은 보려고 하지 않았습니다.

〈우리는 자기 사고의, 명료함이 저마다 다른 각 단계에 대해 완전한 책임이 있습니다.〉 우리가 충분히 의식하기 위해 필요한 노력을 늘 하고 있다고는 할 수 없습니다. 그러나 우리에게는 그렇게 할 수 있는 힘이 언제나 있습니다. 의식의 각 단계를 정의하기 위한 관찰은 용인될 것입니다. 그러나 그러한 의식의 각 단계는, 생리적 상태를 통해 설명되지 않을 때는 〈의지적 사고가 활동하지 않는 상태〉로서 설명되어 버립니다.

실제로는 〈심리학적 의식과 윤리적 의식은 같은 것에 지나지 않습니다.〉 우리는 자기 자신에게 심리학적 의식을 획득해 주어야 할 의무가 있습니다. 윤리적 의식의 부재는 모두 심리학적 의식의 부재를 초래합니다. 나쁜 행동은 억압을 불러일으키는 행동을 말하며, 억압을 불러일으키지 않는 행동은 모두 올바른 행동입니다.

인격

문제는 다음의 두 가지로 정리할 수 있습니다.
(1) 동시성 속에서의 나
(2) 시간 속에서의 나

1 동시성 속에서의 '나'
자기 속에서 동시에 두 개의 인격을 느낄 때가 있습니다.

먼저 주의해야 하는 것은 두 인격이 있다고 말한 순간, 이미 하나의 인격뿐이 아니라는 사실입니다. 이때는 〈단 하나의 의식〉이 있을 뿐이기 때문입니다.

칸트는 단 하나의 '나'만이 모든 사고의 주제라고 말했습니다. 그러나 거기에는 〈투쟁〉이 있습니다. 이 투쟁은 마음 자체를 이분(二分)하거나, 마음과 신체로 분할하여 설명될 것입니다. 그러나 마음을 이분하는 것은 도리에 어긋납니다. 〈'나'라고 말하는 것은 단 하나의 존재뿐〉이기 때문입니다. 복수의 존재가 있을 때, 어떤 존재가 다른 존재에게 '너'라고 하며 말을 걸게 되고, 그 다른 존재는 '나'에게 하나의 대상이 되어 버립니다. ("이 말라깽이, 넌 떨고 있지 않으냐.") 그리고 그 투쟁은 친구 사이의 토론 같은 방식으로 전개되지는 않습니다. '나'와 대상 사이에는 상호성이 없습니다. 우리가 자기 자신에게 말을 걸 때, 우리 존재의 더 높은 부분이 더 낮은 부분에 말을 걸게 되는 것은 사실입니다. 용장 튀렌*6의 경우, 공포를 향해 말을 거는 것은 용기입니다. 우리라는 것은 '나'를 가리키며, 내 안의 너와 얘기를 나눌 수 있는 부분은 아닙니다. 〈우리라는 주어는 정의상 하나입니다.〉 따라서 마음을 극장처럼 표현하는 것은 잘못입

---

*6 튀렌 자작(1611~75)은 프랑스의 무장으로 유명하다. 나폴레옹은 《세인트헬레나 회상록》 속에서, 튀렌의 《회상록》을 토대로 그 전훈을 기리고 있다. "이 말라깽이, 넌 떨고 있지 않으냐"는 튀렌이 《회상록》에서 자신에게 한 말.

니다. 우리 속에는 매순간마다 〈장애를 만날 의지〉가 있고, 더욱이 그것은 〈단 하나의 의지〉입니다. 데카르트가 《정념론》에서 훌륭하게 보여 준 바가 바로 이 것입니다.

"감각적이라고 불리는 정신의 낮은 부분과 이성적인 높은 부분 사이에 또 는 자연적 욕구와 의지 사이에, 보통 우리가 있다고 상상하는 모든 투쟁은, 신 체가 그 정기(精氣)를 통해(동물) 또 정신이 그 의지를 통해 동시에 불러일으키 는 모든 운동 사이의 반발에만 의거한다. 〈우리 안에는 단 하나의 정신밖에 없 고〉, 그 정신은 자기 속의 부분 사이에 어떠한 차이도 허용하지 않기 때문이다. 감각적 부분은 또한 이성적 부분이며, 그 욕구는 모두 의지를 바탕으로 한다 ('욕구'='충동'으로 이해할 것). 정신은 다양하게 다른 역할을 하는 것이고, 그러 한 역할이 보통 서로 상반된다고 잘못 생각해 온 까닭은, 오직 정신의 작용을 신체의 작용과 충분히 구별하지 않았기 때문이다. 우리 안에 있는 것으로 인정 받으면서 우리의 이성과 대립하는 것은, 모두 신체에만 돌려야 한다."

우리는 먼저 신체가 우리에게 보여 주는 사항을 자신의 것으로서 받아들이 고, 다음에 그것을 자기한테서 떼어 버리는 것입니다.

2 시간 속에서의 '나'

〈필연성의 연관〉을 사용하면 과거의 자기를 현재의 자기와 결부시킬 수 있습 니다. 그러나 그것은 우리가 자신을 하나의 대상으로 생각할 수 없기 때문에, 어제의 주체를 오늘의 주체와 닮은 것으로서 마음에 그리는 것일 뿐입니다. 건 망증도 '나'에 대한 의식의 상실을 가져오지는 않습니다. 대상으로서의 자기에 대한 의식을 잃는 일은 있어도, 주체로서 자기에 대한 의식은 잃어버리지 않는 법입니다.

자기에 대한 의식은 다음의 세 가지로 구분할 수 있습니다.

(a) 〈주체로서의 자기에 대한 의식〉

이 의식을 지닐 때, 우리는 세계를 이 의식으로 채웁니다. (루소가 사고 뒤 "나는 삶 속에 태어났다"고 말한 것 참조)

(b) 〈객체로서의 자기에 대한 의식〉

우리는 자기에게 이름이 있다는 것, 사회적 지위가 있다는 것 등을 알고 있습니다.

(c) 〈위 두 가지의 종합으로서의 자기에 대한 의식〉

이것이 정상적인 상태입니다.

〈정상이 아닌 상태〉란 자기에 대해 첫 번째 방식으로만 의식하거나, 두 번째 방식으로만 의식하는 상태를 말합니다.

첫 번째 경우, 우리는 자기의 힘의 한계에 대한 의식을 잃어버립니다. 그러므로 그때의 감정은 편안합니다(루소를 생각해 보십시오).

두 번째 경우, 살아 있는 자기를 대상을 대하는 것 이상의 흥미를 느끼지 않고 응시하게 됩니다. 인격적 동일성이라는 문제는, 실제로 우리가 자기를 주체로 하는 동시에 객체로 해서도 의식할 때에 한해 제기됩니다.

그런데 우리는 과거의 자기 모습에 대해 능동적이었던 때만 떠올립니다. 외부에서 작용받은 것은 모두 추억에서 벗어나, 우리는 그 '작용'이 행동에 방해가 되는 경우에만, 자기의 그때 모습을 떠올리는 것입니다.

요컨대 우리가 인격의 혼란에 대해 증거로 삼는 사실도, 어떠한 내적 투쟁도, 추억의 어떠한 변질도, 〈우리 속의 단일성〉을 깨는 것은 아닙니다.

〈객체로서의 자기를 떠올리기 위한 수단은 우리에게 얼마든지 있습니다.〉 우리의 이름, 사회적 신분, 직업, 의복, 타인이 우리를 대하는 태도 등……. 사회는 우리에게 언제나, 우리는 '이러이러한 것'이며, 그밖에 어떠한 것도 아니라는 사실을 떠올리게 합니다. 그러므로 대상으로서의 자기에 대한 추억은 어떠한 대상에 대한 추억보다 견고합니다.

또 우리 자신이 자기 조건반사의 근원이 되었다는 사실도 있습니다.

객체로서의 자기 자신한테서 탈출하고 싶은 욕망은 로맨틱한 감정에 속하며, 누구나 종종 그런 욕망을 느낍니다.

판단

논리학자의 구별

논리학자는 〈개념〉과 〈판단〉과 〈추론〉을 구별합니다.

(1) 〈개념〉 판단과 추론을 구성할 때 그 토대가 되는 명사를 말합니다. 삼단

논법에는 세 가지 개념이 들어 있습니다. '있다'를 제외한 동사, 실사(實辭)는 개념입니다. (〈참고〉 존재는 보통의 개념과는 다른 무엇입니다. 존재는 사물에 대한 개념에 아무것도 덧붙이지 않습니다.)

  (2) 〈판단〉 이것은 개념끼리의 결합입니다.

  (2) 〈추론〉 이것은 판단끼리의 결합입니다.

문제가 되는 영역

〈정신활동으로서의 판단이란 무엇인지 탐색하는〉 것은 참으로 흥미로운 일입니다. 이때의 판단은 본질적으로는 하나의 〈연관짓기〉입니다. 따라서 언어가 없는 행동으로서의 판단(선택)을 상정할 수 있습니다. 칸트는 〈분석적 판단과 종합적 판단〉을 구별했습니다. 〈그러나 분석적 판단은 판단이 아닙니다. 개념을 넘어서는 것이 아니기 때문입니다.〉(〈참고〉 같은 언어를 되풀이하는 것만으로도 단순한 개념을 넘어서서 판단이 될 때가 있습니다. 이를테면 "아이는 아이다"라거나 "의무는 의무다"라고 말할 때, 그것은 실제로는 종합적인 판단입니다. 같은 언어가 다른 의미를 지니게 되기 때문입니다.)

판단은 〈정신의 능동성〉을 나타냅니다. 모든 판단을 진정으로 결합하고 있는 것은 바로 '나'입니다.

칸트는 '연관짓기는 모두 오성이 하는 행위'라고 썼습니다. 즉 〈어떠한 연관짓기도 미리 주어지는 것이 아니라 모두 정신의 소산〉이라는 뜻입니다. 그것은 중대한 문제입니다. 연관짓기는 외부에서 정신에 주어진다고 생각하는 것을 금지시켜 버리기 때문입니다. 다시 말하면 〈어떠한 상황에서도 인식은 사물의 단순한 반사가 아니〉라는 얘기가 됩니다. 물질에는 연관짓기가 전혀 내포되어 있지 않습니다. 사고 자체가 연관짓기입니다. 〈우리가 사물을 있는 그대로의 형태로 인식하는 일은 결코 없습니다.〉 그렇게 하려면 먼저 생각하기를 중단해야 하기 때문입니다. (그러므로 사람은 신화의 샘으로서 이성(理性)과는 무관한 모든 것을 찾는 것입니다. 피티아)*7

〈이치에 맞는 관념이 세계와 비슷한 일은 있을 수 없습니다.〉 칸트는 이렇게

---

*7 아폴론은 '빛나는 것'으로 불렸지만 '지혜'의 신이기도 했다. 아폴론 숭배로 유명한 델포이에서, 아폴론은 지혜의 신으로서 피티아라는 무녀를 통해, 조언을 구하러 오는 자들에게 신탁을 내렸다.

썼습니다.

"우리는 대상 속의 관계를, 미리 자기와 연관짓지 않고는 마음에 그릴 수가 없다."

〈판단은 정신의 본질적인 능력입니다.〉 "그는 판단력이 있는 사람이다"라는 말은 그 사람에 대한 매우 훌륭한 찬사입니다. 칸트는 이 연관짓기의 능력을 보여 주는 데 '지각 속에 있는 본디의 종합적 단일성'이라는 명칭을 썼습니다.

어떠한 사고나 다 판단이라고 할 수는 없습니다. 판단이 없으면 과학적 사고도 실험도 없습니다.

"실험은 연관지어진 지각을 사용한 인식이다."

아무리 하잘것없는 실험도, 정신이 이 연관짓기를 작용시키지 않으면 불가능해지고 맙니다.

판단에 대한 몇 가지 이론

(1) 〈관념연합론〉이라는 이론이 있는데, 이에 따르면 '판단은 몇 가지 관념의 연합'이 됩니다.

이 이론은 콩디야크의 이론(관념연합론자보다 앞서 있다)과 통하는 데가 있습니다.

〈이 이론은 도리에 어긋납니다. 판단은 긍정이거나 부정이거나 어느 한쪽이기 때문입니다.〉

(2) 〈유물론자의 이론〉 유물론자의 이론은 원숭이에게 상자를 선택하게 하는 실험을 바탕으로 합니다. 그러나 〈비교를 초래하는 행동과 스스로 비교를 가져오는 정신 사이에는 하나의 차이가 있다〉고 하겠습니다.

인간은 정신인 한 방향을 잘못 잡지 않습니다.

(3) 〈신념론자의 이론〉

(〈참고〉 신념론이란 정신에서 비롯되는 모든 긍정은 이성이 아니라 감정에서 나온다고 보는 학설입니다.)

이 이론에 따르면, 사람이 무언가를 믿는 까닭은 그것을 믿고 싶기 때문이고, 어떤 종류의 사물에 대한 신념은 하나의 의무로 변해 버립니다. 신념론은 모든 정신적 전제정치에 편리한 학설입니다. 신념론에서 사고는 언제나 사회적 신화에 종속당하게 됩니다.

그러나 〈회의(懷疑)를 품을 수 있다는 것만 생각해도 신념론이 잘못되었음을 알 수 있을 겁니다.〉 게다가 회의가 벌을 받을 때는 언제나, 거기에 전제정치가 있다고 할 수 있습니다.

　〈신념론은 '판단'과 '신념'을 혼동하고 있습니다.〉 사실 판단과 신념은 그 두 가지를 구별하려고 노력하지 않을 때는 언제나 서로 뒤섞이고 맙니다. 게다가 우리는 회의를 통해서만 두 가지를 구별할 수 있습니다.

　(4) 〈데카르트의 학설〉(《성찰》 제4부, 오류에 관한 부분 참조) 데카르트는 관계에 대해 생각하는 능력(오성)과 관계를 확립하는 능력(판단)을 구별합니다. 확립하는 능력은 무한하고 절대적이지만, 그와 반대로 관계에 대해 생각하는 능력은 유한하며 몇 가지 단계를 포함합니다. 〈판단은, 그 가치가 자신을 잠시 정지시키는 것(회의) 속에 있음을 말합니다.〉(데카르트의 이 발상은, 루소가 판단은 능동적인 것임을 보여 줄 때 거론됩니다.)

　데카르트에 따르면, 정신은 어떤 관계에 대해, 그것을 확립하지 않고 생각할 수 있는 것이 되는데, 그것은 바로 사람은 회의할 수 있기 때문입니다.

　(《참고》 판단은 또 추론을 바탕으로 내려질 때도 있다고 할 수 있겠지요. 단 이때는 데카르트처럼 '판단'을 넓은 의미에서 이해해야만 합니다.)

　데카르트·루소·칸트는 판단에 관해서는 매우 비슷한 학설을 제시했습니다.

　(5) 〈루소의 학설〉

　루소는 이렇게 썼습니다.

　"나는 내 감각의 대상에 대해 자주 생각해 본다. 그러면 자기 속에 그러한 대상을 비교하는 능력이 있음을 깨닫고, 그때까지 몰랐던 어떤 능동적인 힘이 자기에게 갖춰져 있음을 느낀다. 지각하는 것은 느끼는 것이다. 비교하는 건 판단하는 것이다. 〈판단하는 것과 느끼는 것은 다르다.〉 대상은 〈감각〉을 통해서 자연 속에 있는 그대로 저마다 별개의 고립된 것으로서 나에게 제시된다. 〈비교〉를 통해 나는 그러한 대상을 움직이고, 이른바 옮기고, 서로 쌓아서, 서로의 차이와 유사에 대해 또 널리 서로의 모든 관계에 대해 판단을 내리게 된다……

　서로 쌓아올리고 이어서 판정을 내리는 그 지적인 힘을 감각적인 존재 속에서 찾아보았자 소용없는 일이다. 이 수동적인 존재는 개개의 대상을 개별로 느낄 테고, 또 두 대상을 하나의 대상의 전체로서 느낄 수도 있을 것이다(원숭이의 실험). 그러나 대상을 하나씩 상대할 힘이 없는 수동적 존재는 결코 대상을 비교할 수도, 판단할 수도 없을 것이다."(원숭이는 전체를 조직하지 않습니다. 외부에서 작용을 받는 것입니다.)

"자신의 의지를 결정할 때의 근거가 무엇이냐는 질문을 받으면, 나는 자신의 판단을 결정하는 근거가 무엇이냐고 되묻는다. 그 두 개의 근거가 하나인 것은 명백하기 때문이다. 〈인간은 판단할 때는 능동적이 된다〉는 것, 〈그 오성은 비교하고 판단하는 힘〉 바로 그것임을 잘 이해하면, 인간의 〈자유〉라는 것도 이와 유사한 힘이거나 거기서 파생한 것임을 틀림없이 알 수 있을 것이다. 〈인간은 진실한 것을 판단하기 때문에 좋은 선택을 하고, 잘못된 판단을 하기 때문에 나쁜 선택을 하게 된다.〉 그렇다면 자기의 의지를 결정할 때의 근거는 무엇인가? 그것은 그 사람의 판단이다. 그렇다면 자기의 판단을 결정할 때의 근거는 무엇인가? 그것은 그 사람의 지적 능력과 판단력이다. 결정적인 근거는 그 자신 속에 있다."

(칸트가 루소한테서 많은 착상을 얻었음을 잘 알 수 있습니다.)

(6) 〈스피노자*8의 학설〉

이것은 데카르트에 대한 반론입니다.

〈스피노자에 따르면, 어떠한 관념도 하나의 확립을 가져오고, 능동성은 정신이 아니라 관념 속에 들어 있습니다.〉—"관념은 무언(無言)의 흑판이 아니다." 모든 관념은 스스로를 진실한 것으로서 확립하고, 어떤 관념이 잘못되어 있다고 생각하게 하는 모든 것은 바로 그 관념과 싸우려는 다른 관념입니다. 스피노자는 데카르트가 말하는 회의를 불가능한 것이라고 선언합니다. 사람이 그 판단을 잠시 정지시키는 까닭은 그렇게 할 만한 이유가 있기 때문이며, 변덕스러운 결심 때문이 아니라고 반론합니다. 〈스피노자는 자유를 부정합니다.〉 그는 신을 모든 사물의 총계라고 생각합니다. 생각하는 것은 결코 인간이 아니라 인간 속의 신입니다. 따라서 악덕도 오류처럼 뭔가 불완전한 것이고, 불완전한 관념을 원칙으로 하는 행동이 됩니다.

스피노자의 발상은 결국 인간의 완전한 파괴에 도달합니다. 그와는 반대로 데카르트는 인간을, 그 판단과 확립 능력이라는 점에서 신과 동등한 것으로 생

*8 1632~77. 네덜란드의 철학자.

각합니다.

요컨대 판단에 관한 네 가지 학설(관념연합론자·유물론자·신념론자 그리고 스피노자)은 결국 판단의 자유의 부정에 이르게 됩니다.

우리는 선택해야만 합니다. 정말로 강력하고 유일한 선택은 데카르트와 루소의 이론에 대해 이루어질 것입니다.

추론

추론은 분석적 추론과 종합적 추론으로 나눌 수 있습니다.

분석적 추론은 그다지 유익하지 않습니다.

삼단논법은 이 추론의 하나의 예입니다.

분석적 추론은 치환을 통해 기능합니다(물론 주어를 속사(屬詞)로, 속사를 주어로 치환할 수는 없습니다).

중세에는 이러한 추론이 활발하게 연구되었습니다. 그 때문에 이론적 진보가 전혀 없었습니다.

종합적 추론은 하나의 구성입니다. 그것은 연역법—귀납법—유추에 따른 추론도 포함합니다. 가설에 따른 고안을 보탤 수도 있을 것입니다. 먼저 이러한 추론이 어떠한 것인지 서둘러 살펴보고, 그 뒤에 더욱 상세하게 분석해 보겠습니다.

연역법은 공간과 시간을 바탕으로 하고(칸트), 언제나 시간을 바탕으로 하되 종종 공간도 바탕으로 하는, 선험적으로 종합적인 추론입니다.

귀납법은 '종종 되풀이되는 관계는 항상적인 것으로 간주할 수 있다'는 원리의 적용으로 생각할 수 있습니다. 귀납법 속에는 순수하게 기계적인 요인, 즉 습관적인 것이 있습니다. 그러나 항상성이 필연성을 나타내는 것으로 가정될 때도 있습니다. 이때의 필연성은 확인된 것이 아니라 우리가 가정한 것이기 때문에, 우리는 가설에서 고안된 생각으로 넘어갑니다.

가설에 따른 추론

"……라고 가정하면, ……라는 결과가 된다."

가설에서 귀결로 이행하는 데는 연역법이 사용됩니다.

유추에 따른 추론

〈시계의 예〉 시계를 하나 분해하면, 누구든지 다른 손목시계도 모두 마찬가지로 움직이는 것으로 생각합니다.

유추에 따른 추론은 엄밀하지는 않지만 불가결합니다. 우리는 모든 것을 분해할 수는 없기 때문입니다.

유추가 유사와는 전혀 다른 것이라는 데 주의하십시오. 정확한 의미에서 '유추'는 수학적인 〈관계〉, 비례를 말합니다. 즉 시계에 대해 말하면, 어떤 시계의 겉모양과 태엽장치 사이에는 다른 시계의 겉모양과 태엽장치 사이의 관계와 같은 관계에 있다고 생각할 것이 분명합니다.

유추에서는 다만 부분적인 동일성밖에 인정되지 않을 때도 있습니다.

〈모든 추론법은 끊어진 데가 없이 하나의 연쇄로 이어져 있습니다.〉 귀납법은 가설을 포함하지 않으면 흔해빠진 것이 될 수밖에 없습니다. 가설은 연역법과 유추를 가정하고 있습니다.

이제 그러한 다양한 추론법을 분석하고 어떻게 사용되고 있는지 살펴봅시다. (이러한 추론법은 통속적인 인식에서도 쓰이는데, 그때 추론법은 통상의 명제를 이루지 않습니다.)

〈연역법〉

연역법은 〈종합적인 것〉이고 하나의 〈발명〉입니다. 연역법이 지닌 역설은, 연역법이 주어지는 것도 아니고 또 결코 바닥이 드러나는 것도 아니라는 데 있습니다. 수학에는 언제나 새로운 영역이라는 것이 있습니다.

연역법은 선험적인 것으로, 거기서 다양한 이론들이 도출됩니다.

〈플라톤의 '무의식적 기억'에 대한 이론〉 우리는 모든 것을 알았지만 모든 것을 잊어버렸습니다. 우리가 전에 다른 세계에 있었다는 증거는, 우리가 수학에서 다양한 발명을 했다는 사실이다. 이렇게 플라톤은 망각이라는 개념을 사용하여, 우리가 알거나 몰랐던 사항에 대해 설명을 시도했습니다.

〈데카르트의 이론〉 그것은 〈생득관념(生得觀念)〉의 이론입니다. 데카르트가 이를 통해 보여 주고자 한 것은, 우리의 정신에서만 유래하는 관념이 있다는 사실이었습니다. 그런데 데카르트의 나쁜 신봉자와 반대자들은 잘못하여, 데카르트는 선험적인 관념이 우리와 함께 태어난다고 말하려 한 것이라고 생각해 버렸습니다.

〈칸트의 이론〉(〈참고〉 선험적(아프리오리)이라는 명사를 쓴 것은 칸트부터입니다.)

이 이론의 어려움은 그야말로 생득관념에 대한 이론의 불합리함에서 나옵니다. 이 생득관념은 우리의 외부가 아니라 우리 안에 있습니다. 그렇다면 왜 그 관념을 발견하는 데 이토록 고생해야 할까요?

〈선험적〉인 것은 우리가 〈만들어 내는〉 것 그리고 〈정신의 능동성에서 나오는〉 것을 말합니다. 〈후험적(아포스테리오리)〉인 것도 동시에 존재합니다. 칸트는 〈선험적〉인 것을 〈형태〉를 이용하여 표상하고, 〈후험적〉인 것을 〈질료〉를 이용하여 표상했는데, 이 두 가지는 서로 떼어 놓을 수 없는 것입니다.

〈후험적〉인 것은 일상 경험에서 유인(誘因)으로서 그리고 사고의 대상으로서 도움이 되고, 〈선험적〉 추론에서는 상징으로서 그리고 상(像)으로서 도움이 됩니다.

원인과 결과의 관계는 〈선험적〉이고, 원인과 결과 각각은 〈후험적〉입니다. 〈선험적인 것은 오성의 하나의 행위입니다.〉 어떤 사물과 다른 사물의 관계에 대한 관념은 잘못 적용될 때도 있지만, 영원히 진실인 것에는 변함없습니다.

따라서 우리는 〈선험적〉인 것을 자신 속에서 발견해 내는 것으로 가정해 왔다고 할 수 있습니다. 그렇지만 〈주체는 자기 안에서 아무것도 이끌어 낼 수 없습니다. 구축해야만 합니다.〉 가령 관념이라는 것이 우리 안에서 도출될 수 있다면, 그러한 관념은 사물이 될 것입니다. 따라서 관념을 얻으려면 노력이 필요한 것도 별로 놀라운 일이 아닙니다.

공간과 시간

칸트에 따르면 형태와 질료의 관계를 낳는 것은 '감성의 선험적인 형태'라고 할 수 있는 시간과 공간입니다.

〈공간〉

(1) 공간은 종종 경험에서 초래되는 무엇(곧, 공간이라는 관념은 저절로 발생한다)이라고 생각했습니다. 그것이 〈공간의 발생론적 이론〉입니다. 이 이론의 바탕에는 다음의 두 가지 관념이 있습니다.

(a) 스펜서의 시각에 대한 자극. 우리가 일련의 시감각(視感覺)을 의식할 때, 각각의 시감각이 잠시 존속하기 때문에, 우리는 그러한 감각이 동시적으로 발생한다는 인상을 받습니다. 스펜서는 이를 토대로 사람이 동시성의 관념을 의식할 때 공간관념도 생기게 된다고 생각했습니다.

(b) 서로 반대 방향으로 흐르는 두 개의 시간 흐름에 대한 관념. 이 관념을 바탕으로 하면 몇 가지 감각을 연달아 받아들일 때 그 감각의 원인이 동시적으로 발생한다고 생각할 수 있습니다.

〈이러한 이론에 대한 판단〉

(ㄱ) 〈동시성〉은 〈공간〉과 같은 것이 아닙니다. 자기 사고의 소재를 한정하지 않고, 나는 눈으로 보는 동시에 소리도 들을 수 있고 무언가에 대해 생각할 수도 있습니다.

(ㄴ) 스펜서의 불충분함은 〈공간 속에 존재하는 필연성이라는 관념을 간과한〉 데 있습니다. (음계를 아래위로 훑어 나감으로써 구성되는 연속과, 바닥의 선을 따라갈 때의 연속을 비교해 봅시다. '도'를 건너뛰고 '미'를 발성할 수는 있어도, 두 번째 걸음을 건너뛰고 세 번째 걸음을 내딛을 수는 없습니다.)

공간관념이 가역성(可逆性)이라는 관념을 가져오는 것이지, 그 반대는 아닙니다.

〈공간에 대한 발생론에는 다른 형태(독일적인)를 취한 것(분트)[*9]도 있습니다.〉 그에 따르면, 우리가 감각의 모습을 한정할 수 있는 까닭은, 신체의 각 점이 각각 다른 감각을 가져오고, 그 순수하게 질적인 감각이 변형하여 외연성(外延性)을 지닌 소여(所與)가 되기 때문입니다.

이 이론에 대해서는 이렇게 논박할 수 있습니다. 즉, 분트는 이러이러한 감각이 어떻게 공간의 이러이러한 점에 연결되는가를 보여 주기는 했지만, 그 이전에 공간이라는 관념을 준비해야 했습니다.

(2) 〈생득설적 이론〉 이 이론에 따르면, 공간이라는 관념은 감각 그 자체와 함께 우리에게 주어지는 것입니다.

(a) 어떤 철학자들은 공간은 촉감각을 통해 주어진다고 생각하고, (b) 다른 철학자들(라슐리에)[*10]은 시감각을 통해 주어진다고 보았습니다.

[*9] 1832~1920. 독일의 실험 심리학자.
[*10] 1832~1918. 프랑스 철학자.

"실제로 나면서부터 앞이 보이지 않는 사람에게는 시간이 공간을 대신한다. 시각장애자에게 원근(遠近)은 어떤 촉감각에서 다른 촉감각으로 이행하는 데 걸리는 시간의 많고 적음을 의미할 뿐이다."

〈판단〉 이 이론을 선천적인 시각장애자에게 적용한다면, 우리에게도 적용해야 합니다. 그렇다면 시각장애자가 여러 개의 촉감각을 결합하는 것과 마찬가지로, 우리도 자기의 여러 개의 시감각을 결합하게 됩니다. 선천적인 시각장애자는 기하학을 하고 있는 것입니다.

ⓒ 또 다른 철학자들은 공간은 촉감각과 시감각의 양쪽을 통해 우리에게 주어진다고 생각했습니다.

ⓓ 윌리엄 제임스는 그것은 모든 감각을 통해 이루어진다고 생각했습니다.

〈판단〉 가령 공간을 〈후험적〉인 것으로 한다면, 기하학 그 자체가 〈후험적〉인 것이 되어 버릴 것입니다.

우리로서는 〈공간〉은 〈선험적인 것〉이라는 결론을 내릴 수 있습니다. 그러나 공간에는 다른 〈선험적〉인 것과는 다른 무언가가 있습니다. 공간에는 우리가 이해하지 못한 채 용인해야 하는 뭔가(세 가지 차원)가 있습니다. 우리는 공간에 대한 관념을 바탕으로, 공간은 필연적으로 세 가지 차원을 포함하게 된다고 연역할 수는 없습니다.

〈세 개의 차원을 포함하는 공간은 경험에 필요한 조건의 하나입니다.〉 대상에 대한 관념은 세 개의 차원을 포함한 공간이라는 관념 없이는 존재하지 않습니다. 우리에게 경험이 가능한 것은 이 관념 덕분입니다. 하나의 손의 크기가 다른 손의 크기를 대신하는 일은 결코 있을 수 없습니다(거기에 있는 것은 등가성이지 동일성이 아닙니다). 거기에 있는 것은 외부에서 우리에게 주어지는 무엇입니다. 이것은 〈우리가 영향 받지 않을 수 없는 역설〉이라고 할 수 있겠지요.

〈시간〉 시간도 역시 〈선험적〉인 관념입니다. (시간이라는 관념은 변화의 관념에서 유래한다고 할지도 모릅니다. 그러나 변화의 관념을 얻으려면 시간관념이 있어야만 합니다.) 〈그런데 시간은 우리가 만들어 낸 것이 아니며〉, 시간 속에는 많은 역설이 내포되어 있습니다('시간'에 관한 작문을 생각할 것).

〈공간과 시간의 특권적 역할〉

이것은 칸트의 결론입니다. 이에 대해 생각해 봅시다.

〈시간관념〉은 우위에 서 있습니다.

수동적인 한, 우리는 공간관념을 가질 수도(그러기 위해서는 운동이 필요합니다), 시간관념을 가질 수도(우리는 현재시라는 한계 속에 있습니다) 없습니다.

시간은 우리의 행동에 한계를 가합니다. 말하자면 우리가 무력하다는 것의 유일한 표시입니다. (과거로 돌아갈 수도 없고, 그 자리에서 무언가를 획득할 수도 없습니다.)

〈모든 한계는 시간을 통해 우리에게 주어지고, 또 우리는 능동적일 때만 그런 한계를 만납니다.〉 (몽상과 수면에는 이런 한계가 없습니다.)

〈공간〉은 시간의 법칙이 특수한 형태로 우리의 행동에 적용된 것입니다.

따라서 〈공간과 시간〉은 우리의 모든 행동이 감당해야 하는 형태이고, 바로 그것 때문에 우리의 〈선험적〉이고 종합적인 모든 판단의 형태도 되는 것입니다.

시간과 공간의 순수한 법칙에 대해 생각하는 것은, 시간과 공간이 우리에게 제시하는 장애에 대해 생각하는 것입니다. 우리의 모든 행동을 시간과 공간에 결부하려고 시도하는 것은, 세계를 이미 꿈이 아니라 〈장애〉로 생각하려고 시도하는 것입니다.

인과관계는 필연적으로 그 이전에 있었던 사항을 찾아내려고 하는 데서 발생합니다. "사람은 어떤 장소에 도달하기 전에 다른 장소에 도달할 수는 없다"는 문장은 〈필연적 연속성〉이라는 것을 단적으로 보여 줍니다. 우리는 자연 현상을 운동에 환원함으로써, 그러한 자연현상 속에서 언제나 필연적 연속성을 발견할 수 있습니다. 그러나 그때 우리는 기계적인 발상에 빠져 있다고 생각해야만 합니다.

데카르트는 '모든 것은 형태와 운동'이라고 했습니다.

〈사물을 이렇게 시간과 공간에 결부하는 것은 바로, 우리가 체계적인 행동을 통해 세계를 만들어 낸 것처럼 행동하는 것입니다. 그러나 그렇게 하는 것 외에는 우리에게 자연을 설명할 수단이 없는 것도 사실입니다.〉

데카르트는 이것을 과학의 이상으로 조정(措定)*¹¹했습니다. 그러나 우리는, 자연은 우리나 우리를 닮은 존재가 만들어 낸 것이 아니라는 사실을 잘 알고 있습니다. 〈우리의 행동은 변형적인 것이지 결코 창조적인 것이 아닙니다.〉 이

---

*11 어떤 명제를 긍정적으로 주장함.

해하기 쉬운 설명이라는 것도 결국은 변형이 가능한 설명을 말합니다.

그런데 우리는 자연이 변형을 통해 창조된 것도 아니고, 유한한 존재의 손에서 창조된 것도 아니라는 사실을 잘 알고 있습니다. 자연은 무한합니다. 그래서 우리는 마치 우리를 닮은, 어떤 한계가 부여된 존재가 현상(現象)을 획득하려고 시도하는 것처럼 행동하게 됩니다. 〈아무리 설명하려고 해도, 그 설명은 언제나 우리의 것밖에 되지 않습니다.〉

다른 각도에서 생각해 봅시다. 우리는 어떤 시간 때문에 격리된 두 순간 사이에만 인과관계를 세울 수 있습니다. 우리는 자연을 설명하고자 할 때, 격리된 순간을 서로 연관지으려고 합니다. 그런데 한편으로는, 자연에 대해서는 그렇게 해도 아무 의미가 없음을 잘 알고 있습니다.

인식의 가치

이것은 매우 중요한 문제입니다. 〈우리의 모든 인식은 가설적〉(천구天球가 하나의 가설이라는 의미에서)이라고 할 수 있습니다.

그러나 자연을 설명하는 것은, 자연을 우리의 체계적 행위에서 하나의 장애로 간주하는 유일한 수단입니다. 과학에는 부족한 데가 있지만, 우리가 그 부족함을 이해할 때, 비로소 우리의 과학은 하나의 가치를 지니게 됩니다. 참고로 말하면, 이 점을 토대로 실용주의를 비판할 수도 있습니다. 실용주의자들은 '방법체계'와 '결과'를 같은 지평에 둡니다. 실용주의자들을 모방하여, 과학은 모두 〈자연에 대한 행동방식〉으로 환원된다고 할 수는 있지만, 〈체계적인〉이라는 말을 덧붙여야만 합니다.

현실이 우리 앞에 나타나는 것은, 자연이 단순히 〈우리에게 체계적인 행동을 가능하게 하는 장애〉일 뿐 아니라, 〈우리의 손에서 끝없이 빠져나가는 장애〉이기도 하다는 사실을 우리가 이해할 때입니다.

가설이 충분하지 않다는 점을 앎으로써, 우리는 자연이 단순한 개념이 아니라는 것을 이해합니다.

〈세계의 창시자인 신의 관념〉 우리가 자신의 사고를 세계로 향하고자 할 때, 그 사고의 규범이 되는 것은 이 창조자로서의 신입니다. 가령 우리의 사고가 완전하다면, 우리는 자기가 세계를 만들어 낸 것이라고 생각하겠지요. 과학은 창조자로서의 신이라는 관념이 없으면 완전한 규범이라고 할 수 있는 것을 잃게 되고 맙니다.

신을 믿는 인간과 오직 인간의 정신만 믿는 인간 사이에 현실적인 차이는 없습니다(기적에 대한 맹신을 생각하지 않는다면, 기적이라는 관념을 가지는 것은 불경건한 행위입니다). 유물론적인 구상력만이 신의 관념을 근원적으로 배제합니다.

따라서 〈자연현상을 이해하려는 모든 노력은, 공간과 시간을 바탕으로 한 선험적이고도 종합적인 판단을 이용해, 다시 말해 수학을 이용해 세계를 다시 만들고자 하는 노력, 바로 그것입니다.〉

칸트가 말했듯이 '우리가 사물의 현상밖에 인식하지 않는' 까닭은, 사물은 우리가 만든 것이 아닌데도 우리는 자기가 사물을 만들었다고 가정하려 하기 때문입니다. 이것이 '가설'입니다. 가설은 공간과 시간의 관계를 바탕으로 세워지지만, 그러한 관계는 자연과는 무관합니다.

〈공간과 시간은 자연이나 정신과 무관합니다.〉 자연과 무관한 것은, 공간과 시간이 사고에서만 의미 있는 관계를 가져오기 때문이고, 정신과 무관한 것은, 그러한 관계 속에 우리에게는 설명되지 않는 사물이 들어와 있기 때문입니다.

〈우리는 사물을 그 자체로서 인식하는 것이 아니라, 사물의 겉모습과는 다른 무언가를 인식할 뿐입니다.〉

(더욱이 사고가 사물 그 자체에 도달한다고 생각하는 것은 모순이겠지요.) 사물의 현상(現象)은 사물의 겉모습과는 다른 무엇입니다.

〈현상은, 경험이 가져오는 모든 필연적인 관계를 수반한 경험 자체입니다.〉이에 비해 겉모습 속에는 필연적인 것이 없습니다.

따라서 〈인식한다는 행위〉는, 칸트의 분석에 따라 다음과 같이 요약할 수 있습니다.

(1) 〈감각에 따른 경험이 없으면 어떠한 인식도 있을 수 없습니다.〉 질료를 제공하게 되는 것은 세계이고, 정신은 질료의 공허한 형태밖에 제공할 수 없습니다. (칸트는 이렇게 썼습니다. "비둘기는 대기를 가르며 자유롭게 날아다닐 때, 대기의 저항을 느끼고 '진공 속에서는 더욱 자유롭게 날 수 있을 텐데' 하고 생각할지도 모른다.")

(2) 〈선험적 판단 없이는 어떠한 경험도 있을 수 없습니다.〉

경험 속에서 우리가 '객관적'이라고 명명한 모든 것은, 경험 속에서 필연적으로 나타나는 것을 말합니다.

객관적 연속과 주관적 연속 사이의 차이는(현실적인 것이든 외견적인 것이든), 필연성이라는 관념 때문에 초래됩니다. 우리가 〈현실〉에 대해 말할 때마다 거기에는 〈필연성〉이 있습니다. 내가 내 앞에 있는 대상에 대해 품는 관념은, 모든 외견 사이의 필연적인 관계에 대한 관념입니다.

흄이 그랬듯이 어떤 경험을 바탕으로 경험들끼리의 관계를 추구해서는 안 됩니다. 그때에는 우연밖에 발견할 수 없을 겁니다.

필연성은 경험 이전에 존재한다는 것을 이해해야 합니다. 필연적인 관계는 경험에 필요한 조건이며, 경험에 형태를 가져다 줍니다. 그 형태가 없으면 경험은 감각을 되는 대로 그러모은 것에 지나지 않습니다.

질서

연역법에서 본질적인 역할을 하는 것은 시간입니다. 칸트는 그것을 잘 이해하고 있었습니다. 시간은 도식으로서 도움이 됩니다. 우리가 무언가를, 그것을 다시 만듦으로써 이해하려고 할 때, 우리가 구성하고자 하는 규범은 언제나 〈어떤 종류의 연속〉입니다. 시간이 사고 속에서 하는 역할은, 질서라는 관념이 어떠한 것이든 이해하기 위한 하나의 방법체계를 제공하는 데 있습니다. 그런데 〈질서는 시간과 떼어 놓을 수 없는 것입니다.〉

질서를 논함으로써 우리는 데카르트로 옮겨 갑니다.

데카르트 속에는 우리가 금방 이해할 수 있는 단순한 사항이 몇 가지 있습니다. 공준(公準)*¹²이란 바로 인간의 사고 속에 있는 현실적인 것을 가리키는 것이다 등등……. 정신은 비록 거기에 모순이 없을 때라도 자기의 대립물을 생각할 수 없습니다. 신만이 세계에 대해 생각하는 것만으로 세계를 창조할 수 있습니다.

우리가 출발점으로 하는 것은 바로 그러한 단순한 사항이고, 복잡한 사항을 단순한 사항으로 환원하는 것이 문제입니다. 공준과 공리는 우리로서는 설명할 수 없는 것이기 때문에 받아들일 수밖에 없습니다. 우리가 할 수 있는 일은, 왜 그것들이 우리에게 명백하게 보이는지 설명하려고 시도하는 것뿐입니다.

---

*12 기초가 되는 근본 명제.

수학에서의 발명

(A) 수학 문제와 씨름하다 보면, 소여는 모두 주어져 있는데도 풀 수 없을 때가 있는데, 그것은 그 소여가 아직 질서 잡히지 않았기 때문입니다. 우리는 종종 복잡한 것에서 시작하여 단순한 것을 찾으려 하거나, 한 번에 여러 가지의 관계를 파악하려고 할 때가 있습니다.

우리가 스스로 하나의 계를 구성할 때, 우리 속에 있는 관념은 우리가 만들어 낸 것입니다. 그러나 〈우리가 만들지 않은 계 속에 있는 항은 무엇을 통해 우리에게 주어지는 것일까요?〉 생활을 통해 외부에서 제공될지도 모릅니다. 〈예〉 피라미드를 측량하라는 요청을 받은 탈레스*13—아폴론 신전의 용적을 두 배로 하는 문제……. 자연이 우리에게 소여를 제공하는 경우에 대해 생각해 봅시다.

(1) 발명이 〈어림〉으로 이루어지는 일이 있는데, 그것이 바로 '직관'입니다. 사실 그러한 발명은 우연한 것입니다. '직관'을 지적인 능력으로 생각해서는 안 됩니다. 물론 이것은 윤리에 속하는 문제입니다.

(2) 〈체계적인 발명〉은 〈분석〉과 〈종합〉(데카르트의 제2, 제3규칙의 적용)을 통해 이루어집니다.

이를테면 용적을 두 배로 하는 문제에서는, 〈먼저 문제의 어려움이 어디에 있는지 확인하고〉, 이어서 데카르트의 제13규칙 '우리가 문제를 완전히 이해하려면, 문제를 모든 쓸데없는 발상으로부터 추상하여 〈더욱 단순한 요소로 환원하고〉, 되도록 부분으로 〈분할〉해야 한다'에 따라야만 합니다. 용적에 관해, 여기서는 어디에 어려움이 있을까요? 그것을 두 배로 하는 것일까요? 우리는 수와 길이는 두 배로 할 수 있습니다. 그러나 면을 두 배로 하는 건 쉽지 않습니다. 정방형의 변은 두 배로 할 수 있는데, 그러면 정방형의 면적은 네 배가 되어 버립니다.

두 개의 정방형의 관계는 주어져 있습니다. 그 관계를 길이의 관계로 환원해야만 합니다. 길이를 두 배로 하기만 하면 면적이 두 배가 될 때가 있습니다(정방형이 아니라 장방형이 되어도 좋다는 조건에서는 정방형을 두 배로 할 수 있습니다). 따라서 문제는, 주어진 정방형에 면적이 같고, 한 변의 길이가 다른 변의

---

*13 기원전 624?~546? 그리스의 철학자.

두 배인 장방형을 찾는 것이 됩니다. 중요한 것은 〈문제가 풀렸다고 가정하는〉 일입니다(이것은 데카르트의 위대한 발견이었습니다). 그런 다음, 용적을 두 배로 하는 것이 왜 정방형을 두 배로 하는 것보다 어려운지 생각하게 됩니다. 여기서도 문제가 풀렸다고 가정해야 합니다. 장방형이든 정방형이든 다만 두 개의 변만으로 정의되는데, 이때에는 변이 셋이 됩니다……. 용적에 대해 생각하는 것은 완전히 중지하고, 직선 문제로서 생각해야 합니다.

따라서 다음과 같은 것이 필요합니다.

(a) 〈어려운 문제점을 다른 것에서 분리하여, 거기에 있는 우발적인 사항을 모두 제거할 것.〉 이때 우발적인 것이란 용적을 말합니다. (네 개의 비례항으로 구성되는 계를, 그러한 관계의 본성과는 반대되는 질서에 따라 생각해야 되면, 우리의 정신은 활동을 정지합니다.)

(b) 〈정신에, 정신의 본성과는 반대의 질서를 부여하는 수단을 찾아낼 것.〉

그렇지만 어떻게 해야 합리적으로 생각할 수 있을까요? 이 의문에 답하려는 것이 〈대수학에서의 위대한 발견〉인 〈미지수〉입니다(문제를 푼 것으로 가정합니다). 필요한 것은 문제가 내포하는 모든 상(相)에 대한 하나의 계를 세우는 것입니다.

미지수를 기지수로서 다룬다는 제1단계의 방식은, 머리가 나쁜 학생이 무턱대고 답을 찾으면서, 그 답이 '적용되는지' 알아보는 방법이라고 할 수 있습니다.

제2단계의 방식은, 디오판토스가 발견한 〈보문법(補問法)〉이라는 방식입니다—디오판토스*14는 머리가 나쁜 학생의 방식으로 시작하여, 그 뒤 왜 '적용되지 않는지'를 조사한 것입니다.

제3단계의 방식은 〈급수(級數)〉를 사용하는 것입니다. 변수를 변화시켜보고 함수가 어떻게 변하는지 조사하는 것입니다. 변수가 옳은 값은 함수에서 주어지는 값과 일치합니다. 〈미지수는 변수로 취급〉할 수 있습니다.

……문제 자체를 역방향으로 나아가도록 만드는 〈계를 찾아내고〉, 〈미지수와 변수를 사용하여 그러한 계를 정방향으로 따라가야〉 합니다.

(B) 그러나 발명의 문제는 〈정신의 추이는 자신을 어떻게 문제로 이끌 수 있

---

* 14 서기250년 전후 알렉산드리아의 수학자.

는가?)라는 형태로 세울 수도 있습니다. (이 의문은 현재까지 되는 대로 아무렇게나 세울 수밖에 없었습니다.) 정신은 그 체계적인 추구 속에서, 어떻게 해야 해결하기 어려운 문제를 자신에게 제공할 수 있을까요?

이 의문은 〈하나의 방법체계가 그 한계에 도달할 때마다〉 (물론 어떤 지점에 이르러 우연히 도달하는 것이지만) 일어납니다.

예로서 피타고라스적인 방법체계*15를 들 수 있습니다. 이 방법체계는 약분할 수 없는 수를 나타내는 정방형의 대각선에 관해, 그 한계에 부딪칩니다.

왜 크기 사이의 관계와 수 사이의 관계가 처음에 혼동되고 말았을까요? 그것은 〈숫자 속에 내포된 두 개의 관념이 혼동되었기〉 때문입니다. 즉, 질서(수의 계)의 관념과, 작은 부분으로 분할할 수 있다(6은 여섯 부분으로 분할할 수 있다)는 관념을 말합니다. 이 제2의 관념은 상상력에서만 가치가 있습니다. 정신을 만족시키는 것은 질서 쪽이고, 이것은 분할할 수 없습니다. 계의 다섯 번째 항으로서 5는 다섯 부분으로 분할할 수 없습니다. 산술을 기하학에 적용할 때는 다만 〈질서〉만 보아야 합니다(이것이 유독수스*16의 방법입니다).

어려운 문제도 〈한계의 관념〉을 사용하면 풀릴 때가 있습니다.

그리고 〈그 어려움조차 이해할 수 없는 문제〉에 부딪칠 때가 있습니다(π나 e 같은 초월적인 수). 대수학을 뒤따라가서 '상상 속의 것'이라는 〈상징숭배〉에 도달하는 것이지요. 왜 상상 속의 것이 계산을 단순화하는지 이해할 수 없고, 수학자들도 거기에 몰두하지는 않습니다. 오늘날 수학에서의 발명은 계산을 단순화하는 수단을 찾아내려는 데 있습니다.

---

*15 피타고라스적 방법체계
　　피타고라스의 정리를 도해하면 다음과 같다.

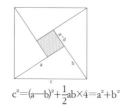

$$c^2=(a-b)^2+\frac{1}{2}ab\times4=a^2+b^2$$

두 변이 1인 직각이등변삼각형의 빗변은
유리수로 나타낼 수 없다.

*16 기원전 4세기 무렵의 그리스 기하학자.

실험을 준비하는 것으로서의 연역법

〈이상적인 실험은 연역법에서 비롯됩니다.〉 사실 실험을 할 때 우리는 〈인공적인 환경〉을 조성하려고 노력합니다. 그런데 수학은 완전히 인공적인 환경을 구성합니다(수학에는 우리가 스스로 가져온 것이 있을 뿐, 다른 데서 무언가가 개입하는 일은 없습니다). 우리가 어떤 변화를 일으키면, 그 변화가 다른 변화를 낳고, 그 결과 우리는 두 번째 변화가 자기가 낳은 변화에 따른 것이라고 확신할 수 있습니다.

그러나 '이러이러한 원인이 이러이러한 결과를 낳는다'는 것만으로는 충분하지는 않습니다. 양(量)의 관계를 내세워 결과가 어떻게 변하는지 보아야 합니다. 그렇다면 어떻게 해야 결과에서 원인의 기능을 찾아낼 수 있을까요? 실험하지 않거나 단 한 번의 실험만으로는 찾아낼 수 없습니다. 그렇다면 내삽법(內揷法)*17을 쓰게 될까요? 아니면 외삽법일까요? 순수한 형태로서의 귀납법을 사용하지만, 그것은 정신을 만족시켜 주지 않습니다. 정신을 만족시키기 위해서는 거기에 〈연속성〉이 있어야 합니다. 〈인공적인 환경〉과 〈연속성〉이 있으면 연역법만 사용해도 되는데, 그것은 기하학에서만 가능합니다. 물리학을 기하학처럼 보이지 않게 하려는 것이 있다면, 그것은 바로 세계 그 자체입니다! 따라서 우리는 아직 실험 문제를 다루고 있지는 않습니다. 다만 '실험'이라는 말의 의미를 확대하여 〈기하학은 일련의 완전하고 이상적인 실험〉이라는 말만은 할 수 있겠지요.

〈예〉 지레, 아르키메데스의 정리

지레는 저울이 고장났을 때 그것을 지적하는 데 도움이 됩니다.

아르키메데스의 법칙에서, 유체(流體)를 분류하는 것은 이 법칙이 유체를 통해 입증되는 것과 같은 방법으로 가능합니다. 이 법칙은 실제에 대한 적용 외에 실험을 해석하고 정리하는(유체의 점성을 정의하는 등) 역할을 합니다.

이러한 법칙은 실험이 거기서 멀어질수록 이론적인 가치를 지니고, 가까워질수록 실용적인 가치를 지니게 됩니다.

---

*17 보간법. 알고 있는 함숫값들로부터 함수 f(x)의 값을 결정하거나 추정하는 방법

연역법의 가치에 대한 결론

(A) 〈순수한 연역법〉 연역법 중에는 아무런 가치도 없는 형태도 있습니다. 삼단논법이 그것입니다.

진정한 연역법으로 알려진 것은, 처음에는 하나의 완전한 사고 형태로 보이는데 가까이 다가가서 살펴보면 실제로는 〈불완전한〉 것입니다. 그 이유로서 다음의 두 가지를 들 수 있습니다.

(1) 하나는 사고에서의 유일한 뒷받침인 동시에 족쇄이기도 한 〈질서〉 때문입니다. (질서는 이를테면 우리가 비례중항을 찾아내려는 것을 방해합니다.) 〈질서는 사고에서, 자연이 질서에 묶이는 일이 없는 만큼 더욱더 잔인한 감옥이 됩니다.〉 따라서 우리가 자기에 대해 제기하는 구체적인 문제는 모든 질서를 침범하려는 것입니다.

(2) 또 하나는, 연역법이, 없어서는 안 되는 조력인 동시에 장애이기도 한 〈상징〉을 사용해야 하기 때문입니다. (수 자체가 피타고라스파 학자들을 괴롭혔습니다.) 정신의 한 걸음 한 걸음은 상징을 조작함으로써 주어집니다. 〈방법체계를 상징으로부터 독립시켜서 생각〉해야 합니다. 수학의 진보는 바로 거기에 있다고 하지 않을 수 없습니다. 오늘날에는, 반대로 상징에 끌려가고만 있을 뿐이고, 그 때문에 이해하지 못한 채 결과를 이끌어 내는 실정입니다.

〈연역적 추론의 두 가지 결점은, 수학에서 발명의 두 가지 원칙, 바로 그것입니다.〉 수학에서의 발명에는 끝이 없고, 이만하면 충분하다는 상황도 없습니다. 우리가 수학에 열중하는 이유도 거기에 있습니다. 〈수학과 씨름하는 것은 끊임없이 자신의 사고에 공격을 가하는 일입니다.〉 따라서 수학 속에는 잠재적으로 나타나는 〈윤리〉가 내포되어 있습니다. 〈정신〉에 대한 죄이며, 죄 가운데 가장 큰 죄라고 할 수 있는 것으로, 되는 대로 아무렇게나 나아가려는 성향을 반드시 극복해야 합니다. 게다가 수학에서는 무언가에 도움을 받는 일이 없습니다. (행동에서는 다른 행동에 도움을 받는 일이 있습니다. 분노가 용기를 지탱해 주는 것처럼)

플라톤이 '기하학을 모르는 자는 들어오지 말라'고 말한 것도 그 때문이었습니다.

(B) 〈적용된 연역법〉

(1) 〈법칙의 적용〉

법칙의 적용에도 〈이론적인 가치〉가 있습니다. 어떤 법칙을 거의 적용할 수 있다고 생각할 때, 당연히 〈원인과 결과의 관계〉를 생각하게 되기 때문입니다. 〈예〉 아르키메데스의 법칙은 불순물이 없는 유체라는 것이 존재하지 않는 이상 완전하게 적용되지는 않습니다. 그러나 강철선(鋼鐵船)을 맨 처음 건조한 사람은, 아르키메데스의 원리가 완전하게 적용될 수는 없다는 사실을 알면서도 그것을 적용했습니다. 원인과 결과의 〈구체적인〉 관계를 통해 이 배가 물에 뜨리라고 생각한 것입니다.

〈인과관계를 되도록 구체적으로 생각하는〉 것은 무척 중요한 일입니다. 그렇게 함으로써 능동성에 대한 습관을 들일 수 있기 때문입니다.

〈과학과 씨름하는 것은 자기를 이 세계를 만드는 장인(匠人)으로 생각하는 일입니다.〉 이를테면 자기가 태양과 달을 우주에 배치했다고 상상하지 않는다면 일식과 월식에 대해 생각할 수 없습니다.

실제로 우리에게는 어떠한 현실적인 힘도 없습니다. 그러나 그것이 우리를 정신적으로 해방시켜 줍니다. 추론을 자연에 적용하는 일에는, 설령 그 적용이 결코 엄밀하지 않다 하더라도, 우리에게 〈자연과 마주하는 노동자의 정신상태〉를 가져다 준다는 〈정신적 가치〉가 있습니다. 과학은 그것이 진정한 과학인 한 우리에게 강한 정신을 가져다 줍니다.

(2) 〈추론이 자연에 적용되지 않는 경우에 한해〉, 그것은 우리에게 〈계를 만들어 내는〉 것을 가능하게 해 줍니다(이를테면 불순물이 적은 유체에서 많은 유체에 이르는 계). 그런 의미에서 모든 연역법은 가설적입니다. 연역법 속에는 〈세계에 결코 존재하지 않는 완전함〉이 내포되어 있습니다. (만일 불순물이 없는 유체가 존재한다면…… 하고 말하는 식입니다.)

이것은 한편으로는 명확한 〈실천적 가치〉를 지닙니다.

연역법의 〈정신적 가치〉는 매우 큽니다. 연역법을 적용함으로써 〈세계는 객관적이고 견고한 성격을 띠며, 우리로부터 그리고 우리의 정념으로부터 독립하게 됩니다.〉 이를테면 유체의 점성은 측정하는 사람의 육체와 정신의 상태에 따라 좌우되는 주관적인 것이라고 할 수 있을지도 모릅니다. 그러나 아르키메데스의 원리를 제시하면, 그 주관성은 자취를 감추고 맙니다.

이것은 〈정념에서 자기를 해방하는 두 가지 방법 가운데 하나〉이며, 〈대상〉

을 통과하는 것입니다. 한편, 또 하나는 주체를 통과하는 것(수학)입니다. 후자는 스토아 학파적인 방법으로, 어떠한 정신에서든 세계를 고찰하는 것은 〈보편적인 {정신}에 도달하려는〉 것이기 때문입니다.

연역법의 이 가치는 예술에도 나타납니다. ((예) 음악에서 악보가 미리 주어졌을 때)

이렇게 과학에서의 가설은 세계에 예술작품의 성격을 부여하게 됩니다. 고대인들은 과학과 미학 사이의 이 관계를 매우 잘 이해했습니다.

〈연역법에 없는 것?〉

연역법에는 언제나 〈세계〉가 빠져 있습니다.

어떠한 상황에서도 연역법은 증명을 대신할 수 없습니다. 연역법은 도입부에 지나지 않습니다. 그러므로 수학에만 몰두하는 사람은 결국 수학의 가치를 모르게 되고 맙니다.

{증명}

증명은 〈자연에 속하는 무엇〉이 아닙니다. 그것은 과학에서 가장 어려운 작업이라고 할 수 있습니다. 그리스 사람에게는 이것이 빠져 있었는데 그것은 기술적인 이유 때문이었습니다. 측정할 수 있는 외견을 획득하려면 장치를 마련해야만 하기 때문입니다. 증명을 인위적으로 준비하려면 가설이 필요합니다. 〈가설은 증명을 통해 완성됩니다.〉 가설과 증명 사이에 다리를 놓는 것이 기술입니다.

증명이 가치를 지니려면 거기에 사고가 내포되지 말아야 합니다. 사고가 자기 안에 세계가 없다고 판단할 때, 〈스스로의 의지로 자기를 중단하는 것이야말로 사고에서 자신의 힘을 표시하는 것〉입니다.

증명은 인위적인 것임이 틀림없지만, 실험자는 세계를 앞에 두고 되도록 자기를 지워 없앱니다. 세계를 어지럽힐까봐 두렵기 때문입니다. 실험자에게는 스토아 학파의 그것을 닮은 일종의 경건함이 있어야 합니다.

〈훌륭하게 이뤄진 증명의 가치는, 거기서 세계가 정신을 수반하지 않고 순수하게 나타난다는 데 있습니다. 따라서 질료와 정신을 함부로 혼합시키는 것(상

상)은 졸렬한 짓입니다.〉

증명에서, 사람은 모든 것을 정신 쪽으로 돌리기 위해 세계가 지닌 신성을 배제합니다.

{귀납법}

귀납법은 다음의 두 가지 요인을 바탕으로 성립됩니다.

(1) 〈순수하게 물리학적인 일반화의 성향〉

마치 양이 '풀은 맛있는 음식'이라고 말하는 것처럼, 우리는 〈물은 100도에서 끓는다〉고 말합니다.

(2) 〈귀납법은 사고를 유발하고 나면(원인과 결과의 관계를 찾아내고 싶은 욕망) 자기를 소멸시켜 버립니다.〉 귀납법에는 연역법의 도움을 빌리려는 경향이 있기 때문입니다. 이를테면 나는 어떠한 연역법을 사용하면 100도라는 온도를 끓는점으로 할 수 있을지 생각합니다. 바로 그때 유추에 따른 추론이 나타납니다.

{유추에 따른 추론}

구체적인 것에서 추상적인 것으로 이행할 수는 없습니다.

그래서 우리는 유추를 사용하여, 다른 원인에서 나오는 다른 결과를, 그것도 그 인과관계와 동일한 결과를 찾아낼 수단은 없는지 생각하게 됩니다.

이는 디오판토스의 보문법을 사용하는 것과 정확하게 같습니다. 즉, 어떤 단순한 요인에서 복잡한 무언가를 연역하고, 그 복잡한 것과 자연이 준 것 사이에서 관계를 찾아낼 수 있다면, 현상을 설명하는 데 성공하는 것입니다.

〈예〉 소리에 대해 생각할 경우, 우리는 물속에 돌을 던질 때 생기는 여러 개의 물결과, 소리의 진폭이 가장 큰 곳과 진폭의 단락 사이에 하나의 유추를 세웁니다. 물결 현상의 원인을 알면 소리 나는 현상의 원인도 아마 알 수 있을 것입니다. 빛에 대해 생각할 때도 마찬가집니다. 움직임에 어떤 움직임을 더하면 부동의 상태가 되는 일이 있는 것과 마찬가지로, 빛에 빛을 더하면 어둠이 발생하는 일도 있습니다.

자연을 인식하는 진정한 방법은, 유추를 내세워, 우리가 만들어 내지 않은 사물을 우리가 만들어 낸 사물과 마찬가지로 단순한 것으로서 드러나게 하는 것입니다(데카르트를 생각해 보십시오).

유추를 발견하기 위한 〈방법〉이 있을까요?

그것은 어려운 문제입니다. 어쩌다가 직관과 들어맞는 일이 있을 수는 있습니다.

과학의 역사 속에서 예를 찾아보십시오. 그러면 곧 〈유추란 오성에서만 서로 비슷한 현상들 사이에 세울 수 있는 것〉임을 알게 될 것입니다. 다음과 같은 경우를 보면 명백합니다.

```
┌ 빛의 반사
│ 소리의 반사
└ 벽에 부딪힌 공의 반사
```

(이러한 현상들 가운데 유사성은 아무것도 없습니다. 반향이라는 현상은 거울의 현상과 비슷한 데가 전혀 없습니다.)

```
┌ 열의 전도
└ 통저기(通底器)

┌ 낙하하는 사과
└ 달이 지구 주위를 도는 운동
```

(달은 옛날에 지구에서 떨어져 나갔는데도, 지금은 가만히 있기 때문에 지구에 떨어져 내리는 것이 아닌가 하고 생각되는 것입니다.)

모든 역학은 수행되는 운동과 수행되지 않는 운동 사이의 유추를 토대로 성립됩니다.

〈그러므로 유추를 찾기 위해서는 상상을 멀리하고 오성에만 의지해야 합니다.〉

〈다른 예〉 도르래와 저울, 여행가방의 잠금장치와 지렛대 등……

이러한 사물이 동일하다는 것을 이해하려면 〈본질적인 관계를 끌어내고 우발적인 것은 모두 제거해야〉 합니다. 그렇게 함으로써 유추가 모습을 드러냅니다. 하지만 여기서 상상은 아무런 관련도 없습니다. 따라서 최대한의 순수 안에서 본질적인 관계에 도달하기 위해서는 〈오성의 행사(行使)〉가 필요해집니다. 그래서 우리는, 데카르트의 문제를 분할하는 것에 관한 제2규칙을 만나게 됩니다.

〈요컨대〉 오성은 유추를 통해서만 자연에 대한 인식 속에 개입한다기보다 〈유추하는 것은, 오성이 자연에 대한 인식에서 하는 주요 행위입니다.〉

자연은 우리에게 복잡한 데이터를 제공합니다. 우리는 그러한 현상들 사이에 유추를 내세우고, 그러한 현상 속에서 단순한 것에서 복잡한 것으로 이행해야 합니다. 〈유추는 본질적으로 가설을 제공합니다.〉 자연에 대한 인식에서 〈가설은 설령 진실이 아니더라도 반드시 있어야 하는 것입니다.〉

가설은, 우리에게 사물에 대해 명확하게 생각하고 측정할 수 있게 한다면 옳은 것입니다. (이를테면 아르키메데스의 원리를 모른다면, 우리는 물체가 물에 뜨는 현상에 대해 명확하게 생각할 수 없을 것입니다.)

〈실험과학에 대한 두 가지 사고방식〉

유추를 사용하지 않는 실험과학에 대해서도 생각할 수 있습니다(오귀스트 콩트는 유추를 쓸 때와 쓰지 않을 때의 두 가지 방법체계는 서로 대립하는 것임을 지적했습니다). 데이터 사이의 관계를 인식하지 않은 채 데이터를 따로따로 측정할 때, 우리는 이 후자의 방법을 적용합니다. 그때 우리는 '함수', 즉 대수학에 도달하게 됩니다. 그런데 대수학을 써서 유추를 세울 수도 있습니다(전기의 경우).

우리는 과학에 대해 두 가지 사고방식을 일별한 셈입니다. 전자의 사고방식은 〈단순함〉을 찾고, 후자의 사고방식은 〈통(단)일성〉을 추구합니다.

이 두 가지 사고방식은 서로 대립할 때가 있습니다. 오늘날에는 특히 통일성이 요구된다고 할 수 있습니다. 그런데 어떠한 명석함도 제공하지 않는 통일성은 "열려라, 참깨!" 같은 것으로, 인간에게 힘을 안겨줍니다. 그래서 〈(정신)과 힘 가운데 어느 한쪽〉, 즉 신과 황금신 가운데 어느 한쪽을 선택할 수밖에 없게 됩니다. 인간들은 주저없이 황금신을 선택했습니다.

그렇지만 어느 시대에나 사람들은 법칙을 이해하지 못한 채 용인해 왔다는 것, 그리고 오늘날 사람들은 법칙을 설명하려고 노력하고 있다는 것에 주목해야 합니다. 따라서 솔직하게 두 가지 방법 가운데 어느 한쪽을 선택하는 것보다는 어느 쪽이 우세한지 아는 것이 더 중요합니다.

〈그리고 두 가지 방법의 중간적인 것, 즉 무슨 일이 일어나고 있는지 몰라도 되는 경우가 있습니다.〉 이를테면 열이 어떠한 메커니즘을 통해 전파되는지 모르고 넘어갈 수 있습니다(푸르니에[18]의 경우). 아르키메데스는 지렛대에 대해 연구했을 때, 어째서 중력이 걸리는 부분뿐만 아니라 지렛대 전체가 동시에 회전하는지에 대해서는 생각해 보지 않았습니다. 그랬더라면 고체 내부에서 분자가 어떻게 배열되어 있는지 설명해야 했을 겁니다. 마찬가지로 반사에 대해 생각했을 때 데카르트는, 벽에 부딪치는 구의 운동을 조사하는 것에서 시작했습니다. 따라서 그 경우 공이 왜 벽에 박히지 않는지는 몰랐습니다.

기하학에서도, 직선을 회전시킬 때 우리는 직선 속에 하나의 통일성을 가정하고 중간적인 것은 배제해 버립니다. 방법은 〈중간적인 것을 배제함〉으로써 성립됩니다. 〈그렇게 함으로써 가설을 세우지 않아도 되는 것입니다.〉

가설의 도움을 빌리지 않고 중간적인 것을 배제함으로써, 명백하게 이해하기 쉬운 법칙을 발견할 때도 있고, 그것이 절대로 불가능할 때도 있습니다.

따라서 실험과학에서는 한 가지 방법에 대해서만 얘기할 수는 없습니다. 거기에는 서로 교착하는 두 가지 방법이 있습니다. 그래도 데카르트 시대의 과학은 〈순리적〉이고 오늘의 과학은 〈경험적〉이라고 할 수는 있습니다. 〈윤리와 과학의 관계에 대해 얘기할 때는 이 두 종류의 과학을 확실하게 구별해야 합니다.〉 물론 순리적인 과학도 힘에 도달합니다. '자기의 제압'과 '세계의 제압'을 대립시킬 필요는 없습니다. 대립시켜야 하는 것은 '자기 제압의 탐구'와 '세계 제압의 탐구'입니다.

그것이야말로 복음서 속의 "너희는 먼저 하느님의 나라와 그분의 의로움을 찾아라. 그러면 이 모든 것도 곁들여 받게 될 것이다"[19]라는 말의 의미입니다.

〈몇몇 실험과학에서의 이론과 논고에 대한 검증〉

<양자>론
양자론은 수학과 물리학의 관계를 바꾸고 말았습니다. 그리고 중단 상태에 있었던 수학을 비약적으로 발전시켰습니다.

---

*18 1768~1830. 프랑스의 수학자, 물리학자.
*19 《마태오복음서》 제6장 33절.

확률론은 거기서 태어났습니다.

〈물리학〉의 〈불연속성〉은 〈화학〉의 불연속성을 통해 도입되었습니다. 화학은 분류에 기초를 두는 불연속적인 과학입니다. 화학은—그리고 결과에 이르는 과정에서 생각하면 인생도—불연속성이 없으면 불가능합니다.

에너지 그것은 물리학의 중심에 자리하고 있는 문제입니다. 에너지에는 두 가지 법칙이 있습니다. '에너지 보존'의 법칙과 '에너지 분산'의 법칙입니다.

(A) 기본적 사실 〈단순한 기계를 사용하는 때는 일의 양을 줄일 수 없습니다.〉

몇 세기 동안 사람들은 영구운동, 즉 실제로 영구히 계속되는 일을 찾아왔습니다. 그러나 〈만약 영구운동을 발견하는 날이 온다면, 그때 세계는 이제 정복의 대상이 될 수 없을 것입니다. 그렇다면 현실적인 것도 될 수 없겠지요〉. '운동 에너지'와 '잠재 에너지'라는 표현은 같은 원칙의 다른 표현에 지나지 않습니다.

(B) 이어서 사람들은 일을 수행함으로써 얻을 수 있는 것은, 언제나 그러해야 하는 것보다 못하다는 사실을 발견했습니다. 마찰에 대해 조사하다가 열이 발생하는 것을 발견한 것입니다.

제2법칙('에너지 분산')은 영구운동의 불가능성을 다른 형태로 표현한 것입니다.

에너지에 관한 이러한 모든 것의 연구의 기조가 되는 것은 '인간은 일을 해야만 한다'는 한마디입니다. 이는 '이마에 땀 흘려 네 빵을 벌라'는 말을 과학적인 용어로 바꿔 말한 것이라고 할 수 있습니다.

생물학

생물학은 다음의 두 가지 부분으로 나눌 수 있습니다.

(1) 생물의 종과 그 관계에 대한 고찰.

(2) 유기체의 기능에 대한 고찰.

물론 이 두 가지 고찰은 서로 연관되어 있습니다.

(A) 〈진화론〉(라마르크)은 우리에게 생물은 적응하려는, 즉 살려는 경향이 있음을 가르쳐 줍니다. 거기에는 어떤 '이해할 수 없는 특성' 같은 것이 있는데 정신에는 그다지 만족할 만한 것은 아닙니다.

(B) 다윈은 우리를 더욱 만족시켜 줍니다. 다윈의 체계는 생물과 자연 사이에서 우리가 종종 관찰하는 조화를 합리적으로 재구성한 것입니다. 이 체계의 곤란한 점은 연속성에 있습니다. 사실 극히 작고 약하며 나는 데 쓸 수 없는 날개는 결코 아무 도움도 되지 않습니다.

(C) 〈돌연변이설〉은 이 반론에 대응하기 위해 세워진 것입니다. 돌연변이론자들은 돌연한 변화를 인정한다는 점에서 다윈과 생각이 다릅니다.(장 로스탕[20]을 생각해 보십시오.)

돌연변이 연구를 가능하게 한 실험방법에는,

(a)잡종의 연구, (b)생물학에서의 어떤 종류의 인공적 환경 실현이 있습니다.

(a) 돌연변이설을 최초로 제창한 사람은 체코의 성직자 멘델[21]입니다. 멘델의 발견은 다음과 같습니다. 즉 낡은 변종을 교배시켜 새로운 변종을 만들어낸 것입니다. 그리고 〈잡종〉은 언제나 특정한 변종이고, 다윈이 생각했던 작은 변종이라는 것은 존재하지 않는다는 점을 밝혔습니다.

(b) 〈생물학적 인공적 환경〉을 발견한 것은 다윈에게 반박하려 했던 사람들이었습니다. 그들은 어떤 식물을 흙 속에서 외부(이를테면 수정시킬 우려가 있는 곤충)로부터 격리하여 생장시키면 〈자연발생적으로 새로운 변종이 형성되는〉 것을 발견했습니다. 이유는 모르지만, 갑자기 어떤 종류의 변종이 자신과 다른 변종을 가져온다는 것입니다. 이 식물은 격리되어 있었기 때문에 '잡종'이라고 부를 수는 없습니다. 그래서 변형은 단번에 이루어졌다는 결론을 내린 것입니다.

그 뒤 어떤 학자가 식초를 사용하여 파리를 연구하고, 변이는 원래의 세포 속에 볼 수 있는 노란색의 점, 즉 '염색체'에 좌우된다는 사실을 발견했습니다. 그래서 염색체에 작용함으로써 새로운 종을 출현시킬 수 있다는 발상이 나온 것입니다. 그렇지만 아직 염색체에 작용하는 기술은 발견되지 않았습니다. 생물학이 실험과학이 된 것은 갑자기 변이설이 등장한 뒤의 일입니다.

〈생물학 발전의 각 단계에서, 우리가 긍정적인 것으로서 보유할 수 있는 것을 찾아봅시다.〉

---

[20] 1894~1977. 현대 프랑스의 생물학자.
[21] 1822~84. 오스트리아의 식물학자.

(1) 〈라마르크〉에게서는 진화라는 관념(종은 변화한다)을 이끌어 낼 수 있습니다.

(2) 〈퀴비에〉에게서는 〈기관(器官) 사이의 상관관계〉라는 관념을 취할 수 있습니다. 그에게서는 〈생물에 적용된 관계라는 관념〉, 즉 〈조화라는 관념〉이 이미 나타나 있는 것을 볼 수 있습니다. (그는 이를테면 턱에 대해 조사함으로서 유사 이전의 동물을 복원했습니다.)

(3) 〈다윈〉으로부터는 〈생존조건이라는 관념〉을 이끌어 낼 수 있습니다. 우리는 다윈 속에서 진화라는 관념밖에 보지 못하기 때문에 이 본질적인 관념을 잊고 있지만, 이 관념은 예전에 상상력과 정열을 불러일으킨 것이었습니다.

(4) 〈돌연변이론자〉들은 생물체의 구조와 불연속성 위에 성립하는 〈균형〉을 가져다 주었습니다. (예를 하나 들겠습니다. 주사위를 살펴보면 여섯 개의 경우밖에 없고, 중간적인 경우는 존재하지 않습니다. 왜냐하면 중간적인 경우는 균형상태가 아니기 때문입니다.) 오렌지 한 개가 변화하는 것은 있을 수 없는 일입니다. 그게 가능하다면, 그 밖의 모든 것도 변화해야만 하기 때문입니다. 그리고 이미 살펴본 것처럼, 날개는 나는 데 도움이 되거나 도움이 되지 않거나 둘 중의 하나입니다. 이는 〈절대적〉인 것이며 〈추이〉란 없습니다.

조악한 검증이었지만, 이상에서 다음의 〈정의〉를 내릴 수 있습니다.

"〈생명〉이란 주어진 환경에 따라 결정된 조건 속에서 어떤 〈균형〉을 구성하고자 하는 일종의 결합이다."

각 기관이 상관적이라는 점과, 거기에는 균형이 있다는 사실만 이해하고 나면, '불변론자'도 '진화론자'도 과학적 관점에서 같은 것을 생각하게 됩니다.

요컨대 진화의 문제는 상상력과 정열에 달려 있습니다.

치열하게 대립하고 있는 몇 가지 이론 중에서 서로 다른 것은 이미지뿐입니다. 오성의 관점에서 보면, 동일한 관계가 문제가 되고 있는 것에 불과합니다. 〈진화라는 문제의 제기 방법이 잘못되어 있다〉는 것을 잘 이해해야 합니다. 주의를 기울여 〈각각의 학설 속에 있는, 이미지 속에 숨어 있는 관계들을 발견하는〉 것이 중요합니다.

이는 무엇보다 먼저 사회학에서 이루어져야 한다는 것을 이제부터 생각해 봅시다.

제2편 사회학

제1장 〈사회학을 어떻게 생각할 것인가〉

사회학은 시대적으로 가장 새로운 과학입니다. 아직 존재하지 않는다고 해도 무방할지 모릅니다. 일반적으로 말해, 사회에 대한 문제는 언제나 열정적으로 다루어졌습니다. 사회에 대한 학문은, 우리가 〈주어진 조건 아래 가장 억압이 적은 사회는 무엇인지 생각할〉 때 도움이 되는 것이어야 합니다. 억압이 무엇에서 비롯됐는지 이해하기만 하면, 우리는 혼란에 빠져 그저 억압을 받아들일 뿐인 이 견디기 어려운 상황에 더는 머무르지 않을 테고, 억압자와 피억압자 사이의 불평등은 사라질 것입니다. 억압자들은 자기를 신이 파견한 도구라고 생각하길 그만두고, 어떤 필요성을 위한 도구에 지나지 않는다고 생각하게 될 것입니다. 피억압자들 쪽은 억압자들을 뛰어난 종으로 간주하길 그만둘 것입니다. 〈사회는 이성과 덕성을 기초로 성립된 것이 아닙니다.〉 '종교가 힘을 행사하는 것은 인간이 죽음에 임했을 때, 질병이 정열을 파괴하여 인간이 무기력하게 드러누울 때, 또는 인간이 서로 어떠한 교류도 없는 사원 속에 있을 때입니다. 그런데 종교가 가장 필요한 시장의 광장이나 궁정에서는 종교가 완전히 무력하기' 때문입니다. 인간은 아무도 적용할 필요가 없을 때에 한해 엄격한 윤리를 인정하고 싶어합니다. 세계에서 가장 순수한 윤리를 도입한 그리스도교의 확립도, 그 누구도 바꾸지 못했습니다. 정치가 안고 있는 문제는 모두 결국은 〈이성이 요구하는 것에 적합한 동시에 더욱 낮은 필요를 바탕으로 하는 사회형태를 특정한 조건 속에서 찾아낸다〉는 데 귀착할 것입니다.

그래서 먼저 〈더욱 낮은 필요라는 것이 하는 역할을 이해하는 데서 시작해야 합니다.〉

이러한 유물론적 방법은 좋은 의도를 행동으로 옮기는 데 절대로 필요합니다. 〈개인의 변혁을 통해 사회의 변혁을 꾀하려는 것은 이치에 어긋납니다.〉

개인 생활에서는 올바르고 양심적인 사람들 가운데, 외교관이나 고용주로서도 거짓말하거나 노동자를 착취하는 데 양심의 가책을 느끼는 자가 얼마나 될까요?

재판관은 재판관인 한 불성실하며, 의사는 환자를 안심시키기(환자가 기어이 받아가고 싶어하는 약을 주는 것) 위해서라도 거짓말을 해야만 합니다. 노동자는 '불량품'을 전부 골라내고 나면 먹을 것이 부족해지겠지요. 게다가 다음 작업반으로 보내 버리면, 나중에 '불량품'이라는 걸 안다 하더라도 누가 한 건지는 모를 테고, 따라서 임금이 삭감되는 일도 없습니다. 농촌 시장에서는 사람들은 서로 값을 깎는 소리가 들려옵니다. 세금 내는 것도 억압, 감옥, 기관총, 비밀경찰, 신문의 거짓말 등등을 위해서입니다.

이러한 사람들이 자기 직업을 유지해 나가면서도 개인 생활에서는 인간일 수 있다는 사실은, 〈직업이라는 것이 시야를 좁히고, 개인의 덕성에 빠져나갈 길을 만들며, 나아가 직업적으로 성공하는 것은 개인의 덕성과는 관련 없음〉을 보여 주는 것에 불과합니다.

게다가 사회에는 아무도 바라지 않는 일이 일어납니다. 이를테면 공황을 들 수 있습니다. 사회의 움직임 자체가 인간의 고결함을 방해한다고 할 수 있습니다. 그것은 바로 노예와 폭군의 제조기계에 지나지 않습니다. 우리는 악순환을 되풀이할 뿐입니다. 사회를 기계적인 방법으로 변혁하려는 사람들은 러시아에서처럼 비참한 결과를 불러오고 맙니다. 개인의 변혁을 통해 사회를 변혁하고자 하는 사람들은 개인적인 아름다운 인생은 손에 넣을지 몰라도, 사회적인 관점에서 보면 아무것도 하지 않는 결과로 끝나 버립니다.

〈따라서 생물학에서 그랬듯이 사회를 고찰하고 균형을 위한 조건을 조사해 보아야 합니다.〉

위대한 사회학자들

〈오귀스트 콩트〉는 사회학의 창설자입니다. 사회학이라는 말도 그가 생각해 냈습니다.

그의 《실증정치학》이라는 책은 '사회정학(社會靜學)'과 '사회동학(社會動學)'으로 분류됩니다.

(1) 정학이라는 것은 사회 전체에 공통되는 조건, 그것이 없으면 사회가 분해되고 마는 조건에 대한 고찰입니다. 그 조건이란 상당히 넓은 의미에서의 〈종교〉, 경제생활에 대한 각자의 개인적 책임에 따라 규정되는 〈재산〉(역시 상당히 넓은 의미에서)·〈가족〉·〈언어〉·〈정부〉·〈권력의 분리〉(몽테스키외가 말한 의미에

서가 아니라 속권(俗權)과 교권(教權)의 분리 같은 의미에서)입니다.

정학의 중심을 이루는 관념은 〈사회는 생산조건에 따라 성립한다〉는 것입니다.

(2) 〈동학〉은 사회의 운동에 관한 고찰입니다. 정학에 비하면 훨씬 정확함이 결여된다고 할 수밖에 없습니다.

거기서 볼 수 있는 사회 진화에 대한 도식은 다음과 같습니다.

제1형태 신정정치 사회(제사장들이 통치한다)

제2형태 군국주의 사회 ⓐ공격적 체제(스파르타·로마) ⓑ방어적 체제(중세)

제3형태 산업사회

거기에는 날카로운 지적과 구체적인 세부내용이 적지 않게 포함되어 있기는 하지만, 그 연속성이라는 점에서는 아직 추상적인 것을 남기고 있으며, 하나의 체계적인 이론이라고는 할 수 없습니다.

이와 아울러 알아두어야 하는 콩트의 또 하나의 도식이 있습니다. 〈세 단계〉에 대한 것입니다.

제1 〈신학적〉 단계

제2 〈형이상학적〉 단계

제3 〈실증적〉 단계

제1단계에서 천둥은 주피터로 설명됩니다. 제2단계에서 신들은 추상적인 존재로 치환할 수 있습니다. 콩트는 '형이상학적'이라는 말을 경멸적인 의미로 사용했습니다. (〈예〉 사회문제에서의 '자유'·'평등', 물리학에서의 '자연') 제3단계에서 사람들은 법칙을 추구하게 됩니다.

하나의 같은 시점에서도, 사고의 다양한 부문이 각각 다른 단계에 있다는 것도 생각할 수 있습니다. 이를테면 17세기에는, 역사학은 신학적 단계에 있었고(보쉬에),*22 의학은 형이상학적 단계에 있었으며(아편의 최면제로서의 효능, 신비적인 특효약), 다른 과학은 실증적 단계에 있었습니다. 중요한 것은 사고의 모든 부문이 이러한 세 단계를 통과해야 한다는 것입니다.

{칼 마르크스}

---

* 22 1627~1704. 프랑스의 신학자, 설교가.

칼 마르크스는 사회과학에 대해서 더욱 정확한 견해를 선보였습니다.

사회는 특정한 조건 아래에서 존속할 수 있는 형태로 조직되어 있다. 〈사회는 원리가 아니라 물질적 조건에 따라 결정된다.〉 그 물질적 조건은 세 가지 들 수 있습니다.

(1) 물질적 환경

(2) 도구〔＝시설〕

(3) 주위의 사회

각각의 사회는 자연 및 다른 사회와 투쟁하고 있기 때문에 존속할 수 있도록 조직화되지 않으면 멸망한다. 따라서 역사의 각 순간에 사회는 물질적인 조건에 따라 결정된다.

이것이 바로 〈다윈의 발상〉입니다. (마르크스는 자기의 책을 다윈에게 헌정하려고 한 적이 있습니다. 물론 다윈은 거절했습니다.)

예를 들어 생각해 봅시다.

(1) 〈물질적 환경〉 해양민족의 사회조직은 당연히 농경민족의 그것과는 다릅니다.

(2) 〈도구〔＝시설〕〉 대포를 무기로 하는 부대와 활을 무기로 하는 부대는 조직이 같을 수가 없습니다.

(3) 〈주위의 사회〉 적의 군대가 잘 훈련되어 있으면, 이쪽도 역시 잘 훈련되어 있어야 합니다. 그렇지 않으면 먼저 무너지고 맙니다(군대와 사회 사이에는 유사가 성립됩니다). 덕성과 선의 같은 관념의 도움을 빌리지 않더라도, 〈우리는 주어진 역사의 순간과 환경에서 사회의 조직형태에 대해 완벽하게 설명할 수 있어야 합니다.〉

제2장

중요한 것은 〈사회적 억압의 원인〉이 무엇인지 아는 것입니다.

역사상의 사회적 억압

(1) 염두에 두어야 하는 점은, 〈거의 억압이 없는 사회〉, 억압자도 피억압자도

없는 즉 〈계급이 없는〉 사회가 존재한다는 것입니다. 〈이른바 '미개'사회〉입니다. 오랫동안 이러한 사회에도 상당한 힘을 행사하는 수장이 있었던 것으로 추정되어 왔지만, 근대의 역사과학에서는 수장이라고 해도 현실적으로는 권위가 없는 것으로 생각하게 되었습니다. 거기에는 집회가 있고(이를테면 {장로}회의 같은), 다수결이 아니라 만장일치로 결정하는 의회가 있습니다. 그것은 우리에게 이상하게 생각되지만, 사실 분업이라는 것이 없던 시대 사람들이 똑같은 욕망을 품고 똑같은 생활을 했던 것을 생각하면, 만장일치도 완전히 정상적인 일이라고 할 수 있습니다.

이런 사회는 얼핏 이상적인 사회로 보입니다. 하지만 더 가까이에서 보면, 이 지극히 민주적인 정체는 원시적인 생산조건과 결부되어 있음을 알 수 있습니다. 〈여기서는 자연의 억압이 사회적 억압을 대신하고 있습니다.〉

이 사회의 유일한 억압자인 제사장이나 마법사는, 이러한 '미개인'들에게는 자연 그 자체인 마술적인 힘을 표상하고 있습니다. 〈사람들은 물질적으로도 정신적으로도 자연에 종속되어 있었습니다.〉 이어서 사람들은 다른 형태로 조직된 사회가 나타나자 그때부터 다른 사회의 노예가 됩니다(로마인과 접촉한 뒤의 게르만인).

그래서 우리는 억압적인 사회를 고찰하지 않을 수 없습니다. 〈무언가를 생산할 수 있는 사회는 모두 억압적인 형태로 조직되어 있는〉 것이 분명합니다.

(2) 우리가 아는 한, 억압의 최초 형태는 농노제입니다(이집트와 페르시아).

〈이집트〉에서 사람들의 생활은 나일 강을 이용하는 관개 위에 성립되어 있었습니다. 그런데 수렵으로 살아가는 사람과 관개로 살아가는 사람 사이에는 하나의 차이가 있습니다. 사냥꾼은 혼자서도 사냥을 할 수 있지만, 강가에 사는 농민은 혼자 힘으로 자기 밭 주위에 둑을 쌓을 수는 없습니다! 그러므로 고대이집트에서 국가 지배의 완전한 예를 발견한다 해도 그리 놀랄 일이 아닙니다. 게다가 탐욕스러운 눈길로 노리고 있는 자들로부터 영토를 지키기 위해서도, 또 다른 영토를 빼앗기 위해서도 전쟁이 필요해졌습니다. 물론 공격적인 전쟁과 방어적인 전쟁으로 구별하기란 불가능합니다. (사실 자기를 보호하는 가장 좋은 수단은 자기를 확대하는 것이지요.) 그리하여 군인들의 〈카스트〉가 모습을 드러냅니다. 이집트는 군국주의적, 봉건적인 국가가 되었습니다.

그러나 〈농노제는 어떻게 해서 탄생했을까요?〉

〈둑을 쌓는 장기간의 일에는 구속이 필요합니다.〉 거기에는 사냥꾼을 사냥에 내모는 굶주림 같은 직접적인 욕구가 없기 때문입니다.

지도계급이 힘을 얻기 위해서는 안정된 생산이 필요합니다. 그래서 그런 일을 강요하게 되는 것입니다.

피라미드는 그런 체제 속에서 건조되었습니다. 그것이 사자(死者)에 대한 사랑에서 만들어진 게 아님은 잘 알 수 있습니다. 즉 사회적인 일이었던 것입니다.

그리하여 바다와 다른 구체적인 조건 아래 물고기를 복원할 수 있는 것과 마찬가지로, 이집트라는 토지를 바탕으로 거기에 나일 강과 전쟁을 보태면 이집트라는 국가를 복원할 수 있습니다.

⑶ 〈노예제〉는 〈그리스〉에서 나타납니다.

이집트에는 해양문명이 없고 따라서 노예제도 없었습니다. 노예제는 노예의 〈유괴〉를 바탕으로 성립되었습니다. 노예의 유괴가 불가능해지면, 다음에는 농노를 거느리는 것으로 관심이 옮겨갑니다.

국토가 고립된 지형을 생각해 보면 알 수 있듯이, 〈크레타 문명과 그리스 문명은 무엇보다 해양문명이었습니다.〉 그리스에는, 노예의 존재를 제외하면 이른바 가장 민주적인 정체가 존재했다고 할 수 있을 겁니다. 선원들의 생활은 전통에 얽매이지 않았고 〈세분화된 상태가 국가권력의 확립을 방해했습니다.〉 그 결과가 인간 사상의 여명으로 나타났습니다. 그럼에도 이 사회 역시 사회의 규칙에 따라야 했습니다.

아테네 자체가 곧 우리가 제국주의적이라고 부르는 나라(소크라테스가 고발한 것입니다)가 되었습니다. 이어서 그리스 전역은 내전상태에 돌입했고, 그 뒤에는 알렉산더 대왕과 그리스 문명의 종언이 찾아오게 됩니다.

⑷ 〈로마〉에서는 그리스 이상의 〈노예제〉를 찾아볼 수 있습니다. 그리고 〈자유로운 사상〉은 만날 수 없습니다. 수학자도 철학자도 없었습니다. 로마인은 〈농경민족〉이지 그리스인처럼 해양민족이 아니었습니다.

로마의 힘은 〈군대〉에서 비롯된 것으로 그 시대에 거의 언제나 전쟁을 했는데, 그로 인해 전쟁 동안 〈농경을 위한 노예〉를 거느릴 필요가 생겼습니다.

로마는 도로와 교통로를 만들었습니다. (이것이 로마인들이 가져다 준 유일한 물질적 진보였습니다). 〈도로를 만들려면 노예가 필요하고, 노예를 데려오려면

도로가 있어야 했습니다.〉도로는 (이집트의 둑처럼) 직접적인 욕구에 따른 것이 아닙니다. 따라서 도로를 만들게 한 것은 권력자임을 알 수 있습니다.

(5) 〈봉건제도〉

약탈이 성행하게 되면 생산은 불가능해지고 혼란상태에 빠집니다. 그럴 때 약탈자 자신의 손으로 질서를 확립하는 일이 있는데, 그것이 봉건제도입니다.

생활을 계속하려면 안전이 충분히 보장되어야 합니다. 그래서 도시가 조성되고, 도시에서는 공업노동이 이루어지게 됩니다. 한편 자연도태(영주들의 투쟁)는 마지막으로 왕을, 다른 영주들보다 힘이 있는 영주에 지나지 않는 왕을 탄생시키게 됩니다.

봉건제도는 다음과 같이 정리할 수 있습니다.

(a) 〈전쟁상태에서〉봉건제도는 충성과 의지에 따른 종속을 토대로 성립되었습니다.

(b) 〈대지에서의 노동에서〉봉건제도는 거의 제한이 없다고 할 수 있는 억압입니다. 농민이 반란을 일으킨 것은(자크리의 난)*23 농민에게 먹을 것이 거의 남지 않았기 때문입니다.

(c) 〈도시의 수공업자 계급에서〉중세의 이 수공업자들만큼 착취당하는 일이 적었던 노동자도 없었다고 할 수 있습니다. 모든 사람이 도시를 자기의 것으로 느꼈기 때문에 시민의 미덕이 꽃핀 시절이었습니다.

우리는 거기서 타인에게 해를 주지 않고 도시에 봉사하는 순수한 형태의 애국주의를 볼 수 있습니다.

도시의 노동자는 어떻게 해서 이러한 〈특권적 지위〉를 누릴 수 있었을까요? 그들은 〈동업조합(길드)〉으로 조직되어 있었습니다. 거기에는 노동에 대한 사랑이 생산의 원동력이 되는 멋진 시대가 있었던 것입니다. 동업조합은 같은 일을 하는 동료들로 구성되어 있었습니다. 또 〈생산은 양이 아니라 질을 바탕으로 성립되어 있었습니다.〉

대성당에서 그 이미지를 찾아볼 수 있는, 이러한 노동에 대한 사랑이 어떻게 가능했을까요? 노동자에게 자신의 노동이 상당한 정도까지 〈확고했기〉때문입

---

*23 1358년 5월부터 6월까지 보베 지방에서 일어난 농민봉기. 거듭되는 전쟁의 재해와 영주의 가혹한 수탈에 항거한 이 운동은 눈 깜짝할 사이에 북프랑스 일대에 퍼졌다. 이 '자크리'라는 프랑스어는 나중에 농민봉기를 가리키는 보통명사가 되었다.

니다. 하나의 작품을 만드는 데 남의 손을 빌릴 필요가 없었습니다. 〈창조에 대한 사랑〉이 오늘날 구속이 하고 있는 역할(노동의 원동력)을 하고 있었습니다.

억압에 대한 이론적인 문제

구체적인 예를 든 검증 대신, 〈억압이라는 문제를 이론적으로 다뤄〉 보겠습니다.

〈억압의 정의〉 그것은 〈칸트의 원리의 부정〉입니다. 즉 〈거기서는 인간이 수단으로 취급받는 것입니다.〉

억압을 없애려면 어떻게 해야 하는지, 적어도 억압을 줄이려면 어떻게 해야 하는지, 그것을 생각하기 위해 먼저 다음의 문제를 거론해 봐야 합니다.

(A) 〈억압의 긍정적인 측면〉

〈억압에는 자연과 인간에 대한 무기가 되는 것이 있을까?〉

⑴ 〈행동의 통일성〉

호메로스의 '많은 사람이 명령하는 것은 옳지 않다. 단 한 사람이 왕이어야 한다'와 괴테의 '천의 손에 대해 하나의 정신이 있으면 충분하다' 참조.

사실 유효한 일은 모두 질서가 있습니다. 그런데 어떠한 질서든, 모두 하나의 정신의 지적인 활동과 결부되어 있습니다. 그것은 부정할 수 없는 법칙입니다. 그것은 자연과의 투쟁에서나 인간과의 투쟁에서나 다 유효합니다. 자연과의 투쟁에서는, 행동을 무한하게 집중하는 것만으로는 충분하지 않습니다. 그러므로 자연과의 투쟁은 한정되지만 인간과의 투쟁은 한정되지 않습니다.

⑵ 〈'하게 하는 자'와 '하는 자'의 구별〉

〈이 구별 덕분에 인간의 힘은 그 극한까지 이를 수 있습니다.〉(전쟁·광산·비행. 생텍쥐페리의 《야간비행》 참조)

인간은 실제로 자기 힘의 한계를 모릅니다. 거기에 도달하기 위해서는 구속되어야만 합니다. 따라서 이 구별을 통해 마지막에는 불가능한 것, 기적이 실현됩니다.

⑶ 〈소비의 제한〉

물질적 진보의 원칙은 생산수단을 만들어 내는 데 있지 소비재를 만들어 내는 데(도로·다리·기계) 있지 않습니다.

인간은 구속이 없으면 자기를 억제할 수 없습니다. (〈간단한 예—물고기 잡이〉 물고기 잡이에 제한을 가하지 않으면 물고기는 당장 멸종하고 말 것입니다. 따라서 어부들을 어부들 자신으로부터 보호하기 위해 법률과 경찰이 필요합니다.)

착취자와 피착취자의 구분은 당연히 소비에 제한을 가합니다. 피착취자가 소비하면 감옥에 들어가기 때문입니다. (〈중세 숲의 예〉 숲의 나무를 훔친 자에게는 무서운 벌이 가해졌습니다.) 오늘날, 이를테면 전쟁 때문에 광산이 전부 발굴되면 어떤 사태가 일어날까요?

물론 착취자가 만든 어떤 광산 소유회사는 석탄값을 올림으로써 탄광을 보호하려고 하겠지요.

이렇게 보는 한, 독점자본주의는 사회적 자산의 파수꾼이 되는 셈입니다.

(B) 〈억압의 파괴적 측면〉

〈그렇다면 억압에는 어떤 부정적이고 파괴적인 측면이 있을까요?〉

〈억압자끼리의 경쟁〉—군국주의적 전쟁인가, 경제적 경쟁인가—, 선전활동. 광고를 위해 얼마만한 노력이 낭비되는 것일까요! 무기에 대해서도 마찬가집니다. 적을 조금이라도 능가해야 하니 한이 없습니다(이것이 공황의 한 원인입니다).

(2) 〈지적인 관점에서〉

(a) 〈사상과 세계의 분리〉 실제로 생각하는 것은 특권계급 사람들이고, 노동자에게는 생각할 만한 여유가 없습니다. 그러므로 문화 전체가 거짓이 되고 맙니다.

(b) 〈권위에 굴복하는 사상〉 억압자들은 사상이 자기들의 손에서 빠져 나간다고 느낄 때마다 그 사상을 배재합니다(독당근, 책형틀 등으로). 이 법칙에 예외가 되는 시대가 두 번 있었습니다. 그리스 사상의 훌륭한 시대(그래도 거기에는 세계와 자연과의 대치가 없었습니다)와 르네상스 시대(데카르트)입니다.

(3) 〈윤리적 관점에서〉

억압은 인간적 본성의 존엄에 대한 모욕입니다.

(C) 〈어디서 구원을 찾을 것인가?〉

지금까지 억압의 파괴적 측면을 살펴보았으니, 〈억압의 세 가지 이점을 억압이 아닌 다른 데서 찾아볼 수는 없는지 생각해 봅시다.〉 그러나 무엇보다 억압에 그러한 이점이 있는 것은 부정할 수 없는 사실임을 잘 이해해 두어야 합니다(우리는 그것을 미개사회를 조사했을 때 보았습니다. 그 시대 사람들은 자연과 미신에 몸을 맡기고 있었습니다).

(1) 〈행동의 통일성〉 억압에서 생각되어 온 것과 다른 수단은 없을까요?

이를테면, 어찌할 수 없는 욕구 같은 것을 사용할 수는 없을까요? 그러나 그러면 안정된 통일성은 얻을 수 없습니다. 〈통일성을 낳는 것은 사고입니다.〉 그러므로 이를테면 선장의 명령이 어떤 결과를 가져올지 선원들이 판단할 수 있다면, 선원들은 거기에 따라야 하는지 어떤지 잘 알 수 있습니다. 어쨌든 여기서 선원들은 더 이상 노예가 아닙니다.

(2) 〈인간의 힘의 긴장〉

'하게 하는 자'와 '하는 자'를 구별하지 않으면 가장 먼저 〈노동의 원동력〉이 필요해집니다. 〈노동자는 일을 이해하면 거기에 전념합니다.〉 따라서 노동자 저마다가 자신의 정신 속에서 일의 방법과 원리를 찾아낸다면, 그때 그들은 진정한 의미에서 일의 창조자가 될 것입니다.

(3) 〈소비에 대한 제한〉

이것은 억압이 없어도 저절로 될 것입니다.

이상에서도 밝혀졌듯이 〈문제는 노동자가 의식적인 방법으로 노동하는지 여부에 달려 있습니다.〉 노동자에게 생산 전체를 관리할 힘을 주는 것이 무엇보다 필요합니다. (〈주의〉 그렇다고 독일에서 흔히 이루어지는 형태*24를 가리키는 것은 아닙니다.)

(D) 〈사회의 온갖 현상에 대한 우리의 의무〉

---

*24 1933년 1월에 정권을 획득한 나치스는, 노동자의 지지를 얻기 위해 겉치레 사회정책을 펼침으로써 일시적으로 실업자를 줄였다. 파업 금지, 국가적 단일 노동조합 설립 등 손실 면을 완화하려고 도모한 것을 가리킨다.

특히 자기의 의무를 속여서는 안 됩니다. 실업자에게 돈은 줄 수는 있어도, 그를 실업자에서 벗어나게 해 줄 수는 없습니다. 광부에 대해서도 마찬가지겠지요.

갱내 가스 폭발로 인한 죽음의 위험에 노출된 것에서 그를 구해 줄 수는 없습니다. 거리의 아이들을 보살펴 줄 수는 있어도, 그 아이들이 학교를 졸업한 뒤 실업자가 되지 않도록 해 줄 수는 없습니다.

〈사회문제를 피해서 지나가기〉는 불가능합니다. 자기에게 부과해야 하는 〈첫 번째 의무〉는 〈거짓말을 하지 않는 것〉입니다.

〈거짓말의 첫 번째 형태〉는 〈억압을 가리고 억압자에게 아부하는 것〉입니다. 이 거짓은 정직한 데다 선량하고 성실한 사람들에게서 흔히 볼 수 있습니다. 게다가 당사자들은 그 거짓을 깨닫지도 못합니다. 짓밟는 자는 아무것도 느끼지 못하고, 짓밟히는 자는 잘 느끼게 되어 있습니다. 억압당하는 사람들 쪽에 서서 그들과 함께 느끼려 하지 않는 한, 이 거짓을 깨달을 수는 없습니다.

〈거짓의 두 번째 형태〉는 〈유언비어〉입니다.

—이 두 가지 잘못은 중대한 문제입니다.

그러한 잘못은 정직한 사람들도 범하는데 흔히 추악한 성격을 띱니다. 이를테면, 첫 번째 거짓에서는 직업상 억압자에게 아부하는 사람들이 있습니다. 어느 시대에나 권력자들은, 유혈을 부르는 자들을 찬양하고 그들을 기쁘게 하며 생애를 보내는 사람들을 찾아냅니다. 저널리스트 열 가운데 아홉이 억압자를 위해 거짓말하는 이 직업을 낙천적으로 받아들이고 있습니다.

두 번째 거짓에서는, 노동운동 속에 있는 관료에 대해 생각해 봅시다. 그들의 역할은 억압받은 사람들에게 내일 당장 해방이 찾아온다고 믿게 하는 것입니다.

그들에게는 노동자가 경찰에게 살해당한다 해도, 그것이 선전에 도움이 되면 좋은 일입니다.

따라서 〈첫 번째 의무는 이 두 종류의 거짓을 모두 배척하는 것〉입니다. 사태를 잘 이해하고, 수십억 명의 인간들이 사회 구조에 억압당하고 있다는 사실을 다른 사람들에게 숨겨서는 안 됩니다.

억압의 일반적인 원인뿐만 아니라 개개의 억압의 원인도 인식하도록 노력하고, 가능하다면 그것을 조금이라도 경감시키도록 애써야 합니다. 한편 억압당하는 사람들에 대해서는, 성공할 가능성이 있을 때 외에는 저항을 권해서는 안됩니다. 해야 할 행동을 확실하게 찾아내기란 매우 어려운 일입니다. 그러므로 여러 가지 다른 행동이 모두 성공한다고 확신할 수 있을 때 비로소, 데카르트가 말하는 숲 속에서 길을 잃은 나그네처럼 영감이 명령하는 대로 움직일 수 있게 됩니다.

제3장 경제생활의 움직임

역사와 과학 여기서는 〈역사〉 문제를 살펴보겠습니다.

〈역사학은 하나의 과학일까요?〉
(a) 역사학은 일반적으로 엄밀하게 검증된 〈자료〉를 바탕으로 한다면 과학적인 것으로 인정됩니다.

그러나 실제로 진실을 알기란 어려운 일입니다. 조작된 자료나, 선입견으로 인한 잘못된 읽기로 진실이 왜곡되는 일이 있습니다. 거의 아무것도 알려지지 않은 시대가 있는가 하면(이집트), 자료가 너무 많거나 정보가 서로 모순되는 시대도 있습니다. 위조를 고려하여 자료를 쓴 사람의 생활과 정열과 이해관계도 조사해야 합니다.

(b) 그러한 문제를 검토하여 확실한 것을 파악하면, 이번에는 〈사실들 사이의 관계와 법칙을 세워야〉 합니다. "법칙은 사물의 본성을 바탕으로 세워진 필연적인 관계이다."

역사학이 과학이기 위해서는, 이러한 생각을 구체적인 방법으로 실현할 수 있어야겠지요. 〈그때야말로 역사학은 사회학(마르크스가 말하는 '사회동학')의 한 부문이 될 것입니다.〉

사회는 진화한다는 역사상의 사고방식
〈사회의 변용에 대해 과학적인, 즉 필연성 있는 설명이 가능한지 살펴보기로 합시다.〉

타키투스,*25 살스티우스,*26 티투스 리비우스*27는 개인적인 역사를 얘기했습니다. 그러나 역사가가 위대하면 할수록 그 역사가 안에 사회적인 존재가 들어오게 됩니다. 이를테면 타키투스는 군대가 집단으로서 하는 역할을 훌륭하게 지적했습니다. 다만 그 역사가들이 의식적으로 그런 일을 했던 것은 아닙니다.

인간의 역사 속에 하나의 연속성을 확립하는 것을 맨 처음 시도한 사람은 보쉬에입니다. 보쉬에에게 이 연속성의 원리는 신과 같았습니다.

18세기와 19세기에 역사학은 진보라는 관념에 지배되었습니다. (루소는 예외입니다.) 그것은 볼테르와 백과전서파를 축으로 하는 시대의 일반적인 정신이었습니다. 그럼 무엇이 진보의 원동력일까요? 인간의 선의입니다. 진보를 낳는 존재로서 그들이 믿었던 사람은 프리드리히 대왕*28이고 예카테리나 2세*29였습니다(계몽전제주의). 매우 순진한 생각이라고 할 수 있겠지요.

19세기가 되자 진보는 그 자체가 하나의 힘으로, 다시 말해 자신에게 어울리는 사회 구조에 자신을 적응시키려는 경향으로 나타납니다(라마르크 참조). 그러나 이것도 1914년에는 끝납니다.

1923년부터 1929년에 이르는 번영의 시대에는 진보라는 관념이 부활합니다. 사회문제는 해결된다고 생각했던 것입니다(포드*30에서 볼 수 있듯이).

새로운 세기를 명확히 의식하게 된 것은 공황이 일어난 뒤였습니다. 당연한 일이지만 역사문제는 완전히 새로운 조명을 받아야만 했습니다. 진보라는 그 신화적인 관념도 청산될 수밖에 없었습니다.

이제 〈도입부는 이 정도로 하고〉, 오귀스트 콩트와 칼 마르크스의 사고방식을 토대로 〈문제를 더욱 가까운 데서 다시 다뤄 보기로 합시다.〉

오귀스트 콩트의 사고방식

인류는 그 고유의 법칙에 따라 낮은 것에서 높은 것으로 이행한다고 생각할

---

*25 서기 55무렵~115 이후. 로마의 역사가.

*26 기원전 86~34무렵. 로마의 역사가.

*27 기원전 59~서기 17. 로마 역사가.

*28 1712~86. 프러시아의 계몽전제군주.

*29 1729~96. 러시아 여제.

*30 1863~1947. 미국의 실업가. 자동차 왕. 포드 시스템으로 대량생산에 성공.

수 있습니다. 이미 세 단계에 대한 콩트의 사고방식은 언급했지만, 그것은 콩트의 일반적인 사고방식의 한 예에 불과합니다. 콩트가 좋아하는 말은 '질서와 진보'입니다. 이때 〈질서는 진보를 위한 기반입니다.〉

이 점에서는 보수주의자와 반동가까지(모라스)*31 콩트에게서 착상을 얻었다고 할 수 있습니다. 그러나 콩트가 제시한 진보라는 사고방식은 18세기의 그것과는 달라서, 콩트는 그것을 '형이상학적인 것'으로 다뤘습니다.

인류는 높은 수준으로 이행할 때도, 낮은 수준을 완전히 버리지는 않는 법입니다. (〈예〉 군국주의적인 가치를 산업적 단계에 적용하는 일이 있습니다.)

콩트는 인류를 바탕으로 하는 종교를 창시했습니다. 그리고 대제사장으로 자처해, 모든 사람이 자기를 따라오면 금방이라도 그 실증적 단계에 도달할 수 있다고 생각했습니다. 어쨌든 콩트에게는 진보를 피할 수 없다는 신비적인 관념이 남아 있었습니다. (아마 그러한 관념 없이는 사람들은 사회 속에서 살아가려고 노력할 수 없다고 생각할지 모릅니다. 그렇지만 행동을 이끄는 이러한 관념은, 과학적 사고에서는 떼어 놓아야만 합니다.)

칼 마르크스의 사고방식

유물론적 방법체계를 사용하면, 우리는 더욱 정확한 무언가에 도달할 수 있습니다. 그러나 마르크스의 학설은 과학적인 시점과 형이상학적인 신앙의 기묘한 혼합이라고 할 수 있습니다.

마르크스의 독창적인 생각은 〈사회구조는 생산조건에 좌우되고〉, 어느 사회에도 생산조건에 좌우되는 계급투쟁이 있으며, 그 조건의 변용에 따라 이러이러한 계급이 그 사회를 지배하게 된다는 것이었습니다.

〈한데 생산조건은 어떻게 변용하는 것일까요?〉

가끔은 자연의 변동이 원인이 되어 변용할 때도 있습니다. 하지만 그러한 변용은 점차 줄어들고 있습니다. 생산조건의 변용은 〈인간과 자연의 관계 변화〉 속에서 구해야만 합니다.

이 변화는 갈수록 복잡해집니다. 그것은 〈거꾸로 인간과 자연의 관계가 인간 사회의 움직임 자체에 좌우되기 시작했기〉 때문입니다. 〈마르크스는 생산력이

---

*31 1868~1952. 프랑스의 우익사상가, 왕당주의자.

발전하는 것이라고 말함으로써 이 문제를 해결합니다.〉 이와 같이 마르크스는 진보와 관련된 신화적인 관념을 청산하려고 한 뒤에, 생산력 속에 이 관념을 옮겨버린 셈입니다. 이것은 지금도 이해하기 어려운 일입니다. 오귀스트 콩트는 이렇게 말했습니다.

"죽은 자들이 말하지 않는 무게가 산 자들의 존재를 점차 규제하게 된다."

그런데 각 세대는 자손들을 위해 세계를 정비하지만, 동시에 자연에 있는 자원을 다 퍼내갑니다(토지의 피폐, 에너지원의 고갈). 〈그러므로 마르크스의 견해는 성립되지 않습니다.〉 마르크스는 진보에 대한 자신의 신앙에 영향을 받아버린 것입니다. 고결한 감정 때문에 억압당한 자의 해방을 그토록 열심히 추구했던 그는 그 해방을 객관적으로 보고, 있을 수 있는 일로 생각하는 것 이상으로 믿어버렸다고 할 수 있습니다. 게다가 마르크스는 번영의 시대에 산 사람으로서 시대의 환상 속에 빠져 있었습니다.

〈마르크스 속에 있는 두 번째 신화적인 요소는 경제적인 진보에 대한 관념과 윤리적인 진보에 대한 관념의 혼동입니다.〉

어떠한 제도도 다음 제도를 준비한다는 사명 또는 역사적 임무를 띠고 있습니다. 이리하여 자본주의에는 사회주의를 준비하는 사명이 있게 됩니다. (평등이 하나의 의미가 있다면, 그것은 물질적 만족에서의 평등이어야만 합니다.) 자본주의는 생산제력(生產諸力)을 증대시켰습니다. 그래서 마르크스는 이제 자본주의는 노년기에 접어들었다고 생각했습니다.

"부르주아는 스스로 자기 무덤을 파는 인부를 만들어 낸다(프롤레타리아트)."

이윽고 고도 공산주의 단계가 와서, 사람들은 지치지도 않고 자기의 쾌락을 위해 일하고, 원하는 만큼 소비한다는 것입니다.

"각자는 각각에 따른 힘을 내고, 각자는 각각의 욕구에 따라 받아들인다."

이것이 고도 공산주의 사회에서의 원칙입니다. 사람들은 법률에서도, 국가에서도, 어떤 종류의 구속에서도, 완전히 자유로워질 것입니다.

여기에 있는 것은 일반적으로 과학과는 무관하고 신화적 성격만 띤 〈구세주적 자세〉라고 할 수밖에 없습니다. 그것이야말로(외적으로 파악하는 한 신과 같이) 공산주의자들에게 이상적인 국가실현을 무기한 연기하도록 만드는 것입니다. 결국 공산주의자들은 어쨌든 성공하게 되어 있기 때문입니다. (외적으로 파악된 신과 같은 역할을 하는 것입니다.)

소유권

우리도, 사회가 변용하는 것은 생산수단의 쇠퇴 때문임을 인정해야겠지요.

〈중세〉에서의 본질적인 현상은 어쩌면 〈토지의 피폐〉이고, 그 때문에 일어난 것이, 사람들이 아직 합리화하는 것을 몰랐기 때문이기도 하지만, 〈농업인구의 과잉〉이었습니다. 그래서 〈도시로의 인구이동〉에 직면하는데, 그 결과 〈동업조합의 폐쇄〉라는 새로운 현상이 일어나게 됩니다. 돈 많은 상인 가운데 이러한 사람들을 되도록 낮은 임금으로 고용하려는 자들이 나타납니다. 그리하여 동업조합 제도의 종언이 초래되는 것입니다.

〈노동착취가 시작되는 건 바로 그때부터입니다.〉 그때부터 경제생활 자체에서 돈이 돈을 낳기 시작합니다. 동료를 거느린 우두머리가 어떻게 변화해 가는지 상상해 봅시다. 점차 부자가 되어 전보다 큰 일터를 마련하게 되겠지요. 분업이 더욱 확대되어 점점 합리화가 이루어집니다. 한 그룹 여덟 명의 노동자의 생산고와 한 그룹 네 명의 생산고의 차액이 우두머리의 호주머니 속에 들어갑니다.

〈그때까지는 '동료'들끼리 모든 것을 소유했는데, 이제부터는 노동자들이 소유하는 것은 점차 줄어듭니다.〉

일터의 노동자가 손에 넣는 돈은 이제 재료비와 제품 가격 사이의 차액이 아닙니다. 〈노동자는 자기 자신을 파는 사람이 되는 것입니다.〉

노동자라는 이 새로운 상품의 가격은 어떻게 해서 정해질까요? 그렇습니다! 다른 상품의 경우와 마찬가지로, 여기서도 수요와 공급의 법칙이 작용합니다. 그리고 노동이 만들어 낸 물건의 가격과 노동자 가격의 차액이 우두머리의 이익이 됩니다. 소유권이 완전히 그 본성을 바꿔 버린 것입니다. 노예는 약탈을 통해 들어오고 임금노동자는 상거래를 통해 들어온다는 차이는 있을지언정, 〈임금제도는 노예제도의 또 하나의 형태에 지나지 않습니다.〉

〈그러나 이 때문에 자본주의적 소유권은 자신을 부정하게도 됩니다. 현재로서는 진정한 재산이라고 할 만한 것을 더는 발견할 수 없게 되고 말았습니다.〉 은행은 돈을 사용하여 원하는 것을 손에 넣습니다. 어떠한 사람도, 아무리 일해 봤자 금융자본을 손에 넣을 수는 없습니다. 타인의 재산을 마음대로 할 수 있는 돈을 가지지 않은 사람은, 자기 재산도 마음대로 할 수 없습니다. 오늘날에는 은행이 실업가들을 자유롭게 조종합니다(포드는 예외입니다). 시트로엥*32은 전에 은행에서 재정 재건을 위해 융자를 받았고, 지금은 그 은행의 소유가되었습니다. 은행은 실업가들을 파산에 몰아넣고는 자기들이 관리한다는 조건을 제시합니다. 실업가가 궁지에 몰리는 것은 대부해 주는 자가 없기 때문이고, 그래서 유일하게 융자를 내주는 은행은 어떻게든 자기의 조건을 상대에게 강요할 수 있습니다. 부르주아적인 소유권도 이제는 존재하지 않습니다.

은행에 맡겨 둔 1만 프랑의 소유자는 맡긴 사람이 아니라, 타인 명의의 1만 프랑을 효과적으로 사용할 수 있는 사람입니다.

진정한 소유권은 그것이 확대되어 가는 동안 어디론가 사라져 버립니다. 〈지금 소유권은 찬탈 위에 성립되고 있습니다.〉

돈은 어떻게 이윤을 가져올 수 있나?

중세 시대에 이익을 가져오는 원천의 첫 번째는 〈전쟁〉(약탈)이었습니다. 두번째가 〈노동〉입니다. 노동자는 처음에 자기가 만든 것은 자기가 소유했습니다. 오늘날에는 반대로, 구두공장의 노동자가 맨발로 다녀야 하는 일마저 있습니다. 마지막으로 〈찬탈〉입니다. 그것은 폭력에 의한 행위인 만큼, 그런 의미에서 초기의 교회는 찬탈에 대해서는 확실하게 유죄선고를 내렸습니다.

지금은 돈을 은행에 넣어두면, 우리가 굳이 일하지 않아도 저절로 이윤을 낳아 줍니다. 이것은 정말 이상한 일입니다. 어째서 그런 일이 있을 수 있을까요? 초기의 경제학자들은 이익은 상거래를 통해 생긴다고 생각했습니다. 상품을 그 가치 이상으로 팔기만 하면 훔치거나 일하지 않아도 돈을 벌 수 있다는 것입니다. 그러니 이러한 결론은 상업의 세계, 공업의 세계 전체에 부연해 보면 이치에 맞지 않게 됩니다. 모든 가격을 일률적으로 5분의 1 올리면 아무것도 늘지 않게 되기 때문입니다.

따라서 문제는 다른 형태로 제기되어야 합니다. 그 늘어난 돈은 누군가의 손에 들어가고 있을 것이기 때문입니다.

이렇게 생각해 보면, 노동시장이라는 것에 대해 하나의 오해가 있음을 알 수

---

*32 A.G. 시트로엥(1878~1935)이 창립한 자동차 회사. 포드 시스템의 채용과 제1차 세계대전의 군수산업을 통해 급성장하여, 두 번의 세계대전 동안 프랑스 최대의 자동차기업이 된다. 그러나 전륜구동차 개발 때문에 자금난에 빠져 1934년 파산했다.

있습니다. 노동자는 자기 자신을 팝니다. 〈고용주는 노동자를 생산력으로서 사들입니다. 노동자는 언제나 자기가 소비하는 것 이상의 것을 생산하게 됩니다.〉 가령 노동자가 제품을 소유하고, 제품을 그것이 가진 가치대로 판다면 이렇게 되지는 않을 것입니다. 〈노동자는 제품의 어느 부분에 대해서는 자기 자신을 부양하기 위해 일하고, 나머지 부분에 대해서는 고용주를 위해 공짜로 일해 주고 있는 것입니다.〉

경제력

그렇다 해도 〈노동자를 이 노동시장에 묶어두고 있는 것은 무엇일까요?〉 고용주의 부를 만들고 있는 것이 무엇인지 다시 깊이 검토해 볼 필요가 있습니다.

경제력이라는 것은 비교적 새로운 말입니다. 옛날에는 힘이라고 하면 특히 군사력을 가리켰습니다(농노와 노예를 낳았지요). 〈기계공업이 등장한 뒤부터 군사력은 경제적인 것이 되었습니다.〉 우리는 이 이행을 17세기의 문학에서 확실하게 읽을 수 있습니다(생시몽*33의 《회상록》 속의 〈은행가 루이 14세 방문〉이라는 대목). 〈개인적 생산에서 집단적 생산으로 이행해 갑니다.〉

주의해야 할 것은, 이행에도 몇 가지 단계가 있다는 사실입니다. 이를테면 수송은 늘 집단적으로 이루어져 왔습니다(도로). 국가의 통일은 거기에 기반을 두고 있습니다.

그렇지만 노동은 본질적으로 자본주의가 확립하기 전까지는 개인적인 것이었습니다. 농민은 자기가 경작하는 토지를, 수공업자는 자기의 도구와 원료를 보유하고 있었습니다.

방법체계와 집단노동

사람들은 옛날, 직업의 비밀이나 농민의 관습 같은 인습의 노예가 되어 있었습니다. 본능에 따르는 한, 집단노동을 할 수는 없습니다. 본능은 제각각 달라서 서로 일치하는 일이 없기 때문입니다. 〈노동은 체계적인 것이 되는 동시에 집단적인 것이 됩니다.〉

---

*33 1675~1755. 프랑스의 사회사상가.

사람들은 점차 노동을 〈분할〉해 갔습니다.

마침내 〈'세분화된' 노동자에 도달한〉 것입니다. 이것은 어려움을 분할한다는 데카르트의 규칙을 적용한 예라고 할 수 있을지 모릅니다.

〈다만 노동 속에 방법체계가 나타나면, 노동하는 사람 속에서 체계가 사라집니다.〉

1+1=2가 되는 것은 오직 하나의 정신 속에서만 가능합니다. 행동의 체계적인 통일성을 발견할 수 있는 것은 노동자 한 사람 속에서가 아니라 모든 것을 지휘하는 사람 속에서입니다.

채굴산업의 발달은 과학의 발달과 동시에 진행됩니다. 기계는 처음에 과학의 장난으로서 만들어졌습니다.

기계공업이 일어나는 원인이 된 것은 다음의 세 가지입니다.

(1) 튼튼한 철이 풍부하게 나오고 쉽게 구할 수 있게 된 것(광석에서 채취할 때 석탄 이용. 용광로).

(2) 기계에 대한 관념이 발달한 것.

(3) 노동을 극한까지 분할하게 된 것.

기계공업에서는 노동 속에 있는 체계적인 성격과 맹목적인 성격의 대립이 드러납니다. 〈조정하는 것까지 철의 두뇌(기계)에 맡겨집니다. 방법체계는 인간에게서 박탈되어 물질 속에 들어갔습니다.〉

이렇게 되면 인간은 톱니바퀴에 지나지 않게 됩니다. 〈노동자는 자기 자신의 노동 속에서 그야말로 물건이 되고 만 것입니다.〉

기계공업─기업

〈마르크스의 정식(定式)〉

"노동자는 공장제 수공업이나 가내공업에서는 도구를 사용하지만, 공장에서는 기계에 사용당하게 된다. 전자에서는 노동자가 노동 도구의 움직임을 결정하지만, 후자에서는 반대로 노동자가 기계의 움직임에 따라야 한다. 공장제 수공업에서는 노동자의 팔다리가 살아 있는 메커니즘을 형성하지만, 공장에서는 노동자의 손을 떠난 죽은 메커니즘이 존재하고, 노동자는 그 메커니즘 속에 살아 있는 톱니바퀴로서 조립되어 있는 데 지나지 않는다."

"공장에서 일하는 미숙련 노동자의 개인적인 운명은, 기계 시스템 속에서 결정(結晶)하여 공장주의 힘을 구성하는 과학과 자연의 무서운 힘과 집단노동 앞에서 완전히 가치 없는 것이 되어 사라져 버린다."

"자본주의는, 죽은 노동에 살아 있는 노동이 종속되는 것이다.""그것은 주체와 객체 사이의 정상적인 관계를 파괴한다."

공장주가 처한 상황은 그 기계와의 관계에서 어떤 것일까요? 공장주도 노동자와 마찬가지로 공장의 노예에 지나지 않습니다.

기업 안에서 결정(結晶)하는 지배의 본질은 개인의 집단에 대한 종속에 있습니다. 〈자본가의 힘은 노동자에 대한 기계의 힘을 말합니다.〉 한편, 공장제 수공업에서는 우두머리가 노동의 조정을 상징할 뿐입니다.

기업에도 따라야 하는 법칙이 있습니다. 일반적으로 말해, 어떠한 힘에도 통하는 법칙은 〈경쟁〉의 법칙입니다. 여기서는 물론 경제적인 경쟁을 말합니다. (이때 문제는 생산이지, 교환의 힘은 아닙니다.) 집단적 조직에 근거하는 힘은 집단적 조직을 확장함으로써만 자기를 유지할 수 있습니다. 대기업은 언제나 소기업을 이길 것입니다. 그러므로 많은 노동자를 투입하여 더욱 규모가 큰 분업을 도입해야 합니다.

그러므로 노동자의 무상노동은, 실제로는 기업주가 아니라 기업을 향한 것이라고 할 수 있습니다. 〈노동자로부터 무상노동을 수탈하는 것은 기업입니다.〉 기업이 죽은 도구와 산 도구를 구매하는 것입니다. 기업은 자기가 소비하는 것 이상을 생산하는 산 도구를 소유함으로써 자기를 확장해 갑니다.

오늘날 기업주는 은행의 신용을 얻기 위해 부유한 것처럼 보여야만 합니다. 기업주에게 사치는 힘을 보여 주기 위한, 따라서 그 힘을 확장하기 위한 수단에 불과합니다. 러시아에서는 기업주는 사라졌지만 공장은 남아 있습니다. 그러므로 결국 같은 셈이 됩니다. 〈현재의 경제생활을 지배하는 법칙은 축적의 법칙입니다.〉 기업주는 이기주의자가 될 수는 있어도 선량할 수는 없습니다.

따라서 문제의 중심은 소유제도가 아니라 바로 기계공업 속에 있는 것입니다. 기업의 힘을 대표하는 사람과 노동하는 사람 사이의 이해 대립은 정말 절대적인 것입니다.

문제는 정부의 형태가 아니라 〈생산 시스템의 형태〉에 있습니다. 〈즉 국가는 실제로는 자본가들의 손 안에 있는 것입니다.〉

러시아에서도 그 밑바탕에서는 마찬가지라고 할 수 있습니다.

〈사회생활 자체가 경제생활과 함께 변해 갑니다.〉〈조정〉기능이 생산기능을 이기는 것입니다. 그것은 어떠한 국가에서도 마찬가집니다.

관료제

〈국가의 현재 형태를 보면 관료제라는 조정기능이 최우위에 있음을 알 수 있습니다.〉 관료는 아무것도 만들어 내지 않고, 다만 타인이 만드는 것을 조정할 뿐입니다. 관료는 기생체(寄生體)로서 필요 이상으로 자기를 성장시키려고 합니다. 그 원인은, 관료들은 관리되는 일이 없다는 것과, 관료제가 기계와 비슷한 무엇(주식회사와 마찬가지로)이라는 사실 속에 있습니다.

독재자이든 왕이든 모두 관료제를 통해 자기를 지탱하려고 합니다(스탈린).

관료제라는 이 장치는 독자적인 도구로서 집단적 능력을 지닙니다. 군대와 경찰도 관료적이 되어 갑니다.

무력한 개인

〈그리하여 개인은 이제 거의 아무런 무게도 없게 됩니다.〉 이를 이해하는 것도 지난 60년 동안의 집요한 선전 때문에 곤란해졌습니다. 단순한 개인인 한 뭔가에 저항하려고 해도 의지할 수단이 전혀 없습니다. 경찰이 개인을 괴롭히는 이상 누구도 개인을 보호할 수가 없습니다. 신문도 경찰의 말에 따릅니다. 경찰이 마음만 먹으면, 무고한 시민을 유죄로 만들 수도 있습니다.

사법과 행정은 모두 시민에게 봉사하기 위해 만들어진 것이지만, 지금은 그 공직자들에게 불만이 있어도 시민들에게는 이미 호소할 수단이 아무것도 없습니다…….

제4장 현재의 상황

노동시장에서 '물건으로서의 노동자'

임금노동자는 매매되고 가격이 붙여지기 때문에 노동시장에서는 물건으로 취급받습니다.

어느 특정한 가격으로 자기를 파는 특전을 얻기 위해서는 직제도 매수해야 합니다.

마르세유의 부두에서 일하는 여자들을 생각해 봅시다. 그녀들은 구루병에 걸린 가련한 자식들을 키우기 위해 어쩔 수 없이 매춘해야만 합니다. 그리고 그 아이들도 이윽고 같은 예속을 견뎌야 합니다.

실업수당제도는 대공황*³⁴이 시작된 뒤에야 겨우 마련되었습니다. 그전에는 실업자에 대해서는 아무런 조치도 이뤄지지 않았습니다. 노동자들은 카토*³⁵의 노예보다 못한 처지에 있습니다. 건강하고 젊은 남자들도 금방 폐물이 되어 버립니다.

기업 속에서 '물건으로서의 노동자'

노동자는 노동시장을 나가 기업에 들어간 뒤에도 역시 물건으로 다뤄집니다.

'합리화'와 함께 컨베이어 시스템이 고안됩니다. 노동자의 생활은 끊임없이 희생되어 갑니다(전송대, 건축현장, 광산 등). 또 종종, 특히 미국에서는 노동자가 사생활에서도 감시당하는 일이 일어납니다(포드 공장에서의 스파이 행위).

왜 이러한 일이 일어날까요? 인간에게 기계가 필요한 만큼, 기계에게 인간이 필요하지는 않기 때문입니다. 인간은 지금은 기계에 종속되어 있습니다. 그것은 데카르트도 《방법서설》 속에서 예견하지 못했던 일입니다. 기계의 주인인 자는 인간의 주인이고, 자연의 주인이기도 합니다. 그 사람들은 훌륭하게 그러한 억압의 집행인이 될 수 있었다고 할 수밖에 없습니다.

미봉책으로 좋은가?

종종 다음과 같은 미봉책이 시도되었습니다.

(a) 〈포드형 자본가〉 노동자에 대한 이익분배입니다. 그것은 노동자를 타락시키는 수단밖에 되지 않습니다. 노동자에게 그것은 생산장려금이고, 자신들의 가치를 더욱 떨어뜨리는 것일 뿐입니다.

(b) 〈사회주의 정당〉 기업위원회와 기업 관리에 관한, 이른바 노동자 참여입니다. 그렇게 한다고 뭔가 바뀌는 일은 전혀 없습니다.

---

*34 1929년에 시작된 세계경제공황을 가리킨다.
*35 기원전 95~46. 로마의 호민관. 로마제국 확장정책을 추진했다.

(c) 〈러시아〉 사람들은 자본가를 추방했습니다. 그러나 러시아에서의 실험을 보면, 기계공업이 존속하는 한 그것이 아무 소용 없는 일임은 명백합니다. 관료가 자본가를 대신했을 뿐입니다.

(d) 〈협동조합〉(독일·이탈리아·오스트리아)*36 여기에 대해서는 아직 이야기하기 힘듭니다. 종이 위의 계획에는 정확함이 결여되어 있습니다. 현재 같은 상황은 생산수단의 변용을 통해 비로소 바꿀 수 있지, 미봉책으로 바꿀 수 있는 것이 아닙니다.

구속―짓밟힌 '인권선언'

이러한 사태에서 이끌어 낼 수 있는 정치적 귀결에 대해 생각해 봅시다. 우리의 사회 시스템은 구속 위에 성립되어 있습니다. 노동자는 그 시스템을 견디기는 하지만 그것에 만족할 수는 없습니다. 구속은 민주주의와 양립하는 것이 아닙니다. 노동시장과 생산 현장에서 물건으로 취급받는 인간이, 공적인 생활에서 시민으로 다뤄질 리가 없는 것은 명백합니다.

사실 표현의 자유는 자본을 구성하는 기계에 종속되어 있습니다. 부르주아 신문지상에서도, 정통파가 아니기 때문에 노동자의 입장을 표방하는 신문지상에서도 얘기할 수 없는 사항이 있습니다.

언어의 진정한 자유 같은 것은 없습니다(집회장소, 전단 붙이기 등에서 볼 수 있는 장애).

개인으로서의 어떠한 자유도 없습니다. 우리는 감옥이나 부정한 유죄 판결로부터 벗어날 수 없습니다.

재판에서 부자는 재판관을 매수할 수 있습니다. 신문의 캠페인으로 협박하거나 정치적인 지지를 약속하는 것입니다. 변호사에게 의뢰하는 데도 돈이 필요합니다.

그리고 돈으로 모든 것을 살 수 있습니다. 돈만 있으면 전쟁에 나가지 않을 수도 있습니다……로렌 지방의 브리에 광산은 제1차 세계대전 중 독일군에 점령되어 줄곧 독일에 철광석을 공급했지만, 그래도 폭격당하는 일은 없었습니다. 공화제하에서 자유와 평등을 보장하는 모든 법률은 환상에 지나지 않습니

---

*36 시몬 베유가 이 강의를 하던 무렵 이 세 나라는 파시즘 국가였다.

다. 국가는 관리받는 일도 없고, 또 관리할 수도 없기 때문입니다.

〈먼저 생산 시스템부터 바꾸지 않으면 국가를 변혁하기란 불가능합니다.〉

노동자 대중이 경제체제에 억압당할수록, 국가는 더욱 억압적이 됩니다. 전체주의 국가에서 억압은 계속 확대되어 갑니다. 기업과 그밖의 것을 지배하는 것이 동일한 권력일 때, 사람들은 더는 아무것도 할 수 없게 됩니다. 러시아가 바로 그런 예입니다.

'파시즘' 국가는 중간적인 것이라고 할 수 있습니다.

프랑스는 아직 어느 정도 자유롭다고 할 수 있습니다.

국가에 대한 의무

⑴ 〈현재의 국가에 대하여〉

폭력이 바로 의무가 됩니다. 복종은 하나의 필연성이 가져오는 결과이지, 의무가 될 수는 없습니다. 오히려 해야 할 일이 아무것도 없다면, 함부로 국가에 반항하지 않는 것이 자기 자신에 대한 의무라고 할 수 있을지 모릅니다. 한편, 국가가 우리에게 남겨 준 극히 약간의 자유를 결코 놓치지 말 것, 즉 공인되어 있는 이데올로기는 절대로 승인하지 말고, 자립한 사상의 핵을 창조할 것, 그것은 권리가 아니라 의무입니다. 국가의 억압에 맞서 싸우는 것은, 그 투쟁이 자멸을 가져오지 않는 한 의무일 것입니다.

⑵ 〈국가의 변용에 대하여〉

우리는 국가에 대한 몇 가지 사고방식에 직면하게 되는데, 그것에 대해서는 다음 장에서 다루기로 하겠습니다.

제5장 국가에 대한 몇 가지 사고방식

마키아벨리(《군주론》에서)

약속할 때는 자기가 지킬 수 있는 범위보다 적게 약속하고, 악을 저지를 때는 단숨에 행하며, 선을 베풀 때는 한 방울씩 주는 것이 좋다. 군주는 신하가 언제나 자기를 필요로 하게 만들어야 한다. 군주는 전쟁과 군사교련 이외에는 생각해서는 안 된다. 군주는 자기를 두려워하게 만들어야 하며, 또 선심을 베풀 때는 남이 모르게 할 것이 아니라 공공연하게 알려야 한다. 군주는 사랑받기보다는 두려움의 대상이 되는 편이 안전하다. 사랑은 사람이 원할 때 끊을 수 있는 선이지만, 두려울 때는 공포심에서 달아날 수 없다.

나라 밖에서 싸움으로써 나라 안의 혁명을 회피할 수 있다.

군주는 1년 안의 적당한 시기에 민중을 축제나 오락거리에 푹 빠지게 해야 한다.

〈마키아벨리는 권력과 권위를 완전히 분리합니다.〉 폭군들은 권력과 권위를 자의적으로 혼동하고, 오로지 그것을 자신의 보루로 삼는데, 그것만으로 이러한 분석을 한 것에 대해 마키아벨리에게 감사해야 할 것입니다. 그는 그 시스템을 통해 〈순수한 힘〉을 보여 주었습니다. 그리고 권위라는 것의 본질이 신하쪽의 공포와 군주 쪽의 잔혹함에 있다는 것도 지적했습니다.

루소

루소는 반대로 〈각자의 자유로운 합의를 바탕으로 형성되는 완전한 사회의 겨냥도〉를 그려냈습니다. 물론 그것은 실현할 수 없는 사회입니다. 인간은 선량하지 않기 때문입니다.

〈사회계약〉의 기원은 자연에 의한 필연성 속에 있습니다.

그러나 아무도 상처받지 않는 하나의 결합을 찾아내야 합니다. 즉 〈각자가 만인과 결합하고, 더욱이 자기 자신에게만 복종하는 결합형태를 찾아내는〉 것입니다(모든 사회문제의 정식). 모두가 미리 전체의 의지를 받아들이는 것입니다. 그것이 바로 자연상태에서 사회상태로 이행하는 것을 보여 주는 것입니다. 루소의 견해에 따르면, 이성의 행사에서는 그 조건으로서 사회의 상태를 고려해야 합니다.

〈요약〉

시민들이 법률을 자신들이 서로 져야 할 책무로 인정하려면 〈사회와 시민 사이에 완전한 상호성〉이 있어야만 하고, 나아가서 〈모든 시민이 사회와의 관계에서 같은 태도를 취해야만 한다〉.

국민을 통치하는 데 있어서, 국민 자신을 제외하고는 어떠한 사람에게도 신뢰를 보내기란 불가능하다.

토의에서는 그것에 대해 국민이 하나가 될 수 있는 사항만 의제로 해야 한다.

그것과의 관계에서 국민 전체가 하나가 될 수 있는 사항이 존재하려면, 〈만인이 집단적인 행동에서 주체가 되어야〉 하며, 단순히 객체인 자가 있어서는 안 된다.

모든 시민은 집단적 행동, 즉 생산과 마찬가지로 적극적으로 관여해야 한다.

공공복지와 관련된 결정은 특별한 사람들이 내려서는 안 된다.

불행하게도 〈사회계약〉은 〈이상적인 계획〉에 머물러 있습니다. 〈현실이 된 것은 아무것도 없다〉고 할 수밖에 없군요.

마르크스와 레닌

국가라는 기관은 관리(관료제), 군대, 경찰로 구성됩니다. 이 기관은 억압적입니다. 군대와 경찰과 관료제는 영속적인 것이고, 이 세 종류의 장치가 있는 한 거기에는 억압이 있겠지요. 〈러시아에서의 실험〉이 그것을 잘 보여 줍니다. 마르크스는 상비군 대신 〈국민군〉을 설치하는 것을 생각했습니다. (군인이라는 직업이 없어지는 겁니다.) 국민군은 시민들이 조직하며 지휘자도 포함하고 때로는 무기도 듭니다. 마르크스는 또 민중이 관리하는 경찰을 생각했습니다. 레닌은 숙련공과 똑같은 급여를 받고 해임할 수 있는 책임자들로 관료제를 바꾸려 했습니다. 실현되었다면 교대제 같은 것이 되었을 것입니다.

이러한 계획은 〈사회계약〉에 완전히 들어맞습니다. 이러한 관리로 바뀌는 사람들은 정부 구성원으로서가 아니라 시민으로서 생각할 것이기 때문입니다. 이를테면 어떤 조치를 결정할 때, 2년 뒤에는 자기도 한 시민으로서 그 적용의 대상이 된다는 사실을 그들은 알 것입니다. 그렇게 되면 힘이 만들어 내는 착각도 최소한으로 억제할 수 있어서, 힘은 최대한의 객관성을 얻게 될 것입니다. 어떠한 선의도 이러한 조건을 대신할 수는 없습니다. 권력은 영속적인 것이 될수록 억압적이 됩니다.

실제로 지금은 권력이 영속적인 것이 되었습니다. 이러한 과두정치는 반드시 타파해야 합니다. 그런데 그 장치를 타파할 수 있을까요? 가능하다면 어떤 조건이 필요할까요?

국민의 대표는(국민 자신에게는 스스로 통치할 시간이 없으므로 대표가 필요합니다) 국민 속에서 나와야 하고, 공권력을 행사함으로써 국민 밖으로 나가는 일이 없어야 합니다.

국민의 대표에게 중요한 업무는 (1) 자기의 계획이 계획 자체로서 옳은지 (2) 그 계획이 적용할 수 있는 것인지 검토하는 일입니다.

통치에는 두 가지 사고방식이 있습니다. (a) 국민을 위한 것이기는 하지만 국민에 의한 것은 아닌 통치와 (b) 국민을 위한 국민에 의한 통치입니다.

전자가 '계몽전제주의'를 구성합니다.

계몽전제주의

전제군주는 어느 한계까지는 신하가 자유롭고 행복한 것에 관심을 둡니다. 그러나 신하의 이익밖에 원하지 않을 만큼 올바른 전제군주가 과연 존재할까요? 인간은 자신의 덕을 확신하면 할수록 자기의 힘을 튼튼하게 확립하려 하게 마련입니다. 그런데 신하에게 선을 베푸는 것은 신하에 대한 자기의 힘을 증대시키는 것입니다. 그러나 처음에는 힘을 빼앗아 놓고 나중에 증대시킬 수는 없습니다. 정치권력은 누구나 신체와 상상력을 가지고 있는 이상, 일반대중으로부터 사람들을 철저하게 분리하려고 합니다. 그리고 결국은 모든 인간이 명령하기 위해 명령하는 것을 열렬히 사랑하게 되는 것입니다. 명령에 대한 그러한 애착이 선한 의도를 무효로 만들어 버릴 수도 있습니다.

권력의 독점이 있는 한, 권력의 자리에 올라 있는 것은 우리의 적입니다. 그렇지만 그들을 보장도 없이 난폭하게 끌어내려서는 안 됩니다. 전쟁을 할 때 침략자를 저지하려고 시도하는 것처럼, 그들의 권력에 제한을 가하도록 시도해야 합니다.

〈권력의 독점이 있는 한, 권력에 이러이러한 형태가 있고 없고는 그리 중요하지 않습니다.〉 권력의 독점은 국가가 성립된 이래 튼튼하게 확립되어 있습니다.

"모든 정치적 해결책은, 국가라는 기계를 파괴하기는커녕 오히려 완성시켰을 뿐이다."(러시아)

이 마르크스의 견해는 훌륭하게 입증되었습니다.

후자의 사고방식(국민을 위한 국민에 의한 통치)이 공화제입니다.

〈**공화제**는 권력의 독점을 종이 위에서라면 몰라도 현실적으로 파괴하는 일은 없습니다.〉 공적 기능은 직업이 될 수 있기 때문입니다. 공적 기능을 보유한 사람들로 구성되는 영속적인 집단이 존재합니다. '공무원'이란 국가의 주인을 말합니다.

이 독점을 어떻게 폐기할 것인가?

〈공적 기능의 매력적인 성격을 폐기하기〉 위해 봉급을 줄이고, 끊임없이 인사를 갱신할 수 있도록 해야 합니다(레닌). 〈교대제도를 확립하는 것입니다.〉

그러나 기능의 독점은 능력의 독점을 바탕으로 합니다. 그렇기 때문에 '어느 요리사든 국가의 통치를 배워야 하는' 것입니다.

협동조합과 노동조합을 확립하고, 어려운 일이기는 하지만 영속적인 관료가 나오지 않도록 해야 합니다. 어떤 사람이 혼자 지적인 능력이 있다고 해서 언제까지나 서기에 머물러 있으면, 그가 동료를 교육하려 하지 않는 한 악순환 속에 빠져듭니다. 그것은 바로 국가에서 이루어지는 일의 축도와도 같습니다.

〈그러한 사고방식을 확대해 나가면, 어떠한 집단적인 기능도 독점되어서는 안 된다는 결론이 나옵니다(경제생활에서와 마찬가지로). 그런데 사람들은 경제생활과 정치생활을 인위적으로 분리하려고 합니다.〉 그러나 오늘날 경제력을 낳는 것은 재산이 아니라 기능입니다. 경제에서의 권력은 관리를 통해 규정됩니다. 경제기능의 독점과 정치기능의 독점은 결부되어 있습니다. 〈경제에서의 민주주의와 정치에서의 민주주의는 동시에 존재해야 합니다. 그렇지 않으면 거기에는 어떠한 민주주의도 없게 됩니다.〉 이를테면 노동자가 1년씩 차례대로 공장 지배인이 된다면, 거기서는 누구나 다 지배자라 해도 억압은 없을 것입니다.

이론적으로는 완전히 맞지만, 실제로 그것이 적용될까요? 그러기 위해서는 노동자들이 이론적으로 견고한 교양을 갖추어야 합니다.

그때까지 국가는 억압이라는 악을 계속 행사할 것입니다. 이를 되도록 억제하려고 시도해야 합니다.

이어서 네 가지의 국가형태, 즉

민주주의 국가

가톨릭적 동업조합주의 국가

군주제 국가

파시즘 국가

의 바탕을 이루는 발상에 대해 고찰해 봅시다.

민주주의 국가

이를테면 독일과 러시아에는 아직 어떤 미지의 자유가 있습니다. 귀중하기 그지 없습니다. 그러한 자유는 경제생활과 결부되어 있습니다. 공황은 필연적으로 정부의 힘을 보강하게 됩니다.

가톨릭적 동업조합주의 국가

본질적 발상은, 국가라는 이름 아래 통합이 이루어지는 것을 회피하려는 데 있습니다.

그러나 그것이 가능할까요?

아무래도 국가는 노동자 대표를 억제하게 마련입니다. 사실 국가가 동업조합을 통해 경제적인 권력을 키우려고 한다면, 그것은 필연적으로 정치적 권력의 확장이 될 것입니다. 그러나 거기에는 몇 가지 단계가 있습니다. 예를 들어 제도의 조직화에 대해 말한다면, 국가가 동업조합에 개입하는 일이 적을수록 그만큼 실질적 손해는 적어질 것입니다.

군주제 국가

〈지방분권〉 현재의 지방분권에는 어쩔 수 없는 필연성 같은 것이 있습니다. 환상을 품어서는 안 됩니다(자코뱅당＝볼셰비키 참조). 그렇다 해도 악을 최소한에 머물게 하는 노력은 시도할 수 있어야 합니다.

〈분리된 회의들〉 그러한 것들이 통합되는 것은 왕 밑에서 뿐입니다. (그것이 가톨릭 동업조합과 대립되는 점입니다.)

〈농민이 처한 상태의 개선〉 농민이 도시로 나가는 것을 저지하기 위한 방편에 불과합니다.

〈경제적 동맹파업의 권리〉 그러나 정치적 동맹파업의 권리는 없습니다.

〈무제한의 노동시간〉

요컨대 국가는 왕을 통해 최고의 권위를 장악하고 있습니다.

〈권능의 군림〉 이렇게 할 수 있는 것이, 〈책임 소재가 개인적이고〉 집단적이 아니라는 것과 함께 이 국가의 본질적 원리를 형성하고 있습니다. 〈공적 직무의 독점〉도 국가원리를 이루고 있습니다(마르크스의 견해에 대한 안티테제).

〈주석〉 현재는 국가가 안고 있는 문제, 특히 중요한 산업과 재정에 관한 모든 문제는 한 사람의 인간이 다루기에는 너무 방대합니다. 통일성을 회복하려고 해도 한 사람이 모든 것을 할 수는 없습니다. 개인이 권능과 책임을 한 몸에 떠맡는 것은 관리가 그렇듯이 불가능합니다. 〈경제생활을 지방에 분산시키는 수단을 찾아야 할 것입니다.〉 그러기 위해 유리한 요인은 전기(電氣)입니다.

자본주의적인 기업은 일단 한 사람의 관리능력을 넘어서면 관료제로 돌입합니다.

파시즘 국가
{무솔리니}

〈완전한 집권화〉 이 체제를 움직이는 정신적인 힘은 헌신, 희생, 〈완전한 자기희생〉입니다. 생활은 하나의 〈투쟁〉으로 여겨지고, 쾌적한 생활은 경멸의 대상이 됩니다. 〈역사 밖에서는 인간은 아무것도 아닙니다.〉

"파시즘에서 모든 것은 국가 안에 있다. 국가 밖에서는 인간적인 것도 정신적인 것도 존재하지 않을뿐더러 아무런 가치도 없다."

파시즘은 '군주제~공화제'라는 대립을 극복합니다. 〈전체의 이익이라는 신화〉가 창조됩니다. 그 〈목표〉는 〈사회, 종, 집단〉입니다.

"국가는 그 속에서 개인과 집단이 상대적이 될 수밖에 없는 절대이다."

"국가는 힘과 지배의 의지이다."

〈주석〉 이것은 모든 국가가 은밀하게 품고 있는 생각입니다. 모든 권력은 확장을 지향합니다. 국가는 극히 자연스럽게 전체주의적이고자 합니다. 그것은 어디서나 관찰할 수 있는 일입니다.

{러시아}

여기서도 '개인은 아무것도 아니라는' 〈본질적으로 동일한 발상〉을 찾아볼 수 있습니다. 〈완전한 희생〉, 윤리적 의식의 희생까지 요구됩니다(빅토르 세르주*37가 쓴《정복당한 도시》참조). 그 결론은 이렇습니다.

"우리는 아무것도 아니다. 대중이 모든 것이고, 우리는 대중을 위해 모든 것, 우리의 양심마저 희생시켜야 한다."

그렇지만 과연 〈누구를 위한 희생일까요? 처음에는 '노동자 계급을 위해서'라고 했지만 지금은 국가를 위해서입니다.〉 어느새 국가는 노동자 계급을 나타내는 것이 되고 말았습니다. 국가를 위해 개인이 희생되는 것입니다. 국제주의가 국가주의로 변용하는 것입니다.

〈독일·이탈리아·러시아의 공통되는 특징〉 헌신과 자기희생의 도덕입니다. 더욱이 그것은 향락에 대해서뿐만 아니라 마음의 평화에 대해서도 요구됩니다. 선두에 선 사람조차 사치를 쫓지 않고 힘을 추구합니다. 〈이러한 특징은 다른 어떤 국가보다도 러시아에서 두드러집니다.〉

〈이 헌신이라는 도덕은 경찰에 봉사하는 것과 마찬가집니다.〉 실제로 누구나 경찰의 앞잡이입니다. 〈그것을 위한 처치의 본질은, 청년을 손 안에 장악하는 것입니다.〉 어린이는 일곱 살이 되면 국가의 관리하에 들어가며, 제복을 강요당합니다. 이제 가정에서의 예의와 교육은 없습니다. 수업은 '피오네르'(옛 소련의 소년소녀 단원)의 손에 맡겨지고, 최종적으로는 '피오네르'가 교사에게 명령을 내립니다. 아이들은 교사와 부모를 밀고하도록 조종당합니다. 누가 가장 빨리 자기 부모의 생각을 바꿀 수 있는지 겨루는 콩쿠르가 개최됩니다. 청년을 손 안에 장악하는 이 방법은 정말 반마르크스주의적이라고 하지 않을 수 없습니다.

〈거기에는 단 하나의 정당, 정권당밖에 없으며, 다른 정당은 모두〉 감옥에 들어가 있습니다. 이 정당 안에 다수파가 생기면, 소수파는 당내의 분파로 간주

---

*37 빅토르 세르주(1890~1940) 브뤼셀 태생의 러시아 혁명가. 10월 혁명 뒤 귀국하지만, 소수파를 고수하다가 28년 트로츠키주의자로서 당에서 추방당하여 1933년에 체포되었다. 베유를 비롯해 많은 지식인들이 가담했던 프랑스에서의 구원운동 덕분에 1936년에 석방되어 프랑스로 이송되었다. 《정복당한 도시》는 그의 체험을 기록한 증언소설의 하나이다.

됩니다(트로츠키). 〈단 하나의 신문, 단 하나의 문학밖에 없습니다.〉 러시아에서 마르크스와 레닌은 위험한 사상입니다. 교육은, 국가와는 무관하다고 생각되는 것까지(생물학) 오로지 국가가 관리합니다. 러시아에서는 〈속임수〉, 〈광신〉과 함께 〈공업화〉가 진행되고 있습니다.

〈결론〉 이런 국가는 최악의 국가입니다.

국가에 대해서 취해야 하는 실천적 태도

지금까지의 고찰을 바탕으로 국가에 대한 우리의 의무를 정의해 보기로 합시다.

국가의 기능에는 각자의 이익에 봉사하는 것도 있고, 그러한 기능에 관해서는 국가가 부과하는 것을 자신의 의지로 받아들일 의무가 있을 겁니다(〈예〉 교통규칙).

그 밖의 일에 대해서는 하나의 필연성으로서 국가에 따르는 일은 있어도, 자신의 마음속까지 국가를 받아들여서는 안 됩니다. 우리는 종종, 특히 어떤 종류의 분위기 속에서 자란 경우에는, 국가 때문에 괴롭기 그지없을 때가 있습니다. 국가가 우리에게 주는 보답에 고마워하기를 거부하고(다행히 우리는 형벌 이외의 보답은 거부할 수 있습니다), 국가가 우리에게 남겨주는 자유는 모두 최대한으로 이용해야 합니다(시민이 실제로 가진 권리를 모두 행사하는 것은 매우 드문 일입니다).

우리에게는 또 국가가 우리에게 남겨 주지 않은 자유를, 그만한 가치가 있는 것이라면 법을 어기고라도 빼앗을 의무가 있습니다. 몇몇 정체 가운데 어느 것을 선택할 수 있을 때에는 가장 해가 적은 정체를 선택할 의무가 있습니다. 가장 해가 적은 국가란, 우리가 국가 때문에 틀에 갇히는 일이 가장 적은 국가이고, 극히 일반적인 시민이 가장 많은 관리권을 쥘 수 있는 국가(비중앙집권, 국가의 문제들과 관련된 비밀유지가 아닌 정보공개, 대중문화의 존재)입니다.

우리에게는 사회조직의 변혁을 위해, 즉 물질적 만족의 증대와 대중의 기술적이면서 이론적인 교육을 위해 노력해야 할 의무가 있습니다.

제6장

국제관계(국가의 대외정책)

〈외교〉는 비밀리에 이루어집니다. 우리에게는 그것을 제어할 어떠한 수단도 없습니다. 그런데 외교는 시민의 생활 전체를 휩쓸어 갈 때가 있습니다. 그리하여 국가의 무책임한 한 장치가 시민이 모르는 사이에 시민의 생활을 조종하고 있는 것입니다(《예》 러불조약의 비밀조항).

〈보도〉도 큰 역할을 합니다. 신문은 매수되는 일은 없어도 압류당하는 일이 있습니다. 보도는 대외정책에서 가장 강력한 수단입니다. 스피노자는 이렇게 썼습니다.

"국가는 시민에게 숨기는 나쁜 계획보다는, 적에게도 알려진 좋은 계획이 상책이다. 국가의 현안을 비밀리에 해결할 수 있는 사람들은, 국가를 자기의 권력으로 강력하게 휘어잡고, 전쟁 때 적에게 그랬듯이 평화시에는 시민에게 덫을 치기 때문이다."

1917년에는 협상이 있었던 것을 프랑스 민중이 알지 못한 채 화평을 거절당했습니다. 폴 아라르가 비밀위원회에 대해 쓴 책*38을 읽어보기 바랍니다. 두메르그*39와 팽르베*40와 푸앵카레*41 등의 연설이 재록(再錄)되었지만, 누구 한 사람 그것을 부인한 자는 없습니다. 푸앵카레는 니벨 장군*42을 지지하여 그에게 동조했지만, 모두들 니벨이 그만한 그릇이 못 된다는 것을 알고 있었습니다. 슈맹데담 전투에서 패배*43한 뒤, 당연한 과정으로서 항명사건이 일어났고 약식재판 뒤에 처형이 이루어졌습니다. 사관이 병사들을 마음대로 몇 명 골라내어 총살한 것입니다. (대체로 가장 용감한 병사들이었습니다). 그 사관들을 처벌

---

*38 폴 아라르 《비밀위원회가 드러낸 전쟁의 내막》(1932)을 가리킨다.

*39 1863~1937. 공화좌파 정치가. 제1차 세계대전 전에 여러 번 수상을 지내고, 전후에는 대통령이 됨. 1917년에는 야당 쪽.

*40 1863~1933. 1917년에 리보 내각의 국방상.

*41 1860~1934. 제1차 세계 대전 당시 프랑스 대통령.

*42 1856~1924. 16년의 베르됭 전투에서 프랑스군 사령관의 지위에 있었으나, 1917년 4월의 반격에 실패하여 페탱에게 뒤를 물려줌.

*43 1917년 4월, 니벨이 이끄는 연합군은 엔 주의 이 땅을 탈환하여 일제히 반격에 나서려고 했지만 실패했다.

하도록 군법회의에 압력이 가해졌지만, 그들에게서 지휘권을 빼앗았을 뿐입니다. 이러한 사건들은 모두 비밀이기 때문에 일어났습니다. 인간의 생사와 관련된 모든 것에 대해 아무런 위험을 무릅쓰지 않아도 되는 사람들이 명령을 내립니다. 정치가에 대해서는(푸앵카레), 그들은 장군들보다 더욱 위험을 무릅쓸 일이 없다고 할 수 있지요.

해결책이 있을까요? 국가 사이의 대외관계 차원에 몸을 두려고 하면 착각에 빠지게 됩니다. 이미 국제연맹의 관리도, 국제연맹 없는 관리도 없습니다. 통제할 수 없는 국가가 있는 한 모두 소용없는 일입니다.

대외정책을 위한 투쟁은 사실 국내정치를 위한 투쟁입니다. 국가가 시민에게 종속될수록 우리는 더욱 많은 파멸에서 벗어날 기회를 얻게 됩니다.

외교가 비밀리에 이루어지는 한 우리는 그 전쟁이 공격적인 것인지 방위적인 것인지 금방은 알 수 없습니다. 시민으로서는 언제나 이렇게 말하는 수밖에 없을 것입니다. "이 전쟁은 강요된 전쟁이다." 그러나 전쟁을 강요한 것은 자기 나라의 국가 장치일까요, 아니면 적국의 그것일까요? 각국의 권력자들은 서로 점잖은 척 시치미를 떼고 있습니다.

켈로그 조약*44이 평화를 보장해 주고, 국회의원이 국민의 대표라고 믿는 것은 그런 사람들입니다. 매우 순수한 신념이지만, 아무리 그래도 지나치게 소박하다고 할 수밖에 없습니다.

식민지화

식민지화 문제는 자본주의가 안고 있는 문제와 같습니다. 식민지를 건설하는 것은 기업을 확대하기 위해서이지 원주민의 복지를 위해서가 아닙니다. '식민지 정책을 개혁해야 한다'는 것은 결국 '사회체제를 바꿔야 한다'는 이야기입니다. 사물이 아니라 인간을 보아야 합니다.

식민지화 문제는 다음과 같이 정리할 수 있습니다.

〈은혜〉 도로, 철도, 공장, 병원, 학교, 미신과 가족적 억압(여자들의 어깨에 내려앉는 멍에 등)의 파괴 등을 들 수 있습니다.

---

*44 1928년, 파리에서 조인된 부전(不戰)조약. 정식으로는 켈로그 브리앙 조약으로 불린다. 국제분쟁의 해결은 모두 평화적 수단으로 하며 일체의 무력 사용을 금지할 것을 제창했다. 이 조약을 보완 발전시킨 것이 국제연맹규약과 국제연합헌장이다.

〈폐해 또는 공포〉 루이 르보*45가 〈프티 파리지앵〉지에 발표한 일련의 기사를 참조할 것. 처벌·학살·폭격 등. 직제(職制)가 원주민을 살해하여도 처벌받지 않지만, 프랑스 대중은 그런 일에 무심합니다. 마다가스카르 섬의 이야기를 떠올려 보십시오. 감옥이 가득 차서 거기에 수용할 수 없는 죄인은 강제노동에 동원된다고 합니다. 지드는 콩고의 강제노동에 대해 썼습니다. 철도를 1미터 건설할 때마다 목숨이 하나씩 사라지는 계산이 나왔다고 합니다.

〈결론〉 탐험가와 선교사 같은 훌륭한 사람들이 식민지를 건설한 적도 있습니다. 따라서 모든 것은 본국의 국내 체제에서 유래한다고 할 수 있습니다. 인간이 사물에 종속되어 있는 한 사정은 바뀌지 않습니다. 국내에서 일어나는 일과 식민지에서 일어나는 일 사이에는 정도의 차이는 있을지언정 질적인 차이는 없습니다. 그렇지만 좀더 인간성을 발휘함으로써 틀림없이 이러한 무서운 사태를 개선할 수는 있을 것입니다.

제7장 {개인과 사회의 관계에 대한 결론}

우리가 따라야 할 이상은 〈협동〉 즉 〈노동의 교환〉입니다. 그것은 바로 인간을 목적으로서 다룬다는 칸트의 윤리법칙에 일치하는 것으로, 개인과 사회의 관계가 취하는 유일한 형태입니다.

분업은 각자를 한 명의 일하는 인간의 일부분 같은 것으로 만들어 버렸습니다. 이제는 노예가 자유로운 인간에게 유용하다고 할 수도 없게 되었습니다. 우리 시대의 노예는 기계를 돌보는 데 도움을 줄 뿐이기 때문입니다.

우리가 무엇을 할 수 있을까요? 〈노동자 대중의 교육을 추진함〉(국가의 집요한 선전과 혼동해서는 안 됩니다)으로써 그 이상적인 체제의 도래를 도모해야만 합니다. 우리는 현재의 생산체제를 견딜 수는 있어도 승인할 수는 없습니다. 그러한 모든 것을 생각하지 않으려는 것은 자기를 공범자로 만드는 일입니다. 반대로, 이 체제 속에 자신의 장(章)을 손에 넣고 거기서 뭔가를 해야 합니다.

---

*45 1884~1941. 《프티 파리지앵》지 주필.

제3부

"세계가 숭고하다면 모든 건 선이다. 세계가 우연의 힘에 맡겨져 있다 해도 우연에 따를 필요는 없다."

"정념에 속박되지 않는 사고는 하나의 성채(城砦 : 성과 요새)이다."

마르쿠스 아우렐리우스

윤리의 기반

1 {의식이란 다른 것에 바탕을 두는 윤리}

A 이익에 바탕을 두는 윤리

(a) 〈행복주의〉

플라톤과 동시대 사람으로 소크라테스의 제자였던 키레네의 아리스티포스*¹(〈주의〉 소크라테스는 매우 자유로운 정신의 소유자였기 때문에 그의 제자들은 다양한 길을 걷게 됩니다)는 〈선한 것은 쾌락이다. 따라서 쾌락이라면 어떤 쾌락이든 손에 넣어야 한다〉고 생각했습니다.

기원전 4세기 사람인 에피쿠로스*²는 〈선은 미리 계산된 쾌락이다〉라고 말했습니다. 즉, 나중에 악에 상쇄될 위험이 없는 쾌락이라는 이야기입니다. 그는 '평정의 쾌락'과 '운동의 쾌락'을 구별했습니다. 전자는 단순히 고통이 없는 상태이고, 고통이 없는 정신이 자기 자신을 향유할 수 있는 상태를 의미합니다.

---

*1 기원전 435~350무렵. 북아프리카, 키레네의 철학자.
*2 기원전 341~271. 그리스의 철학자. 쾌락주의, 에피쿠로스 학파의 창시자.

이 평정의 쾌락은 언제나 순수한 쾌락으로, 정신이 자기의 존재를 향유하게 되어야 한다고 했습니다. 이 생각은 결국 스토아 학파가 말하는 것과 같은, 생활을 위한 준칙에 귀착합니다. (스피노자의 말, '더없는 행복은 덕의 대가가 아니라 덕 그 자체이다' 참조)

(b) 〈공리주의〉
벤담*³은 〈행복은 최대다수의 공리〉라고 말했습니다.
윤리문제를 하나 들어 공리주의자가 그것을 어떻게 다루는지 생각해 봅시다. 〈예〉 형벌은 죄인에게 고통을 주기 때문에 악이고, 범죄를 피하게 하기 때문에 선이다. 즉 덧셈을 하는 것과 같습니다.
〈이 학설의 고찰〉 정의(定義)에 따르면, 쾌락은 그 자체가 하나의 목적이 됩니다. 그러나 이웃사람의 쾌락은 그 자체가 목적이 되지는 않습니다. 쾌락이 이웃사람에게 이행하면 그 즉시 그 쾌락은 나에게 더 이상 목적이 아닙니다.
이러면 철학적인 속임수밖에 되지 않습니다.
그래서 나의 쾌락과 이웃사람의 쾌락 사이에, 즉 특수한 이익과 일반적 이익 사이에 하나의 관계를 세워야 됩니다.
〈폭군〉은 항상 〈일반적 이익〉에 호소하려고 합니다. 이를테면 사회질서를 전복하려는 것은 악이라는 논증은 언제든지 가능합니다.
18세기 사람들이 저지른 잘못은 사회가 개인의 총계라고 생각한 것입니다.
19세기가 되어 사람들은 사회란 오히려 개인 사이의 관계이고, 일반적 이익은 사회의 구조에 기초를 두는 것임을 깨달았습니다.
실패로 끝난 모든 음모는 범죄로 간주되고, 성공한 사람들은 대부분 나중에 칭찬받는 것에 주목합니다. 사회적 투쟁에서 패자는 저주받은 사람을 가리킵니다. 패자 속에 나타나는 것이 파괴이고 건설이 아닌 것을 생각하면, 그것도 당연한 일이겠지요.
폭군이 일반적인 이익에 호소한다 해도 위선자는 아닙니다.
억압은 사회의 구조와 개인의 대립입니다. 일반적 이익은 사회의 장치를 조작하는 사람들의 이익이며, 그 밑에 있는 사람들의 이익과는 대립합니다.

---

*3 1748~1832. 영국의 철학자.

모든 해방운동은 개인의 이름 아래 전개되어 왔습니다. 억압을 찾아낼 때의 기준이 되는 것은, 일반적인 이익이 원용되고 있는가 그렇지 않은가입니다.

루소가 〈온 민족이 멸망하는 것보다 한 사람이 백성을 위하여 죽는 것이 여러분에게 더 낫다〉*4(가야바)에 단 주석 참조.

대중의 생활이 몇몇 개인의 뜻대로 된다면, 그 학설 자체가 모순을 안게 됩니다.

사실 벤담은 〈일반적〉 이익에 대해 얘기한다고 생각했지만 실은 개인의 〈보편적〉 이익에 대해 말하고 있었던 것입니다. 실제로 개인은 두 가지 방향에서 생각할 수 있습니다. 인간으로서 생각할 수 있는 한 개인의 이익은 우발적인 일에서 추상된 것으로, 우리를 의식에서 윤리로 이행시켜 줍니다. 이 이행은 벤담 속에서도 볼 수 있지만, 그 자신은 그것을 깨닫지 못했습니다.

벤담은 문제를 이해하지 못했다고 할 수 있습니다. 게다가 그는 어떤 때는 한쪽으로 기울고 또 어떤 때는 다른 쪽으로 기울면서, 일반적 이익이라는 것이 가진 양의성(兩義性)을 몰랐던 것입니다. 그의 윤리 원칙은, 자기는 의식하지 않았지만 보수적이었습니다. 그러나 한편으로는 급진적이기도 했습니다(그 무렵 극좌였습니다).

B 본능에 바탕을 두는 윤리

〈영국학파. 흄·애덤 스미스〉

애덤 스미스는 경제학에 대해 명확한 관념을 세웠습니다. 19세기의 경제학자들이 그를 계승했을 정도로 매우 중요한 역할을 한 사람입니다.

본능에 바탕을 두는 윤리란, 타인이 괴로워할 때는 나도 괴롭다는 단순한 발상에 기초를 둔 윤리입니다.

〈이 이론의 고찰〉

이 이론은 의식에 바탕을 두는 경우와 내적 갈등에 대해서는 언급하지 않습니다. 자기의 마음이 편해지기 위해서 타인에게 선을 베풀 때, 거기서 덕은 발생하지 않습니다.

---

*4 《요한복음서》 11장 50절. 그리스도의 처형에 참여한 유대인 대제사장 가야바가 그 이전에 공회에서 한 예언이다.

스토아 학파는 덕을 하나의 약함으로 봅니다. 예를 들겠습니다. 《레미제라블》('뇌리의 폭풍우'라는 뜻) 속의 장발장을 생각해 봅시다. 무엇이 장발장을 내몰아서 지은 죄를 고백하게 하는 것일까요? 그는 그 늙은 호인을 만난 적은 없지만, 그자가 형편없는 사람이라는 건 잘 알고 있습니다. 게다가 장발장에게는 노동자들에 대한 책임이 있습니다. 모든 연대와 공감의 감정이 그를 가만히 있게 만든 것입니다.[5] (실제로는 장발장 같은 인물은 없었다고 할 수 있습니다. 그러나 그에 대한 우리의 감탄은 현실적인 것입니다.)

먼 곳에 있는 사람에게 행복을 가져다 주면서 가까이 있는 사람에게는 불행을 가져다 줄 때, 거기에는 분명 어떠한 연대도 공감도 존재하지 않습니다. 우리는 모두 인간을 짓밟고 살아가면서도, 그것에 대해서는 생각도 하지 않습니다. 이 현실을 떠올리기 위해서는 특별한 노력이 필요합니다. 평소에는 쉽게 잊어버리는 사항에 대해 자기의 주의를 돌리기 위해 기울이는, 드물기는 하지만 칭찬할 만한 노력은, 자기에게 성실하고자 하는 의지에서 나오는 것이지 공감을 통해서 나오는 것은 아닙니다. 이러한 노력은 결국 하나의 고뇌에 당도하게 됩니다.

자기의 생각에 충실하려다가 주위 사람들과의 유대를 끊는 사람은 타인에게도 자기 자신에게도 고통을 줍니다. 〈예〉 이교도의 집에서 태어나고도 그리스도교 순교자가 된 아시지의 성 프란체스코.[6] 오늘날에는 양심 때문에 징병을 기피하는 사람들.

공적인 사항에 대해 진실을 얘기하는 것만으로는 어떠한 물질적인 선도 가져다 주지 않습니다. 무원칙으로 반응하는 의견은, 저지하고자 하는 악을 거꾸로 증대시키기도 합니다.

따라서 '본능에 바탕을 두는 윤리'가 아닌 다른 윤리가 있을 것입니다!

귀요[7]는 자기의 윤리를 '강제도 제재도 없는 윤리'라고 명명했습니다.

〈판단〉

---

[5] 회개한 뒤 전력을 숨기고 시장이 된 장발장은 선정을 베풀어 시민들의 존경을 받는다. 한데 자기 대신 무고한 남자가 형벌을 받고 있다는 사실을 알고, 그 사람을 구하기 위해 출두해야 할지 어떨지 하룻밤 번민한다. '늙은 호인'이란 그 무고한 사내를 가리킨다.

[6] 1182~1226. 이탈리아 의 신비주의자, 성인.

[7] 1854~88. 프랑스 철학자.

제재는 윤리와 아무런 관계도 없습니다. 그러나 덕을 실천하기 위해서는 강제가 필요합니다.

우리 안에는 명령적인 방법으로 구속하려는 무언가가 있습니다. 덕을 실천하고 있을 때는 자연스럽게 행동하는 것과는 반대의 일을 하고 있다는 인상을 느끼게 마련입니다.

C 사회학적 윤리

뒤르켐—레비브륄

그들은 이렇게 말합니다.

자기에게 덕이 있다고 느낄 때, 어떤 위대한 힘에 복종하고 있다는 느낌이 드는데, 그 명령은 사회에서 유래한다. 그것은 사회가 우리를 지배하기 때문에 외적인 것이고, 우리가 자기 안에서 사회에 대한 사고를 하기 때문에 내적인 것이다. 윤리가 우리에게 선험적인 '무엇'인 것은 그 때문이다.

그들은 증거로서 다음과 같은 사실을 듭니다.

(1) 같은 하나의 시대에 속하는 여러 윤리 사이에는, 각각 그 기반이 어떤 것이든 서로 유사성을 볼 수 있다.

(《예》 스토아 학파와 에피쿠로스 학파.)

(2) 다른 시대에 속하는 여러 윤리 사이에는 다른 점을 볼 수 있다.

〈이 사회학적 윤리에 대해서는 각자가 스스로 생각해 볼 것〉

〈윤리의 진화〉

가족이라는 영역에서(근친상간, 여자의 정조, 인도에서의 유아결혼 등)

〈가족에 관한 윤리〉는 사회 구조와 함께 변화합니다. (간통이 남자 쪽보다 여자 쪽에서 중시되는 것은 사회적 관점 때문입니다.)〈인간과 관련된 카테고리마다 존재하는, 각각 다른 의무의 지평에 대하여〉 이를테면 로마에서는 노예를 죽이는 것은 수치스러운 일이 아니었습니다. 세네카*8조차 노예를 잔인하게 다루지 않는 주인의 관대한 마음을, 그것이 당연한 일이 아닌 듯 칭찬했습니다. 봉건시대에는 모든 것이 서약 위에 성립되었습니다.

---

*8 기원전 5~서기 65. 로마의 철학자.

오늘날에는 모든 것이 돈 문제와의 관계로 설정되어 있습니다. 투기는 예전에는 파렴치한 행위로 간주되었습니다. 그런데 오늘날에는 주식거래소에서가 아니면 재산을 손에 넣을 수가 없습니다. 게다가 재산과 노동 사이에는 이미 아무런 관계도 없습니다. 사기가 모든 곳에 침투해 있습니다. 선전과 광고는 언제나 과장인데도, 우리는 모두 그게 없이는 지낼 수 없게 되고 말았고, 경쟁이 우리에게 이웃사람의 사기를 흉내내도록 만들고 있습니다.

〈같은 하나의 시대 속에서도〉 윤리의 변화가 일어나는 일이 있습니다.

이를테면 제1차 세계대전 중에는 모든 것이 변했습니다. 인간 사이의 관계가 변화하고, 모든 협력관계가 은행가들이 만들어 낸 것을 제외하고는 모두 파괴되고 말았습니다. 전시 중에 사람들은 독일의 과학과 문화를 파괴했습니다(전쟁의 위대함, 전쟁의 정화작용과 신성함을 찬양하는 바레스*⁹와 바쟁*¹⁰들의 말).

내란이 일어날 때에도 같은 현상을 볼 수 있습니다(1871년의 파리 코뮌).

1910년의 파리 홍수 때 집 잃은 사람들에게 방을 빌려 주는 것은 정상적인 일이었지만, 지금 부랑자를 재워 주는 건 약간 미친 짓으로 생각됩니다.

1789년에는 약간 겸손하게 공시해야 했지만, 1792년에는 눈에 띄게 하려면 과장해야만 하는 일이 있었습니다.*¹¹

이상과 같은 검토와 예증 뒤, 우리는 다시 이렇게 묻고 싶습니다. "윤리에서 사회와의 관계에 좌우되는 것은 무엇일까요?" 〈그것은 윤리성에 대한 세상의 일반적인 생각입니다.〉 즉 〈사회적 윤리와 진정한 윤리 사이에 차이가 적으면 적을수록 사회는 문화적〉이라고 할 수 있습니다.

문화적인 사회란 사람들이 완전하고도 의식적으로 덕을 실천할 수 있고, 자기가 하는 모든 일에 대해 남한테서 모욕을 받지 않고 철저하게 생각할 수 있는, 바로 그런 사회입니다.

〈명예에 대한 생각〉도 상황과 함께 변화합니다. 명예란 통속적인 사회적 윤리와 진정한 윤리의 중간에 있는 무엇입니다. 명예에는 몇 가지 단계가 있습니다. 사회의 존재 밖에서 볼 수 있는 사회의 판단을 명예라고 부를 수 있습니다.

---

*9 1862~1923. 프랑스의 작가. 국가주의자.
*10 1853~1932. 프랑스의 전통주의 작가.
*11 1789년은 프랑스 혁명이 발발한 해. 1792년은 국민공회를 통해 왕제가 폐지되고 공화제가 선언된 해이다.

여론이 내리는 판단이 지나치게 강력하여, 그것을 자기 자신의 것으로 받아들일 수밖에 없게 되는 것입니다. 명예는 그 한계에서 순수한 덕과 결부될 때가 있습니다. 사람들은 흔히 "여론이 나를 어떻게 생각할까?" 하고 말하는 대신 "양식 있는 사람은 나에 대해 어떻게 얘기할까?" 하고 말합니다. 이때 양식 있는 사람과 그 사람 자신의 의식이 혼동되고 있는 것입니다.

특히 이러한 이행을 하는 것은 사자(死者)에 대한 경애심입니다.

D 신학적 윤리 신(또는 신들)

종교도 목적을 설정합니다(쾌락을 바탕으로 하는 윤리와 일반적 이익을 바탕으로 하는 윤리처럼). 종교는 터부도 설정합니다. 이러저러한 일을 해서는 안 된다, 그것은 신들이 금지했기 때문이다, 이런 식으로 〈순수하게 종교적인 지상명령이라는 것이 있습니다. 이 지상명령은 사회적인 지상명령과 마찬가지로 시대와 함께 뚜렷하게 변화합니다.〉

그 예로서 인간을 제물로 바치는 것이나 어떤 종류의 전쟁(고대의 전쟁, '종교전쟁', 이단심문 등)에서 일어나는, 종교의 이름으로 저지르는 살인, 세습적 사회계급(카스트)을 만들어 내는 종교(인도) 등을 들 수 있겠지요.

모든 의식은 종교적 지상명령에서 나온 것이고, 당연히 그러한 지상명령은 종교 자체와 함께 변화해 갑니다. 관용적이지 않은 종교는 자신을 받아들이지 않는 사람들과 싸우라는 지상명령을 내립니다.

〈순수한 종교일수록 그 지상명령은 윤리적인 지상명령과 비슷해집니다.〉

종교를 통해 윤리적인 지상명령을 설명하고 싶은 유혹에 사로잡힐 때가 종종 있습니다. 이를테면 아이에게 거짓말을 해서는 안 된다는 것에 대해 설명할 때 뭐라고 말할까요? 종교적인 가정에서는 하느님은 모든 것을 다 보고 계신다고 말합니다. 이러한 해결은 신을 헌병으로 만드는 것입니다. 이러한 형태로 설득당한 순종은 덕이 아닙니다.

소크라테스는 말했습니다.

"경건한 사람은 신들이 그를 칭찬하기 때문에 경건한 것인가, 아니면 그가 경건하기 때문에 신들이 칭찬하는 것일까?"

그러므로 신이 그 사람의 외부에 있다면 그것은 경시총감으로서의 신이고,

그 사람의 내부에 있다면 신은 윤리 문제에 대해서는 어떠한 해결도 가져다 주지 않습니다. 〈오히려 이상적인 윤리가 신의 존재를 증명하는 것〉이지 신이 윤리의 법칙을 증명하는 것은 아닙니다.

〈신은 윤리 문제를 풀 수 없습니다.〉

칸트는 썼습니다.

"만약 신의 존재가 확인되거나 증명된다면, 법을 위반하는 일은 결코 없을 것이다."

경험(신비적인)을 통해 신과 접촉했다고 믿는 것은 일종의 신성 모독입니다. 그리하여 신성한 것이 파괴되는 것입니다.

신이 최고의 가치인 한 〈당연한 말이지만 신은 증명할 수 없는 존재입니다.〉 신을 느낀다는 건 있을 수 없는 일입니다.

"정녕 당신은 자신을 숨기시는 하느님이십니다."*12 신은 사람이 신에 대해 관념을 품을 수 있도록, 바로 그것을 위해 몸을 숨기려 했다고 할 수 있을 것입니다. 신학을 바탕으로 윤리를 내세우려 하는 어떠한 시도도, 윤리와 신학을 함께 파괴하는 것입니다. '신이 원하니까 그것을 해야 한다'고 말해서는 안 됩니다. 다만 '내가 그것을 해야 하기 때문에, 신이 그것을 원하는' 것입니다. 이때 신은 그것을 하기 위한 힘만 보태 줍니다.

《구약성경》에서 《신약성경》으로의 이행은 외부의 신에서 내부의 신으로의 이행을 보여 줍니다.

클로델은 말합니다.

"신만큼 약하고 힘없는 존재가 있을까? 신은 우리 없이는 아무것도 할 수 없다."

2 {윤리의 진정한 기반}

"무슨 일이 일어나든 해야 할 일을 하라." 이것은 〈정언적 명령(定言的命令)〉이며 가언적 명령(假言的命令)은 아닙니다.

---

*12 《이사야서》 45장 15절.

(《칸트 참조》 가언적 명령이 수단을 나타내는 데 비해 정언적 명령은 목적을 나타냅니다. 이때의 목적은 결과와는 무관한 목적입니다.)

우리는 어디서 정언적 명령을 이끌어 내야 할까요?

〈사람은 덕을 증명할 수 없습니다.〉 덕은 증거의 증거라고 말할 수 있을 뿐입니다.

사람은 덕을 증명하려고 할 때마다 〈정신의 가치〉를 증명하게 됩니다. 증거는 가설 위에 성립되고, 그 가설은 〈당연히 논증할 수 없는 사고가 가지는 가치〉 위에 성립되기 때문입니다.

〈칸트의 말〉

"네가 동시에 보편적인 법칙도 되기를 바라는 준칙에만 따라서 하라."

"너의 행동 준칙이 마치 네 의지로써 본성에 관한 보편적인 법칙이 되는 것처럼 하라."

(달리 표현한다면, 신의 관점에 서서 하라는 얘깁니다.)

절망해서 자살하는 경우를 예로 들어 생각해 봅시다. 당사자는 모든 것이 소멸한다고 생각하는 것은 아닙니다. 우리는 타인을 위해 인간의 능력이 발휘되기를 원하고 있습니다. 그러므로 자기 자신을 위해서도 그 일을 원하는 것입니다. 〈죄〉에는 다음의 두 종류가 있습니다. 보편적인 것으로 하려면 모순을 안게 되는 준칙에 대응하는 죄(《예》 거짓 약속, 자살 등), 그리고 모순을 안고 있지는 않지만, 누구도 보편적인 것으로서 바랄 수 없는 준칙에 대응하는 죄입니다. 사람은 덕을 실천해야 비로소 충분히 의식할 수 있게 됩니다.

그러나 조금 전의 칸트의 말은 순수하게 부정적인 것입니다. 그것은 어떤 것을 멀리하기는 하지만, 어떠한 목적도 가져오지 않습니다. 우리는 최고의 목적, 모든 인간 존재에게 보편적인 목적을 찾아야 합니다.

이성적인 존재에게는 〈이성이라는 단 하나의 목적이 있을 뿐입니다. 이성적인 존재는 생각하는 존재로서 자기 자신이 목적입니다.〉 생각하는 존재로서의 자신을 희생하는 것은 덕을 파괴하는 짓입니다.

칸트는 이런 말도 했습니다.

"다른 모든 인격과 마찬가지로 너 자신의 인격 속에서도 인간성을 언제나 수단이 아니라 목적으로 다루어라."

이를테면 자기를 위해 남을 부리는 것은 금지된 일은 아닙니다. 그러나 그런 사람들 역시 생각하는 존재임을 알아야 합니다. 자기에게 봉사해 주는 사람에게 오로지 그 봉사해 준다는 이유만으로 말을 건다면, 그때 우리는 그 사람을 다만 수단으로밖에 보지 않는 것입니다. 칸트의 표현은 복음서의 "네 이웃을 너 자신처럼 사랑해야 한다"*13와 비슷하다고 할 수 있습니다.

〈자기 자신에 대한 의무에 대하여〉〈생각한다는, 이 최고의 목적에 모든 것을 종속시키는 것입니다.〉 설령 이 우주에 자기 혼자밖에 없다고 해도 살아갈 이유는 있습니다.

〈타인에 대한 의무에 대하여〉 그것은 자기 자신에 대한 의무의 반영입니다.

전형적인 헌신(여주인에 대한 늙은 하녀, 남편에 대한 아내 등)은 덕에 어긋나는 것입니다. 여기서 사람은 상대의 위대함이 아니라 상대의 물질적 행복을 위해 몸을 바치고 있습니다. 자기가 다만 타인 속의 '덕'밖에 존경하지 않는다는 사실을 알면, 그 타인을 자기보다 더 존경할 수 없게 되는 일이 있습니다. 이는 완전함을 단념하는 것입니다. "하늘의 너희 아버지께서 완전하신 것처럼 너희도 완전해야 한다."*14 자기를 완성하는 것은 하나의 의무입니다. 어떤 사람이 자기보다 뛰어나다고 해서 그를 사랑하지 않는다고 합시다. 완성을 사랑한다면, 완성 자체를 위해 그 사람을 사랑하게 될 것입니다. 그렇지 않다면 자기 안의 완성도 타인 안의 완성도 전혀 사랑하지 않는 것입니다.

〈사회적 의무〉 사회적 관계가 개인 사이의 관계를 다 묻어 버리고 있는 한, 또 그런 일이 일어날 수 있는 한, 우리는 그 사회에서의 억압 요인을 어떻게 하면 줄일 수 있는지 생각해 내야 합니다.

〈결론〉 윤리적 반성의 목적은 〈자기에게나 타인에게나 인간성의 존엄함을 침범하는 일은 일체 하지 않는〉 데 있습니다. 영혼을 구하러 간다는 것은 가능한 일이 아닙니다. 우선 그것은 무엇보다 오만한 생각입니다. 우리가 할 수 있는 일은, 타인 안에 있는, 명석해지는 것을 방해하는 장애를 제거해 주는 것뿐입니다. 그러나 이것은 순수하게 〈소극적〉인 것입니다. 〈문제는 선을 실천하는 것이 아니라 악을 피하려는 것입니다.〉 우리는 자신이 고결하다고는 결코 말할 수 없습니다. 아무리 불행한 사람들을 돕는다 해도, 그것만으로는 극히 소극적으로 보속하는 것일 뿐이기 때문입니다.

---

*13 《레위기》 19장 18절.
*14 《마태오복음서》 5장 48절.

3 {합리적인 윤리학자들의 고찰}

(a) 합리적인 윤리를 추구한 최초의 윤리학자는 소크라테스입니다. 소크라테스는 '자신의 의지로 악인이 되는 사람은 아무도 없다'고 말했습니다. 그의 생각은 이렇습니다. 사람은 선을 모르기 때문에 악인이 되는 것이다. 선은 쾌락도 힘도 아니며, 사람은 먼저 자기 자신의 주인이 되지 않으면 어떠한 것의 주인도 될 수 없다. 선은 자기의 정신을 모든 더러움으로부터, 정념의 모든 침해로부터 지키려 하는 데 있다. 이를테면 겉모습은 반대일지라도(폭군과 폭군에게 시달리는 사람들의 경우) 악은 언제나 약하며 덕은 언제나 힘 있다. 그것을 의식하지 않는 폭군은, 충분히 의식한 상태에서 폭군에게 살해되는 것을 받아들이는 자보다 약한 존재이다. 플라톤과의 대화를 믿는다면, 소크라테스에게는 자기의 생각을 신화를 빌려서 설명하는 습관이 있었다고 합니다. 소크라테스의 최고 원칙은 명백하게 "너 자신을 알라"였다고 할 수 있습니다. 그것은 〈악은 무의식을 통해 정의되는 것〉이기 때문입니다.

이는 흔히 주지주의 윤리로 알려져 있지만, 이것은 전적으로 잘못입니다. 주지주의 윤리는 선을 설명하려고 하는 것입니다(벤담이 말하는 계산에 종속하는 선).

〈소크라테스에게 덕과 명석한 사상은, 의식이라는 같은 하나의 원천, 같은 하나의 내면의 덕에서 태어납니다.〉

(b) 플라톤은 소크라테스의 윤리를 발전시켰을 뿐입니다.

플라톤은 동굴 비유를 통해 소크라테스에게는 암암리에 나타났던 〈덕과 사고의 관계를 밝혔습니다.〉 플라톤은 이렇게 생각했습니다. 지적인 훈련(이를테면 수학)은 덕의 원천에 도달하는 데 반드시 필요한 조건이다. 〈사고와 덕의 공통 원천인 정신〉에 도달하지 않는 한, 진실은 아무런 의미도 없고, 사상은 아무런 가치도 없다. (〈주의〉 정신의 능동성 자체를 응시하기 위해서는 과학을 넘어서야만 합니다.) 〈윤리적 구제와 지적 구제〉는 같은 하나의 사항이다. 정신을 있는 그대로의 것으로 향하기 위해서는, 즉 정신을 정념에서 해방시키기 위해서는 정신을 스쳐지나가는 것으로부터 멀리해야만 한다. 이는 순수한 추론을 사용하여 정념을 배제하고 사고하는 훈련을 쌓지 않으면 성공하기 어려울 것이다.

〈지성은 덕에 좌우되고 덕은 지성에 좌우된다.〉

플라톤은 인간 안에서 정신, 분노, 욕망의 세 부분을 보았습니다. 자루의 은유라는 것이 있습니다. 자루 안에는 이성을 나타내는 작은 인간과, 분노를 나타내는 큰 사자, 또 어떤 것은 광포하고(지칠 줄 모르는 욕망, 악덕) 어떤 것은 얌전한 (정상적인 욕망, 굶주림, 갈증 등) 머리가 천 개 달린 바다뱀이 들어 있습니다. 즉, 무엇보다 필요한 것은 〈내적인 조화〉이고, 정의는 사자와 바다뱀이 이성의 작용을 방해하지 않게 될 때까지 만족시켜 주는 것 속에 있으며, 현자는 분노로 욕망을 다스려야 한다는 것입니다.

플라톤은 또 이렇게 생각했습니다. 순수한 쾌락은 모두 인정해야만 한다. 쾌락을 구별하는 것은 쉬운 일이다. 지칠 줄 모르는 쾌락은 불순하다(모르핀 중독자, 노름꾼, 술꾼). 순수한 쾌락으로 들 수 있는 예는 선수권 쟁탈이 없는 스포츠, 노동한 뒤의 소박한 음식과 술, 우정의 쾌락(몽테뉴와 라 보에시)*15 등입니다. 그리고 현자만이 진정한 쾌락을 안다고 했습니다.

(c) 키니코스파의 윤리

그것은 플라톤의 윤리에서 유래합니다.

최초의 키니코스파*16는 〈안티스테네스*17〉입니다(이 사람에 대해서는 《파이돈》*18에 나와 있습니다).

가장 유명한 것은 디오게네스*19입니다. 소원이 무엇이냐고 묻는 알렉산더 대왕에게 그가 "햇빛을 가리지 말고 비켜 달라"고 대답한 일화가 널리 알려져 있습니다.*20

---

*15 《수상록》의 작자 몽테뉴(1533~92)와 《스스로 굴종하는 것에 대하여》의 작자 라 보에시 (1530~63)는, 보르도 고등법원의 동료로서 굳은 우정을 맺었고, 그것은 《수상록》에도 상세하게 나와 있다.

*16 그리스 철학자의 한 유파. 폴리스 체제 내의 비판파인 플라톤과는 대조적으로 폴리스 밖으로 나간 이탈자, 이단자를 가리키며, 안티스테네스·디오게네스 등이 그 대표이다.

*17 기원전 455~360. 그리스의 철학자.

*18 플라톤의 저서. 스승 소크라테스와 제자가 대화하는 형태로 쓴 것. 인생의 궁극적 목적으로 영혼의 영원성이 얘기되어 있다.

*19 기원전 412?~323? 그리스 철학자.

*20 전설에 따르면, 디오게네스는 술통 안에서 기거하면서, 알렉산더 대왕의 부름을 거절하고 일광욕의 자유를 선택했다고 한다.

사람은 누군가에게 선을 베풀 때, 자기 안의 재판관을 물리쳐 버립니다. 폭정의 가장 큰 힘은 바로 이것입니다. 디오게네스의 준칙 가운데 하나는 '선한 것은 고통이다'(참고 견디는 고통이 아니라, 스스로 원하는 고통)라는 것이었습니다.

디오게네스의 이상은 〈모든 것을 버리는 것〉입니다. 손으로 물을 마시려고 잔을 깼을 정도였습니다. 그의 〈자립성〉은 완전한 것으로, 자립하기 위해서 〈아무것도 원하지 않도록〉 노력했습니다.

(d) 스토아 학파

스토아 학파는 키니코스파에서 직접 나왔다고 할 수 있습니다. 제논,*21 클레안테스,*22 크리시포스*23가 그리스에서 잇따라 지도자가 되었습니다. 세네카, 에픽테토스,*24 마르쿠스 아우렐리우스*25도 있습니다(그러나 마지막 두 사람은 그리스어로 썼습니다).

스토아 학파에는 그들의 물리학과 논리학과 철학이 있었습니다.

〈그들도 사고와 윤리의 관계를 분명하게 지적했습니다.〉

스토아파에 따르면, 자유로운 정신의 소유자에게는 이 세계에 부족한 것이 아무것도 없습니다.

에픽테토스는 '자유로운 의지를 훔쳐가는 사람은 없다'고 말했습니다.

마르쿠스 아우렐리우스는 '정념에 얽매이지 않는 사고는 하나의 성채'라고 말했습니다.

거기서 '현자만이 아름답고 자유롭다'는 그 역설이 도출되는 것입니다.

잘못이 있다면, 그것은 바로 이 성채를 정념에 점령당한 채 내버려두는 것뿐입니다. 스토아 학파는 '잘못은 다 같은 것'이라고 합니다. 이는 잘못이 가져오는 결과는 주위의 상황에 따라 결정되며, 사람이 자기억제를 잃어버리는 순간 주위의 상황이 허락하는 모든 것을 할 수 있게 된다는 의미입니다. 그러나 자

---

*21 기원전 335?~263? 스나이의 주랑(스토아)에서 학교를 열었다.

*22 기원전 331?~232? 제논의 제자.

*23 기원전 280?~207? 스토아 학파 중흥의 시조.

*24 서기 55?~135? 네로 황제 치하에서 자유를 얻은 그리스 노예.

*25 121~180. 로마 황제. 철학자.

기억제를 완전히 잃어버리는 것은 있을 수 없는 일이겠지요. 잃어버리는 일이 있다 해도 단순히 시간의 길고 짧음의 문제에 지나지 않습니다.—그래도 스토아 학파 쪽에 서서 보면, 이성이 정념에 양보해 버리면 나머지는 모두 같은 일이 된다는 것입니다.

괴테는 '자기 안에서 그 경향을 찾아낼 수 없는 범죄는 하나도 없다'고 말했습니다.

가능한 범죄에 대한 막연한 관념과 그 행위 자체는 빈틈없이 이어져 있습니다.

그래서 다음의 〈두 가지 규칙〉에 따라야만 하는 것입니다.

ⓐ 될 대로 되라 하고 일을 시작해 버리지 말 것.

ⓑ 정념이 성장하는 것을 방해하기 위해 자기를 외부의 장벽으로 에워싸고, 사려가 개입할 수 있는 여유를 줄 것.

일시적인 힘과, 타인의 생활에 대한 침해(권총으로도, 언어로도 그 일을 할 수 있습니다)가 가능해지는 상황을 손에 넣으려 해서는 안 됩니다.

과실(過失)은 모두 자기포기입니다. 자기 자신의 주인인 한, 어떠한 악도 일어날 수 없습니다. 이 생각을 발전시키기 위해 스토아 학파는 〈평가에 대한 이론〉을 만들어 냈습니다. 이를테면 유혹에 저항하기 위해 이렇게 자기를 타이릅니다.

"이 아름다운 목소리는 단순한 공기의 진동일 뿐이고, 이 아름다운 천도 단순한 식물에 지나지 않는다."

마찬가지로 고통도, 우리가 그것을 고통으로 생각하기 때문에 고통이 되는 것입니다. 〈모든 감정은 평가 속에 그 뿌리를 두고 있습니다. 우리는 원한다면 언제라도 그러한 평가를 제어할 수 있습니다.〉

마르쿠스 아우렐리우스는 이렇게 썼습니다.

"사물은 정신까지는 도달하지 않은 채 움직이지 않고 정신의 외부에 머물러 있다."

"사물이 당신에게 오는 것이 아니라, 당신이 사물에 다가가는 것이다."

"사물은 정신에 다가갈 수단이 없고 정신을 움직일 수도 없다. 정신은 스스로 자기를 움직인다."

인간은 언제나 자유로울 수 있다는 발상은 결국 〈스토아 학파적인 낙천주의〉에 귀착합니다. 고대의 스토이시즘은 오늘날 통속적으로 얘기되는 '금욕적인 체념'이 아니라 〈만물에 대한 보편적인 사랑〉을 말합니다. 세계는 우리에게 언제나 인간으로서 사는 것을 가능하게 해 주기 때문에 바로 우리의 조국입니다. 그리고 우리는 세계의 시민입니다.

마르쿠스 아우렐리우스는 이렇게 말했습니다.

"만물은 나와 서로 조화를 이루고, 나와 일치하며, 나는 세계와 일치한다. 아, 세계여! 시간에 맞게 너에게 찾아오는 것은 나에게도 너무 빠르거나 너무 늦는 일이 없다. 나에게 만물은 너의 계절이 가져다 주는 것의 결실이다. 아, 자연이여! 만물은 너에게서 찾아오고, 만물은 네 안에 있다. 만물은 너를 향해 나아간다. 누군가가 〈아, 사랑하는 세크로프의 도시(아테네)여!〉 하고 말했는데, 나는 왜 〈아, 사랑하는 제우스의 도시(우주)여!〉 하고 말하지 않는가."

"일어나는 모든 일을 이 경건한 사랑으로 받아들이려 하지 않는 것은, 도시에서 자기를 멀리하여 세계의 이방인이 되는 것이다."

"세계의 이성을 포기하고, 일어나는 일에서 홧김에 달아나려 하는 것은 세계의 고름집이다. 너에게 그것을 가져다 준 자연은 너에게 너 자신을 가져다 준 것이기도 하기 때문이다."

"모든 것을 불러일으킨 자연밖에 없고, 네가 자신의 존재를 받아들이고자 한다면, 모든 것을 받아들여야만 한다. 원인의 연속에서 무언가를 분리하면 우주는 산산이 부서지고 만다. 네가 일어나는 일에 불만이라면 네 안에 그것이 아무리 있어도 너는 그 연속을 끊게 되는 것이다."

"그것이 너에게 포기할 기회라면 모든 것은 똑같이 악이고, 행동하는 인간이 될 기회라면 모든 것은 똑같이 선이다."

고통에 대한 규칙.

"이 오이는 쓴맛이 나니 버려라. 네 앞에 가시덤불이 있으니 피해서 가라. 이것만으로 충분하다. 왜 우주에는 이런 것까지 있는가? 하고 토를 달지 말 것."

〈스토아 학파의 종교에 대한 생각〉 그것은 〈범신론적〉입니다. 그들에게 〈세계는 신성한 것입니다.〉 신들과 인간들을 같은 동포로 간주합니다. 현자는 신들과 대등합니다. 이성(理性)은 둘이 아니기 때문입니다. 〈오직 하나의 이성이 있을 뿐〉입니다. 인간들과 신들은 세계를 통해 소통하고 있습니다. 세계는 이성적인 존재의 도시입니다. 그것은 신성한 존재(인간과 신들)로 살아가는 것을 허락하는 한 신성한 것입니다. 〈스토아 학파의 종교란 세계와 인간의 이러한 관계를 말합니다.〉 사람은 세계를 사랑하는 한 이성적입니다.

따라서 스토아 학파 속에 있는 것은 〈체념이 아니라 기쁨입니다.〉 연민이나 그와 비슷한 감정은 추방됩니다. 고통은 모두(물론 그것에 대해 책임은 없습니다) 기쁨으로 받아들여야만 합니다. 아시시의 성 프란체스코는 순수한 스토아 학파였습니다. 데카르트는 어떤 점에서 스토아 학파이고, 괴테는 뛰어나게 스토아 학파입니다. 루소와 칸트에게도 어느 정도 스토아 학파적인 데가 있습니다. 물론 스토이시즘은 특히 시적인 태도에서 느낄 수 있습니다. 그러므로 아시시의 성 프란체스코와 괴테는 스토이시즘의 가장 좋은 예입니다.

스토아 학파의 〈범신론〉에 대해 좀더 생각해 봅시다. 문제는 초월적인 신(우리의 손이 닿지 않는 곳에 있다)과 내재적인 신의 대립에 있습니다. 플라톤은 신을 초월적인 것으로 생각했습니다. 이것은 또 우리의 〈정신과 신체의 관계〉에 대한 발상과 연관지어 봐야 할 문제이기도 합니다. 우리가 정신과 신체 사이에 조화로운 결합이 있다고 인정하는 한, 신과 세계 사이에도 역시 조화로운 결합이 있다고 인정할 수 있습니다.

〈그런데 우리는 물질을 속박으로 간주하는 동시에 도구로도 간주해야 합니다.〉

칸트는 말합니다.

"몸이 가벼운 비둘기는 대기를 가르며 자유롭게 날아다닐 때, 대기의 저항을 느끼고서 '진공 속에서는 더욱 자유롭게 날 수 있을 텐데' 하고 생각할지도 모른다."

그리하여 헤엄치는 사람이 물과 싸우듯이, 비둘기가 대기와 싸우듯이, 우리는 세계와 〈싸워야만〉 합니다. 그러나 또 헤엄치는 사람이 자기를 받쳐 주는 물을 사랑하는 것처럼, 우리는 세계를 〈사랑해야만〉 합니다. 스토아 학파는 이 두 가지 감정을 〈종합〉했지만 더욱 확실하게 나타난 것은 후자, 즉 〈세계에 대한 사랑〉입니다.

따라서 범신론은 정신과 신체의 관계에 대한 생각, 즉 이론과 실천의 관계에 대한 생각에서 자연히 나온다고 할 수 있겠지요.

(e) 데카르트

데카르트에게 있어서 순수한 추론(수학적 연역)은, 플라톤의 그것과 같은 역할을 합니다. 데카르트가 수학에 전념한 까닭은 다음의 두 가지 이점을 발견했기 때문입니다.

(ㄱ)수학은 생각을 잘하기 위한, 잘못된 것을 이용하여 진실한 것과 구별하기 위한 훈련이라는 것.

(ㄴ) 수학은 응용함으로써 자연을 지배하는 데 도움이 될 수 있다는 것.

〈이론적 사고와 덕의 관계〉도 플라톤의 그것과 같습니다. 소크라테스·플라톤·디오게네스·스토아 학파들의 경우와 마찬가지로 〈가장 큰 죄는 오류이고, 덕은 자유를 말합니다.〉

"정당하게 평가할 수 있는 최고의 관점에서 자신의 평가를 가능하게 하는 진정한 고결함이란, 한편으로는 진정으로 자신에게 속해 있는 것은 자기 의지의 이 자유로움 외에는 없고, 자기가 의지를 선하게 사용하느냐 나쁘게 사용하느냐 외에는 칭찬받거나 비난받을 이유가 없음을 아는 것. 다른 한편으로, 완전히 덕에 따르는 것인, 가장 좋다고 판단하는 일을 기도하고 실행할 때 자기의 의지를 선하게 사용하고자 하는 흔들림 없는 견고한 결의, 다시 말해 결코 의지를 소홀히 하지 않겠다는 결의를 자기 내면에 느끼는 것, 그 두 가지 속에만 존재한다."

〈정신〉은 〈하나〉이고, 거기에는 어떠한 분할도 없습니다. 〈정신이 신체 자체를 이성에 따르게 하는 것이 필요합니다.〉 이것은 역설적인 것으로 보일지도 모릅니다. 그러나 그것은, 사고는 운동과 함께 행사되고 훈련할 수도 있기 때문에 가능합니다《정념론》 참조).

"약간만 연구하면 사람은 동물의 뇌에도 작용할 수 있다. 따라서 이성적인 인간에 대해서는 그 이상의 작용이 가능하다."

〈조건반사〉라는 지렛대를 사용하면 됩니다. 징벌은 고통에 대한 관념연합을 만들어 내기 위한 하나의 시도에 지나지 않습니다.

〈우리는 자기의 신체를 체계적인 행동을 이용하여 통제할 수 있다고 생각해야 합니다.〉

데카르트는 자기의 윤리적인 발상이 가져오는 〈결과〉에 대해 상세하게 얘기했습니다.

〈원칙으로서 만인은 평등하다.〉

만인을 평등하게 다뤄야 한다.

정신은 신체에 대해 직접적으로 일종의 힘을 휘두르고 있지만, 정념은 그 힘보다 더욱 강력하다. 그러나 〈그 정념도 체계적 사고를 이용하면 통제할 수 있다.〉('인간은 자연에 복종하면서 자연에 명령을 내린다.' 참조) 인간은 누구나 자신의 정념에 대해 절대적인 힘을 행사할 수 있다.

〈요약〉

데카르트에 따르면, ⓐ〈자기 자신에 대한 의무〉는 〈자유로운 것〉, 즉 (ㄱ)정신을 신체의 지배로부터 멀리하려는 것과 (ㄴ)신체를 정신의 지배 아래 두는 데 있습니다.

ⓑ〈타인에 대한 의무〉는 〈인간은 모두 평등하다고 생각하는 데〉 있습니다. 데카르트에게 독창적인 것은 만인이 진실을 인식할 수 있다는 발상이며, 거기서 가능하면 만인을 교육해야 한다는 의무가 도출됩니다. 데카르트는 자기 하인을 수학자로 키워냈습니다. 그 가운데 한 사람은 데카르트를 섬긴 뒤 네덜란드의 대학에서 수학 교수를 지냈을 정도입니다.

〈데카르트의 종교〉 우리는 신과의 관계에서만 자기를 인식한다. 우리는 자신을 인식하기 전에 신을 먼저 인식해 버린다. 신 안에는 진실이 없다. 2 더하기 2는 4가 되는 것을 바라는 존재는 신이기 때문이다. 신 안에는 필요성이 없다. 그렇지 않으면 신 안에는 능동성이 없게 되어, 신은 단순히 생각하는 기계밖에 되지 않고 인간보다 열등한 존재가 되어 버릴 것이다.

데카르트는 신 안에 〈순수한 판단〉, 즉 〈순수한 의도〉밖에 부여하지 않았습니다.

즉, 플라톤의 〈선〉과 마찬가지로, 신은 관념보다 위에 있습니다. 신에 대한 데카르트의 사고방식은, 순수하게 물질적인 세계 속에서는 만나는 일이 없는, 〈신을 완전히 초월적인 존재로 간주하는 사고방식〉입니다. (데카르트는 정신과 신체의 관계에 대해서처럼 신과 세계의 관계에 대해서도, 그러한 결합보다 오히려 대립 쪽을 강조했습니다.) 스토아 학파와 아시시의 성 프란체스코가 명상적인 사람이었던 것에 비해 데카르트는 〈행동하는 사람〉이었다고 할 수 있습니다.

(f) 루소

루소 안에서도 〈덕과 사고에 관해 같은 관계〉를 볼 수 있습니다. 루소에 따르면, 〈의지〉와 〈판단〉은 같은 능동성에서 유래합니다.

"자신의 의지를 결정할 때의 근거가 뭐냐고 묻는다면, 나는 자기의 판단을 결정하는 근거는 뭐냐고 반문하리라. 그 두 개의 근거가 하나인 것은 명백하기 때문이다. 인간은 판단할 때 〈능동적〉이 되며, 〈오성〉은 바로 비교하고 판단하는 힘임을 잘 이해한다면, 인간의 자유가 그 힘과 유사한 힘인지 또는 거기서 파생한 힘인지 알 수 있을 것이다. 〈인간은 진실한 것을 판단함으로써 좋은 선택을 한다.〉 판단이 잘못되면 선택도 나쁜 것이 된다."

자기 자신에 대한 의무 자유.

타인에 대한 의무 평등.

〈사회계약론〉은 이상적인 사회의 추구입니다. 18세기에는 많은 사람들이 사회는 계약을 통해 태어난다고 생각했기 때문에, 그것을 루소의 독자적인 견해로 볼 수는 없습니다.

올바른 사회란 인간들이 상호 관계를 통해 자유롭게 맺어진 사회를 말합니다. 〈평등은 자유에서 파생하고〉, 자유가 지닌 무한한 능력을 잠재적으로 가질 때 만인은 평등해집니다. 사회적 평등은 자연적 불평등을 부정하지는 않습니다. 그러나 그러한 존재도 물질로서는 불평등하지만 정신으로서는 평등합니다.

그러므로 우선 자유부터 탐구해야겠지요.

(g) 칸트

〈정언적 명령〉은 이미 살펴본 것처럼 그 〈보편적인 성격〉을 통해 정의됩니다. 칸트에 따르면, 의무는 〈인간을 최고의 목적으로 간주하는〉 것입니다.

〈종교에 대한 칸트의 생각〉

이 세상에서는 인간을 사물이나 수단으로서가 아닌 다른 방법으로 다루기란 불가능합니다. 이를테면 쉴리프뤼돔*26 은 "어떤 누구도 자기한테는 인간이 필요 없다고 자만할 수 없다"는 시편 속에서, 빵을 만들기 때문에 제빵사를 사랑하고, 집을 짓는 수단이기 때문에 미장이를 사랑한다고 노래했습니다.*27 실

---

*26 1839~1907. 프랑스의 고답파 시인.
*27 이 시편은 시집 《스탕스와 시》(1865)에 수록되어 있다.

제로 이 시는 인간을 경멸하는 것을 가르치고 있습니다. 이 속계에서는 인간들의 관계는 수단의 관계에 지나지 않습니다. 그러나 우리가 추구하는 이상적인 사회는 이성적인 존재로 구성되는 사회이고, 그곳에서는 이성적인 존재 각각이 타인에 대해 꼭 자기 자신을 대하듯이 합니다. 칸트에 따르면, 〈나는 이렇게 해야만 한다'는 것은 모든 이성적 존재에 적용됩니다.〉 각 정신은 각각 윤리의 법칙을 구하고, 신 곁에 서서 목적의 군림 하에 그 법칙을 포고하는 것입니다. 따라서 신은 〈자유롭고 완전한 존재에 대한 관념 그 자체〉에 지나지 않게 됩니다.

〈신의 존재가 문제가 되는 것은 이 세계와 목적의 세계 사이의 관계에서입니다.〉 "인간들 사이에서는, 물질의 관계가 아니라 정신의 관계를 맺어야만 한다"고 말하고 싶어질지도 모릅니다. 그러나 그것은 불가능합니다. 인간의 신체적 본성이 그 욕구를 느끼게 할 때, 신체적 본성은 정신적 본성보다 강력하기 때문입니다. 이를테면 우리가 며칠 전부터 아무것도 먹지 않은 상태에서 소크라테스를 만난다면, 역시 소크라테스를 무엇보다 먼저 수단으로서 생각할 것입니다. 따라서 〈물질의 관계는 반드시 존재한다〉고 할 수밖에 없습니다. 그러나 〈그 관계는 목적의 관계와 동시에 존재하는 것일까?〉 그것은 자기 자신과의 관계를 물을 때는 윤리적인 문제가 되고, 인간끼리의 관계를 물을 때는 사회적인 문제가 됩니다.

쉴리프뤼돔이 자기에게 빵을 만들어 주는 제빵사를 하나의 목적으로 사랑하는 일이 가능할까요? 얼핏 생각할 때는 불가능해 보입니다. 이 이상 생각하는 것은 그만두고 싶어집니다. 그러나 윤리에서는 의무가 문제이지 가능성은 문제가 되지 않습니다. 칸트는 "그것을 해야만 한다는 말은 그것을 할 수 있다는 뜻이다"라고 했습니다. 〈칸트에게, 신의 존재를 믿는다는 것은 수단의 세계와 목적의 세계가 양립할 수 있다는 것을 의미합니다.〉 '신'이라는 말로 가리키고자 하는 것은 이 유연관계에 대해서입니다. 사람은 신을 논증할 수 없습니다. 그렇게 하려 하는 건 스스로 신을 해체해 버리는 짓이 됩니다.

신을 믿는 것은 하나의 의무입니다. 정직한 사람이라면 이렇게 말할 것이 틀림없습니다. "나는 유일한 신이 존재하는 것을 〈바란다〉"(안다고 하는 건 이치에 어긋납니다)고. 덕 있는 사람은 자기의 덕을 통해 신을 증명하려고 합니다. 〈신에게서 덕이 태어나는 것이 아닙니다. 덕에서 신이 태어나는 것입니다.〉

칸트에게 신을 믿는 것은 세 가지의 '실천이성에서의 공준(公準)'의 하나입니다.

다른 두 가지는 자유롭다는 것, 그리고 불멸을 믿는 것입니다. 죽음은 우리의 완성의 중단을 예상하게 하고, 완성의 가치를 배제해 버리기 때문입니다.

이상과 현실 사이의 연결(신)은 윤리적인 감정을 통해 나타납니다.

정신과 신체의 결합은 윤리적인 감정을 통해서 초래됩니다.

같은 이유에서, 정신과 신체의 결합으로서의 신은 그다지 수긍이 가지 않습니다.

심미적 감정에 대한 심리학

1 {신체 및 감성의 관여}

A 〈행동〉 미는 우리의 신체를 인식합니다. 〈의식(儀式)〉은 강하게 작용하여 우리에게 반응을 가져다 줍니다(뒤르켐을 생각할 것).

〈무용〉 무용이 행동인 것은 명백합니다.

〈건축〉 어린아이는 본능적으로 대성당 안에서는 놀지 않습니다.

〈음악〉 음악에 귀를 기울이는 사람은 어떤 방법으로든 박자를 맞춥니다. 리듬과 소리는 신체와 관련된 두 가지 요소입니다.

〈연극〉 사람을 감동시키지 않는 희곡은 좋은 희곡이 아닙니다.

〈시〉 어떤 음절을 바꾸어 리듬이 흐트러지면, 비록 의미는 그대로라 해도 미는 사라지고 맙니다.

B 〈그러나 미와 쾌적함은 구별해야만 합니다.〉

(1) 〈지속성〉 미에 질리는 일은 없습니다. 그러나 단순히 감관을 즐겁게 할 뿐인 쾌락에는 곧 질리고 맙니다.

(2) 〈순수함〉 미는 순수한 쾌락, 즉 어떤 상황에서도 그 반대물로 변용하지 않는 쾌락을 가져다 줍니다.

(3) 〈무한성〉 한 아름다운 작품에서 다른 아름다운 작품으로 이행해도, 그

두 작품이 어떤 것이든 차이를 느끼는 일이 없습니다. 이를테면 바흐의 푸가를 들으면서 '더 아름다운 곡이 있을 텐데' 하고 생각한다면, 현재 듣고 있는 푸가를 진심으로 아름답게 생각하지 않는 것입니다. 미는 그 자리에서 무한을 가져옵니다.

(4) 〈아부하지 않는 것〉 아름다운 것은 감성과 충돌하는 일이 종종 있습니다(로마네스크 양식의 교회, 베르길리우스의 것보다 훨씬 아름다운 호메로스의 작품). 칸트의 '미란 이해관계를 떠난 만족의 대상이다'를 생각할 것.

(5) 〈보편성〉 우리가 아름다운 것을 누리고 있을 때, 인간성 전체의 이름으로 누리고 있다는 감정을 느낍니다.

미는 보편적인 쾌락으로서 느낄 수 있는 쾌락입니다. 칸트의 말. "미는 보편적으로 쾌락을 준다." 또는 같은 말이지만, "미는 필연적인 만족의 대상이다." 우리는 미는 아름다운 작품의 본성 고유의 것이라고 생각하지만, 한편 장미꽃을 감상할 때 그 향기는 본질적으로 물질과 우리 사이의 관계라는 것을 의식합니다.

반대로 우리는 아름다운 작품 앞에 있으면 자기의 존재를 잊어버립니다. 비록 인간은 소멸하더라도 예술작품은 그 모든 가치를 계속 유지할 것입니다.

미의 이러한 성격은 정신의 성격이기도 합니다.

2 {정신─오성}

A 〈질료는 형태에 종속합니다.〉 질서·절도·균형·규칙·좌우대칭이 숨어있는 음악.

"음악은 자신이 가르친다는 걸 모르는 채 가르치는 정신의 수학이다."(라이프니츠)

음악에서 주제의 변용.

시. 리듬.

미와 정신의 이러한 유연관계는 그리스인들을 매우 놀라게 했습니다(피타고라스 학파).

B 그러나

(1) 〈미는 교육하지 않습니다.〉

(2) 〈우리는 이따금 관념을 넘어서기는 해도 아름다운 것을 넘어서는 일은 없습니다.〉

미 안에는 진행도, 말의 지적인 의미에서의 질서도, 단독으로 이끌어 낼 수 있는 관계도 없습니다.

이러한 성격을 칸트는 '미는 한없는 궁극성이고, 개념 없는 보편적인 만족이다' 라는 말로 표현했습니다.

(미적인 완전함에 대한 '일반적인 관념'은 없습니다. 바흐의 푸가를 들을 때 완전한 것은 그 푸가 자체입니다.)

3 {미에서의 신체와 정신의 조화}

칸트는 말합니다.

"미는 상상력과 오성의 일치이다."

미는 하나의 〈종합〉입니다. 〈미는 지성에 직접 말을 걸고, 또 직접적이고 직관적인 사고를 통해 인식되기 때문입니다.〉

그런데 본질적으로 추론은 논리를 바탕으로 하고, 직접적인 사고는 하나의 감정에 지나지 않습니다.

인식 일반에서는, 겉모습은 감성을 통해 초래되며, 우리는 추론을 통해 겉모습의 배후에 있는 것을 찾아내야만 합니다. 그런데 미에서는 겉모습의 배후에 있는 것을 직접 포착해 버립니다. (이를테면 이해하기 위해 음절의 수를 헤아려야 하는 시는 아름답지 않습니다.) 건축에서의 관계들은 거의 감성을 통해 파악됩니다. 음악의 리듬도 마찬가집니다.

〈예술은 다양성 속에서의 동일성입니다.〉

플라톤은 이렇게 말했습니다.

"이 전승은 신들이 인간에게 주었으며, 우리에게는 밝게 빛나는 불을 든 프로메테우스 신 덕분에 전해졌다고 나는 생각한다. 모든 물질은 자기 안에 한계와 무한성을 내포한 하나 또는 여러 개의 것으로 만들어져 있기 때문이다."

"모든 사물은 유한한 것과 무한한 것으로 짜여 있다."

즉 모든 사물에 대한 인식은 명확하게 한정된 형태와 수 및 무한한 다양성을 내포한다는 뜻입니다. 인간이 생각하는 한, 자연은 유한한 것과 무한한 것으로 짜여 있고, 우리는 그 직물 안의 무한한 것을 유한한 것을 통해 파악해야만 합니다. 연속하는 계(系)는 우리에게 유한한 것을 통해 무한한 것을 파악하게 해 줍니다(수+1의 계처럼).

　〈다양성 속의 동일성에는 정신과 자연 사이의 일종의 조화로서 가치가 있습니다.〉

　모든 것이 쉬지 않고 모습을 바꿔가는 흐린 하늘은, 오성에서 규칙적인 것보다 정상인 것 같습니다(하나하나의 사물이 모든 것에서 영향을 받고 있습니다). 그렇지만 우리가 순수한 지성의 관점이 아니라 우리 자신의 지성의 관점에 선다면, 우리는 결코 아무것도 파악할 수 없기 때문에, 흐린 하늘은 우리를 만족시키지 않습니다. 반대로 별이 빛나는 하늘에서는 정신이 도달할 수 있는 어떤 대상을 볼 수가 있습니다. 이때는 상상이 작용하지 않기 때문에, 우리는 뭔가 영원한 것, 순수한 것을 보고 있다는 감정을 품습니다. 흐린 하늘에서는 뭐든지 원하는 것을 상상할 수 있습니다. 자연이 제공하는 이러한 단순한 관계는 귀중한 것입니다. 그러한 관계는 우리에게 "너는 유한한 정신을 이용하여 무한한 자연 속에서 자신을 해방시킬 수 있다"(세계를 규칙이라고 부를 때의 피타고라스 학파의 기쁨입니다)고 말하는 것처럼 생각되기 때문입니다.

　〈우리는 지각하는 것을 끊임없이 이해할 수 있을 때〉 큰 〈기쁨〉을 느낍니다. 우리는 일상생활에서는 너무나 친숙해서 구체적으로 생각하려 하지 않는 사물(테이블)과, 우리에게 막연함을 느끼게 하는 사물 사이에서 흔들리고 있습니다. 우리는 자기를 막연하게 하는 것에서, 계산과 자기가 조작할 수 있는 상징을 써서 달아나려고 시도합니다. 다만, 이러한 상징을 가지고 세계로 삼을 수는 없습니다. 우리는 상징을 사용하지 않고 뭔가 다른 방법으로 관계를 파악할 수 있을 때 완전한 기쁨을 맛봅니다.

　〈추상적인 개념을 사용하여 미를 생각할 수는 없고, 그렇다고 상상을 사용하여 미를 파악할 수도 없습니다.〉 그리스의 신전은 하나의 〈종합적인 단일성〉, 즉 무한한 다양성을 집합시키는 단일성을 지니고 있습니다.

　〈하나의 예술작품이 지녀야 하는 단일성은 끊임없이 위험에 노출되며, 게다가 매순간마다 구출되어야만 합니다.〉

몇몇 예술과 몇몇 미의 영역에 대해 점검해 봅시다.

〈의식(儀式)〉 살아 있는 병사 대신 나무 병사를 쓴다면 그 의식에서는 어떠한 미도 태어나지 않을 것입니다. 병사들이 순간순간 자기 마음대로 행동하고 있다는 인상을 주면서도 실제로는 그렇게 하지 않는 것이 필요합니다.

〈무용〉 매순간마다 정념이 리듬을 어지럽히려고 하면서도 결코 어지럽히지는 않습니다.

〈건축〉 그것은 무한한 표식을 만들어 내는 원천으로, 우리에게 공간의 탐색을 재촉합니다. 신전은, 형태의 연결이 변화가 풍부하여 그 결과 우리에게 단일성을 회복시킬 필요를 느끼게 해야 합니다. 대성당을 다양한 각도에서 보면, 개개의 외관은 각각 특수한 형태로 전체와 연결되어 있고, 또 그것들 사이에 하나의 절대적인 단일성, 즉 그것을 토대로 무수한 관계를 감지할 수 있는 대성당이라는 형태가 있다는 것을 이해할 수 있습니다.

〈음악〉 (a) 가장 소박한 형태는 〈상송〉입니다. 상송에서는 가사가 변화하고, 이야기와 함께 멜로디도 매순간마다 변화해 가는 것처럼 느껴집니다. 그러나 실제로는 멜로디가 변화하는 일은 없습니다.

(b) 〈기악〉 주제를 변형하거나 붕괴시키는 것이 정념이라는 인상을 사람들에게 주어야 합니다. 그것은 특히 베토벤의 작품에서 현저합니다. 어느 순간 '정념이 작열했으니 이제 끝인가 보다'고 생각하지만, 나중에 그 주제가 다시 돌아옵니다.

〈조각〉 건축과 비교해 보십시오. 조각은 그 자체가 자립한 예술이라고 할 수는 없습니다.

〈회화〉 정신에 호소하는 것은 데생이 아닙니다. 색조의 조화라고 하지 않을 수 없습니다.

〈시〉 페드르는 절망을 절규로 작열시켜 버릴 것처럼 보이면서 매순간마다 시로 작열시킵니다. 규칙이 매순간마다 위험에 처하지만, 그것을 이겨내야 합니다(특히 라신이 그렇습니다).

〈자연〉 자연이 자연발생적으로 하나의 건축적 외관을 띠는 일이 있습니다. (〈미와 숭고함은 구별해야〉 합니다. 폭풍우나 격랑이 이는 바다는 숭고합니다.) 우리가 자연 속에서 미를 발견하는 것은, 자연이 인간이 만든 사물이 가진 양식성과 유사한 것을 제공할 때입니다. 그러기 위해서 자연은 예술을 모방해야만

하고, 예술은 자연처럼 자연발생적이어야만 합니다. 아름다운 것은 친밀함이나 소유의 감정을 가져다 줍니다. 어떠한 형태도 알아볼 수 없을 때 느끼는 공포의 감정(이를테면 원시림 안에서처럼)을 가져다 주는 것이 아닙니다. 이 친밀함이라는 요소는 관계, 곧 기하학적 요소에서 유래합니다.

〈인간의 신체〉 인간의 신체가 아름답기 위해서는 하나의 조화를, 차가운 느낌의 조화가 아니라 움직임과 정념 때문에 끊임없이 위험에 처하면서 매순간마다 구출되는 조화를 보여 주어야만 합니다. 그것은 특히 스포츠를 하는 사람에게서 볼 수 있습니다.

{결론} 〈예술이 지닌 윤리적 가치〉

예술은 우리에게 정신도 자연 속에 머물 수 있음을 가르쳐 줍니다. 윤리는 우리에게 진정한 사고에 따라 행동하도록 호소합니다. 미는 이상이 현실 속에서 전할 수 있는 증언, 바로 그것입니다.

몇 가지 계획

{자기인식}

소크라테스—"너 자신을 알라."
칸트—"우리는 자기 자신의 겉모습밖에 인식하지 않는다."
〈첫머리에〉
(1) 우리는 자기를 잘 인식하는 것의 중요성에 대해 곧잘 얘기합니다. 그러나 '너 자신을 알라'라는 말은 애매합니다. 〈이 말이 가진 다양한 의미를 전개해 보아야 합니다.〉
(A) 〈일반적으로〉 그것은 (a) 자기를 바꾸는 것, 자기를 바로잡기 위해 자기를 인식하는 것을 의미합니다. 그러나 그렇게 되면 자기인식은 하나의 수단일

것입니다. 소크라테스는 목적으로서의 자기인식을 제창했습니다. (b) 자기가 무엇을 할 수 있는지 알기 위해, 자기를 뭔가에 도움이 되도록 하기 위해 자기를 인식하는 것을 의미합니다. (c) 인간의 본성을 인식하기 위해 자기를 인식하는 것을 의미합니다(몽테뉴).

(B) 통속적인 의미를 넘어서는 것으로서. '너 자신을 알라'는 그리스인들 사이에서 속담으로 전해진 규정이었습니다. 그것은 〈델포이 신전 정면에〉 새겨져 모든 예지의 집이 되었습니다. 이 잠언에는 어떠한 의미가 있을까요? "자연과 미래의 비밀을 나에게 물으러 올 필요가 있을까? 너 자신을 인식하면 그것으로 충분하다." 그렇게 말하려 한 것이 아닐까요?

(C) 〈소크라테스〉는 이 말을 좌우명으로 삼고 있었습니다. '알라'는 명령형은 그 자체가 목적이지 수단이 아님을 잘 보여줍니다. 〈소크라테스에게 그것은, 모든 사고의 궁극적 목적으로 생각된 자기인식(외적인 사물에 대한 인식과는 대립하는)이었습니다.〉

우리는 첫 번째 의미는 제외하고, 마지막의 가장 학문적인 의미를 택하기로 합시다.

(2) 문제를 이렇게 설정함으로써 어떤 이득을 끌어 낼 수 있을까요?

외적인 사물에 대한 인식에서는 진정 이득이 되는 것은 끌어 낼 수 없고, 적어도 대다수의 인간에게는 자기인식에서보다 적은 이익밖에 끌어 낼 수 없습니다. 〈다만 자기인식만은, 어떠한 사고나 행동에도 하나의 가치를 가져올 수 있습니다.〉

(3) 그러나 자기를 인식한다는 것은 과연 가능한 일일까요? 어떻게 하면 가능해질까요?

우리는 흔히 자신에 대해 잘못을 저질렀다고 생각할 때가 있습니다. 따라서 자신에 대한 인식은 저절로 이루어지는 것이 아닙니다. '우리는 자기 자신의 겉모습밖에 인식하지 않는다'고 말한 칸트처럼 자기인식은 불가능하다고 생각한 사람도 있습니다. 여기서는 다른 문제를 다루기 전에 반드시 이 문제만은 해결해야 한다는 것만 보여 주는 데 머물기로 합니다.

〈제1부 '객체로서의 나'를 찾아서〉

(a) 우선 가장 대략적인 것, 〈성격〉부터 시작합시다. 성격을 보는 것은 타인이 우리를 판단할 때의 방법입니다.

(b) 〈내성(內省)〉

얼핏 보면 내성은 우리에게 모든 것을, 즉 나와 내가 아닌 것을 내맡기는 듯합니다. 내성 때문에 초래된 것 가운데 내 것으로서는 무엇이 있는지 살펴봅시다. 의지일까요? 지성일까요? 그러한 것들은 파악할 수가 없습니다. 그럼 감정상태일까요? 그것은 수동적인 무엇으로, 파악할 수 있다 해도 과거의 것일 뿐입니다. 따라서 감정상태는 수동적이고 과거의 것이라는 이중의 이유에서 우리와는 무관한 것입니다.

'시간과 나'에 대해 간단하게 언급하겠습니다. 지금의 나와, 1년 전, 한 달 전, 하루 전, 한 시간 전의 나 사이에는 뭔가 공통되는 것이 있을까요? (구체적인 예.) 어느 순간부터 다음 순간으로 계기하는 수없이 많은 '나'라는 것은 있습니다. 그러나 '나'라는 명칭이 사라져 버리면 아무런 의미도 없습니다. 따라서 문제 자체도 의미를 잃어버립니다. 우리는 이 제1부를 마치면서, 〈나는 의미가 없는 명칭이다〉를 결론으로 해 둡시다.

〈제2부 '객체로서의 나'를 내포하지 않는 사고〉

우리는 '객체로서의 나'를 잃음으로써 무엇을 잃게 될까요?

(1) 〈자기의 행위를 잃어버립니다.〉

(a) 〈우리는 완수된 행위를 자기와 결부할 수 없게 됩니다.〉 자기의 행위를 후회할 수도, 행위에 기쁨을 느낄 수도, 행위를 자기에게 책임이 있는 것으로도 생각할 수 없게 됩니다. 자기가 과거에 수없이 한 일도, 자기와는 전적으로 무관한 것이기 때문입니다.

(b) 〈우리는 자기의 행위에 방향을 정하는 건 생각조차 할 수 없게 되고, 자기 미래의 행위도 자신의 것이 아니게 됩니다.〉 그런데 모든 행위는 바로, 현재와 과거 사이의 하나의 관계입니다. 인간의 모든 노동은 미래를 위해 이루어지는 것으로, 그 노동이야말로 현재와 미래의 가교라고 할 수 있습니다.

(c) 〈따라서 행동이라는 관념마저 소멸합니다.〉 행동이라는 것은 시간 속에서 지속하는 무엇, 시간 속에서 조정되는 일련의 태도를 말하기 때문입니다. 그

러므로 우리의 행동이 우리의 것이 아닐 뿐만 아니라 행동 자체가 존재하지 않게 됩니다. '객체로서의 나'의 소멸과 동시에 행동도 사라져버립니다.

(2) 〈우리는 자기의 사고를 잃어버립니다.〉

(a) '객체로서의 나'와 관계가 있는 모든 사고를 잃어버립니다.

(b) 자기의 모든 사고를 잃어버립니다. 모든 사고는 실제로는 〈주체로서의 나〉를 주어로 하기 때문입니다.

칸트는 이렇게 썼습니다.

"내가 다양한 표상을 모두 〈나의〉 표상이라고 부르는 것은, 내가 다만 하나의 의식(意識)으로 그러한 다양한 표상을 인식할 수 있다는 이유에서이다. 그렇지 않으면 나는 내가 의식하는 표상과 같은 수로 분할되어, 같은 수의 색조를 띤 하나의 '나'를 떠안게 되어 버리기 때문이다."

"따라서 〈의식의 종합적인 단일성〉은 인식 전체에 필요한 하나의 객관적 조건이 된다. 어떤 대상을 인식하기 위해 내가 그것을 필요로 할 뿐만 아니라, 그 대상이 나에게 대상이 되기 위해서는, 나는 모든 감성적 직관(감각)을 그것에 복종시켜야만 하는 것이다." 〈어떠한 사고도 하나의 관계성을 내포하고 있으며, 그 관계성을 조작하는 것은 언제나 '주체로서의 나'입니다.〉

'벽이 회색이다'라고 말했다 해도, 그 벽이 누구에게나 다 회색이 아니라면 아무 의미도 없습니다.

이 대목이 이 고찰의 '고비(절정)'가 될 것입니다.

사실 자기를 회의(懷疑)하는 것은 〈주체〉입니다. 모든 사고에 대한 부정도 주체의 사고 가운데 하나입니다.

〈제3부 '주체로서의 나'와 '객체로서의 나'〉

'주체로서의 나'는 어떤 감정 속에도 어떤 행동 속에도 존재하지 않습니다. 그러나 모든 감정이, 모든 행동이, '주체로서의 나'를 상정하고 있습니다. 바리새인(형식주의자)은 '주체로서의 나'와 '객체로서의 나'를 혼동하는 일은 있어도, 죄인은 혼동하는 일이 없습니다. 후회는 행동의 지평을 넘어서서 나아갑니다. 따라서 다음의 두 가지를 말할 수 있습니다.

(1) 우리가 자신에 대해 긍정적으로 인식하는 것은 모두 겉모습(행동─감정

—사고)뿐입니다.

(2) 그것은 이미 우리의 존재(주체로서의)에 대해 부정적인 인식을 구성하기도 합니다. 소크라테스가 한 말의 의미가 여기서 명백해집니다. 〈소크라테스에게는 '주체로서의 나'와 '객체로서의 나'를 분리하는 것이야말로 모든 존재의 궁극적 목적입니다.〉

이러한 것들을 각각의 영역에서 입증해 봅시다.

(a) 〈사고〉에서 우리는 하나의 사고를, 거기서 거리를 두지 않고는 인식할 수 없습니다. 〈회의〉는 생각하는 주체를 그 자신의 사고에서 분리함으로써 성립됩니다. 그렇게 함으로써 주체는 자기의 사고를 검증할 수 있습니다(자기와 사고를 혼동하면 혼란에 빠집니다).

따라서 사고에 있어서 '너 자신을 알라'는 말은 '너를 너의 사고와 혼동하지 말라'는 의미가 됩니다.

이를테면 수학자는 종종 자기가 쓰는 정리와 정식 속에서 자신을 잃어버릴 때가 있습니다.

현대의 과학은 양심을 잃게 되는 사태로까지 몰고 가기도 합니다.

(b) 〈감정〉의 영역에서

자기를 자신의 감정에서 분리해야 합니다.

〈뛰렌의 예〉 "너는 떨고 있지 않으냐, ……."

《파이돈》의 한 구절. "정신은 자신의 욕망, 자신의 두려움, 자신의 분노와 전혀 무관한 것과 그렇게 하는 것처럼 대화하는 것이다."

용서는 자기와 자기의 증오나 원한을 분리함으로써 성립되는 행위입니다.

(c) 〈행동〉의 분야에서

행동 속에서 〈주체로서의 나〉와 〈객체로서의 나〉의 분리는, 자신의 행동을 인식하고, 행동 속에서 결코 자기를 잃어버리지 않도록 함으로써 성립됩니다.

자기의 행동을 자기와의 관계에서 생각하는 것이 아니라 객관적으로 생각해야 합니다.

〈예〉 도둑이 자기의 도둑질이라는 행위를 부자가 되는 길로 간주한다면, 그 잘못은 자기의 행위를 자기와의 관계에서밖에 보지 않는다는 데 있습니다.

〈결론〉

어떠한 상황에서도 인간은 '주체로서의 나'와 '객체로서의 나'를 분리할 수 있습니다. 이 고역(苦役)은 끊임없이 이루어져야 합니다. 소크라테스는 자기 자신을 인식하기 위해 육체를 사용하여, 소크라테스와 육체를 양립시켰습니다.

〈모든 자에게 알려지고도,
친구와 부하에게는 알려지지 않고 죽는 자에게는
불행한 죽음이 내려지리라.〉

{진실에 대한 사랑}

〈첫머리에〉

'사랑'과 '진실'이라는 두 가지 관념과 상대하는 것은 명백한 역설입니다.
'사랑'은 〈감정 생활〉에 속하고, '진실'은 〈지적 생활〉에 속하기 때문입니다.
이 주제의 어려움의 중심은 '지적인 무언가가 감정을 불러일으킨다'는 점에 있습니다.

〈제1부 흔한 사항〉

인간은 누구나 진실을 사랑합니다.
진실 탐구를 하는 학자들의 예로서 발자크의 《'절대의' 탐구》*28에 나오는 발타자르 클라스·아르키메데스·탐험가·탐방가 등을 들 수 있습니다.

〈제2부〉

진실에 대한 사랑이라는 이름 아래 숨겨진 정념. 오만, 허영심, 도박사(클라

---

*28 발자크의 1834년 작품. 한 가정의 좋은 아비지였던 주인공 발타자르 클라스는 '절대'에 대한 정열에 사로잡혀 가족을 버리고 가산을 탕진하면서, 늘 실패만 되풀이하는 화학 실험에 몰두하다가 영락한 끝에 "나는 알아냈다!"고 소리치면서 죽는다.

스)와 수집광(역사가)의 그것과 비슷한 정념, 모험에 대한 사랑(탐험가) 등.

따라서 진실에 대한 사랑은 그 자체로서는 매우 허약합니다. 사람은 진실한 것을 사랑하는 것이 아니라, 자기의 마음에 드는 것을 사랑합니다. 자기 마음에 드는 것이 진실하다고 생각하기 때문입니다. 게다가 진심으로 그렇게 믿습니다.

인간이 저지르는 오류의 원천은, 바로 진실에 대한 사랑이 다른 정념에 비해 허약하다는 데 있습니다.

〈제3부〉

그러나 진실이라는 것이 우리와 무관하다면, 우리는 진실을 탐구할 생각을 전혀 하지 않을 겁니다. 진실의 탐구는 반드시 어떤 종류의 고도의 사랑을 수반합니다.

그 사랑은 어디서 태어날까요? 모든 저급한 감정에서 태어납니다. 진실에 대한 사랑은 바로, 거짓에 빠지지 않게 된 순간에 그것에 대한 반동으로서 정념을 통해 일어나는, 거짓에 대한 미움입니다.

페드르는 "오, 비참하구나! 그런데도 아직 살아서 그 눈길을 견딜 수 있단 말인가……"[29] 하고 말하면서, 자기가 거짓을 사랑하고 있었음을 생각하고 그것에 반발하기 시작합니다. 그녀는 순수함에 대한 사랑과 함께 죽어 가는데, 그만큼 자기가 한 거짓말로부터 세계를 정화한 것이 기뻤던 것입니다.

마지막으로, 이 진실에 대한 사랑을 진정한 학자의 생활과 결부해 봅시다(아르키메데스). 학자들에게 수학과 씨름하는 것은 자기의 사고에 질서를 가져오기 위한 가장 좋은 훈련입니다.

〈결론〉

진실은 정화를 위한 하나의 수단입니다. 〈진실〉은 태양의 빛입니다(플라톤 참조). 진실은 {선}에서 태어나고, {선}은 진실에 그 가치를 줍니다(플라톤의《국

---

[29] 《페드르》제4막 제6장, 이폴리트가 아리시를 사랑한다는 사실을 알고 질투에 사로잡혀 아리시에게 복수를 맹세하는 페드르의 대사이다.

가》 제7권 참조).

〈진실은 순수한 사고에서 태어나는 작품이지, 사물 그 자체의 표현은 아닙니다.〉

우리는 진실을 사물과의 관계에서 고찰하는 데서 시작하여, 진실의 가치를 정신과의 관계에서 고찰하기에 이른 셈입니다.

{희생}

(1) 〈쾌락을 희생하는 것〉

쾌락을 희생하는 것은 진정한 희생이 아닙니다. 이성적인 사람이라면 이성의 지배는 희생이 아니기 때문이고, 이성적인 사람이 아니라면 쾌락의 희생은 다른 것보다 강력한 감정에 사로잡혀서 하는 일이기 때문입니다.

(2) 〈자기희생〉

〈원칙〉〈자기의 힘을 약화시키는 것은 모두 나쁜 일입니다.〉희생은 자살과 비슷한 점이 있습니다. 자기의 생각하는 능력을 훼손하는 것은, 사고가 모든 선을 위한 조건인 이상, 언제나 하나의 악일 뿐입니다. 〈의식적 사고를 향해 방향을 정할 수 없는 능력은(박애의 능력이라도) 모두 배척되어야 합니다.〉

{철학과 형이상학}

형이상학이 아닌 철학적 고찰은 없습니다.

그러나 형이상학적 탐구에 대해 생각하는 방식에는 두 가지가 있다는 것을 이해해야 합니다.

〈존재론적 관점〉과 〈비판적 관점〉입니다. 과학적 관점, 존재론적 관점, 비판적 관점 사이의 관계는 다음과 같습니다.

〈과학〉 현상(現象)들 사이의 양적 관계가 중시됩니다.

〈존재론적 관점〉 사람을 신의 관점에 세웁니다. 사물을 그 자체로서 인식할 수 있다고 가정하고, 사물 그 자체와 사물에 대한 인식을 비교합니다.

〈비판적 관점〉과학에 몰두할 때처럼 자기가 하고 있는 것을 의식하려고 노력하는 관점입니다. 이 관점에 서면, 실제의 과학과 우리가 자기 속에 지닌 완전한 방법체계를 비교하려고 노력하게 됩니다. 〈존재론적 관점은 이치에 맞지 않는 것〉인 데 비해 이 관점은 완전히 정당한 것입니다.

〈비판적 관점으로 보는 철학자〉플라톤, 데카르트 그리고 이 비판적이라는 용어를 만든 칸트.

{인식의 상대성}

Ⅰ—인식과 상대성이라는 두 가지 말의 〈몇 가지 의미〉를 찾아내는 것.

Ⅱ—〈몇 가지 영역〉

(1) 〈순수 감각〉에서 주관성이 문제가 됩니다.

(2) 〈지각〉에서 사물은 이미 우리한테서 자립한 것으로서 나타납니다. 그러나 우리는 모든 것을 어떤 하나의 시점에서 보게 됩니다.

(3) 〈과학〉에서 시점을 배제하려고 합니다. 우리는 과학에서 절대에 도달하는 것처럼 생각되지만, 실제로는 정신과의 관계에서 상대성에 도달할 뿐입니다.

Ⅲ—〈검증〉그것은 얼핏 보아 인식에 대한 반론처럼 생각되지만, 실제로는 그렇지 않습니다. 사실 〈'절대적' 인식이라는 이상은 세계의 지배를 받는 일입니다.〉(피티아는 인식의 항(項)의 하나인 피티아 자신을 배제해 버립니다.)

〈상대성이야말로 인식의 가치를 구성하고 세계를 정신과 연관지음으로써 세계에 하나의 가치를 가져다 줍니다.〉

{오류}

오류에 대해서는 다음의 두 가지 견해가 가능합니다.

(a) 〈외적인 견해〉오류는 현실과의 불일치입니다.

(b) 〈내적인 견해〉오류는 사고가 통일되지 않아서 생깁니다. 플라톤은 방법체계를 사용하지 않고 현실에 도달하는 사람들을, 똑바른 길을 걷는 시각장애

인에 비유했습니다. 마찬가지로 스토아 학파는 한낮에 '지금은 낮이다' 하고 소리치는 광인에 대해 얘기했습니다. 〈현실은 그 자체로서는 어떤 가치도 없습니다.〉 어떠한 광인도 가끔은 현실을 알아차립니다.

그러므로 '참된 사고'와 '잘못된 사고'를 대립시킴으로써, 〈올바르게 생각하는 것〉과 '잘못 생각하는 것'을 대립시킬 수 있습니다. 오류는 하나의 죄가 되는 일이 있습니다.〉

{시간}

〈머리말〉 시간은 인간존재의 문제 가운데 가장 심각하고 가장 비극적인 것입니다. 어쩌면 유일하게 비극적인 것이라고 할 수 있을지 모릅니다. 우리가 상상할 수 있는 비극은 모두, 결국은 〈시간의 경과라는 유일무이한 비극〉에 귀착하게 됩니다. 시간은 또한 〈모든 예속을 낳는 원천〉이기도 합니다.

파스칼이 깊이 절감한 것처럼, 〈시간은 존재가 무라는 감정을 낳는 원천〉입니다. 인간으로 하여금 생각하는 것을 이토록 두려워하게 만드는 것은, 시간은 지나가 버린다는 사실입니다. '기분전환'은 시간의 흐름을 잊게 하는 것이 목적입니다. 사람은 자기의 배후에 사물을 남겨둠으로써 불멸의 존재가 되려고 시도하지만, 불멸하는 것은 사물뿐입니다.

〈인간에게는 불멸성을 지향하는 어쩔 수 없는 경향이 있다〉고 할 수 있습니다.

시간을 대상으로 하는 것이 전혀 불가능한(과학에서의 법칙) 인간의 사고와 인간의 생활 사이에는 해결할 수 없는 모순이 있습니다. 〈아름다운 것에는 모두 영원성이 있습니다.〉 인간 존재가 품는 순수한 감정으로는 사랑·우정·애정(로드리고의 시멘에 대한, 폴리왹트의 폴린에 대한,[*30] 단테의 베아트리체에 대한 감정)이 있습니다. 이러한 감정은 자신뿐만 아니라 그 대상도 영원한 것으로 간주합니다. 〈따라서 우리 안에는 시간의 흐름에 대해 이의를 제기할 수 없는 것이 아무것도 없고, 어쨌든 우리 안의 모든 것이 시간에 복종하고 있습니다.〉

---

*30 모두 코르네유 비극의 등장인물. 로드리고와 시멘은 《르시드》의 등장인물로 약혼한 사이이다. 폴리왹트와 폴린은 《폴리왹트》의 등장인물로 부부이다.

〈제1부 시간에 대한 예속〉

(1) 〈현재〉 우리의 사고 속에서 미래와 과거에 관련이 있는 사고를 모두 배제해 버리고 나면, 뒤에 무엇이 남을까요? 아무것도 남지 않을 겁니다. 그러므로 우리가 소유하고 있는 현재는 즉시 지나가고, 과거의 상태로서만 의식에 도달하는 무와 마찬가집니다.

따라서 〈시간의 법칙에 입각하여 말한다면, 우리는 어떠한 현실적인 존재도 아닌 것입니다.〉

시간이 지닌 지나가 버리는 성격은, 인생은 하나의 꿈에 지나지 않거나 바깥 세계는 존재하지 않는다는 감정을 낳는 원인이 됩니다.

(2) 〈과거〉 사람은 과거를 자기의 배후 어디엔가 존재하는 것으로밖에 생각하지 않습니다. "지난해의 눈, 지금은 어디 있느냐?"*31 〈과거는 전혀 존재하지 않습니다.〉 과거는 돌이킬 수 없는 것이고, 그렇기 때문에 〈숙명적〉입니다. 우리가 과거에서 이끌어 내는 관념은 숙명이라는 관념입니다(멘드비랑*32의 '나는 수정되었다'는 말 참조).

(3) 〈미래〉 그것은 우연으로서, 따라서 뭔가 맹목적인 것으로서 나타납니다.

그리하여 〈우리의 무력함은 완전한 것이 됩니다.〉 우리는 현재에 대해서는 그것이 존재하기 때문에(현재인 이상 하나의 사실입니다) 아무것도 하지 못하고, 과거에 대해서는 그것이 이미 존재하지 않기 때문에 아무것도 하지 못하며, 미래에 대해서는 그것이 아직 존재하지 않기 때문에 아무것도 하지 못합니다.

사람은 비행 때의 현기증, 음주 때의 만취(졸렬한 이유에서이든 훌륭한 이유에서이든 자기포기와 다를 바 없습니다) 같은 기분전환을 통해 그 무력감에서 벗어나려고 해 보는 것입니다.

〈제2부 (반론)〉

(1) 〈시간은 현실적인 것, 유일한 현실적인 사물입니다.〉 우리가 세계는 하나의 꿈에 지나지 않는다고 아무리 생각해도, 그 꿈은 언제나 시간의 흐름에 복

---

*31 프랑수아 비용(1431~63이후)의 〈지난날의 당신의 발라드〉 일부.
*32 1766~1824. 유심론의 입장에 서는 프랑스의 철학자.

종하기 때문입니다. 따라서 〈시간은 모든 진실을 낳는 원천이어야만 합니다.〉

칸트의 말. "시간은 선험적인 것이고 따라서 보편적인 것이다."

여기서는 베르그송의 일종의 역설, 시간과 지속(형태와 질료) 사이의 대립이라는 역설을 극복하는 것이 문제가 됩니다. 시간은 추상적이고 지속은 구체적입니다. 그러나 베르그송은 형태와 질료를 혼동했습니다. 시간은 단 하나의 보편적인 사물입니다. 시간은 〈선험적〉인 인식을 낳는 원천이 틀림없습니다. (이전에 있었던 것이 이후에도 계속 있을 수는 없습니다. 시간은 불가역적인 것입니다. 두 개의 시간 사이에는 무한한 순간이 끼어 있습니다.) 우리에게 연속이라는 관념을 무엇보다 먼저 가져다 주는 것은 시간입니다.

(2) 〈시간은 영원성을 내포합니다.〉

과거와 미래의 관계는 영원히 계속되는 관계입니다. 시간의 경과 자체가 영원히 계속됩니다.

(3) 〈질서라는 추상적인 형태로 환원된 시간은 모든 영원한 진실을 낳는 원천이 됩니다.〉

(4) 시간이라는 관념 자체가 미래에 대한 일종의 파악을 내포합니다. 이를테면 윤리에서 커다란 중요성을 지닌 〈인과관계라는 관념〉 등이 그것입니다.

〈제3부 인간의 무력함과 인간의 힘. 체계적인 행동은 시간 속에 영원성을 가져오는 것〉

그것이 가능하려면 다음의 두 가지 태도를 생각할 수 있습니다.

즉, 시간을 지나가는 대로 내버려두거나(이를테면 실패를 가지고 노는 아이) 또는 시간을 〈묻어 버리려고〉 노력하고 〈그렇게 함으로써 지나가는 시간에 영원한 가치를 주려 하거나〉 둘 중의 하나입니다.

가령 죽음을 영원성에 대한 이행(移行)으로 생각한다면, 필연적으로 인생에도 뭔가 영원한 것이 존재했다고 생각해야만 합니다. 말라르메가 한 말. "영원이 마침내 그 사람을 본디 모습으로 바꾸듯이."*33

따라서 인간의 유일한 문제는 시간과의 투쟁입니다.

---

*33 말라르메(1842~98)의 시편 〈에드거 포의 무덤에서〉의 첫 행.

{직관과 연역법}

〈머리말 '직관'이라는 말의 몇 가지 의미〉

직관이란 직접적인 사고를 말합니다.

〈칸트〉에게는 '감성적 직관'은 있어도 지적인 직관이라는 것은 없습니다. (〈주의〉 '감성적 직관'은 어떤 때는 형태, 즉 공간과 시간을 통해, 어떤 때는 내용, 즉 감각을 통해 감성과 관계를 맺습니다.)

〈데카르트〉에게 직관은 그것을 통해 관계를 파악하는 행위를 말합니다.

〈베르그송〉에게는 생명의 약동과의 교감을 말합니다.

지성을 쓰지 않고 사물을 파악할 때, 거기에는 직관이 작용하고 있습니다.

〈통속적인 의미〉에서는 미래를 예견하는 본능입니다.

〈정신에 의한 직접적인 통각(統覺)〉이라는 관념에 따라, 이러한 서로 다른 의미를 통일할 수 있습니다.

요컨대 의무의 주체는 '직접적인 사고'와 '시간 속에서 전개되는 사고'를 대립시킴으로써 성립됩니다.

〈결론으로서〉 이러한 두 가지 사고형태의 가치와 한계, 나아가서 어떻게 하면 이 두 가지를 조화시킬 수 있는지, 그것을 알아야 합니다.

직관은 또, 모든 것을 동시에 생각할 수 없는 인간의 불완전함을 나타내기도 합니다. 〈신의 정신〉이란 모든 것을 직관적으로 생각할 수 있는 정신이라고 해도 무방하겠지요.

〈고찰의 순서〉 (1) 데카르트 (2) 칸트 (3) 베르그송 및 통속적인 의미(연역법과의 관계가 가장 명백한 것부터 가장 명백하지 않은 것으로 나아갈 수 있습니다).

I {데카르트에게 있어서의 의미}

직관의 한계. 〈사람은 한 번에 하나의 관계밖에 인식할 수 없습니다.〉 〈시간이라는 필연성〉이 사고를 사고 자체에 대해 무관한 것으로 만들어버립니다(전에 알았다는 것과 안다는 것은 같지 않습니다). 이것은 매우 복잡해진 현대과학 속에서도 점차 모습을 나타내기 시작했습니다.

Ⅱ {칸트에게 있어서의 의미}

제한. 〈지적인 직관 같은 것은 없습니다.〉

우리는 지적인 현실을 파악할 수는 없습니다. 증명하는 것과 확인하는 것은 서로 다른 두 가지 행위입니다.

〈모든 직관은 감성의 형태에 복종하고 있습니다.〉 인간은 시간과 공간 밖에 있는 것은 아무것도 파악할 수 없습니다. 어떠한 사고의 진보도 거기에 필요한 조건을, 〈선험적인 감성적 직관〉 속이나(산술, 기하학), 〈후험적인 감성적 직관〉 속에(실험) 두고 있습니다. (〈〈선험적〉인 감성적 직관의 분석, 수를 헤아리는 유일한 방식은, 자기 손가락이나 대상을 사용하는 방법입니다. 이 직관의 질료를 이루는 것은 시간 그 자체입니다.)

Ⅲ {통속적인 의미와 베르그송에게 있어서의 의미}

(A) 직관에는, 앞에서 말한 경우처럼 연역법 속의 각 단계를 구성하는 것이 아니라, 〈연역법보다 빨리 그리고 멀리까지 나아가는〉 형태가 몇 가지 있는 것으로 생각됩니다.

〈예〉 문제의 신속한 해결, 과학에서의 발명, 논증이 불가능한 진실에 대한 인식(파스칼에게 있어서의 기하학 정신과 섬세한 정신에 대한 인식을 생각할 것), 인간의 본성에 대한 인식 등.

(B) 〈베르그송〉에게 직관은 우주의 숨겨진 동력에 대한 인식을 의미합니다. (베르그송은 통속적인 의미를 다루면서 거기에 형이상학적인 의미를 덧붙였습니다.)

〈결론〉

(1) 〈미학〉 우리에게 직관을 통한 인식이라는 것은 〈결코 도달할 수 없는 하나의 이상〉입니다. 미적 감정은 우리가 거기에 도달할 수 있을 것 같은 감정입니다. 그렇지만 우리는 결코 거기에 도달하지 않습니다. 그러므로 미에는 언제나 고뇌가 뒤따르는 것입니다. 〈미는 우리에게 신의 사고에 대해 지각하게 해

줍니다.〉

(2) 〈형이상학〉 우리는 사물을 그 자체로서 인식할 수는 없습니다(지적인 직관이라는 것은 없습니다). 다만 연역법을 써서 사물의 등가물을 재구축하려고 시도할 수는 있습니다. 〈정신은 결코 그 대상과 접촉하는 일이 없습니다.〉 우리는 그 힘든 구축, 즉 겉모습에 대해 되도록 보고해 줄 그 가설에 기꺼이 따라야만 합니다. 이 영역에서도 다른 모든 영역에서와 마찬가지로, 〈인간의 조건은 결코 도달할 수 없고 그려내는 것조차 할 수 없는 하나의 완성을 향해 나아가려고 합니다.〉 인간의 존엄성은 그것을 이해하는 데 있습니다. 거기서 달아나려고 하면 더욱 낮은 곳에 떨어져 버립니다. (파스칼의 '천사를 만들려 하는 자는 야수를 만들게 된다.')

(3) 〈윤리〉 윤리의 법칙을 논증 대상으로 할 수는 없습니다. 윤리의 법칙이야말로 하나의 지적인 직관이라고 할 수 있습니다. 논증이 지닌 가치는 이 직관을 바탕으로 성립되고 있습니다.

의지로 하는 행위와 의지와 상관없는 행위

{내성은 우리에게 의지로 하는 행위와 의지와 상관없는 행위를 구별하게 해줄까요?}

〈머리말〉

자기와 자기와의 관계라는 문제가 차지하는 영역. 우리는 자기 자신의 덕을 직접 인식할 수 있을까요? 우리는 의지를, 정념과 유사할 뿐 아니라 그 정념을 극복할 수 있는 하나의 힘으로서 생각할 수 있을까요? 또 정념과 같은 자격으로, 사고가 직접 인식할 수 있는 존재라는 자격으로 존재하는 것으로서 생각할 수 있을까요? 용감한 행위라는 것을 생각하면 가능할지도 모릅니다······.

〈제1부 '의지로 하는 행위'와 '의지와 상관없는 행위'의 대립〉

(1) '의지와 상관없는 행위' 의지와 상반되는 기계적인 반사, 서툰 행위 등.

(2) '의지로 하는 행위'

(a) 숙려를 거친 행동(이를테면 산책, 극장에서의 박수 등).

(b) 노동. 곤란한 노동이거나 힘든 노동일수록 그만큼 의지로 하는 것이 됩니다.

(c) 영웅적인 행동(고문에 대한 저항).

이렇게 두 번째 계열의 예들 사이에는 공통되는 것이 있을까요?

의지는 추론을 바탕으로 하는 사고와, 사고가 사실을 결정한다는 의미에서의 사실 사이의 관계입니다. 사실은 인간의 정신 속에 존재하고, 정신은 사실을 질료 속에 존재하게 합니다.

〈제2부〉

(1) (a) 〈보기에는 의지로 하는 행위 같아도, 실제로는 기계적인 반사〉에 지나지 않는 행위가 있습니다. 먹는 것, 낙하할 때 팔을 뻗는 것, 산책하는 것, 창문을 닫는 것, 극장에서 박수치는 것 등.

어느 경우에도 판단이 행동을 결정하고 있는 것처럼 보이지만, 실제로는 행동이 판단을 결정하고 있습니다.

극장에서 박수를 치는 상황, 뒤르켐이 지적한 사회의 모방력이라는 것에 주의해야 합니다. 의식(儀式)에서, 사람은 혼자 있을 때는 생각해 낼 수 없는 또는 그때의 일을 되새기지 않으면 떠올릴 수 없는, 그러한 열광을 느낍니다.

종교에서도, 개인 속에서 집단적인 감동의 흔적을 찾아볼 수 있는 일이 있습니다.

영웅적인 반군국주의자가 등장하는 일이 있기는 하지만, 전쟁에 대해서도 마찬가지입니다.

문학 속에서도 예를 들 수 있겠지요. 폴리왹트도 사회의 영향을 받아 열렬한 신자가 됩니다.

《뒤르켐》은 이른바 의지로 하는 행위와 의지와 상관없는 행위의 차이는, 단순히 의지로 하는 행위는 사회가 개인 속에 불러일으킨 반응에서 일어나는 행위이고, 의지와 상관없는 행위는 개인 속에서 단독으로 일어나는 행위라는 점에만 있다고 생각했습니다.) 〈따라서 사고와 행동의 관계는 뒤바뀝니다. 사고가 결정적인 역할을 한다는 생각은 착각에 지나지 않습니다.〉

(b) 〈그밖에 사고가 행동을 결정하는 때는 없을까요?〉 우리는 추론할 때 자기가 논증하지 않은 관념을 근거로 삼기도 합니다. 그리고 종종 우연에 몸을 맡깁니다. 수학의 증명에서도, 그것을 만들었을 때밖에 이해하지 못한 작도(作圖)를 쓰는 일이 흔히 있습니다. 그것은 대수학에서도 볼 수 있습니다. 따라서 수학에서도 사고는 행동을 따른다고 할 수 있습니다.

그러고 보면, 의지를 다만 사고와 행동의 관계 속에서만 추구할 수는 없게 됩니다.

(2) 〈내성(內省)은 의지를 행동 속에서만, '무상(無償)의 행위' 속에서만 찾아낼 수 있을까요?〉 앙드레 지드는 완전히 자의적(恣意的)인 사물 속에서 의지를 찾아내고자 했습니다(《교황청의 지하실》*³⁴). 그러나 무상의 행위라는 것은 존재하지 않습니다. 가령 '자기가 자유롭다는 것을 자신에게 보여 주기 위해서 한 일'이라고 말하면, 거기에는 목적이 있게 됩니다. 그렇지 않으면 유효성이 없는 행위는 반사로서의 행위가 되어 버립니다.

(3) 〈마지막으로, 내성은 의지를 사고 속에서만 찾아낼 수 있을까요?〉

숙고 속에는 의지가 없습니다. 숙고는 행동을 배척하는 것이기 때문입니다.

장발장의 예. 그는 결심하지 못한 채 밤새도록 생각하다가, 아침이 되자 1분도 생각하지 않고 행동에 옮깁니다.

〈제2부의 결론. 의지는 존재하지 않는다. 따라서 덕도 존재하지 않는다.〉 우리는 끊임없이 맹목적인 메커니즘에 끌려 다니면서, 사고마저 그 메커니즘에 따르는 수밖에 없습니다.

〈제3부〉

이 〈회의(懷疑)〉는 모든 사고에서의 가치와 관련되지만, 그 자체가 톱니바퀴 장치에 조립되어 있지는 않습니다.

회의와 그 다양한 영역에 대해 살펴봅시다.

---

*34 지드는 이 작품에서 주인공 라프카디오에게 충동적으로 살인을 저지르게 함으로써 '무상(無償)의 행위'라는 문제를 제기했다.

수학에서. 회의는 사고의 질서를 수정하기 위해 사고를 되돌려 보내려고 하는 데 있습니다.

행동 영역에서. 반사는 사고를 불러일으킵니다. 자유롭다는 것은 반사를 신용하지 않는 것입니다. 반사는 우리의 행동을 변화시킵니다. (자유는 존재하는 방법의 하나입니다.)

괴테가 한 말. "사람은 자기의 잘못밖에 의식하지 않는다. 직선적인 행동은 무의식적이다." (이것을 고상한 스포츠 훈련이나 악기 연주 등에 적용시켜 볼 것.)

우리는 그리하여, 복음서에 나오는, 역사에 대한 바리새인*35의 확대해석에 도달하게 됩니다.

〈결론〉〈덕은 자신의 잘못에 대한 의식입니다.〉〈겸허함〉은 통속적인 의미와는 다른 의미를 지닙니다. 그것은 〈지적인 덕〉이 되기 때문입니다. 덕은 자기의식 없이는 성립하지 않습니다. 그러나 덕이 안고 있는 의식은, 잘못된, 의지와 상관없는 것에 대한 의식입니다. 〈의지는 파악하는 일은 있어도 파악되는 일은 없습니다.〉

우리가 의지와 덕을 파악했다고 생각하는 것은 모두 착각입니다. 〈오만함은 무엇보다 먼저 하나의 지적인 잘못입니다.〉

{주의(注意)}

〈머리말 문제가 되는 영역〉

주의는 인간과 동물의 차이를 형성하는 것입니다.

주의는 정신에 속하는 것일까요, 아니면 신체에 속하는 것일까요?

또는 주의는 정신을 통해 결정되는 것일까요? 아니면 신체를 통해 결정되는 것일까요?

〈제1부 자연발생적인 주의〉

---

*35 예수 시대의 유대에서 사두가이파와 함께 활동한 유대교의 일파. 모세의 성문율법뿐만 아니라 구전율법의 권위도 인정했다.

감동은 언제나 자연발생적인 주의(두려움, 공포심 등)를 불러일으킵니다. 심리학적 증상. 다른 것은 아무것도 생각할 수 없게 됩니다. 생리학적 증상. 부동의 상태, 사지 경직, 호흡 정지. 이러한 상태도 주의라는, 같은 종류 속에 들어갈 수 있을까요?

〈제2부 의지에 따른 주의〉

우리가 기하학 문제나 현재의 작문에 기울이는 주의를 분석해 봅시다. 생리학적 증상으로는 침착함을 들 수 있습니다. 심리학적 증상으로는, 다른 것은 생각하지 않으려는 상태, 즉 〈자연발생적인 주의를 배제하려고〉 하는 상태를 들 수 있습니다. 이 두 가지 주의는 서로 다른 것을 배제하려고 합니다.

의지에 따른 주의에서, 우리는 끊임없이 자기의 몸을 경직시키지 않도록 의지에 따른 주의가 변형하여 자연발생적인 주의가 되어 버리지 않도록 애씁니다.

〈제3부 정신 및 신체와의 관계에서의 주의〉

주의라는 현상에서, 〈신체와의 관계에서 정신이 하는 역할〉은 〈제어〉입니다. 정신은 신체에 〈질서가 아니라 금지를 부여합니다.〉
정신은 자기에게 스스로 원하는 사고를 부여하지 않고 오히려 멀리합니다.

〈결론〉 주의가 초래하는 것

(1) 지적인 지평에서는, 오류를 면하게 해 줍니다.
(2) 감정의 지평에서는, 불성실을 면하게 해 줍니다.
(3) 행동의 지평에서는, 죄악을 면하게 해 줍니다.
폴 발레리의 《외팔리노스》에서 〈예술창조에서의 주의〉에 대한 분석을 찾아볼 수 있습니다.
예술가가 자기 안에서 침묵에 잠기면 이내 정신의 힘이 달려옵니다. 그러나 예술가는 영감 자체를 멀리하려고 합니다. 이 허공에 뜬 상태의 순간에 그는 창조하는 것입니다. 그러나 이 순간은 결코 충분히 지속되지 않습니다(이것을 데카르트의 《성찰》을 낳은 〈회의〉와 비교할 것).

〈영감〉을 탄생시키는 것은 〈영감을 억제하고 지배하려는 힘〉입니다.

{감정생활에서의 의지}

감정생활에서 의지는 무엇을 할 수 있을까요? 특히 뛰어난 감정을 만들어 내거나 발전시키는 것에 관해, 의지는 무엇을 할 수 있을까요?

의지는 열등한 감정을 뛰어난 감정으로 〈발전〉시킬 수는 있지만 뛰어난 감정을 〈창조〉할 수는 없습니다.

의지는 언제나 〈제어하는 힘〉을 가지고 있습니다.

(a) 의지는 감정 속에 있는 불순한 것을 모두 멀리할 수 있습니다.

〈우리가 불순한 것을 확인하는 것〉은 언제나 〈그것 때문에 우리가 자신에 대해 성실하고자 하는 것을 방해받을〉 때와, 그것이 〈모순〉을 내포하고 있을 때입니다.

검증을 실천하고 판단을 행사하여 〈자신의 감정을 객관화〉하려고 노력해야 합니다.

〈예〉 사랑과 우정에서, 그 감정이 순수하지 않을 때는, 사랑받고 있는 상대에게도 그 사람 고유의 생활이 있다는 것을 잊어버립니다.

두 사람 사이의 관계가 거꾸로 될 수 있는 것, 그것이 평등한 것이 되어야 합니다.

그러므로 〈감정의 정화〉는 거의 완전히 지적인 영역에 속합니다.

(b) 한편, 진정한 애정의 특징은 〈성실함〉입니다. 의지는 성실함에 영향을 미칠 수 있을까요? 우리는 자기에 대해 조건반사를 만들어 낼 수 있습니다. 사랑하는 사람의 이름을 쓰는 것. 그 사람이 좋아하는 말을 되풀이하는 것. 그 사람이 보기 싫어하는 것을 하지 않으려고 노력하는 것. 〈요컨대 뛰어난 감정은 진실과 성실이라는 두 가지 성격을 지닙니다.〉 진실은 〈지적인 지평〉에서, 의지는 〈행동의 지평〉에서 획득할 수 있습니다. 의지는 뛰어난 감정을 만들어 낼

수는 없습니다. 언제나 열등한 감정을 뛰어난 감정으로 발전시킬 수 있을 뿐입니다. 그러나 실제로는 의지는 언제나 뛰어난 감정을 만들어 낼 수 있다고 해도 무방할 것입니다.

{감정생활에서의 사고}

〈머리말〉 만약 사고가 감정을 제어하지 않는다면 감정이 사고를 제어하게 됩니다.

어떤 철학자들(신념론자)에 따르면, 사고는 감정에 지나지 않습니다. 그러나 정말 그렇다면 우리는 완전히 수동적인 존재가 되어 버립니다.

I 〈세계의 사실(事實)로서의 감정. 감정과의 관계에서 나타나는 사고의 복종〉

(1) 〈사고는 감정과의 관계에서 자유롭다고 생각하는 것은 착각입니다.〉
스피노자가 한 말. "화가 난 아이는 자기는 자유로운 의지로 복수를 원한다고 생각한다."

라이프니츠의 말. "가령 풍향계가 생각을 할 수 있다면, 자기는 돌고 싶어서 돌고 있다고 말할 것이다."

(2) 〈감정은 외적인 우연을 통해 우리에게 찾아옵니다.〉 스피노자의 분석. 자연의 힘은 인간의 힘을 무한하게 넘어선다. 따라서 인간에게 감정이 없기란 불가능하다.

기본적인 감정은 〈기쁨〉(더 큰 완성을 향한 이행)과 〈슬픔〉(전자의 반대)입니다.

사물이 우리 신체의 행동력을 증대시키거나 감소시킬 때마다, 그 사물에 대한 관념이 우리 정신의 사고력을 증대시키거나 감소시킵니다. 기쁨과 슬픔은 우주적인 힘이 깃드는 곳입니다. 〈사랑〉은 외적인 원인에 대한 관념을 수반한 기쁨입니다. 〈미움〉은 외적인 원인에 대한 관념을 수반한 슬픔입니다. 어떠한 사물도, 우연히 기쁨의 원인이 되거나 슬픔의 원인이 되기도 합니다.

그것이 원인이 아닌데도, 어떤 사물을 기쁨이나 슬픔을 느끼면서 응시했다는 것만으로, 우리는 그 사물을 사랑하거나 미워하는 일이 있습니다. 우리가 사랑하고 미워하는 것도 그저 우연 때문일 뿐입니다(문학 속에서 그 예를 찾아보십시오).

(3) 〈우리의 생활 전체는 감정의 개재를 통해 항상 우연에 맡겨져 있습니다.〉

Ⅱ 우리는 감정을 〈이해〉하는 한 〈그 감정에서 자기를 해방시킵니다.〉

무엇보다도 감정의 대상은 감정(사랑, 분노, 공포……)의 바깥에 존재한다는 것을 이해해야 합니다.

이를테면 페드르에게 이폴리트라는 남자는 존재하지 않습니다.

반대로 《시나》*36 속의 아우구스투스는 시나에 대한 자기의 태도뿐만 아니라, 자기가 저지른 과거의 범죄에 대해 시나와 다른 사람들의 태도가 어떤 것인지 이해하고 있습니다.

튀렌은 "너는 떨고 있지 않느냐……"고 중얼거림으로써 자신의 공포를 이해하고 있음을 보여 줍니다.

고대 사람들은 나쁜 소식을 가져오는 사자에게 분노를 터뜨렸습니다(이것은 지금도 자연스러운 반응입니다). 소식과 사자 사이에는 필연적인 관계가 없다는 것을 이해해야 합니다.

따라서 〈감정은 같은 상태에 머문다 해도 그 자신에게 한정되는 것입니다〉.

Ⅲ 〈순수한 감정, 즉 이성적인 사고와 일치하며 모순이 없는 감정〉

감정을 용해시키는 대신, 이성이 용인하는 방법으로 감정을 대상과 결부할 수 있습니다. 그렇게 하면 정념으로서의 사랑은 정신적인 사랑으로 모습을 바꾸고, 공포는 위험에 맞서는 격정으로 모습을 바꾸며, 분노는 최초의 대상에 대한 관대함으로 변화하는 동시에 자신에 대한 분노로 변용하려 합니다. 혐오는

---

*36 세네카의 《관용론》에서 소재를 얻은 코르네유의 비극. 로마 황제 아우구스투스를 아버지의 원수로 믿는 에밀리는 애인 시나에게 황제 암살을 종용한다. 아우구스투스는 에밀리와 시나의 음모를 알게 되지만, 초인적인 관용을 베풀어 둘을 용서해 준다.

자애가 됩니다.

모든 감정은 각각 사랑하기 위한 기회입니다.

순수한 감정이 지닌 본질적인 성격은 〈영원성〉입니다(그것은 이성의 본질적인 성격이기도 합니다).

{결론}

〈사고와의 관계에서의 감정의 가치. 감정은 사고를 결코 쉽게 하지 않습니다.〉 사고에 정화적인 행동을 취하도록 만듭니다. 사고는 감정으로, 순수하게 주관적인 것이든(데카르트) 객관적인 것이든(단테) 무언가를 만들어 냅니다.

{문학 창조와 과학적 사고에서의 상상}

〈머리말〉 공통의 장

(1) 상상은 모든 종류의 표상을 만들어 냅니다. 그것이 '창조적인 상상'입니다.

(2) 상상은 먼저 주어진 물질에 다가갑니다. 그것이 '건설적인 상상'입니다.

이 두 가지 상상은 문학과 과학에 각각 다른 비율로 관여하는 것처럼 보이지만, 더 가까운 곳에서 관찰하면 어느 쪽에나 똑같이 관여하고 있음을 알게 됩니다.

I 〈문학적 창조와 과학적 창조에서의 공통의 장〉

(1) 상상은 문학에서의 중요한 특질입니다(낭만파).

(2) 반대로, 학자라고 하면 실증적인 사람으로 생각됩니다.

(3) 그러나 학자가 낭만파 시인의 형제처럼 보일 때도 있습니다. 학자도 풍부한 상상과 영감(세계의 기원에 대한 사변)을 필요로 합니다. 〈예〉 헤르츠·아인슈타인·퀴비에.

Ⅱ 〈과학에서의 상상에 대한 분석〉

(1) 〈단순한 예〉 문제를 발견하려고 할 때는 다음의 두 가지 상상이 작용합니다.

(a) 영감을 가져오는 상상(잘 조정되지 않는다).

(b) 이론적인 분석을 한 걸음 한 걸음 따라가는 상상. 이론적 분석은 상상을 수반하지 않고는 나아갈 수 없습니다.

따라서 〈문제를 발견하는 것은 상상을 조정하는 일입니다.〉

(2) 체계적 발명이라는 것을 머리에 그려 보십시오.

〈예〉 빛에 대한 탐구(데카르트, 하위헌스,*37 프레넬.*38 먼저 관찰된 결과를 재구성할 수 있게 하는 가장 단순한 비교를 찾아내어 그것을 점점 복잡하게 만들어 갑니다.

〈다른 예〉 헤르츠의 전기에 대한 연구.

〈결론〉 〈상상은 방향을 주고자 하는 것에 방해가 됩니다.〉

Ⅲ 〈문학에서의 상상에 대한 분석〉

(1) 〈산문〉 소설은 아무렇게나 하는 상상을 요구하는 것이 아닙니다. 아니 그보다, 창조는 상상을 강요하면서 이루어지는 것이 아닙니다. 소설은 약간 미치광이 같은 상상을 조정하는 하나의 수단입니다. 상상은 사고에 조정됩니다.

(2) 〈시〉 시는 상상을 조정하는 수단입니다(리듬, 운율).

〈결론〉 학자는 상상을 길들이려 하고, 예술가는 정신과 신체 사이의 조화를 꾀합니다.

{용기}

용기의 중요한 형태는 무엇일까요?

---

*37 1629~95. 네덜란드의 물리학자.
*38 1788~1827. 프랑스의 물리학자.

다양한 형태 사이에 공통하는 요소가 있을까요?

I—용기의 〈첫 번째 형태〉는 능동적이든(전투에 임하는 사람들) 수동적이든(고문에 대한 저항, 이를테면 순교자나 반파시스트들) 〈몸을 내던지는〉 일입니다.

II—〈두 번째 형태〉는 〈위험과 고통 앞에서 명석하고자〉(냉정)하는 것입니다.

III—〈세 번째 형태〉는 〈외부의 수많은 정념 속에서 명석하고자〉하는 것입니다.

IV—이러한 용기의 각 형태에 공통되는 원리를 찾아봅시다. 그러면 '두려워해야 하는 것과 두려워해서는 안 되는 것에 관한 올바른 평가'라는 플라톤의 정의에 도달하게 될 것입니다.

〈결론〉 용기와 다른 덕의 관계를 찾아내야 합니다.

그렇게 하면 〈단 하나의 용기밖에 없을〉 뿐만 아니라, 〈자기를 의식하고 그 주인이고자 하는〉 〈단 하나의 덕밖에 없다〉는 것을 알 수 있습니다.

{자살}

I 〈정의〉 '죽음을 불러오리라는 생각 아래 이루어진 모든 행위.'

II 〈몇 가지 종류〉

(1) 〈의식에 따른 자살〉 살해될 것을 알면서 거짓증언을 거부하는 것은 이러한 의미에서의 자살입니다. 암살자로 날조되리라는 것을 느끼고 하는 자살(독일의 반파시스트들). 선장이 자신보다 다른 사람들을 먼저 구하려는 것.

(2) 〈명예를 위한 자살〉 명예를 위한 자살은 상황에 따라 의식에 의한 자살에 가깝기도 하고 멀기도 합니다. 예. 카토,*[39] 소포니스바,*[40] 갈루아,*[41] 스스로

---

*[39] 소카토. 로마 공화제의 수호자로서, 카이사르와 대립하여 패한 뒤 자살한다.
*[40] 기원전 235~203. 절세미인으로 남편이 보낸 독약을 마시고 자살한다. 코르네유와 볼테르의 극의 소재가 됨.
*[41] 1811~32. '갈루아 이론'으로 잘 알려진 천재적인 수학자. 고등사범학교 재학 중에 혁명운동

옳다고 믿지 않는 전쟁에서 싸운 모든 사람들.

(3) 〈헌신에서의 자살〉 자기가 하는 일을 믿고, 다른 사람들을 살리기 위해 목숨을 끊는 경우입니다. 러시아의 젊은 테러리스트들. 데키우스.*42 에우리피데스*43의 비극에 나오는 알케스티스.*44

헌신에서의 자살은 타인을 위해 이루어집니다. 이때는 타인의 생명이 자기보다 더 가치가 있다고 상정되는 셈입니다. 조국과 교회 같은 집단적인 존재를 위한 자살도 있습니다. 거기에는 이미 약간의 절망이 내포되어 있습니다. 다른 사물과의 관계에서 자기 생명의 가치를 부정하고 있기 때문입니다.

(4) 〈절망에서의 자살〉 이때는 자기 생명의 가치를 전적으로 부정합니다.

원인, 부정(不正), 불행.

III 〈검증〉

(1) 범죄와 타인이 단순한 수단에 지나지 않게 되는 행동에 대해, 자기가 범인이나 공범자가 되지 않고는 살아갈 수 없게 될 때, 사람은 죽음을 받아들입니다.

(2) 이를테면 갈루아의 죽음을 보편적인 것으로 생각할 수는 없습니다.

(3) 한 사람 한 사람의 존재 목적은 이 지상에 최대한의 인간성을 존재시키는 것입니다. 헌신을 위한 자살을 의무로 생각할 수는 없습니다. 그러나 그런 자살은 있을 수 없다고 생각할 수도 없습니다.

〈한 사람 한 사람의 인간이 이 지상에 사고를 가져올 수 있다고 생각해야 합니다.〉

알케스티스는 그 힘을 아드메토스에게 위탁해 버립니다.

자기 속에 이상을 실현하기 위한 수단이 있다고 느끼는 사람은 자기 자신보다 타인을 신용하지 않는 한 헌신을 위해서 죽지는 않습니다. 〈그러나 윤리적

에 참여한 뒤 퇴학, 투옥. 결투 뒤 자살.

*42 201~251. 로마 황제. 그리스도교도 박해.

*43 기원전 485?~406? 그리스 3대 비극시인의 마지막 한 사람.

*44 《알케스티스》의 주인공. 테살리아의 왕인 남편 아드메토스의 목숨을 구하기 위해 자신의 목숨을 사신(死神)에게 바치지만, 무덤에서 헤라클레스에게 구출된다.

생활은 언제나 자기와 자기의 투쟁입니다.〉따라서 아무리 자기가 타인보다 열등하다고 생각될 때가 있어도, 자기 속에는 하나의 힘이 있다고 믿어야만 합니다.

〈이것에 대해서는 의문조차 품어서는 안 됩니다. 우리는 자기가 덕을 지키고 살아가고 있다는 것을 긍정해야 합니다.〉

타인이 문제가 될 때, 우리는 언제나 '그 사람에 대해 확신이 없다'고 자기에게 말해 줄 권리가 있습니다. 에우리피데스 속에는 훌륭한 남자가 비열한 남자를 위해 죽는 대목이 있습니다.

문제는 또 〈사회를 구하기 위해 죽음을 받아들일 수 있는지 여부〉로 제기할 수도 있습니다.

자기가 죽음으로써 사람들이 인간적으로 살 수 있게 된다고 생각해 조국을 위해 죽어 가는 병사는 자살 같은 건 하지 않습니다. 그러나 더욱 명확한 시점(視點)으로 보아야 합니다. 그 병사의 죽음이 다른 사람들을 생각하게 만든다는 것을 이해해야 합니다. 〈하나의 인간 존재보다 높은 것이 있다면, 그것은 인류 전체의 삶의 조건입니다.〉그러나 죽음으로써 인간이 더는 인간이 아니게 되는 체제에 빠지는 것을, 인류가 회피하게 할 수 있을까요?

그러나 이 두 가지는 같은 하나의 사항일 뿐입니다. 무서운 체제이기는 하지만 인간으로서 살아갈 수 있게 해 주는 체제를 피하기 위해 죽는다면, 그 사람은 이유도 없이 자살하는 것이 됩니다. 또 인간으로서 살아가는 것을 방해하는 체제를 피하기 위해 죽는다면, 그 사람은 헌신 때문이 아니라 그 자신 속에 있는 소중한 것을 위해 죽는 것이 됩니다. 게다가 어쨌든 우리는 언제까지나 계속 살 수 있는 것도 아닙니다.

〈결론〉자살의 모든 형태는 첫 번째 형태를 제외하고 모두 비난받아야 마땅합니다.

{정의와 배려}

통속적인 생각에서는, 배려가 있는 사람은 칭찬해야 하고, 그저 단순히 옳기만 한 사람은 아무런 가치도 없으며, 정의가 부족한 사람은 비난해야 마땅합니다.

그러나 이는 의무를 외적으로밖에 생각하지 않는 것입니다. 〈정의와 관련된 진정한 의무는 각 개인을 하나의 목적으로 간주하는 것이다(칸트).〉

〈배려의 정식(定式)〉 "네 이웃을 네 자신처럼 사랑해야 한다"는 말은 같은 것을 표현하고 있습니다.

이 두 가지 정식은 윤리적으로는 같은 하나의 일을 의미합니다. (사회적으로는 법정에 소환되지 않도록 해야 할 일을 모두 하고 나면, 그 사람은 올바른 것이 됩니다.)

{추상적인 관념}

〈일반개념〉과 〈보편개념〉을 명확하게 구별해야 합니다.

우리는 이를테면 원에 대해 일반개념과 보편개념을 다 가질 수 있습니다. 원은 한 점의 둘레에 선분을 회전시킴으로써 만들 수 있다는 것을 어린아이가 이해하지 못했을 때, 그 아이는 다만 원에 대한 일반개념을 알 뿐입니다.

〈인식의 심화는 일반개념을 보편개념으로 전환함으로써 가능하다〉고 할 수 있습니다.

〈처음부터 일반적인 개념은 없습니다.〉

우리가 생물학 지식을 쌓은 뒤 사자(lion)를 정의할 수 있다면, 사자에 대한 보편개념을 지닐 수 있게 됩니다(퀴비에는 이 보편개념에 다가갈 수 있었습니다).

그것에 대해 하나의 〈관념〉을 지니고 있지만 구성하지 못하는 사물을 한데 묶을 때, 우리는 〈일반개념〉을 지니게 됩니다.

〈재편성〉할 수 있게 되면, 우리는 〈보편개념〉을 지니게 됩니다.

우리는 손목시계를 분해하거나 조립하지 않더라도 손목시계에 대한 관념(일반개념)을 지니고 있습니다(분해하거나 조립할 때 보편개념을 지니게 됩니다). 마찬가지로 우리가 지렛대 원리를 머릿속에서 구성할 수 있으면, 어떠한 형태든 지렛대를 인식할 수 있게 되고, 지렛대에 대한 보편개념을 지니게 됩니다.

〈우리는 보편개념을 매개시킴으로써 추상적인 관념에서 구체적인 사물로 향

합니다.〉

　이를테면 지렛대에 대한 보편개념을 지니고 있으면, 아무리 특수한 지렛대도 지점(支點)의 위치를 생각함으로써 조사할 수가 있습니다. 지렛대에 대한 일반 개념밖에 없다면 그것은 불가능합니다.

　〈인간의 사고의 위대한 면은 보편개념을 사용하여 추상적인 것에서 구체적인 것으로 나아가는 데 있습니다.〉

{베이컨}

　"인간이 자연을 지배하는 것은 자연을 따름으로써 가능하다."

　〈머리말〉 일반적으로 보았을 때 인간의 비참함과 위대함. 우리는 때로는 자기가 세계의 중심이라는 인상을, 또 때로는 세계 앞에서 자기는 아무것도 아니라는 인상을 받습니다. 인간은 때로는 자연에 대해 큰 힘을 행사할 수 있다고 생각하고, 때로는 자기가 자연의 장난감에 지나지 않는다고 생각합니다.

　Ⅰ 〈지배〉

　유년기. 〈어린아이〉는 울음소리로 군림합니다. 마술을 쓰는 시대입니다. 욕망은 언어와 몸짓을 통해 그 대상을 만들어 냅니다. 〈이교의 기도〉 또한 〈요정 이야기〉에서 볼 수 있는 마술적인 성격을 띱니다. 성숙한 연령에 도달해서도 현대에는, 세계는 주문에 따라 밝아지고, 원했던 장소가 우리를 찾아옵니다.

　Ⅱ 〈예속상태〉

　그렇지만 우리는 〈죽음〉이나 모든 종류의 위험(여행 중의 사고, 건물의 붕괴, 눈사태, 번개 등)에 위협받고 있습니다. 죽음까지는 가지 않더라도 〈질병〉을 면할 수는 없습니다. 게다가 다른 지평에서 생각하면, 우리는 늘 〈분노〉·〈슬픔〉·〈권태〉 같은 정념에 시달리고 있습니다.

따라서 인간은 자연의 장난감입니다. 인간의 표면적인 힘은 속임수입니다. 사실 그 힘은 인간 속에 있는 것이 아닙니다. 인간은 왜 그런지 이유도 모른 채 이 힘을 부여받기도 하고 박탈당하기도 합니다.

Ⅲ 〈체계적 노동이라는 관념에 대한 분석〉

〈중간항＝스피노자〉 ("인간이 언제까지나 인간으로 있고자 하는 힘에는 한계가 있고, 이는 외적 원인의 힘으로 무한하게 극복할 수 있다.")

인간은 어떻게 하면 자기의 극히 미약한 힘으로 이 무서운 힘을 이길 수 있을까요? 사고는 힘이 아닙니다.

구체적인 예를 들어 봅시다. 동물을 길들일 때, 이를테면 말에게 장애를 강요함으로써(재갈이 주는 고통) 말을 지배합니다. 둑을 쌓아 강에 흐름을 강요합니다. 배에서는 키를 움직여 물에 장애를 가합니다. 범선으로 '맞바람을 받으며' 항해할 때는, 바람이 자연히 이끄는 것과는 정반대 방향으로 나아가도록 바람을 이용할(〈지그재그형으로 나아감〉으로써) 수 있습니다.

따라서 〈자연의 힘은 결코 억압할 수 없는〉 것, 그러나 〈자연은 아무것도 원하지 않는다〉는 것을 알 수 있습니다.

여기서는 〈조건적 필연성〉이 문제가 됩니다. 즉, 원인을 아주 조금만 변화시켜서 결과를 크게 변화시키려는 것입니다. 전적으로 수동적인 이러한 힘에 대해서는 아주 작은 장애도 효과를 발휘합니다. 힘이 작용하고 있는 상황에서 하나의 요인을 변화시키는 것은 필연적으로 힘을(힘 그 자체가 아니라 우리와 연관되는 부분에 대해서만) 변화시킵니다. 자연 현상에 대한 규칙은 자연현상을 위한 조건이기도 합니다. 그것을 의식하면 우리는 자연을 지배할 수 있습니다.

자연 속에 하나의 사고, 즉 인간의 힘과 비슷한 힘이 있다고 생각할 때, 인간에게는 자연을 지배하려 하거나 포기하는 두 가지 태도가 가능하지만, 그 어느쪽이든 인간은 자연에 지고 그 노예가 되고 맙니다.

그것은 힘 때문이 아니라 인간이 자연을 이기려고 술책을 부리기 때문입니다. (이러한 사고방식은 거인이 소인에게 지는 민화 속에서 볼 수 있습니다.)

인간의 행동은 이렇게 특징지을 수 있습니다. 그것은 곧 술책을 통해 〈간접적으로〉, 현상 그 자체가 아니라 〈현상의 조건에 대해〉 행사되는 것이고, 또 하나의 〈방향〉 속에 있다는 것입니다.

인간에게 문제는, 인간의 에너지를 집중하려는 것이 아니라 〈하나의 방법체계〉를 보유하는 것입니다. 인간의 힘은 바로 〈노력의 제어〉입니다. 〈적응하는 것〉이 필요합니다.

따라서 인간은 따르는 방법을 모르는 한 힘을 지닐 수 없습니다. 따르는 것을 배우려 하는 한에서만 자연을 지배할 수 있습니다.

이 진실이 어떻게 적용되고 있는지 〈다양한 영역〉에 대해 살펴봅시다.

(1) 〈외적 세계에서〉 언제나 운동을 변용시키는 것이 문제가 됩니다(이미 인용한 여러 예).

(2) 〈인간의 신체에서〉 우리는 자기의 신체를 섬겨야만 합니다. 그것에 명령을 내려서는 안 됩니다. 이를테면 자기의 신체를 향해 배가 고프다고 불평하지 말라거나, 얼굴을 붉히지 말라고 말할 수는 없습니다. 첫머리에 든 베이컨의 말은 금욕주의를 옳지 않게 보는 입장입니다. 해야 할 일은 자기가 마음대로 할 수 있는 에너지의 비축을 다른 대상에 적용하는 것입니다. 정념은 우리가 일에 열중하는 것을 방해하지는 않습니다. 즉 우리는 그렇게 함으로써 〈에너지를 변환하려는〉 것입니다.

(3) 〈사회에서〉

나폴레옹이 평화를 원하는 경우를 예로 생각해 봅시다.

결론 〈필연성을 의식하는 것〉은 효과적인 행동에 필요한 조건일 뿐만 아니라, 인간의 존엄성이 취하는 유일한 형태이기도 합니다.

〈플라톤〉―《국가》

제1~4권

소크라테스는 이렇게 말했습니다.

"지금 이곳에 두 사람이 있다고 하자. 한 사람은 완전히 올바르고, 올바름 외에는 아무것도(올바르다는 명성조차) 가진 게 없다. 또 한 사람은 평생 동안 올바른 사람으로 간주되었지만 사실은 올바르지 않다. 두 사람을 지켜보는 신이 없다고 치고, 어느 쪽이 더 행복할지 생각해 보자."

그러나 〈마음속의 정의를 고찰할 수는 없으므로, 국가에서의 정의를 고찰해 보기로 합니다.〉

《국가》는 정치적 문서가 아닙니다.〉

플라톤에 따르면, 국가는 (1)현자들 (2)전사들 (3)기술자들 이 세 계급으로 분류할 수 있습니다.

각각의 계급에 어울리는 덕은 다음과 같습니다.

(1) 국가의 지혜는 지도자들의 지혜를 통해 판단됩니다.

(2) 전사들의 덕은 용기입니다.

(3) 기술자들의 덕은 절제(욕구를 종속시키는 것)입니다.

이를 통해 우리는 그 국가의 지혜, 용기, 절제가 각각 어떠한지 알 수 있습니다.

그럼 〈정의〉란 무엇일까요? 소크라테스는 정의를 〈이 세 계급 사이에 존재하는 관계와 조화〉라고 정의했습니다.

플라톤은 영혼에 대해, 국가가 세 계급에 각각 대응하는 세 가지 원칙을 찾아냈습니다.

즉 (1)〈분노(θυμός)〉는 언제나 (2)〈이성〉을 편들고 (3)〈욕망〉을 적으로 돌린다. 분노는 욕망에 대한 이성의 지배를 보장한다는 것입니다.

우리가 자기를 납득시킬 수 있는 것은 자신에게 폭력을 휘두르기 때문이다. 분노는 충실한 개 같아야 한다. 결정하는 것은 이성이고, 이성의 명령을 집행하는 것은 분노나 용기이며, 그에 따르는 것은 욕망이다. 정의가 성립되는 것은 그러한 상태에서이다.

……각각의 원칙은 자신의 장소를 지키는 한 정당하다. 이를테면 욕망이 판단에 관여할 때 욕망은 이성에 속하는 기능을 하고 있는 것이다…….

이렇게 정의와 부정을 찾아낸 뒤, 소크라테스는 부정의 몇 가지 형태를 검증합니다.

〈플라톤이 정의와 부정을 정의하는 방법은 완전히 내적이라는 것〉에 주목합시다. 사람은 어떤 행동도 취할 수 있지만 〈올바른 행동은 내적인 조화를 지닌 행동〉을 말합니다.

제6권

플라톤은 '나는 본다'고 말할 수 있는 것은 철학자뿐이라고 생각했습니다. (그러나 플라톤은 외적 세계의 존재를 부정하는 것은 아닙니다.)

철학자의 자격. 철학자는 모든 덕을 갖추고 있어야 합니다. 도시의 통치는 누구도 아닌 철학자의 손에 맡겨져야 합니다. 플라톤의 이러한 의견에는 모든 사람이 불가능하다고 반론했습니다.

그것에 대해 플라톤은 배의 비유를 사용하여 대답합니다.

우리는 그 비유에서 〈정치에 대한 플라톤의 견해〉를 발견할 수 있습니다.

선주는 국가의 정통한 소유자인 맹목적인 대중을 표상합니다. 대중은 누군가에게 권력을 위탁해야만 합니다. 거기서 〈사회에 대한 과학이 존재할 것인가?〉 하는 커다란 의문이 제기됩니다.

선주를 농락하려는(웅변) 자들에게 이 의문은 존재하지 않습니다. 그들은 선원들을 살해하고 키잡이를 때려눕힌 뒤, 먹고 마시고 노래 부르면서 난장판을 벌이기 시작합니다. 그들은 선주를 강제로 제압하지만, 별을 관찰하면 어떤 이익을 얻을 수 있는지 알지 못합니다.

따라서 이러한 상태를 뒤집을 수 있는 유일한 것이 사회에 대한 과학이 존재하는가 하는 의문입니다.

사회에 대한 과학이 있기만 하면 이 만취한 키잡이들을 당장 배제할 수 있습니다. 그러나 야심가들은 사회에 대한 과학이 존재하는 것을 두려워하는 데다 철학자가 거의 없습니다. 있다 해도 교육 때문에 타락해 버렸습니다.

〈재능이 풍부한 젊은이에게 최대이자 거의 유일하다고 할 수 있는 위험은 세상의 평가(집단적 궤변)입니다.〉 오늘날에는 특히 집단적 인상을 만들어 내기 위한 수단이 매우 강력해졌습니다. 자기에게 의문을 제기하고 넘어가는 것은 집단적 궤변 탓에 타락했기 때문입니다. 또 하나 젊은이를 구속하는 것은 〈중상(中傷)〉입니다.

〈대중〉은 본능적인 반응, 즉 반사를 하는 한 마리의 〈거대하고 완강한 야수〉입니다. 그런데 어떻게 하면 이 대중과 함께 행동할 수 있는지 알고자 하는 과학이 있습니다. 위대한 정치가들의 힘은 이 거대한 동물이 원하는 것을 미리 예감하는 데 있습니다. 거대한 동물이 좋아하는 것은 '아름답다', '올바르다', '선하다'고 규정하고, 좋아하지 않는 것은 '추하다' '나쁘다'고 규정하는 철학도 있습니다.

우리는 언젠가 이 거대한 야수를 조련할 수 있는 개인을 찾아낼 수 있을까요? 사회에 관한 문제는 모두 거기에 있습니다.

어쨌든 〈적어도 행동과 사고를 구별하고〉, 거대한 야수가 덮쳐오는 필연성을, 정의와 진실 같은 덕과 혼동하지 않고 이해해야 합니다. 거대한 동물은 강력한 집단적 상상력은 있어도 오성은 갖추지 못했습니다.

그러므로 거대한 동물에게는 어떤 능력이 없는지 생각해 봅시다. 이를테면 〈수학적 관념에 대한 능력이 없습니다.〉

소크라테스는 철학자가 어떻게 타락하게 되는지에 대해 얘기했습니다. 그에 따르면 철학자가 타락하는 것은 주위 사람들이 철학자를 권력 쪽으로 떠밀기 때문입니다. 그렇게 해서 철학이 팔려가는 것입니다. 그럼에도 진정한 철학자로 계속해서 남아 있는 사람은, 소크라테스가 말하는 정령(지적인 양심) 같은 특수한 사정의 덕을 입고 있는 것입니다.

그리고 소크라테스는 군인의 양성에 대해 언급하고, 군인은 이상(理想)의 모범을 알아야 한다고 했습니다.

〈불완전한 것은 어떠한 것의 척도도 되지 않는다.〉

(이 정식은 많은 문제에 적용되며, 잠재적으로는 데카르트 전체를 지탱하고 있는 것이기도 합니다.)

〈이러한 〈선에 대한 관념〉은 〈모든 인식〉에 선이 지닌 〈가치〉를 가져다 줍니다.〉

〈선에 대한 관념이 없는 인식은 허영심과 호기심을 낳는 원인이 됩니다.〉

〈맹종적인 덕(기계적)은 진정한 가치가 없으며, 외견의 영역에 속할 뿐입니다.〉

사람은 왜 자기에게 용기가 있는지, 왜 자기가 절제를 지키는지, 왜 자기가 올바른지에 대해 몰라도 상관없습니다. 그러나 그러한 사람들은 덕이 있는 그림자에 지나지 않습니다. 지식이 없는 판단은 간신히 길을 잃지 않고 걷는 시각장애자와 같습니다. 진실에 대해 생각해도 논증할 수 없는 사람은 잘못된 생각을 하는 사람과 마찬가지로 시각장애자나 다름없습니다. (이것은 과학과 덕에서의 '우연'에 적용할 수 있습니다.)

그러므로 우리는 〈선의 탐구〉를 위해 노력해야만 합니다. 〈선〉이 영혼에 대해, 눈에 보이는 사물에 대한 태양과 같은 것이라면, 그것을 '신(神)'이라고 명명할 수 있을 것입니다. 〈플라톤의 신은 데카르트의 신과 같습니다. 즉 신은 진실 위에 있는 존재를 말합니다. 영원한 진실을 가져다 주는 것은 바로 신과 세계와 우리 사이에 있는 관계입니다.〉

……플라톤과 데카르트는 동일한 존재가 둘로 구체화한 것입니다…….

제7권

동굴의 비유*45

〈동굴〉은 〈세계〉를 가리킵니다.

죄수들을 묶는 〈밧줄〉은 〈상상〉을 가리킵니다.

우리 자신의 〈그림자〉는 우리가 내성을 통해 알 수 있는 〈수동적인 상태〉를 말합니다.

〈동굴 속의 학자〉는 〈경험을 바탕으로 한 인식〉밖에 모르는 사람들을 말합니다(시간을 예보할 수 있는 사람들, 경험만으로 환자를 치료하는 의사, 사항의 의미만 알 수 있는 사람 등). 그들의 과학은 그 자체가 하나의 그림자에 지나지 않습니다.

플라톤은 교육에 대해 이렇게 말했습니다. 교육은 일반적으로 어린이들의 영혼에 사고를 심어 주는 데 있다. 그런데 〈누구든지 자신 속에 사고하는 능력은 갖추고 있다.〉 이해하지 못하는 것은 그 사람이 밧줄로 묶여 있기 때문이다. 영혼이 고통과 쾌락이라는 밧줄에 묶여 있을 때는 언제나, 영원한 규범에 대해서 지성을 통해 숙고할 수는 없다.

분명히 동굴 속에도 수학자는 있습니다. 그러나 그들은 명예와 경쟁과 상(賞)의 쟁탈에만 정신이 팔려 있습니다.

---

*45 플라톤은 《국가》 제7권에서 소크라테스의 입을 빌려 다음과 같은 이야기를 한다. 지하 동굴에 죄수가 갇혀 있다. 그들은 어릴 때부터 입구를 등지고 묶여 있어서 뒤도 옆도 돌아볼 수가 없다. 위쪽의 입구에 불이 타고 있고 자기 그림자가 앞쪽의 벽에 비친다. 사람들이 얘기하면서 지나가면 그 그림자도 움직이는데, 죄수들은 얘기하고 있는 것이 그림자라고 믿는다. 그들에게는 그림자의 세계가 온 세계이고, 허상이야말로 실상이다. 감성적 세계에 안주하여 이데아의 세계로 올라가지 않는 의식에 대한 비유이다.

〈영원한 규범을 이해할 수 없는 것은, 그 사람의 지적인 부족 때문이 아니라 윤리적인 부족 때문입니다.〉

완전한 규범에 관심을 두려면 〈영원한 것이 아닌 사물에 가치를 두는 행위를 중지해야 합니다.〉 우리는 자기 눈앞을 지나가는 하나의 세계를 시간과의 관계에서 응시할 수도 있고, 영원성과의 관계에서 응시할 수도 있습니다. 〈교육〉은 〈영혼을 그것이 응시해야 하는 방향으로 향하여, 영혼을 정념에서 해방하는〉 것에 있습니다.

플라톤의 윤리는 '맹목적이 된다는 가장 큰 과오를 자기 자신에게 저지르지 말라'는 것입니다. 〈우리는 자기의 사고력이 행동에 속박당하지 않을 때 올바르게 행동할 수 있음을 압니다.〉 자기가 명료하게 생각할 수 있는 행동만 하고, 영혼에게 그것을 명료하게 생각하지 못하게 하는 행동은 하지 않는 것, 플라톤의 윤리는 이것이 전부라고 할 수 있습니다.

〈진정한 윤리는 순수하게 내적입니다.〉

동굴 밖으로 나간 인간은 거대한 야수를 분노하게 만듭니다. (스탕달의 '아무리 올바른 추론이라 해도 사람에게 상처 준다' 참조)

지성은 자기에게 스스로 상처를 줍니다. 추론은 동굴 안의 인간을 분노하게 만듭니다.

사람은 동굴 속에 머무는 한, 덕에 대한 규칙을 외면적으로 아무리 관찰해 봤자 덕을 지닐 수는 없습니다. 〈지적인 생활과 윤리적인 생활은 같은 하나의 것입니다.〉

플라톤이 지나가는 것의 영역이라고 부른 것은, 사람이 자기의 정념과의 관계에서만 보는 사물을 말합니다.

'나는 이해할 수 없다'고 말해서는 안 됩니다. '나는 이해할 수 있게 되기 위해 영혼의 눈을 움직일 수 있다'고 자기에게 들려 주어야 합니다. 〈각각의 정신은 서로 평등하다〉는 발상은 사실 문제가 아니라 하나의 〈의무〉로 생각해야 합니다.(데카르트 참조)

현자들이 동굴 속으로 돌아가서 그곳에서 행동해야 합니다. 권력은 권력을 원하는 사람들이 아니라, 권력을 물리치려는 사람들의 손에 맡겨야 합니다.

플라톤은 〈동굴 밖에 나가고 싶어 하는 사람들을 형성하는 데 어울리는 과학〉은 무엇인지 찾았습니다. 그것은,

〈수학〉

〈기하학〉

〈천문학〉

〈음악〉이었습니다.

모든 과학에 적용되는 플라톤의 정식.

"과학은 신에 대한 상(像)이고, 진정한 사물의 그림자이다." 한편 감각되는 사물이라는 것은, 적어도 우리가 여전히 동굴 속에 있는 한 상징의 상징밖에 되지 않습니다.

기하학과 수학적 과학에 몰두하는 사람들은 존재에 도달하는 일이 있어도 이는 꿈속에서의 것과 같은 형태에 지나지 않습니다.

따라서 사고의 과정 자체를 이해하는 데는 수학보다 뛰어난 과학이 있습니다. 그것이 〈변증법〉(νόησις)입니다. 하지만 애석하게도, 이 뛰어난 과학이 어떠한 것인지 플라톤은 말해 주지 않습니다. 다만 변증법을 사용하는 사람이 되려면 어떤 자격이 필요한지 얘기할 뿐입니다. 그것에 따르면, 그는 노동하는 사람이고(육체적으로도 정신적으로도), 거짓말과 잘못된 것을 미워하는 사람이어야만 합니다.

Attente de Dieu
신을 기다리며

이 책은 Simone Weil, Attente de Dieu, La Colombe, 1950 전문을 옮긴 것이다.

원서 초판에는 여기 등장하는 편지의 수신인이자 유작의 보관자인 페랭 신부가 긴 서문을 덧붙이고, 편지마다 논문에 해설을 달아놓았다. 재판부터는 그런 것을 없애고 편집자의 간단한 설명만 달아놓았는데, 이 책을 썼을 무렵의 사정을 이해하는 데 도움이 되도록 초판에 있던 서문과 각 장의 머리글을 모두 옮겼다. 단 머리글은 본문 뒤로 돌렸다.

본문에 들어간 주석은 특별한 표시가 없는 한 모두 역주이다.

편지

1 세례에 대한 망설임

1942년 1월 19일

페랭 신부의 머리글

1942년 1월, 시몬 베유는 아르데슈에서 지낸 몇 달을 제외하고는 이미 1년도 넘게 마르세유에 살고 있었다. 나도 마르세유에 있었다. 우리는 가끔 만날 기회가 있었다. 그러니까 시몬이 나에게 편지를 쓴 것은 정말 드문 일이었다. 그때 나는 어디서 설교하고 있었는지 기억나지 않는다.

우리가 가장 관심을 기울이던 주제는 세례의 필요성과 그 풍요로운 은혜였다. 내게 보낸 이 가장 오래된 편지에서도 시몬은 이에 대해 언급했다.

이 편지에는 이 문제를 대하는 시몬의 성실함과 신의 권유와 자극을 기다리는 태도가 엿보인다.

나는 내면의 기적에 의존하는 방법이 부당하다고 서문에서 밝힌 바 있다. 신은 대가 없는 은총을 베풀어 더 인간적인 수단, 즉 신의 말씀과 신의 교회를 우리의 힘이 미치는 범위에 두셨으니까.

그렇다 하더라도 시몬처럼 자신을 신에게 바치고 신의 뜻을 듣고자 마음을 여는 행위는 역시 칭찬받아 마땅하다.

그리고 이 편지의 결론에도 불구하고, 시몬은 이 커다란 문제를 그 뒤에도 끊임없이 생각했음을 밝혀둔다. 시몬은 이다음에 보낸 편지에서도 이 문제를 언급했고, 나와 이야기할 때도 종종 이 주제를 꺼내들었다. 또 부활절이 지난 뒤에 한 친구와 세례에 관해 긴 토론을 했는데, 세례의 본질적 의식이 무엇인지, 세례를 하는 자와 받는 자가 어떤 자들인지 자세한 설명을 요구했다. 시몬은 항구 철책 너머로 친구에게 손을 내밀며 작별인사라도 하듯 이런 말했다. "바다는 아름다운 세례당이 될 것 같지 않아요?"

신부님

적어도 새로운 사정이 생기기 전에 저에 대한 이야기를 끝내고자 편지를 쓰기로 결심했습니다. 전 제 이야기를 하는 데 질렸습니다. 재미없는 주제니까요. 하지만 신부님이 친절하게 관심을 가져주시니 이야기하겠습니다.

저는 요즘 신의 뜻에 대해 생각하고 있습니다. 신의 뜻이란 무엇이며 그것과 완전히 일치하려면 어떻게 해야 할까요? 여기에 관한 저의 생각을 말씀드리고자 합니다.

우리는 신의 뜻을 세 영역으로 구분해야 합니다. 첫 번째는 우리 힘으로는 어찌할 수 없는 영역입니다. 여기에는 지금 이 순간에 우주에서 벌어지는 모든 것, 우리의 힘이 닿지 않는 곳에서 일어나려는 모든 것 그리고 나중에 일어날 모든 것이 포함되어 있습니다. 이 영역에서는 실제로 일어나는 모든 것이 예외 없이 다 신의 뜻입니다. 그러므로 이 영역에서 우리는 반드시 모든 것을 전체로서도, 아주 미세한 부분으로서도 사랑해야 합니다. 이 모든 것에는 온갖 형태의 악도 포함됩니다. 특히 지나가버린 과거 자신의 죄도(죄의 근원이 아직도 남아 있다면 그 죄를 미워해야겠지만), 과거와 현재와 미래의 괴로움도, 그리고―이것을 사랑하기란 비할 바 없이 어려운 일이지만―스스로 누그러뜨려야 할 것이 아닌 한 타인의 괴로움도 사랑해야 합니다. 다시 말해 손이 펜대와 펜촉을 통해 종이라는 물질을 명백하게 느끼듯이 우리는 예외 없이 모든 것들을 통해 신의 실재와 존재를 느껴야 하는 것입니다.

신의 뜻 중 두 번째 영역은 우리 의지의 지배하에 있는 영역입니다. 여기에는 순전히 자연적인 것, 가까운 것, 지성이나 상상으로 쉽게 표현되는 것이 속해 있으며, 유한하고 일정한 목적을 위해 우리는 그중 일정한 수단을 선택하고 정돈하고 조합할 수 있습니다. 이 영역에서는 분명한 의무로 여겨지는 모든 것을 어긋남 없이 그리고 지체 없이 수행해야 합니다. 어떤 의무도 명확하게 드러나지 않을 때에는 다소 임의로 선택한 기존의 기준을 지키거나 자신의 의향에 따라야 합니다. 다만 그 의향에 따르는 데는 한계가 있습니다. 죄의 가장 위험한 형태 중 하나는, 아니 어쩌면 가장 위험한 형태의 죄는 본질적으로 제한된 영역에 무제한한 것을 두는 것입니다.

신의 뜻 중 세 번째 영역은 우리 의지에 지배되지 않고 자연스러운 의무와도 무관하면서 우리에게서 완전히 독립되지 않은 영역입니다. 이 영역에서 우리는 신의 강요를 받아 마땅한 존재라는 전제 아래 그에 걸맞은 강요를 받습니다. 주의와 사랑을 기울여 신을 생각하는 영혼에게 신은 보답을 주십니다. 그 주의와 사랑에 수학적으로 엄밀히 비례하는 강요를 주시는 것이 그분의 보답입니다. 이 강요에 몸을 맡기고 이 강요가 인도하는 곳까지 정직하게 나아가야 하며, 그것이 좋은 방향이라 할지라도 그 이상으로는 한 발도 앞서가서는 안 됩니다. 늘 더 많은 사랑과 주의를 기울여 계속 신을 생각함으로써 신께 더 많이 나아가 영혼의 더 많은 부분이 끊임없이 강요받도록 만들어야 합니다. 영혼 전체가 신의 강요를 받게 될 때 인간은 완전한 덕의 경지에 이르게 됩니다. 그러나 어떤 단계에 있더라도, 설령 선을 지향하고 있더라도 우리는 거역하기 힘든 강요 이상의 행동을 해서는 안 됩니다.

저는 또한 '성례'에 대해서도 생각했는데 여기에 관한 생각도 말씀드리고자 합니다.

성례는 신과 어떠한 접촉을 하는 행위로서 신비롭고 특별한 가치가 있습니다. 이것은 신비로운 접촉이지만 현실적인 행위입니다. 또한 동시에 상징이나 의식으로서 순전히 인간적인 가치도 있습니다. 이 두 번째 측면에서 보면 성례는 어떤 정당의 노래나 제스처나 슬로건과 본질적으로 다르지 않습니다. 적어도 그 자체는 그 본질이 같습니다. 물론 성례는 그 뒤에 가르침이 이어진다는 관점에서는 이것들과 대단히 다릅니다. 대부분의 신자는 성례를 그저 상징과 의식으로서만 접하지 않나 싶습니다. 그렇지 않다고 생각하는 신자 가운데도 그러한 사람이 있습니다. 종교적인 것을 사회적인 것과 동일시하는 뒤르켐(Durkheim)의 이론은 어리석은 바가 있을지 모르나 진실을 내포하고 있습니다. 다시 말해서 사회적인 감정은 종교적인 감정으로 착각될 정도로 비슷하다는 것입니다. 가짜 다이아몬드와 진짜 다이아몬드가 똑같이 생긴 것처럼, 초자연적인 것을 식별하는 능력이 없는 사람은 실제로 잘못 인식하고 마는 것입니다. 게다가 상징과 의식으로서의 성례에 사회적·인간적으로 참여하는 것은 그 길로 나아가려는 모든 사람에게 훌륭하고 건전한 단계입니다. 그러나 이것은 성례에 참여하는 행위는 아닙니다. 저는 일정한 영적 수준을 넘어선 사람들만이 성례 자체에 참여할 수 있다고 생각합니다. 이 영적 수준에 못 미치는 사람들은 이 영적 수준에 도달하지 않는 한 무엇을 하건 엄격한 의미에서 교회에 속한다고 할 수 없습니다.

저는 이 영적 수준에 도달하지 못한 것 같습니다. 그러기에 지난번 저는 세례 받을 자격이 없는 듯하다고 말씀드린 것입니다. 그때 신부님은 제가 너무 소심해서 그런 생각을 하는 거라고 하셨지만, 그렇지 않습니다. 먼저 이 생각은 행동과 인간관계에 대한 명확한 죄의식에서 오는 것입니다. 그것은 심각하고 부끄러운 죄입니다. 신부님께서도 분명히 그렇게 생각하실 것입니다. 게다가 저는 이 죄를 매우 자주 범합니다. 또 이 생각은 그 이상으로 제 자신이 부족하다는 일반적인 의식에 토대를 두고 있습니다. 겸손해서 하는 이야기가 아닙니다. 겸손의 미덕은 아마도 가장 아름다운 미덕이므로, 제게 겸손의 미덕이 있다면 저는 자신의 부족함을 느낄 정도로 비참한 상태에 있지는 못하겠지요.

저에 관한 이야기를 끝내기 위해 말씀드리겠습니다. 저는 이렇게 생각합니다. 제가 교회 밖에 머무르는 까닭은 제가 불완전한 상태이기 때문이거나 제 소명과 신의 뜻이 서로 부딪치기 때문입니다. 첫 번째 경우, 제 힘으로 직접 개선하기란 불가능하지만 신께서 은총을 베풀어 주신다면 저는 이런 불완전함에서 벗어나 간접적으로 개선될 수 있습니다. 그러려면 한편으로는 자연적인 영역에서 죄를 저지르지 않도록 노력하고, 다른 한편으로는 신에게 더 많은 주의와 사랑을 쏟아야 합니다. 제가 교회에 들어가는 것이 신의 뜻이라면 제게 그에 걸맞은 자격이 생기는 바로 그 순간에 신은 자신의 뜻을 제게 강요하시겠지요.

두 번째 경우, 제가 교회에 들어가는 것이 신의 뜻이 아니라면 제가 어떻게 교회에 들어갈 수 있겠습니까? 신부님께서 되풀이해서 말씀하신 바는 잘 알고 있습니다. 적어도 그리스도교 국가에서 세례는 평범한 구원의 길이며 저만 다른 길을 걸어야 할 특별한 이유는 절대로 없다는 것이지요. 당연한 말씀입니다. 그렇지만 제가 실제로 그 길을 걷지 않는 이상 어쩔 도리 없는 일 아닐까요? 신께 복종하고 자신을 죄악으로 내몰지, 신께 복종하지 않고 구원 받을지를 결정하라면 전 역시 신께 복종하는 길을 택하겠습니다.

아직은 제가 교회에 들어가지 않는 것이 신의 뜻인 것 같습니다. 이미 말씀드렸다시피, 그리고 지금도 사실이지만, 저는 주의와 사랑으로 기도를 올릴 때에도 그 밖의 다른 때에도 저를 교회 밖에 붙들어두는 강한 힘을 느낍니다. 하지만 제가 신부님께 고백한 사상이 교회의 신도가 되는 것과 모순되지 않으며 따라서 정신적으로는 교회 밖에 있는 것이 아니라고 말씀해주셨을 때는 정말이지 무척 기뻤답니다.

이렇게 많은 사람이 유물론에 물들어 있는 시대에는 많은 남녀가 신과 그리스도께 헌신하면서 교회 밖에 머물 것을 신은 바라시지 않을까 저는 계속 생각하는 바입니다.

여하튼 가까운 시일 내에 제가 성직자가 되는 상황을 구체적으로 상상해보면, 많은 불행한 무신론자로부터 멀어지는 것만큼이나 괴로워집니다. 저는 다양한 환경 속으로 들어가 그들과 하나가 되고, 적어도 양심에 어긋나지 않는 범위 내에서 같이 어울리며, 그들 속에 몸을 던지는 일이 본질적으로 필요하다고 느낍니다. 그리고 바로 여기에 저의 사명이 있다고 생각합니다. 그것은 그들이 저에게 한 점 숨김없이 본연의 모습을 드러내도록 하기 위함입니다. 저는 있는 그대로의 그들을 사랑하기 위해 그들을 알고 싶은 것입니다. 있는 그대로의 그들을 사랑하지 않는다면 저는 그들을 사랑하지 않는 것이며 저의 사랑은 참사랑이 아닙니다. 그들을 돕겠다는 게 아닙니다. 불행하게도 그것은 지금까지 전혀 할 수 없는 일이었습니다. 옷으로 저를 평범한 사람들과 격리시키지 않기 위해, 어떤 일이 있어도 수도원에는 들어가지 않으렵니다. 그렇게 격리되는 것이 그리 불편하지 않은 사람들도 있습니다. 그런 사람들은 날 때부터 순수한 영혼의 소유자로서 태어난 순간부터 이미 평범한 사람들과 격리되어 있기 때문입니다. 전에도 말씀드린 것 같은데, 저는 그 반대로 모든 죄악 혹은 대부분의 죄악의 싹을 안고 있습니다. 특히 여행 도중에, 전에 말씀드린 것과 같은 상황*1에서 이 사실을 깨달았습니다. 저는 죄가 두렵고 소름끼쳤지만 놀랍지는 않았습니다. 제게도 그런 죄악의 가능성이 있음을 느꼈습니다. 그러기에 소름이 끼친 것입니다. 이 타고난 경향은 위험하고 고통스러운 것이지만 신의 은총으로 올바르게 이용하는 법만 안다면 선을 위해 쓸 수도 있습니다. 그런 경향에는 하나의 사명이 있습니다. 그것은 익명으로 남아 평범한 인간 속에 언제든 어울릴 수 있도록 하겠다는 사명입니다. 그러나 오늘날의 정신 상태에서는 종교인과 평신도 간의 괴리보

---

*1 서문 참조.

다는 교회에 다니는 신자와 불신자 간에 더욱 뚜렷한 장벽과 더욱 커다란 괴리가 존재합니다.

"누구든지 사람들 앞에서 나를 모른다고 하면, 나도 하늘에 계신 내 아버지 앞에서 그를 모른다고 할 것이다"라는 그리스도의 말씀을 저는 잘 알고 있습니다. 그러나 그리스도를 부인한다는 것이 교회에 속하지 않은 모든 사람을 무조건 의미하지는 않겠지요. 어떤 사람에게는 그리스도의 가르침을 실천하지 않는 것, 말씀을 전도하지 않는 것, 기회가 있어도 그 이름을 영광되게 하지 않는 것, 충심으로 죽지 않는 것만을 의미합니다.

불쾌하실지도 모르겠습니다만 솔직하게 말씀드려야겠습니다. 신부님을 불쾌하게 만드는 것은 여간 고통스러운 일이 아니지만요. 저는 신과 그리스도와 가톨릭의 신앙을 사랑합니다. 저처럼 비참하리만치 부족한 피조물이 사랑할 수 있는 최대한 사랑합니다. 성자들을, 그 저서와 전기를 통해 사랑합니다. 완전히 사랑할 수 없는 사람들, 성자로 생각되지 않는 사람들은 별개이지만요. 저는 저의 인생행로에 우연히 만난 진정한 가톨릭 신자 예닐곱을 사랑합니다. 가톨릭의 기도문, 찬송가, 건축, 예배, 제례를 사랑합니다. 하지만 사랑하는 이 모든 것과 관련된 것이 아니라면 본디 의미에서 교회는 털끝만큼도 사랑하지 않습니다. 그런 교회를 사랑하는 사람들을 동정할 수는 있으나 저는 그런 사랑을 느끼지 않습니다. 성자라면 누구나 그런 사랑을 느꼈으리라는 것을 잘 알고 있습니다. 그렇지만 이 성자들은 거의 교회에서 태어나 교회에서 자라난 사람들입니다. 여하튼 사람은 사랑하고 싶다고 해서 사랑을 느끼는 것이 아닙니다. 저는 모르는 부분이지만, 영혼의 진보로 이 사랑을 얻을 수 있는 것이라면, 혹은 이것이 저의 사명 중 일부라면 언젠가 저도 이런 사랑을 느끼게 되기를 갈망합니다. 제가 할 수 있는 말은 이것이 전부입니다.

어쩌면 방금 털어놓은 생각 중 어떤 것은 그릇되고 옳지 못한 생각이겠지요. 그렇지만 어떤 의미에서 그건 그리 대단한 문제가 아닙니다. 저는 이 문제를 더는 검토하고 싶지 않습니다. 이 모든 것을 숙고한 뒤에 저는 결론을 내렸습니다. 그 결론이란 제가 교회에 들어갈 가능성에 대해 이제 털끝만큼도 생각하지 않겠다는 분명한 결심입니다.

이 문제를 전혀 생각하지 않고 몇 주일, 몇 달, 몇 년을 지내다가 어느 날

갑자기 당장 세례를 받고 싶은 참을 수 없는 충동을 느끼고 세례를 부탁하러 한달음에 달려가는 일은 아주 있을 법한 일입니다. 신의 은총은 은밀하고 조용하게 차츰 마음속으로 찾아오는 법이니까요. 어쩌면 그런 충동을 단한 번 느끼지 않고 제 인생이 끝날지도 모릅니다. 그러나 한 가지만은 확실합니다. 어느 날 제가 세례의 은총을 받을 정도로 충분히 신을 사랑하게 된다면, 그날 당장 저는 신께서 원하시는 형태로, 진정한 세례이든 다른 방법으로든, 틀림없이 그 은총을 받아들이리란 것입니다. 그러니 제가 무얼 더 걱정하겠습니까? 저 자신을 생각하는 것은 제가 할 일이 아닙니다. 제가 할일은 신에 대해 생각하는 것입니다. 저를 생각하는 일은 신의 소관입니다.

편지가 매우 길어졌지요. 다시 신부님의 시간을 많이 빼앗고 말았네요. 모쪼록 용서해 주세요. 변명하자면 이 편지가 잠시나마 결론이 될 것입니다.

진심으로 고맙습니다.

시몬 베유

2 세례에 대한 망설임—추신

페랭 신부의 머리글

며칠도 채 지나지 않아, 편지인지 만나서 이야기했는지는 기억나지 않지만, 나는 시몬에게 이렇게 답했다.

자기 집이란 이기적인 시설일지 모르지만, 또한 남을 대접하거나 우리 형제들이 살 곳을 제공하는 수단도 되겠지요. 교회는 이 세상에 존재하는 하느님 아버지의 집이고 뉴맨의 말에 따르면 많은 영혼의 집도 되므로, 교회에 들어가는 것은 사람을 어떤 사물로부터도, 어떤 사람으로부터도 떨어뜨리는 것이 아닙니다. 반대로 그리스도에게 정착하는 것은 모든 장소와 모든 시대의 모든 형제에게 자기 자신을 주는 것입니다.

그러자 시몬은 이 긴 추신을 적어 보내왔다. 이것은 시몬이 아직 결론을 내리지 못했다는 증거이다.

바리새주의[*1]나 선에 관한 당파주의는 타인을 배척하는 것이며 무엇보다 나쁜 것이다. 주가 그것들을 비난한 것이 그 사실을 충분히 입증한다. 시몬이 그것들을 싫어한 것은 당연하다.

그러나 인간주의나 인간을 숭배하는 종교는 인간적인 대상에 신과 똑같은 가치를 부여하고 그것을 부당하게 신격화한다.

시몬 베유가 받은 자유주의 교육, 부모의 지나친 관대함, 인간애와 철학적 경향은 객관적 진리를 인정하는 경향이 아니었다. 시몬에게는 인간주의의 위험을 느낄만한 바탕이 없었다. 시몬이 마음을 굳히게 된 이유가 아마 여기에서 비롯되지 않았나 싶다.

---

*1 율법주의.

신이 인간의 모습을 빌려 인간 세상에 내려온 존재인 그리스도는 율법주의도 인간주의도 넘어섰다. 그리스도로 말미암아 그리스도교도는 인간과도 신과도 가까워졌고 모든 것에 대해 모든 것이 되라고 촉구 받았다. 모든 것을 혼동시키기 위해서가 아니라 모든 것을 구원하기 위해서이다. 교회의 자녀는 자신이 '보편적인 형제'가 되어야 함을 안다. '우리'란 '하늘에 계신 우리 아버지'의 '우리'로, 무엇과도 대립하지 않는다. 교회의 자녀는 모든 사람의 이름으로 기도해야 한다. '우리 가톨릭은'이라고 말할 때도 그것은 결코 타인을 배척한다는 의미가 아니다. 어린아이가 '나'라고 말할 때처럼 이 '우리'는 현존하는 자신 그대로를 명백하게 드러내면서 몸과 마음 모두 어른이 된 자기의 모든 것을 포괄하고 또 지향한다.

여섯 번째 편지에서 언급된 천재적인 신성함은 이렇듯 순수하게 신적인 동시에 명백하고 보편적으로 인간적인 태도를 통해 성립하는 것이다.

예를 들면, 우리가 불만을 느끼는 중세의 편견은 교회나 그리스도의 복음에 책임을 돌릴 일이 아니다. 그보다는 중세의 결함이 그 불완전성을 성자의 어깨에 지웠다는 데 주목해야 한다.

신부님

전에 잠정적으로나마 결론을 내렸다고 말씀드렸던 편지의 추신을 다시한 번 씁니다. 신부님을 위해 앞으로 이런 추신을 더는 쓰지 않게 되기를 바랍니다. 신부님이 혹여 지루해 하시지나 않을까 매우 걱정입니다. 하지만 이건 신부님 탓입니다. 제 생각을 말씀드려야한다고 생각하는 것은 제 잘못이 아닙니다.

얼마 전까지 저를 교회 문턱에서 멈추어 서게 했던 지적(知的) 장해물은 확실히 제거된 것 같습니다. 신부님은 지금 이대로의 저를 받아들이시기를 거부하지 않으니까요. 그래도 몇 가지 장해물은 아직도 남아 있습니다.

곰곰이 생각해 보니 그 장해물이란 결국 다음과 같은 것입니다. 저를 두렵게 하는 것은 사회구조로서의 교회입니다. 교회가 오염되었기 때문만이 아니라 교회의 특색 중 하나가 사회적인 것이라는 사실 때문입니다. 제가 매우 개인주의 성향을 가지고 있기 때문이어서가 아닙니다. 정반대의 이유 때문입니다. 제게는 남의 의견에 쉽게 동조하는 경향이 있습니다. 환경에 쉽게 영향을 받는 성격이고, 그것도 너무나 쉽게 영향을 받는데 특히 집단에 대해서는 더욱 그렇습니다. 만일 이 순간에 제 눈앞에서 젊은 독일인 스무 명남짓이 나치스의 노래를 합창하고 있다면 제 영혼의 일부는 순식간에 나치스가 될 테죠. 커다란 약점이지만 이것이 저입니다. 타고난 약점과 정면으로 부딪쳐봐야 소용없는 일이겠지요. 의무상 어쩔 수 없는 상황에서는 그런 약점이 없는 것처럼 자신을 채찍질하며 행동해야 합니다. 그리고 일상생활에서는 이런 약점을 잘 인식하고 신중하게 고려하여 이용하도록 노력해야 합니다. 타고난 약점은 모두 이용할 수 있게끔 만들어진 것이니까요.

저는 가톨릭 집단에 존재하는 교회에 대한 애국심을 두려워합니다. 제가 말하고자 하는 애국심은 영토적인 의미로서의 조국에 대한 느낌을 의미합니다. 제가 이러한 애국심을 두려워하는 이유는 제가 이런 애국심에 물들지 않을까 하는 생각에서입니다. 교회에는 그런 감정을 불러일으킬 만한 가치가 없다는 뜻이 아닙니다. 제가 그런 어떤 종류의 감정도 원하지 않기 때문입니다. '원하지 않는다'는 말은 적당하지 않군요. 그런 모든 종류의 감정은 그 대상이 무엇이건 저에게는 치명적임을 잘 알고 또 그렇게 느끼고 있습니다.

십자군이나 종교재판을 인정했던 성자도 더러 있었습니다. 저는 이들이 틀렸다는 생각이 들어 마지않습니다. 저는 양심의 불빛을 거역할 수 없습니다. 그들보다 훨씬 미천한 제가 이 점에서만큼은 그들보다 더 명확히 이해한다고 가정한다면 이 문제에서 그들이 매우 강력한 '어떤 것'에 눈이 가려졌음을 인정해야 할 것입니다. 이 어떤 것이란 사회구조로서 본 교회입니다. 이 사회구조가 성자들에게 해를 끼쳤다면 저에게도 해를 끼치지 말라는 보장이 없겠지요. 저는 사회적인 영향을 받기 쉽고, 게다가 그들보다 한없이 약한 존재니까요.

누가복음에서 악마가 세속적인 왕국에 대해 그리스도에게 한 말만큼 깊이 있는 말은 이제껏 들어본 적도 본 적도 없습니다. "내가 저 나라들의 모든 권세와 영광을 당신에게 주겠다. 내가 받은 것이니 내가 원하는 이에게 주노라." 결론적으로 사회구조가 악마의 영역임은 움직일 수 없는 사실입니다. 육체는 '나'라고 하기를 강요하고 악마는 '우리'라고 하기를 강요합니다. 혹은 독재자들처럼 집단적인 의미에서 '나'라고 말기를 강요합니다. 그리고 악마는 그 고유의 사명에 따라 가짜 신, 즉 신의 대용품을 만들어 냅니다.

제가 사회적이라고 하는 것은 사회에 관계된 모든 것이 아니라 집단 감정만을 의미합니다.

교회도 필연적으로 사회적인 존재임은 잘 압니다. 그렇지 않다면 교회는 존재하지 않겠죠. 그러나 교회가 사회적인 존재인 한, 교회는 '이 세상의 우두머리*2'에게 속합니다. 교회가 진리를 보존하고 전파하는 기관이기에 그곳은 저처럼 사회적인 영향에 지나치게 노출된 사람들에게는 극도로 위험합니다. 이런 식으로 가장 순수한 것과 가장 더러운 것이 같은 말 속에 혼재되어 혼동을 일으키고, 거의 분해가 불가능한 혼합물을 만들어내기 때문입니다.

누구든지 새로 들어온 사람을 열렬히 환영하는 것이 가톨릭의 분위기이지요. 그러나 저는 어떤 환경에 들어가 '우리'라는 환경에서 살고 '우리'의 일부가 되어, 그게 어떤 것이건 남의 환경을 자신의 거처로 삼아 안착하기를 원치 않습니다. '원치 않는다'는 표현은 틀린 것 같군요. 확실히 저는 그렇게 되기를 바랍니다. 그런 것은 매우 유쾌한 일입니다. 그러나 저에게는 허용되지 않은 것이라는 느낌이 듭니다. 예외 없이 모든 인간 집단에서도 홀로 멀리 떨어져 지내는 것이 저에게는 필요하고 또 그렇게 정해져 있다는 생각이 듭니다.

이것은 제가 어떤 인간관계라도 좋으니 제가 맞닥뜨린 환경에 동화되어 거기서 스러지고 싶다고 한 지난번 내용과 모순될지도 모르겠습니다. 하지만 실제로는 똑같은 것입니다. 거기서 스러진다는 것은 그 인간집단의 일부가 되겠다는 의미가 아니며, 어떤 환경에라도 동화된다는 것은 어디에도 소속되지 않겠다는 뜻입니다.

이렇게 말로 표현하기 힘든 생각을 제대로 이해해주실지 모르겠습니다. 이런 생각은 속세에 관한 것이니 성례의 초자연적 성격을 바라보는 시각에서는 시시하게 비치겠지요. 하지만 제 안에서 초자연적인 것과 악이 불순하게 뒤섞이는 것이야말로 제가 걱정하는 바입니다.

먹는 행위와 비교할 때 굶주림은 음식과 아주 불완전한 관계이지만 마찬가지로 현실적인 관계이기도 합니다.

---

*2 악마.

어떤 타고난 경향, 기질, 과거, 사명 등을 가진 사람에게는 성례를 바라기만 하고 받지는 않는 것이 성례에 참여하는 것보다 더 순수한 접촉이 될지 모른다는 것은 충분히 생각할 수 있는 일입니다.

제가 거기에 해당하는지는 전혀 모르겠습니다. 저는 그들이 예외임을 잘 알고, 제가 예외에 해당한다고 주장하는 것은 어리석고 섣부른 판단이라는 생각이 듭니다. 하지만 예외적인 성격은 남들보다 우수해서가 아니라 뒤떨어지기 때문에 생기는 것입니다. 저는 여기에 해당하는 것 같습니다.

어찌되었든 전에 말씀드렸다시피 어떠한 경우에건 제가 실제로 성례와 참된 접촉을 하기란 불가능하며 단지 그러한 접촉이 가능하다고 예감할 뿐입니다. 게다가 성례와 어떤 관계에 있어야 옳은지 현재로서는 정말 모르겠습니다.

제 자신을 전부 신부님께 맡기고 신부님께서 모든 결정을 내려주시기를 부탁하고 싶은 유혹을 받을 때가 있습니다. 그러나 결국 그럴 수 없습니다. 저에겐 그럴 권리가 없으니까요.

중요한 일을 대할 때는 장해물을 극복할 수 없습니다. 그 장해물이 착각에서 비롯될 때는 그것이 사라질 때까지 끈기 있게 주시해야 합니다. 제가 장해물이라고 부르는 것은 선의를 향해 한 발짝 내디딜 때마다 극복해야 하는 무기력함과는 아주 다릅니다. 저는 이런 무기력함도 경험했습니다. 이 장해물은 아주 별개의 문제입니다. 이 장해물들이 사라지기 전에 그것을 극복하려 한다면, 하나의 악령이 사라지고 일곱 개의 악령이 들어왔다는, 복음서의 한 구절이 암시하는 대체 현상과 마주칠 위험이 있다는 것이 저의 생각입니다.

제가 부적절한 마음가짐으로 세례를 받고 나중에 가서 단 한순간이나마 내적인 후회를 하게 될지도 모른다는 생각을 하는 것만으로도 소름이 끼칩니다. 세례가 구원의 절대적인 조건임을 확신한다 해도, 구원을 받겠다고 그런 모험은 하지 않겠습니다. 그런 위험이 없다는 확신이 없는 한 저는 그런 모험을 삼가고 싶습니다. 그러한 확신은 저 자신이 신께 순종하고 있다고 생각될 때만이 얻어집니다. 순종만이 시간에 구애받지 않는 길입니다.

만약 제 앞에 있는 이 책상 위에 영원한 구원이 놓여 있어서 제가 손만 뻗으면 구원을 얻을 수 있다 해도 저는 그리 하라는 명령을 받지 않는 한 손을 뻗지 않을 것입니다. 적어도 저는 그런 인간이고 싶습니다. 그리고 그것이 저 자신의 구원이 아니고 과거, 현재, 미래의 모든 인류의 영원한 구원이라 해도 저의 태도는 같아야 한다고 생각합니다. 무척 어려운 일이겠지요. 그러나 저 개인의 구원만 걸린 문제라면 무에 어렵겠습니까. 전 전체로서의, 그러니까 십자가에 이르기 위한 순종 이외에는 바라지 않으니까요.

하지만 전 이렇게 말해서는 안 됩니다. 이렇게 말하면 저는 거짓말을 하는 셈입니다. 제가 완전한 순종을 바란다면 쉽게 얻을 수 있을 테니까요. 그리고 실제로 저는 명백한 의무라 느끼는 것을 며칠씩 끊임없이 미루고 있으니까요. 실행 그 자체도 매우 간단하고, 다른 사람에게도 중대한 영향을 끼칠지 모르는 의무인데도 실행을 늦추고 있는 것입니다.

그러나 저의 이 딱한 상태를 다 말씀드리자면 너무나 지루하고 재미도 없겠지요. 확실히 별 쓸모없는 이야기이기도 합니다. 다만 신부님이 저를 오해하지 않는 데는 도움이 될 것입니다.

부디 제가 늘 신부님께 깊이 고마워하고 있음을 알아주세요. 이것이 그저 겉치레 인사가 아님을 알아주시리라 믿습니다.

시몬 베유

3 시몬 베유의 출발

1942년 4월 16일

신부님

예기치 않은 일이 발생하지 않는 한 일주일 뒤에 마지막으로 뵐 수 있을 것 같습니다. 이달 말로 출발 날짜가 잡혔습니다.

그 논문집에 대하여 천천히 이야기할 수 있도록 배려해 주시면 감사하겠습니다. 하지만 아마 불가능한 일이겠지요.

저는 떠나고 싶은 마음이 조금도 없습니다. 불안한 마음으로 떠나게 되겠지요. 확률을 계산해서 정했지만 그 계산은 너무도 불확실해서 아무런 믿음이 안 갑니다. 벌써 몇 년 전부터 제 안에 존재하고 있고 실현 가능성 없어 보이나 과감히 버리지도 못하는 생각이지만, 저를 이끄는 이 생각은 신부님께서 몇 달 전부터 넓은 아량으로 도와주셨음에도 성공하지 못한 그 계획과 매우 비슷합니다.

가속도를 올리며 진행되는 지금의 상황에서는 머물겠다는 결정이 제 의지인 것처럼 보입니다. 결국 그것이 저를 떠나도록 떠미는 주된 이유입니다. 저의 가장 큰 바람은 모든 의지뿐만 아니라 저라는 존재 자체를 완전히 상실하는 것입니다.

무언가가 저에게 떠나라고 말하는 것 같습니다. 그것이 감수성에서 비롯되지 않았음을 확신하기에 그 지시에 저 자신을 내맡기기로 했습니다.

이 자기 체념이 그릇된 것이라 해도, 마지막에는 저를 좋은 피난처로 이끌어주기를 기대합니다.

아시겠지만 좋은 피난처란 십자가를 의미합니다. 만일 제가 훗날 그리스도의 십자가를 같이 나눌 수 있는 은혜를 받지 못한다면 적어도 회개한 도적의 십자가를 같이 나누고 싶습니다. 복음서에 나오는 인물들 가운데 그리

신을 기다리며

스도를 빼면 저는 회개한 도적이 가장 부럽습니다. 그리스도와 나란히 십자가에 매달린 것은 영광스런 그리스도의 오른편에 앉는 것보다 훨씬 부러운 특권처럼 보입니다.

날짜는 다가오고 있지만 저는 아직 돌이키지 못할 만큼 굳은 결심을 하지 못했습니다. 그러니 제게 하실 충고가 있다면 지금 해도 늦지 않습니다. 하지만 너무 깊이 생각하지는 말아주세요. 신부님께는 생각해야 할 훨씬 중요한 일들이 많을 테니까요.

일단 떠나면 신부님을 다시는 뵐 수 없게 될지도 모르겠습니다. 아시겠지만 저는 저쪽에서 신부님과 만날 수 있으리라고는 생각하지 않습니다. 하지만 그것은 중요한 문제가 아닙니다. 신부님의 존재만으로도 충분히 우정을 느낄 수 있습니다.

프랑스에 남기고 가는 모든 사람을 생각하면 매우 고통스럽습니다. 특히 신부님을 생각하면 더욱 그렇지요. 하지만 이것 역시 중요한 문제가 아닙니다. 신부님께는 절대로 재앙이 될 만한 일이 일어나지 않으리라고 믿으니까요.

신부님과 떨어져 있다 해도 신부님께 받은 은혜는 지금처럼 나날이 커져갈 것입니다. 물리적인 거리가 제가 신부님을 생각하는 마음을 방해하지는 못할 테니까요. 그리고 신을 생각할 때마다 신부님 생각이 날 테니까요.

저의 자식과 같은 애정을 받아 주세요.

시몬 베유

추신 : 아시다시피 제게 이 출발은 고통이나 위험으로부터 벗어나는 것과는 전혀 다른 문제입니다. 저의 불안은 이렇게 떠남으로써 제 의지와는 달리 저도 모르게, 제가 무엇보다 하기 싫었던 일을 하게 되지나 않을까 하는 걱정에서 비롯된 것입니다. 다시 말하면 도망 말입니다. 지금까지는 평화로운 삶이었습니다. 제가 떠남과 동시에 이 평화로움이 사라진다면 두려운 일이 아닐 수 없지요. 틀림없이 그렇게 될 거라고 생각했다면 저는 그냥 눌러 앉았을 것입니다. 앞으로 무슨 일이 일어날지 예측하실 수 있다면 부디 알려 주세요.

4 시몬 베유의 영적인 자서전

페랭 신부의 머리글

시몬 베유의 부모님은 프랑스를 떠나기로 했다. 시몬은 몇 번이고 망설인 끝에, 전쟁이나 점령의 피해를 입은 불행한 형제들을 더욱 효과적으로 도울 수 있을 것이라는 희망을 품고 부모님과 동행하기로 결심했다.

나는 몽펠리에 있었다. 시몬은 스스로 '영적자서전'이라 부르는 이 긴 편지를 승선하기 전에 내 앞으로 썼다.

추신 : 먼저 읽으시기 바랍니다.

이 편지는 매우 길지만 답장은 하지 않으셔도 됩니다. 특히 이 편지가 신부님께 도착했을 땐 전 이미 떠난 뒤일 테니 더욱 그렇지요. 그러니 몇 년에 걸쳐 읽으시더라도 상관없습니다. 그렇지만 언젠가는 읽어주시기 바랍니다.

마르세유에서 5월 15일 무렵

신부님께

떠나기 전에 다시 한 번 말씀드리고 싶은 것이 있습니다. 아마 이번이 마지막이 되겠지요. 도착한 다음에는 가끔 편지로 제 소식을 알리고 신부님으로부터 답장을 받기가 힘들어질 테니까요.

제가 신부님께 큰 은혜를 입었다고 말씀드린 적이 있지요. 그 은혜가 무엇인지 정확하고 솔직하게 말씀드리고자 합니다. 신부님께서 저의 영적 상태를 진정으로 이해해 주신다면 제가 세례를 받도록 인도하지 못한 것을 조금도 유감스럽게 생각하지 않으시리라 믿습니다. 하지만 신부님께서 이해해 주실지 어떨지는 모르겠습니다.

신부님께서는 저에게 그리스도교적 영감을 주지도 않으셨고, 저를 그리스도에게 인도하지도 않으셨습니다. 제가 신부님을 만났을 때는 이미 그럴 필요가 없었고, 그 일은 어떤 인간의 개입 없이 이루어지고 있었기 때문입니다. 그렇지 않았다면, 즉 제가 암묵적으로 그리고 의식적으로 그리스도에 사로잡히지 않았더라면, 신부님은 저에게 무엇도 주실 수 없었겠지요. 제가 신부님으로부터 무엇도 받지 않았을 테니까요. 제가 신부님께 느끼는 우정은 신부님께서 설교를 거절할 이유가 되었겠지요. 저는 인간이 신의 영역에 오해나 환각을 불어넣을 가능성을 두려워했으니까요.

저는 태어나서 단 한 번도 신을 탐구한 적이 없습니다. 확실히 지나치게 주관적인 이유일지 모르지만, 아마 그 때문에 신을 탐구한다는 표현을 좋아하지 않을 뿐 아니라 잘못된 표현이라고까지 생각하는 듯합니다. 어렸을 때부터 그렇게 생각해왔습니다. 즉 신의 문제는 지상에서는 다룰 수 없는 문제이고 이에 대한 잘못된 결론은 가장 큰 죄악인 바, 이러한 죄를 저지르지 않는 유일한 방법은 이 문제를 그대로 내버려 두는 것이라고 말입니다. 그래서 저는 신의 문제를 그대로 내버려 두었습니다. 긍정도 부정도 하지 않았습니다. 이 문제를 푸는 것은 저에게는 아무런 득도 없는 일로 보였습니다. 속세에 사는 우리가 취해야 할 태도는 속세의 문제를 최선을 다해 해결하는 것이지 신의 문제를 해결하는 것이 아니라고 생각했기 때문입니다.

적어도 저에게는 사실이었습니다. 이런 태도를 선택하는 데 주저한 적은 없었습니다. 언제나 그리스도교도적인 태도를 제가 선택할 수 있는 유일한 태도로 받아들였습니다. 저는 이른바 그리스도교적인 환경에서 태어나 그 속에서 자라고 늘 그 속에 머물러 있었습니다. 제 머릿속에 신의 이름이 전혀 들어있지 않을 때조차, 이 세상과 삶의 문제를 대할 때는 확실하고 엄밀하게 그리스도교적 사고방식을 품었고 그중 가장 특징적인 개념도 받아들였습니다. 이 개념들 중 일부는 기억조차 나지 않는 아주 오래 전부터 저의 견해의 일부가 되었습니다. 다른 개념들은 언제 어떤 식으로 어떤 형태로 제 속에 자리 잡았는지 저는 똑똑히 기억합니다.

예를 들면 저는 내세에 대해 생각하기를 언제나 자제해왔지만 죽음의 순간이 생의 규칙이요 목표라고 늘 믿어 왔습니다. 저는 보람 있게 사는 사람에게는 죽음의 시간이란 순수하고 진실하고 확실하고 영원한 진리가 영혼 속으로 들어가는 아주 짧은 순간이라고 생각해 왔습니다. 저는 저 자신을 위해 다른 선(善)을 바란 적이 없습니다. 이러한 선으로 이끄는 삶은 누구에게나 공통된 도덕률에 의하여 규정되는 것이요 또한 이러한 삶 속에서 지극히 개인적인 행위와 사건이 저마다에게 꼬리를 물고 일어나는 것이라고 생각해 왔습니다. 그 계기는 강제적인 것이며, 이를 피해 그냥 지나가는 사람은 목표에 도달할 수 없습니다. 이것이 제가 생각하는 사명의 개념이었습니다. 사명이 부여하는 행동의 기준은 감수성이나 이성으로부터 오는 것과는 본질적으로 그리고 분명히 다른 충동에서 기인하며, 그러한 충동이 불가능한 일을 요구할지라도, 충동이 일었을 때 거기에 따르지 않는 것만큼 큰 불행은 없다고 생각했습니다. 저는 순종을 이렇게 이해하고, 공장에 들어가 일을 할 때 이 생각을 시험해 보았습니다. 그때 제가 최근에 말씀드렸던 그 강렬하고 줄기찬 고통을 겪은 것입니다. 저는 늘 가장 아름다운 삶이란 모든 것이 상황의 압력이나 충동에 따라 규정되고 선택의 여지란 전혀 없는 삶이라고 생각해 왔습니다.

저는 열넷에 사춘기를 겪으며 한없이 깊은 절망감에 빠졌습니다. 제가 타고난 능력이 너무도 평범하다는 이유였는데, 그것 때문에 죽음을 심각하게 생각했습니다. 비범한 재능을 타고나 파스칼에 견줄 만한 유년기와 청년기를 보낸 오빠 덕에 저는 아무래도 열등감을 느낄 수밖에 없었습니다. 저는 가시적인 성공을 거두지 못하는 것을 한탄한 게 아닙니다. 진정으로 위대한 사람만이 들어 갈 수 있는, 진리가 존재하는 저 초월적인 왕국에 가까이 갈 수 없다는 사실을 한탄했습니다. 그곳에 가까이 다가지도 못하고 살 바에야 죽는 편이 낫다고 생각했습니다. 그렇게 우울한 몇 달을 보낸 뒤에 저는 문득 이런 확신이 들었습니다. 타고난 재능이 거의 없는 사람일지라도 누구든지 진리를 갈망하며 그 진리에 다다르기 위해 끊임없이 노력하고 집중한다면 천재만이 들어갈 수 있는 저 진리의 왕국에 들어갈 수 있다고 말입니다. 그 확신은 지금도 변함이 없습니다. 그런 사람도 이렇게 해서 천재가 될 수 있습니다. 재능이 없어 외부에서는 그 천재성이 보이지 않는다 해도 결국 천재가 되는 것입니다. 저는 두통 때문에 그나마 하찮은 능력이 마비되고 곧 그 마비가 결정적인 장애로 이어질 거라고 생각해 거의 포기했을 때도 이 확신을 품고 십 년 동안 계속해서 주의와 노력을 기울여 올 수 있었습니다.

진리라는 이름에 미와 덕과 모든 선을 포함시킨 저에게는 은총과 소망의 관계가 문제였습니다. 제가 얻은 확신은 "너희 가운데 아들이 빵을 청하는데 돌을 줄 사람이 어디 있겠느냐(마태오복음서 7 : 9)" 하는 것이었습니다. 그러나 그때에는 복음서를 읽지는 않았습니다.

저는 소망 그 자체가 온갖 영적인 선의 영역에서 효력을 발휘한다고 확신하면 할수록 다른 영역에서는 그만큼 효력을 발휘하지 못한다고 확신해도 좋다고 믿었습니다.

청빈 정신에 대해 말씀드립니다. 불행히도 저의 불완전성과 양립되는 약한 수준에서이지만, 저는 이 정신을 잊고 산 적이 없습니다. 전 성 프란체스코를 알게 된 순간부터 이 성자에게 마음을 빼앗겼습니다. 성 프란체스코가 자유롭게 받아들였던 부랑과 빈곤을 언젠가 운명이 저에게 강요할 거라 늘 믿었고 또 그러기를 바랐습니다. 적어도 지금 이 나이가 되도록 그 상태를 경험하지 못하리라고는 생각하지 않았습니다. 감옥에 대해서도 마찬가지였습니다.

또한 저는 아주 어렸을 때부터 이웃애라는 그리스도교적 사상을 품고 있었습니다. 저는 이 사상에 복음서에 자주 등장하는 '정의'라는 매우 아름다운 이름을 붙였습니다. 아시다시피 저는 이제껏 이웃애를 크게 저버린 일이 몇 번인가 있습니다.

신의 뜻은 무엇이든 받아들여야 한다는 의무를 마르쿠스 아우렐리우스는 자신의 책에서 '운명에 대한 사랑'이라는 스토아학파식 표현으로 기술했습니다. 이 글을 발견한 뒤로 이것은 저의 정신에서 모든 의무들 가운데 으뜸가는 가장 필수적인 의무로서, 이를 다하지 않으면 명예를 잃고 말 의무로서 각인되었습니다.

순결이라는 개념은 이 단어가 그리스도교인에게 주는 모든 의미에서 열일곱의 저를 사로잡았습니다. 사춘기에 으레 있을 수 있는 정서적인 불안을 겪고 난 몇 달 뒤의 일입니다. 순결이라는 개념은 제가 어떤 산의 경치를 감상하고 있을 때 문득 떠올랐다가 거부할 수 없을 정도로 조금씩 제 속으로 파고들었습니다.

물론 저는 저의 인생관이 그리스도교에 바탕을 둔 것임을 잘 알고 있습니다. 그러기에 제가 그리스도교에 들어갈 수 있다는 생각을 결코 하지 않던 것입니다. 저는 그리스도교 안에서 태어났음을 인식하고 있었습니다. 그러나 확증의 강요를 받지도 않고서 이런 인생관에 교리를 부가한다는 것은 성실함이 결여된 행동으로 보였습니다. 교리의 진실성을 문제 삼는 것, 혹은 단순히 이 문제에 확신을 품고자 갈망하는 것조차도 성실하지 못한 행동으로 보였습니다. 저는 지적인 성실에 대해 지극히 엄격하게 생각합니다. 저는 여러 가지 면에서 성실함이 결여되어 보이는 사람을 만난 적이 없고, 제 자신이 성실함이 결여된 인간이 아닌가 하는 걱정을 늘 하고 있습니다.

이렇게 해서 교리에 접근하기를 꺼리게 된 저는 교회에는 가고 싶었지만 일종의 수치감 때문에 그러지를 못했습니다. 그럼에도 가톨릭과 진정 중요한 접촉을 할 기회가 세 번 있었습니다.

공장에서 일한 뒤 다시 교편을 잡기 전에 부모님은 저를 포르투갈로 데려가셨습니다. 그때 부모님 곁을 떠나 혼자서 조그만 마을로 들어갔습니다. 그 무렵 저는 몸도 마음도 지칠 대로 지쳐 있었습니다. 공장 생활을 통해 불행을 접함으로써 청춘이 죽어버린 까닭입니다. 그때까지는 개인적인 불행 말고는 다른 불행을 경험한 적이 없었고, 제 불행은 저만의 것이므로 그리 대단하게 생각하지도 않았으며, 그것은 생물학적인 것이지 사회적인 것이 아니었으므로 절반의 불행에 지나지 않았던 것입니다. 이 세상에 많은 불행이 있음은 잘 알았고 그로 인해 고민했지만 그렇게 오래도록 불행을 접하고 확신한 적은 없었습니다. 공장에서는 저도 그저 평범한 익명의 대중이었으므로 다른 사람의 불행이 저의 살과 영혼을 파고들었습니다. 아무것도 다른 사람의 불행과 저를 격리시키지 못했습니다. 그곳에서는 저의 과거를 완전히 잊었고, 미래에 대한 기대도 전혀 없었습니다. 평생 그 피로를 견뎌내며 살아가야 한다고는 감히 상상할 수조차 없었습니다. 누가 저에게 상스럽지 않은 태도로 말을 걸어오면, 그게 누구든 또 어떤 상황이든 저는 거기에 무슨 실수가 있으며 불행하게도 그 사람은 곧 자기 실수를 깨닫게 될 것이라고 생각할 수밖에 없었습니다. 로마인들이 자신들이 가장 경멸하는 노예의 이마에 벌겋게 달군 쇠로 낙인을 찍듯이 그곳에서 저는 영원히 노예의 낙인을 받았습니다. 그 뒤로 저는 저 자신을 언제나 노예로 간주해 왔습니다.

저는 이렇게 비참한 몸과 정신으로, 애석하게도 역시 비참하기 그지없는 포르투갈의 조그만 마을로 혼자서 들어갔습니다. 달 밝은 밤이었고 마침 수호성인제가 열리는 날이었습니다. 마을은 해안에 있었습니다. 어촌의 아낙네들이 촛불을 들고 배 주위를 줄지어 돌며 가슴 에는 절절한 목소리로 옛날 찬송가인 듯한 노래를 부르고 있었습니다. 제 글 솜씨로는 잘 표현할 수가 없습니다. 저는 〈볼가 강의 뱃노래〉 말고는 그렇게 비통한 노래를 들어 본 적이 없습니다. 거기서 갑자기 저는 그리스도교는 노예들의 종교라는 것, 노예들은 그리스도교에 매달릴 수밖에 없다는 것, 저 자신도 그 노예 가운데 한 사람이라는 것을 확신하게 되었습니다.

1937년에는 아시시(Assisi)에서 멋진 이틀을 보냈습니다. 저는 12세기 로마네스크 양식으로 지어진 산타 마리아 델리 안젤리 성당에 있었습니다. 그곳은 성 프랑체스코가 종종 기도를 올리던 곳인데, 그 견줄 바 없이 순결하고 훌륭한 곳에 홀로 있을 때 저는 저보다 강력한 어떤 힘에 이끌려 태어나서 처음으로 무릎을 꿇었습니다.

1938년에는 종려주일부터 부활절 화요일까지 열흘을 솔레스메스 (Solesmes) 수도원에서 보내며 모든 예배에 참가했습니다. 심한 두통 때문에 무슨 소리를 들을 때마다 구타당하는 듯한 통증을 느꼈습니다. 저는 젖 먹던 힘을 짜내어 온 신경을 집중한 결과 이 불쌍한 육체를 벗어던져 육체는 육체대로 고통 받게 내버려 두고, 때 묻지 않은 아름다운 찬송과 말씀에서 순결하고 완전한 기쁨을 찾을 수 있었습니다. 이러한 경험을 통해 고통 가운데서도 신을 사랑할 수 있음을 더 잘 이해하게 되었습니다. 결정적으로 예배 도중에 그리스도의 수난에 대한 생각이 제 마음에 들어왔음은 말할 필요도 없습니다.

그곳에 어떤 젊은 영국 가톨릭 신자가 있었는데 성체를 받은 뒤에 그 사람에게서는 정말로 천사처럼 광채가 났습니다. 그 모습을 보고 저는 처음으로 성례의 초자연적인 힘을 생각했습니다. 그 사람은 우연히—저는 섭리라는 말보다 우연이라는 말을 즐겨 씁니다—저에게 복음을 전하는 사자(使者)가 되었습니다. 그 사람이 저에게 이른바 형이상학적이라고 불리는 17세기 영국 시인들의 존재를 알려주었기 때문입니다. 나중에 이 시들을 찾아 읽었을 때 〈사랑〉이라는 제목의 시*³를 발견했는데, 이것이 바로 유감스럽게도 신부님께 어설픈 번역으로 읽어드린 바로 그 시입니다. 저는 이 시를 통째로

---

*3 서문 참조.

외웠습니다. 가끔 두통이 절정에 달할 때면 이 시에 온 신경을 집중시키고 이 시가 품고 있는 부드러움에 제 영혼을 내맡기고 암송하는 연습을 합니다. 처음에는 그저 아름다운 시를 읊는다고만 생각했는데 저도 모르는 사이에 이 암송은 기도와도 같은 힘을 얻게 되었습니다. 전에 편지로 말씀드렸다시피 그리스도가 친히 강림하사 저의 손을 잡아주신 때는 바로 이 암송의 순간이었습니다.

신의 문제를 풀 수 없는 것으로 간주할 때는 이런 가능성을 예견하지 못했습니다. 이 지상에서 인간과 신 사이에 현실의 인격적인 접촉이 일어날 수 있으리라고는 생각하지 못했습니다. 그런 일을 막연하게 들어본 적은 있으나 믿은 적은 없었습니다. 성 프란체스코의 저서《작은 꽃》을 읽을 때는 복음서에 묘사된 기적을 읽을 때처럼 다른 무엇보다도 그리스도가 강림하는 대목에 큰 반발심을 느꼈습니다. 그러므로 당연히 이렇게 그리스도께서 갑자기 나타나 제 손을 잡아주셨을 때는 아무런 감각도 느끼지 못했고 아무런 생각도 나지 않았습니다. 저는 고통을 통해, 사랑하는 사람의 얼굴에 어린 미소에서 읽을 수 있는 것과 닮은 사랑의 존재를 느꼈을 뿐입니다.

저는 신비주의자가 쓴 작품을 읽은 적이 없습니다. 그런 책을 읽으라고 명령하는 목소리를 들은 적이 없기 때문입니다. 저는 독서를 할 때에도 언제나 순종의 덕을 실천하려고 노력했습니다. 지적인 발전을 이루는 데 이보다 좋은 것은 없습니다. 되도록 제가 굶주린 것을 굶주린 때에만 읽고, 그럴 때에는 읽는 게 아니라 먹어치웁니다. 신께서는 자비롭게도 제가 신비주의자의 책을 읽지 않아도 되게끔 하셨습니다. 그 이유는 전혀 예기치 못했던 이 접촉이 저 스스로 만들어낸 것이 아님을 저 자신에게 분명히 하기 위함입니다.

그러나 저는 아직도 저의 사랑이 아니라 지성을 절반은 거부해 왔습니다. 그리스도가 순결한 진리에 대한 배려로 그렇게 하신 거라면 신께 끝까지 저항할 수 없음은 분명하다고 생각해 왔고 지금도 그렇게 생각하기 때문입니다. 그리스도께서는 우리가 그분보다 진리를 택하기를 원하십니다. 그분은 그리스도이기 이전에 진리이기 때문입니다. 만약 누가 진리의 방향으로 나아가기 위해 그리스도로부터 등을 돌린다면 그들은 얼마 못 가 그리스도의 품 안으로 되돌아오게 될 것입니다.

플라톤이 신비주의자라는 것, 《일리아스》는 전체가 그리스도교적인 빛에 물들어 있다는 것, 디오니소스와 오시리스는 어떤 의미에서는 그리스도 자신이라는 것을 느낀 것은 그 뒤였습니다. 그리고 저의 사랑은 이런 것들로 인하여 배가되었습니다.

저는 예수가 인간의 몸을 입은 신이었는지 아닌지 궁금히 여겨본 적이 없습니다. 그러나 사실상 예수를 신이 아니라고 생각한 적은 없습니다.

1940년 봄, 저는 《바가바드기타Bhagavadgita》를 읽었습니다. 신기하게도, 이 그리스도교적 울림을 내는, 신이 깃든 입에서 나온 이 훌륭한 말씀을 읽었을 때, 우리는 아름다운 시를 대하는 애착과는 전혀 다른 절대적인 애착으로 종교적 진리를 대해야 함을 강하게 느꼈습니다.

그렇지만 저에게 세례가 문제시되리라고는 생각지 못했습니다. 그리스도교 이외의 종교와 이스라엘에 대한 저의 감정을 버리는 것은 성실하지 못한 자세라고 느꼈습니다. 그리고 실제로 시간이 지남에 따라, 생각이 거듭됨에 따라, 그런 느낌은 강해질 뿐이었습니다. 이것은 절대적인 장해물이라고 믿었습니다. 어떤 신부든 저에게 세례를 베풀겠다고는 꿈에도 생각하지 않으리라고 상상했었습니다. 신부님을 만나지 않았더라면 저는 세례 문제를 결코 실제 문제로 생각하지 않았을 것입니다.

이 영적 발전 기간 동안 저는 결코 기도하지 않았습니다. 기도에 있는 암시의 힘이 두려웠습니다. 파스칼은 오히려 이런 이유로 기도를 권장했습니다. 파스칼의 방법은 신앙에 도달하기 위한 가장 그릇된 방법 중 하나라고 저는 생각합니다.

저는 신부님을 만나고 나서도 기도할 마음이 들지 않았습니다. 거꾸로 신부님에 대한 우정에 암시의 힘이 있음을 경계해야 했기 때문에 그만큼 그 위험성이 걱정스럽게 느껴졌습니다. 동시에 기도하지 않는다는 사실, 그것을 신부님께 아직 털어놓지 않았다는 사실이 저를 옥죄어 왔습니다. 그러나 그런 말씀을 드리면 신부님께서 큰 오해를 하시리라는 것을 저는 알고 있었습니다. 그때는 솔직히 말씀드렸다한들 저를 이해하지 못하셨을 겁니다.

작년 9월까지 저는 태어나서 단 한 번도, 적어도 문자상의 의미로는, 기도한 적이 없었습니다. 소리를 내어서든 마음속으로든 신께 말을 건 적이 없었습니다. 전례기도조차 왼 적이 없었습니다. 가끔 살베 레지나(Salve Regina)*⁴를 흥얼거린 적은 있지만 그저 아름다운 시로서 흥얼거린 것뿐이었습니다.

작년 여름에 'T'라는 사람과 그리스어를 공부했는데 그때 저는 T에게 그리스어로 '주기도문'을 한 구절 한 구절 가르쳐 주었습니다. 그리고 서로 암송하자 약속했습니다. T는 아마 하지 않았을 겁니다. 저도 처음에는 하지 않았습니다. 몇 주가 지나 복음서를 뒤적이고 있을 때 문득, 하기로 약속한 일이기도 하고 좋은 일이기도 했으므로 암송해야겠다는 생각이 들었습니다. 저는 암송했습니다. 그리스어로 된 주기도문이 한없이 감미로워서 저는 완전히 거기에 사로잡혀 며칠 동안이나 줄곧 입에 달고 다녔습니다. 그로부터 일주일 뒤에 저는 포도 수확을 시작했습니다. 날마다 일하기 전에 그리스어로 주기도문을 외고, 포도밭에 들어가서도 때때로 반복해서 외었습니다.

그때부터 매일 아침 한 번씩 신경 써서 주기도문을 외는 일을 의무로 삼았습니다. 암송 중에 주의력이 흔들리거나 깜빡 잠이 들면 그것이 아무리 사소한 실수라 하더라도 아주 순수한 주의를 기울여 한 번 완벽하게 성공할 때까지 처음부터 계속 반복합니다. 때로는 순전히 즐거움을 위해서 처음부터 다시 반복할 때도 있지만 이렇게 할 때는 정말로 강한 충동을 느낄 때뿐입니다.

이런 실천의 결과는 비상한 것이어서 저는 암송할 때마다 놀랐습니다. 이런 현상을 날마다 경험하면서도 암송할 때마다 결과는 기대 이상이니까요.

가끔 주기도문의 첫 구절이 제 사고를 몸에서 떼어내어 전망이나 견해도 없는 외부 공간으로 옮겨갑니다. 공간이 열립니다. 지각되는 보통 공간의 무한함이 두 겹이 되고 때로는 세 겹이 됩니다. 동시에 이 끝없는 무한함은 침묵에 휩싸입니다. 이 침묵은 소리의 부재가 아니며 소리의 감각보다 더 적극적인 어떤 감각의 대상이 됩니다. 이 침묵을 통과하지 않고는 그 어떤 소리도 저에게는 들리지 않습니다.

또 이렇게 주기도문을 욀 때나 다른 순간에 가끔 그리스도께서 친히 저와 함께 하실 때가 있습니다. 그 존재는 처음 제 손을 잡아주셨을 때보다 훨씬 현실적이고 강하고 뚜렷하며 사랑에 넘치십니다.

---

*4 성모에게 바치는 찬미가.

제가 떠나게 되지 않았더라면 이 모든 이야기를 말씀드리지 않았을 것입니다. 어쨌든 죽을지도 모른다는 생각으로 떠나는 것이므로 저에게는 이 생각을 혼자서만 하고 있을 권리가 없습니다. 결국 이 모든 문제는 저의 문제가 아니기 때문입니다. 이것은 오로지 신의 문제입니다. 저는 정말로 아무것도 아닙니다. 신도 과오를 저지를 수 있는 존재라면 이 모든 문제는 실수로 저에게 발생한 것이겠지요. 하지만 신께서는 쭉정이나 폐품이나 실패한 피조물을 이용하기를 좋아하시는지도 모르겠습니다. 결국 성체의 빵은 곰팡이가 슬어도 성직자의 축성을 받으면 그리스도의 몸이 됩니다. 단 빵은 그것을 거부할 힘이 없지만 우리는 순종하지 않을 수 있습니다. 이렇게 큰 자비를 베풀어 주시니 저의 죄는 큰 죄가 틀림없다고 이따금 생각합니다. 게다가 저는 그런 죄를 끊임없이 저지르고 있습니다.

신부님은 저에게 아버지이자 오빠 같은 존재라고 말씀드린 적이 있지요. 그러나 그런 말은 비유적인 표현일 뿐입니다. 결국 애정과 감사와 존경을 대신하는 말에 지나지 않습니다. 처음부터 신께서는 직접 제 영혼의 손을 이끌고 영적인 지도를 해주셨다고 생각하니까요.

그렇지만 제가 신부님에게 인간으로서 질 수 있는 온갖 빚을 진 사실에는 변함이 없습니다. 보다 확실히 밝히자면 다음과 같은 것입니다.

우선 우리가 처음 가까워졌을 무렵 언젠가 신부님께서 해 주신 말씀은 저의 영혼 밑바닥까지 스며들었습니다. "매우 조심하십시오. 당신의 판단 착오로 어떤 중요한 것을 간과한다면 그것은 큰 손실이 될 것입니다."

이 말을 듣고 저는 지적 성실함을 새로운 관점에서 보게 되었습니다. 그때까지 저는 지적 성실함은 신앙과 반대되는 것이라고 생각했습니다. 그것은 무서운 일 같지만 그렇지는 않습니다. 이것은 제가 오로지 신앙에서만 사랑을 느낀 것과 관련이 있습니다. 신부님의 말씀을 듣고 나서, 아마 제 안에 저도 모르는 사이에 신앙에 대한 불순한 장해물이나 편견이나 습관이 존재했던 것 아닌가 하는 생각을 하게 되었습니다. 그토록 오랫동안 '아마 그런 이야기는 전부 거짓일 거야'라고 규정해 왔고 지금도 이따금 그런 식으로 생각하려 합니다만, '아마 그런 이야기는 모두 사실일 거야'라는 반대 생각도 염두에 두고 번갈아가며 숙고해야 한다고 느끼게 된 것입니다.

동시에 신부님께서 세례 문제를 실제 문제로 느끼게끔 만드셨으므로 저는 신앙, 교리, 성례 문제를 오랜 시간 충분한 주의를 기울여 직시할 수밖에 없게 되었고, 따라서 해야 할 일을 분별해 내어 수행하는 것이 의무가 되었습니다. 신부님이 아니었더라면 절대로 그렇게 되지 못했을 것입니다. 그 의무를 수행하는 일은 제게 꼭 필요한 일이었습니다.

그러나 신부님께 입은 가장 큰 은혜는 이것과는 다른 종류입니다. 신부님은 이제껏 본 적 없는 자비로 우리의 우정을 확고히 함으로써, 인간들 사이에 존재할 수 있는 가장 강력하고 가장 순수한 영감의 근원이 되어 주셨습니다. 인간세상에서는 신을 보다 강렬하게 응시하는 데 신의 친구와 우정을 나누는 것만큼 강한 작용을 하는 것이 없으니까요.

제게는 이토록 오랫동안 그리고 다정하게 너그러이 대해주셨다는 사실만큼 신부님의 드넓은 사랑을 느끼게 하는 증거는 없습니다. 농담처럼 들릴지 모르겠으나 농담이 아닙니다. 저처럼 저 자신에게 증오와 혐오를 느낄 만한 동기(전에 편지로 말씀드린 동기입니다)가 신부님에게는 없는 것이 사실입니다. 하지만 신부님이 제게 보여주시는 인내심은 초자연적 관용에서만 나올 수 있다고 생각합니다.

신부님은 저에게 아주 큰 실망을 하셨지만 어쩔 도리가 없었습니다. 지금까지 기도할 때나 미사드릴 때 또 미사가 끝나고 영혼에 신의 광채가 남아 있는 동안에 가끔 생각해 봅니다만, 저는 한 번도 단 일 초도 신이 제가 교회에 들어가기를 바란다고 생각해 본 적이 없습니다. 한 번도 그 생각이 불확실하게 느껴진 적이 없습니다. 지금도 신께서는 제가 교회에 들어가길 원치 않으신다는 결론을 내릴 수 있으리라 믿습니다. 그러니 그것을 유감으로 생각지 말아 주세요.

신께서는, 적어도 지금까지는 그러기를 원치 않으십니다. 그리고 제 판단이 틀리지 않다면, 신의 뜻은 제가 앞으로도, 아마 죽는 순간을 제외하고는 교회 밖에 머무는 것입니다. 하지만 저는 신의 뜻이 어떠하든 언제든 순종할 각오입니다. 지옥 한복판에 떨어져 영원히 그곳에 남아 있으라고 하셔도 기꺼이 복종할 것입니다. 물론 그런 종류의 명령을 더 좋아한다는 뜻은 아닙니다. 저는 그렇게 왜곡된 사람은 아닙니다.

그리스도교는 보편적인 것이므로 예외 없이 모든 소명을 포괄해야 합니다. 따라서 교회도 마찬가지여야 합니다. 그러나 제가 본 바로는 그리스도교는 겉모습만 보편적일뿐 사실은 그렇지 않습니다. 많은 것이 그리스도교 밖에 있습니다. 제가 사랑하고 버리고 싶지 않은 많은 것, 신께서 사랑하시는 많은 것이 그리스도교 밖에 존재합니다. 신이 사랑하지 않는다면 그런 것들은 존재하지 않을 것입니다. 지난 20세기를 제외한 과거의 무한한 시간, 유색 인종이 사는 나라들, 백인 국가에 존재하는 모든 세속적인 생활, 이들 역사에서 마니교나 알비파처럼 이단으로서 핍박받는 모든 전통, 르네상스로부터 생겨났고 너무나 자주 타락했지만 아주 무가치한 것은 아닌 모든 것, 이러한 것들이 그리스도교 밖에 존재합니다.

그리스도교는 외형상으로만 보편적일 뿐 실은 그렇지 않으므로 저도 당분간만이 아니라 어쩌면 일생 동안 외형상 교회의 일원이 되고 내면은 그렇지 않게 지내는 것도 정당하다고 생각합니다.

이것은 정당할 뿐만 아니라 신께서 그 반대를 명하신다는 확증을 주시지 않는 한 저에게는 의무이기도 합니다.

제 생각으로는, 또 신부님도 그렇게 생각하시겠지만, 우리가 두서너 해 동안 이행해야 할 의무는—이 의무를 다하지 않는 행위는 배반이나 진배없을 정도로 엄격한 의무—진실로 육체를 입은 그리스도교의 가능성을 대중에게 보여주는 것입니다. 실제로 지금까지 알려진 역사를 통틀어 오늘날처럼 지구 곳곳에서 영혼이 위험에 직면한 시대는 없었습니다. 눈을 들어 쳐다본 자는 누구나 구원을 얻게 한 구리뱀*5을 다시 한 번 들어 올려야 합니다.

모든 문제가 서로 밀접하게 연관되어 있으므로, 그리스도교는 제가 정의한 의미에서 보편성을 띠지 않는 한 진정한 화신이 될 수 없습니다. 그리스도교가 그 자체 내에 모든 것을, 반드시 모든 것을 포용하지 않는다면 어떻게 모든 유럽인의 살 속을 흐를 수 있겠습니까? 물론 '모든 것'에 거짓은 포함되지 않습니다. 그러나 모든 존재하는 것에는 거짓도 사실인 경우가 많습니다.

이렇게 절박한 필요성을 강렬하고 절실하게 느끼고 있으므로, 제가 태어나서 지금까지 쭉 서 있는 지점, 즉 그리스도교와 비그리스도교 사이의 교차점을 떠나는 것은 진리를 외면하는 행위가 되겠지요. 제가 이해하는 진리

---

*5 그리스도의 상징. 민수기 21 : 9, 요한복음서 3 : 14.

를 배반하는 행위가 될 것입니다.

저는 늘 이 지점에, 교회 입구에, 미동도 않고, 꼼짝도 않고, 'ἑγύπομένη*6(이것은 patientia!(인내)보다도 훨씬 아름다운 단어입니다)'에 머물러 왔습니다. 다만 이제 제 마음은 제단에 나타난 성체에 이끌려 갔습니다. 영원히 이끌려 가버린 것이기를 저는 바라고 있습니다.

이제 선의를 기울여 봐 주셨던 사상에서 제가 꽤 멀어져 있다는 것을 이해하시겠지요? 저는 괴로움과도 거리가 멉니다.

제가 슬퍼하는 것이 있다면 그것은 운명이 저의 감수성에 영원히 아로새겨 놓은 영원한 슬픔에서 비롯됩니다. 아무리 크고 순수한 기쁨도 이 슬픔을 지우지 못하고 그저 그 위에 포개어질 뿐입니다. 더욱이 그러기 위해서는 많은 주의를 기울여야 합니다. 또한 저의 슬픔은 저의 비참하고 계속되는 죄에서 옵니다. 그리고 이 시대의 모든 불행과 과거의 모든 불행에서 옵니다.

신부님께서는 성직자이십니다. 그럼에도 진정한 소명 때문에 교회에 들어가지 못하는 처지도 있음을 인정해 주신다면 제가 왜 늘 신부님을 거역했는지 이해해 주시리라 믿습니다.

그 사실을 인정해 주시지 않는다면 잘못이 제게 있든 신부님께 있든 우리 사이에는 오해의 벽이 남겠지요. 이것은 신부님에게 느끼는 저의 우정에 비추어볼 때 몹시 슬픈 일입니다. 신부님께서 제게 자비로써 보여주신 노력과 희망이 결국은 낙담으로 변하게 될 것이기 때문입니다. 그리고 제게 잘못이 없다 해도 저는 저의 배은망덕함을 자책하지 않고는 못 배기겠지요. 반복되는 말이지만 저는 신부님께 헤아릴 수 없이 많은 빚을 졌기 때문입니다.

한 가지 점을 주목해 주시기 바랍니다. 그것은 그리스도교의 육화(肉化)에는 절대로 극복할 수 없는 장해물이 있다는 점입니다. 그 장해물은 'anathema sit(파문당할지어다)'라는 두 단어를 사용합니다. 문제는 이 단어들의 존재가 아니라 지금까지 이 단어들이 행사되었다는 점입니다. 제가 교회 문턱을 넘어가지 못하게 방해하는 것도 바로 이 단어입니다. 이 짧은 두 단어 때문에 저는 본디 모든 것을 수용해야 할 저장소인 교회에 들어가지 못하고, 교회 밖에 있는 모든 것들 옆에 머물렀습니다. 제 지성이 이들 가운데 속해 있기 때문에 저는 더

---

*6 '꼼짝 않고 있다', '참고 견디다'라는 뜻의 그리스어.

욱 이들 곁에 머무는 것입니다.

그리스도교의 육화는 개인과 집단 사이에서 발생하는 문제를 조화롭게 해결하는 것을 의미합니다. 피타고라스학파가 주장하는 조화, 다시 말하면 반대되는 것들의 균형입니다. 이 해결책이야말로 오늘날 사람들이 갈망하는 것입니다.

지성의 위치는 이 조화의 시금석입니다. 특히 지성은 엄밀히 개인적인 것이기 때문입니다. 지성이 제자리에서 아무런 구속도 받지 않고 그 기능을 충분히 발휘하는 곳에서는 어디를 둘러봐도 이 조화가 존재합니다. 이것은 십자가에 못 박히는 고통에 대하여 성 토마스가 그리스도의 영혼의 모든 부분을 들어 말할 때 훌륭하게 설명한 내용입니다.

지성의 고유 기능은 모든 것을 부정할 권리와 지배당하지 않는 상태를 포함한 완전한 자유를 요구합니다. 지성이 월권을 행사하는 모든 곳에는 과도한 개인주의가 존재합니다. 지성이 자유롭지 못한 곳에는 하나의 혹은 다수의 억압적 집단이 존재합니다.

지성이 교회와 국가가 인정하지 않는 행위를 선동할 때, 교회와 국가는 자기 나름의 방법으로 지성을 처벌할 것입니다. 지성이 순수하게 이론적 사상의 영역에 있을 때도, 교회와 국가는 그 사상이 국민의 삶에 실제로 영향을 미칠만한 위험한 것이라면 이를 방지하기 위해 모든 효과적인 수단을 동원하여 대중을 보호할 의무를 지닙니다. 그러나 그러한 이론적 사상이 무엇이든 그것의 숨통을 끊어놓거나 그러한 사상을 지닌 사람들에게 물질적·정신적인 위해를 가할 권리가 교회와 국가에는 없습니다. 특히 이 사상가들이 원하는 성례를 못하게 막을 권리는 없습니다. 이들이 뭐라고 하건, 공공연히 신의 존재를 부인했다손 치더라도 이들이 어떤 죄를 저지른 것은 아니기 때문입니다. 이런 때 교회는 이들의 생각이 틀렸다고 선언함은 마땅하나, 이들에게 자기 말을 철회하도록 요구해서도 안 되고 이들의 성체를 거부해서도 안 됩니다.

집단은 교리의 수호자입니다. 그리고 교리는 사랑과 신앙과 지성이라는 엄밀히 개인적인 능력을 위한 관조의 대상입니다. 그기에 거의 처음부터 그리스도교 안에서는 개인은 답답함을 느낍니다. 지성은 특히 더 그렇습니다. 이것은 부인할 수 없습니다.

진리 그 자체인 그리스도도 공의회 같은 집회에서 말씀하실 때는 친한 친구에게 하듯 허물없는 말투를 쓰지는 않으시겠지요. 양쪽에 쓰는 말을 비교하여 그 사이에 존재하는 모순과 거짓을 비판한다는 것도 그럴싸하게 들릴지 모르겠습니다. 신께서 태곳적부터 바라시고 존중하시는 자연법칙에 따라, 같은 단어로 구성되어 있어도 전혀 다른 두 개의 언어, 즉 집단의 언어와 개인의 언어가 존재하기 때문입니다. 그리스도께서 우리에게 보내신 구주 즉 진리의 영혼은 상황에 따라서 그 성질로 보아 도무지 일치하지 않는 이 두 언어 중 어느 하나를 씁니다.

신의 진정한 친구들—제 생각으로는 마이스터 에크하르트(Eckhart)*7와 같은 사람들—은 사랑으로 합치되는 동안 남몰래 침묵 가운데서 들은 말을 반복하는데 이 말들은 교회의 가르침과 일치하지 않습니다. 이는 단순히 공공장소에서 쓰이는 언어가 신혼부부의 방에서 쓰이는 언어와 다르다는 데서 연유합니다.

진정으로 친밀한 대화는 둘 아니면 셋 사이에만 존재함은 누구나 알고 있습니다. 사람 수가 대여섯이 되면 집단의 언어가 지배하기 시작합니다. 그러므로 "두 사람이나 세 사람이라도 내 이름으로 모인 곳에는 나도 함께 있기 때문이다*8"라는 그리스도의 말씀을 교회에 적용하면 완전한 모순이 발생합니다. 그리스도께서는 이백이라고도, 오십이라고도, 열이라고도 말씀하지 않으셨습니다. 두세 사람이라고 말씀하신 것입니다. 그리스도께서는 분명히 그리스도교도 사이의 친밀한 우정, 친밀한 두 사람 사이에서는 늘 그 자신이 세 번째 친구가 되리라고 말씀하신 것입니다.

그리스도께서는 교회에 약속을 하셨는데, 이 어디에도 "숨은 일도 보시는 네 아버지*9"와 같은 강한 말씀은 없습니다. 신의 말씀은 숨은 말씀입니다. 이 말을 듣지 않는 사람은 아무리 교회의 모든 교리를 고수하더라도 진리에는 접하지 못하고 있는 격입니다.

교리를 집단으로써 고수하려는 교회의 기능은 필수불가결한 것입니다. 따라서 교회를 노골적으로 공격하는 사람을 성례를 박탈함으로써 처벌할 권리와 의무가 교회에는 있습니다.

---

*7 13세기의 신비주의 철학자.
*8 마태복음서 18 : 20.
*9 마태오복음서 6 : 6.

그러므로 저는, 아는 바는 거의 없지만, 교회가 루터를 처벌한 것은 옳았다고 잠정적으로나마 생각하고 싶습니다.

그러나 교회가 사랑과 지성에 교회의 언어를 적용하도록 강요하려 한다면 그것은 권력을 남용하는 행위입니다. 이 권력남용은 신으로부터 오는 것이 아닙니다. 모든 집단이 예외 없이 권력을 남용하려 하는 것은 자연스러운 경향입니다.

그리스도의 신비체라는 이미지는 매우 매력적입니다. 그렇지만 저는 오늘날 이 이미지가 중요하다고 생각하는 것 자체가 오늘날 우리가 타락했다는 심각한 증표 중 하나라고 생각합니다. 우리의 진정한 존엄은 신비체가, 하물며 그리스도의 몸이 신체의 일부분에 있다는 사실에 있지 않기 때문입니다. 진정한 존엄은 개개의 완전한 소명을 통해 내가 사는 것이 아니라 그리스도께서 내 안에 사시는 데 있습니다.*10 개개의 성체 안에 그리스도의 모든 것이 존재하듯이 이런 상태에 있을 때 그리스도는 충분히, 불가분의 통일성을 갖추고, 어떤 의미에서 우리 각자가 됩니다. 성체는 그리스도의 신체 일부가 아닙니다.

그리스도의 신비체라는 이미지가 중요시되는 오늘날 상황은 그리스도교인들이 외부 영향에 비참할 정도로 물들어 있음을 반증합니다. 물론 그리스도의 신비체의 일부가 되는 것에는 강한 중독성이 있습니다. 그러나 오늘날에는 그리스도를 섬기지 않는 다른 여러 신비체가, 제가 보기에는 똑같은 성질의 중독성을 그 구성원들에게 부여하고 있습니다.

신의 뜻에 따르는 한, 그리스도의 신비체의 구성원이라는 기쁨을 박탈당하는 것이 저에게는 기쁨입니다. 신께서 저를 구원해 주신다면 저는 그런 기쁨 없이도 죽을 때까지 그리스도께 복종할 것을 맹세할 테니까요.*11 사회적 열광이 커다란 영향력을 행사하고, 영웅주의가 가장 극한의 고통과 죽음으로 사람들을 내모는 오늘날, 그리스도의 사랑이 이와는 본질적으로 전혀 다른 것임을 증명하기 위해 양 몇 마리는 우리 밖에 남아 있는 것이*12 좋다고 생각합니다.

오늘날 교회는 집단의 탄압에 대항하는 개인의 줄기찬 권리와, 억압에 대항하는 사고의 자유를 옹호합니다. 그렇지만 이러한 태도는 일시적으로 강자 측

---

*10 갈라티아서 2 : 20.
*11 필리피서 2 : 8.
*12 요한복음서 10 : 16.

에 서지 않은 사람들이 나서서 취하는 태도입니다. 이런 사람들이 언젠가 강자 측에 서기 위한 유일한 수단인 것입니다. 이는 잘 알려진 바입니다.

이러한 생각에 기분이 상하셨을지 모르겠습니다. 하지만 그렇다면 그건 신부님의 착각입니다. 신부님은 교회가 아닙니다. 교회가 가장 심하게 권력을 남용했을 때에도 많은 성직자 중에는 신부님 같은 분들이 있었을 것입니다. 신부님의 훌륭한 신앙은 보장될 수 없습니다. 그것이 신부님의 수도회 전체와 부합되는 신앙이라 할지라도 말입니다. 신부님께서는 사태가 어떻게 바뀌어 갈지 예측하지 못하시기 때문입니다.

현재 교회의 태도가 효과적으로 또 쐐기처럼 단단히 사회에 자리 잡기 위해서는 교회는 변화되었다는 것, 혹은 변화를 원한다는 것을 공언해야 합니다. 그렇지 않다면 종교재판을 기억하는 저들이 과연 교회의 태도를 심각하게 받아들이려 할까요? 종교재판을 들먹여 죄송합니다. 신부님과의 우정, 신부님을 통해 신부님의 수도회에까지 확대된 우정을 고려해 볼 때 이 문제를 떠올리는 것은 매우 고통스런 일입니다. 그러나 그것은 분명히 존재했습니다. 전체주의였던 로마제국이 멸망하고 알비파 전쟁이 있은 뒤 13세기 유럽에서 최초로 전체주의의 바탕을 만든 것이 교회입니다. 이 나무는 많은 열매를 맺었습니다.

그리고 이 전체주의의 원동력이 된 것이 "파문당할지어다"라는 말이었습니다.

이 시대에 전체주의 체제를 확립한 모든 정당은 상황에 따라 이 두 단어를 교묘히 바꾸어 씀으로써 형성되었습니다. 이것이 제가 특별히 연구한 역사입니다.

제 수준을 뛰어넘는 어려운 문제들을 이렇게 지껄였으니 신부님은 저에게서 악마와 같은 오만한 인상을 받으셨겠지요. 그것은 저의 잘못이 아닙니다. 이런 생각들이 실수로 제 안으로 들어왔다가 이윽고 실수를 알아차리고 밖으로 나가려고 발버둥치는 것입니다. 이 생각들이 어디서 왔으며 어떠한 가치가 있는지는 모르겠지만 이런 생각을 막아도 좋다고는 보지 않습니다.

안녕히 계십시오. 신부님께 모든 은총이 있기를 기도합니다. 단 십자가의 은총은 별개입니다. 저는 제 이웃을, 그리고 눈치 채셨겠지만, 특히 신부님을 저 자신처럼 사랑하지 않으니까요. 그러나 그리스도께서는 사랑하는 제자들에게 그리고 의심할 여지없이 그 제자들과 같은 길을 가는 사람들에게, 타락과 불경과 고뇌를 통해서가 아니라 기쁨과 순결과 끊임없는 감미로움으로 그리스도 곁으로 올 것을 허락하셨습니다. 그러므로 저는 언젠가 신부님께서 주님을 위해 영광스럽게 횡사한다 할지라도 그 죽음에는 기쁨이 충만하고 고통이 없으리라 기도할 수 있습니다. 그리고 오로지 'mites(온유), mundo corde(청결), pacifici(화평)'*13 이 세 가지 복만 받으시기를 기도합니다. 이를 제외한 나머지는 많건 적건 고통을 수반하기 때문입니다.

인간의 나약한 우정 때문에 이런 기도를 드리는 것이 아닙니다. 누구를 떠올리건 언제나 저는 그 사람에게 불행이 어울리지 않는 이유를 발견합니다. 그 사람이 불행이라는 큰 짐을 감당하기에는 너무 평범한 사람일지라도, 그 반대로 불행으로 쓰러지기에는 너무 귀중한 사람일지라도 마찬가지입니다. 중요한 두 계명*14 중 두 번째 계명에 이것만큼 크게 어긋나는 행위는 없습니다. 저는 첫 번째 계율은 더욱 끔찍하게 어기고 있습니다. 그리스도의 십자가를 떠올릴 때마다 질투라는 죄를 저지르고 있으니까요.

지금까지보다 더 그리고 영원히 저의 자식과 같은 깊은 고마움과 우정을 받아주세요.

시몬 베유

---

*13 마태오복음서 5 : 5,8,9.
*14 첫째 계명은 '주 너의 하느님을 사랑하라', 둘째 계명은 '네 이웃을 너 자신처럼 사랑하라' (마태오복음서 22 : 38~39).

5 시몬 베유의 지성과 사명

카사블랑카에서

페랭 신부의 머리글

나는 눈이 나빠서 어쩔 수 없이 주위 사람들의 친절에 크게 의지한다. 시몬 베유는 S를 깊이 신뢰했다. 시몬이 카사블랑카에서 쓴 이 편지에는 그런 배경이 있다.

여관에서 시몬은 나를 위해 일하기를 멈추지 않았다. 앞에도 썼다시피[*1] 시몬은 편지를 쓰기 위해 평소 습관을 버리고 이 여관의 얼마 되지 않는 의자 가운데 하나를 독차지했다.

가톨릭 신자가 아닌 많은 지식인과 마찬가지로 시몬 베유는 자기를 제외한 남의 권위를 인정하는 것이 지성의 자유와 객관성을 해치지나 않을까 걱정했다. 두 권위가 다른 질서 아래 있음을 이해하지 못한 것이다. 신이 내려준 진리는 우리를 훨씬 능가하므로 하늘의 계시에 따르지 않으면 우리 것이 될 수 없다. 신의 이름으로 신이 보장하시므로 교회는 우리를 가르칠 수 있다. 한편 우리 지성이 지성의 법칙과 조건에 따라 올바르게 작용함으로써 도달할 수 있는 진리가 있다. 이 영역에서는 권위가 아니라 각 상황에 맞는 논증과 경험과 자료가 증거가 된다.

어떤 문헌을 뒤져도 '욥과 신의 논쟁'을 해설한 성 토마스의 문장만큼 진리의 권리를 대담하게 긍정한 글은 없을 것이다. 성 토마스는 이렇게 생각했다. "진리는 개개인의 상황에 의존하지 않는다. 진리를 말하는 사람은 상대가 누구이건 결코 설복당하지 않는다(욥기 주해 13 : 2)."

[*1] 서문 참조.

사랑하는 S에게

네 가지 물건을 보냅니다.

첫 번째는 페랭 신부님에게 보내는 개인 편지입니다. 이 편지는 아주 길고 시급을 요하지 않는 것이니 언제 전해주셔도 상관없습니다. 페랭 신부님께 부치지는 마세요. 직접 만나거든 전해 주시고, 시간과 마음에 여유가 있을 때 보시라고 전해 주세요.

두 번째는(사정이 있어서 봉하기는 했지만 뜯어서 보세요. 다른 두 개도 마찬가지입니다) 피타고라스학파의 원문을 주역한 것으로서 끝까지 해석할 시간은 없었지만 출발할 때 건네 드린 논평에 이어지는 것입니다. 번호가 매겨져 있으니 어느 부분에 이어지는지 금방 찾을 수 있을 것입니다. 해석이 매우 조잡하고 구성도 엉망이라 소리 내어 읽어 보니 무슨 내용인지 이해하기 어려웠지만 다시 쓰기에는 양이 너무 많아서 하는 수없이 그대로 보냅니다.

세 번째는 저의 논문 가운데서 찾은 것으로 소포클레스*²의 단편을 번역한 것입니다. 엘렉트라와 오레스테스의 대화 전문을 번역한 것인데 제가 찾은 논문에는 단 몇 줄만 인용되어 있었습니다. 이 구절들을 베끼고 있자니 그 단어 하나하나가 제 마음에 깊고 조용한 감명을 불러일으켰습니다. 엘렉트라가 인간의 영혼이고 오레스테스가 그리스도라는 해석이 마치 저 자신이 쓴 시인 양 분명히 와 닿았습니다. 이것도 페랭 신부님에게 말씀해 주세요. 이 논문을 읽으면 이해가 가실 것입니다.

지금부터 쓸 내용도 신부님께 읽어 주세요. 이 내용이 페랭 신부님을 괴로움에 빠뜨리지 않기를 진심으로 바랍니다.

피타고라스학파의 연구가 완성되어갈 즈음 제 소명은 저에게 이렇게 명했습니다. 교회 밖에 있으라, 교회나 그리스도교 교리에 어떤 암묵적 언약으로도 맺어지지 말라. 저는 이 명령을, 인간이 이 두 단어를 써도 좋다면, 결정적으로 그리고 확실히 느꼈습니다. 제가 지적인 활동을 조금이라도 계속한 제 소명은 이렇게 명할 것입니다. 그것은 지성의 영역에서 신과 그리스도교 신앙에 봉사하기 위함입니다. 소명이 저에게 의무로서 부여하는 지적 성실함은 제 사고에 유물론이나 무신론을 비롯한 모든 사상에 차별을 두지 말

---

*2 고대 그리스의 비극 시인.

라고 요구합니다. 모든 사상을 동등하게 수용하고 늘 동등하게 대하라고 요구하는 것입니다. 떨어지는 물체에 물이 차별을 두지 않듯이 말입니다. 물은 물체를 어떤 위치에 두지 않습니다. 물체 스스로가 떴다 가라앉았다 하며 제자리를 찾는 것입니다.

제가 그와 똑같지 않다는 것은 잘 압니다. 그것은 과욕입니다. 그러나 저에게는 그렇게 될 의무가 있습니다. 그리고 제가 교회 안에 있다면 결코 위와 같이 될 수 없을 것입니다. 저는 물과 성령으로 거듭나기 위해*³ 가시적인 물은 삼가야 합니다.

이것은 제가 지적 창조력을 느끼기 때문이 아닙니다. 그렇지만 그런 창조와 관련된 의무를 느낍니다. 그것은 제 탓이 아닙니다. 저로서도 어쩔 수 없는 일입니다. 저를 제외한 어느 누구도 이러한 의무를 인식하지 못합니다. 지적 창조나 예술적 창조의 조건은 내면적이고 은밀한 것이어서 외부에서는 누구도 그 속에 침투할 수 없습니다. 예술가들이 이런 식으로 자신들의 악행을 변명한다는 것은 압니다. 그렇지만 저는 그것과는 전혀 다릅니다.

이처럼 지성의 영역에서 사고가 중립을 지키는 것은 결코 신에 대한 사랑과 상반되는 행위가 아닙니다. 시시각각 다가오는 영원하고 늘 새로운 순간에 마음속으로 새로 다짐하는 사랑의 맹세와도 상반되지 않습니다. 제가 마땅히 갖추어야 하는 모습이 있다면 바로 이런 모습일 것입니다.

이러한 위치는 매우 불안정해 보이지만 충실함으로 말미암아 무한정 동요하지 않고 '가만히 기다리면서(en hupomonē)' 그 자리에 머무는 일이 가능합니다. 신께서 저에게 그런 충실함의 은총을 내리기를 거부하지 않으시기를 기도합니다.

그리스도께서 정하신 방법으로 그리스도의 육체를 나눌 수 없는 이유는 '진리'이신 그리스도를 섬기기 위함입니다. 더 정확히 말하자면 그리스도 자신이 그렇게 하신 것입니다. 저는 지금까지 단 일 초라도 이러한 선택을 저스스로 했다는 인상을 받은 적이 없습니다. 제게는 평생 그런 선택의 기회가 주어지지 않으리라는 것을 인간으로서 확신할 수 있는 한 저는 확신합니다. 예외가 있다면—단지 가정이지만—제 지적 노동의 가능성이 치명적으

---

*3 요한복음서 3 : 5.

로, 완전히 상실되었을 때는 별개입니다.

페랭 신부님께서 이러한 사실 때문에 슬퍼하신다면 저를 빨리 잊어주시기를 바라는 수밖에 달리 방도가 없습니다. 그분을 조금이라도 슬프게 하는 원인이 되느니 그분의 마음에서 완전히 사라지는 편이 저에게는 훨씬 바람직한 일이기 때문입니다. 그렇지만 그분이 슬픔 속에서 무언가 득이 될 만한 것을 끄집어내실 수 있다면 이야기가 달라지겠지요.

제가 보낸 물건 중에는 학교 공부의 영적인 이용법에 관한 논문도 있습니다. 제가 실수로 들고 와 버린 것입니다. 이것은 몽펠리에 학생연맹과 간접적인 관계가 있으니 페랭 신부님을 위한 논문이기도 합니다. 페랭 신부님께서 좋으실 대로 처리하시기를 바랍니다.

신부님께 큰 신세를 졌습니다. 다시 한 번 진심으로 고맙습니다. 가끔 신부님이 떠오르겠지요. 가끔씩 서로 편지를 주고받았으면 좋겠지만 확실하게 말씀드릴 수는 없군요.

시몬 베유

6 마지막 생각

카사블랑카에서
1942년 5월 26일

페랭 신부의 머리글

시몬이 S에게 말했듯이 카사블랑카에서 온 소포에는 내 앞으로 쓴 이 마지막 편지가 들어 있었다.

여기에 주역을 다는 것은 신중하지 못한 행동이 될 것이다. 내가 이 편지를 공표하는 까닭은 이것이 시몬의 영혼을 잘 대변하기 때문이다. 또한 교회의 사명과 그리스도의 가르침을 온 세상에 알리기 위해 천재적인 성자가 필요하다는 시몬의 의식을 잘 대변하기 때문이다.

신부님께

한결같이 편지를 보내 주셔서 고맙습니다. 떠날 때 신부님이 들려주신 다정한 몇 마디 말은 참으로 귀중했습니다.

신부님께서는 사도 바오로의 훌륭한 말씀을 인용하셨습니다. 그러나 저의 비참함을 고백했다고 해서 제가 신의 자비를 간과한다는 인상을 받으신 건 아니겠지요? 저는 제가 그런 비뚤어진 심성과 배은망덕함에 빠지지 않았기를 바라고 앞으로도 그러기를 바랍니다. 신의 넘치는 자비를 믿는 데 어떤 예상이나 약속이 필요하다고는 생각지 않습니다. 저는 풍부한 체험을 통해 분명히 알고 있습니다. 그것을 접한 적도 있습니다. 제가 접촉을 통하여 느낀 신의 자비는 제가 이해하고 감사하기에는 너무나 벅찬 것이어서, 내세의 행복이 약속된다 하더라도 저에게는 아무런 보탬이 되지 않습니다. 인간의 지성으로는 두 가지 무한함을 합치더라도 여전히 무한한 것과 마찬가지입니다.

신의 자비는 불행할 때나 기쁠 때나 똑같이, 어쩌면 그 이상으로 뚜렷합니다. 이러한 형태의 신의 자비는 그 어떤 인간의 자비와도 비교가 안 되기 때문입니다. 인간의 자비는 기쁨을 줄 때도 괴로움을 줄 때도 외면적 결과를 추구합니다. 예를 들어 몸을 고치거나 교육을 시키려는 목적으로만 나타납니다. 그러나 신의 자비를 보여주는 것은 불행의 외면적 결과가 아닙니다. 불행의 진짜 외면적 결과는 대부분 좋지 않습니다. 이런 사실을 덮어두려다 보면 거짓말을 하게 됩니다. 신의 자비는 불행 그 자체 속에서 빛납니다. 위안이 없는 고통의 밑바닥에서, 그 중심에서 빛납니다. 인간이 사랑 안에서 인내하고, 영혼이 "나의 하느님, 나의 하느님, 어찌하여 나를 버리셨습니까?"[1]라는 부르짖음을 억누를 수 없는 지경에까지 추락한다면, 그리고 사랑하기를 멈추지 않고 그곳에 머문다면, 인간은 마침내 불행이 아닌 어떤 것을 만나게 됩니다. 그것은 기쁨이 아닙니다. 기쁨과도 고통과도 공통되는 중심을 이루는 본질이며, 본질적이고 순수하고 감각으로 느낄 수 없는 것, 즉 신의 사랑 그 자체입니다.

그렇게 되면 기쁨은 신의 사랑과 접하는 감미로움이며 불행은 이 동일한 접촉이 고통스러울 때 생기는 상처라는 것, 중요한 것은 접촉 그 자체이지 접촉의 방법이 아니라는 것을 알게 됩니다.

사랑하는 사람을 오래간만에 만날 때, 그의 목소리의 울림만이 그와 만나고 있다는 실감을 불러일으키는 것과 같습니다. 여기서는 주고받는 대화가 중요한 것이 아니지요.

이러한 신의 존재를 안다고 해서 위안을 받는 것도 아니요, 불행의 쓰라린 고통이 사라지는 것도 아니며, 상처 입은 영혼이 치유되는 것도 아닙니다. 그러나 우리에 대한 신의 사랑이 이 고통과 상처의 실체 그 자체임을 분명히 알게 됩니다.

저는 감사하며, 이러한 신의 자비의 증거를 남기고자 합니다.

《일리아스》를 지은 시인은 신을 충분히 사랑했으므로 그것을 체험할 수 있었습니다. 이것이야말로 이 시의 함축적인 의미이며 이 시가 지닌 유일한 아름다움의 근원입니다. 그러나 이를 이해하는 사람은 아무도 없습니다.

---

*1 마태오복음서 27 : 46.

이승의 삶 이후에 아무것도 없고, 죽음의 순간에 그 어떤 새로운 것이 찾아오지 않는다고 해도, 신의 무한하고 넘치는 자비는 이 세상에 이미 은밀히 존재합니다.

심각한 잘못을 저지르지도 않았는데 죽어서 지옥에 떨어진다는 불합리한 가설을 세운다 하더라도 제가 지상에서 보낸 삶을 생각해 보면 역시 저는 신의 무한한 자비에 무한한 감사를 드릴 것입니다. 아무리 이 세상에서 성공적인 삶을 살지 못했다 하더라도 마찬가지입니다. 이러한 가설에서도 역시 저는 제가 넘치는 신의 자비 중에서 저의 몫을 받았다고 생각할 것입니다. 우리는 여기 지상에 있을 때부터 신을 사랑하는 능력과, 신이 현실의 영원하고 완전하고 무한한 기쁨을 실체로 하는 존재라는 것을 확신할 수 있는 능력을 받았기 때문입니다. 우리는 이 문제에 대한 모든 의혹을 지워 버리기에 충분한 영원의 예시를 지극히 높은 곳으로부터 육체라는 베일을 통해 받았습니다.

이 이상 무엇을 구하고 무엇을 원할 수 있겠습니까? 어머나나 사랑하는 여자는 자기 아들이나 애인이 기뻐할 거라는 확신만 있으면 마음속에 그 외에 다른 것을 구하거나 원하지 않을 것입니다. 우리는 그 이상의 것을 가지고 있습니다. 우리가 사랑하는 것은 완전한 기쁨 그 자체입니다. 이 사실을 깨달으면 내세에 대한 기대 자체가 헛되고 무의미해집니다. 바라야 할 유일한 소망은 이 지상에서 신께 순종하지 않는 일이 없도록 하는 은총뿐입니다. 그 외는 신께서 주관하실 일이지 우리에게는 무관합니다.

제 상상력은 너무도 길고 끊임없는 고통에 상처를 입었고, 제가 구원받으리라는 생각은 도저히 할 수 없지만 이러한 이유 때문에 저는 아무것도 부족한 것이 없습니다. 여기에 대해 무슨 말씀을 하신다면 저는 그것을 신부님께서 보여주시는 진정한 우정의 결과로서밖에 받아들일 수 없습니다. 이러한 관점에서 저는 신부님의 편지를 대단히 소중히 여깁니다. 신부님의 편지는 제 마음에 그 밖의 다른 영향을 주지 못했습니다. 그러나 다른 영향은 필요도 없었습니다.

저는 저의 비참한 약점을 충분히 알고 있으므로 아마 사소한 불운만 만나도 제 영혼은 고통으로 넘쳐, 오랫동안 말씀드려 온 생각을 수용할 여지가 없어질지 모른다는 상상을 합니다. 그러나 이것조차도 그다지 중요한 문제는 아닙니다. 제 생각의 확실성은 마음의 상태에 의한 것이 아닙니다. 이 확실성은 늘 완전한 안정 속에 있는 것입니다.

이 확실성에 혼란이 오는 상황이 단 한 가지 있습니다. 그것은 타인의 불행을 접할 때입니다. 저와 무관한 사람들이나 모르는 사람들의 불행도 마찬가지입니다. 어쩌면 그런 때 더 혼란스러워지는데, 여기에는 먼 고대에 살았던 사람들도 포함됩니다. 타인의 불행을 접하면 무시무시한 고통을 느끼게 되므로 제 영혼은 갈가리 찢기고 한동안은 신을 사랑하는 일조차 거의 불가능해집니다. 그리고 얼마 뒤엔 아주 불가능하게 됩니다. 그래서 저는 불안해집니다. 그리스도께서 예루살렘 파괴의 끔찍함을 예견하고 한탄하신 것*² 을 떠올리면 조금이나마 안심이 됩니다. 그리스도께서는 동정을 허락해 주시리라 믿기 때문입니다.

제가 세례 받는 날이 신부님께 커다란 기쁨이 될 거라고 쓰신 것을 보고 저는 무척 괴로웠습니다. 신부님께 이토록 많은 것을 받아 놓고, 신부님을 기쁘게 하는 일이 제가 할 수 있는 범주의 일임에도, 그럴 생각이 단 한순간도 들지 않기 때문입니다. 어찌할 도리가 없습니다. 제게 힘을 미쳐 신부님을 기쁘게 하지 못하도록 방해하는 존재는 오로지 신이라는 것을 진실로 믿기 때문입니다.

단순히 인간관계만을 고려한다 해도 저는 신부님께 한없는 감사를 느끼고 있습니다. 우정을 통해 저를 쉽게 괴롭힐 수 있는 힘을 얻은 모든 사람이, 신부님을 제외한 그 모두가 때때로 저를 괴롭히며 즐거워했습니다. 가끔 혹은 종종, 의식적으로 혹은 무의식적으로 각각 경우는 다르지만 모두가 몇 번쯤은 그랬습니다. 저는 그런 행위가 의식적이라는 것을 깨달으면 상대에게 일언반구 안 하고 칼을 들어 우정을 끊어 버립니다.

그들에게 딱히 악의가 있어서가 아닙니다. 이런 행위는 부상당한 어느 암탉을 보면 다른 암탉들이 떼로 달려들어 부리로 쪼아대는 흔하디흔한 현상과 같은 결과입니다.

누구나 이런 동물성을 지니고 있습니다. 이러한 성질이 타인을 대하는 태도를 규정짓습니다. 스스로 그것을 의식하고 의지로 그러는 경우도 있으며,

---

*2 마태복음 23 : 37~38.

그렇지 않은 경우도 있습니다. 따라서 어떤 사람 내부의 동물성이 다른 사람 내부의 상처 입은 동물성을 무의식중에 지각하고 거기에 반응하는 경우가 있습니다. 어떤 상황이든, 이에 대한 동물적 반응이 어떤 것이든 모두 동일합니다. 이러한 기계적인 필연성이 어떤 순간에건 모든 인간을 지배합니다. 단지 인간의 영혼을 진정 초자연적인 것이 얼마만큼 차지하느냐에 따라 그 행위를 피할 수 있을 따름입니다.

이 문제는 부분적으로도 식별이 매우 어렵습니다. 그러나 정말로 완벽한 식별이 가능하다면, 영혼의 삶 속에 있는 초자연적인 것에서 그 식별의 기준을 얻을 수 있겠지요. 그것은 하나의 저울처럼 확실하고 정확하며 모든 종교적 신앙에서 완전히 독립된 기준입니다. 그리스도께서 "이 두 가지 계율은 곧 하나로다"*³라고 하신 말씀은 다른 많은 것과 함께 그 점을 지적하신 것입니다.

제가 이 동물성의 기계적 반응에 공격당하지 않는 것은 신부님 곁에 있을 때뿐입니다. 신부님 앞에서 저는 마치 걸인과 같습니다. 모든 것을 잃고 굶주림에 지쳐 일 년 동안 이따금 부자를 찾아가서 빵을 구걸하며 태어나 처음으로 굴욕에 둔감해져 가는 거지 말입니다. 그는 얻어먹은 빵의 대가로 그만큼의 목숨을 내놓는다 해도 또 목숨을 전부 내놓는다 해도 자기의 빚이 줄어들었다고는 생각하지 않을 것입니다.

게다가 저와 신부님과의 관계에 신의 광명이 끊임없이 함께한다는 사실 때문에 신부님에 대한 고마움은 한층 커집니다.

그러나 제가 신부님에 관해서 드리는 말씀을 듣고 화내신다면 저는 신부님께 고마움을 표시하지 않겠습니다. 신부님을 화나게 하는 말을 하는 것은, 심지어 생각하는 것조차, 옳지 않은 일이기 때문입니다. 제게는 그럴 권리가 없으며 그것을 잘 알고 있습니다.

그렇지만 실제로 제가 그런 생각을 하는 이상, 함구하고 있을 수는 없습니다. 제 생각이 그릇된 것이라면 애초에 신부님의 마음을 아프게 하는 일은 없겠지요. 그러나 제 생각에 사실이 담겨 있지 않으리란 법도 없습니다. 그때에는 신께서 제가 손에 쥔 펜을 통하여 신부님께 진리를 보내고 있다고

---

*3 신을 사랑하고 이웃을 사랑하라는 계율을 말함. 마태복음 22 : 39.

믿을 여지가 생길 것입니다. 영감을 통해 전달되기에 적합한 사상도 있고 피조물을 통해 전달되는 것이 좋은 사상도 있어서, 신께서는 자신의 친구들에게 이 둘 중 한 가지 방법을 쓰십니다. 어떤 사물이건, 가령 당나귀라도 매개체가 될 수 있습니다.[4] 아마도 신께서는 이 매개체로서 아주 보잘것없는 존재를 선택하길 좋아하실 것입니다. 저는 제 생각에 두려움을 품지 않기 위해 저 자신에게 이러한 것들을 말해 두어야 합니다.

제가 제 영적 자서전의 개요를 써서 보내드린 데에는 한 가지 의도가 있었습니다. 신부님께 묵시적 신앙의 구체적 실례를 직접 확인할 기회를 만들어드리고 싶었던 것입니다. 실례라고 말씀드리는 이유는 제 말이 거짓이 아님을 아시리라 믿기 때문입니다.

옳건 그르건 신부님께서는 저한테 그리스도교인이라고 불릴 권리가 있다고 생각하십니다. 유년기나 청소년기를 이야기할 때 저는 소명, 순종, 청빈정신, 순결, 수용, 이웃애와 같은 단어를 썼는데, 엄밀히 말하면 그것은 현재 제가 생각하는 의미로 사용한 것입니다. 그러나 저는 완전한 불가지론 속에서 부모님과 오빠 손에 키워졌습니다. 그리고 스스로 거기서 벗어나려는 노력은 조금도 하지 않았습니다. 그러고 싶은 욕망은 조금도 없었는데, 제 생각에 그것은 아주 옳은 일이었습니다. 그럼에도 저는 태어나서 지금까지 저의 어떤 잘못도 불완전함도, 정말로 무지했기 때문에 용서받지 못했습니다. 어린 양이 분노를 발하는 날[5]이 오면 저는 모든 것을 청산해야 할 것입니다.

그리스·이집트·고대 인도·고대 중국, 세계의 미, 예술과 학문이 지닌 미의 순수하고 진정한 반영, 종교적 신앙이 결여된 인간의 마음속 그늘, 이 모든 것도 가시적인 그리스도교의 그것과 마찬가지로 제 몸이 그리스도께 속박되는 데 도움을 주었다는 제 말도 믿어주셨으면 합니다. 저는 그 이상의 이야기를 할까 합니다. 가시적인 그리스도교의 밖에 있는 이러한 것들을 사랑함으로써 저는 교회 밖에 묶여 있습니다.

신부님께서는 이러한 영적인 운명을 이해 못하실 게 분명합니다. 그러나 바로 그렇기에 이것은 성찰의 대상이 되어야 합니다. 자기 자신으로부터 탈

---

[4] 민수기 22 : 28.

[5] 그리스도 심판하는 날, 요한묵시록 6 : 6.

피하도록 강요하는 것에 대해 성찰하는 것은 좋은 일입니다. 신부님께서 어떻게 저에게 소소한 우정을 품으시는지, 어떻게 그런 일이 가능한지, 정말로 상상조차 하기 힘들 정도입니다. 그렇지만 그것은 분명한 사실이므로 그 우정을 이 성찰에 적용시켜도 좋지 않을까 생각합니다.

묵시적 신앙이 있다는 것을 신부님께서도 이론상으로는 충분히 인정하십니다. 또한 실제로도 신부님께서는 매우 보기 드문 관대한 정신과 지적 성실함을 갖추고 계십니다. 그러나 제가 보기에는 역시 매우 불충분합니다. 완전한 것만이 충분한 것이니까요.

옳건 그르건 저는 이따금 신부님에게서 어느 한쪽에 치우친 태도를 발견합니다. 실제로 어떤 특수한 상황에서는 묵시적 신앙의 가능성을 인정하는데 혐오를 느끼시는 것 같습니다. 적어도 제가 'B'라는 사람에 대해 말씀드렸을 때, 그리고 제가 거의 신성하다고 생각하는 스페인 농부에 대해 말씀드렸을 때 그런 인상을 받았습니다. 확실히 그것은 제 잘못이었을 것입니다. 저는 너무나 주책없는 사람이어서 제가 좋아하는 것에 대해 말할 때 오히려 그 대상에 손해를 끼치고 맙니다. 벌써 몇 번이나 그랬습니다. 그러나 신부님께서는 자기의 불행을 세상 질서의 일부로서 받아들이는 무신론자들에 대한 이야기를 들을 때와 신의 뜻에 따르는 그리스도교도에 대한 이야기를 들을 때 다른 인상을 받으시는 것처럼 보입니다. 하지만 그것은 같은 이야기입니다. 적어도 저에게 진정한 그리스도교도로서의 권리가 있다면, 저는 스토아학파의 미덕과 그리스도인의 미덕은 동일하다는 것을 경험으로 안다고 하겠습니다. 진짜 스토아적인 미덕은 사랑이 우선이지 몇몇 로마의 야만인들이 그려낸 풍자만화 같은 것이 아닙니다. 이론상으로는 신부님께서도 이 두 가지를 부인하지 않는 것처럼 보입니다. 그러나 사실상 구체적인 오늘날의 실례를 보면 신부님께서는 스토아적인 미덕이 초자연적인 효력을 지닌다는 가능성을 인정하기 싫어하십니다.

언젠가 신부님께서는 정통적이지 않다는 의미로 '위선'이라는 단어를 씀으로써 저의 감정을 매우 상하게 하셨지요. 재빨리 정정하긴 하셨지만. 제 생각에 그 단어에는 완전한 지적 성실함과 양립하지 못하는 용어의 혼란이 있습니다. 그 단어가 진리이신 그리스도의 뜻을 이루기란 불가능합니다.

이것이 신부님의 심각한 불완전성임은 분명합니다. 그럼 어째서 신부님 내부에 불완전한 면이 있는 것일까요? 불완전함은 신부님과 조금도 어울리지 않는 말입니다. 그것은 아름다운 음악에 잘못된 음이 하나 끼어 있는 것과도 같습니다. 실제로 신부님께 교회란 천국과의 유대인 동시에 지상의 나라입니다. 신부님은 거기서 인간적인 열기로 가득한 분위기에서 살고 계십니다. 이로 인해 크고 작은 집착을 거의 회피하지 못하고 계십니다.

신부님에게 이러한 집착은 십자가의 성 요한이 말한 지극히 가느다란 실 같은 것으로서, 끊어지지 않는 한 두꺼운 쇠사슬과 마찬가지로 새를 이 땅에 붙들어두는 역할을 합니다. 아무리 가느다랗더라도 마지막 실은 끊기가 가장 어렵다고 저는 생각합니다. 실이 끊어지면 날아올라야 하지만 난다는 것은 두려운 일이기 때문입니다. 그러나 또한 실을 끊는 의무는 꼭 필요한 것입니다.

신의 자녀들은 우주에 존재하는 과거, 현재, 미래의 모든 인간과 함께 우주 그 자체 말고는 이 세상에 조국을 두어서는 안 됩니다. 우리의 사랑을 받아야 할 고향은 우주입니다.

우주보다 좁은 것은, 그중에 교회도 있지만, 거기에 지극히 광범위한 의무를 부과한다 해도 그 안에 그 자체를 사랑할 의무는 포함되지 않습니다. 적어도 저는 그렇게 생각합니다. 또한 거기에는 지성과 관계있는 의무도 없다고 확신합니다.

우리의 사랑은 태양 광선처럼 모든 공간에 널리 퍼지고 그 공간에 있는 모든 사물에 똑같이 배분되어야 합니다. 그리스도께서는 빛이 차별 없이 골고루 퍼지는 것처럼 우리에게 하늘에 계신 아버지의 완전성에 도달하라고 명하셨습니다.*6 우리의 지성 또한 이처럼 완전하고 공평해야 합니다.

모든 존재는 창조주의 사랑으로 존재하도록 공평하게 유지됩니다. 신의 친구들은 자기의 사랑이 신의 사랑과 혼동되는 지경에 이를 때까지 이 세상의 모든 존재를 사랑해야 합니다.

영혼이 온 우주를 공평하게 채우는 사랑에 도달하면, 이 사랑은 알을 깨고 나와 이 세상을 낳는 황금 새가 됩니다. 그런 다음 그 영혼은 우주를 안에서 사랑하는 것이 아니라, 밖에서, 우리의 맨 처음 태어난 형제인 신의 지

---

*6 마태오복음서 5 : 48.

혜가 있는 곳까지 세계를 사랑하게 됩니다. 그 사랑은 신 가까이에 있으므로 신이 계신 곳에서 신의 시선과 한데 얽힌 시선을 모든 사람과 모든 사물 위로 던집니다.

우리는 보편성을 띠어야 합니다. 다시 말하면 피조물 전체를 대상으로 하는 것이 아니라면 어떠한 피조물에도 실로 연결되어서는 안 됩니다. 이 보편성은 옛날에는 성자의 의식에조차 뚜렷하게 존재하지 않았을지 모릅니다. 성자들은 확실한 의식 없이 영혼에, 한편으로는 신과 온 우주만을 향한 사랑에, 또 다른 한편으로는 우주보다 작은 온갖 사물을 향한 의무에 적당히 각각의 몫을 나누어 주었을지 모릅니다. 저는 아시시의 성 프란체스코나 십자가의 성 요한은 이와 같은 사람들이었다고 생각합니다. 그렇기에 그들은 둘 다 시인이었습니다.

이웃을 사랑해야 함은 명확한 진리입니다. 한데 그리스도께서 이 계율을 설명하며 제시한 예를 보면 그 이웃이란 피를 흘리며 길 위에서 정신을 잃은 낯선 사람이었습니다.*⁷ 이것은 완전한 익명의 사랑이며 그렇기에 완전히 보편적인 사랑입니다.

그리스도께서 제자들에게 "서로 사랑하여라"*⁸고 말씀하신 것도 사실입니다. 그러나 그것은 우정, 다시 말하면 신의 친구들과 각각 연결되는 개인적인 우정이었다고 생각합니다. 우정은 보편적인 사랑을 해야 한다는 의무의 유일하고 정당한 예외입니다. 더구나 제 생각에 우정은 이른바 거리를 두는 무관심이라는 치밀한 장막으로 둘러싸이지 않는다면 정말로 순수한 것이 아닙니다.

우리는 전례가 없는 시대에 살고 있습니다. 전에는 뚜렷하게 의식되지 않았을지 모르는 보편성도 오늘날에는 충분히 뚜렷하게 의식되어야 합니다. 우리의 언어와 모든 삶의 방식 안에 보편성이 침투해 있어야 합니다.

오늘날에는 성자라는 것에 특별한 의미가 없습니다. 현대가 요구하는 성스러움, 새로운 성스러움이 필요합니다. 그것도 전례가 없는 일입니다.

마리탱*⁹도 이런 말을 했으나, 그는 지금은 시대에 뒤떨어진 옛 시대 성

---

*7 루카복음서 10 : 33~37.
*8 요한복음서 13 : 34.
*9 Maritain : 프랑스의 토마스주의 철학자. 1882~1973.

스러움의 양상을 나열했을 뿐입니다.

마리탱은 오늘날의 성스러움이 기적적인 새로움을 어떤 식으로 갖추어야 하는지 느끼지 못했습니다.

성스러움의 새로운 형식은 샘물이요 발명입니다. 모든 비례를 지키고 모든 사물이 제자리에 있도록 유지함으로써 그것은 우주와 인간의 운명의 새로운 계시에 근접하게 됩니다. 그것은 지금까지 두꺼운 먼지층에 가려 있던 진실과 미의 많은 부분을 노출시키는 것입니다. 여기에는 아르키메데스가 기계학과 물리학을 고안해 낸 이상의 천재성이 필요합니다. 새로운 성스러움이 더욱 놀라운 발명입니다.

신의 친구들에게서 천재성을 빼앗을 수 있는 것은 일종의 사악함뿐입니다. 그들이 넘치는 천재성을 찾기 위해서는 그리스도의 이름으로 하느님 아버지에게 청하기만 하면 되니까요.

이것은 적어도 오늘날에는 필요한 것이므로 정당한 바람입니다. 이러한 형식으로든 이와 비슷한 다른 형식으로든 이 바람은 지금 이루어져야 할 가장 큰 바람이자, 배고픈 어린아이가 늘 빵을 찾듯이 시시각각으로 빌어야 하는 소원입니다. 전염병이 휩쓴 마을이 의사를 원하듯이 세계는 천재적인 성자를 원합니다. 욕구가 있는 곳에는 의무가 있습니다.

이러한 생각이나 이러한 생각에 수반되는 모든 생각을 저 스스로는 활용할 수 없습니다. 우선 게으름 탓에 제 안에 남겨둔 커다란 불완전성 때문에 저는 이 생각들을 적용할 수 있는 위치에서 너무도 멀리 떨어져 있습니다. 이것은 제가 용서하기 힘든 일입니다. 이렇게 먼 거리는 아무리 운이 좋아도 시간을 들인다고 넘을 수 있는 거리가 아닙니다.

제가 이미 이 거리를 넘었다 해도 저는 썩어 버린 도구입니다. 제 몸은 너무 쇠약해 있습니다. 그리고 신께서 망가진 제 몸을 회복시켜 주실 수 있다 해도 저는 그것을 기도할 결심이 서지 않습니다. 신이 그렇게 해주실 것을 확신한다 해도 저는 기도할 수 없습니다. 그런 기도는 저에게 불행이라는 은혜를 내려주신 한없이 다정한 사랑의 신을 배신하는 행위라고 생각하기 때문입니다.

이유는 모르겠지만 이런 생각은 지처럼 부족한 사람에게서 생겨났습니다. 누구도 주의를 기울이려 하지 않는다면 이 생각은 저와 함께 묻히게 되겠지요. 제 말처럼 이 생각들에 진리가 내포되어 있다면 정말 크나큰 손해일 것입니다. 저는 이 생각들에 해를 입히는 셈입니다. 제 마음속에 있다는 사실 때문에 사람들이 이 생각들에 관심을 보여주지 않으니까요.

제가 이 생각들에 주의를 기울여 달라고 간청할 수 있는 사람은 신부님뿐입니다. 저에게 보여주신 신부님의 사랑이 저를 벗어나 제 안에 있는 생각들로 향하기를 바랍니다. 그 생각들이 저보다는 훨씬 좋은 것임을 믿고 싶습니다.

제 안에 주신 생각이 저의 미흡함과 비참함에 물들어 사형선고를 받아야 한다고 생각하면 대단히 괴롭습니다. 저는 열매를 맺지 못하는 무화과나무 이야기*10를 읽을 때마다 소름이 끼칩니다. 그 이야기가 저의 초상 같기만 합니다. 그 무화과나무도 무기력한 존재였지만 그래도 용서받지 못했습니다. 그리스도께서는 무화과나무를 저주한 것입니다.

그렇기에, 신부님께 고백했던 것 말고는 제 평생에 정말로 심각한 죄는 없으리라 생각하지만, 합리적이고 냉정하게 비추어 볼 때 제게는 수많은 큰 범죄자들보다 신의 분노를 두려워할 당연한 이유가 있다고 생각합니다.

이것은 제가 실제로 두려워한다는 의미가 아닙니다. 이상하게도 신의 분노를 생각하면 반대로 제 마음속에는 사랑이 생겨날 뿐입니다. 오히려 신의 은총이나 자비를 생각할 때 일종의 두려움과 전율이 입니다.

그렇지만 제가 그리스도에게 열매를 못 맺는 무화과나무 같은 존재라고 생각하면 제 마음은 갈가리 찢깁니다.

다행히도 그것이 좋은 생각이라면, 신께서는 그것과 동일한 생각뿐 아니라 훨씬 좋고 많은 생각을 상처 없이 그 생각을 활용할 수 있는 사람에게 쉽사리 보내실 수 있을 것입니다.

그러나 제 안에 있는 생각들을 부분적으로나마 신부님께서 쓰지 않으시리란 보장이 없지요. 그 생각들은 제게 소소한 우정, 더구나 진정한 우정을 나눠 주는 사람만이 활용할 수 있습니다. 저는 다른 사람들에게는 존재하지 않기 때문입니다. 저는 한 마리 벌레처럼 죽은 나뭇잎 색을 띠고 있습니다.

지금까지 써내려온 글 가운데 위선이거나 부적절하다고 생각되는 내용이

---

*10 마르코복음서 11 : 12~14, 21.

있었으면 용서하여 주십시오. 저를 꾸짖지 말아 주세요.

앞으로 몇 주 혹은 몇 달 동안 제가 신부님께 소식을 보내거나 신부님으로부터 편지를 받을 수 있을지 모르겠습니다. 그러나 이렇게 멀리 떨어져 있는 것은 저에게만 괴로운 일일뿐이므로 그리 중요한 문제는 못 됩니다.

다시 한 번 신부님께 자식 같은 감사와 끝없는 우정을 표하는 바입니다.

시몬 베유

페랭 신부의 후기

내가 시몬 베유 앞으로 쓴 답장을 여기에 수록하고자 한다. 이 답장은 부치지 못했다. 내가 시몬 베유에게서 마지막 편지를 받았을 때 그녀는 이미 카사블랑카를 뜬 뒤였기 때문이다. 어디로 편지를 보내야 할지 마지막까지 알 수 없었다.

당신이 쓴 편지는 사상으로서 분명히 인식되기 전에 제시된 문제들로 가득 차 있으므로 책 한 권 분량의 답장이 필요할 정도입니다. 함께 머리를 맞대고 진리를 탐구할 수 있는 기회가 또 언제 어디서 있겠습니까?

먼저 거듭 말하고 싶은 것은 당신이 나를 비그리스도교적인 선(善)에 관대하지 않다고 여기는 데에 내가 얼마나 유감스럽게 생각하는지 하는 것입니다. 나는 이 세상에 존재하는 선은 그 어떤 작은 것일지라도 신비하면서도 현실적으로 그리스도와 연결되어 있음을 확신합니다. 그리스도는 '만인을 포용하기 위해' 돌아가셨고, 모든 것은 그리스도 안에서 다시 태어나 그리스도의 것이 되기 때문입니다. 성 바오로의 말씀을 반복하자면 우리의 천국은 그리스도 안에 존재합니다.

이 말을 확대하면 다른 형태로 당신의 사상과 일치합니다. 이 말의 성격과 의미를 파악하려면 고대인에게 국가와 국민이 어떤 존재였는지를 체험해야 하겠지요. 그들의 권리, 그들이 땅 위에 뿌리를 내린 장소, 그들의 문화, 그들의 집, 그들의 이해관계 등을 말입니다. 그러한 모든 것이 우리에게는 하늘에 존재합니다. 그리스도는 하늘에 계시니까요. 그리스도는 우리를 구원하신 뒤에 우리의 죽어질 육체 그 자체를 영광으로 바꾸실 것입니다.

신의 자녀의 마음은 하늘에 계신 아버지의 마음과 닮아야 합니다. 하늘에 계신 아버지의 마음에 질투는 접근할 수 없습니다. 그 까닭은 먼저, 성 토마스의 말처럼 실체적 기쁨인 신의 행복한 본성은 질투의 비애와 상반되는 것이기 때문입니다. 다음으로는, 신이 이상임과 동시에 원천이자 목적이며 모든 선의 선이기 때문입니다. 신은 모든 선을 통해 자신을 사랑하고, 성경 말씀에 따르면 "자신을 즐깁니다".

신에게 정착하는 것은 어디로부터도 멀어지는 행위가 아니며 내 정신의 자유를 변질시키는 행위도 아닙니다. 혹시 당신은 가톨릭교회를 사회적·역사적인 양상, 즉 슬프게도 우리의 비참함에 종속되는 양상으로 확대해석하는 것이 아닐까요? 그러한 견지에서 모든 사회와 마찬가지로 가톨릭교회도 인간을 위해 만들어진, 즉 영혼에 봉사하는 공간으로 생각하는 것 아닐는지요? 가톨릭교회는 그리스도의 신부(新婦)로서, 그리스도의 '충일(充溢)'로서, 사랑의 왕국으로서 보아야 합니다. Roma의 철자를 바꾸어 쓰면 mora(느슨함, 지체)가 아니라 Amor(사랑)라는 사실에 처음 주목한 것은 한 러시아인이었습니다. 이 신이 주는 사랑의 광명에서만 교회의 숨겨진 의미가 발견됩니다.

교회는 성 바오로가 새 예루살렘에 대해 말했듯이 "우리의 어머니"이자 "영혼의 집"이며 우리의 조국입니다. 다만 국경이 없고 모든 선을 수용하며 결국 사랑으로 발전할 모든 선으로써 구성되는 나라입니다.

교회는 베드로가 십자가에 달린 사형대와 바울의 목을 자른 칼 말고는 카이사르에게 지지 않습니다. 그러므로 당신의 반로마주의는 안심해도 좋습니다.

인간적인 결함, 편견, 불성실함, 신의 것에 대항하는 인간적인 것 등을 나는 한탄할 수 있고 또 한탄해야 함은 분명한 사실입니다. 날마다 교회는 우리에게 용서를 구하라고 가르치고 회개하라고 권유합니다. 교회는 죄 있는 신자들을 품으면서 신성해지고, 편협하고 한정된 신자들을 품으면서 보편적이 되고, 분열된 이기주의에 물든 신자들을 품으면서 하나가 됩니다. 교회에는 '그리스도가 그들 안에서 형성될 때까지' 신의 자녀들을 낳아야 하는 기능이 있습니다. 세례를 통해 교회 편에 서느냐 그리스도 편에 서느냐 하는 문제는 결국 같은 문제입니다. 세례는 자신이 완전하다고 믿는 것이 아니고, 완전한 사람들의 집단에 들어가는 것도 아니며, 그리스도의 성숙함을 본받아 그만큼 성장하기를 바라는 신의 자녀들의 집단에 들어가는 것입니다.

당신은 "권리상 가톨릭(보편적)이고 사실상은 그렇지 않다"고 말했습니다. 권리상 가톨릭이라는 것은 교회가 모든 사람들을 위해 만들어진 것이기 때문이고, 신께서 모든 인간이 진리를 구하러 찾아오기를 바라기 때문이며, 모든 인간이 계급이나 민족이나 문화의 구별 없이 그리스도 안에서 하나가 되기 때문입니다. "당신들 안에는 이미 유대인도 이방인도 그리스인도 야만인도 없다……." 교회는 이 모든 언어, 모든 문명, 모든 나라 국민과 무수한 족속을 이미 남몰래 그리고 있습니다.

한편으로는 현실의 보편성도 진전되고 있습니다. 그것은 복음을 전하는 사람들과 받아들이는 사람들 사이에 존재하는 충실성에 위탁된 신의 선물이기도 합니다. 이것을 확대하는 것, 적어도 이것을 실현하는 것은 개개인의 몫입니다. 우리에게 지성과 자질이 있을수록 이 의무는 강해집니다.

교회의 파문선언을 비난하려면 교회가 그것 때문에 얼마나 많은 눈물을 흘렸느냐를 잊어서는 안 됩니다. 사도처럼 "교회는 울면서 파문을 선언하고" 있으니까요. 파문선언은 결코 어떤 양심 상태를 심판하는 것이 아닙니다. 그것은 신의 비밀만이 심판할 수 있습니다.

성례를 받지 않는다는 것은 성례를 증표로 삼는 신앙, 교회가 수호하는 신앙이 없기 때문일 뿐입니다. 성례를 바란다는 것은 이 성례가 상징하는 바를 믿는다는 것을 전제로 합니다. 이는 당신이 스스로 느끼는 바입니다.

또한 교회의 이러한 결정이 모두 같은 의미를 지니는 것은 아닙니다. 어떤 경우에는 신의 말씀을 결정적으로 부정하는 자세가 문제가 됩니다. 그러나 많든 적든 정통 신앙과 조화되지 않는 명제가 문제가 될 때도 있습니다. 그것은 당시에는 부조화하고 부적절해 보이지만 훗날 탐구를 통해 명확해지고 시간이 흐르면 다른 관점에서 해석되기도 합니다.

가능하다면 언젠가 우리는 함께 신의 말씀을 듣기 위해 편지 한 구절 한 구절을 뜯어보아야 하겠지요.

세례에 관해서는, 나는 당신이 스스로를 위해 세례 받기를 원하며 지금은 한층 간절히 원합니다. 똑같은 상황에서 시에나의 성 카테리나가 말했듯이 "사슴이 살아 있는 샘물을 찾는 듯한" 마음입니다. 그러는 이유는 오직 한 가지뿐입니다. 당신도 잘 알다시피 세례가 은총이자, 그야말로 커다란 은총이자, '물과 성령으로 태어나는' 체험이기 때문입니다. '성령에 의해 태어난다'는 말은 신의 은총을 약속합니다. 신의 사랑에 의해 다시 태어나는 것입니다. 그러나 또한 알다시피 신에게는 때가 있습니다. 신의 은총은 신의 판단에 따라 커집니다. 성직자는 밖에 서 있는 '신랑의 친구'입니다. 그리스도만이 신랑이십니다. 모든 것은 그리스도께 우리의 목소리를 빌려드리는 것, 더 정확히 말하자면 우리를 통해 그리스도를 말하는 것입니다. 나는 세례 요한처럼 그리스도의 마음과 입술이 내는 '목소리'에 머무르고 싶습니다.

얼마 전에 그리스도교의 미명기인 안티오키아의 성 이그나티우스가 보낸 편지를 다시 읽어보았습니다. 성 이그나티우스는 주의 말씀을 당신과는 다르게 해석하더군요. 즉 그는 순교를 원하는 그리스도와의 친근성과 동시에 성직자 주위에 모인 공동체에 대하여 놀랄만한 의식을 품고 있습니다. 이 정도로 원천에 가깝고 이 정도로 성령이 침투한 증언에는 커다란 가치가 있지 않을까요?

마리탱의 '세속의 성화(聖化)'라는 사상은 풍부하고 적극적인 생각 같더군요. 여기에 덧붙여 언젠가 다른 저서도 찾아봐야겠지요.

J.M. 페랭

에세이

신을 사랑하기 위해 학교 공부를 활용하는 방안에 성찰

페랭 신부의 머리글

이 성찰문은 추측하기로 시몬 베유가 1942년 4월에 쓴 것이다. 아무튼 시몬이 이 논문을 보낸 것은, 내가 몽펠리에로 전임을 가면 만나게 될 가톨릭 학생들에게 도움이 되고자 하는 마음에서였다.

시몬은 출발할 때 이 논문을 깜빡 잊고 나에게 전달하지 못해서 카사블랑카에서 다시 보내왔다. 시몬이 S 앞으로 쓴 편지에 이에 대해 쓰여 있다.

시몬은 이 논문을 무척 중요하게 여겼다. 시몬이 온갖 고통, 특히 극심한 편두통으로 인한 고통에도 연구를 계속할 힘을 얻었던 비밀이 이 논문에 훤히 드러나 있다.

신을 알기 전에는 진리를 대하는 이 태도가 시몬의 커다란 관심사 가운데 하나였다. 나중에 시몬이 신을 알았을 때는 이러한 태도의 가치가 더욱 잘 이해되었다. 이렇게 진리에 몸을 내맡기는 것이 신이 인도하는 바이고, 신의 뜻이 인도하는 바임을 그때 깨달았기 때문이다.

여기서 시몬 베유가 개개 학문의 특수한 방법을 고려하지 않은 주관적 태도만을 언급한 것에 불만을 표시하는 것은 부적절하다. 과학의 방법, 문학의 방법, 과학의 법칙, 예술적 창조의 법칙은 각각 별개이지만 시몬은 신과의 만남이라는 내면적인 유일한 관점에 서 있다. 그러나 시몬이 발견에 눈이 멀어 대체로 '객관적' 관점을 배제했음은 인정해야겠다. 그리고 그것이 전에 말했듯이 시몬의 가톨릭 연구의 커다란 난점이다.

기독교적 연구 개념을 이해하는 열쇠는 기도가 주의력으로 성립됨을 인식하는 데에 있다. 기도는 영혼이 기울일 수 있는 모든 주의력을 신께 향하는 일이다. 어떤 주의를 기울이는가가 어떤 기도를 하느냐를 크게 좌우한다. 뜨거운 마음으로 그것을 보충할 수는 없다.

기도에 신과의 접촉을 낳을만한 밀도와 순수성이 있을 때 가장 높은 주의만이 신과의 접촉을 시작한다. 그러나 모든 주의는 신을 향해 있다.

물론 학교 공부는 낮은 차원의 주의를 발달시킨다. 그럼에도 학교 공부는 기도할 때 쓸 주의력을 기르는 데 충분히 효과가 있다. 그런 목적으로 혹은 그것만을 목적으로 공부한다면 말이다.

오늘날에는 잘 알려지지 않은 듯하지만, 주의력을 향상시키는 것은 공부의 참된 목표요 거의 유일한 이점이다. 또한 대부분의 학교 공부에는 저마다 다른 내재된 이익이 있지만, 그러한 이익은 이차적인 것이다. 정말로 주의력을 요구하는 모든 공부는 같은 자격으로 거의 동등하게 유익하다.

신을 사랑하는 학생들은 "나는 수학을 좋아한다", "나는 프랑스어를 좋아한다", "나는 그리스어를 좋아한다" 하는 말을 해서는 안 된다. 학생들은 이 모든 것을 사랑하는 법을 배워야 한다. 신을 향해 기도의 실체 그 자체가 되는 주의력은 이 모든 과목을 통해 개발되기 때문이다.

기하학에 소질이나 취미가 없다고 해도 기하학 문제나 증명을 가지고 씨름하는 일이 주의력을 발달시킨다는 사실에는 변함이 없다. 오히려 그런 상황이 공부에 도움이 된다고 해도 좋을 것이다.

해답을 찾아내거나 증명을 이해하기 위해서는 정말로 노력을 기울여야 하겠지만, 그것이 성공하느냐 아니냐는 그리 중요한 문제가 아니다. 어떤 상황이라도 주의를 기울이려는 진정한 노력은 결코 헛된 것이 아니다. 그것은 언제나 영적으로 충분한 효과가 있고, 또한 그러기에 더 낮은 면에도, 즉 지성이라는 면에도 효과가 있다. 모든 영적인 빛은 지성을 비추는 법이니까.

정말로 정신을 집중시켜 기하학 문제를 풀려고 노력하면서 한 시간 동안 처음 단계에서 조금도 진전하지 못했다 하더라도, 실은 매 분마다 더 신비로운 다른 차원으로 나아간 것이다. 이 사실을 알거나 느끼지 못하더라도, 겉으로 보기에는 아무 성과도 없는 이러한 노력은 영혼 안에 보다 많은 빛을 비추어 준다. 그 열매는 언젠가 훗날 기도할 때 맺힐 것이다. 어쩌면 수학과는 전혀 관계없는 어떤 지성의 영역에도 그 열매가 맺힐지 모른다. 아마 이 효과 없는 노력을 한 사람은 그 덕에 라신(Racine)*¹의 어느 시구의 아름다움을 전보다 더

---

*1 프랑스의 극작가, 1639~1699.

생생하게 이해할 수 있을 것이다. 그러나 이러한 노력의 열매가 기도의 순간에 발견되리라는 것은 의심의 여지가 없는 확실한 사실이다.

이러한 사실은 실험을 통해 확인된다. 그러나 경험에 앞서 먼저 믿지 않으면, 그리고 적어도 그것을 믿는 것처럼 행동하지 않으면 우리는 그러한 확실성에 접근할 수 있는 경험을 하지 못할 것이다. 여기에는 일종의 모순이 있다. 영적 진보에 유용한 지식은 어떤 일정 수준 이상이 되면 모두 이런 식이 된다. 이 지식들을 입증하기에 앞서 우리의 행동기준으로 삼지 않는다면, 그리고 오랫동안 오로지 신앙을 통해서, 처음에는 어둡고 빛이 없는 신앙을 통해서 이 지식들을 받아들이지 않는다면, 그것들을 결코 확실해지지 않을 것이다. 신앙은 필수불가결한 조건이다.

신앙을 뒷받침하는 가장 좋은 보장은, 하느님 아버지는 우리가 빵을 구할 때 돌을 주시지 않는 분이라는 믿음이다.*² 명확한 종교적 신앙 밖에서도 진리를 더욱 추구하고자 하는 소망만으로 주의를 기울이려고 노력할 때마다, 그 노력이 가시적인 열매를 맺지 못한다 하더라도, 그 사람은 진리를 파악하는 더 큰 적성을 획득한다. 에스키모의 우화에 그러한 빛의 기원이 설명되어 있다. "영원의 밤, 먹이를 찾지 못한 까마귀는 빛을 갈망했다. 그러자 땅이 비추어졌다." 진정으로 원하면 그리고 그 대상이 빛이라면 빛에 대한 소망은 빛을 낳는다. 주의를 기울이려고 노력할 때는 진실로 원할 때이다. 다른 모든 동기가 없다면 원하는 것은 실은 빛이다. 주의력이 수년 동안이나 아무런 열매를 맺지 못한 채 있는 것처럼 보일지라도 어느 순간 그 노력만큼의 빛이 영혼으로 침투할 것이다. 모든 노력은 지상의 어떤 힘도 빼앗아갈 수 없는 보물창고에 황금을 조금씩 보태 준다. 아르스의 성직자*³가 길고 힘겨운 세월 라틴어를 배우기 위해 쏟았던 무익한 노력은 말 속에서 그리고 침묵 속에서도 고백하는 신자의 영혼을 발견한 위대한 식별력으로서 모든 결실을 맺은 것이었다.

그러므로 학생들은 취미나 적성에 관계없이 모든 공부가 기도의 실체를 이루는 주의력을 기르는 데 도움이 된다는 점을 염두에 두고, 모든 과목에 똑같이 전념해야 한다. 좋은 점수, 시험 합격, 학교 성적 향상 따위는 추구할 것이 못 된다. 어떤 공부를 할 때는 정확히 하려고 노력해야 한다. 진정한 노력을 기

*2 마태오복음서 7 : 9.
*3 J. 비안네, 1786~1859.

울이려면 그런 의지는 필수불가결한 것이기 때문이다. 이런 직접적인 목표를 통해, 오로지 기도를 위한 주의력을 기를 것을 깊은 의도로 삼아야 한다. 무언가를 쓸 때 종이에다 글자 모양을 그리는 것은 그 형태가 아니라 관념을 표현하기 위함과 마찬가지이다.

공부에 이 의도만을 적용하고 다른 것은 전부 배제하는 것이 공부를 영적으로 활용하기 위한 첫째 조건이다. 둘째 조건은 낙제한 각 과목에 대하여 보잘것없는 자기를 직시하고, 주의 깊게 천천히 숙고하며, 변명하지 말고, 어떤 실수에서든 교사가 정정해준 내용을 무시하지 말고, 어디서 실수가 시작되었는지 되짚어보려고 노력하는 자세이다. 이와 반대로 행동하고, 지적받은 내용을 건성으로 훑어보고, 점수가 나쁘면 은폐하려는 유혹은 대단히 크다. 우리 대부분이 늘 이런 행동을 한다. 이러한 유혹을 떨쳐내야 한다. 나온 김에 말하자면 학문적 성공에 이보다 필요한 자세는 없다. 자기의 실수와 지도 교사의 정정 내용에 주의를 기울이기 싫어하면 어떤 노력을 하든 대단한 발전 없이 공부하는 꼴이 된다.

특히 모든 학문적 발전보다 훨씬 귀중한 보물인 겸손의 미덕은 이렇게 해서 얻어진다. 이런 관점에서 볼 때 자기의 어리석음을 숙고하는 일이 자기의 죄를 숙고하는 일보다 유용하다 하겠다. 죄의식은 자기가 악한 사람이라는 감정을 낳는데 그것은 때로 일종의 자만심을 낳는 씨앗이 되기도 한다. 학교 공부의 어리석은 실패에 눈과 영혼의 시선을 고정시키려 억지로 노력할 때 우리는 자기가 평범한 존재임을 필연적으로 또렷이 인식하게 된다. 이보다 바람직한 인식은 없다. 마음을 다해 이 진실을 깨달을 때 우리는 참된 길로 확실한 한 발짝을 내딛는 셈이다.

이 두 가지 조건이 완전히 충족되면 학교 공부는 의심할 바 없이 신성함에 이르는 훌륭한 길 중 하나가 된다.

둘째 조건을 충족하기 위해서는 그것을 바라기만 하면 족하다. 첫째 조건은 그렇지 않다. 정말로 주의를 기울이기 위해서는 그 방법을 알아야 한다.

이따금 사람들은 주의를 일종의 근육 운동과 혼동한다. 학생들에게 "자, 주의하세요"라고 말하면 학생들은 눈썹을 찌푸린 채 숨을 멈추고 근육을 바짝 당긴다. 2분 정도 지나서 무엇에 주의를 기울였느냐고 물으면 이들은 대답을 못 한다. 그들은 어디에도 정신을 집중시키지 않았다. 아무런 주의도 집중하지 않은 것이다. 그들은 근육을 수축하고 있었을 뿐이다.

사람들은 공부할 때 종종 이렇게 근육을 움직이려고 애쓴다. 마침내 피곤해지면 공부를 많이 했다는 기분이 든다. 이것은 착각이다. 피로와 공부는 관계가 없다. 피곤하건 피곤하지 않건 공부는 유용한 노력이다. 그렇게 애써 근육을 움직이는 것은 아무리 의도가 좋다 하더라도 전혀 결실을 맺지 못한다. 이때 좋은 의도는 지옥 길을 포장하는 좋은 의도이다.*4 그러한 공부가 때로는 좋은 성적을 거두는 결과를 낳기도 한다. 그러나 그것은 노력 때문이 아니라 본디 가진 소질 때문이다. 그런 공부는 써먹을 데가 없다.

필요하다면 어금니를 깨물고서라도 고통을 인내하려는 의지는 손기술을 쓰는 견습공의 주요 무기이다. 그러나 통속적 신념과는 반대로 그러한 의지는 공부에는 거의 쓸모가 없다. 지성은 소망의 인도만 받는다. 소망이 존재하기 위해서는 즐거움과 기쁨이 있어야 한다. 지성은 기쁨 속에서만 커지고 열매를 맺는다. 뜀박질하는 사람에게 호흡이 필요한 것처럼 공부에는 배움의 기쁨을 빼놓을 수 없다. 배움의 기쁨이 없는 곳에는 공부하는 학생은 없고 견습이 끝나도록 기술을 익히지 못한 견습공의 가련한 회화만이 있다.

공부에서 이러한 소망의 역할이야말로 공부를 영적인 삶의 준비로 만들어준다. 신을 향한 소망만이 영혼을 고양시킬 수 있는 힘이기 때문이다. 혹은 그 반대로 영혼을 붙잡아서 고양시킬 수 있는 유일한 존재는 신이지만, 소망만이 신을 지상으로 내려오도록 하는 힘이기 때문이다. 신께서는 자신에게 와달라고 갈구하는 사람에게만 내려오신다. 그리고 오랫동안 끊임없이 열렬하게 간청해온 사람들 곁에는 오실 수밖에 없다.

주의란 하나의 노력이며, 아마도 가장 큰 노력일 테지만 소극적인 노력이다. 그 자체는 피로를 동반하지 않는다. 그러나 잘 훈련되지 않았다면, 피로를 느끼기 시작한 순간 이미 주의를 기울이기란 불가능하다. 그럴 때에는 공부를 중단하고 휴식을 취한 뒤 조금 지나고 나서 다시 공부를 시작하는 편이 더 낫다. 숨을 들이쉬고 내뿜듯이 공부에도 강약을 주어야 한다.

20분 동안 강한 집중력을 발휘하고 지치지 않는 편이 어깨를 웅숭그리고 세 시간 공부한 뒤에 의무를 다한 느낌으로 "아, 공부 많이 했다"고 말하는 것보

---

*4 '지옥 길은 좋은 의도로 포장되어 있다'는 격언을 인용한 것. 의도만 가지고 실행하면 소용 없다는 뜻.

다 훨씬 가치가 있다.

그리고 보기와는 다르게 짧은 시간 주의를 기울여 공부하는 편이 훨씬 어렵다. 육체가 피로를 싫어하는 것 이상으로 우리의 영혼 안에는 참다운 주의를 격렬하게 싫어하는 그 무엇이 있다. 이 무엇이란 육체보다 훨씬 악에 가깝다. 그렇기 때문에 우리가 정말로 주의력을 집중시킬 때마다 그 내부에 있는 악은 파괴된다. 이런 의도로 주의를 집중한다면 15분의 짧은 주의에도 많은 선행과 다를 바 없는 가치가 생긴다.

주의란 자기 사고를 정착시키지 않고 거기에 사물이 침투하도록 유연한 공백 상태로 남겨두고, 자기 안에서 이용해야 할 다양한 지식을 사고에 근접하나 더 낮은 곳, 사고에 닿지 않는 곳에 붙들어두는 행위이다. 산 위에 있는 사람은 앞을 보고 있어도, 밑을 보지 않아도, 아래에 광활한 숲과 평원이 있음을 안다. 사고(思考)는 이미 형성된 모든 특수한 사고를 대해야 한다. 무엇보다 사고는 공백 상태에서 기다리며 아무것도 추구하지 않으나 그 적나라한 진리 속으로 침투할 대상을 받아들일 준비가 되어 있어야 한다.

모든 오역, 기하학 문제의 해답의 모순점, 프랑스어 작문의 모든 악문과 관념의 비연결성, 이 모든 것은 사고가 성급하게 달려가느라 지나치게 빨리 엉뚱한 개념으로 채워진 탓에 진리의 방향으로 움직이지 못한 데서 비롯된다. 원인은 늘 우리가 지나치게 적극적이라는 데에 있다. 찾으려고 하는 것이다. 근원을 거슬러 올라가 보면 늘 어떤 실수도 입증할 수 있다. 이 입증보다 좋은 훈련은 없다. 이렇게 해서 얻은 진실은 수백 수천 번 경험하고서야 믿을 수 있는 진실에 속하기 때문이다. 모든 본질적인 진실은 그런 것이다.

지극히 귀중한 선은 찾아서가 아니라 기다림으로써 얻는 것이다. 인간은 그 선을 자기 힘으로는 찾아낼 수 없다. 찾아 나서면 거짓된 선에 사로잡혀 그 거짓을 식별하지 못하게 된다.

그 자체는 귀중한 선이 아니지만 기하학 문제의 해답에도 같은 법칙이 적용된다. 이것은 귀중한 선을 본뜬 것이기 때문이다. 특수한 진리의 작은 일부분으로서 유일하고 영원하고 살아 있는 진리, 즉 일찍이 인간의 목소리로 "나는 진리이다"라고 선언했던 그 진리의 순수한 모방이기 때문이다.

이렇게 생각하면 모든 학교 공부는 성례와 비슷하다.

모든 학교 공부에는 소망을 가지고 진리를 찾지는 않고 그저 기다리는 독특한 방법이 있다. 주어진 기하학 문제의 해답을 찾는 것이 아니라 주의를 기울이고, 라틴어나 그리스어 교과서에서 의미를 찾는 것이 아니라 말 자체에 주의를 기울이고, 글을 쓸 때는 그저 불충분한 단어만을 거부하면서 펜 끝에서 올바른 단어가 저절로 나타나기를 기다리는 것이다.

우리가 학생들에 가져야 할 첫째의 의무는 그들에게 이 방법을 그저 널리 알리는 것만이 아니라 각 과목과 연계된 특수한 형태로 알리는 것이다. 이는 교사들만의 의무가 아니라 영적 지도자의 의무이기도 하다. 더 나아가 영적 지도자는 각 과목마다 다른 지성의 태도와, 석유가 가득 채워진 등잔을 들고 신랑이 오기를 믿음과 소망으로 기다리는 영혼*5이 교차하는 지점에 밝은 빛을 충분히 비추어야 한다. 신을 사랑하는 모든 젊은이는 라틴어의 번역본을 읽을 때도, 연회에 간 주인이 돌아와서 문을 두드리는 즉시 문을 열어주기 위해 잠도 자지 않고 문간에 서서 귀를 기울이고 있는 어느 노예*6처럼 되는 순간에 조금이라도 다가가기를 바라야 한다. 그때 주인은 그 노예를 식탁에 앉히고 손수 고기를 대접할 것이다.

주인에게 그러한 분에 넘치는 친절함을 강요할 수 있는 것은 오로지 그러한 기대와 주의뿐이다. 노예가 들판에서 피로에 지쳐 돌아와도 주인은 이렇게 말할 것이다. "내 식사를 준비하고 시중을 들라." 그리고 그저 명령하는 대로만 움직이는 쓸모없는 노예로 취급할 것이다. 확실히 행동의 영역에서는 어떠한 노력, 피로, 고통이 있더라도 명령받은 일은 모두 수행해야 한다. 순종하지 않는 자는 사랑하지 않은 자이기 때문이다. 그러나 그렇게 해도 결국은 쓸모없는 노예에 지나지 않는다. 순종은 사랑의 한 조건이지만 그것만으로는 부족하다. 주인이 노예의 노예가 되고, 그 노예를 사랑하도록 강요하는 힘은 순종 같은 것에서 나오지 않는다. 그렇다고 노예가 대담하게 자기 의지를 가지고 무언가를 꾀하는 데서 비롯되는 것도 아니다. 그저 노예가 주시하고, 기다리고, 주의하는 데서 비롯되는 것이다.

그러므로 소년기와 청년기를 단지 이 주의력 양성을 위해 보낸 사람들은 운좋은 이들이다. 이들이 들판이나 공장에서 일하는 형제들보다 은총에 가깝다는 의미가 아니다. 다른 의미에서 가깝다. 농부나 노동자는 가난과, 낮은 사회

*5 마태오복음서 25 : 4.
*6 루카복음서 12 : 37.

적 지위와, 길고 지루한 고통의 밑바닥에 떠도는 비할 바 없는 풍미를 통해 신 가까이에 존재한다. 그러나 일 자체를 고려한다면 공부는 그 핵심을 이루는 주의를 통해서 한층 신에 가까이 있다. 수년 동안 공부를 계속하면서도 이 주의력을 계발하지 않는 사람은 커다란 보물을 잃은 것이다.

주의를 실체로 하는 것은 신에 대한 사랑만이 아니다. 그와 마찬가지 사랑이라고 알려진 이웃애도 같은 실체를 지닌다. 불행한 이들에게는 자기에게 주의를 기울여 줄 사람들 말고는 아무것도 필요 없다. 불행한 이들에게 주의를 기울이는 능력이란 극히 드물고 어려운 것이다. 그것은 거의 기적에 가깝다. 하나의 기적이다. 이 능력을 갖추었노라고 말하는 사람들 대부분이 실은 그것을 지니지 못했다. 열의도 약동하는 마음도 연민도 충분치 않다.

성배의 첫 번째 전설*7에 따르면 성스러운 제물의 힘으로 모든 굶주림을 채워줄 기적의 돌 잔을 손에 넣은 사람은, 이 돌을 보관하고 있는 왕에게 처음으로 이런 말을 건넨 사람이다. 심각한 부상을 입고 몸의 대부분이 마비된 왕에게 그는 이렇게 말한다. "당신의 고통은 어떤 것입니까?"

이웃애에 넘친다 함은 단지 이웃에게 "당신의 고통은 어떤 것입니까?" 하고 물어보는 것이다. 이는 우리와 매우 비슷한 인간이 어느 날 불행을 만나 누구도 흉내 낼 수 없는 낙인이 찍힌 채 존재한다는 사실을 인식하는 것이다. 불행한 사람을 집합체의 단위로서나 '불행한 사람'이라는 딱지를 붙인 사회 계급의 하나로서 보지 않고 말이다. 그러기 위해서는 그 사람을 어떤 시선으로 보아야 하는지를 알아야 하며, 또 그것은 필수불가결한 일이다.

그 시선이란 먼저 주의 깊은 시선이다. 이때 영혼은 모든 진실을 있는 그대로 보는 존재를 자기 내부로 받아들이기 위해 자신 안에 있는 내용물을 모두 비우게 된다. 주의를 기울일 수 있는 사람만이 이 일을 할 수 있다.

라틴어 번역에도 기하학 문제에도 적절한 종류의 주의를 기울이기만 하면 된다. 그러면 놀랍게도, 충분한 주의를 기울이는 데 실패했다 할지라도, 뒷날 극도로 딱한 처지에 빠진 불행한 사람에게 도움의 손길을 내미는 데 도움이 된다.

---

*7 중세 유럽의 전설에 따르면 그리스도의 최후 만찬 때 사용된 성배는 그 뒤 영국으로 옮겨져 은밀히 숨겨졌다. 중세 프랑스의 몇 가지 이야기는 이 성배를 찾는 기사들의 모험을 주제로 한다.

이러한 진리를 파악할 수 있고, 무엇보다도 이러한 열매를 갈망하는 관대한 젊은이는 모든 종교적 신앙 밖에 있더라도 공부가 충분히 영적인 효과를 발휘할 것이다.

학교 공부는 일종의 진주가 묻힌 밭*8이다. 이 진주는 재산을 몽땅 털어서라도 살 만한 가치가 있다.

---

*8 마태오복음서 13 : 44.

신을 향한 사랑과 불행

페랭 신부의 머리글

이 성찰문은 시몬 베유가 1934년부터 5년에 걸쳐 노동자로서 생활하며 겪은 불행과 그리스도를 만난 경험을 한데 녹여낸 것이다.

시몬은 티몬이 서문에서 말한 그 끔찍한 날들을 보내는 가운데 이 두 가지를 한 번에 충분히 경험했으며, 또한 이 시기에 주의 기도를 발견했다.

이 성찰문은 1942년 봄에 쓰인 것으로 추정된다. 시몬은 출발하기 며칠 전 이것을 내 앞으로 부쳤다.

괴로움의 영역에서 불행은 따로 떼어내거나 다른 것과 바꿀 수 없는 독자적인 것이다. 불행은 단순한 고통과는 전혀 다르다. 불행은 영혼을 사로잡고, 불행에만 속하는 낙인, 노예의 표식을 영혼 깊숙한 곳에 찍어 놓는다. 고대 로마의 노예는 불행의 극단적 형태에 지나지 않는다. 이 문제를 잘 파악한 고대인들은 이렇게 말했다. "인간은 노예가 되는 날 영혼의 절반을 잃는다."

불행은 육체의 고통과 분리될 수 없으나 전혀 별개의 것이다. 괴로움 가운데 육체의 고통이나 이와 비슷한 것과 관련이 없는 것은 전부 인위적이거나 상상 속의 고통이므로 아마 사고를 적당히 정리하면 사라질 것이다. 사랑하는 사람이 곁에 없거나 죽었을 때도 어찌할 도리가 없는 슬픔은 호흡곤란이나 심장 압박, 욕구불만, 배고픔 등 어떠한 육체의 고통, 즉 그때까지는 열심히 한 방향으로 나아가던 에너지가 방향을 잃고 갑자기 해방됨으로써 오는 대부분의 생물학적 혼란과 같은 것이다. 그러한 어찌할 도리 없는 성질의 중심에 있지 않은 슬픔은 단순히 낭만이나 문학에 지나지 않는다. 굴욕이나 모욕을 당해서 감정을 폭발시키고 싶지만 무기력함이나 두려움 때문에 자신을 억눌러야 하는, 온몸의 억압된 상태이다.

반면에 단순한 육체의 고통은 매우 소소한 것이며 영혼에 아무런 흉터를 남기지 않는다. 치통을 예로 들어보자. 썩은 이 때문에 격렬한 고통이 몇 시간이고 지속되더라도 일단 지나고 나면 아무것도 남지 않는다.

아주 길고 이따금 일어나는 육체의 고통은 그것과는 다르다. 그러나 그러한 고통은 자주 오는 고통과는 전혀 다른 것이다. 그것은 자주 오는 한 가지 불행이다.

불행은 생명이 뿌리째 뽑히는 것이며 다소 가벼운 죽음과 같다. 또한 육체의 고통을 당하든지 그것을 두려워하든지 영혼에 존재하는 것이다. 육체의 고통이 전혀 없다면 영혼의 불행은 없다. 어떤 대상으로든 사고가 향하기 때문이다. 사고는 동물이 죽음으로부터 도망치듯이 신속하고 필사적으로 불행으로부터 도망친다. 이 세상에서 사고를 붙들어둘 수 있는 것은 육체의 고통 말고는 아무것도 없다. 단 이때는, 글로 쓰기는 어렵지만, 육체적이며 육체의 고통과 엄밀히 동등한 몇몇 현상은 육체의 고통에 포함시켜 생각하기로 한다. 육체의 고통에 대한 공포는 그러한 것 중 하나이다.

아무리 가벼운 고통일지라도 육체의 고통에 못 이겨 불행의 존재를 인정할 때는, 자기 목을 칠 단두대를 몇 시간이고 바라보도록 강요당하는 사형수와 같은 예민한 지경에 빠진다. 인간은 이러한 예민한 상태에서 20년이고 50년이고 살 수가 있다. 다른 이들은 그것을 눈치 채지 못하고 불행한 사람 곁을 지나쳐 간다. 그리스도가 그 사람의 눈을 통해서 보는 게 아니라면 어느 누가 불행한 사람을 식별할 수 있겠는가? 그들이 이따금 이상한 행동을 보이면 다른 사람들은 그것을 비난할 뿐이다.

한 생명을 붙잡아 송두리째 빼앗았다 하더라도, 그 사건이 직접적이든 간접적이든 사회적, 심리적, 육체적으로 그 생명 전체에 영향을 미치지 않았다면 진정한 불행은 존재하지 않는다. 사회적 요인은 본질적인 것이다. 어떤 형태로든지 사회적 타락이나 그에 대한 염려가 없다면 참된 불행은 존재하지 않는다.

아무리 격렬하고 오래 지속되는 슬픔이더라도 본디 의미의 불행하고는 그 성질이 다르므로, 불행과 모든 슬픔 사이에는 물의 끓는점처럼 연속성과 동시에 경계가 존재한다. 경계 저편에는 불행이 있고 이쪽에는 없다. 이 경계는 순전히 객관적인 것이 아니다. 온갖 개인적 요인이 끼어든다. 동일한 사건을 겪고도 어떤 사람은 불행으로 내몰리지만 어떤 사람은 그렇지 않을 수 있다.

인생의 커다란 수수께끼는 괴로움이 아니라 불행이다. 죄 없는 사람이 죽음을 당하거나 학대당하거나 추방되거나 수용소나 독방에서 비참한 생활을 하고 노예로 전락하는 것은 놀라운 것이 아니다. 그러한 행위를 자행하는 범죄자들이 존재하기 때문이다. 병에 걸려 생명이 마비되고 죽음과 다를 바 없는 기나긴 고통에 놓이는 것도 놀라운 일이 아니다. 자연성은 기계적 필연성의 맹목적 작용에 좌우되기 때문이다. 그러나 불행이 죄 없는 자의 영혼을 붙잡고 절대 권력자로서 그 영혼을 소유하도록 신께서 불행에 힘을 부여하셨다는 사실은 놀라운 일이다. 아무리 운이 좋더라도 불행의 낙인이 찍힌 사람은 자기 영혼의 절반밖에 자유롭지 못할 것이다.

반쯤 짓밟힌 벌레처럼 땅 위를 허우적거릴 정도의 타격을 받은 사람들에게는 자기들에게 무슨 일이 일어났는지 표현할 언어가 없다. 그들이 만나는 사람들은 많은 고생을 했다 하더라도 본디 의미의 불행을 접한 적이 없으면 그것이 무엇인지 전혀 이해하지 못한다. 귀머거리에게는 무슨 짓을 하더라도 소리를 이해시킬 수 없듯이 불행은 다른 무엇과도 환원될 수 없는 특수한 것이다. 그리고 불행에 상처 입은 사람은 스스로 누구에게 도움의 손길을 내밀만한 형편이 아니며 그럴 마음을 먹기도 거의 불가능하다. 그러므로 불행한 사람을 동정하기란 불가능하다. 진짜 동정이 있다면 그것은 물 위를 걷거나 병자를 고치거나 죽은 자를 살린 것보다 놀라운 기적이 아닐까.

불행에 빠지니 그리스도께서도 고통에서 벗어나기를 원하고 인간으로부터 위안을 얻으며 하느님 아버지로부터 버림받았다고 믿을 수밖에 없었다. 불행에 빠지니 의인도 신에 대항하여 소리칠 수밖에 없었다. 욥은 단순히 인성으로만 따져서 완전한 의인이었고, 역사적인 인물이 아니라 그리스도를 투영한 인물로 해석한다면 그 이상으로 완전한 의인이었다. "신께서는 죄 없는 자들의 고통을 비웃으신다." 이 말은 신성 모독이 아니다. 이것은 고통에서 쥐어짜낸 진정한 부르짖음이었다. 〈욥기〉는 처음부터 끝까지 진실하고 진정하며 순수하고 훌륭하다. 이러한 형태의 불행에서 이탈한 불행을 말하는 모든 언어는 많든 적든 거짓에 오염되어 있다.

불행은 잠시나마 신을 부재 상태로 만든다. 죽은 사람보다 부재이며, 캄캄한 독방 속의 빛보다도 부재이다. 일종의 공포가 온 영혼을 침식한다. 이러한 부재 상태에서는 사랑할 대상이 존재하지 않는다. 끔찍한 사실은 사랑할 대상이 없는 이 암흑 속에서 영혼이 사랑하기를 멈추면 신의 존재는 끝장난다는 것이다.

영혼의 아주 작은 일부분이라도 허무하게 사랑하길 계속하거나 사랑하려는 노력을 계속해야 한다. 그러면 욥에게 그랬던 것처럼 신께서는 언젠가 그 영혼에 나타나 세상의 아름다움을 보여줄 것이다. 그러나 영혼이 사랑을 중지한다면 영혼은 이승에 있으면서도 지옥과 다름없는 곳으로 떨어진다.

그러기에 불행을 받아들일 준비가 되지 않은 사람들을 불행에 빠뜨리는 자는 영혼을 죽여 버린다. 다른 측면에서 말하자면 모든 사람이 불행한 이 시대에는 실제로 영혼이 불행에 대항할 수 있는 곳까지 가야만 효과가 있다. 이것은 사소한 문제가 아니다.

불행이 영혼을 단련시키기도 하고 낙담시키기도 하는 까닭은, 불행이 영혼의 밑바닥까지 이른바 시뻘겋게 달군 쇠로 자기모멸, 불쾌함, 혐오감의 낙인을 찍고 죄의식과 추악함을 새겨 놓기 때문이다. 논리로 따지면 그것은 죄의 행위가 낳는 것이어야 옳지만 실제로는 그렇지 않다. 악은 자신이 죄인의 영혼 속에 있다는 것을 드러내지 않고 그 속에 존재한다. 악은 죄 없는 사람의 영혼 속에서 느껴진다. 마치 본질적으로 죄인에 적합한 영혼이 죄에서 분리되어 불행과 결합한 것 같은 상태이다. 더구나 그것은 불행한 사람들의 무죄에 비례하여 결합되어 있다.

욥이 자기의 무죄를 그토록 절망적인 목소리로 외친 것은 스스로 자기의 무죄를 믿을 수 없었기 때문이며, 욥의 영혼이 욥의 친구들 편을 들고 있었기 때문이다. 욥은 신께서 직접 증언을 해달라고 간청한다. 자기 양심의 증언이 더는 들리지 않았기 때문이다. 그것은 욥에게는 이미 목숨이 다한 추상적 회상에 지나지 않았다.

인간의 육체적 본성은 동물과 공통된 것이다. 암탉들은 상처 입은 암탉에게 달려들어 부리로 공격하려 한다. 이는 중력처럼 기계적인 현상이다. 우리의 이성이 죄와 결부시키는 모든 모욕, 모든 혐오, 모든 증오를 우리의 감수성은 불행과 결부시킨다. 그리스도가 영혼의 전체를 차지하는 사람들을 빼면 나머지는 모두 의식하진 못해도 불행한 사람을 모욕하고 있다.

이러한 우리의 감수성의 법칙은 자기 자신에게도 똑같이 작용한다. 이 모멸, 이 혐오, 이 증오가 불행한 사람에게 있다가 자기 자신에게로 넘어와서 영혼의 중심에 스며든 다음 녹으로 물든 빛깔로 우주 전체를 색칠한다. 초자연적 사랑이 살아남아 있다면 이 두 번째 결과가 일어나는 것을 막을 수 있으나 첫 번째 결과는 막을 수 없다. 첫 번째 결과는 불행의 본질 그 자체이기 때문이다. 이것이 존재하지 않는 곳에는 불행은 없다.

"그리스도께서는 우리를 위하여 스스로 저주받은 몸이 되시어……"*¹ 저주받은 것은 나무에 매달린 그리스도의 육체뿐만이 아니라 그 영혼 전체이기도 하다. 이와 마찬가지로 불행한 모든 죄 없는 사람은 자기가 저주를 받았다고 느낀다. 한때 불행했다가 운명의 변화로 거기서 벗어난 사람들도 충분히 깊은 상처를 받으면 똑같이 느낀다.

불행의 또 다른 결과는 영혼 안에 무기력이라는 독을 주입하여 영혼을 조금씩 불행의 공범자로 만드는 것이다. 오랫동안 불행을 겪었던 사람과 불행 사이에는 일종의 공범 관계가 존재한다. 이 공범 관계는 자기 운명을 개선하려는 그 사람의 모든 노력에 따라다닌다. 그것은 그가 불행에서 해방될 수 있는 수단을 찾지 못하도록 방해하고 때로는 해방을 원하는 마음까지 방해한다. 결국 그는 불행에 안주하게 되고, 사람들은 그가 만족해한다고 생각하기도 한다. 나아가 이 공범 관계는 그가 본심과는 달리 구원의 수단을 피하도록 강요할는지 모른다. 이때 그 공범 관계는 때때로 우스꽝스러운 구실로서 자신을 은폐한다. 불행에서 빠져나왔더라도 영혼의 밑바닥까지 영원히 상처 입은 사람이라면, 기생충이 자기 의지대로 숙주를 지배하듯이, 불행이 그 안에 자리 잡고 앉아 그를 다시 한 번 불행으로 밀어 넣는다. 때로 이러한 충동은 행복을 지향하는 영혼의 모든 움직임과 싸워 승리한다. 어떤 은혜를 입어 불행이 멈췄다면 이러한 충동은 은인에 대한 증오를 동반하기도 한다. 이는 쉽게 설명되지 않는 야만스럽고 배은망덕한 행동의 원인이 된다. 때로는 불행한 사람을 현재의 불행에서 해방시키는 일은 쉬워도 과거의 불행에서 풀어주는 일은 어려울 수 있다. 신만이 이 일을 할 수 있다. 그러나 신의 은총조차도, 낫기 힘들 만큼 상처 입은 자연성을 여기 지상에서 치유할 수는 없다. 부활하신 그리스도의 영광된 몸에도 상흔은 있다.

불행을 거리(距離)로서 생각할 때만 불행의 존재를 받아들일 수 있다.

신께서는 사랑을 통해서 그리고 사랑을 위해서 만물을 창조하셨다. 신께서는 사랑 그 자체와 사랑의 수단 말고는 아무것도 창조하지 않으셨다. 신께서는

---

*1 갈라티아서 3 : 13.

다양한 형태의 사랑을 창조하셨다. 신께서는 사랑을 품을 수 있는 것들을 다양한 거리에 창조하셨다. 신 자신은 최대한의 거리, 다시 말하면 무한한 거리로 물러나셨다. 다른 것들은 그럴 수 없기 때문이다. 신과 신 사이의 이 무한한 거리, 더없는 분열, 비할 바 없는 고통, 사랑의 경이, 그것이 십자가이다. 저주받은 것만큼 신으로부터 멀리 떨어지는 일은 없다.*2

최고의 사랑이 최고의 유대를 연결하는 이 분열은 끊임없이 우주를 가로질러 침묵의 바다로, 멀리 떨어진 두 곡조가 하나로 융합되듯이, 순수하고 격정적인 화음처럼 울려 퍼진다. 이것이야말로 신의 '말씀'이다. 모든 창조는 그 진동에 불과하다. 인간의 음악이 가장 위대한 순수성을 지니고 우리의 영혼을 관통할 때 우리가 듣는 것이 바로 그것이다. 우리가 침묵에 귀 기울일 수 있게 되었을 때 침묵을 통해 그것을 한층 또렷하게 이해하게 되는 것이다.

사랑을 참고 견디는 사람에게는 불행으로 인해 굴러 떨어진 저 밑바닥에서 이 곡조가 들린다. 이 순간부터 그들은 아무런 의심도 품지 않는다.

불행 때문에 쓰러진 사람들은 십자가 밑에, 다시 말하면 신으로부터 가장 먼 거리에 있다. 죄가 이보다 더 멀리 떨어져 있다고 생각해서는 안 된다. 죄는 거리의 문제가 아니다. 죄는 우리의 시선이 잘못된 방향을 향하는 일이다.

이러한 거리와 원죄의 불복종 사이에는 신비로운 관련이 있다. 처음부터 인류는 신으로부터 시선을 돌려 잘못된 방향으로 되도록 멀리 걸어갔다고 한다. 그 무렵 인류는 걸을 수 있었기 때문이다. 오늘날 우리는 지금 있는 곳에 꼼짝 못하게 묶여 그저 시선만 자유로운 채 필연성에 종속되어 있다. 영적 완전성으로 가는 단계와 전혀 관련 없는 맹목적 기계론이 계속해서 사람들을 동요시키고 그 중 몇 사람을 십자가 밑으로 던져 버린다. 이렇게 동요하는 가운데 신에게 눈을 돌리느냐 마느냐 하는 것만이 그들이 할 수 있는 유일한 선택이다. 신의 섭리가 작용하지 않는 것은 아니다. 맹목적 기계론으로서 작용하는 필연성이 신의 섭리이다.

기계론이 맹목적이 아니라면 불행이란 없을 것이다. 불행은 무엇보다도 아무런 특징이 없으며, 그 희생양이 된 사람들에게서 인간성을 빼앗고 그들을 물건으로 만들어 버린다. 불행은 무관심하며, 불행을 접한 모든 사람을 영혼의 밑

---

*2 갈라티아서 2 : 13.

바닥까지 얼려버리는 것은 이 무관심의 차가움, 다시 말하면 금속과 같은 차가움이다. 그들은 두 번 다시 따스함을 되찾지 못한다. 그들은 자신이 아무개라는 사실을 더는 믿지 못하게 된다.

불행에 우연이 포함되지 않았다면 불행은 그런 힘을 갖지 못할 것이다. 신앙 때문에 박해당하더라도, 그것이 신앙으로 인한 박해임을 아는 사람은 고통당할지언정 불행하진 않다. 고통이나 공포에 영혼이 점령당하여 자신들이 왜 박해당하는지 잊게 될 때만 그들은 불행에 빠진다. 맹수를 풀어놓은 경기장으로 노래를 부르면서 들어가는 순교자들은 불행하지 않았다. 그러나 그리스도는 불행했다. 그리스도는 순교자로서 죽은 것이 아니다. 그리스도는 세속의 법률상 죄인으로서 도적들 틈에 섞여 그저 조금 우스꽝스러운 취급을 당하며 죽었다. 불행은 우스꽝스러운 것이기 때문이다.

맹목적 필연성만이 인간을 아주 먼 곳, 즉 십자가 바로 옆으로 던져 넣을 수 있다. 대부분의 불행의 원인인 인간의 범죄는 맹목적 필연성의 일부분이다. 죄인은 자기가 무슨 짓을 저지르는지 모르기 때문이다.

우정에는 두 가지 형태, 즉 만남과 이별이 있다. 이 두 가지는 분리될 수 없다. 이 두 가지 모두 동일한 선이자 유일한 선인 우정을 내포한다. 친구 사이가 아닌 두 사람은 서로 가까이 다가가더라도 만나는 것이 아니며, 멀리 떨어지더라도 헤어지는 것이 아니기 때문이다. 만남과 이별은 같은 선을 내포하며 똑같이 좋은 것이다.

우리가 우리 밖에서 비참한 방법으로 어떤 사물을 만들거나 인지하는 것처럼 신께서는 완전한 방법으로 신 자신을 창조하시고 신 자신을 인식하신다. 그러나 무엇보다도 신은 사랑이시다. 무엇보다도 신께서는 신 자신을 사랑하신다. 이 사랑, 즉 신의 이 우애는 삼위일체이다. 신의 사랑의 관계에 따라 결합되는 이 세 가지 사이에는 가까움 이상의 것이 존재한다. 무한한 가까움 혹은 동일성이다. 그러나 창조, 강생, 수난으로 인한 무한한 거리도 존재한다. 전체 공간과 전체 시간이 그 광막함으로 신과 신 사이에 무한한 거리를 만든다.

연인들이나 친구들은 두 가지를 갈망한다. 하나는 서로의 마음속으로 들어가 둘이 하나가 될 만큼 사랑하는 것이다. 다른 하나는 두 사람이 지구 반대편에 서로 떨어져 있더라도 둘 사이의 유대가 조금도 약해지지 않을 만큼 사랑하는 것이다. 인간이 이 지상에서 헛되게 갈망하는 모든 것이 신에게는 완전하고 현실적인 것이다. 이 불가능한 소망은 인간에게는 운명의 표식 같은 것이며, 우리가 그 실현 가능성을 포기할 때 이 불가능한 소망은 우리에게 좋은 것이 된다.

신과 신 사이의 사랑은 그 자체가 신이며, 이 사랑은 두 가지 효과가 있는 유대가 된다. 이것은 두 가지 존재를 식별 불가능할 정도로, 현실의 유일한 존재가 될 정도로 결합시키는 유대이며, 거리를 뛰어넘어 무한한 분리조차 극복하는 유대이다. 모든 복수성(複數性)이 사라지는 신의 통일과 그리스도가 아버지를 온전히 사랑하면서도 스스로 버려졌다고 생각한 그 체념, 이것이 신 자신이 신 동일한 '사랑'의 두 가지 효과이다.

신께서는 본질적으로 사랑이기 때문에 어떤 의미에서 신의 정의 그 자체인 통일성은 사랑의 순수한 결과이다. 그리고 이 사랑이 지닌 무한한 통일의 힘은 그것이 극복할 수 있는 무한한 분리에 대응된다. 이 분리란 그리스도와 아버지이신 신 사이에 놓여 있으며, 시공간 전체를 통해 퍼지는 기계적인 거친 물질로 만들어진 피조 세계 전체를 가리킨다.

우리 인간은 그 비참함으로써, 신의 아들과 아버지 사이에 존재하는 이 거리를 같이 나눈다는 한없이 귀중한 특권을 얻었다. 그러나 이 거리는 사랑을 품은 사람들에게만 분리이다. 사랑하는 사람들에게 분리는 고통스럽기는 하나 일종의 선이다. 분리는 사랑이기 때문이다. 신께 버림받은 그리스도의 고뇌도 일종의 선이다. 이 지상에 사는 우리에게 이 고뇌를 같이 나누는 것보다 큰 선은 있을 수 없다. 이 지상에서는 육체 때문에 신은 우리 앞에 완전히 모습을 드러낼 수 없다. 그러나 극단적인 불행에 처했을 때 신은 거의 완전히 부재할 때가 있다. 바로 이것이 지상의 우리가 완전한 존재가 될 수 있는 단 하나의 가능성이다. 고로 십자가는 우리의 유일한 희망이다. "어떤 숲에도 이 꽃과 이 이파리와 이 싹을 가진 이러한 나무는 없다."

우리가 하나의 세포로서 살고 있는 이 우주는 신의 사랑이 신과 신 사이에 만들어 놓은 거리이다. 우리는 이 거리 사이에 있는 하나의 점이다. 공간과 시간과 물질을 지배하는 기계적 작용이 이 거리이다. 우리가 악이라고 부르는 모든 것은 이 기계적 작용과 다름없다. 신께서는 자신의 은총이 인간 중심에 침투해 거기서 그의 모든 존재를 비출 때 그가 자연 법칙을 깨뜨리지 않고 물 위를 걸을 수 있도록 하셨다. 그러나 신에게서 눈을 돌리면 그 사람은 다시 중력에 몸을 맡기게 된다. 그리고 자신에게 결정권과 선택권이 있다고 생각하지만 그는 사실 하나의 물건, 떨어지는 돌에 불과하다. 정말로 주의 깊게 인간이나 사회를 들여다보라. 초자연의 빛이 힘을 발휘하지 않는 곳이면 어디나 모든 것이 물체의 낙하법칙과 마찬가지로 맹목적이고 정확한 기계적 법칙에 따르고 있다. 이 사실을 아는 것은 유익하고 필요한 일이다. 우리가 죄인이라고 부르는 사람들은 바람에 지붕이 날아간 탓에 우연히 떨어져 버린 기와에 불과하다. 그들이 저지른 유일한 잘못은 그들을 그런 기와로 만든 최초의 선택뿐이다.

필연성의 기계론은 모든 수준에도, 순수한 물질에도, 식물에도, 동물에도, 모든 국민에게도, 영혼에도 작용하며 비슷한 작용을 한다. 우리가 현재 서 있는 위치와 관점에서 보면 그것은 아주 절대적이다. 그러나 우리의 마음을 우리의 밖으로, 우주의 밖으로, 공간과 시간 밖으로, 아버지이신 신께서 계시는 곳으로 옮겨 그곳에서 보면 이 기계론은 완전히 다르게 보인다. 필연으로 보였던 것이 순종이 된다. 물질은 완전한 수동성을 지니며 따라서 신의 뜻에 완전히 순종한다. 물질은 우리의 완전한 모범이다. 신과 신에 복종하는 것 말고 다른 존재는 있을 수 없다. 물질은 완전히 순종함으로써, 주를 사랑하는 사람들에게 사랑받기에 합당해진다. 사랑하는 여인이 생전에 쓰던 바늘을 그 연인이 소중하게 바라보는 것과 같다. 세상의 아름다움은 물질이 우리가 사랑하기에 합당하다고 넌지시 말한다. 세상의 아름다움에서 순수한 필연성은 사랑의 대상이 된다. 바다가 만드는 순간적인 파도의 높낮이나 첩첩산중이 이루는 영원에 가까운 기복(起伏), 거기에서 발견되는 중력만큼 아름다운 것은 없다.

때로 배를 삼킨다는 사실을 안다고 해서 우리 눈에 바다가 흉물스럽게 비치는 것은 아니다. 오히려 더욱 아름답게 보인다. 바다가 배를 구하기 위해 파도의 움직임을 변화시킨다면 바다는 분별과 선택이 가능한 존재가 되고, 모든 외부 압력에 완전히 순종하는 액체가 아니게 된다. 바다의 아름다움을 구성하는 것은 그 완전한 순종이다.

이 세상에서 발생하는 모든 공포는 중력에 따라 파도에 나타나는 높낮이와 같다. 그런고로 파도에는 아름다움이 있다. 《일리아스》와 같은 시는 이러한 아름다움을 보여준다.

인간은 신에 대한 복종에서 결코 벗어날 수 없다. 피조물은 복종할 수밖에 없다. 지성을 갖춘 자유로운 피조물로서 인간에게 주어진 유일한 선택은 그 복종을 소망하느냐 마느냐 하는 것뿐이다. 소망하지 않는대도 기계적인 필연에 종속된 존재인 만큼 끊임없이 복종하고 있는 것이다. 복종을 소망한대도 여전히 기계적 필연의 지배를 받지만 여기에는 새로운 필연, 즉 초자연의 고유한 법칙으로 구성된 필연이 부가된다. 그 사람은 어떤 행동은 할 수 없게 되고, 또 어떤 행동은 이따금 그의 의지와 관계없이 그를 통해 수행된다.

그런 경우에 자기가 신에게 순종하지 않았다는 느낌이 들더라도 그것은 복종을 바라는 마음을 잠시 접어두었음을 의미할 뿐이다. 물론 다른 모든 상황이 동일하더라도 복종에 동의하느냐 마느냐에 따라 저마다 다른 행동을 보이게 된다. 다른 모든 환경이 동일하더라도 양지에 있느냐 음지에 있느냐에 따라 식물이 저마다 다른 싹을 틔우는 것과 비슷하다. 식물은 스스로 성장을 제어하지도 선택하지도 않는다. 우리는 빛을 쐬느냐 마느냐만을 선택할 수 있는 식물 같은 존재이다.

그리스도께서는 "애쓰지도 않고 길쌈도 하지 않는 들판의 나리꽃들을 지켜보아라"[*3]고 말씀하심으로써 우리에게 물질의 순종을 모범적인 예로 제시하셨다. 즉 들판의 나리꽃은 특정한 색으로 위장하려 하거나 자기 뜻대로 움직이거나 어떤 목적을 위해 수단을 강구한 것이 아니라 자연의 필연성이 가져다준 모든 것을 받아들인 것이다. 들판의 나리꽃이 화려한 옷감보다 훨씬 아름답게 보이는 이유는 더 화려하기 때문이 아니라 순종하기 때문이다. 직물도 순종하지만 그것은 인간에게 순종하는 것이지 신게 순종하는 것이 아니다. 물질은 신게 순종할 때만 아름답다. 인간에게 순종할 때는 아니다. 가끔 예술 작품 속의 물질이 바다나 산이나 꽃처럼 아름답게 보이는데 그것은 신의 광명이 그 예술가에게 충만하기 때문이다. 신의 광명을 받지 않은 사람들이 만든 물건을 아름답다고 느끼려면, 그들 자체가 복종이라는 의식 없이 복종하고 있는 물질에 지나지 않음을 온 마음과 영혼을 다해 이해해야 한다. 이러한 경지에 도달한 사람들에게는 이 세상 모든 것이 완전하게 아름답다. 이들은 모든 존재하는 것, 모든 만들어진 것에서 필연의 기계론을 식별하고, 필연성에 존재하는 순종의 무한한 쾌감을 맛본다. 우리에게 물질의 그러한 순종과 신의 관계는 유리의 투명함과 빛의 관계와 같다. 모든 존재에서 이러한 순종을 스스로 발견하는 순

[*3] 마태오복음서 6 : 28.

간 우리는 신을 보게 된다.

신문을 거꾸로 들면 활자가 기묘한 모양으로 보인다. 제대로 들면 글자는 사라지고 대신 말이 보인다. 배를 탄 사람이 폭풍우를 만나면 배가 요동칠 때마다 속이 거꾸로 뒤집히는 느낌을 받는다. 선장이 아는 것은 바람과 해류와 파도와 배의 성능, 형태, 돛, 키 등으로 이루어진 복잡한 조합뿐이다.

책 읽는 법을 배우듯이 또 어떤 일을 배우듯이, 인간은 무슨 일을 하건 먼저 우주가 신께 복종하고 있다는 사실을, 거의 그것만을 느끼라고 배우는 것이다. 이것은 정말로 하나의 습득을 위한 수행이다. 모든 습득과 마찬가지로 여기에도 노력과 시간이 필요하다. 읽기를 배운 사람은 똑같은 문장을 읽을 때 그것이 붉은 잉크로 쓰였건 파란 잉크로 쓰였건 어떤 필체로 쓰였건 대단한 차이를 느끼지 않는다. 습득을 끝낸 사람은 어떤 사물이나 사건들 사이에서 대단한 차이를 느끼지 않는다. 읽을 줄 모르는 사람에게는 다른 점만 보인다. 읽을 줄 아는 사람에게는 모든 것이 똑같다. 똑같은 문장이기 때문이다. 습득을 끝낸 사람에게 사물이나 사건은 언제 어디서든 한없이 감미롭고 동일한 신의 말씀의 진동이다. 그 사람에게 괴로움이 없다는 의미가 아니다. 고통은 어떤 사건의 빛깔이다. 붉은 잉크로 쓰인 문장은 읽을 줄 아는 사람에게도 읽을 줄 모르는 사람에게도 똑같이 붉게 보인다. 그러나 붉은 빛깔이 둘 모두에게 똑같은 중요성을 띠지는 않는다.

견습공이 상처를 입거나 피곤하다고 불평할 때 장인이나 농부들이 쓰는 이런 아름다운 말이 있다. "일이 몸속으로 들어가는 것이다." 우리가 고통을 받을 때마다 우주, 세계 질서, 세상의 아름다움, 신에 대한 피조물의 복종이 우리 몸속으로 들어온다고 할 수 있다. 이것은 사실이다. 그렇다면 우리에게 고통이라는 선물을 주시는 사랑의 신을 어찌 뜨거운 감사로 찬양하지 않을 수 있겠는가?

기쁨과 괴로움은 똑같이 귀중한 선물이다. 이 두 가지를 혼동하지 말고 순수하게, 충분히 맛보아야 한다. 세상의 아름다움은 기쁨을 통해 우리 영혼 속으로 침투한다. 세상의 아름다움은 괴로움을 통해 우리 몸속으로 들어온다. 항해술만 연구해서는 선장이 될 수 없는 것처럼 기쁨만 가지고서는 신의 벗이 될 수 없다. 습득을 위한 모든 수행에서 육체는 하나의 역할을 담당한다. 육체의 감수성으로는 괴로움만이 세계 질서를 구성하는 필연과 접촉한다. 쾌감은 필연이라는 인상을 내포하지 않기 때문이다. 기쁨에서 필연을 느낄 수 있는 것은 고차원의 감수성이며, 그것도 미의식을 통해서만이 느낄 수 있다. 언젠가 우리 존재의 모든 부분이 물질의 실체인 순종을 완전히 느끼게 되기 위해서는, 그리고 우주를 신의 말씀의 진동으로서 들을 수 있는 새로운 감각이 우리 내부에 자라기 위해서는, 고통의 변형력과 기쁨의 변형력은 어느 것 하나 빼놓을 수 없는 중요한 요소이다. 둘 가운데 하나가 나타났을 때는 어느 쪽에건 영혼의 중심을 열어주어야 한다. 사랑하는 사람이 보낸 심부름꾼에게는 문을 열어주듯이 말이다. 사랑하는 사람의 전갈을 가져온 심부름꾼이 공손한 사람이건 불손한 사람이건 무슨 문제가 되겠는가?

그러나 불행은 고통이 아니다. 불행은 신의 교수법과는 전혀 별개이다.

무한한 공간과 시간은 우리를 신으로부터 분리시킨다. 우리는 신을 어떻게 찾을 수 있을까? 어떻게 신에게 갈 수 있을까? 수백 년을 걷는다 해도 지구를 빙글빙글 도는 데 그치고 말 것이다. 비행기를 타더라도 별반 다르지 않을 것이다. 우리는 수직으로 상승할 수 없다. 천공을 향해 한 발자국도 내디딜 수 없다. 신만이 우주를 횡단하여 우리에게 오실 뿐이다.

무한한 시공을 넘어서 그보다 한없이 무한한 신의 사랑이 우리를 사로잡으러 온다. 신의 사랑은 오고 싶을 때 온다. 우리에게는 그것을 받아들이느냐 거부하느냐를 결정할 힘이 있다. 우리가 귀를 닫고 있으면 신의 사랑은 거지처럼 몇 번이고 찾아오다가도 어느 순간에 발길을 끊게 된다. 우리가 동의하면 신께서는 우리 마음속에 작은 씨앗을 뿌리고 가신다. 그 순간부터 신께서는 더는 할 일이 없어지고 우리도 기다리는 것 말고는 할 일이 없어진다. 단지 우리는 자기가 동의했다는 사실, 혼인을 승낙했다는 사실을 후회해서는 안 된다. 그것은 생각 외로 어려운 일이다. 우리 내부에 있는 씨앗이 고통스럽게 성장하기 때문이다. 더구나 그 성장에 동의했다는 사실 때문에 우리는 잡초를 뽑고, 독초를 쳐내는 등 성장을 방해하는 것들을 제거해야 한다. 불행히도 이 독초는 바로 우리 육체의 일부이기 때문에 이러한 제초작업은 난폭한 수술이 된다. 그럼에도 씨앗은 결국 저 혼자의 힘으로 성장한다. 영혼이 신께 속하는 날, 즉 영혼이 사랑에 동의만 하는 것이 아니라 진정으로 사랑하게 되는 날이 온다. 그러면 이번에는 영혼은 신에게 다가가기 위해 우주를 가로질러야만 한다.

영혼은 피조물로서, 창조된 사랑으로 사랑하지는 않는다. 영혼 속에 있는 사랑은 신의 것, 즉 피조물이 아니다. 신을 향한 신의 사랑이 이 영혼을 통과하기 때문이다. 신만이 신을 사랑할 수 있다. 우리는 이 사랑이 우리 영혼 속을 통과할 수 있도록 자신의 감정을 포기하는 데 동의할 뿐이다. 이것은 자신을 부인한다는 것을 뜻한다. 우리는 이 동의만을 위해 창조되었다.

신의 사랑은 신에게서 우리 쪽으로 오기 위해 무한한 시공을 통과한다. 그런데 유한한 피조물로부터 출발할 때는 어떻게 반대 방향으로 여행할 수 있을까? 우리 안에 뿌려진 신의 사랑의 씨앗이 자라서 나무가 될 때 우리는 어떻게 그 나무를 원래 있던 곳으로 되돌려놓을 수 있을까? 어떻게 신께서 우리에게 오실 때 걸었던 길을 되짚어서 무한한 거리를 가로지를 수 있을까?

그 일은 불가능해 보이나 단 한 가지 방법이 있다. 그 방법을 우리는 잘 알고 있다. 우리는 우리 안에 심어진 이 나무가, 공중의 새가 날개를 쉬는 이토록 아름다운 나무가 무엇을 본떠 만들어졌는지 알고 있다. 모든 나무 가운데 어떤 나무가 가장 아름다운가를 알고 있다. "어떤 숲에도 이런 나무는 없다." 교수대보다 조금 더 두려운 것, 이것이 가장 아름다운 나무이다. 신께서는 우리 내부에 이 나무의 씨앗을 뿌리셨으나 우리는 그것이 어떤 씨앗인지 몰랐다. 알았더라면 처음부터 뿌리도록 승낙하지 않았을 것이다. 우리 내부에 심어져 깊숙이 뿌리를 내린 것은 이 나무다. 반역으로만 그 뿌리를 뽑을 수 있다.

쇠망치로 못을 두드리면 넓은 못대가리가 받은 충격이 고스란히 못의 끝까지 전달되는데, 못 끝은 하나의 점에 불과하지만 충격은 조금도 상실되지 않는다. 쇠망치와 못대가리가 무한히 크다고 해도 역시 충격은 마찬가지일 것이다. 못 끝은 무한한 충격을 한 점으로 전달할 것이다.

육체의 고통인 동시에 영혼의 고뇌이자 사회적 타락인 극단적 불행은 이 못과 같다. 못 끝은 영혼의 중심부에 해당한다. 못대가리는 시간과 공간 전체를 통해 퍼지는 모든 필연이다.

불행은 경이로운 신의 기교이다. 그것은 유한한 피조물의 영혼에 맹목적이고 거칠고 차갑고 거대한 힘을 불어넣는 단순하고 교묘한 장치이다. 신을 피조물로부터 분리시키는 무한한 거리는 영혼의 중심을 관통하기 위해 한 점으로 집중된다.

이런 현상을 겪는 사람은 이러한 작용에 전혀 관여하지 못한다. 그 사람은 산 채로 핀에 꽂힌 나비처럼 허우적거린다. 그러나 공포를 통해 계속 사랑하기를 바랄 수 있다. 거기에는 불가능은 없으며 장해물도 없고 숫제 곤란도 없다. 아무리 큰 고통도 기절할 정도가 아닌 한 영혼이 올바른 방향에 동의한 지점까지는 닿을 수 없기 때문이다.

사랑은 단지 방향을 결정하는 것이지 영혼의 상태가 아님을 알아야 한다. 그것을 모르면 불행이 닥치는 순간 절망에 빠지게 된다.

못에 박혀 있는 동안에도 영혼이 신을 향하는 사람은 우주 중심에 못 박혀 있는 셈이다. 그것은 물리적 중심이 아니라 시간과 공간 밖에 존재하는 참된 중심이며 바로 이것이 신이다. 공간도 아니요 시간도 아닌 전혀 다른 차원에서 이 못은 피조물의 세계를 통해, 신과 신을 분리시키는 두꺼운 장막을 관통하여 구멍을 뚫는다.

이 놀라운 차원에서 영혼은 육체가 존재하는 시간과 장소에서 벗어나지 않고 모든 시공을 가로질러 신이 존재하는 곳에 다다를 수 있다.

이 영혼은 피조 세계와 창조주가 교차하는 곳에 있다. 이 교차점은 십자가의 가로목과 세로목이 만나는 점이다.

아마 성 바오로는 이를 생각하며 이런 말을 했을 것이다. "여러분이 모든 성도와 함께 너비와 길이와 높이와 깊이가 어떠한지 깨닫는 능력을 지니고, 인간이 지각을 뛰어넘는 그리스도의 사랑을 알게 해 주시기를 빕니다. 이리하여 여러분이 하느님의 온갖 충만하심으로 충만하게 되기를 빕니다."*⁴

---

*4 에페소서 3 : 18~19.

신을 향한 묵시적 사랑의 모든 형태

페랭 신부의 머리글

이 글의 가치를 이해하고 그 중요성과 한계를 명확히 하고 그 깊이를 알기 위해서는 시몬 베유가 이 글에서 자신의 경험을 말하고 있음을 잊어서는 안 된다.

시몬은 1939년 신비로운 경험을 하기까지 몇 년 동안이나 어쩌면 모든 생활 속에서 자신이 몰랐던 신을 사랑하고 섬기며 살았다. 뒷날 커다란 계시를 받고 시몬이 신과 함께 한 생활은 실제로 인격에서 인격으로 옮겨가는 과정이었지만 그 이전에는 신을 전혀 몰랐으며 찾지도 않았다.

어쩌면 독특한 이 경험 탓에 시몬에게는 무엇을 탐구하려는 마음이나 발견할 거라는 예감이 전혀 없었는지 모른다.

더구나 시몬은 가톨릭 신앙과 성례의 가치에 관한 가르침에 동의한 상황이 아니었다. 시몬은 어릴 적에 편협하고 형식적인 유대인 친척에게 큰 충격을 받았다. 시몬은 종교적 의미를 잃은 채 성직 생활을 하는 많은 사람들을 보았다. 그러면서 가시적이기는 하나 불완전하고 초보적인 형태를 모르는 태도가 생겨난다. 신의 계시와 신의 교회의 가르침을 받아들인 너무나도 많은 평범한 사람들은 그 불완전한 형태에 머물고 있다. 조금 단순하게 말하자면 시몬은 '영혼의 성의 마지막 보금자리' 즉 카르멜산의 정상밖에 몰랐다고 할 수 있다.

이 글은 신학자들이 성찰하는 데 도움이 되는 재료이다. 이 글을 통해 그들은 비기독교인의 구원이라는 고통스러운 문제에 보다 깊이 있는 답을 부여할 수 있으리라 생각한다. 인간의 경험이 방대해짐에 따라 그들에게 신앙의 언어를 한층 주의 깊게 물어야 할 필요성을 느끼게 될 것이다.

앞서 지적한 결함이 있는 한—그렇다고 시몬을 비난해야 한다는 것은 결코 아니다—이 글에서 완전한 해결을 얻으려는 것은 무분별한 행위이다. 시몬 베유는 결코 그럴 작정으로 이 글을 쓴 것이 아니다. 다만 증언하고 싶었을 뿐이다. 그러나 우리는 찬탄과 존경을 품고 이 증언을 들어야 하고 그로부터 풍부한 교훈을 이끌어내야 한다.

이 글이 쓰인 것은 1942년 4월로 추정된다. 이 글이 다른 사람을 통해 내게 오도록 시몬이 편지를 부친 시점이 출발 직전 혹은 승선한 뒤이기 때문이다. 나는 나중에서야 그 사실을 안 탓에 이 글에 대하여, 특히 성례의 제정과 신성한 가치에 대하여 시몬과 다시 한 번 이야기할 기회를 놓쳤다. 하기야 시몬은, 자기가 한 몇 가지 말에도 불구하고, 우리에게 다시 이야기를 나눌 기회가 없음을 충분히 인정하고 있다.

이 글 속의 시몬 베유의 사상이 주의 말씀과 반대되는 것임은 명백하다. 그러나 시몬은 우리에게 세례에 대해 숙고하고, 세례를 받기로 결심하는 데 뒤따라야 할 성실함과 종교적 정신을 생각하라고 촉구한다.

진정한 개종은 '전환'이나 귀환이라기보다 개화이며 완성이다. 모든 불완전한 것, 부분적인 것이며 이를테면 초안이 완성되는 것이다. 적극성이 전혀 훼손되지 않고 오히려 완성되는 것이다. 예를 들자면 뉴먼*1과 그 밖의 많은 사람들을 떠올려 본다.

"너의 주 하나님을 사랑하라"는 계명은 명령이라는 형식으로 보아, 신께서 친히 미래의 신부의 손을 잡아주셨을 때 영혼이 동의하느냐 거부하느냐 하는 문제뿐 아니라 신의 방문에 앞선 사랑까지도 의미한다. 사랑은 영구적 의무의 문제이기 때문이다.

신의 방문에 앞선 사랑은 신을 대상으로 할 수 없다. 이때 신은 영혼에 모습을 드러내지 않은 상황이며 아직 드러낸 적도 없기 때문이다. 고로 여기에는 다른 대상이 존재한다. 그러나 이 사랑은 언젠가 신을 향하게 되어 있다. 이 사랑을 신을 향한 간접적인 사랑 혹은 묵시적 사랑이라고 부를 수 있을 것이다.

그것은 이 사랑의 대상이 신이라는 이름이 붙은 존재가 될 때도 동일하다. 이때 신이라는 이름은 부적절하게 붙여진 것이다. 혹은 그 뒤에 따를 발전을 통해서만이 정당성을 얻는 용어법이라고 하겠다.

신을 향한 묵시적 사랑에는 세 가지 대상밖에 없다. 은밀하기는 하나 신이

---

*1 1801~90. 영국의 추기경·신학자·저술가.

임하는 지상의 단 세 가지 대상이다. 그것은 종교 의식과 세상의 아름다움과 이웃이다. 이것들이 세 가지 사랑을 낳는다.

이 세 가지 사랑에 우정을 포함시켜야 할는지 모른다. 그러나 엄밀히 말해 우정은 이웃애와는 구별된다.

이 간접적 사랑에는 정확히 그리고 엄밀히 동등한 힘이 있다. 상황이나 기질, 천직에 따라 이들 중 어느 한쪽이 먼저 영혼 속으로 들어간다. 준비 기간에는 어느 한쪽이 주를 이룬다. 준비 기간 내내 반드시 같은 사랑이 주를 이루는 것은 아니다.

영혼이 모든 간접적 사랑을 어느 정도 높은 수준까지 끌어올린 상황이 아니라면 보통은 준비 기간이 끝나지 않은 것이며, 이는 신의 방문을 받아들일 준비가 되지 않았다는 의미이다.

이들 사랑 전체가 준비 기간에 걸맞은 형태 즉 숨은 형태로 신을 향한 사랑이 된다.

영혼 안에 본디 의미의 신을 향한 사랑이 생겨나도 이들 사랑이 사라지는 것은 아니다. 이들 사랑은 한없이 강해지고 그러한 모든 것이 합쳐져서 단 하나의 사랑이 된다.

그러나 숨은 형태의 사랑은 반드시 먼저 나타나며 종종 아주 오랜 기간에 걸쳐서 이 사랑만이 영혼을 지배한다. 많은 사람에게는 죽을 때까지 그렇다. 이 숨은 사랑이 고도의 순수함과 힘의 단계에 오르는 일도 있다.

이 사랑이 영혼과 접할 때 그것은 어떤 형태의 사랑이든 성례와 같은 힘을 지닌다.

이웃애

그리스도께서는 이웃애를 충분히 명확하게 제시하셨다. 그분은 자신에게 은혜를 베풀어준 사람들에게 언젠가 "너희는 내가 굶주렸을 때에 먹을 것을 주었고……[2]"라고 말하며 고마움을 표하겠다고 말씀하셨다. 그리스도 자신이 아니라면 누가 그리스도에게 은혜를 베풀 수 있겠는가? 적어도 성 바오로가 말한 찰나의 상태, 즉 자기 안에 자기가 아닌 그리스도만이 살아 있는 상태로 끌어

---

[2] 마태오복음서 25 : 35.

올리지 않고서 어떻게 인간이 그리스도에게 먹을 것을 줄 수 있겠는가?

복음서에서는 그리스도께서 불행한 사람에게 임하시는 것만이 문제가 된다. 그리스도를 받아들이는 인간의 영적 가치는 전혀 문제가 아닌 것처럼 보인다. 그러므로 그리스도를 몸에 지니고 다님으로써[*3] 은혜를 베푸는 자가 굶주린 불행한 사람에게 빵을 줌과 동시에 그 안에 계신 그리스도를 일깨워야 함을 인정해야 한다. 그리스도의 성체를 받을 때와 마찬가지로 그리스도의 존재를 받아들이는 사람도 그 존재에 동의할 수도 있고 하지 않을 수도 있다. 이 선물이 잘 전달되고 잘 받아들여진다면 빵 한 조각이 한 사람에게서 또 한 사람에게로 전달되는 것은 참된 성찬식과 같다.

그리스도에게 은혜를 베푼 이를 그리스도께서는 친절한 사람이라고도 자비로운 사람이라고도 부르지 않았다. 정의로운 사람이라고 불렀다. 복음서에서는 이웃애와 정의를 구별하지 않았다. 그리스인의 눈에도 탄원자 제우스를 우러르는 것이 정의의 첫째 의무였다. 정의와 사랑을 구분한 것은 우리이다. 그 이유는 금방 알 수 있다. 우리가 생각하는 정의의 관념은 물건을 소유한 사람이 타인에게 자기 것을 주지 않아도 된다고 허락한다. 그래도 자기 것을 준다면 그 사람은 그렇게 해서 자기만족을 이룰 수 있다고 믿는 것이다. 선행을 했다고 생각하는 것이다. 그것을 받는 사람은 이 정의의 관념을 어떻게 이해하느냐에 따라 아예 감사 인사를 하지 않을 수도 있고 머리를 조아리고 감사할 수도 있다.

정의와 사랑을 절대적으로 동일시해야 한다. 그래야만 한편에서는 불행한 사람 자신과 그 외 사람들이 불행의 가치에 보내는 존경심이, 다른 한편에서는 동정과 감사가 공존할 수 있다.

정의에 앞선 자비는 거짓된 모습으로써 악이 됨을 명심하자. 정의로운 사람은 그 정의로움을 칭송받아 마땅하다. 우리가 신의 위대한 영광 때문에 신께 감사드리듯이 정의는 그만큼 아름다운 것이기 때문이다. 다른 감사는 모두 굴욕적이며 심지어 동물적이다.

정의로운 행위를 구경하는 사람과 그것에서 물질적 이익을 얻는 사람의 차이는, 정의의 미덕이 전자에게는 그저 구경거리에 지나지 않지만 후자에게는 접촉하는 대상이자 이른바 양식이라는 점뿐이다. 그러므로 전자에서는 단순히

[*3] 코린토전서 6 : 19~20.

찬탄에 지나지 않는 감정이 후자에서는 감사의 불꽃을 통해 높은 차원으로 나아가야 한다.

자칫 불의를 당할 뻔한 상황에서 정의의 도움을 받고도 감사하지 않는 것은 정의라는 순수한 행위에 포함된 초자연적 미덕을 거부한다는 뜻이다.

이러한 미덕은 투키디데스(Thukydides)*4의 훌륭한 글에 최고의 성실함으로써 표현된 개념, 자연적인 정의설을 토대로 생각하는 편이 가장 좋을 것이다.

아테네와 스파르타가 전쟁 중일 때였다. 멜로스라는 작은 섬의 주민은 예로부터 스파르타와 동맹관계에 있었고 그때는 중립을 지키고 있었는데, 아테네인들이 이들을 강제로 자기편으로 끌어들이려고 했다. 아테네인들이 보낸 최후통첩을 받은 멜로스 섬의 주민들은 정의에 호소하며 멜로스의 오랜 역사를 불쌍히 여겨 달라 사정했으나 헛수고였다. 멜로스 섬의 주민들이 항복하지 않자 아테네인들은 멜로스 마을을 파괴하고 남자들은 모두 죽이고 여자와 아이들은 모두 노예로 팔았다.

투키디데스는 문제의 문장을 아테네인들의 입을 통해 말했다. 아테네인들은 먼저 자신들의 최후통첩이 정당한 것임을 증명하려고 노력하지 않겠다고 말한다.

"오히려 가능한 것을 논하자……우리가 알듯이 너희도 알 것이다. 인간의 정신은 이렇게 되어 있다. 즉 어느 쪽이 정당하냐 아니냐 하는 문제는 양측에 똑같은 필연성이 존재할 때만 검토된다. 강한 자와 약한 자가 있다면 강자가 가능한 일을 명하고 약자는 그것을 받아들여야 한다."

멜로스인들은 자기들이 옳으니 전쟁이 나면 신들의 가호를 받을 것이라고 말했다. 아테네인들은 그런 상상에서는 아무런 근거도 찾을 수 없다고 대답했다.

"우리는 늘 자연의 필연성에 따라 힘을 지닌 자는 누구든 명령하는 위치에 있다는 것을, 신들에 대해서는 신앙으로, 인간에 대해서는 확신으로 믿고 있다. 우리가 그런 법칙을 만든 것도 아니고 우리가 처음 이를 적용한 것도 아니다. 우리는 그런 법칙이 이미 확립되어 있음을 알며 영원히 지속되리라 생각하고 유지할 뿐이다. 그러기에 우리는 이 법칙을 적용하는 것이다. 다른 모든 사람과

---

*4 고대 그리스의 역사가.

마찬가지로 너희도 이와 똑같은 힘을 얻게 된다면 역시 같은 행동을 취할 것임을 우리는 잘 알고 있다.”

불의라는 개념에 관한 이 지적 명료함은 사랑의 빛 바로 밑에 존재하는 빛이다. 사랑이 존재하던 곳에서 사랑이 사라지면 한동안 불빛만 남는다. 더 밑에는 암흑이 있는데, 이 암흑에서는 강자가 자기가 약자보다 정당하다고 진지하게 믿는다. 로마인과 히브리인이 그랬다.

이 이야기에서 가능성이나 필연성은 정의에 대립되는 단어이다. 강자가 약자에게 명령할 수 있는 모든 것이 가능한 일이라고 일컬어진다. 이 가능성이 어디까지 미칠지를 검토하는 일은 합리적이다. 그것이 밝혀지면 강자가 가능성의 극한까지 자기 뜻을 밀고 나가리란 것은 확실하다. 이는 기계적 필연이다. 그렇지 않다면 강자는 흐지부지한 태도를 보일 것이다. 즉 약자에게나 강자에게나 필연성이 존재한다는 말이다.

두 사람이 함께 어떤 일을 하는데 둘 중 어느 쪽도 상대에게 명령할 힘이 없다면, 이들은 합의를 봐야 한다. 이때 정의가 검토된다. 정의만이 두 의지를 하나로 합치는 힘을 지녔기 때문이다. 이것은 신 안에서 아버지와 아들을 연결한다. 또 이것은 동떨어져 생각하는 사람들의 공통된 생각인 ‘사랑’의 모방이다. 그러나 강자와 약자가 공존할 때는 두 의지를 하나로 묶을 필요가 없다. 한 가지 의지, 즉 강자의 의지가 있을 뿐이다. 약자는 복종한다. 모든 것은 인간이 물질을 다룰 때처럼 진행된다. 일치시켜야 할 두 가지 의지란 존재하지 않는다. 인간이 바라면 물질은 받아들인다. 약자는 물질과 같다. 시끄러운 개를 내쫓기 위해 돌을 던지는 행위와 노예에게 “저 개를 내쫓아”라고 말하는 행위 사이에는 아무런 차이도 없다.

인간 사회에 존재하는 불평등한 힘의 관계 속에서 약자는 어떤 불평등한 단계에서 물질 상태로 옮아가고 인격을 잃는 수도 있다. 옛날 사람들은 말했다. “인간은 노예가 되었을 때 영혼의 절반을 잃는다.”

동등한 힘 관계를 나타내는 이미지로서 아주 오래전부터, 특히 이집트에서는 천칭이 정의의 상징으로 쓰였다. 이것은 아마 거래에 쓰이기 이전에 종교적 상징이었을 것이다. 이것이 거래에 쓰일 때는 교환의 법칙이어야 할 상호 동의와 정의의 본질 그 자체의 이미지가 된다. 스파르타 법률에 존재했던 상호 동의에 따른 정의(正義)의 정의(定義)는 아마도 에게—크레타 문명을 기원으로 할 것이다.

정의라는 초자연적 미덕은 힘의 불평등 관계에서 우위에 선 인간이 상대방을 동등한 듯 대해주는 데 있다. 이것은 아주 사소한 말투나 태도를 비롯한 모든 면에 적용된다. 사사로운 말 한마디 행동 하나만으로도 아래에 위치한 사람을 물질 상태로 내몰 수 있기 때문이다. 힘의 불평등 관계에서 아래에 위치한 사람은 그냥 내버려 두면 물질 상태가 되기 마련이다. 이는 영하의 온도에서 액체 상태이던 물이 작은 충격으로도 금세 얼어붙는 것과 같다.

이렇게 대우받는 약자에게는 정의라는 초자연적 미덕은, 정말로 동등한 힘의 관계가 있음을 믿지 않고 이런 대접이 오로지 상대의 관용에 달렸음을 인식하는 데 있다. 이것이 이른바 감사이다. 이와 다른 대우를 받는 약자에게 정의라는 초자연적 미덕은, 자신이 받는 대우가 한편으로는 정의에 어긋나지만 다른 한편으로는 필연적 인간성과 그 기계적 작용에 맞아떨어짐을 이해하는 데 있다. 이런 사람은 복종도 반역도 하지 말고 가만히 있어야 한다.

힘의 관계에서 자기보다 훨씬 약한 사람들을 동등하게 취급하는 사람은 운명이 그들에게서 앗아간 인격을 진정으로 그들에게 부여하는 셈이다. 이런 사람은 피조물이 할 수 있는 범위 내에서 창조주 본연의 관대함을 재창조한다.

이러한 덕은 특히 기독교적 미덕이다. 이집트의 《사자의 서(Book of the dead)》에도 복음서의 말씀처럼 숭고한 언어로 이 덕이 표현되어 있다. "나는 누구도 울린 적이 없다. 나는 거만하게 고함을 친 적이 없다. 난 누구에게도 겁을 준 적이 없다. 나는 참되고 진실한 말에 귀를 닫은 적이 없다."

불행한 사람이 하는 감사라 할지라도 그것이 순수한 것이라면 바로 이 덕에 해당된다. 이 덕을 실천할 수 있는 사람만이 이 덕을 인식할 수 있기 때문이다. 그 밖의 다른 사람들은 이 덕의 결과를 경험하면서도 인식하지 못한다.

이러한 덕은 참된 신을 향한 신실한 믿음과 같다. 투키디데스가 쓴 이야기에 나오는 아테네인들은 신들이 자연 상태의 인간처럼 극한의 가능성을 명령한다고 생각했다.

참된 신은 전능하지만 명령할 수 있는 것이면 무엇이든 명령하는 존재는 아니다. 참된 신은 하늘 위의 존재이며, 지상에서는 은밀한 곳에서만 발견되는 존재이기 때문이다.

멜로스인을 학살한 아테네인들에게는 신에 대한 이런 관념이 조금도 남아있지 않았다.

아테네인들의 생각이 잘못되었음을 증명하는 첫째 증거는, 극히 드문 예이긴 하나 그들의 주장과는 반대로 인간은 명령할 수 있는 때에도 순수한 관대함 때문에 명령을 자제하기도 한다는 점이다. 인간에게 가능한 일은 신에게도 가능하다.

실례를 들어 증명할 수도 있을 것이다. 한두 가지 예에서 순수한 관대함이 유일한 동기임이 증명된다면 그 관대함이 뭇사람의 칭송을 받을 것은 확실하다. 모든 사람이 칭송할 수 있는 행위는 신에게도 가능한 행위이다.

이 세상의 광경은 더욱 확실한 증거이다. 순수한 선은 어디에도 없다. 따라서 신이 전능하지 않거나, 신이 절대적으로 선한 존재가 아니거나, 신이 명령할 수 있는 곳이라면 어디든 명령을 내리는 게 아니거나, 이 셋 중 하나이다.

이리하여 이 세상에 악이 존재한다는 것은 신의 존재를 부정하는 증거이기는커녕 신의 존재를 그 진실성으로 말미암아 우리에게 계시하는 증거이다.

신께서 보실 때 창조는 자기 확장의 행위가 아니라 후퇴와 포기의 행위이다. 신과 모든 피조 세계를 합쳐도 신 혼자보다 크지 않다. 신은 이 축소를 수용하셨다. 신은 그 자신으로부터 그 존재의 일부를 깎아내셨다. 신은 창조하실 때 이미 스스로 신성을 깎아내셨다. 그래서 성 요한은 세상이 창조되었을 때부터 어린 양은 죽음을 당했다고 말한 것이다. 신은 그 자신보다 한없이 가치가 낮은 것에 존재를 허락하셨다. 그리스도가 우리에게 우리 자신을 부인하라고 가르치신 것처럼 신은 창조 행위를 통해 신 자신을 부인하셨다. 우리가 신을 위해 우리를 부인할 수 있는 가능성을 부여하려고 신은 자기 자신을 부인하셨다. 이 응답, 이 메아리는 거부할 수도 있으나, 이것만이 신의 창조 행위라는 사랑의 우행을 변명하는 유일한 근거이다.

신께서 이렇게 자신을 포기하신 것, 일부러 거리를 두신 것, 일부러 신 자신을 없앤 것, 이 지상에서 보이지 않는 존재가 되어 은밀히 존재하시는 것, 이런 것들을 탐구한 여러 종교가 참된 종교이며, 위대한 하나의 계시가 다른 언어로 번역된 결과이다. 신은 명령할 수 있는 곳이면 어디서든 명령을 내린다고 생각하는 종교는 거짓된 종교이다. 일신교라 할지라도 그런 종교는 우상을 숭배하는 종교이다.

불행 때문에 무기력하고 수동적인 처지로 전락했다가 타인의 관대함으로 일시적이나마 인간다운 모습으로 되돌아온 사람이 이 관대함의 진짜 본질을 받아들이고 느끼는 방법을 알게 되는 순간, 그는 오로지 사랑으로부터 나온 영혼을 받아들이게 된다. 그는 높은 곳에서 물과 성령으로 태어난다(복음서의 anôthem은 '새로운'보다는 '높은 곳에서'라는 의미로 많이 쓰인다).*5 불행한 이웃을 사랑으로 대하는 일은 그 사람에게 세례를 베푸는 일과 같다.

사람은 자기 의지로 상대방에 동화되지 않으면 관용을 베풀 수 없다. 그러한 순간에 그 사람 또한 물과 성령만으로 이루어져 있다.

관용과 동정은 서로 뗄 수 없는 관계이며 이 둘은 신을, 즉 창조와 수난을 본보기로 한다.

그리스도는 초자연적 이웃애를 가르치시길, 인격을 갖춘 사람과 인격을 상실한 사람 사이에 번개와 같이 순간적으로 발생하는 동정과 감사의 교환이라고 하셨다. 둘 중 한 사람은 도랑에 빠져 무기력하게 피 흘리는 작고 벌거벗은 몸뚱이로서 이름도 없고 알아주는 이도 없다.*6 그 곁을 지나는 사람들은 그의 존재를 거의 눈치 채지 못하며 눈치 챘다 하더라도 몇 분쯤 지나면 그 사실조차 잊어버린다. 한 사람만이 발길을 멈추고 주의를 기울인다. 그 뒤의 행동은 주의를 기울인 이 순간부터 자동으로 발생하는 결과에 불과하다. 이 주의는 창조적이다. 그러나 이 주의가 작용할 때는 자기를 포기하게 된다. 적어도 순수한 사람이라면 그렇다. 그는 자신의 힘을 확장시키는 것이 아니라, 자기와 상관없는 타인이 존재할 수 있도록 정력을 쏟아 붓는 데 집중함으로써 자기 축소를 받아들인다. 나아가 타인의 존재를 원한다는 것은 동정 때문에 상대의 그 내부로 자기를 옮기는 행위이며 따라서 상대의 무기력한 물질 상태에 자신도 동화되는 것이다.

이러한 작용은 불행을 만난 적 없고 불행이 무엇인지 모르는 사람이 동정을 베풀 때건 불행을 알거나 예감하고 두려워하는 사람이 베풀 때건 똑같이 순리에 어긋난다.

빵을 가진 사람이 그중 한 조각을 굶주린 이에게 주는 것은 놀라운 일이 아니다. 놀라야 할 순간은 그 사람이 물건을 살 때와는 다른 태도로 그런 행동을 할 때이다. 자선 행위는 초자연적인 것이 아니라면 물건을 사는 행위나 마찬가

---

*5 요한복음서 3 : 5.
*6 루카복음서 10 : 30.

지이다. 자선 행위는 불행한 사람을 사는 행위이다.

최고의 덕에서든 범죄에서든 혹은 원대한 계획에서든 작은 배려에서든 사람이 무엇을 원할 때, 그 욕구의 본질은 언제나 자유로운 상황에서 원하는 바를 먼저 원한다는 것이다. 불행 때문에 자유로운 동의 의사를 상실한 사람에게 그 의사를 되찾아주고자 원하는 것은 자기를 상대방 속으로 옮기는 행위이며 자기의 불행에 동의하는 것, 즉 자기 파괴에 동의하는 행위이다. 이는 자기 자신을 부정하는 행위이다. 그럼으로써 인간은 신의 뒤를 따라 창조적 긍정으로 타인을 긍정할 수 있게 된다. 타인의 몸값으로 자기를 내놓는 것이다. 이는 속죄 행위이다.

강자에 대한 약자의 동정은 자연스러운 것이다. 약자는 상대방 속에 자기를 옮김으로써 상상 속에서 강한 힘을 얻기 때문이다. 약자에 대한 강자의 동정은 그 반대 작용을 하므로 순리에 어긋난다.

따라서 강자에 대한 약자의 동정은 상대방이 정말로 관대할 때, 상대방으로부터 받는 동정이 유일한 목적일 때에만 순수하다. 여기에 초자연적 감사가 존재하며, 이는 초자연적 동정을 받는 자의 기쁨을 의미한다. 이것은 결코 긍지를 훼손시키지 않는다. 불행 가운데서 진정한 긍지를 잃지 않는 것 또한 초자연적 행위이다. 순수한 동정과 순수한 감사는 본질적으로 불행에 대한 동의이다. 운명의 차이로 인해 한없이 멀리 떨어진 불행한 자와 은혜 베푸는 자는 이 불행에 대한 동의로써 하나가 된다. 이 둘 사이에는 피타고라스학파에서 의미하는 우정, 다시 말하면 기적적 조화와 같은 관계가 존재한다.

어디서든 명령할 힘이 있지만 명령은 하지 않는 편이 좋다는 것을 두 사람 모두 동시에 진심으로 인식한다. 이러한 신앙이 영혼 전체를 차지하고 행동의 원천인 상상력을 지배한다면 이 생각이 진정한 신앙이 된다. 이 생각은 힘의 모든 원천이 존재하는 이 세상으로부터 선을 밖으로 쫓아내고, 자기 포기의 원리인 숨은 인격의 중심점의 본보기로서 선을 인식하기 때문이다.

예술이나 학문에서도 이류 작품은 훌륭한 것이든 평범한 것이든 자기 확장을 하지만, 모든 일류 작품의 창조 작업은 자기 포기이다. 우리가 이러한 진실을 식별해내지 못하는 이유는 일류 작품과 이류 작품 중 가장 훌륭한 작품이 서로 뒤섞여 무차별하게 명성을 얻고 때로는 후자가 더 칭송받기 때문이다.

이웃애는 창조적 주의(注意)로 이루어져 있으므로 천부적인 소질이나 마찬가지이다.

창조적 주의는 존재하지 않는 것에 실제로 주의를 기울이는 행위를 의미한다. 인간성은 길가에 버려진 무기력하고 이름 없는 육체 안에는 존재하지 않는다. 그러나 멈추어 서서 살펴본 사마리아인은 이 인간성의 부재에 주의를 기울이고, 그 다음에 이어지는 행위로 그것이 현실의 주의임을 보여주었다.

신앙은 보이지 않는 것들의 증거[7]라고 성 바오로는 말했다. 이 주의의 순간에는 사랑과 함께 신앙도 현존한다.

또한 완전히 타인의 의지대로만 행동하는 사람은 존재하지 않는 것과 같다. 노예는 주인의 눈에도, 자기 눈에도 존재하지 않는다. 미국의 흑인 노예는 사고로 손이나 발에 상처를 입으면 이렇게 말하곤 했다. "상관없어. 이건 주인의 발이고 주인의 손이니까." 무엇이든 사회적으로 존중받을 만한 결정체를 전혀 갖추지 못한 사람은 존재하지 않는 것과 다름없다. 스페인 민요에 훌륭한 진실의 말이 담겨 있다. "자기를 눈에 보이지 않는 존재로 만들고 싶거든 가난뱅이가 되는 것만큼 확실한 방법은 없다." 사랑에는 눈에 보이지 않는 것이 보인다.

신은 존재하지 않는 것을 생각하셨고 그럼으로써 그것을 존재케 하셨다. 실로 우리는 존재하지 않았으나 신께서 우리의 존재를 생각해주심으로써 우리는 존재하게 되었다. 적어도 우리는 이런 식으로 창조를 떠올린다. 이것은 인간적 생각이고 따라서 잘못된 생각이지만 이 상상에는 진실이 담겨 있다. 신만이 존재하지 않는 것을 존재하는 것으로 생각할 힘이 있다. 우리 안에 있는 신만이 불행한 사람들에게 실제로는 인격이 있음을 생각하시고, 사물을 보는 눈과 다른 진실한 눈으로 그들을 보시고, 인간의 말을 듣듯이 진실로 그들의 목소리를 경청하신다. 그러면 그들은 자기에게 목소리가 있음을 깨닫는다. 그렇지 않다면 그들에게는 이 사실을 알 기회가 없을 것이다.

불행한 사람의 목소리를 듣기란 실로 어렵지만, 불행한 사람이 자기 목소리는 오로지 동정을 통해서만 들을 수 있다는 사실을 깨닫기도 어렵다.

이웃애는 신으로부터 인간에게 내려오는 사랑이다. 이는 인간으로부터 신에게 올라가는 사랑보다 앞선 사랑이다. 신께서는 불행한 사람들에게 강림하기를 서두르신다. 어떤 영혼이 동의를 향해 있다면, 그 영혼이 아무리 못나고 아

---

[7] 히브리서 11 : 1.

무리 비참하고 비뚤어져 있더라도, 신께서는 서둘러 그 영혼에게 임하시고 그 영혼을 통해 불행한 사람들을 살피시고 그들의 목소리를 들으신다. 얼마가 흘러서야 비로소 그 영혼은 자기 안에 신이 존재하심을 깨닫는다. 그러나 영혼이 신의 존재를 깨닫지 못하더라도, 불행한 사람들이 그들 자신을 위해 사랑받는 곳이면 어디든 신이 존재한다.

신을 아무리 부르더라도 불행한 사람들을 단지 선행을 베풀 기회로만 본다면, 그 불행한 사람들이 아무리 사랑받는다 해도 신은 그곳에 없다. 그러한 곳에서 불행한 사람들은 그저 자연스러운 역할, 즉 물질이나 물건의 역할을 할 따름이기 때문이다. 그들은 비인격적으로 사랑받을 뿐이다. 무기력하고 이름 없는 상태에 있는 그들에게는 인격적인 사랑을 쏟아야 한다.

그러므로 하느님 안에서 하느님을 위해 이웃을 사랑한다는 것은 인간을 현혹시키는 모호한 표현이다. 옷이 벗겨진 채 길가에 죽은 듯이 누워 있는 무기력한 몸뚱이를 그저 지켜보기 위해 자기가 가진 모든 주의력을 쏟아 붓는대도 조금도 과한 행동이 아니다. 이 순간은 신을 생각하는 순간이 아니다. 모든 피조물을 잊고 오로지 신만을 생각해야 하는 순간이 있는 것처럼 피조물을 보면서 창조주를 명확히 생각해서는 안 되는 순간이 있다. 그런 순간에 우리 내부에 있는 신은 깊은 비밀을 조건으로 존재하므로 그것은 우리에게도 비밀이다. 우리는 신을 생각함으로써 신에게서 멀어질 때도 있다. 부끄러움은 혼인 첫날밤의 조건이다.

참사랑이란 우리가 하느님 안에서 불행한 사람을 사랑하는 것이 아니라 우리 안에 계신 하느님께서 불행한 사람들을 사랑하는 것이다. 우리가 불행할 때는 우리 안에 계신 신이 우리에게 선행을 베풀려는 사람들을 사랑하신다. 동정과 감사는 신으로부터 오며, 그것이 서로 교차될 때 두 시선이 만나는 지점에 신이 존재하신다. 불행한 사람과 선행을 베푸는 사람은 신으로부터 시작하여 신을 통해 사랑을 나누지 신을 사랑하기 위해 사랑을 나누지 않는다. 서로의 사랑을 위해 사랑하는 것이다. 이것은 불가능한 일이다. 그러기에 이 사랑은 오직 신을 매개로 해서만 이루어진다.

신을 사랑하기 위해, 굶주린 불행한 사람에게 빵을 주는 자는 그리스도에게서 감사를 받지 못할 것이다. 그는 신을 사랑하려는 생각 자체만으로 이미 보상 받은 셈이다. 그리스도는 자기가 누구에게 먹을 것을 주고 있는지 모르는

사람에게 감사하신다.*⁸

또한 선물은 불행한 사람들을 사랑하는 데 취할 수 있는 두 가지 형식 중 하나에 지나지 않는다. 힘이란 언제나 선이나 악을 이루는 힘이다. 매우 차이가 큰 힘의 관계에서는 강자가 정의에 따라 약자에게 선을 행하든 정의에 따라 약자에게 악을 행하든 정의는 정의이다. 전자는 자선이며 후자는 처벌이다.

정당한 자선과 마찬가지로 정당한 처벌은 진정한 신의 존재를 내포하며 성례와 비슷한 성격을 지닌다. 이 또한 복음서 안에 명확히 제시되어 있다. "너희 가운데 죄 없는 자가 먼저 이 여자에게 돌을 던져라."*⁹ 그리스도만이 죄 없는 자이다.

그리스도께서는 간통한 여자를 용서하셨다. 처벌이라는 기능은 십자가 위에서 마치려는 지상의 삶과 부합하지 않았다. 그러나 그리스도는 형법을 폐지하라고는 가르치지 않으셨다. 인간이 돌을 계속 던지기를 허락하신 것이다. 이 형벌이 정당하게 수행되는 곳이면 어디서나 먼저 돌을 던지는 것은 그리스도이시다. 또 정당한 사람에게 먹을 것을 받는 불행한 사람 안에 그리스도가 사시는 것처럼, 정당한 사람에게 처벌당하는 불행한 죄인 안에도 그리스도가 사신다. 그리스도께서 직접 말씀하신 적은 없으나 그 자신이 국법상 죄인이 되어 죽음으로써 이를 충분히 보여주셨다. 그리스도는 전과자들의 신성한 본보기이다. 가톨릭노동청년회 회원들이 그리스도가 자기들의 동료라는 관념에 도취되어 있듯이 전과자들도 그렇게 말할 수 있을 것이다. 어떤 의미에서 그리스도는 순교자들보다 그들과 가까우시다.

그리스도가 출발점과 종착점에 존재하신다면 사람을 죽이는 돌에도 사람을 살리는 빵에도 똑같은 힘이 존재하게 된다. 생명의 선물과 죽음의 선물이 똑같게 된다.

인도의 전설에 따르면 삼위일체 중 두 번째 신격이 사람으로 화한 존재인 라마 왕은 법을 어기고 금욕수행을 한 어떤 계급 낮은 남자를, 백성들에게 본보기를 보이기 위해, 크게 슬퍼하면서도 어쩔 수 없이 죽여야 했다. 왕은 스스로 그 남자를 찾아가서 칼로 베었다. 곧 죽은 남자의 영혼이 왕 앞에 나타나 그 발밑에 넙죽 엎드리고, 왕의 복된 칼을 맞은 영광에 감사했다. 즉 사형은 어떤

---

*8 마태오복음서 25 : 37.
*9 요한복음서 8 : 7.

의미에서는 매우 부당하지만, 합법적인 동시에 신께서 직접 집행하실 때는 성례와 같은 힘을 지니는 것이다.

처벌의 법적 성격이 그 처벌에 어떤 종교적 의미를 부여하지 않거나 성례와 같은 역할을 하지 못한다면 거기에는 진정한 의미란 없다. 따라서 재판관에서 사형집행인과 간수에 이르기까지 형벌에 관계된 모든 직무는 일종의 성직의 성격을 띠어야 한다.

정의(正義)는 처벌의 경우에도 자선의 경우와 마찬가지로 정의(定義)된다. 그것은 불행한 사람에게 사물로서가 아니라 인간으로서 주의를 기울이고 그들이 자유로운 동의의 기능을 유지하기를 바라는 데에 있다.

사람들은 죄악을 멸시한다고 생각하지만 실제로는 불행의 무기력함을 멸시하고 있다. 죄와 불행에 동시에 빠진 자를 볼 때 사람들은 그 죄악을 멸시한다는 구실로 불행을 멸시하는 오류에 빠지는 수가 있다. 그러기에 인간은 가장 큰 멸시의 대상이다. 멸시는 주의의 반대이다. 어떠한 이유로 죄악이 위신을 지닌 경우는 예외이다. 살인을 가정한다면, 살인이 일시적으로 어떤 권력을 쥔 것처럼 보이거나 그 죄를 재판하는 사람들에게 강력한 힘이 작용할 때 종종 그런 예외가 생긴다. 도둑질은 가장 위신 없고 가장 분노를 자아내는 죄악이다. 소유란 가장 일반적이며 가장 강한 집착이기 때문이다. 이것은 형법에도 나타나 있다.

진실이든 거짓이든 범죄라는 틀을 뒤집어쓰고 소수의 인간들에게 좌지우지되며 그들의 말 한마디에 운명이 결정되는 이들만큼 미천한 사람은 없다. 이 소수의 인간들은 이 미천한 사람들에게 주의를 기울이지 않는다. 인간은 처벌 기관의 손아귀에 떨어진 순간부터 그곳을 탈출할 때까지—전과자라 불리는 사람들이나 매춘부들은 대부분 죽을 때까지 거기서 벗어나지 못하지만—주의의 대상이 되지 못한다. 사람들은 이 미천한 이들의 아주 사소한 부분, 심지어는 억양까지 싸잡아서 그들을 모든 사람의 눈에 그리고 그 당사자의 눈에까지도 보잘것없고 무가치한 존재로 만들어 버린다. 거칠고 경박한 태도, 모욕적이고 깔보는 언사, 말하는 방식, 듣는 방식, 듣지 않는 태도, 이 모든 것이 그런 효과를 지닌다.

거기에 의식적 악의는 없다. 그것은 불행의 모습을 한 죄, 즉 더러움이 가감 없이 드러난 죄를 다루는 직업 생활에서 오는 당연한 결과이다. 그러한 접촉은 끊임없이 되풀이되므로 반드시 오염되기 마련이며, 이 오염된 형태가 바로 경멸이다. 모든 피고들에게 던져지는 것은 이런 경멸이다. 형벌 기관은 불행한 범죄자가 살고 있는 모든 환경에 포함된 모든 더러움을 개개의 범죄자에게 던지는 전달기관과 같다. 형벌 기관과 접촉할 때 인간은 자신의 순결함, 즉 영혼의 때 묻지 않은 부분과 정비례하여 일종의 공포를 느끼게 된다. 완전히 썩어버린 사람은 아무런 해도 입지 않고 아무런 고통도 느끼지 않는다.

형벌 기관과 범죄 사이에 더러움을 정화시켜줄 무언가가 없다면 이 이상의 결과는 없을 것이다. 그 '무언가'는 신 말고는 있을 수 없다. 무한한 순수함만이 악을 만나도 물들지 않는다. 모든 유한한 순수함은 이러한 접촉이 길어지면 그 자체가 오염되어 버린다. 어떤 식으로 법률을 바꾸어도 처벌은 그리스도를 거치지 않고서는 인간다운 것이 될 수 없다.

가장 중요한 것은 처벌의 가혹한 정도가 아니다. 현 상황에서는 유죄를 선고받은 사람에게 죄가 있고 그 죄에 비해 가벼운 처벌이 내려지더라도, 때에 따라서는 그가 잔혹하고 부당하게 희생되었다고 보아야 한다. 중요한 것은 처벌이 합법적이어야 한다는 것, 즉 법률에 직접 근거해야 한다는 것, 그 법률이 내용에 따라서가 아니라 신성을 지닌 법률로서 간주되어야 한다는 것이다. 그리고 형벌을 내리는 모든 조직의 목적은 다음과 같아야 한다. 집행관과 그 보좌관들이 자기 의지대로 행동하는 모든 사람에게 보내는 주의와 존경을 피고에게 품는 것, 그리고 피고는 순결한 그리스도가 완전한 본보기를 보여주셨듯이 이 주어진 처벌에 동의하는 것이다.

이러한 상황에서는 가벼운 죄에 사형이 선고되더라도 오늘날 징역 6개월 형이 선고되는 것보다 두렵지 않은 일일 것이다. 피고가 자기의 말 외에 다른 의지할 수단이 없는 상황에서 출신이나 무교양 탓에 능란하게 자신을 변호하지 못하고 죄와 불행과 두려움에 압도되어 판사 앞에서 웅얼거린다. 그러면 판사는 그 말에 귀를 기울이지 않고 세련된 단어를 과시하며 피고의 웅얼거림을 가로막는다. 이 흔한 광경만큼 두려운 것이 또 있을까.

사회생활에 불행이 존재하는 이상, 또 법적이거나 개인적인 자선과 처벌이 불가피한 이상 사회제도와 종교생활의 분리는 죄악이 될 것이다. 이러한 세속적 관념은 그 자체를 놓고 생각하면 터무니없는 과오이다. 그러나 전체주의적 종교에 대한 반응으로서는 얼마간 정당성이 있다. 이러한 점에서는 이 관념이 부분적으로는 올바른 것임을 인정해야 한다.

종교는 어디에나 존재해야 하지만 그렇다고 이 때문에 전체주의적 성격을 띠어서는 안 되며 초자연적 사랑의 영역에 엄격하게 국한되어야 한다. 이 영역만이 종교에 적합하다. 그렇게 하면 종교는 구석구석에 침투하게 될 것이다. 성경에서도 말한다. "지혜는 어떠한 움직임보다 재빠르고 그 순수함으로 모든 것을 통달하고 통찰한다."*10

그리스도의 부재로 인해 가장 넓은 의미의 구걸과 형벌은 이 세상에서 가장 두려운 것, 거의 지옥과도 같은 것이 되었다. 지옥의 빛깔 그 자체이다. 여기에 매춘을 포함시켜도 좋다. 매춘과 진짜 결혼의 관계는 사랑 없는 자선이나 형벌, 올바른 자선이나 형벌 사이의 관계와 같다.

인간은 다른 인간의 육체뿐 아니라 영혼에도, 그리고 신이 깃들지 않은 사람들의 온 영혼에도, 또한 신이 살지 않는 다른 사람의 영혼 일부에도 선한 일을 하거나 해를 끼칠 수 있는 능력이 있다. 신이나 악의 권력이나 단순한 육체 조직의 작용을 받는 사람이 타인에게 어떤 물건을 주거나 처벌을 하면, 그 사람에게 작용하던 것이 빵이나 칼을 통해 타인의 영혼 속으로 들어간다. 빵이나 칼이라는 물질은 선악이 없는 순결한 것이므로 선과 악 모두 똑같이 전달된다. 불행 때문에 빵이나 처벌을 받도록 강요당하는 사람은 영혼이 선과 악에 동시에 무방비로 노출되어 있다.

선만을 받으려면 방법은 단 하나밖에 없다. 무기력한 사람이 자신은 무기력한 물질처럼 세계 질서 안의 톱니바퀴 같은 존재임을 추상적이 아니라 순수한 사랑으로, 영혼을 다해 깨닫는 것이다. 그렇게 하면 인간의 사랑을 통해서건 물적이나 심적인 무기물을 통해서건 모든 것이 직접 신으로부터 오게 된다. 물과 성령으로 나게 된다.*11 우리 안에서 생명의 에너지를 키우는 모든 것은 그리스도께서 감사를 보낸 의인들의 빵*12과 같다. 모든 타격과 상처와 손해는 그리스도가 우리에게 던지신 돌과 같다. 빵과 돌은 그리스도로부터 오며, 우리 존재 내부에 침투하여 그리스도를 우리 안으로 모셔온다. 빵과 돌은 사랑이다. 우리는 그 빵을 먹고, 그 돌이 우리 육신 안으로 최대한 깊숙이 들어올 수 있

---

*10 지혜서 7 : 24.
*11 요한복음서 3 : 5.
*12 마태오복음서 25 : 35.

도록 몸을 내맡겨야 한다. 그리스도께서 던지는 돌로부터 우리 영혼을 지키는 갑옷을 입고 있다면 그것을 벗어던져야 한다.

세계 질서에 대한 사랑

세계 질서나 세상의 아름다움에 대한 사랑은 이웃애를 보충한다.

이것은 같은 자기 포기, 즉 신의 창조적 자기 포기를 모방하는 데서 온다. 신께서는 이 우주를 창조하실 때 명령할 힘이 있는데도 명령하지 않으시고, 두 가지 힘이 자기 대신 지배하도록 하셨다. 하나는 영혼의 심적인 질료를 포함한 모든 질료에 부수되는 기계적 필요성이고 다른 하나는 생각하는 사람들의 본질적 자율성이다.

우리는 이웃을 사랑함으로써 나를 포함한 모든 인간을 창조하신 신의 사랑을 모방한다. 또 세계 질서를 사랑함으로써 우리가 그 일부를 이루는 우주를 창조하신 신의 사랑을 모방한다.

인간은 물질이나 영혼에 명령하기를 포기할 필요가 없다. 인간에게는 명령할 수 있는 힘이 없기 때문이다. 그러나 신께서는 인간에게 상상 속에서 이 힘을 모방한 가상의 신성을 부여하셨다. 인간도 똑같은 피조물이지만 자기의 신성을 버릴 수 있도록 하기 위해서이다.

신이 우주 밖에 존재하면서 동시에 우주 중심에도 존재하듯이 우리는 저마다 세계 중심에 상상 속의 위치를 가지고 있다. 환상 속에서 각 개인은 공간의 중심에 위치한다. 이러한 환상으로 인하여 각 개인에게 거짓된 시간 감각이 생긴다. 또 이러한 환상으로 인하여 각 개인의 주위에 있는 모든 사물에 가치의 계층이 만들어진다. 우리 안에서 가치감과 존재감은 밀접하게 관련되어 있기 때문에 이 환상은 존재감으로 연결된다. 존재는 우리에게서 멀면 멀어질수록 점점 낮은 밀도로 보인다.

우리는 이 환상 속의 공간이 그릇된 상상임을 알고 있다. 반드시 알아야 한다. 그렇지 않다면 단 하나의 사물도 지각하지 못할 것이고 자기 의지로는 단 한 발자국도 앞으로 나아갈 수 없을 것이다. 신께서는 이렇게 우리 영혼 전체를 변형시키는 작용의 본보기를 보여주신다. 우리가 어렸을 때부터 공간감의 이러한 환상을 견제하고 억제하는 법을 배우듯이, 시간이나 가치나 존재를 대할 때도 견제하고 억제하는 법을 배워야 한다. 그렇지 않으면 공간 이외의 모든 양상에서 단 하나의 대상도 식별하지 못할 것이며 단 한 발자국도 나아갈 수 없을 것이다.

우리는 비현실과 꿈속에서 살고 있다. 자기가 중심에 있다는 상상을 버리는 행위, 지성뿐 아니라 영혼이 상상하는 부분에서도 그런 생각을 버리는 행위는 현실과 영원에 눈뜨는 것이며 참된 빛을 보고 참된 침묵을 듣는 것이다. 그러면 감각적 인상과 심리적 인상을 직접 받아들일 때 감수성의 밑바닥에서 변화가 일어난다. 그것은 노을 지는 길가에 사람이 웅크리고 있는 줄 알았는데 느닷없이 그것이 나무임을 깨달았을 때와 비슷한 변화이다. 혹은 속삭임인 줄 알았던 것이 나뭇잎 바스락거리는 소리임을 깨달았을 때와 비슷하다. 같은 색을 보고 같은 소리를 듣지만 보는 방법이나 듣는 방법이 같은 것은 아니다.

자기의 가짜 신성을 없애는 것, 자기를 부정하는 것, 세계 중심에 있다는 상상을 버리는 것은 기계적 필연성이 물질을 지배한다는 것, 각 영혼의 중심을 자유로운 선택이 지배한다는 것에 동의함과 마찬가지이다. 이 동의가 사랑이다. 이 사랑이 생각하는 사람에게 향할 때 이웃애가 된다. 물질을 향하면 세계 질서에 대한 사랑, 혹은 같은 말이지만 세상의 아름다움에 대한 사랑이 된다.

고대에는 세상의 아름다움에 대한 사랑이 사상의 매우 큰 부분을 차지했으며 아름다운 시로 모든 생명을 찬양했다. 중국·인도·그리스 등 모든 민족이 마찬가지였다. 초대 기독교, 특히 성 요한의 사상과 매우 가까운 그리스 스토아학파의 사상은 아주 훌륭한 것으로서 세상의 아름다움에 대한 사랑이 거의 대부분을 이루었다. 이스라엘로 말할 것 같으면 구약성서의 시편, 욥기, 이사야서, 지혜서에 세상의 아름다움이 더없이 뛰어난 말로 표현되어 있다.

아시시의 성 프란체스코의 예는 기독교 사상에서 세상의 아름다움이 얼마나 많은 부분을 차지할 수 있느냐를 보여준다. 성 프란체스코의 시는 완전한 시였으며, 성 프란체스코의 온 생애도 행동하는 완전히 시였다. 예를 들어 고독한 은거생활과 수도원 창립을 위해 장소를 선택한 방법은 그 자체가 지극히 아름다운 시적 행위였다. 방랑과 청빈도 성 프란체스코에게는 시였다. 성 프란체스코는 세상의 아름다움과 직접 접촉하기 위해 나체가 된 것이다.

십자가의 성 요한도 세상의 아름다움을 노래한 아름다운 시를 썼다. 그러나 아마 중세에 잊힌 것들 사이에 묻혀 알 수 없거나 혹은 거의 알려지지 않은 보물을 상당 부분 제외시키고 나면 기독교 전통에는 세상의 아름다움이 거의 부재하다고 말할 수 있을 것이다. 이것은 이상한 일이다. 이해하기 어려운 일이다. 심각한 결함이다. 기독교에 우주 자체가 존재하지 않는다면 어떻게 스스로를 보편적이라 칭할 수 있겠는가?

복음서에 세상의 아름다움이 거의 언급되지 않았음은 사실이다. 그러나 성 요한이 말했듯이 복음서의 짧은 문장은 그리스도의 모든 가르침을 담고 있지 않다. 그래서 제자들은 이렇게 일반적인 감정은 굳이 쓰지 않아도 된다고 판단 했던 게 틀림없다.

그러나 딱 두 군데에 언급되어 있다. 하나는 그리스도께서 미래에 무관심하 고 운명에 순종하는 나리꽃과 새를 본받으라고 가르치신 부분이다.[13] 또 하나 는 차별 없이 골고루 뿌려지는 비와 햇살을 본받으라고 가르치신 부분이다.[14]

르네상스는 기독교를 넘어 고대와 영적인 관계를 맺으려고 했지만, 고대에서 가져온 것은 예술·학문·인간사에 대한 호기심 등 고대의 영감에 따른 이차적 산물뿐이었다. 고대 영감의 중심을 이룬 것은 거의 가져오지 못했다. 세상의 아름다움과 접촉하는 데 실패한 것이다.

11세기와 12세기는 르네상스의 선구자 격인 시기로 만약 이때 열매를 맺었다 면 진짜 르네상스는 이때부터 시작되었을 것이다. 그것은 특히 랑그독 지방에 서 싹트기 시작했다. 봄을 노래한 음유시인의 시 몇 편을 읽어보면 이때는 아 직 기독교의 영감과 세상의 아름다움에 대한 사랑이 분리되지 않았음을 알 수 있다. 이러한 프랑스 남부의 정신은 이탈리아에도 영향을 끼쳤으며, 아마 프 란시스코회의 영감과도 무관하지 않았을 것이다. 이러한 것이 단순한 우연의 일치든 더 개연성 있는 인과관계든 르네상스의 싹은 알비파 전쟁을 거치며 살아남지 못했고 그 뒤에 흔적만을 남겼을 뿐이다.

오늘날 사람들은 백인종은 세상의 아름다움에 대한 감수성을 거의 상실했 으며, 그들이 무기와 상업과 종교를 가지고 침투해 들어갔던 모든 대륙에서도 그러한 감수성을 뿌리 뽑으려 했다고 생각할지 모른다. 그리스도께서 바리 사이인들에게 하신 말씀처럼 말이다. "불행하여라, 너희 율법교사들아! 너희가 지식의 열쇠를 치워 버리고서, 너희 자신들도 들어가지 않고 또 들어가려는 이

---

*13 마태오복음서 6 : 28.
*14 마태오복음서 5 : 45.

도 막아 버렸기 때문이다."*15

그러나 오늘날 백인 국가에서 세상의 아름다움은 신으로 하여금 우리 안에 들어오시게 하는 유일한 길이다. 우리는 다른 두 가지 길에서는 더욱 멀리 떨어져 있기 때문이다. 종교 관례에 대한 참된 사랑과 존경은 열심히 그 관례를 지키는 사람들에게조차 드물며 다른 사람들에게서는 거의 찾아볼 수 없다. 대부분은 그 가능성조차 생각하지 않는다. 불행의 초자연적인 효용에 대한 동정과 감사는 드물 뿐 아니라 오늘날에는 거의 모든 사람이 이해하지 못한다. 그런 관념조차도 거의 사라졌으며, 이 말의 의미조차도 천시되고 있다.

반면 아름다움이라는 감정은 그것이 아무리 훼손되고 일그러지고 더럽혀져도 인간의 마음에 강력한 자극제로서 뿌리 깊게 남아 있다. 세속생활을 하는 모든 마음가짐에 존재한다. 그 감정이 진정 순수해질 때 모든 세속생활은 순식간에 신게 종속될 것이며 신앙은 완전하게 구현될 것이다.

또한 일반적으로 말해서 세상의 아름다움은 가장 평범하고 가장 쉬우며 가장 자연스러운 길이다.

신께서는, 영혼이 열리는 순간 영혼을 통해 불행한 사람들에게 사랑과 구원을 베풀기 위해 모든 영혼 속으로 서둘러 들어오시듯이, 영혼을 통해 신 자신이 창조한 세계에서 느낄 수 있는 아름다움을 사랑하고 찬미하기 위하여 모든 영혼 속으로 서둘러 들어오신다.

그러나 그 반대도 사실이다. 영혼이 아름다움을 사랑하려는 자연스러운 경향은 종종 영혼이 높은 곳에서 불어오는 숨결을 향해 열리도록 만들기 위해 신께서 사용하는 함정이다.

이것이 코레(Kore)*16가 걸린 덫이다. 수선화의 향기는 온 천지와 온 바다의 파도를 미소 짓게 했다. 사랑스러운 젊은 처녀는 손을 뻗기가 무섭게 덫에 걸려들었다. 살아있는 신의 수중에 떨어졌다. 코레는 그곳에서 빠져나오기 전에 석류를 먹고 영원히 구속된 몸이 되었다. 코레는 이미 처녀가 아니었다. 신의 아내였다.

세상의 아름다움은 미로의 입구이다. 경솔한 사람은 들어가서 몇 발짝 걷다가 이내 입구를 찾을 수 없게 된다. 어둠 속에서 먹을 것도 마실 것도 없어 지

---

*15 루카복음서 11 : 52.
*16 그리스 신화에 등장하는 페르세포네를 가리킴.

친 가운데, 친척과 사랑하는 모든 사람과 모든 친구들로부터 떨어져, 아무런 지식도 희망도 없이, 자기가 정말로 앞으로 가고 있는지 같은 곳을 맴돌고 있는지도 모른 채 그저 걷는다. 그러나 이런 불행도 그 사람을 위협하는 위험에 비하면 아무것도 아니다. 용기를 잃지 않고 계속 걸어가면 마침내 미로의 중심에 닿으리라는 것은 확실하기 때문이다. 그리고 그곳에는 신이 그를 먹으려고 기다리고 있다. 나중에 그는 미로 밖으로 나오지만 신에게 먹혀 소화되고 변화하여 다른 사람이 되어 있다. 이제 그는 미로의 입구 옆에 서서 다가오는 사람들에게 안으로 들어가도록 부드럽게 권유할 것이다.

세상의 아름다움은 물질 자체의 속성이 아니다. 그것은 세계와 개인의 감수성, 즉 세계와 우리의 몸과 영혼의 구조의 관계이다. '볼테르의 마이크로메가스'라는 생각하는 적충(滴蟲)은 우리가 살고 있는 이 우주의 아름다움에 접근할 수 없을 것이다. 그런 것이 존재한다면 세상이 그런 존재에게도 아름다운 것이리라 믿어야 한다. 그러나 아름다움은 별개의 것이다. 어쨌거나 우주의 모든 단계가 아름답다고 믿어야 한다. 더 일반적으로 말하자면 실재하는 생각하는 존재와 모든 가능한 생각하는 존재의 육체적 정신적 구조에 대하여 우주는 충분한 아름다움을 가지고 있다고 믿어야 한다. 이 수없이 많은 아름다움의 일치야말로 세상의 아름다움에 초월성을 부여한다. 그러나 우리가 느끼는 이 아름다움은 인간의 감수성에 적합한 것만을 대상으로 한다.

세상의 아름다움은 신의 창조 때 신의 지혜가 협력한 결과이다. "제우스는 모든 것을 완성시켰고 바쿠스는 그것을 더욱 완성시켰다." 오르페우스의 시에 나오는 말이다. 완성시켰다는 것은 아름다움을 만들었다는 의미이다. 신은 우주를 창조하셨고, 그 아들 즉 우리의 장자는 우리를 위해 우주의 아름다움을 창조하셨다. 세상의 아름다움은 물질을 통해 우리에게 보여주시는 그리스도의 미소이다. 그리스도는 우주의 아름다움 안에 실제로 존재하신다. 이 아름다움에 대한 사랑은 우리 영혼에 임하신 신으로부터 나오며, 우주 안에 현존하는 신에게로 향한다. 이 또한 일종의 성례 같은 것이다.

이것은 우주의 아름다움에만 들어맞는 말이다. 충분한 의미에서 아름답다고 말할 수 있는 것은 신을 제외하고는 우주 전체뿐이다. 우주 안에 존재하며 우주보다 작은 것은, 아름다움이라는 단어를 엄밀한 의미에서가 아니라, 간접적으로 아름다움에 속하는 것 즉 아름다움을 모방한 것으로 확대할 때만이 아름다움이라고 말할 수 있다.

이 모든 이차적 의미의 아름다움은 우주의 아름다움을 열어 보여주는 것으로서 무한한 가치를 지닌다. 그러나 거기에 머문다면 그것은 오히려 장막이 되고 부패한다. 모든 존재가 많건 적건 이런 유혹을 내포하고 있지만 그 정도는 저마다 다르다.

또 아름다움과 전혀 관계없는 유혹의 인자도 많은데, 식별력이 없다면 이들 인자를 내포한 것들을 아름다움이라 부르게 된다. 모든 사람은 위선으로 사랑을 끌어당기고 자기가 사랑하는 모든 것을 전부 아름다움이라고 부르기 때문이다. 모든 사람은, 아무리 무지한 사람이라도 아무리 비열한 사람이라도 아름다움만이 사랑 받을 권리가 있다는 사실을 안다. 아주 위대한 사람들도 이러한 사실을 안다. 어떤 사람도 아름다움보다 위에 있지도 밑에 있지도 않다. 자기가 사랑하는 대상을 칭찬하려는 마음을 먹기가 무섭게 모든 사람의 입술에서는 아름다움을 표현하는 말이 나온다. 아름다움을 정확히 식별할 줄 아는 사람과 그렇지 않은 사람이 있을 뿐이다.

아름다움은 이 지상의 유일한 목적이다. 칸트도 절절히 지적했듯이 아름다움은 목적 없는 합목적성이다. 아름다움은 보이는 바와 같이 그 전체 내부에 그 자체 말고는 아무런 선도 지니지 않는다. 우리는 아름다움에서 무엇을 추구해야 할지 모른 채 아름다움에 이끌린다. 아름다움은 우리에게 그 존재 자체를 제공한다. 우리는 다른 것을 갈망하지 않고, 아름다움을 소유하면서도 그것을 더욱 갈망한다. 자기가 무엇을 원하는지 우리는 전혀 모른다. 우리는 아름다움의 배후로 가고 싶어 하지만 아름다움은 표면에 지나지 않는다. 아름다움은 우리 자신의 선에 대한 소망을 반추하는 거울과 같다. 아름다움은 스핑크스이며 수수께끼이며 우리를 고민에 빠뜨리고 안달 나게 하는 신비로움이다. 우리는 아름다움을 양식으로 삼고 싶지만 아름다움은 관상용에 지나지 않으며, 어느 정도 거리를 두고 나타날 뿐이다. 인생의 커다란 괴로움인 보는 것과 먹는 것은 서로 다른 두 개의 작용이라는 뜻이다. 단 신이 계시는 하늘나라에서만이 이 두 가지가 동일한 작용을 한다. 어린아이라도 오랫동안 과자를 바라보며 먹기 아깝다고 생각하면서도 먹지 않고 배길 수 없을 때에는 이 고통을 경험한다. 어쩌면 악덕과 타락과 죄악의 본질은 서의 대부분의 경우, 혹은 어떤 경우에서든지 아름다움을 먹게 하는 유혹 즉 그저 바라만 보아야 할 것을 먹게 하는 유혹일지 모른다. 이브가 그 시초였다. 이브가 나무 열매를 먹고 인류를 타락시켰다고 한다면*17 열매를 먹지 않고 바라만 보는 정반대 태도는 인류를 구원했을 것이다. "날개가 둘인 두 마리 새가 나뭇가지에 앉아 있다. 한 마리는 나무 열매를 먹고 다른 한 마리는 나무 열매를 바라보고 있다."《우파니샤드(Upanisad)》*18에 기록되어 있는 구절이다. 이 두 마리 새는 우리 영혼의 두 부분이다.

아름다움이 이 지상의 유일한 합목적성인 이유는 아름다움에는 아무런 목적도 없기 때문이다. 이 지상에서는 그 어느 것도 목적이 될 수 없다. 우리가 목적이라고 생각하는 것은 전부 수단이다. 이것은 명백한 사실이다. 돈은 물건을 사는 수단이고 권력은 지배하는 수단이다. 이것은 우리가 선이라고 부르는 모든 것에 많건 적건 명확히 드러난다.

아름다움만이 다른 어떤 것의 수단이 아니다. 아름다움만이 그 자체로 좋은 것이지만 우리는 아름다움 안에서 아무런 선도 발견하지 못한다. 아름다움은 그 자체가 어떠한 약속이지 선이 아닌 것처럼 보인다. 그러나 아름다움은 그 자체만을 줄 뿐이다. 아름다움은 다른 것은 결코 주지 않는다.

그럼에도 아름다움은 유일한 합목적성이므로 인간이 추구하는 모든 것에 존재한다. 이 지상에 존재하는 모든 것은 수단에 불과하므로 모든 추구는 수단을 좇는 행위에 지나지 않으나, 아름다움은 이 추구에 합목적성이라는 색깔이 입혀지도록 빛을 준다. 그렇지 않다면 추구하는 소망도 없을 것이고 따라서 추구하려는 정력도 없을 것이다.

알파곤*19과 같은 수전노에게는 세상의 모든 아름다움이 황금 속에 들어있다. 황금은 예쁘고 반짝거리므로 아름다운 물질인 것은 사실이다. 황금이 화폐로서 쓰이지 않게 되자 이런 수전노는 사라진 것처럼 보인다. 오늘날 권력을 갈망하는 사람들은 돈을 쓰지 않고 저축한다.

부를 원하는 사람의 대부분은 부에 사치라는 개념을 덧붙여 생각한다. 사치는 부의 합목적성이다. 사치는 어떤 종류의 사람에게는 아름다움 자체이다. 사치는 막연히 우주가 아름답다고 느끼게 하는 분위기를 형성한다. 아시시의 성

---

*17 창세기 3 : 6.
*18 고대 인도의 성전.
*19 몰리에르의 극중 인물.

프란체스코가 우주가 아름답다는 것을 느끼기 위해 방랑하는 거지가 되고자 했던 것과 같다. 어느 쪽이건 세상의 아름다움이 똑같이 직접적이고 똑같이 순수하고 똑같이 충분히 느낄 수 있다면 양쪽 수단 모두 똑같이 정당성을 띠게 될 것이다. 그러나 다행히도 신께서는 그것을 바라지 않으셨다. 가난 쪽에 특권이 있다. 그것은 신의 섭리이며, 이 섭리가 없으면 세상의 아름다움에 대한 사랑은 이웃애와 쉽게 모순된다. 그럼에도 가난에 대한 두려움은—부가 감소하면 가난하다고 여기고, 심지어 부가 늘지 않을 때조차도 그렇게 느끼는 경향이 있다—본질적으로 추함에 대한 두려움이다. 세계의 아름다움을 막연하게조차, 위선을 통해서조차 느끼지 못하는 사람은 이러한 일종의 두려움에 중심까지 좀먹힌 사람이다.

권력을 향한 사랑은 자기 주변 사람이나 사물 사이에 질서를 만들려는 욕망으로 귀착된다. 큰 질서든 작은 질서든 이 질서는 아름다움이라는 감정의 결과로서 바람직하다. 사치에서와 마찬가지로 이때도 우주의 아름다움을 암시하도록 어떤 한정된 환경을 정돈하려는 것이다. 단 이 환경이 끊임없이 확장되기를 바라는 수가 많다. 인간이 조직하는 환경은 우주가 아닌데도, 그 환경에 대한 불만과 확장욕은 그야말로 우주의 아름다움과 접촉하려는 욕망에서 비롯된다. 그 환경은 우주가 아니라 오히려 우주를 감추고 있다. 주위의 우주는 무대 장치와 같다.

발레리는 《세미라미스(Semiramis)》라는 시에서 폭정과 아름다움에 대한 사랑의 연관성을 훌륭하게 표현했다. 루이14세는 권력을 확대하는 수단인 전쟁을 제외하고는 파티와 건축에만 흥미를 두었다. 전쟁 그 자체도, 특히 고대의 전쟁은 아름다움에 대한 감수성을 격렬하고 강하게 자극하는 것이었다.

예술은 인간이 형태를 부여한 사물의 제한된 양(量)에 우주 전체의 무한한 아름다움의 이미지를 옮겨 놓으려는 시도이다. 이 시도가 성공하면 그 양만큼의 사물은 우주를 감추는 것이 아니라 반대로 그 주위에 실재하는 모든 것을 나타낼 것이다.

세상의 아름다움의 정당하고 순수한 반영이 아닌 예술작품, 세상의 아름다움을 직접 들려주고 보여주는 창이 되지 못하는 예술작품은 본디 의미에서는 아름답지 않다. 그런 작품은 일류가 아니다. 그런 작품을 만든 예술가도 비록 재능은 많을지 모르나 진정한 천재는 아니다. 아주 유명하고 여러 사람들에게 칭송받는 많은 예술작품이 이러한 것이다. 모든 일류 예술작품은 그 주제가 아무리 세속적인 것일지라도 신으로부터 영감을 받아 만들어졌다. 신께서는 다른 예술작품에는 영감을 주지 않으셨다. 다른 예술작품을 신의 영감 대신 감싸는 아름다움의 광채는 실로 악마의 광채일 수 있다.

과학은 인간의 심적, 정신적, 육체적인 구조와 관련된 세상의 질서를 연구하고 이론적으로 재구성하는 것을 목적으로 한다. 그리고 일부 학자들의 소박한 착각과는 반대로, 망원경이나 현미경을 이용해도, 아무리 특이한 대수식을 사용해도, 모순율을 경시해도, 인간 구조의 한계를 뛰어넘지는 못한다. 그리고 그렇게 뛰어넘는 것은 바람직하지 않다. 과학이 지향하는 바는 우주 속의 우리 형제인 '지혜'의 존재, 즉 세계를 구성하는 물질을 통해 표현된 그리스도의 존재이다.

우리는 한정된 여건, 제한된 여건, 엄밀히 규정된 여건에서 출발하여 우리의 힘으로 세상의 질서를 이미지로서 재생한다. 추상적이기에 우리가 조작할 수 있는 항목과 항목 사이의 관계를 고려하여 고리를 연결한다. 그리하여 우주의 실체 자체인 필연성, 그러나 그 자체로서는 아주 가끔밖에 드러나지 않는 필연성을 이미지로서 바라볼 수 있다. 그것은 우리의 주의(注意)가 작용함으로써 존재하는 이미지이다.

어떤 사랑을 동반하지 않고 바라볼 수 있는 이미지는 없다. 세상의 질서라는 이미지를 바라보는 것은 세상의 아름다움과 접촉하는 일이다. 세상의 아름다움이란 사랑받는 세상의 질서를 가리킨다.

육체노동은 세상의 아름다움과 특별한 접촉을 하는 행위이므로 최고의 순간 다른 것에서는 볼 수 없는 풍부한 접촉이 이루어진다. 예술가, 학자, 사상가, 관념가 등은 우주가 비현실의 얇은 막을 뚫고 나온 것을 진심으로 찬미해야 한다. 우주를 덮고 있는 이 얇은 막 때문에 대부분의 사람은 생활의 대부분의 순간에 우주를 꿈이나 무대장치로 느낀다. 모든 사람이 우주를 찬미해야 하지만 종종 그렇지 못할 때가 있다. 어느 날의 노동, 즉 자기가 물질에 종속된 어느 날의 노력 때문에 팔다리가 몹시 지친 사람은 자기 육체 안에 가시처럼 우주의 현실을 지니고 있다. 이 사람에게 어려운 것은 보고 사랑하는 일이다. 그것이 가능하다면 현실을 사랑하게 된다.

이것은 신께서 가난한 자들에게 남겨두신 커다란 특권이다. 그러나 그들은 이 사실을 거의 알지 못한다. 아무도 그들에게 말해주지 않는다. 과로에 신음하고 돈 걱정에 허덕이고 진정한 교양이 부족한 탓에 그들은 이 사실을 깨닫지 못한다. 조건을 조금만 바꾸어주면 그들이 보물에 접근할 수 있는 길이 충분히 열린다. 많은 경우 다른 이들을 보물에 다가갈 수 있게 하기란 얼마나 쉬운 일인가, 어째서 사람들은 그런 수고를 하지 않고 수백 년을 그냥 흘려보냈는가를 생각하면 가슴이 찢어질듯 아프다.

오늘날 민간전승으로서 남아 있는 파편들이 응집되어 있었던 민중적 문명의 시대에는 민중은 확실히 이 보물에 가까이 있었다. 신화도 민간전승과 그 성격이 매우 비슷한데, 그 시를 풀이해 보면 역시 이 사실을 증명할 수 있다.

정식 결혼이나 정신적 사랑[20] 같은 가장 숭고한 것에서부터 방탕과 같은 가장 저속한 것에 이르기까지 모든 육체적인 사랑은 세상의 아름다움을 목적으로 한다. 하늘과 바다와 산의 경치, 수많은 작은 소리를 통해 느껴지는 자연의 침묵, 산들바람, 뜨거운 태양 등을 향한 사랑 등 모든 사람이 이 땅을 걸을 때 막연하게나마 느끼는 이 사랑은 불완전하고 고통스러운 사랑이다. 대답을 줄 수 없는 물질을 향한 것이기 때문이다. 우리는 이와 동일한 사랑을, 자기와 똑같이 사랑에 반응하고 승낙하고 몸을 내맡길 수 있는 사람들에게 이행시키고자 욕구한다. 때로 인간의 모습에 묶인 아름다움의 감정은 적어도 환각과 같이 작용하여 이 이행을 가능하게 한다. 그러나 이러한 욕망은 세상의 아름다움, 우주의 아름다움을 향한 것이다.

이러한 이행은 아주 진부한 시의 비유나 비교에서부터 프루스트(Proust)[21]의 오묘한 분석에 이르기까지 사랑을 둘러싼 모든 문학에 표현되어 있다.

인간이 세상의 아름다움을 사랑하려는 욕망의 본질은 그리스도의 강생에 대한 욕망이다. 이 둘이 다르다는 생각은 그릇됐다. 그리스도의 탁신만이 이 욕망을 충족시킬 수 있다. 그러므로 신비론자들이 사랑의 언어를 쓴다고 해서 종종 그들을 비판하는 것은 잘못이다. 신비론자야말로 그러한 언어의 정당한 소유자이다. 다른 사람들에게는 그들에게서 사랑의 언어를 빌려 쓸 권리밖에 없다.

모든 영역의 육체적 사랑이 많든 적든 아름다움을 향한 것이라면─예외가

---

*20 플라토닉 러브.
*21 1871~1922. 프랑스의 심리주의 소설가.

있다면 아마도 외견상으로 그렇게 보이는 것뿐이다—그것은 그 사람이 자기 안에 있는 아름다움을 통해 상상 속에서 세상의 질서와 동등한 어떤 것이 되기 때문이다.

그러기에 이 영역에서 일어나는 죄는 심각한 것이다. 그러한 죄는 영혼이 무의식적으로 신을 추구하는 길에 서 있다는 사실 때문에 신을 모욕하게 된다. 그러한 모든 죄는 상대방의 동의를 기다리지 않고 행동하려는 단 하나의 죄로 귀착된다. 아무런 동의 없이 일을 끝내려는 의욕은 인간의 모든 죄 가운데 단연코 무서운 것이다. 아무런 자각도 없이 신과 동등한 것을 어떤 사람에게서 찾으면서 그의 동의를 존중하지 않는 것보다 무서운 일이 어디 있겠는가?

이만큼 심각한 죄는 아니지만 영혼의 낮은 영역이나 표면적 영역에서 나온 동의에 만족하는 것 역시 죄이다. 육체의 결합이 있든 없든 사랑의 교환은 쌍방의 동의가 영혼의 중심점에서 나온 것이 아니라면 부당한 것이다. 영혼의 중심점에서 나온 승낙은 영원할 수밖에 없다. 오늘날 너무나 흔히 단순한 사회적 약속으로 간주되는 결혼의 의무는 육체의 사랑과 아름다움이라는 관련성을 통해 인간 사고의 본성에 뿌리 내리고 있다. 모든 아름다움과 어떠한 관계를 맺고 있는 것은 시간의 흐름으로부터 떨어져 나와야 한다. 아름다움은 이 지상에 존재하는 영원한 것이다.

인간이 유혹을 받을 때 종종 자신을 훨씬 뛰어넘는 저항할 수 없는 절대자를 대하는 듯한 감정을 품는 것은 놀랄만한 일이 아니다. 절대자가 진짜 거기에 존재하기 때문이다. 그러나 쾌락 안에 절대자가 있다고 생각하면 그것은 잘못이다.

상상이 이동한 결과로 나타나는 이 잘못은 인간 사고의 중요한 메커니즘을 이룬다. 욥이 말하는 노예는 주인의 목소리가 자기에게 고통을 준다고 생각하고 죽는 순간에 주인의 목소리를 듣지 않으려고 했다. 이것은 명백한 진실이다. 주인의 목소리는 노예를 너무나도 고통스럽게 한다. 그럼에도 노예는 틀렸다. 주인의 목소리는 그 자체가 괴로운 것이 아니다. 그 사람이 노예가 아니었다면 주인의 목소리는 그에게 아무런 고통을 주지 않았을 것이다. 그러나 그가 노예였기 때문에 주인의 목소리와 함께 채찍 맞는 고통과 잔혹함이 청각을 통해 영혼 깊숙이 들어온다. 그 사람은 그것을 막지 못한다. 불행이 그 연결고리를 이루고 있기 때문이다.

마찬가지로 쾌락의 지배를 받는다고 생각하는 사람은 사실 자신이 쾌락 안에 존재케 한 절대자의 지배를 받는 것이다. 이 절대자와 쾌락의 관계는 채찍과 주인 목소리의 관계와 같다. 그러나 이때의 연결고리는 불행의 결과가 아니라 최초의 죄, 즉 우상숭배의 죄의 결과이다. 성 바오로는 악덕과 우상숭배의 관계를 지적했다.*22

쾌락에 절대자의 존재를 허용한 사람은 어쩔 수 없이 그 쾌락에 지배당한다. 인간은 절대자에 대항하여 싸울 수 있는 존재가 아니다. 완전한 절제의 덕이 있는 사람은 절대자를 쾌락 밖에 둔 사람이다.

다양한 종류의 악덕, 문자 그대로의 의미나 비유적인 의미에서의 마취제 사용, 이러한 모든 것은 세상의 아름다움이 느껴지는 상태를 추구한다. 특별한 상태를 추구할 때 잘못을 저지르게 된다. 거짓 신비도 이 잘못의 한 형태이다. 잘못이 영혼 깊숙이 완벽하게 침투한 상태라면 인간은 그 잘못을 당해낼 재간이 없다.

일반적으로 말해서 가장 죄 깊은 것에서부터 가장 때 묻지 않은 것에 이르기까지, 가장 평범한 것에서부터 가장 드문 것에 이르기까지, 모든 인간의 취향은 그의 모든 주위 상황과 관계가 있다. 즉 사람들이 세상의 아름다움에 다가가고자 하는 환경과 관계가 있다. 각 환경의 특질은 기질, 과거 생활의 흔적, 때로는 종잡을 수 없는 원인에 근거한다.

감각적 쾌락의 유혹이 아름다움과 접촉하는 유혹과 불일치하는 경우는 하나뿐인데, 그것은 흔한 예로서, 쾌락의 유혹이 아름다움에 대한 은신처가 되는 때이다.

영혼은 세상의 아름다움과의 접촉 혹은 더 고차원적인 신과의 접촉 이외에는 추구하지 않는다. 그러나 동시에 영혼은 그곳으로부터 도망친다. 영혼이 어떤 것으로부터 도망칠 때는 추함을 두려워하거나 정말로 순수한 것과의 접촉으로부터 달아나거나 하는 두 가지 경우밖에 없다. 모든 평범한 것은 빛으로부터 도망치기 때문이다. 완벽한 덕에 가까운 영혼을 제외하고는 모든 영혼 안에는 평범함이 큰 부분을 차지한다. 이 부분은 조금이라도 순수한 아름다움이나 순수한 선이 나타날 때마다 공포에 사로잡혀 육체를 방패막이로 삼아 뒤로 숨

---

*22 로마서 1 : 24~25.

는다. 정복 계획을 성공시키려는 호전적인 민족이 침략을 정당화하는 데만 급급해 자신들이 들이민 구실의 성질이 어떠한지에는 전혀 무관심한 것처럼, 영혼의 평범한 부분은 빛으로부터 도망치기 위해 가벼운 구실을 원한다. 쾌락에 이끌리는 행동이나 고통을 두려워하는 행동이 그 구실이 된다. 그때 다시 쾌락이 아니라 절대자가 그 영혼을 지배하게 되는데, 그것은 혐오의 대상으로서지 더는 끌리는 대상으로서가 아니다. 또한 육체적 쾌락을 추구할 때는 종종 두 가지 작용이 결합된다. 하나는 순수한 아름다움을 향해 달려가는 작용이고 하나는 순수한 아름다움에서 멀리 도망치려는 작용인데 이 두 가지 작용은 구분하기 어렵게 뒤얽혀 있다.

어떻든 인간이 관심을 기울이는 모든 대상은 다소 뒤틀리고 더러워진 이미지에서 보이는 세상의 아름다움에 대한 배려가 반드시 포함되어 있다. 따라서 인생에는 자연의 영역은 없다. 초자연적인 것이 구석구석에 은밀히 존재한다. 신의 은총과 대죄가 수천 가지나 되는 다양한 형태로 어디에나 존재하는 것이다.

부분적이고 무의식적이며 때로는 범죄의 성향을 띠는 아름다움의 탐구와 신 사이의 유일한 매개는 세계의 아름다움이다. 기독교는 이 땅의 나라와, 우주라는 지상의 조국을 경애하는 스토아학파의 이념을 받아들이지 않는 한 피와 살을 갖춘 존재는 될 수 없을 것이다. 오늘날에는 이해하기 힘든 오해의 결과인데, 기독교는 스토아학파의 이념에서 멀어짐으로써 추상적이고 분리된 존재로 규정되었다.

예술이나 과학에서 보이는 매우 높은 수준의 미적 탐구도 실제로는 아름답지 않다. 유일한 현실의 아름다움, 즉 신의 실재라는 유일한 아름다움은 우주의 아름다움이다. 우주보다 작은 것은 그 어느 것도 아름답지 않다.

완전하다고 불릴 만한 아름다운 예술작품이 있다면 우주도 그것만큼 아름답다. 따라서 우주에는 목적이나 선을 이루는 그 어떤 것도 포함되어 있지 않다. 우주는 우주의 아름다움 그 자체 외에는 아무런 합목적성을 띠지 않는다. 우주에는 합목적성이 절대로 없다는 사실이야말로 우주에 대해서 알아야 할 본질적인 진리이다. 거짓이나 실수 때문이 아니라면 어떤 합목적성의 관계도 우주에 해당될 수 없다.

시를 논하며 어떤 단어가 왜 그 자리에 놓였느냐고 물었을 때 거기에 대답한다면 그것은 그 시가 일류가 아니거나 독자가 그 시를 전혀 이해하지 못했다는 뜻이다. 그 단어가 거기에 놓인 까닭은 어떤 관념을 표현하기 위해서라거나, 문법적인 관계 때문이라거나, 운율이나 두운이나 행 맞춤 때문이라거나, 어떤 색채 때문이라거나, 또는 이러한 몇 가지 이유가 결합되었기 때문이라고 말한다면, 그것이 옳은 대답이라면, 그 시에는 계획된 효과는 있을지언정 진정한 영감은 없는 것이다. 진정으로 아름다운 시라면, 왜 그 단어가 거기에 있느냐에 대한 유일한 대답은 그 위치가 적절하기 때문이라는 것뿐이다. 이 답의 증거는 그 단어가 그 자리에 있음으로써 그 시가 아름답다는 것이다. 그러한 시는 아름답다. 즉 독자는 그 시가 다른 구조가 되기를 바라지 않는다.

이렇듯 예술은 세상의 아름다움을 모방한다. 사물이나 존재나 사건이 적절하다 함은 이들이 존재한다는 의미이며, 또한 우리는 이들이 존재하지 않거나 다른 존재의 형태를 띠기를 바라서는 안 된다는 의미이다. 그러한 바람은 우주라는 우리의 조국에 대한 신성 모독이자 스토아학파가 주창하는 우주애에 반하는 행위이다. 우리는 사실상 이 사랑을 품을 수 있도록 만들어졌으며 이러한 가능성을 일컬어 아름다움이라 부른다.

"다른 것이 아니라 이것을 선택한 이유가 무엇이냐?" 보마르셰(Beaumarchais)*23의 이 유명한 물음에는 대답이 존재하지 않는다. 우주에는 합목적성이 없기 때문이다. 합목적성이 없다 함은 필연이 지배한다는 뜻이다. 사물에는 원인은 있지만 목적은 없다. 섭리의 계획 하나하나를 식별할 수 있다고 생각하는 사람은 아름다운 시를 희생시켜서 이론적 설명에 몰두하는 교수들과 같다.

예술에서 이러한 필연성의 지배와 동등한 것은 물질의 저항과 전제적인 규칙이다. 시인은 운율 때문에, 관념의 연속과 전혀 관계없는 방향으로 단어를 선택한다. 시에서의 운율은 생활에서의 불행과 비슷한 기능을 지닌다. 불행은 영혼 전체에 합목적성이 없음을 느끼라고 강요한다.

영혼을 방향 짓는 것이 사랑이라면, 필연성을 보면 볼수록 그리고 자기 육체에서조차 필연성의 금속과 같은 딱딱함과 차가움을 강하게 느끼면 느낄수록 그만큼 영혼은 세상의 아름다움에 접근해 간다. 욥은 이것을 경험했다. 욥이

---

*23 18세기 프랑스의 극작가.

고통 속에서도 그토록 정직했고, 자기 내부에 있는 괴로움의 진실을 왜곡하려는 그 어떤 생각도 용납하지 않았기 때문에 신께서는 욥에게 내려오셔서 세상의 아름다움을 보여주신 것이다.

비와 햇살이 의인 악인에 상관 없이 어떻게 골고루 내리는지 보라고 그리스도께서 우리에게 가르치신 까닭은 합목적성의 결여, 의도의 결여가 세상의 아름다움의 본질이기 때문이다. 이것은 프로메테우스*[24]의 마지막 외침을 연상시킨다.

"만인에게 같은 빛을 내려주시는 하늘이시여." 그리스도께서는 우리에게 이 아름다움을 모방하라고 명하신다. 플라톤도 《티마이오스》에서 우리가 흔히 보는 것을 통해 세상의 아름다움을 닮으라 했고, 날마다 밤마다 달마다 계절마다 해마다 계속해서 돌아오는 순환의 조화를 닮은 존재가 되라고 충고했다. 이 순환의 조합에도 의도나 합목적성이 결여되어 있음은 명백하다. 여기에는 순수한 아름다움이 빛나고 있다.

우주가 조국인 이유는 우리가 우주를 사랑하기 때문이며 우주가 아름답기 때문이다. 우주는 이 지상의 유일한 조국이다. 이러한 이념은 스토아학파의 지혜의 본질을 이룬다. 우리에게는 하늘의 조국이 있다. 그러나 어떤 의미에서는 그것을 사랑하기란 매우 어렵다. 그 나라를 모르기 때문이다. 또한 어떤 의미에서는 그 나라를 사랑하기란 매우 쉽다. 원하는 모습대로 상상할 수 있기 때문이다. 우리는 천상의 조국이라는 이름으로 가공의 나라를 사랑할 위험이 있다. 이 가공의 나라를 사랑하는 마음이 충분히 강하다면 모든 덕은 쉬워지나 그런 동시에 가치는 없어진다. 지상의 조국을 사랑하자. 이것이 현실의 나라이다. 이것은 사랑에 저항하는 나라이다. 이것이야말로 신께서 우리에게 사랑하라고 주신 나라이다. 이 사랑이 어렵고도 가능한 것이 되기를 신께서는 바라신다.

우리는 이 지상에서는 뿌리 없이 떠도는 이방인임을 느낀다. 잠든 사이에 선원들에게 납치되었다가 낯선 나라에서 눈을 뜬 율리시스가 비통한 심경으로 이타카를 그리워했던 것과 같다. 여신 아테나가 율리시스의 눈을 뜨게 하자 율리시스는 자신이 이타카에 있음을 돌연 깨닫는다. 이렇듯 칼립소나 세이렌의

---

*24 그리스 신화에 나오는 티탄족 영웅. 인간에게 불을 훔쳐다 준 죄로 제우스의 노여움을 사서 캅카스의 바위에 묶여 끊임없이 독수리에게 간을 쪼이는 고통을 받음.

유혹에도 마음을 빼앗기지 않고 포기하는 일 없이 자기의 조국을 그리워하는 사람은 언젠가 갑자기 자기가 조국에 있음을 깨닫게 된다.

세계의 아름다움을 모방하는 것, 즉 합목적성이나 의도나 차별의 결여에 응답하는 것은 의도를 갖지 않는 것, 즉 자기 의지를 포기하는 것이다. 완전히 순종하는 일은 하늘에 계신 우리 아버지가 완전하신 것처럼 완전한 일이다.

인간 사회에서 노예는 주인에게 순종은 해도 주인을 닮지는 않는다. 반대로 순종하면 할수록 명령하는 사람과의 거리는 커진다.

인간과 신의 관계는 다르다. 이성을 가진 피조물은 절대적으로 순종할수록 전능하신 신의 모습에 최대한 가까워진다.

인간이 신을 모방한다는 것은 우리가 하나의 인격체라는 사실과 연결되지만 그 사실 자체는 아니다. 그것은 인격을 포기하는 능력, 즉 순종이라는 의미이다.

인간이 신의 존재에 비견할만한 최고의 단계로 올라설 때마다 그 사람에게는 비인격적인, 익명의 어떤 것이 나타난다. 그의 목소리는 침묵에 싸인다. 그것은 예술과 사상의 위대한 작품이나, 성자의 위대한 행위와 말에서 나타난다.

그러므로 어떤 의미에서 신을 비인격적인 존재로서 생각해야 하는 것은 사실이다. 그것은 자기를 포기함으로써 신이 자기를 뛰어넘는 인격의 모범이 된다는 의미이다. 신을 전능한 존재로서 혹은 그리스도의 이름을 빌린 인격으로서 생각하는 것은 신을 향한 진실한 사랑에서 멀어지는 일이다. 그러기에 햇볕을 고루 나누어주시는 하느님 아버지의 완전성을 사랑해야 하는 것이다. 순종이라는 우리의 자기포기 행위의 절대적인 모범이신 신이야말로 우주를 창조하고 질서를 부여한 원리이자 존재의 충만함이다.

인격체이기를 포기함으로써 인간은 신을 반영하는 존재가 된다. 따라서 다른 사람을 불행에 빠뜨리고 무기력한 물질 상태로 만드는 것은 매우 무서운 일이다. 이미 충분히 준비가 되어 있는 사람을 제외하고는, 인격이라는 특질을 빼앗김과 동시에 인격을 포기할 가능성도 빼앗기기 때문이다. 신께서 우리의 자율성을 창조하신 까닭은 우리가 사랑으로써 자율성을 포기하도록 하기 위해서였다. 우리는 다른 사람의 자율성이 보존되길 바라야 한다. 완전히 순종하는 사람은 인간의 자유로운 선택권을 한없이 귀중하게 여긴다.

마찬가지로 세상의 아름다움에 대한 사랑과 동정 사이에 모순은 없다. 이 사랑은 불행에 처한 사람이 자기 불행 때문에 괴로워하는 것을 방해하지 않는다. 남의 불행 때문에 괴로워하는 것도 방해하지 않는다. 이 사랑은 고통과는 다른 차원에 있기 때문이다.

세상의 아름다움에 대한 사랑은 매우 보편적이나, 이차적인 사랑 즉 이 사랑에 종속된 사랑으로서 운이 나쁘면 파괴되는 실로 귀중한 가치에 대한 사랑을 동반한다. 실로 귀중한 가치란 세상의 아름다움으로 가는 단계에 해당하며, 세상의 아름다움 쪽으로 난 창문 같은 것이다. 더욱 멀리 나아가 세상의 아름다움 그 자체에까지 도달한 사람은 이 귀중한 가치에 대한 사랑이 작아지는 것이 아니라 전보다 훨씬 커지게 된다.

그러한 귀중한 가치 중 하나로 예술이나 학문의 순수한 참 업적을 꼽을 수 있다. 더 일반적으로 말하자면 모든 사회 계층을 통틀어 인간생활을 시로 포용하는 모든 것이다. 세상의 모든 인간은 어떤 지상의 시를 통해 뿌리 내리고 있다. 이것은 천상의 빛을 반영하는 것이자 우주라는 조국과 더불어 다소나마 막연히 느껴지는 자기 유대이다. 불행은 뿌리를 뽑히는 일이다.

인간의 나라는 각각 완성된 정도에 따라 그 나라 백성의 생활을 시로 포용한다. 인간의 나라는 세상이라는 나라의 이미지이자 반영이다. 이 나라들이 국가라는 형태를 취하고 스스로 조국이라고 칭하면 칭할수록 그것들은 왜곡되고 때 묻은 이미지가 된다. 그러나 물질적으로든 정신적으로든 이 나라들을 파괴하는 일, 혹은 사람들을 사회의 낙오자로 내몰고 그 나라에서 쫓아내는 일은 인간의 영혼과 우주 사이에 존재하는 모든 시와 사랑의 유대를 단절하는 짓이다. 이것은 인간을 추한 공포 속으로 강제로 내던지는 일이다. 이보다 큰 죄는 없다. 우리 모두는 수없이 많은 그러한 범죄의 공범이다. 그 사실만 깨닫는다면 우리는 모두 틀림없이 피눈물을 흘릴 것이다.

종교 관례에 대한 사랑

기성 종교에 대한 사랑에는 반드시 신의 이름이 들어가지만, 그 자체로서는 가시적인 사랑이 아니라 묵시적인 사랑이다. 그 사랑은 신과의 직접적인 접촉을 내포하지 않기 때문이다. 종교 관례가 순수할 때에는 이웃이나 세상의 아름다움과 꼭 같은 만큼 거기에 신이 존재한다. 그보다 많이 존재하지는 않는다.

종교에 대한 사랑이 영혼 안에서 어떤 형태를 취하느냐는 삶의 상황에 따라 크게 달라진다. 어떤 상황에서 이 사랑은 태어나는 것조차 방해를 받기도 하고, 커다란 힘을 얻기 전에 소멸하기도 한다. 어떤 사람은 성직자들의 잔인함, 오만함, 부패 때문에 고통당한 탓에 불행 속에서 의지와는 반대로 종교에 혐오감과 경멸감을 품는다. 또 어떤 사람은 어렸을 때부터 그러한 종교를 싫어하는 경향이 짙은 환경에서 자란다. 이런 상황에서도 신의 자비로 이웃이나 세상의 아름다움을 충분히 강하고 충분히 순수하게 사랑한다면 영혼은 아주 높은 곳까지도 인도받을 수 있다고 생각해야 한다.

기성 종교에 대한 사랑은 보통 자기가 성장한 나라나 환경에서 다수를 차지하는 종교를 대상으로 한다. 누구든 신에 대한 봉사를 생각할 때는 자기 생활과 영혼에 밴 습관에 따라 먼저 그런 종교를 생각한다.

종교 관례의 힘을 전체로서 생각하려면 구세주의 이름을 외는 불교의 전통을 통해 이해하는 것이 좋다. 석가모니는 구원받고자 자기 이름을 외는 사람들을 피안에 두고 자신이 있는 높은 곳까지 인도하겠다는 맹세를 했다고 한다. 이 맹세 때문에 구세주의 이름을 외는 일에는 실제로 영혼을 변형시키는 힘이 있다고 한다.

종교란 다름 아닌 이러한 신의 약속이다. 모든 종교 관례, 모든 의식, 모든 의례는 구세주의 이름을 외는 한 형식이자 원리적으로는 실제로 일정한 효력을 지닌다. 구원받고자 열심히 왼 사람은 누구나 구원을 받는다는 효력이다.

모든 종교는 각각의 언어로 구세주의 이름을 말한다. 보통은 외국어보다 모국어로 신의 이름을 말하는 것이 좋다. 몇 가지 예외를 빼면 영혼은 아무리 잘 아는 외국어라도 모르는 단어를 찾는 가벼운 노력을 해야 할 때는 완전한 자기포기를 할 수 없다.

빈약하고 다루기 어렵고 세계에 널리 알려지지 않은 언어가 모국어인 작가는 다른 언어를 쓰고 싶다는 강한 유혹을 느낀다. 콘래드*25처럼 빛나는 성공을 거둔 사람도 있지만 이것은 드문 예이다. 특수한 예를 제외하고는 작가가 언어를 바꾸는 일은 사상이나 문체에 해를 끼치고 타락의 원인이 된다. 언어를 바꾼 작가는 평범해지고 불안정해진다.

영혼이 종교를 바꾸는 일은 작가가 언어를 바꾸는 일과 같다. 물론 모든 종

---

*25 폴란드 출신의 영국 작가. 1857~1924.

교가 구세주의 이름을 올바르게 외기에 똑같이 적합한 것은 아니다. 어떤 종교는 확실히 매우 불완전한 중개자다. 가령 유대인의 종교는 그리스도를 십자가에 못 박았을 정도로 실로 아주 불완전한 중개자가 틀림없었다. 로마의 종교는 아마 종교라는 이름에 전혀 걸맞지 않았을 것이다.

그러나 일반적으로 말하면 다양한 종교의 단계를 식별하기란 매우 어렵고 거의 불가능한, 어쩌면 완전히 불가능한 일이다. 종교는 내면으로부터 깨닫는 것이기 때문이다. 가톨릭 신자들은 가톨릭교에 대해 그렇게 말하지만, 이는 모든 종교에서도 마찬가지다. 종교는 양식이다. 먹어본 적 없는 음식의 맛이나 영양을 겉모습만으로 평가하기란 어렵다.

종교의 비교는 그저 공감이라는 기적적인 힘을 통해서만 어느 정도 가능할 뿐이다. 외부에서 관찰함과 동시에 공감을 통해서 자기 영혼을 잠시 그 안으로 이입시키면 다른 사람을 어느 정도 파악할 수 있다. 이와 마찬가지로 다양한 종교를 연구할 때 자기의 신앙을 통해 연구하려는 신앙의 중심으로 자신을 이입시키지 않으면 식별을 해낼 수 없다. 이것은 가장 강력한 의미에서의 신앙으로 말미암아 이루어진다.

이러한 일은 거의 일어나지 않는다. 어떤 연구자들은 아예 신앙이 없으며, 어떤 연구자들은 한 종교만 믿고 다른 종교에는 괴상한 모양의 조개껍데기를 대할 때 만큼의 주의만 기울이기 때문이다. 또 연구자들은 무엇이든 받아들일 수 있는 막연한 종교심을 품고서 자신이 공평한 태도를 취할 수 있으리라 생각한다. 그러나 다른 개개의 종교를 저마다에 맞는 최고도의 주의와 신앙과 사랑을 쏟아 생각할 수 있게 되려면 한 종교에 자기의 모든 주의, 모든 신앙, 모든 사랑을 바쳐야 한다. 우정을 담을 수 있는 그릇의 사람이야말로 낯선 사람의 운명에 진심으로 관심을 기울일 수 있는 것과 마찬가지이다.

모든 영역에서 어떤 특수한 대상을 향하지 않은 사랑은 진짜가 아니다. 사랑은 단지 유추와 이행의 결과로서만 현실성을 잃지 않고 보편적인 것이 된다.

덧붙여 말하자면 그러한 유추와 이행이 어떠한 것인가 하는 인식, 즉 수학이나 여러 과학이나 철학을 토대로 하는 인식은 사랑과 직접 관계가 있다.

오늘날 유럽에는, 아니 어쩌면 온 세계에는 비교 종교에 대한 인식이 거의 전무하다. 그러한 인식의 가능성에 대한 개념조차도 없다. 장해가 될 만한 편견이 없다고 해도 그러한 인식을 형성하는 것 자체가 매우 어려운 일이다. 눈에 보이는 차이를 부분적으로 메우는 것으로서, 다양한 형태의 종교생활 사이에는 아주 날카로운 식별력을 통해서야 비로소 인식할 수 있는 숨은 동등성이 있다. 각각의 종교는 본디 명확한 진리와 묵시적인 진리의 독창적인 조합이다. 어떤 진리에 대한 묵시적인 동의가 때로는 분명한 동의와 같은 효과를 발휘하기도 한다. 때로는 그 이상의 효과를 발휘할 때도 있다. 사람의 마음의 비밀을 아는 자*26만이 다양한 형태의 신앙의 비밀을 안다. 그 사람은 이 비밀을 계시하지 않았다.

주의 이름을 말하기에 어느 정도 적절한 종교 환경에서 태어나 좋은 의미의 순수한 사랑으로 이 주어진 종교를 사랑하는 사람은, 신과 직접 접촉하여 영혼이 신의 뜻 자체에 따르지 않는 한 그 종교를 버릴 정당한 동기를 쉽게 떠올리지 못한다. 그 문턱을 넘는 변화는 복종 때문이 아니면 정당한 것이 못 된다. 역사가 증명하듯이 실제로 그런 일은 좀처럼 없었다. 때때로 혹은 어쩌면 늘, 최고의 영적 영역에 다다른 영혼은 훌륭한 발판 노릇을 한 전통을 한층 크게 사랑한다.

자기가 태어나면서부터 속한 종교의 결함이 지나치게 크다면, 혹은 그 종교가 자기 고향에서 지나치게 부패했다면, 혹은 상황에 따라 그 종교에 대한 사랑이 싹트기를 방해받거나 압살됐다면 다른 종교를 믿는 것은 정당한 일이다. 물론 모든 사람에 해당하는 일은 아니겠지만 적어도 어떤 사람에게는 정당하며 필요한 일이다. 자라면서 종교적 사명을 품어본 적 없는 사람들에게도 마찬가지이다.

그 밖의 모든 경우에는 개종은 매우 중대한 결정이며 타인에게 그것을 강요하는 것은 더욱 중대한 일이다. 정복된 나라에서 개종을 공식적으로 강요하는 것은 더더욱 중대한 일이다.

그러나 유럽에서도 미국에서도 지방에 따라 다양한 종교가 존재함에도 불구하고 원리적으로는 직접적이든 간접적이든, 가깝든 멀든, 가톨릭교는 모든 백인종의 토착적인 영적 환경이라고 할 수 있다.

종교 관례의 힘은 완전한 순수함과의 접촉이 악을 파괴하는 효력을 지니는 데에 있다. 우주 전체의 아름다움을 빼면 이 세상에서 완전히 순수한 것은 없

---

*26 고린토전서 4 : 5.

다. 우리는 완전한 덕을 향하여 크게 전진하지 않으면 우주 전체의 아름다움을 느낄 수 없다. 이 전체의 아름다움은 어떤 의미에서 느껴지는 것이지, 느껴지는 어떤 대상 안에 들어있는 것은 아니다.

종교적인 것은 느껴지는 개체로서 이 지상에 존재하면서 완전히 순수하다. 그 존재 자체가 순수하다는 의미는 아니다. 교회는 추하고 성가는 위선적이며 성직자는 부패하고 신자는 주의력이 없을지도 모른다. 어떤 의미에서 이것은 중대한 문제가 아니다. 기하학자가 올바른 증명을 설명하기 위해 도형을 그릴 때 직선을 비뚤게, 원을 찌그러지게 그린다 해도 대단한 문제가 되지 않는 것과 마찬가지이다. 종교적인 것은 권리상, 이론적으로, 가설에 따라, 정의(定義)에 따라, 약속에 따라, 순수하다. 고로 그 순수성에는 조건이 없다. 어떠한 더러움도 그 순수성을 더럽힐 수 없다. 그러기에 순수성은 완전한 것이다. 그러나 모든 가능한 장점을 갖추었으면서도 아쉽게도 이 세상에 존재하지 않는 오를란도의 암말만큼 완전하지는 않다. 인간의 약속은 그것을 지키도록 강요하는 원동력이 없으면 효과가 없다. 약속 자체는 단순한 추상에 지나지 않는다. 비현실적이고 아무런 영향력이 없다. 그러나 종교적인 것을 순수하게 하는 약속은 신께서 직접 허가하신 것이다. 그러므로 그것은 효과 있는 약속, 힘 있는 약속, 그 자체로써 영향력 있는 약속이다. 이 순수성은 무조건적이고 완전하며 동시에 현실적이다.

이것은 사실 위에 존재하는 진리이다. 그러므로 증명되는 것이 아니다. 경험으로 입증될 뿐이다.

사실상 종교적인 것의 순수성은 신앙과 사랑이 결여되지 않는 한 거의 모든 곳에 아름다움의 형태로 나타난다. 가령 기도문은 놀라우리만큼 아름답다. 특히 우리를 대신하여 그리스도의 입술로 말씀하신 기도는 완전한 것이다. 로마네스크 건축이나 그레고리오 성가 또한 더없이 아름답다.

그러나 중심에는 아름다움이 완전히 결여된 부분이 있는데, 그것은 아무런 순수성도 띠지 않는다. 그것은 단순히 약속에 지나지 않는다. 당연히 그래야 한다. 건축이나 노래나 말은, 그리스도께서 선택하신 말이라 할지라도, 모든 절대적인 순수성과는 별개의 것이다. 이 지상에서 우리의 감각에 구체적인 것으로서 제시되는 절대적인 순수성은 오로지 약속밖에 없다. 약속 외에는 아무것도 없다. 중심점에 놓인 이 약속이 성체이다.

실제로 그리스도가 성체에 존재한다는 도그마의 부조리는 이 도그마의 힘을 이루고 있다. 음식을 만진다는 강한 상징성을 제외하고는 빵 한 조각에는 우리가 신을 생각하는 마음으로 매달릴 아무런 이유도 없다. 이렇듯 신의 실존이 약속의 성격을 띠는 것은 분명한 사실이다. 그리스도께서는 오로지 약속을 통해서만 이러한 사물 안에 존재하신다. 이러한 사실을 통해서만이 그리스도는 그곳에 완전히 존재할 수 있다. 신은 이 지상에서는 은밀한 방법으로만 존재하신다. 성체에서 그 존재는 정말로 은밀히 숨어 있다. 우리의 사고의 어떠한 부분도 이 비밀 안으로는 들어갈 수 없기 때문이다. 그러기에 성체 안에 있는 신의 존재는 완전하다.

존재하지 않는 완전한 직선이나 완전한 원을 추리하여 실제 기술에 적용할 수 있다는 사실에는 아무도 놀라지 않는다. 그러나 그것은 이해할 수 없는 일이다. 성체 안에 신이 존재한다는 사실성은 더욱 놀라운 일이지만 더욱 이해할 수 없는 일은 아니다.

어떤 의미에서는, 유추를 통해 기하학자들이 어떤 삼각형에는 두 개의 동등한 각이 있다는 가설을 세울 수 있는 것처럼 성별(聖別)된 빵에는 그리스도가 존재한다는 가설을 세울 수도 있을 것이다.

그것은 약속이기에 성별된 사람의 영적인 상태가 아니라 성별된 형식만이 중요하다.

성체가 약속이 아닌 다른 것이라면 적어도 그 일부는 인간적인 것이 되어 온전히 신의 것일 수 없게 된다. 이 현실의 약속은 피타고라스학파적인 의미에서 초자연적인 조화이다.

이 지상에서 완전히 순수한 것은 약속밖에 없다. 약속이 아닌 모든 순수성은 그 정도를 불문하고 불완전하기 때문이다. 약속이 현실일 수 있는 것은 신의 자비가 일으킨 기적이다.

구세주의 이름을 말하는 것에 대한 불교의 가르침도 같은 내용이다. 이름도 약속이기 때문이다. 그러나 우리의 생각 안에는 사물과 사물의 이름을 혼동하는 습관이 있는 탓에 이 사실을 잊기 쉽다. 성체는 매우 고도의 약속이다.

인간의 육체를 입으신 그리스도의 존재조차도 완전한 순수성과는 별개의 것이다. 그리스도께서는 자기더러 선하다고 말한 자를 꾸짖으면서 이렇게 말씀하셨기 때문이다. "내가 떠나는 것이 너희에게 이롭다."*27 그러므로 그리스도께서는 성별된 빵 속에 훨씬 완전한 모습으로 존재하실 가능성이 높다. 그리스도의 존재는 은밀하면 할수록 완전하다.

육신을 입은 그리스도의 존재는 군인들이 그 몸을 전과자의 몸으로 다루었을 때 의심할 바 없이 더욱 완전하고 더욱 은밀한 것이었다. 그러나 그런 동시에 모든 사람으로부터 버림받았다. 존재가 지나쳤던 것이다. 사람들에게는 참을 수 없는 일이었다.

성체의 약속이나 그와 비슷한 모든 것은 인간에게서 떼놓을 수 없다. 완전한 순수성의 존재도 인간에게서는 떼놓을 수 없다. 인간은 감각적인 대상에만 충분한 주의를 기울일 수 있기 때문이다. 그리고 인간은 때때로 그 주의를 완전한 순수성에 기울이고 싶어 한다. 이러한 행위를 통해서만이 인간은 이동의 작용으로써 자기 내부에 있는 악의 일부분을 쳐부술 수 있다. 그러기에 성체는 실로 죄를 없애는 신의 어린양이다.

모든 사람이 자기 내부에 악을 느끼고 그것을 미워하고 제거하고 싶어 한다. 우리의 외부에서는 두 가지 다른 형태로 악을 볼 수 있다. 고통과 죄악이다. 그러나 자의식에는 이러한 구별은 추상적으로밖에, 그리고 반성을 통해서밖에 나타나지 않는다. 우리는 자기 내부에서 고통도 죄악도 아닌, 이 두 가지가 혼합된 어떤 것을 느낀다. 양쪽에 공통된 뿌리를, 두 가지가 구분 없이 혼합된 것을, 더러움과 아픔이 혼재된 것을 느낀다. 이것이 우리 내부에 있는 악이다. 이것이 우리 내부에 있는 추함이다. 이것을 느끼는 한 혐오를 느낀다. 영혼은 이것을 토해내듯이 물리친다. 이동의 작용에 따라 주위의 사물 속으로 옮겨놓는다. 그렇지만 이리하여 우리가 보기에 추하고 더럽게 된 것은 우리가 그 안으로 옮겨놓은 악을 우리에게 되돌려 보낸다. 전보다 더욱 늘려서 되돌려 보내는 것이다. 이러한 교환을 통해 우리 내부에 있는 악은 점점 커진다. 그러면 우리가 있는 장소, 생활하는 환경 자체가 우리를 악 속에 붙잡아두는 것처럼 여겨지고 이러한 생각은 나날이 부풀어간다. 주체할 수 없는 불안감이 생긴다. 영혼이 이 불안감에 지쳐 악을 더는 느낄 수 없게 될 때 영혼이 구원받을 희망은 거의 없어진다.

---

*27 요한복음서 16 : 7.

이리하여 병자는 병실과 주위 사람들에게 증오와 혐오를 느끼고, 죄인은 감옥에 또 아주 흔하게 노동자는 공장에 같은 감정을 느낀다.

이런 사람들에게는 아름다운 것을 주어도 아무런 소용이 없다. 시간이 흐름에 따라 이동 작용을 통해 오염되다가 마침내는 혐오에 다다르기 때문이다.

단 완전한 순수성만이 오염되지 않을 수 있다. 영혼이 악에 사로잡혀 있을 때 완전히 순수한 것에 주의를 쏟으면 악의 일부가 그곳으로 옮겨가더라도 그 순수성이 변질되는 일은 없다. 완전히 순수한 것은 악을 되돌려 보내지 않는다. 그러므로 그러한 주의는 순간순간마다 실제로 악을 조금씩 파괴한다.

속죄양의 의식에서 유대인들이 일종의 마술을 통해 성취하려고 했던 것은 이 지상에서는 완전한 순수성을 통해서만 성취할 수 있다. 진정한 속죄양은 '어린양'이다.

완전히 순수한 것이 이 지상에서 인간의 모습을 취하고 있을 때는 그 주위에 흩어진 최대한 많은 악이 자동적으로 그 사람에게 고통의 형태로 집중된다. 로마 시대에 인간에게 가장 큰 고통과 죄악은 노예제도였다. 그래서 그리스도는 노예에게 가장 큰 고통이었던 태형을 받았다. 이 이동이 신비로운 속죄가 되었다.

마찬가지로 성별된 빵에 존재하는 신의 어린양에게 인간이 시선과 주의를 기울일 때는 그 사람이 지닌 악의 일부가 완전한 순수성 쪽으로 이동해 갔다가 그곳에서 파괴된다.

이것은 파괴라기보다는 변질이다. 완전한 순수성에 접촉함으로써 구분되기 어렵게 뒤섞여 있던 고통과 죄악이 분리된다. 영혼이 이 접촉의 불에 타버리면 영혼 안에 들어 있는 악의 일부는 단순한 고통, 사랑이 침투한 고통이 된다.

마찬가지로 로마 제국 전역에 퍼져 있다가 그리스도 위에 집중된 모든 악은 그리스도에게는 단순한 고통에 불과했다.

이 지상에 완전하고 무한한 순수성이 없다면, 악과 접촉함으로써 시간이 지나면 사라져버리는 유한한 순수성밖에 없다면, 우리는 결코 구원받지 못할 것이다.

형벌은 이러한 진리의 놀라운 예증이다. 원리적으로는 형벌은 순수한 것, 즉 선을 목적으로 하는 것이다. 그러나 그것은 불완전하고 유한하며 인간적인 순수성이다. 따라서 죄와 불행이 혼합된 것에 끊임없이 접촉하면 이 순수성이 다

해버리고 그 대신 거의 죄나 다름없는 더러움이 남는다. 이것은 개개 범죄자의 더러움을 훨씬 능가하는 더러움이다.

사람들은 순수성의 샘물을 마시기를 게을리 한다. 죄나 불행이 있는 곳마다 이 샘물이 샘솟지 않았더라면 창조는 잔혹한 업이 되고 말았을 것이다. 2천 년도 더 전, 아직 포교되지 않은 나라들에 죄나 불행이 존재하지 않았다고 한다면 교회를 그리스도나 성체의 독점자라고 생각할 수도 있을 것이다. 2200년 전에는 그리스도가 안 계셨고 모든 성례가 일반적이지 않았음을 고려할 때, 그 시대에 단 한 명의 노예라도 십자가에 달렸다는 사실은 신을 비난하지 않고 생각할 수 없다. 실제로, 2200년 전에 십자가에 달린 노예들을 우리는 전혀 생각하지 않는다.

완전한 순수성으로 눈을 돌려야 함을 알았을 때, 신을 거스르지 않는 한 이 지상에서도 완전한 덕에 다다를 수 있다는 확신을 방해하는 것은 인생이 한정되어 있다는 사실뿐이다. 우리는 유한한 존재이며 우리 안에 있는 악도 유한하다. 우리의 눈에 보이는 순수성은 무한한 것이다. 우리가 거기로 눈을 돌릴 때마다 악이 파괴된다면, 시간의 제한이 없는 한 그 작용을 때때로 거듭하면 언젠가 모든 악이 파괴될 것은 확실하다. 그러면 《바가바드기타》에 나오는 훌륭한 구절대로, 악의 종말에 이를 것이다. 우리는 진리의 주를 위해 악을 파괴하고, 이집트의 《사자의 서》에서 말하듯이 진리를 얻게 될 것이다.

오늘날 흔히 간과되지만, 기독교의 주요 진리 중 하나는 시선이 인간을 구한다는 것이다. 구리뱀이 만들어진 이유는 타락의 밑바닥에 상처입고 쓰러진 사람들이 그것을 보고 구원을 받게 하고자 함이다.

마음이 내키지 않을 때야말로, 성스러움에 어울릴만한 수준으로 영혼을 고양시킬 수 없음을 느낄 때야말로 완전히 순수한 것을 향한 시선이 가장 효력을 발휘한다. 그때야말로 악이, 혹은 오히려 평범함이 영혼의 표면에 떠서 불과 접촉함으로써 소각되기에 가장 좋은 위치를 차지하기 때문이다.

그러나 '보는' 행위도 그때는 거의 불가능해진다. 영혼의 모든 평범한 부분은 육체보다 격렬하게 죽음을 두려워하므로 그에 반발하여 자신을 지키고자 거짓말을 시작한다.

이때 그 거짓말을 믿지 않고는 배길 수 없는데도 그것을 듣지 않으려는 노력, 순수한 것을 보려는 노력은 매우 격렬한 것이다. 그러나 이것은 평범한 노력이

나 자기 강요나 의지의 작용이라 불리는 것들과는 절대적으로 다른 것이다. 그 것을 표현하려면 다른 단어가 필요하지만 그런 단어는 없다.

영혼을 구원시키고자 하는 노력은 인간이 보고자 하는 노력, 듣고자 하는 노력, 약혼자가 결혼을 승낙하고자 하는 노력과 비슷하다. 그것은 주의와 동의 의 작용이다. 반대로 보통 '의지'라 불리는 것은 육체의 노력과 비슷하다.

의지는 본디 영혼의 일부분이다. 훈련이 잘 된 의지는 구원의 필요조건이 분 명하지만 멀고 열등하고 매우 종속적이며 단지 소극적인 조건이다. 잡초를 제 거하는 것은 농부의 육체적 노력이지만, 싹을 틔우는 것은 오로지 햇볕과 물 이다. 의지는 영혼에 아무런 영향도 끼치지 못한다.

의지의 노력은 엄격한 의무를 다하는 데만 쓸모가 있다. 엄격한 의무가 없는 모든 곳에서는 자연스러운 경향이나 소명 즉 신의 명령에 따라야 한다. 경향에 서 비롯된 행위는 명백히 의지의 노력이 아니다. 그리고 신에 대한 복종은 수 동적인 행위이다.

그 행위에 어떠한 고통이 따르더라도, 겉모습이 아무리 활동적이더라도, 영 혼 안에 육체의 노력과 비슷한 것은 존재하지 않는다. 단지 기대와 주의와 침 묵과, 고통이나 기쁨을 통한 부동의 상태가 있을 따름이다. 그리스도께서 십자 가에 달린 것은 모든 순종적인 행위의 본보기이다.

모든 작용 가운데 가장 숭고한 이러한 수동적 작용은 《바가바드기타》나 《노 자》 안에 완전히 담겨 있다. 이 작용에도 상반되는 것과 초자연적인 것의 일치, 즉 피타고라스학파적 의미의 조화가 있다.

선을 향한 의지의 노력은 우리 자신의 평범한 부분이 파괴되기를 두려워하 여 토해내는 거짓 중 하나이다. 이 노력은 그 부분을 위협하지도 않을뿐더러 그 부분의 안락을 감소시키지도 않는다. 이 노력에 많은 피로와 고통이 따르더 라도 마찬가지이다. 우리의 평범한 부분은 피로나 고통이 아니라 압살되기를 두려워하기 때문이다.

다리를 가지런히 모으고 꾸준히 높이 뛰어오르면 날마다 조금씩 높아지다 가 언젠가는 떨어지지 않고 하늘에 닿을 수 있다고 생각하는 사람처럼 자기 영혼을 높이려는 이가 있다. 그는 하늘을 볼 수 없다. 우리는 단 한 발짝도 하 늘을 향해 나아갈 수 없다. 수직으로 오르는 것은 우리에게 금지된 일이다. 그 러나 우리가 오랫동안 하늘을 바라보면 신께서 강림하시어 우리를 데리고 올라가신다. 신께서는 우리를 가볍게 올려주신다. 아이스킬로스(Aischylos)*28가 말했듯이 "신은 노력 없이 과업을 행하신다." 따라서 신의 과업인 구원은 쉬운 일이지만 이 쉬움은 우리 인간에게는 모든 노력보다 어려운 것이다.

그림(Grimm)*29이 쓴 동화에 거인과 왜소한 재단사가 힘겨루기를 하는 이야기가 나온다. 거인이 돌을 높이 던지자 돌은 한참을 공중에 머물다가 떨어진다. 왜소한 재단사가 새를 날리자 새는 떨어지지 않는다. 날개가 없는 것은 결국 추락하는 법이다.

세속적인 윤리 개념이 부조리한 이유는 인간의 의지가 구원을 실현하는 데 아무런 힘을 발휘하지 못하기 때문이다. 이때 윤리는 그저 의지에, 그것도 의지의 이른바 가장 육체적인 부분에 호소할 뿐이기 때문이다. 이와 반대로 종교는 내적 욕망에 반응하는데 이 욕망이야말로 인간을 구원한다.

스토아 사상에 대하여 로마인이 그린 풍자화도 육체적인 의지에 호소하고 있다. 그러나 진정한 스토아 사상, 즉 그리스의 스토아 사상—성 요한은 이 사상으로부터 '로고스(Logos)*30'나 '프네우마(Pneuma)'*31 같은 용어를 따왔다고 하며, 어쩌면 그리스도도 그랬을지 모른다—은 순전히 욕망과 경건함과 사랑이다. 이것은 겸손으로 가득 차 있다.

오늘날의 기독교는 다른 많은 점과 마찬가지로 이러한 면에서도 적에게 전염되었다. 신을 탐구한다는 비유는 육체적인 노력과 같은 의지의 노력을 연상시킨다. 이 비유가 자주 사용되는 이유는 분명히 파스칼 때문이다. 파스칼은 몇 가지 오류를 범했는데, 특히 신앙과 자기암시를 얼마간 혼동한 점이 그것이다.

신화, 민간전승의 이미지, 복음서의 비유 안에서는 신이 인간을 찾으신다. "우리를 찾으시려 피곤해서 앉아 계시고《사자(死者)를 위한 대 미사》중)." 복음서에는 어디를 찾아봐도 인간이 신을 찾았다는 언급은 나오지 않는다. 인간은 강요받거나 확실한 부름을 받지 않으면 한 발자국도 앞으로 나아가지 않는다. 미래의 신부 역할은 기다리는 것이다.*32 노예는 주인이 연회에 가 있는 동안 자

---

*28 그리스의 비극 시인·극작가.
*29 1785~1863. 독일의 언어학자·동화 작가.
*30 그리스도 혹은 말씀.
*31 성령.
*32 마태오복음서 25 : 1 이하.

지 않고 기다린다. 나그네는 초대받지 않은 피로연에 스스로 참가하지 않으며 초대를 요구하지도 않는다. 거의 불시에 그 자리에 이끌리는 것이다. 그저 적당한 옷을 입고 있기만 하면 된다. 밭에서 진주를 발견한 사람은 그 밭을 사기 위해 모든 재산을 판다. 그 사람은 진주를 캐내기 위해 괭이로 밭을 파헤칠 필요가 없었다. 전 재산을 팔기만 하면 되었다. 신을 바라고 다른 모든 것을 버리는 것, 그것만이 인간을 구원할 수 있다.

구원을 실현하는 태도는 어떤 작용과도 비슷하지 않다. 이를 나타내는 그리스어로 'hupomenê'가 있는데 이것을 'patientia(인내)'라고 번역하면 심각한 오역이 된다. 이것은 기다림을 뜻하며, 언제까지고 계속해서 어떤 충격에도 동요하지 않는 주의 깊고 충실한 부동성을 나타낸다. 주인이 두드리는 즉시 문을 열기 위해 문간에서 귀를 쫑긋 세우고 있는 노예[33]가 가장 좋은 예이다. 태도를 바꿀 바에는 굶주림과 피곤에 지쳐 죽는 편이 낫다고 생각해야 한다. 동료가 불러도, 말을 걸어도, 때리더라도 얼굴도 돌리지 말아야 한다. 주인이 죽었다는 말을 들어도, 설사 그 말을 믿는다 해도, 그 노예는 꼼짝도 안 할 것이다. 주인이 자기에게 몹시 화가 나 집에 돌아오면 자기를 때릴 거라는 말을 들어도, 그 말을 믿어도, 움직이지 않을 것이다.

적극적인 탐구는 사랑은 물론이요 사랑을 모방한 법칙에 따르는 지성에도 해롭다. 기하학 문제의 해답이나 라틴어 혹은 그리스어의 의미는 그저 마음속에 떠오르기를 기다려야 하는 법이다. 새로운 과학적 진리나 아름다운 시구는 더욱 그렇다. 찾아 나서면 길을 잘못 들게 된다. 다양한 종류의 참된 선도 그러하다. 인간은 선을 기다리고 악을 배제하는 것 외에는 해서는 안 된다. 악에 동요되지 않으려는 목적으로만 육체적인 노력을 써야 한다. 인간은 겉과 속을 뒤집어보아야 하는 존재인데, 뒤집어 보면 모든 영역의 참된 덕은 적어도 외관상으로는 소극적으로 보인다. 그러나 이렇게 선이나 진실을 기다리는 일은 어떤 탐구보다 강렬한 행위이다.

의지의 덕에 대립하는 신의 은총이라는 개념, 지적·예술적인 작용에 대립하는 영감이라는 개념은 잘 들여다보면 기다림과 소망의 효력을 보여준다.

종교 관례는 소원을 통해 활기를 띠게 된 주의로 이루어져 있다. 그러므로

---

*33 루카복음서 12 : 36.

그 어떤 윤리도 그것을 대신하지 못한다. 그러나 영혼의 평범한 부분에는 기도의 순간이나 성체에 참여할 때조차도 자기를 지킬 수 있는 많은 거짓말이 저장되어 있다. 그 거짓말이 완전히 순수한 존재와 우리 눈 사이에 장막을 치고 그 장막을 교묘하게 신이라 부른다. 이러한 장막은 감각적인 기쁨, 희망, 격려, 위로, 진정 등의 근원이 되는 영혼의 상태일 때도 있고, 여러 가지 습관이 결합한 것일 때도 있고, 개인이나 집단일 때도 있고, 어떤 사회적 환경일 때도 있다.

피하기 힘든 함정은 종교가 우리에게 사랑하라고 제시하는 신의 완전성을 상상하려고 노력하는 일이다. 어떤 상황에서도 자기보다 완전한 존재를 상상할 수는 없다. 그러한 노력은 성체의 경이로움을 무용지물로 만든다.

성체에서 정의(定義)에 속하는 것만 보기 위해서는 지적 교양이 얼마간 필요하다. 정의에 속하는 것이란 우리가 전혀 모르는 것이다. 플라톤이 말한 대로 우리는 그것이 무엇인지 모르며, 잘못된 게 아니라면 우리는 그것 외에는 바랄 바가 아무것도 없다는 사실밖에 모른다.

거의 피하기 불가능한 함정 속의 함정은 사회적인 함정이다. 언제 어디서든 모든 대상에 대하여 사회적 감정은 신앙의 완전한 모방을 만들어낸다. 즉 완전히 거짓된 모방을 만들어내는 것이다. 이 모방에는 영혼의 모든 부분을 만족시킨다는 커다란 이점이 있다. 영혼 가운데 선을 동경하는 부분은 이 모방으로 충족된다고 믿는다. 평범한 부분이 빛 때문에 상처받는 일은 없다. 아주 여유 자작하다. 그러므로 모두가 찬성한다. 영혼은 평화롭다. 그러나 그리스도께서는 평화를 주러 오신 것이 아니라고 말씀하셨다. 그리스도께서는 칼을 가지고 오셨다. 그 칼은 아이스킬로스가 말했듯이 둘로 자르는 칼이다.

신앙의 사회적인 모방에서 신앙을 식별해내기란 거의 불가능하다. 영혼 안에 진정한 신앙의 부분과 모방된 신앙의 부분이 동시에 존재할 수 있으므로 더욱 불가능해진다. 거의 불가능하지만 전혀 불가능한 것은 아니다.

현재 상황에서 사회적인 모방을 배척하는 일은 어쩌면 신앙의 사활이 걸린 문제이다.

더러움을 없애기 위해 완전히 순수한 존재가 필요한 것은 비단 교회만의 문제가 아니다. 인간은 교회 안으로 자신들의 더러움을 가지고 들어온다. 그것은 좋은 일이다. 그러나 더 나아가 그리스도가 자신의 존재를 수치나 비참함이나 죄악이나 불행으로 가장 더럽혀진 곳, 즉 감옥이나 법정이나 빈민굴로 가져간 것이 그리스도교 정신에 더 들어맞는 일일 것이다. 법정에서는 처음과 마지막에 법관과 경찰과 피고와 방청인 모두에게 공통되는 기도가 있어야 할 것이다. 그리스도께서는 노동 현장이나 연구 현장에 반드시 임하셔야 한다. 모든 인간은 어디서 무얼 하든 날마다 하루 종일 구리뱀을 바라볼 수 있어야 한다.

그러나 동시에 종교는 바라보는 대상 이외에는 아무것도 아니라는 것이 일반에 공개적으로 인식되어야 한다. 종교가 그 외에 다른 것이라고 자칭하는 한, 종교는 교회 안에 갇히거나 종교가 존재하는 다른 모든 곳에서 모든 것을 질식시킬 수밖에 없을 것이다. 사회 안에서 종교는 영혼 안에 있는 초자연적인 사랑에 적합한 장소 말고는 차지하려고 해서는 안 된다. 그러나 대부분이 자기 영혼 안에서 지나치게 크고 지나치게 눈에 띄는 장소를 사랑에 부여하려고 하는 탓에 자기 안의 사랑을 타락시키는 것이 사실이다. 하늘에 계신 아버지는 은밀한 장소에만 거주하신다. 사랑은 부끄러움 없이는 움직이지 않는다. 진정한 신앙은 자기 자신을 대할 때조차 크게 신중을 가한다. 신앙은 신과 우리 사이의 비밀이며, 그 비밀은 우리가 거의 관여되지 않은 비밀이다.

이웃애, 세상의 아름다움에 대한 사랑, 종교에 대한 사랑은 어떤 의미에서는 완전히 비인격적인 사랑이다. 종교는 사회적 환경에 관계하므로 종교에 대한 사랑은 인격적인 것이 되기 쉽다. 종교 관례의 성질 그 자체가 그것을 바로잡아야 한다. 가톨릭의 중심에는 약간의 형상이 없는 질료, 즉 약간의 빵이 있다. 이 한 조각의 질료를 향한 사랑은 아무래도 비인격적인 것이 된다. 가톨릭교의 중심에 있는 것은 우리가 상상하는 육신을 입은 그리스도의 인격이나 우리 안의 왜곡된 상상 속에 계시는 아버지 하느님의 인격이 아니라, 다름 아닌 그 질료의 한 조각이다. 이것이야말로 가톨릭의 가장 큰 걸림돌이자 가장 훌륭한 힘이다. 종교 생활의 모든 진정한 형태에는 한결같이 그 비인격적인 성격을 보증하는 면이 있다. 신에 대한 사랑은 직접적이고 인격적인 접촉을 하기 전에는 비인격적인 사랑이어야 한다. 그렇지 않다면 그것은 상상 속의 사랑이 된다. 그 사랑은 인격적인 사랑이 되는 동시에 더욱 고차원적인 의미에서 다시 비인격적인 사랑이 되어야 한다.

우정

그러나 순수하면서도 신의 사랑의 예감과 반영을 포함하는 인격적이고 인간적인 사랑이 있다. 엄밀한 본디 의미의 단어로 표현하자면 우정이다.

편애는 아무래도 이웃애와는 별개이다. 이웃애는 차별하지 않는다. 이웃애가 특별히 어떤 곳을 향하는 경우는 동정과 감사의 교환이 일어나는 불행과 우연을 만났을 때뿐이다. 불행이 모든 사람에게 그러한 교환을 일어나게 하는 한 이웃애는 모든 사람에게 똑같이 작용한다.

편애에는 두 가지 종류가 있다. 상대방이 지닌 선을 원하거나, 상대방을 원하거나이다. 일반적으로 말하면 모든 가능한 애착은 이 둘 중 하나에 속한다. 인간이 무언가를 바라보는 까닭은 그 안에서 선을 찾거나 그 자체가 없이는 살아갈 수 없기 때문이다. 때로는 이 두 가지 동기가 일치한다. 그러나 일치하지 않을 때가 많다. 이 두 가지 동기는 각각 구별되며 완전히 독립되어 있다. 인간은 달리 먹을 것이 없으면 싫어하는 것도 먹는다. 다른 도리가 없기 때문이다. 음식에 적당한 정도의 흥미만 있는 사람은 맛있는 것도 찾지만 맛있는 것이 없어도 그럭저럭 지낸다. 공기가 없으면 질식한다. 공기를 찾아 몸부림치는 것은 공기에 있는 선을 기대해서가 아니라 공기를 원하기 때문이다. 사람이 바닷바람을 쐬러 가는 이유는 필요해서가 아니라 그것이 상쾌하기 때문이다. 가끔 시간의 흐름에 따라 첫 번째 동기에서 저절로 두 번째 동기로 넘어가는 일이 있다. 그것은 인간의 커다란 고통 중 하나이다. 어떤 사람은 자기가 보다 좋은 상태라고 생각하는 특별한 상태로 다가가기 위해 아편을 흡입한다. 종종 아편은 이윽고 그 사람을 괴로운 상태에 빠뜨리고 그 사람도 그것을 나쁜 상태라고 느끼게 된다. 그렇지만 이미 아편 없이는 살아갈 수 없다. 아르놀프[*34]는 아녜스를 그 계모에게서 샀다. 장차 좋은 신붓감으로 커가도록 어린 계집아이를 미리 집에 들이는 것은 좋은 일이라고 생각했기 때문이다. 훗날 아르놀프는 아녜스 때문에 가슴 저린 고통을 당하고 품위마저 버리게 된다. 그러나 시간이 흐름에 따라 아녜스에 대한 애착은 생명줄과도 같은 것이 되고 아르놀프는 괴로움을 못 이겨 다음과 같은 무시무시한 시구를 노래한다. "내 가슴은 내가 죽어버리리란 걸 똑똑히 느끼고 있다."

아르파공[*35]은 처음에는 돈을 선이라고 여겼다. 시간이 지나자 돈은 골치 아픈 집착의 대상에 지나지 않게 되었다. 플라톤이 말했듯이 필요한 것의 본질과

[*34] 프랑스의 극작가 몰리에르의 희곡 《여인학교(L'cole des femmes)》의 등장인물.

[*35] 몰리에르의 희곡 《수전노(L'Avare)》의 등장인물.

선의 본질 사이에는 커다란 차이가 있다.

어떤 사람으로부터 선을 구하는 것과 그 사람을 위한 선을 원하는 것 사이에는 아무런 모순도 없다. 그러기에 어떤 사람에게 이끌리는 동기가 단순히 선을 구하는 것뿐일 때는 우정의 조건은 충족되지 않는다. 우정은 초자연적인 조화, 즉 대립되는 것의 결합이다.

자기에게 상대방이 어느 정도 필요한 사람일 때는 자기의 선을 포기하지 않는 한 그의 선을 구할 수 없다. 필요가 있는 곳에는 강제와 지배가 있다. 사람은 자기가 원하는 것을 소유하지 않는 한 그 대상의 지배를 받는다. 모든 사람에게 중심이 되는 선은 자기를 자유롭게 하는 선이다. 이때 사람은 자기 자유를 포기하거나 자기가 원하는 사람이 자유를 박탈당하기를 원한다. 자기 자유를 포기하는 것은 우상숭배의 죄이다. 인간은 신을 위해서만 자유를 포기할 권리가 있기 때문이다.

각종 기계적인 작용 때문에 인간들은 '필요'라는 쇠 같이 단단한 정으로 엮이는 경우가 있다. 어머니의 사랑은 종종 그러한 성질을 띤다. 발자크(Balzac)*36의 《고리오 영감(Le Père Goriot)》에도 나오듯이 아버지의 사랑도 때로는 그러한 종류이다. 《여인학교》나 《페드르(phèdre)》*37에도 나오듯이 매우 강렬한 육체적 사랑도 그러한 종류이다. 흔히 부부의 사랑도 특히 습관의 결과로서 그렇게 된다. 자식이 부모에게 느끼는 사랑이나 형제간의 사랑은 좀처럼 그런 성질을 띠지 않는다.

필요에는 여러 등급이 있다. 잃었을 때 실제로 생명 에너지가 감소하는 것은 어느 정도 필요한 것이다. 이것은 생명 현상의 연구가 물체의 낙하 연구와 비슷한 수준까지 발전할 때 얻을 수 있는 정확하고 엄밀한 의미의 생명 에너지를 뜻한다. 극도로 필요한 것이 없으면 죽게 된다. 어떤 존재의 모든 생명 에너지가 다른 존재와 밀접한 관련이 있을 때 그렇다. 필요의 정도가 희박한 것이 없으면 에너지가 다소 감소된다. 예를 들어 음식을 전혀 섭취하지 않으면 죽음에 이르고 일부만 섭취하면 허약해진다. 그럼에도 섭취하지 않으면 허약해지는 음식의 분량 전부가 필요한 것으로 간주된다.

정의 유대에서는 필요성의 가장 흔한 원인은 공감과 습관의 일정한 결합이

---

*36 프랑스 소설가.
*37 프랑스 작가 라신의 희곡.

다. 처음에는 욕심이나 중독보다 선을 추구하지만 시간이 지날수록 욕구로 변한다. 그러나 욕심이나 중독이나 그 밖의 모든 악덕과는 달리 정의 유대에서는 선을 추구하는 것과 욕구가 적절히 공존할 때가 있다. 또 분리될 때도 있다. 어떤 사람의 타인에 대한 집착이 욕구만으로 이루어져 있을 때는 두려운 것이 된다. 이 세상에서 이만큼 추하고 두려운 것은 찾아보기 힘들다. 인간이 선을 추구하고 그 선에서 필요만을 찾는 상황에서는 반드시 무시무시한 것이 존재하기 마련이다. 사랑하는 사람이 돌연 백골이 되어 나타난다는 옛날이야기는 이 무시무시함을 가장 잘 나타내준다. 확실히 인간의 영혼은 이 추함으로부터 자기를 방어하고 필요성만이 존재하는 거짓 선을 상상 속에서 만들어내기 위해 거짓말을 비축해둘 창고를 가지고 있다. 그래서 이 추함은 악이다. 추함이 거짓말을 강요하기 때문이다.

아주 일반적으로 말하면 어떤 형태로든 필요성이 가혹하게 강요되고, 그로 인해 충격 받은 사람이 거짓말하는 능력을 그 가혹함이 뛰어넘을 때는 반드시 불행이 존재한다. 따라서 가장 순수한 사람들은 불행에 가장 노출되어 있다. 영혼의 거짓말하는 능력을 증가시키려는 자동적인 방어 반응을 억제할 수 있는 사람에게 불행은 영원한 상처이거나 어떤 의미에서는 타락일지언정 악은 아니다.

어떤 사람이 어떤 정도의 필요를 내포한 정의 유대에 따라 타인에게 집착할 때는 자신은 물론이요 상대방의 내부에서도 자율성이 유지되기를 바라기란 불가능하다. 천성의 기계적인 작용 때문에 불가능한 것이다. 그러나 초자연적인 것이 기적적으로 개입하면 가능해진다. 이 기적이 우정이다.

"우정은 조화로 이루어진 동등성이다." 피타고라스학파의 말이다. 신이 세상과 인간을 창조하실 때 조합하셨던, 필요와 자유라는 두 가지 대립된 개념 사이에 초자연적인 통일이 있기에 조화가 존재한다. 나와 상대방이 자유로운 동의의 기능을 유지하기를 원하기에 동등성이 존재한다.

누군가가 어떤 사람에게 종속되기를 바라거나 종속을 받아들이는 관계에서는 우정의 흔적을 찾아볼 수 없다. 라신이 쓴 작품의 등장인물인 필라드는 오레스테의 친구가 아니다. 불평등에 우정은 없다.

어떤 상호성은 우정에는 본질적인 것이다. 어느 한쪽에 호의가 전혀 없다면 다른 한쪽은 자기가 상처주고 싶지 않은 상대방의 자유로운 동의를 존중하기 위해 자기 내부에서 정을 지울 것이 틀림없다. 어느 한쪽에 상대방의 자율성을 존중하는 마음이 없다면 상대방은 자존심 때문에 관계를 끊을 것이 틀림없다. 마찬가지로 예속을 받아들인 사람은 우정을 얻을 수 없다. 그런데 정의 유대의 필요성이 어느 한쪽에만 존재할 때가 있다. 이때 우정이라는 단어를 완전히 정확하고 엄밀한 의미에서 쓴다면 우정은 어느 한쪽에만 존재한다.

필요성이 양쪽 모두가 자유로운 동의의 기능을 유지하기를 바라는 마음을 단 한 순간이라도 이긴다면 우정은 그 즉시 퇴색한다. 인간 만사에서 필요는 불순의 근본 이치이다. 어떤 우정이든지 거기에 상대방의 마음에 들고자 하는 욕망이나 그 반대의 욕망이 흔적이라도 남아 있다면 그 우정은 불순하다. 완전한 우정에는 이 두 가지 욕망이 전혀 존재하지 않는다. 두 친구는 하나가 아니라 둘임을 완전히 수용한다. 그들은 두 개의 각기 다른 피조물이라는 사실에 근거한 거리를 존중한다. 인간이 직접적인 결합을 바랄 권리가 있는 대상은 신뿐이다.

우정은 자기에게 음식처럼 필요한 사람을 멀리 떨어진 곳에서 다가가지 않고 지켜보기를 받아들이는 기적이다. 이것은 이브가 갖지 못한 영혼의 힘이다. 게다가 이브는 나무 열매를 필요로 한 것이 아니다. 이브가 그 열매를 발견했을 때 굶주려 있었다면, 그럼에도 그 열매에 한 발자국도 다가가지 않고 언제까지고 바라만 보았더라면 이브는 완전한 우정의 기적과 비슷한 기적을 일으켰을 것이다.

인간의 자율성 존중이라는 초자연적인 덕 때문에 우정은 불행에서 오는 순수한 동정과 감사와 매우 비슷한 성향을 지닌다. 어떤 상황이건 대립되는 개념의 조화는 필요와 자유, 혹은 종속과 동등이다. 대립되는 개념의 두 가지 조합이 서로 대응하고 있다.

마음에 들고자 하는 소망과 그 반대의 소망이 순수한 우정에 결여되어 있다는 사실에 따라 순수한 우정에는 감정이 존재하는 동시에 완전한 무관심과 같은 무언가도 존재한다. 순수한 우정은 두 가지 인격 사이에 존재하는 유대를 의미하는데 거기에는 비인격적인 무언가가 존재한다. 순수한 우정은 공평한 태도를 훼손하지 않는다. 곳곳에 골고루 햇빛과 비를 내려주시는 하늘에 계신 아버지의 완전함을 모방하는 데 아무런 방해도 되지 않는다. 반대로 우정과 하늘에 계신 아버지의 완전함을 모방하는 것과는 적어도 많은 경우에 상호 조건을 이룬다. 모든 인간 혹은 대부분의 인간은 어느 정도의 필요를 내포한 애정의 유대에 따라 타인과 연결되어 있기 때문에 그 애정을 우정으로 바꾸지 않으면 완전성에 다가갈 수 없기 때문이다. 우정은 일종의 보편성을 띤다. 우정은 온 인류를 개별적으로 사랑할 수 있기를 바라는 마음으로 한 사람을 사랑할 때 성립한다. 기하학자가 한 가지 도형을 보고 삼각형의 보편적인 성질을 추론하듯이, 사랑할 줄 아는 사람은 보편적인 사랑을 한 사람에게 쏟는다. 자신과 상대방이 자율성을 유지하는 데 동의하는 것은 본질적으로 보편적인 행위이다. 자기 이외의 사람이 자율성을 갖추기를 바라는 즉시 모든 사람이 자율성을 갖추기를 바라게 된다. 그것은 지상에 중심을 둔 원 안에 세계 질서를 정돈하기를 중단하는 행위이기 때문이다. 우리는 그 중심을 하늘 위로 옮기게 된다.

서로 사랑하는 두 친구가 애정을 부당하게 사용함으로써 하나가 되었다고 가정한다면 이 우정은 그런 힘을 갖추지 못했다는 뜻이 된다. 또한 이런 때는 애초에 진정한 의미의 우정은 존재하지도 않는다. 거기에는 이른바 간통과 같은 결합이 존재한다. 이것은 부부간에도 생길 수 있다. 거리가 유지되고 존중되는 곳에만 우정이 존재한다.

사랑하는 사람과 똑같이 생각하기를 즐거워한다는 사실, 혹은 그런 의견의 일치를 바란다는 사실만으로도 지적인 성실함은 물론이요 우정의 순수성까지도 상처를 입는다. 이것은 흔한 일이다. 순수한 우정은 드물다.

사람 사이의 애정과 필요와 유대가 초자연적인 우정으로 바뀌지 않을 때 그 애정은 불순하고 저급하다. 뿐만 아니라 그 속에는 증오와 혐오도 섞여 있다. 이것은 《여인학교》나 《페드르》에서도 잘 드러난다. 육체의 애정 이외의 애정이라도 기계적인 작용은 마찬가지이다. 이것은 이해하기 쉬운 일이다. 우리는 자기가 의존하는 사람을 미워한다. 자기에게 의존하는 사람을 싫어한다. 애정에 증오나 혐오가 섞여 있기만 한 것이 아니라 때로는 완전히 그렇게 바뀌어버리는 일도 있다. 또 때로는 그 변화가 즉시 일어나 애정이 나타날 틈이 없기도 한다. 필요가 즉각적으로 모습을 드러낼 때가 그렇다. 사람과 사람을 잇는 필요가 감정적인 것이 아니고, 그저 상황에 따라 나타날 때는 종종 처음부터 적대감이 일어난다.

그리스도께서 제자들에게 하신 "서로 사랑하라"는 말씀은 집착을 권하는 말이 아니다. 실제로 그들은 공통적인 사고와 생활과 습관에서 비롯된 정으로 연결되어 있었으므로 그리스도께서는 그 정이 불순한 집착이나 증오로 바뀌지 않도록 우정으로 바꾸기를 명하신 것이다.

그리스도께서는 죽기 직전에 이 말씀을 새로운 계명으로서 이웃과 신에 대한 사랑이라는 계명에 추가하셨으므로, 순수한 우정은 이웃애처럼 일종의 기적 같은 성질을 내포하고 있다고 생각된다. "두 사람이나 세 사람이라도 내 이름으로 모인 곳에는 나도 함께 있기 때문이다."*38 어쩌면 그리스도께서는 이렇게 말씀하심으로써 기독교의 우정을 지적하고 싶으셨을 것이다. 순수한 우정은 삼위일체의 우정이자 신의 본질 그 자체인 최초의 완벽한 우정을 상징한다. 두 사람이 하나가 되면서도 두 사람 사이에 존재하는 거리를 조심스럽게 존중하는 것은 신께서 이 둘 안에 각각 존재하지 않으시면 불가능한 일이다. 평행선이 만나는 점은 보이지 않는 저 앞에 있다.

신에 대한 묵시적인 사랑과 가시적인 사랑

아무리 편협한 가톨릭 신자라도 동정, 감사, 세상의 아름다움에 대한 사랑, 종교 관례에 대한 사랑, 우정 등이 교회가 존재하는 시대와 나라들의 전유물이라고는 감히 주장하지 못할 것이다. 이들 가운데 순수한 사랑은 드물지만, 어쨌거나 이러한 사랑이 교회가 존재하지 않던 시대와 나라들보다 교회가 존재하는 시대와 나라에 많았다고 주장하기도 어려울 것이다. 그리고 이들 사랑이 그리스도가 부재하시는 곳에서 생긴다고 믿는 것은 그리스도를 모욕에 가까울 정도로 하찮게 보는 행위이다. 그것은 불경에 해당하며 신성 모독에 가깝다.

이들 사랑은 초자연적인 것이다. 어떤 의미에서는 부조리이다. 미친 것이다. 영혼이 신의 존재와 직접 접촉하지 않는 한 이들 사랑은 경험이나 추리에 근거하는 어떠한 지식으로도 설명되지 않는다. '확실함'이라는 단어를 '주저'의 반대를 나타내는 비유적인 의미로 쓰지 않는 한 어떠한 확실함으로도 설명되지 않는다. 따라서 이들 사랑은 어떤 신념도 동반하지 않는 편이 바람직하다. 그 편이 지적인 성실함이며 사랑의 순수함을 보다 잘 보존하는 길이다. 그 편이 모든 면에서 적합하다. 신념은 신에게 부적합한 단어이다. 확실함만이 적합하다. 확실함에 미치지 못하는 모든 것은 신과 어울리지 않는다.

---

*38 마태오복음서 18 : 20.

준비 기간에는 이런 간접적인 사랑은 영혼의 상승 움직임, 즉 일정한 노력을 통해 위를 향하는 시선이 된다. 신 자신이 영혼에 임하시며, 처음에는 오랜 기간 그저 영혼을 방문하기만 하셨지만, 이제 영혼을 붙잡고 그 중심을 신 곁으로 옮기신 뒤에는 상황이 달라졌다. 병아리가 껍질을 깨고 세상 밖으로 나온 것이다. 최초의 사랑은 계속 존재하나 전보다 밀도가 높아지고 전혀 다른 것이 된다. 이러한 모험을 한 사람은 불행한 사람들, 자기를 불행에서 건져주는 사람들, 자기의 친구들, 종교 관례, 세상의 아름다움을 전보다 더욱 사랑하게 된다. 이들 사랑은 신의 사랑 그 자체처럼 하강하는 움직임, 즉 신의 광명과 뒤섞인 광선이 된다. 이것은 적어도 상상할 수 있는 일이다.

이런 간접적인 사랑은 선을 향했던 영혼이 이 지상의 인간들이나 사물들을 대하는 태도에 불과하다. 이 사랑 자체는 선을 대상으로 하지 않는다. 이 지상에 선은 없다. 그러므로 사실을 말하자면 이것은 사랑이 아니라 따뜻한 태도이다.

준비 기간에는 영혼은 허무한 사랑을 한다. 영혼은 어떤 현실의 것이 자기의 사랑에 대응하는지 여부를 알지 못한다. 그것을 안다고 믿을지 모르나 믿음은 앎과, 다르다. 그런 신념은 아무 짝에도 쓸모가 없다. 영혼은 단지 자기가 굶주렸다는 사실을 분명히 인식할 따름이다. 중요한 것은 영혼이 굶주림의 비명을 지른다는 것이다. 어린아이는 빵이 없다는 말을 들어도 계속 울부짖을 것이다. 그래도 울부짖는 것이다.

위험한 것은 영혼이 빵이 있느냐 아니냐를 의심하는 일이 아니라 자기가 굶주린 상태가 아니라고 거짓으로 착각하는 일이다. 이러한 착각은 거짓을 통해서가 아니면 불가능하다. 영혼의 굶주림은 신념이 아니라 확실한 사실이기 때문이다.

우리 모두는 이 지상에 선이 없음을, 이 지상에서 선으로 보이는 모든 것은 유한하고 제약되어 있고 언젠가는 밑바닥을 보이며, 일단 밑바닥을 보이면 그 필요성을 고스란히 드러내리라는 것을 알고 있다. 아마 모든 인간의 생애에는 이 지상에 선이 없음을 똑똑히 깨닫는 순간이 몇 번 있을 것이다. 그러나 그러한 진실을 발견하는 즉시 거짓말로 그것을 덮어버린다. 많은 사람은 슬픔 가운데서 병적인 즐거움을 찾고, 그러한 진실을 선언하는 것만으로 만족한다. 이런 사람들은 이 진실을 정면으로 응시하는 데 단 일초도 견디지 못한다. 얼마 동안 이 진실과 마주하다 보면 치명적인 위험에 노출되리라고 느끼기 때문이다. 그것은 사실이다. 이러한 앎은 칼보다도 위험하다. 이러한 앎으로 인한 죽음은 육신의 죽음보다 무시무시하다. 시간이 지남에 따라 이러한 죽음은 우리가 자아라고 부르는 모든 것을 없애 버린다. 이것을 견디기 위해서는 생명보다 진리를 사랑해야 한다. 이러한 앎을 견딜 수 있는 사람들은, 플라톤에 말을 빌리자면, 영혼의 모든 부분을 들어 과거를 털고 일어서는 이들이다.

그들이 신에게 시선을 돌리는 것이 아니다. 완전한 어둠 속에서 그러기란 불가능하다. 신 자신이 그들에게 적당한 방향을 제시하시는 것이다. 그러나 오랫동안 신은 그들 앞에 나타나지 않으신다. 그들은 움직이지 않고, 눈도 돌리지 않고, 듣기도 멈추고, 알 수 없는 어떤 것을 기다리며, 유혹이나 협박에도 귀를 틀어막고, 충격에도 동요하지 않는다. 오랜 기다림 끝에 신이 흐릿한 불빛으로 암시를 주시거나 친히 모습을 드러내신다 해도 그것은 찰나에 불과하다. 그들은 다시 한 번 움직임을 멈추고, 주의를 기울이고, 옴짝달싹하지 않고, 욕망이 주체할 수 없을 만큼 커졌을 때에만 부르짖으며 기다려야 한다.

영혼은 신이 그 존재를 드러내지 않는 이상 신이 실재함을 믿지 못한다. 영혼은 엉뚱한 것에 신이라는 이름을 부여하기도 한다. 바로 우상숭배이다. 신을 추상적이고 말로만 믿기도 한다. 종교적인 도그마를 당연한 것으로 받아들이는 나라들과 시대에서 그렇다. 이러한 불신앙 상태가 십자가의 성 요한이 말하는 '밤'이다. 말뿐인 믿음이기에 영혼 안으로 스며들지 못하는 것이다. 신을 사랑하는 무신론자가 있는데, 마치 어디에 빵이 있는지 몰라 굶주림에 울부짖는 어린아이와 같은 처지라면 그 불신앙은 십자가의 성 요한이 말하는 캄캄한 어둠과 같은 것일지도 모른다.

사람은 빵을 먹을 때, 혹은 다 먹은 뒤에도 빵이 실재했음을 안다. 그럼에도 빵의 실재를 의심할 수 있다. 철학자들은 감각적인 세계의 실재를 의심했다. 그러나 그것은 단순히 말뿐인 의심이라 확신에 손상을 주지 않으며, 올바른 방향을 향한 정신에는 그 믿음을 더욱 확고한 것으로 만든다. 마찬가지로 신의 존재를 몸소 체험한 사람도 그 실재를 충분히 의심할 수 있다. 그것은 단순히 말뿐인 의심이며 지성을 건강하게 하는 일종의 체조이다. 반역죄라 할 수 있는 것은 그러한 계시가 있기 전에, 계시가 있은 뒤에는 더욱 무거운 죄이지만, 신이 사랑하기에 적합한 유일한 존재임을 의심하는 일이다. 그것은 시선을 돌리는 일이다. 사랑은 영혼의 시선이다. 사랑이란 잠시 멈춰 서서 기다리며 듣는 것이다.

엘렉트라는 오레스테스[39]를 찾지 않았다. 그저 기다렸다. 오레스테스가 세상 어디에도 존재하지 않음을 확신하자 엘렉트라는 주위 사람들에게 돌아가지 않는다. 오히려 미워하고 멀어졌다. 엘렉트라는 실재하는 다른 존재보다도 오레스테스의 부재를 사랑한 것이다. 오레스테스는 엘렉트라를 노예 신분, 헐벗음, 노역, 더러움, 굶주림, 구타, 굴욕으로부터 구해주기로 되어 있었다. 엘렉트라는 그것을 더는 바라지 않는다. 사치스럽고 명예로운 생활을 할 수 있는 다른 방법, 즉 권력자들과 화해하는 방법을 이용하겠다는 생각은 단 한 순간도 하지 않았다. 오레스테스에게서 받는 것이 아니면 풍족한 삶도 높은 신분도 원하지 않았다. 그러고 싶다고 생각하지도 않았다. 엘렉트라가 바란 것은 오레스테스가 존재하지 않으므로 자기도 존재하고 싶지 않다는 것뿐이었다.

한편 오레스테스는 인내심의 한계를 느끼고, 이름을 밝히지 않고는 배길 수 없어진다. 결국 자기가 오레스테스라는 확실한 증거를 제시한다. 엘렉트라는 오레스테스를 보고 그 목소리를 듣고 살갗을 만진다. 자신을 구원해줄 존재가 살아있음을 더는 의심하지 않게 된다. 엘렉트라 같은 경험을 한 사람, 즉 영혼 그 자체를 보고 듣고 만진 사람은 이른바 반영과 같았던 간접적인 사랑이 신 안에 실재함을 알게 된다. 신은 순수한 아름다움이다. 이것은 이해 불가능하다. 아름다움은 본질로써 느껴지는 것이기 때문이다. 지각할 수 없는 아름다움을 말하는 것은 감각이 정확한 사람에게는 언어의 남용과 같다. 당연한 일이다. 아름다움은 늘 기적이다. 그러나 영혼이 느낄 수 없는 아름다움을 포착할 때는, 그것이 추상적인 것이 아니라 노래를 듣는 것과 같은 현실적이고 직접적인 인상이라면, 거기에는 두 단계의 기적이 존재한다. 침묵은 소리의 부재가 아니라 소리보다 무한한 현실적인 것이며 거기에는 어떤 아름다운 소리보다 완벽한 화음이 존재한다는 사실을 기적적인 행운에 의해 감각적으로 명백하게 느끼게 되는 것과 똑같은 현상이다. 덧붙이자면 침묵에도 단계가 있다. 우주의 아름다움에는 침묵이 존재하지만, 그것은 신의 침묵에 비하면 소음이나 다를 바 없다.

---

[39] 소포클레스의 작중 인물.

또한 신은 참된 이웃이시다. '페르소나(persona)'[*40]라는 단어는 본디는 신에게만 해당하는 말이다. '비인격적'이라는 단어도 마찬가지다. 신께서는 조그맣고 무기력하고 피 흘리는 살덩어리에 지나지 않게 된 불행한 우리를 굽어보신다. 그러나 동시에 신은 어떤 의미에서는 모든 사고가 결여된 무기력한 몸뚱이로서 나타나시는 불행한 인간이다. 그 사람이 누구인지 이름이 무엇인지 아무도 모르는 불행한 사람이다. 무기력한 몸뚱이란 창조된 우주를 뜻한다. 신께 되돌아가야 할 사랑, 즉 우리가 그것을 가지고 있다면 지고하고 완전한 덕에 이를 수 있는 그러한 사랑은 신께서 보여주신 감사와 동정의 본보기이다.

또한 신은 참된 친구이시다. 신께서는 신과 우리 사이에 있는 무한한 거리를 통하여 동등성과 같은 무언가가 생겨나도록 피조물 안에 어떤 절대적인 것을 두셨다. 그것은 바로 신께서 우리 안에 제시하신 신의 방향을 가리키는 표식을 우리가 따르느냐 마느냐를 결정하는 절대 자유이다. 또한 신께서는 우리가 그 이름을 올바르게 사용하지 않는 한, 우리가 상상 속에서 우주와 인간뿐 아니라 신마저도 거짓으로 지배하는 일이 가능하도록 우리의 오류와 거짓의 가능성을 확대하셨다. 신께서는 그러한 무한한 환각의 기능을 우리가 사랑으로 말미암아 포기할 수 있도록 하기 위해 그런 기능을 주신 것이다.

마지막으로, 신과 접촉하는 일은 진정한 기적이다.

그러나 신을 너무 사랑한 나머지 순수한 지상의 사랑을 잃어버린 사람들은 신의 거짓된 친구라고 거의 확신해도 좋다.

영혼과 신이 직접 접촉했다고 해서 이웃, 친구, 종교 의식, 세상에 대한 아름다움이 비현실의 수준으로 추락하는 일은 없다. 오히려 그때야 비로소 그것들은 현실이 된다. 그 이전에는 절반은 꿈이었다. 그 이전에는 현실은 전혀 존재하지 않았던 것이다.

[*40] 인격, 신격.

〈주기도문〉에 대하여

페랭 신부의 머리글

이 글의 모든 가치를 이해하려면 주기도문의 발견이 시몬 베유에게 어떠한 의미였느냐를 기억해야 한다. 주기도문은 시몬의 최초 기도이자 날마다 거듭된 그리스도와의 만남이었다(네 번째 편지 참조).

그러나 몇 가지 문장은 수정되어야 한다. 시몬 베유는 신의 초월성에 강한 감명을 받았다. 그러나 신의 가까이 계심과, 신께서 자녀들의 영혼에 쏟으신 자녀로서의 기쁨과 신뢰를 시몬은 아직 경험하지 못했다. 우리에게 신의 자녀임을 경험하게 한 성령의 증언을 시몬은 아직 완전히 알지 못했다.

우리 주는 제자들이 하늘에 계신 아버지는 지상의 모든 아버지들보다 한없이 아버지다운 아버지임을 알기를 원하신다. "너희가 악해도 자녀들에게는 좋은 것을 줄 줄 알거든, 하늘에 계신 너희 아버지께서야 당신께 청하는 이들에게 좋은 것을 얼마나 더 많이 주시겠느냐?"*1 "너희의 머리카락까지 다 세어 두셨다."*2

하늘에 계신 우리 아버지

신은 우리의 아버지시다. 우리 속에 있는 것은 전부 이 아버지에게서 나왔다. 우리는 신의 소유다. 신은 우리를 사랑하신다. 신은 자신을 사랑하시고 우리는 신의 것이기 때문이다. 그러나 이 신은 다른 곳이 아닌 하늘에 계신 아버지이다. 우리가 이 지상에도 아버지가 있다고 생각한다면 그 아버지는 하늘에 계신 신이 아니라 거짓 신이다. 우리는 신에게 한 발자국도 나아갈 수 없다. 신을 찾을 필요는 없다. 그저 눈을 돌리기만 하면 된다. 신께서 우리를 찾으시는 것이다. 신이 우리가 도달하기에는 한없이 먼 곳에 계심을 깨닫고 기뻐해야 한

*1 마태오복음서 7 : 11.
*2 마태오복음서 10 : 30.

다. 그러기에 우리는 마음속에 있는 악이 우리의 온 존재를 압도할지언정 신의 순수성과 지복(至福)과 완전성을 더럽히지는 못한다고 확신할 수 있다.

아버지의 이름을 거룩히 드러내시며
신의 이름을 부를 수 있는 힘은 오직 신에게만 있다. 신의 이름은 인간의 입에 담을 수 없다. 신의 이름은 신의 말이다. '말씀'이다. 어떤 존재의 이름은 인간의 정신과 그 존재 사이의 매개체이자, 그 존재가 부재할 때도 인간의 정신이 그 존재를 인식하게 하는 유일한 길이다. 신은 부재하시다. 신은 하늘에 계신다. 신의 이름만이 인간이 신에게 다가갈 수 있는 유일한 가능성이다. 그것이 매개체이다. 그 이름 역시 초월적이긴 하지만 인간은 그 이름에 접근할 수 있다. 그 이름은 세상의 아름다움과 질서 속에서 그리고 인간 영혼의 내부를 이루는 빛 속에서 빛난다. 그 이름은 성스러움 자체이다. 그 이름 외에 성스러운 것은 없다. 따라서 그 이름은 거룩하게 될 필요가 없다. 우리는 그 이름을 거룩하게 하고자 함으로써 실재에 넘치고 영원히 존재하는 어떤 것을 구한다. 우리는 그 충만한 실재에 아주 작은 것이라도 덧붙이거나 잘라버릴 수 없다. 존재하는 것, 즉 현실에서 틀림없이, 영원히, 우리의 소망과는 전혀 관계없이 존재하는 것을 구하는 행위야말로 완전한 소망이다. 우리는 다양한 욕망을 품을 수밖에 없다. 우리는 욕망 그 자체이다. 그러나 우리를 상상과 시간과 이기주의에 못 박아 두는 욕망을 전부 이 소망 안에 집어넣는다면, 우리는 그러한 소망을 지렛대 삼아 우리 자신을 상상에서 현실로, 시간에서 영원으로, 자아의 감옥 밖으로 구출할 수 있을 것이다.

아버지의 나라가 오시게 하며
이번에는 이 지상에 와야 하지만 아직은 오지 않은 무언가에 대한 구절이다. 신이 지배하는 나라란 성령이 인간의 영혼 전부를 완전히 채우는 것을 의미한다. 성령은 성령을 원하는 곳에서 호흡하신다. 인간은 오로지 성령을 부를 뿐이다. 자기 혹은 특정한 누구 혹은 모든 사람에게 성령이 임하게 함을 특별하게 생각해서는 안 된다. 순수하고 단순하게 불러야 한다. 성령을 생각함은 신을 초대하는 일이요, 외침이어야 한다. 병이 날 정도로 목이 마를 때는 나는 물론이요 남이 물을 마시는 행위조차 떠오르지 않는 법이다. 인간은 그저 물만을, 물 자체만을 떠올리는데, 이 물의 이미지는 그 사람의 온 존재의 외침이나 마찬가지다.

아버지의 뜻이 이루어지게 하소서

우리가 신의 뜻을 절대적으로 틀림없이 확신하는 것은 과거에 대해서뿐이다. 이미 일어난 모든 일은 그것이 무엇이든 전능하신 아버지의 뜻에 따른 것이다. 이것은 전능이라는 개념에 함축되어 있다. 미래 또한 무슨 일이든 일단 벌어진 다면 그것은 신의 뜻과 일치하여 일어나는 것이다. 우리는 이러한 일치에 아무것도 덧붙일 수 없고 거기에서 아무것도 뺄 수 없다. 이리하여 가능한 쪽으로 욕망이 도약한 뒤에 우리는 다시 한 번 이 구절에 따라 현실에 존재하는 것을 구한다. 그러나 그것은 이미 '말씀'의 신성성과 같은 영원한 실재가 아니다. 여기서 우리가 기도하는 대상은 시간 속에서 발생한다. 그렇지만 우리는 시간 속에서 발생하는 것이 신의 뜻과 한 치의 어긋남 없이 영원히 일치하기를 바란다. 최초의 기도를 통해 욕망을 시간에서 떼어 내어 영원에 끼워 맞춤으로써 욕망을 변형시킨 다음, 우리는 어떤 의미에서 그 자체가 영원이 되어버린 이 욕망을 다시 끄집어내어 시간 속에 도로 끼워 맞춘다. 이때 우리의 욕망은 시간을 뚫고 그 배후에 있는 영원을 찾으려 한다. 그것이 어떤 일이든 일어난 모든 사건에서 자기가 원하는 대상을 만들어낼 수 있을 때 이런 현상이 벌어진다. 이것은 체념과는 전혀 다르다. '수용한다'는 표현도 약하다. 발생한 모든 사건은 응당 발생했어야 할 일이며 신이 의도하지 않은 일은 아무것도 발생하지 않았기를 바라야 한다. 발생한 사건이 우리 눈에 좋아 보이기 때문이 아니다. 신께서 그것을 허락하셨기 때문이며, 사건이 신의 뜻에 따라 진행된 것은 그 자체가 절대 선이기 때문이다.

하늘에서와 같이 땅에서도 이루어지게 하소서

우리의 욕망과 신의 전지전능한 뜻 사이의 개연성은 영적인 것들로도 확대 되어야 한다. 우리 자신과 우리가 사랑하는 사람들의 영적인 상승과 쇠약은 내세와 관계가 있으나 또한 이 지상의 시간 속에서 발생하는 사건이기도 하다. 그러기에 그것은 무수한 사건의 바다 중 자질구레한 일부분으로서, 신의 뜻과 일치하여 이 바다의 모든 사건과 함께 요동친다. 우리가 과거에 겪은 영적인 쇠약은 이미 일어난 일이므로 우리는 그것이 마땅히 일어날 일이었기를 바라야한다. 이 소망이 과거의 것이 될 때까지 이 소망을 미래로 확대해야 한다. 이는신의 지배가 도래하기를 기도하기 위해 필요한 수정 작업이다. 영생을 바란다면 다른 욕망은 전부 버려야 하며 영생을 바라는 행위 자체에서도 자기를 포기해야 한다. 집착을 벗어던지는 데 집착해서는 안 된다. 구원에 집착하는 행위는 다른 집착보다 더 위험하다. 목이 말라 곧 죽을 것 같은 순간에 물을 생각하듯이 영생을 생각해야 한다. 동시에 신의 뜻과는 달리 많은 물을 얻을 수 있는 상황을 가정한다면, 우리 자신과 우리가 사랑하는 사람들을 위해 차라리영원히 물을 얻을 수 없기를 바라야 한다.

주기도문 중 앞의 세 가지 기도는 성부·성자·성령이라는 삼위일체와 관계가있으며, 현재·미래·과거라는 시간의 세 부분과도 관계가 있다. 그 다음에 나오는 세 가지 기도는 시간의 세 부분과 좀 더 밀접한 관계가 있으며, 현재—과거—미래라는 독특한 순서로 배열되어 있다.

오늘 저희에게 일용할 양식을 주시고

그리스도는 우리의 양식이시다. 우리는 그것을 지금 이 순간을 위해서만 구할 수 있다. 그리스도는 늘 우리 영혼의 문간에 서서 우리 영혼 속으로 들어오고 싶어 하지만 우리의 동의 없이는 들어오지 못하신다. 우리가 동의할 때만들어오신다. 우리가 그리스도를 원하지 않는 순간 그분은 가 버리신다. 우리는내일의 의지를 오늘에 구속해서, 내일 그리스도가 우리의 뜻에 반해 우리 영혼 속으로 들어오도록 그리스도와 약속할 수 없다. 우리가 그리스도가 임하심에 동의함은 그리스도가 임하심을 의미한다. 동의는 하나의 행위이며, 현재 속에서만 존재한다. 미래에도 적용할 수 있는 의지는 우리에게 주어지지 않았다.우리의 의지 속에서 효과를 발휘하지 못하는 모든 것은 상상 속의 것이다. 의지의 효과적인 부분에는 직접적인 효과가 있으며 그 효과는 의지 자체와 구별되지 않는다. 의지의 효과적인 부분은 미래를 지향한 노력이 아니다. 그것은 결혼에 대한 동의이며 승낙이다. 지금 이 순간을 위해 지금 이 순간에 발음되는승낙이지만 그것은 영원한 말로서 발음된다. 그것은 그리스도와 우리 영혼의영원한 부분과 결합하는 것에 동의하는 일이기 때문이다.

우리에게는 양식이 필요하다. 우리는 끊임없이 외부로부터 우리의 에너지를 끌어온다. 에너지를 받는 족족 노력에 의해 소비해버리기 때문이다. 매일 새로운 에너지를 받지 못한다면 우리는 힘을 잃고 움직일 수 없게 된다. 본래의 문자가 뜻하는 의미로서의 양식 외에도 다양한 자극이 에너지원이 된다. 돈·승진·존경·영예·명성·권력·우리가 사랑하는 사람들, 그리고 우리 속에서 활동력을 만들어내는 모든 것이 이른바 양식이다. 우리가 집착하는 이러한 것들 중하나가 우리 속에 깊숙이 들어와 육체적인 생명의 뿌리까지 침투한다면 그것이 결여되었을 때 우리는 상처 받고 심지어는 죽음에 이를 수도 있다. 그것이이른바 슬퍼서 죽는다는 것이다. 그것은 굶어서 죽는 것과 같다. 이 모든 집착의 대상은 본래의 의미로서의 음식 그리고 속세의 양식이다. 우리가 이 일용할양식을 얻느냐, 얻지 못하느냐는 전적으로 그때 상황에 달려 있다. 그 상황이신의 뜻과 일치하게 해달라고 기도하는 것 외에는 아무것도 기도해서는 안 된다. 우리는 속세의 양식을 바라서는 안 된다.

하늘에는 샘이 있는데, 그 샘에는 우리가 바라는 즉시 우리 안으로 흘러 들어오는 초월적인 에너지가 있다. 이것은 참된 에너지이다. 이 에너지는 우리의영혼과 육체를 매개로 움직인다.

우리는 이러한 양식을 달라고 기도해야 한다. 그것을 바라는 순간, 그것을바란다는 사실 그 자체 때문에 신께서 그것을 우리에게 주시려 한다는 것을우리는 알고 있다. 우리는 단 하루라도 이 양식 없이 지내서는 안 된다. 속세의필연에 따른 지상의 에너지만이 우리의 행위를 지배할 때 우리는 죄악을 저지르고 오로지 죄악만을 생각하게 되기 때문이다. "사람들의 악이 세상에 많아지고, 그들 마음의 모든 생각과 뜻이 언제나 악하기만 한 것을 보시고."[3] 우리로 하여금 죄를 저지르게 하는 필연은 하늘에서 우리 안으로 들어온 에너지를제외한 우리 안에 있는 모든 것을 지배한다. 그 에너지를 저장해둘 수는 없기때문이다.

저희에게 잘못한 이를 저희가 용서하였듯이 저희 잘못을 용서하시고

이 말을 입에 담을 때는 이미 모든 빚을 용서한 상태여야 한다. 이는 단지 우리가 입었다고 생각하는 피해의 보상만을 의미하는 것이 아니다. 우리가 실천

---

*3 창세기 6 : 5절.

했다고 생각하는 선에 대해 감사받고자 하는 마음을 의미하며, 또 극히 일반적으로 사람이나 사물에서 기대하는 모든 것, 되돌려 받아야 한다고 생각되는 모든 것, 받지 않으면 좌절해 버릴 것 같이 생각되는 모든 것을 의미한다. 이 모든 것은 과거가 미래를 위해서 우리에게 주었다고 여겨지는 모든 권리를 뜻한다. 우선 어떤 영속성이 있는 권리이다. 어떤 것을 오랫동안 사용하면 우리는 그것이 자기 소유이며 자기에게 그것을 계속 쓸 권리가 있다고 생각한다. 그다음으로 어떤 성질의 노력이든지, 그것이 뼈를 깎는 노력이든 고통이든 욕망이든, 하나하나의 노력에 보상을 받을 권리이다. 노력을 한 뒤에 그만큼의 대가가 가시적인 형태로 자기에게 돌아오지 않을 때면 우리는 부조리와 허무함을 느끼고 자기가 사기를 당했다고 생각하게 된다. 애써 피해심리를 견딤으로써 우리는 가해자의 처벌이나 사죄를 기대하게 되고, 애써 선을 베풂으로써 상대방의 감사를 기대하게 된다. 그러나 이것은 우리 영혼의 보편적인 법칙이 특수한 상황에서 나타난 예에 불과하다. 자기가 무언가를 내어 줄 때마다 우리는 적어도 그와 동등한 것이 자기에게 돌아오기를 반드시 원한다. 스스로 그것을 원하기 때문에 거기에 권리가 있다고 믿고 있다. 우리의 채무자는 모든 사람이고 모든 사물이며 우주 전체이다. 우리는 모든 것에 채권을 가지고 있다고 믿는다. 우리가 가졌다고 믿는 모든 채권은 언제나 미래에 관한 과거의 상상 속 채권이다. 이것이야말로 포기해야 할 권리이다.

우리의 채권자를 용서했다는 것은 모든 과거를 일괄 포기했다는 의미이다. 미래는 아직 때 묻지 않고 누구의 손길도 닿지 않은 상태이며 우리가 모르는 유대로 과거와 단단히 연결되어 있지만, 우리가 상상 속에서 연결한 유대와는 전혀 동떨어진 자유로운 것임을 인정해야 한다. 무슨 일이든 발생할 수 있는 가능성, 특히 우리에게 일어날 가능성, 그리고 내일은 자기의 과거 모든 생활이 열매 없는 허무한 것이 될 수 있다는 가능성을 인정해야 한다.

과거의 모든 열매를 예외 없이 한꺼번에 포기함으로써 우리는 자기의 과거의 죄악이 악과 과오라는 비참한 열매를 맺지 않도록 신께 기도할 수 있다. 우리가 과거에 집착하는 한 아무리 신이라도 우리 마음속에 무시무시한 열매가 열리는 것을 막을 수 없다. 우리는 자기 죄에 대한 집착 없이 과거에 집착할 수 없다. 우리 내부에 있는 가장 본질적인 악은 우리가 모르는 부분이기 때문이다.

우리가 우주에 대하여 갖고 있다고 생각하는 주된 채권은 우리 인격의 존속이다. 이 채권은 다른 모든 채권을 포함한다. 자기보존의 본능에 따라 우리는 인격 존속의 필요성을 느끼며, 이 필요성을 권리라고 믿는다. "저는 살아야 하겠습니다" 하고 말한 거지에게 탈레랑(Talleyrand)*4이 "난 그럴 필요성을 못느끼겠습니다"라고 대답한 것과 같다. 우리의 인격은 전적으로 외부 상황에 의존하는데 이 외부 상황에는 인격을 짓밟을 수 있는 무한한 힘이 있다. 우리는 그것을 인정할 바엔 죽는 편이 낫다고 생각할 것이다. 균형 잡힌 세계란 인격에 손상을 주지 않은 채 세계가 나의 것이라고 느껴지도록 상황이 흘러가는 것을 말한다. 우리의 인격에 상처를 준 과거의 모든 상황을 우리는 균형이 깨진 상태라고 여기고, 언젠가 틀림없이 그와 반대되는 상황으로 보상받을 것이라고 생각한다. 우리는 이러한 보상심리로 살고 있다. 눈앞에 닥친 죽음이 두려운 이유는 특히 그러한 보상이 더는 없으리라는 것을 느끼기 때문이다.

죄를 용서한다는 것은 자신의 인격을 포기하는 것이다. 스스로 '나'라고 부르는 모든 것을 포기하는 것이다. 예외는 없다. 스스로 '나'라고 부르는 것 안에는 외부 상황에 따라 존속하는 것은 아무것도 없으며, 그러한 심리적 요소 또한 없음을 알아야 한다. 이것을 수용해야 한다. 그런 상태가 되었음을 기뻐해야 한다.

"아버지의 뜻이 이루어지게 하소서"라는 말은, 마음을 다하여 말한다면, 그러한 수용을 내포하고 있다. 그러기에 다음 순간 "저희에게 잘못한 이를 저희가 용서하였듯이"라고 말할 수 있는 것이다.

죄를 용서한다는 것은 영적인 빈곤이자 영적인 벌거벗음이며 죽음이다. 죽음을 완전히 받아들인다면 우리는 우리 안에 있는 악에서 벗어나 부활시켜달라고 신께 구할 수 있다. 신께 우리의 죄를 용서해 달라고 구하는 것은 우리 속에 있는 악을 제거해 달라고 구하는 것이기 때문이다. 용서는 정화이다. 아무리 신이라도 우리 내부에 계속 존재하는 악을 용서할 힘은 없다. 신께서는 우리를 완전한 상태로 만드실 때 우리의 죄를 사해 주신다.

그전에는 신께서는 우리가 우리에게 죄 지은 자를 용서하는 꼭 그만큼만 우리의 죄를 부분적으로 용서해 주신다.

---

*4 1754~1838. 프랑스의 정치가·외교관.

저희를 유혹에 빠지지 않게 하시고 악에서 구하소서

인간에게 유일한 시련은 악과 접촉한 채 몸을 내맡기는 일이다. 바로 이럴 때 인간이 허무한 존재라는 것이 경험적으로 입증된다. 영혼은 초자연적인 빵을 구한 순간에 받지만, 그것은 현재를 위해서만 구할 수 있으므로 그 기쁨에는 두려움이 섞여 있다. 미래는 여전히 두려운 것이다. 영혼은 내일을 위한 빵을 구할 권리는 없으나 그 두려움을 탄원의 형식으로 표현한다. 그것으로 끝이다. 기도는 '아버지'라는 단어로 시작하여 '악'이라는 단어로 끝난다. 신뢰에서 두려움으로 나아가야 하는 것이다. 두려움이 타락의 원인이 되지 않도록 충분한 힘을 주는 것은 오직 신뢰뿐이다. 신의 이름과 나라와 뜻을 숙고하고 초자연적인 빵을 받고 악에서 정화된 뒤에 영혼은 모든 덕을 완성시키는 진정한 겸손을 받을 준비가 된다. 겸손이란 자아라고 불리는 모든 것뿐만 아니라 영혼의 초자연적 부분, 즉 영혼 안에 존재하는 신을 비롯한 영혼의 모든 부분이 이 지상에서는 시간과 변화에 종속됨을 아는 데에 있다. 모든 자연성 그 자체가 파괴될 수 있음을 반드시 인정해야 한다. 그러나 인정함과 동시에 영혼의 초자연적인 부분이 소멸될 가능성은 물리쳐야 한다. 이 가능성은 신의 뜻에 따라서만 일어나는 사건으로서 받아들여져야 한다. 이 가능성을 아주 무시무시한 일로 여기고 부인해야 한다. 이것을 두려워해야 한다. 그러나 이 두려움은 이른바 신뢰의 완성이 되어야 한다.

여섯 가지 기도는 두 개씩 쌍을 이룬다. 초자연적인 양식은 신의 이름과 같다. 인간과 신을 접촉시킨다. 신의 나라는 우리를 악으로부터 지켜주는 신의 보호와 같다. 보호는 왕의 기능이다. 우리에게 죄지은 자를 용서한다는 것은 신의 뜻을 전적으로 받아들이는 것과 같다. 다른 점이 있다면 앞의 세 가지 기도에서는 주의가 신에게만 향해 있다는 점이다. 뒤의 세 가지 기도에서는 주의를 자신에게 돌리고, 이들 기도가 상상 속 행위가 아니라 현실의 행위가 되도록 스스로에게 강요한다.

이 기도문의 전반부는 수용에서 시작된다. 그 다음엔 스스로 갈구한다. 그 다음엔 수용으로 돌아감으로써 그 소망을 바로잡는다. 후반부에서는 순서가 바뀌어 소망의 표현으로 끝난다. 소망이 소극적인 것으로 바뀌었기 때문이다. 소망은 두려움으로서 표현된다. 따라서 그것은 최고의 겸손과 일치하며 결말로서 적합한 기도이다.

이 기도문에는 가능한 모든 기도가 들어 있다. 생각할 수 있는 모든 기도가 들어 있다. 이 기도문과 다른 기도의 관계는 그리스도와 인류의 관계와 같다. 문장 하나하나에 충분한 주의를 기울여 다시 한 번 이 기도문을 외보면 영혼 안에서 작으나마 현실적인 변화가 틀림없이 일어날 것이다.

노아의 세 아들과 지중해 문명사

페랭 신부의 머리글

나는 서문에서 이 글이 중요하다고 썼다. 이것은 시몬 베유의 극단적인 박식함과 신비로운 체험을 동시에 보여주며, 또한 시몬이 역사적인 방법을 모르고 있었음을 보여준다.

시몬이 매우 중요하게 생각한 이 사상은 그녀가 마르세유에 머물던 끝 무렵에 떠오른 생각으로 보인다.

시몬이 처한 상황은 매우 특수했다. 시몬은 그리스도도 기독교도 의심할 수 없었다. 시몬은 그 어느 것도 배제하지 않았다. 은연중의 생각이 아니라 분명히 그렇게 말하고 있다. 시몬은 모든 종교가 그리스도의 것이며, 따라서 좋은 것이라고 생각했다.

이 역설에는 일부 진리가 포함되어 있다. 이를 통해 그리스도가 어떻게 모든 것의 중심이 되시는지, 그리스도가 어떻게 모든 사물에 호소하시는지를 이해하도록 역사가들을 종용할 수 있을 것이다.

노아와 세 아들에 관한 전설[*1]은 지중해 문명사에 선명한 빛을 던져준다. 히브리인들이 증오에 차서 덧붙인 내용은 삭제되어야 한다. 히브리인들의 해석이 전설 자체와 거리가 멀다는 것은 아주 명백한 사실이다. 그들은 함에게 죄를 덮어씌우고 그 아들 가나안이 저주를 받도록 했기 때문이다. 히브리인들은 여호수아가 지도자가 되었을 때 가나안 땅에 있는 많은 도시와 부족을 완전히 멸망시켰음을 자랑으로 여겼다. 개를 물에 빠뜨려 죽이고 싶은 사람은 그 개의 난폭함을 비난한다. 개를 물에 빠뜨려 죽인 사람은 더욱 심하게 비난한다. 희생자에게 불리한 증언을 살해자의 입을 통해서 들어서는 안 된다.

---

*1 창세기 6 : 10.

야펫은 유목민의 선조로, 그 자손에는 오늘날 인도와 유럽 민족이 포함된 다는 것이 정설이다. 셈은 셈족, 히브리인, 아랍인, 아시리아인 그리고 기타 인종의 선조이다. 최근에는 여기에 페니키아인이 포함된다고 보는 주장이 있는데 이것은 충분한 근거가 되지 않는 언어학적 이유에 따른 견해이다. 또 어떤 사람들은 그 어떤 것도 참아야 하는 죽은 자들을 전혀 거리끼지 않고, 과거를 자신들의 현재 목표에 끼워 맞추면서, 페니키아인과 히브리인은 같은 민족이라고 주장한다. 그러나 성경에는 이 두 민족 사이의 어떤 유사성도 암시되어 있지 않다. 〈창세기〉에는 페니키아인이 함의 자손이라고 기록되어 있다. 펠라스기인에서 기원하여 오늘날 크레탄인으로 간주되는 팔레스타인족도 함의 자손이다. 셈족이 침략하기 전의 메소포타미아 주민, 즉 훗날 바빌로니아인에게 문명을 전수한 수메리아인도, 히타이트인도, 이집트인도 마찬가지이다. 역사시대 직전의 모든 지중해 문명은 함에게서 나왔다. 이 목록에는 문명을 발전시킨 모든 민족이 들어있다.

성경에는 이렇게 쓰여 있다. "주님께서는 사람들의 악이 세상에 많아지고, 그들 마음의 모든 생각과 뜻이 언제나 악하기만 한 것을 보시고……마음 아파하셨다."[2] 그러나 노아가 있었다. "노아는 당대에 의롭고 흠 없는 사람이었다. 노아는 하느님과 함께 살아갔다."[3] 노아 이전에는 인류가 시작한 이래로 아벨과 에녹만이 의인이었다.

노아는 인류를 파멸에서 구해냈다. 그리스의 전설에는 프로메테우스가 이러한 축복을 내렸다고 되어 있다. 그리스 신화에서 노아에 해당하는 데우칼리온은 프로메테우스의 아들이다. 그리스어로 데우칼리온의 방주를 지칭하는 단어는 플루타르코스에서는 오시리스의 몸을 넣은 관을 지칭한다. 기독교의 기도문에서는 노아의 방주와 십자가를 비슷한 의미로 본다.

디오니소스처럼 노아는 포도나무를 최초로 심은 사람이다. "그가 포도주를 마시고 취하여 벌거벗은 채 자기 천막 안에 누워 있었다."[4] 포도주도 빵과 함께, 정의와 평화의 왕이자 지고의 신의 제사장인 멜기세덱의 손에 들려 있었다. 아브라함은 멜기세덱을 섬기어 세금을 내고 축복을 받았다. 시편에서는 멜

---

*2 창세기 6 : 5.
*3 창세기 6 : 9.
*4 창세기 9 : 21.

기세덱을 이렇게 묘사한다. "주님께서 내 주군께 하신 말씀……내 오른쪽에 앉아라……너는 멜기세덱과 같이 영원한 사제다."[*5] 성 바오로는 멜기세덱에 대하여 이렇게 썼다. "그는 곧 평화의 임금이었습니다. 그는 아버지도 없고 어머니도 없으며, 족보도 없고 생애의 시작도 끝도 없는 이로서 하느님의 아들을 닮아 언제까지나 사제로 남아 있습니다."[*6]

반면에 이스라엘의 성직자에게는 신을 섬길 때 포도주가 금지되었다. 그러나 그리스도께서는 공적인 생활을 시작하면서 끝낼 때까지 사람들과 함께 포도주를 마셨다. 그리스도께서는 그리스인들이 디오니소스의 상징적인 거주지로 여기는 포도나무 줄기에 자신을 비유하셨다. 그리스도께서 보여주신 첫 번째 기적은 물로 포도주를 만든 것이었고, 마지막 기적은 포도주를 신의 보혈로 만든 것이었다.

노아는 포도주에 취해서 장막 안에서 알몸으로 있었다. 죄를 저지르기 전의 아담과 이브와 같은 알몸이었다. 불순종의 죄악으로 이들은 자신의 몸을 부끄러워하게 되었으나 그 이상으로 자신의 영혼을 부끄러워하게 되었다. 이들의 죄악을 같이 나누고 있는 우리 모두는 그들의 수치를 또한 같이 나누고 있으므로 우리의 영혼 주변을 육체적인 생각이나 사회적인 사고라는 옷으로 덮어두려고 전전긍긍한다. 우리가 한 순간이라도 이 옷을 벗는다면 수치심 때문에 죽어버릴 것이 틀림없다. 그러나 플라톤의 말을 따른다면 언젠가는 이 옷을 버려야 할 것이다. 모든 사람은 재판을 받는데 죽고 벌거벗은 영혼 자체가 재판관이 되어 자기의 영혼을 응시하게 된다고 그는 말했다. 그 영혼들도 모두 죽고 벌거벗은 몸이다. 몇 안 되는 완전한 사람들만이 이 세상에 살아 있는 동안 죽어서 벌거벗는다. 십자가에 못 박힌 그리스도의 알몸과 빈곤함에 늘 주의를 기울였던 아시시의 성 프란체스코나, 정신이 벌거벗는 것 말고는 이 지상에서 아무것도 바라지 않았던 십자가의 성 요한이 그 예이다. 그러나 이들이 벌거벗음을 참을 수 있었다면 그것은 포도주에 취했기 때문이다. 날마다 제단 위를 흐르는 포도주에 취해 있었던 것이다. 이 포도주만이 아담과 이브를 사로잡았던 부끄러움을 치유하는 유일한 길이다.

"함은 아버지의 알몸을 보고 밖에 있는 두 형제에게 알렸다." 그러나 두 형제

[*5] 시편 110 : 1~4.
[*6] 히브리서 7 : 2~3.

는 그것을 보려고 하지 않았다. 그들은 소매 없는 외투를 가지고 뒷걸음질로 가서 아버지를 덮어 주었다.

이집트와 페니키아는 함의 딸들이다. 헤로도토스는 많은 전설과 증언을 토대로 생각하길, 이집트에 종교의 기원이 있으며 페니키아인들 가운데 종교를 전파시킨 사람들이 있었을 것이라고 보았다. 그리스인은 모든 종교 사상을 펠라스기인에게서 받아들였으며, 펠라스기인은 그 대부분을 페니키아인들을 통해 이집트로부터 받아들였다. 〈에제키엘〉에 있는 훌륭한 글은 헤로도토스의 가설을 더욱 뒷받침한다. 티로*7는 에덴동산에서 생명의 나무를 지키는 천사 커룹에 비유할 수 있고, 이집트는 생명 나무 자체에 비유할 수 있기 때문이다. 이 생명 나무는 그리스도께서 천국과 동일시한 것으로서 십자가에 달린 그리스도의 육체를 과실로 하는 것이다.

"티로 임금을 두고 애가를 불러라……너는 완전함의 본보기로서……하느님의 동산 에덴에서 살았다……네가 창조되던 날……너는 불타는 돌들 사이를 걸었다……너는 창조된 날부터 흠 없이 걸어왔다. 그러나 마침내 너에게서 불의가 드러났다."*8

"이집트 임금 파라오와 그의 무리에게 말하여라. 너의 그 큰 모습을 무엇에 비길 수 있으랴? 보아라, 젓나무, 레바논의 향백나무를!……그 꼭대기가 구름 사이로 뻗어 있다. 물이 그 나무를 크게 하고……하늘의 모든 새가 그 가지들에 보금자리를 틀고 들의 모든 짐승이 그 줄기들 밑에 새끼를 낳았다. 많은 민족들이 모두 그 나무 그늘에서 살았다. 그 나무가 크게 자라고 가지들을 길게 뻗어 아름다운 것은 그 뿌리가 큰 물까지 닿았기 때문이다. 하느님의 동산에 있는 향백나무들도 그것과 견줄 수 없고……하느님의 동산에 있는 어떤 나무도 아름다운 그 모습에 비길 수 없었다……하느님의 동산에 있는 모든 나무가 그 나무를 부러워하였다……나는 민족들을 이끄는 수령의 손에 그 나무를 넘겨주어……이방인들이, 가장 잔혹한 민족들이 그 나무를 베어서 내버렸다……세상의 모든 민족들이 그 나무 그늘에서 떠나갔다……그 쓰러진 등걸 위에는 하늘의 모든 새가 살고……주 하느님이 이렇게 말한다……나는 나무 위로 심연을 달아 나무를 덮고, 그리고 그 나무 때문에 레바논을 어둠으로 뒤덮고, 그것

---

*7 두로.
*8 에제키엘서 28 : 12~15.

때문에 들의 모든 나무를 시들게 하였다."*9

많은 민족이 아직도 이 나무 그늘에 있기만 하다면! 이집트 이후의 인류에 대한 초자연적인 정의와 자비가 이토록 강렬한 부드러움으로 묘사된 예는 없다. 4천 년 전의 비문(碑文)에 따르면 신은 다음과 같은 말을 하셨다. "나는 모든 인간이 형제들처럼 자유롭게 숨을 쉴 수 있도록 바람을 네 개 만들었다. 가난한 자가 그 주인과 똑같이 풍족하게 쓸 수 있도록 바닷물을 만들었다. 나는 모든 인간을 그 형제의 형상으로 만들었다. 그리고 나는 그들에게 부정을 금했으나 그들의 마음은 나의 계율을 깨뜨렸다." 부자건 가난뱅이건 모든 사람은 오시리스에게 다음과 같이 이야기하면 죽음으로써 영생의 신, 즉 의로운 오시리스가 될 수 있었다. "진리의 주여, 저는 당신에게 진리를 가져왔습니다. 저는 당신을 위해 악을 파괴했습니다." 그러기 위해서 이렇게 말할 수 있어야 했다. "저는 명예를 위해서 제 이름을 강요한 적이 없습니다. 어느 누구에게도 저를 위해서 시간 외로 일하라고 요구한 적이 없습니다. 주인에게 노예를 벌하라고 시킨 적이 없습니다. 누구도 죽인 적이 없습니다. 누구의 배도 곯린 적이 없습니다. 누구도 두려움에 떨게 한 적이 없습니다. 누구도 울린 적이 없습니다. 거만하게 말한 적이 없습니다. 정당한 진실의 말을 외면한 적이 없습니다."

인간에 대한 초자연적인 동정은 오로지 신의 동정에 참여하는 길밖에 없다. 그것은 '수난'이다. 헤로도토스가 본 성소에서는 물로 가득 채워진, 돌로 만들어진 원형 대야 옆에서 매년 축제가 열렸다. 그 축제는 비밀스런 의식으로서 신의 수난을 상징한다. 인간은 신의 모습을 속죄양을 통해서밖에 볼 수 없음을 이집트인들은 알고 있었다. 헤로도토스의 말을 믿을 수 있다면, 약 2만 년 전에 인간이지만 거룩하고 신성하며 아마도 함의 손자인 님로드와 동일인물인 헤라클레스는 신께 직접 대면하고 싶다고 간청했다. 신께서는 그러기를 원치 않았으나 헤라클레스의 기도를 거절할 수가 없어서, 숫양을 죽여 가죽을 벗기고 그 머리를 가면으로 쓰고 양털을 입고서 나타나셨다. 이것을 기념하여 테베에서는 일 년에 한 번 숫양을 죽여서 그 가죽을 제우스 상에 씌운다. 그동안 사람들은 상복차림으로 있다. 그런 뒤에 이 양은 신성한 무덤에 묻힌다.

강력한 창조주와는 구별되는 동시에 동일하기도 한 두 번째 신격은 지혜인

*9 에제키엘서 31 : 2~9, 11~13, 15.

동시에 사랑이며, 온 우주의 질서를 만들고 인간을 가르치고, 그 강생을 통해 인간성과 신성을 결합시킨 중보자이며, 고난 받은, 영혼의 속죄주이다. 이 두 번째 신격에 대한 인식과 사랑이야말로 여러 민족이 함의 딸인 민족의 그 놀라운 향백나무 가지에서 발견한 것이다. 노아를 취하게 했던 것이 포도주였다면, 취해서 벌거벗은 노아를 본 함이 아담의 자손들이 공유하는 수치심을 느끼지 않았던 것은 당연한 일이다.

노아의 알몸을 보기를 거부한 야벳의 자손인 헬레네인은 무지한 상태로 그리스라는 신성한 땅에 도착했다. 이것은 헤로도토스의 글과 다른 많은 증언으로 미루어 볼 때 명백한 사실이다. 그중에서도 처음으로 도착한 아카이아인은 자신들에게 주어진 가르침을 열심히 흡수했다.

지고의 신과는 구별되는 동시에 동일한 존재인 신은 아카이아인에게는 여러 이름으로 가려 있다. 그러나 우리가 편견에 눈이 멀지만 않았다면 그 이름들 속에서 신을 발견할 수 있을 것이다. 여러 가지 관계와 암시와 증표가 이 모든 이름들이 서로 같은 것이며 오리시스의 이름과 같은 것임을, 때로는 매우 분명하게 보여주기 때문이다. 그 이름들 중 몇 가지를 들자면 디오니소스, 프로메테우스, 사랑의 신, 천상의 아프로디테, 하데스, 코레, 페르세포네, 미노스, 헤르메스, 아폴로, 아르테미스, 세상의 영혼 등이다. 그밖에 놀라운 운명을 짊어진 이름은 로고스인데 이것은 단어 혹은 관계나 중재를 의미한다.

또한 그리스인들은 삼위일체 중 세 번째 신격에 대한, 다시 말하면 다른 두 신격을 연결하는 신격에 대한 지식이 있었는데 이 역시 이집트로부터 받아들인 것임은 의심할 바 없는 사실이다. 그리스인의 지식에는 다른 원천은 없었기 때문이다. 이러한 지식은 플라톤의 저서 곳곳에서 발견되며, 헤라클레이토스의 저서에서도 이미 엿보인다. 헤라클레이토스가 시사한 스토아 철학자 클레안테스의 《제우스 찬가》에는 삼위일체가 생생하게 묘사되어 있다.

"······이것은 그대의 무적의 손에 있는 종의 미덕이다."

"양날을 가졌고 불로 만들어졌으며 영원히 살아 있는 그것, 번개······."

"그것으로써 그대는 보편적인 로고스를 모든 것들을 통하여 곧장 보내도다······."

"위대하게 나시고 우주에서 가장 높은 왕이신 주."

또한 그리스인들은 이시스라는 이름이 아닌 몇몇 이름을 통해서도 어머니이자 처녀이고 순결하며, 신과 동일하지는 않으나 신성하고, 인간과 사물의 어머니이며, 중보자인 어머니를 알고 있었다. 《티마이오스(Timaios)》에서 플라톤은 그것을 분명히, 그러나 낮고 부드러운 목소리로 두려움을 담아 이야기한다.

야벳과 셈에게서 나온 다른 민족은 함의 자손들이 가르치는 교리를 한발 늦게나마 열심히 받아들였다. 가령 켈트인이 그랬다. 그들은 갈리아에 도착하기 전에 고대 드루이드의 교리를 확실히 따랐다. 갈리아에 도착하는 데는 시간이 걸렸으며 그리스에 전해 내려오는 전설에 따르면 갈리아의 드루이드가 그리스 철학의 기원 중 하나로 되어 있다. 그러므로 드루이드교는 이베리아인의 종교였다고 생각된다. 약간 알려진 바에 따르면 드루이드의 교리는 피타고라스의 교리와 매우 흡사하다. 바빌로니아인은 메소포타미아 문명을 흡수했다. 야만족이었던 아시리아인은 분명히 메소포타미아 문명에 무지했다. 로마인은 기독교의 세례 덕분에 다소 인간다움을 갖추기 전에는 모든 영적인 것에 완전히 귀머거리에 장님이었다. 게르만 토착민 역시 그리스도교의 세례를 받기 전에는 초자연의 개념을 받아들이지 못한 것으로 보인다. 그러나 고트족은 확실히 예외이다. 고트족은 의로운 민족이었으며 게르만족인 동시에 틀림없는 트라키아족이었고, 불멸과 깨달음의 세계를 열광적으로 숭상한 유목민인 게태족에 가까웠다.

이스라엘은 초자연의 계시를 거부했다. 이스라엘에는 영혼에 은밀하게 말을 거는 신이 아니라, 국가 집단에 현존하며 전쟁이 났을 때 그들을 수호해줄 신이 필요했기 때문이다. 이스라엘은 권력과 번영을 원했다. 히브리인들은 이집트와 빈번히 오랫동안 접촉했음에도 오시리스나 불멸, 구원을 믿지 않았으며, 사랑을 통하여 영혼이 신과 동일시된다는 믿음을 받아들이지 않았다. 이러한 거부 때문에 그리스도를 사형시킬 수 있었던 것이다. 이 거부는 그리스도가 죽은 뒤에도 끝없는 분산과 고통 속에서 지속되었다.

그러나 이스라엘은 그리스도교가 예루살렘에서 일어날 수 있게 했던 빛을 때때로 받아들였다. 욥은 메소포타미아인이었지 유대인이 아니었지만 욥의 훌륭한 말들은 성경에 기록되어 있다. 또한 욥은, 헤시오도스가 신과 인간을 중재하는 프로메테우스의 뛰어난 능력을 지닌 중보자임을 환기시키고 있다. 히브리인 가운데 그 경력이 무시무시한 특징으로 더럽혀지지 않은 최초의 인물인

다니엘은 망명시대*10에 칼데아인의 지혜를 배우고 메디아와 페르시아 왕들의 친구가 되었다. 헤로도토스가 말하기를 페르시아인은 신의 모든 인간적인 표상을 멀리했지만 제우스와 나란히 천상의 아프로디테를 미트라의 이름으로 숭배했다. '지혜'라는 이름으로 성경에 나오는 사람이 아마 그 아프로디테일 것이다. 망명시대에도 고난의 의인이라는 관념은 그리스나 이집트 쪽에서 흘러들어와 이스라엘 전역에 스며들었다. 그 뒤 헬레니즘이 팔레스타인을 한동안 휩쓸었다. 이러한 영향으로 그리스도께서는 제자를 얻을 수 있었다. 그러나 그리스도께서는 이들을 훈련시키기는 데 얼마나 많은 시간과 인내와 주의를 기울여야 했던가! 에티오피아는 《일리아스》에 신들이 선택한 땅으로 등장하며, 헤로도토스에 따르면 그곳에서는 제우스와 디오뉴시오스만이 숭상되었다. 역시 헤로도토스가 말하길 그곳은 그리스 신화에서 어린 디오뉴시오스가 숨어서 보호받은 지방이기도 한데, 에티오피아 여왕의 내시는 어떤 준비도 필요하지 않았다. 이 내시는 그리스도의 삶과 죽음을 듣자마자 세례를 받은 것이다.

그 무렵 로마제국은 정말로 우상숭배를 하고 있었다. 국가가 바로 우상이었다. 황제를 숭배한 것이다. 모든 형태의 종교생활은 우상숭배에 종속되어야 했으며, 우상보다 더 숭배되어서는 안 되었다. 갈리아 드루이드의 승려들은 모조리 학살당했다. 디오니소스를 열렬히 숭배한 사람들은 방탕하다는 이유로 비난받았고 죽음을 당했으며 감옥에 갇혔다. 대중 사이에 방탕이 공공연히 허용되던 시대였으므로 이것은 부당한 처벌 근거였다. 피타고라스학파와 스토아학파와 그 밖의 철학자들은 추방당했다. 남은 것은 정말로 저급한 우상숭배자뿐이었으며, 이스라엘에서 초대 기독교인들에게 전해졌었던 편견은 우연하게도 입증되었다. 그리스의 비밀 의식은 오래전에 타락했고, 동양에서 넘어온 비밀 의식에는 오늘날 접신론자들이 지닌 신앙만큼의 진실이 있을 뿐이었다.

이렇게 해서 이교라는 왜곡된 개념이 유포되게 되었다. 이 시대의 히브리인들이 오늘날 되살아난다면 그들은 먼저 우상숭배라는 죄목으로 우리 모두를, 요람에 누운 젖먹이까지 모조리 학살하고 온 도시를 파멸시켜버릴는지 모른다. 그들은 그리스도를 바알(Baal)이라 부르고 성모를 아스타르테(Astarte)*11라고 부를 것이다.

---

*10 바빌론 유수.
*11 각각 구약성서에 나오는 우상의 이름.

기독교의 본질까지 침투해 들어갔던 히브리인의 편견은 유럽을 뿌리째 뽑아버렸고 과거 천 년으로부터 차단시켰으며, 종교 생활과 세속 생활 사이에 넘을 수 없는 완벽한 장벽을 만들었다. 모든 세속 생활은 이교 시대로부터 계승된 것이다. 이렇게 뿌리가 뽑힌 유럽은 이윽고 기독교의 전통에서 크게 벗어남으로써 점점 설 땅을 잃고 고대와의 영적인 유대를 재구축하는 데도 실패했다. 얼마쯤 더 지나자 유럽이 지구상에 존재하는 다른 모든 대륙을 침략하여 무기, 돈, 기술, 종교를 전파한 결과 이번에는 유럽이 이들 대륙을 뿌리째 뽑아버리게 되었다. 이제는 지구 전체가 뿌리째 뽑혀 과거를 잃어버렸다는 사실에 수긍이 갈 것이다. 이것은 초대 기독교가 그리스도를 살해하기에 이른 전통으로부터 벗어나지 못했기 때문이다. 그러나 그리스도께서 열화 같은 분노를 퍼부었던 대상은 우상숭배가 아니라, 유대의 종교적·국가적 부흥을 부르짖었던 바리새인들이었다. 그들은 그리스 정신의 적이었다. "너희가 지식의 열쇠를 치워 버렸다."*12 인간은 이러한 비난을 전부 이해하고 있을까?

로마가 지배했던 시대에 유대에서 탄생된 기독교에는 노아의 세 아들의 정신도 내포되어 있다. 그래서 함의 정신을 지닌 기독교인과 야벳의 정신을 지닌 기독교인 사이에서 전쟁이 일어났다. 알비파 전쟁이 그 예이다. 툴루즈에 이집트 양식의 로마네스크 조각이 있는 것은 의미심장하다. 그러나 같이 취하고 벌거벗기를 거부했던 아들들의 정신이 기독교인 사이에도 존재한다면, 기독교를 배척하고 공공연히 셈과 야벳의 뒤를 잇는 사람들 중에 그런 정신은 얼마나 더 많을 것인가!

많건 적건, 직접적이건 간접적이건, 의식적이건 무의식적이건 노아와 멜기세덱의 포도주, 즉 그리스도의 피를 정말로 같이 나누는 사람들은 모두 이집트와 두로의 형제이자 함의 양자이다. 그러나 오늘날은 야벳의 아들들과 셈의 아들들이 훨씬 시끄럽게 굴고 있다. 한쪽은 권력을 쥐고 있고 한쪽은 박해를 받는다. 끔찍한 증오심 때문에 서로 분리되어 있지만 그들은 형제이며 닮은 점이 많다. 벌거벗기를 거부하고 옷을 필요로 한다는 점에서 몹시 비슷하다. 그 옷은 육체로, 특히 집단의 열기로 만들어져 있으며, 저마다가 내부에 지닌 병을 빛으로부터 보호한다. 이 옷을 입으면 신은 무해한 존재가 되고, 신을 부인하

---

*12 루카복음서 11 : 52.

는 것도 인정하는 것도, 참된 이름으로 부르는 것도 거짓된 이름으로 부르는 것도 똑같이 가능해진다. 신의 이름의 초자연적인 힘을 통해 영혼이 변형되는 것을 두려워하지 않고 신의 이름을 부를 수 있게 되는 것이다.

많은 이야기와 마찬가지로 막내아들이 놀라운 모험을 하는 이 삼형제의 역사는 지중해 연안에서 멀리 떨어진 곳까지 퍼져 있을까? 이것을 추측하기란 어렵다. 단 인도의 전설은 그 영감의 중심에 그리스 사상과 매우 흡사한 부분이 있지만 그렇다고 인도·유럽 민족에서 나온 전설이라고는 보기 어렵다. 그렇지 않다면 헬레네인이 그리스에 도착했을 때 이미 그런 전설을 가지고 있었어야 하며, 그것을 처음부터 다시 배울 필요가 없었을 것이다. 또 논노스*13에 따르면 디오니소스의 전설 중에 인도에 관한 것이 두 가지 나온다. 자그레우스*14는 히다스페스라는 인도의 강기슭에서 양육되었고, 디오니소스는 인도로 탐험을 떠났다. 무장을 하고 있지 않던 디오니소스는 여행 도중 카르멜 산 남쪽에서 사악한 왕의 군대의 공격을 받고 어쩔 수 없이 홍해로 숨어든다.《일리아스》에도 이 사건이 등장하는데 장소는 언급되어 있지 않다. 이것이 이스라엘과 관련이 있을까? 어쨌든 디오니소스와 비슈누*15 사이에 밀접한 관계가 있음은 명백하다. 디오니소스는 바쿠스라고도 불린다. 인도에 대해 그 이상 말할 수는 없다. 아시아 기타 지역, 오세아니아, 미국, 아프리카 흑인종에 대해서도 말할 수는 없을 것이다.

그러나 삼형제의 전설은 지중해 유역의 역사에 열쇠를 제공한다. 함은 정말로 저주를 받았지만 그것은 지나친 아름다움과 순수성 때문에 운명적으로 불행을 겪어야 하는 모든 사람에게 공통된 것이다. 시대가 흘러감에 따라 많은 침략이 연이어 발생했다. 언제나 침략자들은 일부러 눈을 가린 아들들의 손자였다. 침략한 민족이 이 땅의 정신, 즉 함의 정신에 따르고 거기에서 영감을 얻을 때마다 문명이 일어났다. 침략한 민족이 오만한 무지를 선택할 때마다 야만스러운 풍습이 생겨나고, 죽음보다 더 나쁜 암흑이 수세기 동안 지속되었다.

파도가 일렁이는 그 해안에 함의 정신이 다시 한 번 꽃피우기를 기원한다.

---

*13 5세기 이집트 시인.
*14 그리스신화에 나오는 소년신.
*15 인도의 삼대 신격의 하나.

희생이란 이 몸 안에 존재하는 나

노아가 계시를 받았다는 증거가 또 하나 있다. 성경에는 신께서 노아에게 나타나시어 인간과 계약을 맺었다고 말씀하시는 장면이 나온다. 무지개가 이 계약의 증거였다.*¹ 신께서 인간과 맺은 계약은 즉 계시이다.

이 계시는 희생이라는 개념과 관계가 있다. 신께서 더는 인류를 멸하지 않겠다고 결심하신 것은 노아의 희생의 향기를 맡았을 때였다.*² 이 희생은 속죄였다. 그리스도의 희생이 예견된 순간이라고 볼 수 있을지도 모른다.

기독교인은 매일 그리스도의 수난을 반복하는 미사를 희생이라고 부른다. 그리스도 이전에 있었던 《바가바드기타》에서는 육신을 입은 신이 이렇게 말한다. "희생이란 이 몸 안에 존재하는 나 자신이다." 희생 개념과 강생 개념의 상관관계는 어쩌면 아주 오랜 것인지도 모른다.

트로이 전쟁은 함에 대한 두 형제의 증오가 빚은 가장 비극적인 예 가운데 하나이다. 그것은 함에 대한 야벳의 음모였다. 트로이 쪽에는 함에게서 나온 민족들밖에 없었다. 반대편에는 한 명도 없었다.

예외로 보이는 것이 오히려 그 사실을 명확히 해준다. 크레타인이다. 크레테는 함에서 유래한 문명의 정수 가운데 하나였다. 《일리아스》에서 크레타인은 아카이아인 편에 있다.

그러나 헤로도토스는 그들이 가짜 크레타인이라고 말한다. 그들은 거의 황무지였던 그 섬에 얼마 전부터 살기 시작한 그리스인이었다. 그럼에도 미노스는 그들이 전쟁에 참가하자 화가 나서, 전쟁에서 돌아온 그들에게 전염병을 내렸다. 기원전 5세기 델포이의 무녀 퓨티아는 크레타인이 페르시아 전쟁에서 그리스군에 합세하는 것을 금지했다.

트로이 전쟁은 그야말로 하나의 문명을 송두리째 파괴하려는 시도였다. 그

---

*1 창세기 9 : 12~17.
*2 창세기 8 : 21.

시도는 성공을 거두었다.

호메로스는 트로이를 '성스러운 일리온(트로이를 가리키는 그리스어)'이라고 부른다. 이 전쟁은 그리스인의 원죄였으며 그들의 회한이었다. 이 회한으로 말미암아 학살자들은 그 희생자의 영감을 부분적으로 계승하기에 적합한 존재가 되었다. 그러나 도리아인을 제외하고는 그리스인이 헬레네인과 펠라스기인이 혼합된 집단이었다는 것 또한 사실이다. 이 혼합에 나중에 들어온 집단은 헬레네인이었으나 실제 지배자는 펠라스기인이다. 펠라스기인은 함의 자손이었다. 헬레네인은 그들에게서 모든 것을 배웠다. 특히 아테네인은 거의 순수한 펠라스기인이었다.

학자들 사이에서도 엇갈리는 두 가지 가설 가운데 히브리인이 기원전 13세기에 이집트를 탈출했다는 가설을 받아들인다면, 그 시기는 헤로도토스가 지적한 바와 같이 트로이 전쟁이 발생했을 무렵과 비슷해진다.

그러면 단순한 상정이 가능해진다. 신의 영감을 받았건 받지 않았건, 히브리인이 광야를 충분히 떠돌았으므로 이제 팔레스타인으로 들어가도 좋다고 모세가 판단한 시기는 트로이 전쟁 탓에 군대가 그 땅을 비웠던 시기라는 점이다. 트로이인은 먼 나라에까지 구원군을 요청한 것이다. 여호수아가 이끄는 히브리인은 많은 기적에 의지하지 않아도 별 어려움 없이 무방비 상태의 민족을 학살할 수 있었다. 그러던 어느 날 병사들이 트로이에서 돌아왔다. 정복은 중지되었다. 〈여호수아서〉에 등장하는 히브리인은 〈사사기〉 첫 부분에 나오는 히브리인보다 훨씬 진보된 모습이다. 그리고 여호수아의 지휘 아래 그들이 그 땅에서 완전히 멸했다고 주장하는 민족과 싸운다.

이것으로 왜 트로이 전쟁이 성경에 흔적도 남아 있지 않는가, 왜 히브리인의 팔레스타인 정복이 그리스 전설에 아무런 흔적도 남아 있지 않은가를 이해할 수 있다.

그럼에도 헤로도토스가 이스라엘에 대하여 침묵을 지킨 것은 정말 수수께끼이다. 그 무렵 이스라엘 민족은 언급조차 허용되지 않는 신성모독적인 존재로 간주되었기 때문임에 틀림없다. 무장하지 않은 디오니소스에게 무기를 들이대고 달려들었던 리쿠르고스 왕으로 대표되는 군대가 이스라엘 민족이라면 있을 수 있는 일이다. 그러나 히브리인들이 유랑생활에서 돌아와 신전을 다시 세운 뒤로는 확실한 변화가 있었다.

시몬 베유의 생애와 철학

시몬 베유의 회상

귀스타브 티봉

시몬 베유의 그리 많지 않은 저작을 세상 사람들 앞에 드러내는 것은 고통이다. 이제까지 시몬 베유라는 사람과 그 사상에 대해 아는 기쁨을 극소수의 친구들하고만 나눠 온 나로선 가족의 비밀을 누설하는 느낌이 들어 견딜 수가 없다. 다만 한 가지는 위안이 된다. 세상에 널리 알림으로써 그 순결함에 때가 타는 건 어쩔 수 없다 해도, 베유의 증언이 이를 초월하여 그녀의 영혼과 자매처럼 통하는 몇몇 영혼에게도 도달하리란 믿음이다.

이 작품을 '소개'하려면 거기에 덧붙여 나의 이야기까지 해야 하니, 그것도 괴로운 일이다. '내 비밀은 내 것'이라는 말이 있다. 많은 현대작가들이 이토록 수치를 몰라 자서전이나 고백록이 유행하여, 마음속 비밀을 둘러싼 성벽을 허물고 그 안의 가장 깊숙한 곳까지 독자들을 안내하려는 경향이 일반적이 되었다는 것이 필자로선 참으로 놀랍고도 당황스런 일이다. 하지만—이 글의 첫머리에 내 이름을 내걸기 위한 변명밖에 되지 않을지 모르지만—내가 시몬 베유라는 사람의 진정한 모습을 알게 되고, 그리하여 이제 그 사상을 세상 사람들에게 소개하는 분에 넘치는 명예를 얻게 된 마당이니 그 흔치 않은 사정을 밝혀 두는 것이 내 의무라고 생각한다.

1941년 6월, 마르세유에 살던 친구인 도미니크회 소속 페랭 신부[1]에게서 편지 한 통을 받았다. 지금은 없어졌지만 다음과 같은 내용이었다.

"이곳의 지인 가운데 젊은 유대인 여성이 한 사람 있습니다. 철학교수 자격증을 가진 극좌파 투사로 최근의 법령[2]에 따라 대학에서 쫓겨났는데, 한

---

[1] 조제프 마리 페랭 신부는 당시 마르세유의 도미니크회 수도원장. 거의 눈이 보이지 않으면서도 각국의 망명자와 피난민 구제사업을 하고 있었다.

[2] 비시(Vichy)정부(1940년 6월 프랑스가 독일에 항복한 후 비시에 세운 친독정권)가 공표한 유대

동안 시골 농가에서 농사일을 돕고 싶다고 합니다. 내 생각에 그런 체험은 철저한 감독 아래 하는 게 좋을 것 같아서, 당신에게 이 젊은 여성을 부탁하고 싶습니다."

나는 이 편지의 취지에 대해 잠시 생각해 보았다. 다행히 나는 어떠한 반유대인 사상에도 물들지 않았다. 그러나 체험으로 알게 된 유대인 기질의 장단점에 따르면, 그녀는 아무래도 나하고 잘 맞지 않을 듯했다. 특히 함께 생활하는 데 필요한 여러 면에서 부딪히는 점이 너무 많을 것 같았다. 게다가 사물에 대한 기본 인식방법에서도 나는 극좌파 투사와는 큰 차이가 있었다. 또 철학교수 자격자라는 것도 약간 미심쩍게 생각되었다. 나는 흙을 그리워하는 지식인에 대해서도 조금은 알아서, 극히 일부를 제외하면 거의가 몽상가 부류에 속하며, 그런 사람들이 생각하는 것은 대부분 별로 좋지 못한 결과로 끝난다는 사실을 알고 있었다. 그래서 일단 거절하고 싶은 기분이었다. 그러나 모처럼만의 친구 부탁이라 들어 주고 싶은 마음, 우연한 운명에 따라 내 인생길 위에서 만나게 된 사람을 꼭 피해야 하나 하는 반성, 또 그 무렵 이미 박해의 대상이 되어 있었던 유대인에 대한 동정이 결합되고, 일종의 호기심까지 느껴져서 나중에는 처음의 기분과 상당히 달라져 있었다.

며칠 뒤, 시몬 베유가 집에 도착했다. 처음에 우리의 관계는 호의로 넘쳤지만 상당한 노력을 요하는 것이었다. 구체적인 면에서는, 첫째로 우리는 거의 모든 점에서 맞지 않았다. 그녀는 딱딱하고 단조로운 목소리로 끝없이 토론을 이어갔다. 도무지 끝나지 않을 것 같던 그런 대화에서 벗어나면, 나는 말 그대로 녹초가 되곤 했다. 그 무렵 나는 그런 그녀에게 압도되지 않으려고 인내와 붙임성으로 단단히 무장하고 상대했다. 이윽고 생활을 함께하는 데서 나오는 특별한 성과가 나타났다. 그녀 성격의 그러한 참을 수 없는 일면도 그녀의 본질에서 나오는 것이 아니라 단순히 외적인 자아 표출에 지나지 않음을 서서히 이해하기 시작했던 것이다. 실질과 겉모습이 그녀의 경우에는 거꾸로 되어 있었다. 그래서 세상 대부분의 사람들과는 반대로, 그녀는 속을 터놓는 친밀한 분위기 속에서 갈수록 그 진가를 알게 되는 사람이었다. 그녀는 그리 유쾌하지

인 관련 법규 중에는 교수자격 박탈에 관한 조문이 있었다.

않은 성격의 일면을 무서울 정도로 솔직하게 드러냈지만, 자신의 가장 좋은 것을 보여 주기 위해 많은 시간과 사랑이 필요했고 수치심도 극복해야 했다. 그 무렵 그녀는 온 마음을 기울여 그리스도교에 마음을 열기 시작했다. 한 점 얼룩도 없는 순수한 신비의 빛이 그녀에게서 나오는 것 같았다. 한 인간이 종교의 신비와 이토록 잘 어울리는 모습을 나는 이제까지 한 번도 본 적이 없다. 그녀를 만나기 전까지는 '초자연'이라는 말이 그토록 실감 넘치는 줄 몰랐다.

신에게 마음을 두는 지식인들은 대부분, 아무런 관련도 없는 상황에서 종교적인 사변(思辨)에 빠진다는 것을 유일한 증거로 삼는다. 그러나 그 신비의 빛은 그런 사변과는 아무 공통점이 없었다. 그녀는 단순히 '아는 것'과 '온 정신을 다하여 아는 것' 사이에는 절망적인 거리가 있음을 잘 알았고, 스스로 그 거리를 체험하고 있었다. 그녀에게 삶의 목적은 단순히 그 거리를 없애는 데 있었다.

그녀의 나날이 펼쳐지는 모습을 눈으로 볼 기회가 넘칠 만큼 많았던 나로서는, 그 영적인 사명이 참으로 진실한 것이었다는 점에 대해 조금도 의심할 여지가 없었다. 그녀의 행위 하나하나는 모든 집착을 버린 마음과 신앙의 구체적인 발현이었다. 때로는 현실과 동떨어진 태도를 보여 어리둥절하게 만들기도 했지만 그녀는 한없이 넓은 마음을 지니고 있었다. 그녀의 금욕적인 태도도, 레옹 블루아[*3]의 표현을 빌리면 '그리스도교도가 적당히 눈치를 살피면서 순교를 향해 길을 나아가는' 모든 것이 어정쩡한 현대에는 정도가 지나쳐 보였을지도 모른다(실제로 오늘날에는 중세의 몇몇 성인들의 상식을 벗어난 고행이 일종의 좌절을 불러일으킬 수도 있다). 그럼에도 감각적인 흥분 상태에서는 완전히 벗어나 있어서 그녀의 고행과 내면생활 사이에서는 어떠한 차이도 볼 수 없었다.

그녀는 우리 집이 너무 편하다고 느껴지자, 내 아내의 부모님이 소유하고 있던 론 강변의 반쯤 무너진 시골집에서 살게 해 달라고 부탁했다. 그녀는 날마다 일을 하러 이곳에 찾아왔다. 식사를 하고 싶으면 집에 와서 먹었다. 허약하고 병든 몸이었지만(한평생 그녀는 견딜 수 없는 두통에 시달렸다. 게다가 몇 년 전에 걸린 늑막염의 후유증이 아직도 남아 있었다) 굴하지 않고 씩씩하게 일했고, 먹는 것은 길가의 풀숲에서 딴 오디만으로 버틸 때도 종종 있었다. 매달 그

---

*3 프랑스의 작가(1846~1917). 가톨릭적 세계관에 가득 차서 신랄한 시대비판을 펼쳤다.

녀는 자기 식량배급표의 반을 정치 문제로 붙잡혀 있던 사람들에게 보냈다. 정신적인 부(富)는 더욱더 아낌없이 사람들에게 나눠 주고 돌아보지 않았다. 매일 저녁 일이 끝나면, 나에게 플라톤의 위대한 문장에 대해 설명해 주었다(나는 그때까지 그리스에 대해 공부할 시간이 없었다). 뭔가를 창작하는 것과 마찬가지로 그녀의 가르침에는 생생한 힘이 깃들어 있었고, 그 교수법은 가히 천재적이었다. 같은 마을에 사는 지능이 좀 모자라는 소년에게도 수학의 기초를 가르치려고 열정과 애정을 기울이기도 했다. 지혜의 씨앗을 뿌리고자 분발한 나머지 이따금 우스꽝스러운 착각을 할 때도 있었다. 일종의 높은 평등주의에 따라, 자신이 서 있는 높은 곳이 모든 사람에게도 기준이 된다고 생각한 것이다. 그녀는 가장 수준 높은 내용을 가르치면서도 그것을 이해할 수 없을 정도로 무능력한 정신은 거의 없다고 판단했다. 로렌 주 출신의 젊은 여공에게 지적인 소질이 있다고 믿은 그녀가 오랜 시간을 들여 《우파니샤드》[4]를 열심히 강의했던 일이 아직도 생각난다. 가엾게도 소녀는 죽을 만큼 지루했지만, 두려움과 상대를 실망시키고 싶지 않은 마음에 아무 말도 하지 못했다…….

가족끼리의 친근한 분위기에서는 상당히 유쾌하고 기지에 넘치는 친구였다. 지나치지 않은 농담을 하고, 악의 없는 야유를 보내는 일도 있었다. 남보다 뛰어난 학식은 내면생활을 거의 그대로 표현한 것인가 하는 생각이 들 정도로 그녀의 인격에 깊이 배어 있었고, 그녀와의 대화에 잊을 수 없는 매력을 더해 주었다. 그러나 그녀에게는 커다란 결점이 하나 있었다(어떻게 보느냐에 따라 좀처럼 드문 장점이라고도 할 수 있었다). 그것은 사회생활에서의 필요와 예의에 대해 어떠한 양보도 하지 않는다는 점이었다. 그녀는 언제나 자신이 생각하는 것을 그대로, 어떤 사람에게든 어떤 상황에서든 말해 버렸다. 그런 진솔한 태도는 무엇보다 사람들의 마음에 대한 깊은 배려에서 나온 것이었지만, 그것이 오히려 여러 가지 재난을 부르는 원인이 되었다. 물론 재난이라고 해도 대부분 웃고 넘길 수 있는 것이었으나, 세상을 향해 모든 진리를 큰 소리로 떠들어도 되는 시대가 아니었기 때문에, 그 중에는 비극적인 결과를 불러일으킬 수 있는 것도 있었다.

여기서 그녀의 사상이 역사적으로 어떤 원천에서 나왔고, 어떤 영향을 받았

---

*4 고대 인도의 철학서. 정통 바라문 사상의 원천을 이루며, 200여 편이 현존한다.

나 하는 일람표를 만들 생각은 없다. 그녀는 날마다 복음서에서 일용할 양식을 얻고 있었고, 그 밖에도 인도와 중국 도교의 뛰어난 경전, 호메로스, 그리스 비극작가를 연구했고, 특히 플라톤을 열렬히 사랑하여 그의 사상을 지극히 그리스도교적인 방향으로 해석하기도 했다. 반면 아리스토텔레스는 싫어했는데, 그것은 위대한 신비적 전통을 맨 처음 죽음으로 내몬 인간이라고 보았기 때문이다. 종교 작가로는 십자가의 성 요한이, 문학자로는 셰익스피어, 영국의 몇몇 신비주의 시인들, 라신이 그녀의 정신에 영향을 남겼다. 같은 시대의 사람으로는 폴 발레리와 《에스파냐의 유서》를 쓴 케스틀러 말고는 거의 언급하지 않았다. 케스틀러의 그 책에 대해 나에게 얘기해 주었을 때, 그녀는 완전히 감탄한 것 같았다. 그녀는 무언가가 좋아지면, 무언가가 싫어질 때와 마찬가지로 갑자기 빠져들었다. 그 밖에 어떤 이유도 필요하지 않았다. 그녀는 진정한 의미에서 천재적인 작품에는 고도의 정신이 요구된다는 것, 엄격한 내면의 순화를 거치지 않으면 완전한 표현에 도달할 수 없다는 것을 굳게 믿었다. 그렇게 순수함과 내면적인 진실을 배려했기 때문에, 그녀는 아주 미미하게나마 어떤 효과를 노리는 의도가 있거나, 불성실함과 과장의 요소가 조금이라도 보이는 작가에게는 가차 없었다. 이를테면 코르네유·위고·니체 등이 그러했다. 그녀는 또한 허식 없는 영혼의 모습을 '번역'하는 것으로서 군더더기를 모두 쳐낸 문체를 가장 중시했다. 그녀는 그런 것을 편지에 써 보낸 적이 있었다.

"표현의 노력이란 그저 형식에만 치우쳐서는 안 되며, 사고(思考)와 인간의 내면성 전체로 향해야 합니다. 꾸밈없는 표현에 도달하지 않으면, 사고도 진정한 위대함을 접하지 못할뿐더러 거기에 가까이 다가갈 수도 없습니다······ 문장의 올바른 쓰기는 번역할 때처럼 쓰는 것입니다. 외국어로 쓴 문장을 번역할 때는 무언가를 덧붙여서는 안 됩니다. 오히려 아무것도 덧붙이지 않으려고 신중에 또 신중을 거듭해야 하지요. 기록된 문장이 아니더라도 그 번역을 시도할 때는 그렇게 해야 합니다."

우리 집에서 몇 주일을 보낸 뒤, 그녀는 자기가 지나친 애정을 받고 있다는 것을 깨닫고 다른 농가에 가서 일하기로 결심했다. 이름 없는 사람들 속에서 자기도 이름 없는 사람이 되어, 진정한 농민노동자의 조건을 함께 나누고 싶었기 때문이다. 나는 그녀를 옆 마을에 있는 대지주의 포도 따는 작업반에 소개해 주었다. 그곳에서 그녀는 한 달이 넘도록 영웅적이라 할 만큼 성실하게 일했다. 워낙 허약한 데다 노동에 서툴면서도, 주위의 건장한 농부들보다 작업시간을 줄이는 것은 언제나 거부했다. 지병인 두통이 심해져서 악몽 속에서 일하는 것 같은 느낌이 들 때도 있었다. 한 번은 나에게 이런 말을 한 적이 있다.

"어느 날 나도 모르는 사이에 죽어서 지옥에 떨어진 게 아닐까, 지옥이라는데는 영원히 포도만 따야 하는 곳이 아닐까 하는 생각을 한 적이 있어요……."

이 궁극적인 체험을 끝내고 그녀는 마르세유로 돌아갔다. 그곳에는 독일군의 침략 때문에 파리에서 탈출한 부모가 임시로 와 있었다. 나는 마르세유에도 몇 번인가 그녀를 만나러 갔다. 카탈랑 거리의 그 작은 아파트에서는 눈부신 수평선을 멀리 내려다볼 수 있었다. 그동안 그녀의 부모는 미국으로 떠날 준비를 하고 있었다. 그녀는 불행한 조국에 대한 애착을 버리지 못하고, 박해받는 친구들과 운명을 함께하고 싶었기 때문에, 부모를 따라 갈지 아니면 혼자 남을지 오랫동안 결정을 내리지 못하고 있었다. 결국은 미국행을 결심했는데, 그쪽에 가면 소련이나 영국으로 건너갈 수 있는 방편이 있을지도 모른다는 기대 때문이었다.

마지막으로 그녀를 만난 것은 1942년 5월 초였다. 역까지 배웅하러 나간 나에게 서류가 잔뜩 든 가방을 하나 건네주면서, 그녀의 망명 동안 그것을 읽고 맡아달라고 부탁하는 것이었다. 헤어지기 직전 나는 마음의 동요를 겉으로 드러내지 않으려고 일부러 농담처럼 말했다. "또 만납시다, 이 세상, 아니면 저세상에서." 그러자 그녀는 정색을 하고 이렇게 대답했다. "저세상에선 만날 수 없을걸요." 이 세상에서 각자의 '경험적인 자아'를 형성하는 경계는 영원한 생명 속에서 하나가 될 때 사라져 버린다는 의미였으리라. 나는 한동안 그녀가 거리 저편으로 사라져 가는 모습을 바라보았다. 우리는 그 뒤 다시는 만나지 못할 터였다. 시간 속에서는 영원한 것과의 만남은 무서우리만치 덧없이 지나가 버린다.

집에 돌아온 나는 시몬 베유의 원고를 읽기 시작했다. 그것은 열 권 가량의 노트로, 날마다 자신의 생각을 기록한 것이었다. 각국 말에서 인용한 글들이 섞여 있고, 그녀만이 알아볼 수 있는 기호가 곳곳에 들어 있었다. 그때까지 내가 읽은 그녀의 작품이라고는 시 두세 편과 〈카이에 뒤 쉬드〉지에 자기 이름의 철자 순서를 바꿔 에밀 노비스라는 가명으로 발표한, 호메로스에 관한 역작 정도가 다였다. 이 글들은 그 노트에서 발췌한 것이다. 나는 그 뒤에 한 번 더 시몬 베유에게 편지를 보내, 그 노트가 나를 얼마나 감동시켰는지 알릴 기회가 있었다. 알제리의 오랑에서 그녀는 다음과 같은 편지를 보내왔다. 개인적인 내용이 들어 있지만 그 전문을 인용하고자 한다. 그 속에서 그녀 자신이 이 책의 출판 이유를 설명하고 또 변명하기 때문이다.

"그리운 친구여, 지금이야말로 서로 영원한 '안녕'을 고해야 할 때인 것 같군요. 앞으로는 가끔 편지를 받는 것조차 어려워지겠지요……. 서로 사랑하는 세 분이 살고 계신 그 생마르셀의 집이 처참한 운명의 손에서 벗어나길 기도하고 있습니다. 그곳에는 뭔가 무척 소중한 것이 있습니다. 인간의 생존은 너무나 연약하고 너무나 위태로워서 두려움에 떨지 않고는 그것을 사랑할 수가 없습니다. 저를 뺀 모든 사람들이 모든 불행의 가능성에서 완전히 보호받지 못한다는 것을, 마음속 깊이 어쩔 수 없는 일이라고 느낀 적은 지금까지 한 번도 없었습니다. 이건 하느님의 뜻에 따라야 하는 의무에는 무척 어긋나는 일이지만…….

당신은, 제 노트 속에는 생각보다 많은 것이 들어 있고, 생각도 하지 못했던 것까지 담겨 있다, 하지만 그것은 남몰래 기대했던 것이라고 하셨습니다. 그렇다면 그것들을 당신의 소유로 하셔도 상관없습니다. 그것들이 당신의 내부에서 변화를 거쳐, 언젠가 당신의 저작 속에 나타나 준다면 저에게도 기쁜 일이라고 생각합니다. 어떤 사상도 저와 운명을 함께 하기보다는 당신과 운명을 함께하는 편이 분명 훨씬 나을 테니까요. 이 세상에서 저는 틀림없이 좋은 운명을 누릴 수 없을 거라는 기분이 듭니다(저세상에 더 좋은 운명이 기다린다고 기대하기 때문은 아닙니다. 그런 건 믿을 수 없는 일이지요). 전 다른 사람과 운명을 함께 하기에 적합한 인간이 아닙니다. 인간은, 다소의 차이는 있을지언정, 그런 건 누구나 예감할 수 있지요. 한데 저도 어째서 그런지는 모르겠지만, 이상하게도 제 사상에는 분별이 부족한 것처럼 생각됩니다. 그래서 이런 저에게도 찾아와 준 사상에게 좋은 안식처를 마련해 주는 것 말고는 아무런 바람이 없습니다. 그러한 사상이 당신의 펜 아래 깃들 곳을 발견하고, 형태를 바꿔 당신의 모습을 반영하게 된다면 얼마나 기뿔까요? 그러면 저도 책임감과 마음의 부담이 어느 정도는 가벼워지겠지요. 진리는 도저히 상상할 수 없을 만큼 동정심을 듬뿍 기울이며 저에게 그 모습을 이따금 보여 주려고 하는데도, 저는 제 자신의 온갖 결점 때문에 보이는 그대로의 진리를 섬기지 못하고 있습니다. 그렇게 생각하니 뭔가 무거운 것이 가슴을 짓누르는 것 같군요. 아무쪼록 이 모든 것을 받아 주시기 바랍니다. 저도 가식 없이 말씀드리는 것이니, 부디 아무 말씀 마시기를. 진리를 사랑하는 사람에게는 실제로 글을 쓸 때 펜을 드는 손도, 그 손과 떼어 놓을 수 없는 육체와 영혼도, 또 그 사회적인 외형도 모두 아주 조그만 중요성밖에 지니지 않습니다. 등급 따위는 매길 수도 없을 정도로 조금뿐입니다. 그러므로 실제로 누가 썼는가 하는 것은, 그게 저이든 당신이든 또 제가 존경하는 작가 중 누군가이든 저는 기껏해야 그 정도의 중요성밖에 인정할 수 없습니다. 제가 다소나마 경멸하는 작가에 대해서만 누가 썼는가 하는 것이 문제가 됩니다.

그 노트들에 대해 당신이 들려주고 싶은 사람이 있다면 마음에 드시는 대목을 읽어 주셔도 좋지만, 한 권이라도 누군가의 손에 넘어가지는 않도록 해달라는 건 이미 말씀드렸지요……. 하지만 3, 4년 동안 제 소식을 듣지 못하시면 완전히 당신의 것이 되었다고 생각해 주세요.

당신에게 이 모든 말씀을 드리는 것은 마음의 거리낌을 조금도 남기지 않고 떠나고 싶어서입니다. 단 한 가지, 아직 제 안에 남아 있고, 충분히 성장하지 않은 것까지 전부 당신에게 맡길 수 없어 유감이군요. 그렇지만 다행히도 제 안에 있는 것은 어차피 가치가 없는 것이거나, 아니면 완전한 형태로는 제 외부의 정결한 장소에 깃들어 있는 것으로, 그곳에 있으면 어떤 손상도 입지 않고 언제든지 다시 아래로 내려올 수도 있습니다. 그러고 보면 저에 관한 건 무엇 하나 중요한 게 없다고 해야겠지요.

그리고 저는 이렇게 생각하고 싶습니다. 작별은 어느 정도 충격이겠지만, 앞으로 저에게 무슨 일이 일어나든 당신이 그 때문에 슬퍼하는 일은 결코 없으리라고. 또 때로 저를 생각해 주는 일이 있더라도, 어린 시절에 읽은 책에 대한 추억 같은 것으로 여겨 주시리라고. 저는 제가 사랑하는 사람들에게 어떠한 고통도 주지 않을 거라고 확신하고 싶기 때문에, 누구의 마음속에서든 아무리 작은 장소도 차지하고 싶지 않습니다.

저에게 따뜻한 위안이 되는 수많은 말을 건네고 또 써 보내신 당신의 관대한 마음을 잊지 않겠습니다. 하기야 지금은 그런 말조차 믿을 수 없는 상황에 있습니다. 그래도 역시 그런 말들이 의지가 되는 건 변함없습니다. 사실 너무 충분할 정도지요. 앞으로도 계속 편지를 주고받을 수 있을지는 모르겠습니다. 하지만 그런 일은 그리 중요하지 않다고 생각해야겠지요…….

만약 제가 성자라면 그 편지 속 제안을 받아들일 수 있겠지요. 또 제가 무척 비열한 인간이어도 마찬가지로 승낙할 수 있었을 겁니다. 전자라면 저의 고집 따위 하찮을 테고, 후자라면 오직 그것만이 소중할 테니까요. 하지만 전 어느 쪽도 아니기 때문에 문제가 되지 않습니다…….”

시몬 베유는 다시 카사블랑카에서, 이어서 마지막으로 뉴욕에서 편지를 보내왔다. 그 뒤 비점령 지대까지 독일군이 점거했기 때문에, 우리의 편지 왕래는 끊기고 말았다. 1944년 11월, 그녀가 귀국하기를 기다리던 나는 우리 둘 모두의 친구들을 통해 이미 1년 전에 그녀가 런던에서 사망했다는 소식을 들었다.

＊

시몬 베유는 너무나 순수했기 때문에 많은 비밀을 숨기고 있을 수가 없었다. 자기 자신에 대해서도 다른 모든 것과 마찬가지로 아무런 가식 없이 말했다. 그래서 나 자신의 기억과, 그녀와 둘이서 나눈 대화에 의지하면, 겉으로 그녀와 꼭 닮은 초상을 그려내기란 간단한 일일 테고, 인생의 사소한 일들이나 일화를 좋아하는 사람이라면 그녀의 그 특이한 생애에 빠져들 수밖에 없을 것이다. 그러나 그러기에는 나는 그녀를 너무나 사랑했다. 작가가 동료에 대해 얘기하듯 오빠가 누이동생에 대해 얘기할 수는 없는 것이 당연하다. 더욱이 이렇게 높은 영적 양식을 아롱다롱한 색깔의 파프리카로 맛 내는 것은 그리 좋은 취향이라고 할 수 없다. 그래서 나는 우리가 만나기 전후의 그녀의 생애에 대해 중요한 윤곽만 대충 스케치하고자 한다.

그녀는 1909년 파리에서 태어나 알랭에게서 배우고, 고등사범학교에 들어가 철학교수 자격시험에 뛰어난 성적으로 합격했다. 이어 여기저기 중고등학교 교사로 근무하면서 일찍부터 정치활동에도 열심히 참여했다. 말할 것도 없이 그녀는 직업이나 체면에 비추어 적합한지 어떤지에 대해서는 전혀 아랑곳하지 않은 채 혁명적인 신념을 겉으로도 드러냈다. 그 결과 당국과 여러 번 분쟁을 일으켰는데, 그에 대해서도 그녀는 초연하게 내려다보는 듯한 태도로 대응했다. 그녀에게 어느 장학관이 징계처분을 암시하며 어쩌면 면직이 될지도 모른다고 위협했을 때, 그녀는 미소 지으면서 이렇게 대답했다.

"장학관님, 제 직업상 가장 어울리는 마무리는 면직이라고 줄곧 생각해 왔습니다."

그녀는 극좌파 대열에 가담하여 투쟁하고 있었는데, 어떠한 정치조직에도 결코 가입한 적이 없고, 당파와 인종이 무엇이든 오직 약자와 억압받는 자를 보호하는 것으로 일관했다. 가난한 사람들의 처지를 가장 밑바닥까지 함께 경험하고 싶어서, 휴가를 내고 르노의 공장에 들어간 뒤 누구에게도 신분을 밝히지 않은 채 1년 동안 프레이즈공(工)으로 일했다.*⁵ 노동자 거리에 방을 하나 빌려서, 오직 노동으로 버는 약간의 수입만으로 생활했다. 이 체험은 늑막염에 걸리는 바람에 중단할 수밖에 없었다. 에스파냐 내란 때는 적군(赤軍)의 전열에 뛰어들었으나, 끝까지 무기는 들지 않으리라 결심하고 전투원이라기보다 단순히 고무하는 역할을 했다. 그러다 사고가 나서 부상을 입고(불운하게도 다리에 뜨거운 기름을 쏟아 화상을 입었다) 프랑스로 돌아와야 했다.

그녀의 인생 전체를 통해 늘 그랬듯이, 이런 비극적인 사건이 일어났을 때도 그녀를 깊이 사랑했던 부모는 딸의 영웅적인 정신의 폭주에 몹시 괴로워하면서도 변함없는 사랑으로 그녀를 포용했다. 덕분에 극히 미량의 불순물이 들어 있어도 이 세상에 머물 수 없는 그녀의 인생은 조금이나마 연장되었다. '카라마조프 집안 형제들이 그 본성의 낮은 부분에서 이끌어 내는 그 힘', 인간을 대지에 발붙이게 하는 그 힘이 그녀에게는 이상하리만치 결핍되어 있었다…….

1940년부터 1944년까지*⁶ 프랑스 전체에 심각한 분열을 불러일으킨 다양한 사건들이 일어났을 때, 시몬 베유가 어떠한 태도를 취했는지 되짚어 보기에 앞서, 나는 특별히 다음과 같은 점을 강조해 두고 싶다. 그녀의 메시지에 담긴 영

---

*5 1934년 12월 4일, 알스톰 전기공장에 입사하여 이듬해 4월 5일에 해고되었다. 같은 달 11일부터 바스 안도르 철공소 카르노 공장에 들어갔다가 5월 7일에 계약만료로 퇴사, 6월 5일에 르노 공장에 고용되어 7월 31일에 병 때문에 퇴사한 것이 시몬 베유의 공장체험 전부이다.

*6 1940년 7월, 비시에 페탱을 주석으로 하는 대독협력정부 성립, 런던에는 드골 지휘 아래 자유프랑스정부가 결성되어, 전쟁 계속 의지를 확인하고 레지스탕스 운동을 조직한다. 이 분열은 1944년 6월, 연합군의 노르망디 상륙, 파리 해방까지 계속된다.

원하고 초월적인 내용을 정치 현실에 빗대어 해석하거나 당파싸움에 끌어넣는 것은, 그녀의 추억을 손상시킨다는 점이다. 어떠한 당파, 어떠한 사회적 이데올로기도 그녀를 자신들의 아군으로 주장할 권리가 없다. 그녀는 민중을 사랑하고 모든 억압을 미워했지만, 그것이 그녀를 좌익 진영에 집어넣을 수 있는 충분한 이유는 되지 않는다. 그녀는 진보를 인정하지 않고 전통을 존중했지만, 그렇다고 그녀를 우익에 분류하는 것은 허용되지 않는다. 그녀는 정치 참여에도 다른 모든 일에 쏟아부은 것과 똑같은 정열을 기울였다. 그러나 하나의 관념, 국가, 계급을 우상으로 만들어 내지 않고, 사회적인 것은 무엇보다도 상대성과 악의 영역에 지나지 않는다고 보았다(그녀는 또 이렇게도 쓰고 있다. "사회적인 것에 대한 깊은 명상은 이 세상으로부터 벗어난 은둔만큼 유익한 방법이다. 그 점에서 내가 그토록 오랫동안 정치 주변에서 맴돈 것은 잘못이 아니었다"). 그리고 그런 면에서 초자연적인 영혼이 해야 할 의무는, 하나의 방침을 광신적으로 관철하는 것이 아니라, 끊임없이 패자와 피억압자 쪽을 향함으로써 균형을 회복하려고 노력하는 것임을 알고 있었다. 그렇기에 공산주의를 싫어하면서도 소련의 국토가 독일군의 군화 아래 짓밟혀 피 흘릴 때 그 나라에 가려고 한 것이다. 그녀의 정치활동, 사회활동의 사고방식에서 가장 중요한 것은 바로 이 균형이라는 관념이다.

"사회의 균형이 어디서 무너졌는지를 알면, 가벼운 쪽 접시에 추를 더 얹기 위해 모든 일을 다 해야 한다. 그 추가 설사 악이라 하더라도 균형을 되찾는다는 의도로 그것을 다룬다면, 아마 우리를 더럽히지 않을 것이다. 그러나 먼저 균형에 대해 제대로 이해해야 하며, '승리자의 진영에서 달아나려고 하는' 정의를 본받아, 자신도 언제든지 자리를 바꿀 마음의 준비를 하고 있어야 한다."

이러한 정신의 소유자인 그녀는 휴전 조약이 체결되자, 그 기원과 목적이 가지각색임에도 오늘날 전체를 싸잡아서 '레지스탕스'라 부르는 운동에 이끌려 갔다.*7 미국으로 출발하기 전에도 프랑스의 국가경찰과 분쟁을 일으켰던 그녀가 게슈타포(나치의 비밀경찰)가 제멋대로 활개를 치던 시기에 프랑스에 남아 있었더라면, 운명이 어떻게 흘러갔을지 의심할 여지가 없다. 미국에 도착한 그녀는 곧 레지스탕스에 가담하기 위해 이리저리 뛰어다녔다. 1942년 11월에는

---

*7 마르세유에서는 그녀의 간호부대에 대한 계획이 새나가서 군법회의에 불려간 적도 있고, 그리스도교도들의 저항운동 기관지 〈그리스도인의 증언〉을 배포하는 일에 협조한 적도 있다.

런던으로 가서 한동안 모리스 쉬망*8 씨의 사무실에서 일했다. 그리고 집요하게 프랑스에 파견해 달라고 요구했지만, 그녀의 인종적 특징은 사람들 눈에 너무 쉽게 띄기 때문에 그 바람은 이루어지지 않았다. 그 시절 프랑스인들을 어둡게 따라다니던 위험에 뛰어드는 것이 허락되지 않자, 그녀는 적어도 그 궁핍만이라도 함께 나누고 싶어서, 자신의 식사를 엄밀하게 제한하여 프랑스 국내에서 배급표로 지급되는 양만큼만 먹기로 했다. 이미 흔들리기 시작했던 그녀의 건강은 그러한 식사제한 때문에 하루하루 무너져 갔다. 굶주림과 결핵이 건강을 완전히 해치자 그녀는 병원에 입원해야 했다. 병원에서도 자기가 특별한 간호를 받는 것을 몹시 괴로워했다. 나는 일찍이 그녀가 우리 집에 있었을 때부터 그녀의 그런 특별한 성격을 간파하고 있었다. 그녀는 자신이 특권적인 지위에 있는 것에 공포를 느끼며, 일반적인 수준 이상으로 그녀를 끌어올리려는 배려의 손길이 다가오면 늘 거칠게 뿌리쳤다. 사회 계층의 가장 낮은 밑바닥에서 빈곤자와 이 세상의 실격자들 속에 섞여 있어야만 마음이 편한 그런 사람이었다. 시골로 옮겨 자연의 풍광을 다시 접하게 된 기쁨을 고백했지만, 그녀는 머지않아 그곳에서 죽게 된다. 그녀의 마지막이 어떠했는지 자세한 것은 전혀 모른다. "죽음의 고뇌는 마지막으로 통과하는 어두운 밤이다. 완전함을 얻은 사람들조차 절대적인 순수에 이르기 위해서는 그것이 필요하다. 그러니 고통은 힘들고 가혹한 편이 낫다"고 그녀는 말했다. 그녀의 생애는 이미 충분히 괴롭고 힘들었으므로, 그녀에게는 차라리 편안한 죽음이 은혜였을 것이라고 나는 감히 생각하고 싶다.

*

　시몬 베유의 문장은 주석 따위를 붙이면 오히려 품위를 잃고 왜곡만 하게 되는 위대한 작품의 부류에 들어간다. 그러한 문장을 소개할 만한 자격이 나에게 있다면, 그것은 오직 작자와 내가 친구이고, 둘이서 오랫동안 대화를 나눈 적이 여러 번 있었기 때문이다. 그래서 그녀의 사상에 다가가기가 좀 쉬웠고, 지나칠 만큼 거칠게 생략하거나 잘 다듬어지지 않은 일부 문장에 정확한 조명을 비추어, 계통적인 문맥 속에 다시 자리를 잡아주는 작업을 비교적 수

---

*8 고등사범학교 시절의 동급생으로, 자유프랑스정부의 요인 가운데 한 사람이었다.

월하게 할 수 있었던 것이다. 파스칼의 경우처럼, 거기에 있는 것은 하루하루 공을 들였으되, 때로는 임시로 쓰기 위해 급하게 지은 응급 건조물에 지나지 않음을 잊지 말자.[9] 그것은 더욱 완전한 건축을 목표로 했지만 안타깝게도 끝내 햇빛을 보지 못하고 말았다.

그러한 문장은 아무런 꾸밈이 없고 단순함 그 자체이다. 거기에 표현된 내적인 경험이 그랬던 것처럼. 실제 생활과 언어 사이에는 어떠한 여분의 충전물도 채워져 있지 않으며, 정신과 사고와 표현이 틈새 하나 없이 한 덩어리를 이루고 있다. 설령 내가 개인적으로 시몬 베유라는 사람을 몰랐다 해도, 문체를 보기만 해도 그 증언의 진실함을 확신할 수 있었을 것이다. 그녀의 사상에서 가장 놀라운 점은 그것을 적용할 수 있는 범위가 다방면에 걸쳐 있다는 것이다. 그것은 그 자신의 단순함으로 접하는 모든 것을 단순화한다. 우리를 존재의 맨 꼭대기로 데려가서 끝없이 중첩된 지평선을 한눈에 보게 한다. 그녀는 이렇게 말했다. "모든 가치판단을 받아들여야 한다. 그러나 그 의견들을 수직으로 배열하고 저마다 어울리는 수준에 위치를 정해 줄 것." "중첩된 여러 가지 해석을 받아들일 수 있을 정도로 실재적인 것은 모두 죄가 없거나 선한 것이다." 그녀 작품의 한 페이지 한 페이지마다 그러한 위대함과 순수함의 표시를 볼 수 있다.

이를테면 라이프니츠도 해결할 수 없었던 옵티미즘(낙천주의)과 페시미즘(염세주의)의 끝없는 싸움을 단번에 청산하는 단상(斷想)이 여기에 있다.

"피조물과 신 사이에는 온갖 단계의 거리가 있다. 신을 향한 사랑이 불가능한 단계도 있다. 물질·식물·동물. 악이 완벽하게 존재하는 이곳은 저절로 붕괴되어 간다. 그렇게 되면 악은 이제 존재하지 않는다. 완전무결한 신의 순결을 비추는 거울이 되는 것이다. 우리는 사랑이 간신히 가능한 지점에 있다. 이것은 커다란 특권이다. 결합시켜 주는 사랑은 거리에 비례하기 때문이다. 가능한 최선의 세계는 아니었지만, 신이 창조한 세계는 다양한 선과 악을 내포하고 있다. 우리는 지금 그 세계가 최악의 상태인 지점에 있다. 이 지점을 넘어서면 악도 죄 없는 것이 되는 단계가 존재하기 때문이다."

또는 악의 문제를 신의 사랑이 숨겨진 장소에서도 해명하려고 하는 다른 단

---

*9 문체상 약간의 중복과 조잡함이 보이는 것은 이러한 이유로 설명된다. 나는 그러한 점을 세심하게 존중하기로 했다(티봉의 노트).

상도 있다.

"모든 피조물은 나에 대해 목적이 되는 것을 거부한다. 그것이 나에 대한 신의 더없는 연민이다. 그리고 그것이 바로 악이다. 악이란 이 세상에서 신의 연민이 몸에 걸치는 모습이다."

또 쇼펜하우어나 사르트르처럼, 이 세상의 악의 현존에서 극단적인 페시미즘을 이끌어 내는 모든 사상가를 격렬하고 결정적으로 물리치는 이러한 단상도 있다.

"이 세계도, 이 삶도 아무 가치가 없는 것이라고 떠들면서, 그 증거로 악을 내세우는 것은 말이 안 된다. 만일 세계와 삶이 가치 없는 것이라면 악이라 해도 우리한테서 무엇을 빼앗아 갈 수 있겠는가?"

또는 더욱 뛰어난 것이 더욱 열등한 것 속에 들어가는 법칙을 이렇게 정리한다.

"어느 하나의 질서에 그보다 고차원의 질서, 끝없이 높이 동떨어진 질서를 대치시켜 볼 때, 이 고차원의 질서를 저차원의 질서 속에 어떻게든 표현하고자 한다면 무한하게 작은 것으로 나타내는 수밖에 없다."

이것은 파스칼의 세 가지 질서의 법칙*10을 완전하고 깊이 있게 만든다. 그야말로 생명의 세계는 물질세계의 한복판에서는 무한하게 작은 것으로 나타난다. 행성의 거대함에 비교할 때, 나아가 만약 가능하다면 우주와 비교할 때, 살아 있는 모든 것들이 보여 주는 모습은 과연 얼마나 대단할 것인가. 생명의 세계와 비교한 정신세계도 마찬가지이다. 지상에는 적어도 50만 종의 생물이 살아가지만, 그 가운데 한 종만이 '지성의 부'를 소유하고 있다. 그리고 은총의 세계는 우리의 세속적인 사고와 사랑의 전량(全量) 속에서는 무한하게 작은 모습을 취하고 있다. 누룩이나 겨자씨 같은 복음서의 비유*11는 이 '순수한 선의 무한하게 작은 성격'을 잘 보여 준다고 할 수 있다.

시몬 베유의 모든 작품은 내면의 순화라는 어마어마하게 큰 소망에 따라 움직이면서 그 속에 잠겨 있다. 그 소망은 그녀의 형이상학과 신학에까지 넘쳐난다. 이 세상에 그 존재를 증명하는 것은 아무것도 없지만, 자신의 내부에 또 자신의 주위에 존재하는 모든 것보다 더욱 실재성이 느껴지는 것—즉 순수하

*10 파스칼 《팡세》(브랑슈비크 판) 793 참조.
*11 마태오복음서 13장 31~33절 등.

고 절대적인 선을 향해 온 정신을 기울여 다가가고자 하는 그녀는, 이 완전한 존재를 향한 신앙을 어떤 운명의 타격에도, 어떤 불행의 내습에도, 물질과 정신의 어떠한 풍파에도 흔들리지 않는 튼튼한 토대 위에 세우려는 것이다. 그러기 위해서는 무엇보다 먼저 내적인 생활에서 모든 형태의 환상과 보상작용(상상 속의 신앙, 종교적인 위안, 자기의 불멸을 믿는, 여전히 불순물이 남아 있는 신앙 등)을 제거해야 한다. 이러한 것들이 신의 이름을 함부로 자기에게 붙이며, 사실상 우리의 나약과 오만의 은신처가 되고 있다.

"무한을 어느 차원에 배치하느냐에 주의할 것. 유한만이 어울리는 차원에 놓는다면, 그것을 뭐라 부르는가 하는 것 따위는 아무 의미가 없다."

창조된 것은 그 아름다움과 조화를 통해 신을 나타낸다. 그러나 자기 안에 깃드는 악과 죽음, 느껴지지는 않지만 자기를 지배하는 필요 때문에 신의 부재도 나타낸다. 우리가 신에게서 '나온' 자라는 것은 우리가 그 흔적을 간직한 자라는 의미다. 동시에 우리가 신에게서 떠난 자라는 뜻도 된다. '존재하다(exister)'라는 말의 어원적 의미('밖에 놓여 있다')는 이 점에서 매우 통찰력이 있다. 즉 우리는 존재하고 있고, 이곳에 없는 것이다. 진정한 존재인 신은 우리가 존재할 수 있도록, 말하자면 자기를 지워 없앤 것이다. 우리가 무언가가 될 수 있도록 신은 모든 것이기를 단념했다. 신은 우리를 위해 선과 하나라고 할 수 있는 그 필연을 벗어 버리고, 선과는 무관한 또 하나의 필연이 지배하는 대로 맡겨 버린다. 신이 창조 행위 그 자체를 통해 물러간 뒤 이 세계에서 작용하는 중요한 법칙은 중력의 법칙이며, 이는 존재의 어느 단계에서도 유추해낼 수 있다. 중력은 특히 '신에게서 멀어지는' 힘이다. 중력은 피조물을 각각 밀어내어, 자기보존 또는 자기확대를 가능하게 하는 모든 것을 찾게 만든다. 투키디데스의 말을 인용하면, 자기가 할 수 있는 한 모든 권력을 행사하게 하려고 한다. 심리적으로는 이렇게 나타난다. 모든 자기긍정, 자기회복의 이유로서 제기되는 것, 흔들리기 시작한 자신의 삶을 내부에서 단단하게 굳히려고 즉 신의 외부에서 신과 대립한 채 있으려고 선택하는 모든 은밀한 회피(자기기만, 꿈으로의 도피, 거짓된 이상, 상상 속에서 과거와 미래에 들어가기 등).

시몬 베유는 이런 말로 구원에 대해 묻는다.

"그 중력 같은 것에서 어떻게 벗어날 수 있을까."

오직 은총을 통해서이다. 신은 우리 곁으로 오기 위해 시공간의 무한한 두께를 뛰어넘는다. 이런 은총에도, 이 세상을 움직이는 필연과 우연의 맹목적인 희롱에는 아무런 변화가 없다. 은총은 물방울이 그 구조를 바꾸지 않고 지층 속에 스며들듯이 우리 영혼 속에 스며든다. 그리고 거기서 우리가 다시 신이 되는 것에 동의할 때까지 묵묵히 기다린다. 중력이 창조의 법칙이라면, 은총의 작용은 우리를 '탈창조'시키는 것이다. 신은 사랑 때문에 우리가 무언가가 될 수 있도록, 더는 자신이 모든 것이 아니게 되는 것에 동의했다. 이제는 신이 다시 모든 것이 되도록, 우리 자신이 무가 되는 것에 사랑으로 동의할 차례이다. 즉, 우리 안의 '나', 신의 빛을 가로막는 죄와 과오가 투사하는 그림자, 우리가 존재라고 착각하는 그림자를 깨부수는 것이다. 이 완전한 겸손, 무가 되는 것에 대한 조건 없는 동의를 제외하면, 모든 형태의 영웅적인 행위와 자기희생은 아직도 중력과 허위를 따르고 있다.

"제물. '나' 이외의 다른 것은 아무래도 바칠 수 없다. 우리가 제물이라고 부르는 모든 것은 바로 '나'의 대용품 위에 붙여진 이름표일 뿐이다."

'나'를 죽게 하려면, 인생의 모든 재앙을 알몸 그대로 아무런 방비도 없이 마주하여 진공과 광기의 불안을 받아들이고, 불행 앞에서 결코 보상을 구하지 않으며, 무엇보다 자신의 내부에서 상상력이 작용하는 것을 멈춰야 한다. '은총이 들어올 것 같은 모든 틈새를 막으려고 끊임없이 작용하는' 상상력을 멈춰야만 한다. 모든 죄는 진공을 벗어나고자 하는 시도이다. 또 과거와 미래를 버려야 한다. '나'란 언제나 사라지려는 현재의 주위에 과거와 미래가 응결한 것에 지나지 않기 때문이다. 추억이나 희망은 상상 속에서의 자기고양(나는 이랬다……, 나는 이렇게 될 것이다…… 등)에 무한한 여지를 주려는 것으로, 불행의 유익한 효과를 허사로 만들어 버린다. 그러나 현재의 이 순간에 충실함으로써, 인간은 무가 될 때까지 작아지며, 영원에 이르는 문도 그곳에서 열린다. '나'는 사랑을 통해 그 안쪽에서 죽어야 한다. 그러나 극단적인 고통을 겪고 비천함에 빠짐으로써 바깥쪽에서 죽는 것도 가능하다. 부랑자나 창녀 중에도, 성인과 마찬가지로 자기애를 버리고 현재의 순간에만 전 생애를 걸고 사는 사람들이 있다. 비천함의 비극이 여기에 있다. 그것이 이제는 돌이킬 수 없는 모습을 드러내는 까닭은, 그것 때문에 파괴되는 '나'가 소중하기 때문이 아니다. '나'는 파괴되기 위해 만들어진 존재이다. 비천함은 신이 스스로 '나'를 파괴하는 것을 방해한다. 영원을 부르는 사랑의 손에서 그 전리품을 빼앗아 버리는 것이다.

시몬 베유는 이러한 초자연적 희생을 모든 형태의 인간적 위대함이나 영웅적 행위와 엄밀하게 구별한다. 신은 이 세상에서는 누구보다도 약하며 모든 것을 박탈당한 존재이다. 그 신을 향한 사랑은 우상을 향한 사랑처럼 영혼의 육체적인 부분을 채워주지는 않는다. 신에게 다가가려면 진공상태에서 괴로워해야 하며, 죽음의 무서운 신비를 숨기고 보여 주지 않는 정열과 오만한 도취를 물리치고, 오직 성경이 얘기한 숨결, 육체와 '나'를 통해서는 느낄 수 없는 그 '작은 숨결'에 이끌려 가야 한다.

"그리스도에게 '나는 결코 버리지 않겠나이다'라고 말한 것은 이미 그리스도를 부인한 것이다. 끝까지 그리스도를 버리지 않을 수 있는 근원을 은총이 아니라 자기 자신 안에서 찾았기 때문이다. 다행히도 베드로는 선택받은 자였기에 그 부인은 모든 사람에게, 그리고 베드로 자신에게도 분명하게 드러났다. 그 밖에도 얼마나 많은 사람들이 베드로처럼 자신 있게 말했던가. 게다가 그것을 끝까지 깨닫지 못하면서."

강한 자를 위해 죽기는 쉽다. 힘과 관계를 맺는 것은 정신을 마비시키는 도취를 불어넣기 때문이다. 그러나 약한 자를 위해 죽는 것은 초자연적인 일이다. 수천 명의 사람들이 나폴레옹을 위해 용감하게 죽을 수 있었다. 반면 죽음의 고통 속에서 그리스도는 제자들한테서도 버림받았다(다음 시대의 순교자들에게는 희생이 좀더 쉬운 일이었다. 이미 교회라는 사회적 힘이 뒤를 받쳐 주었기 때문이다).

"초자연적인 사랑은 결코 힘과 관계를 맺지도 않지만, 힘의 차가움, 철의 차가움으로부터 영혼을 보호해 주지도 않는다. 다만 이 세상에서의 관계 가운데 충분한 힘을 지닌 것이 있다면, 철의 차가움으로부터 지켜 줄 수 있을지도 모른다. 갑옷 역시 칼과 마찬가지로 금속으로 되어 있다. ……영혼이 상처받지 않도록 지켜 주는 사랑을 원한다면 신이 아닌 다른 것을 사랑해야 한다."

영웅은 갑옷을 두르고 있지만 성인은 알몸이다. 그런데 갑주는 공격으로부터 지켜 주는 동시에, 실재하는 것과 직접 접촉하는 것을 방해한다. 특히 초자연적인 사랑의 차원인 제3의 차원에 다가가는 것을 방해한다. 사물이 우리에게 현실적으로 존재하려면 우리 안에 들어와야 한다. 그러므로 알몸이 되어야 하는 것이다. 만약 갑옷을 두르고 있어서 상처입지 않는 동시에 상처 때문에 생긴 깊은 곳으로 들어가는 길도 막혀버린다면, 우리 안에 들어올 수 있는 것은 아무것도 없다. 모든 죄는 제3차원에 대한 침범이고, 비실재적인 것, 고통이 없는 것에 모든 것을 되돌리려 하는 시도이며, 깊은 곳에 들어가고 싶어하는 마음이다. 여기서 흔들리지 않는 법칙이 생겨난다. 즉 실재하는 것과의 친밀하고 직접적인 교류가 자신의 내부에서 사라짐에 따라, 그 사람이 느끼는 고통도 점점 줄어든다는 것이다. 결국 삶이 그저 표면적으로만 전개되는 것이다. 꿈속에서 괴로워하는 것처럼 괴로워할 뿐이다. 두 가지 차원으로만 되돌아온 삶은 꿈처럼 평면적인 것이 되어 버리기 때문이다. 모든 위안과 환상, 자랑, 그리고 실재로 뜯겨나가 우리 내부에 뚫린 구멍으로 진공을 채우려는 보상을 구하는 모든 반사작용에 대해서도 같은 일이 일어난다. 그야말로 모든 진공, 모든 비어 있는 것 속에는 제3차원의 현존이 숨겨져 있다. 사람은 표면 '속으로' 돌아갈 수는 없다. 진공을 채우는 것은 도피하는 것, 표면으로 혼자 떠나는 것과 같다. 낡은 물리학 원리인 '자연은 진공을 혐오한다'는 심리에도 똑같이 적용할 수 있다. 그러나 은총이 우리 안에 들어오려면 바로 이 진공이 필요하다.

이 '탈창조' 과정이야말로 유일한 구원의 길이다. 그것은 은총의 행위이지 의지의 행위가 아니다. 인간은 억지로 자신의 엉덩이를 채찍질하여 천국으로 올라가는 것이 아니다. 의지는 노예적인 일에서만 적합하다. 의지, 이를테면 농부가 씨를 뿌리는 노동처럼 은총의 작용에 따라 미리 주어진 자연의 덕성을 제대로 올바르게 활용하도록 만든다. 그러나 신의 싹은 다른 데서 온다. 플라톤과 말브랑슈처럼, 시몬 베유도 이 영역에서는 의지보다 주의에 훨씬 더 큰 중요성을 부여했다.

"우리는 선과 악을 구별해서는 안 된다. 구별하지 않으면, 즉 어느 쪽에나 똑같이 주의를 기울이면, 선 쪽이 저절로 이기게 된다."

바로 이러한 고도의 무의식적 동작을 만들어 내야 한다. 그런 동작을 할 수 있게 되려면, 선을 실천하기 위해 자신의 '나'를 옥죄고 '자신의 재능을 강요'해서는 안 되며(비열한 정신상태에서 고귀한 행동을 하려는 것만큼 사람을 타락시키는 것도 없다), 오히려 자기를 없애고, 사랑으로 이러한 은총에 대해 완전히 순종적인 상태에 도달해야 한다. 거기서 선이 자연발생적으로 나오게 된다.

"행동은 저울의 눈금을 가리키는 바늘이다. 바늘을 건드려서는 안 된다. 그 추를 건드려야 한다."

불행하게도 이 '제우스의 황금저울'에서는, 자신의 무게를 바꾸는 것보다는 지침을 망가뜨리는 쪽이 훨씬 더 쉽다.

그리하여 종교적인 주의력을 통해 우리는 '상반되는 것의 방황', 선과 악의 어느 쪽을 선택할 것인가 하는 문제를 넘어선 곳으로 높이 올라간다. '선택하는 것은 낮은 수준의 관념.' 내가 좋지 않은 행동을 하느냐 마느냐 망설이는 한 (이를테면 나에게 몸을 던진 여성을 내 것으로 만드느냐 마느냐, 그 친구를 배신하느냐 마느냐 하는 것), 설령 내가 선을 선택한다고 해도 나는 자신이 물리친 악보다 그리 높은 곳으로 올라갔다고 할 수 없다. 나의 '선한' 행동이 진정 순수한 것이 되기 위해서는, 이 가련한 동요를 극복하고 내가 외부에서 실천한 선이 내 내부의 필연을 정확하게 나타내기 시작해야만 한다. 신성함이란 이 점에서 비천함과 비슷하다.*¹² 매우 비열한 인간은 정열에 사로잡히면 여자를 내 것으로 하는 것도, 이익이 된다면 친구를 배신하는 것도 마다하지 않는데, 그와 마찬가지로 성인(聖人)도 철저하게 순결한 것, 충실한 것을 굳이 선택할 필요는 없기 때문이다. 그것 말고 다른 일은 할 수 없다. 꿀벌이 꽃에 끌리듯이 선 쪽으로 향하는 것이다. 악과 저울에 올려놓고 비교해 보고 선택하는 선에는 거의 사회적인 가치밖에 없다. 숨은 곳에서 보는 자의 눈으로 보면, 그것은 악과 똑같은 동기에서 나오며, 같은 속악함을 띠고 있다. 그래서 일종의 '덕'의 형태와, 그것과 관련된 죄 사이에서 종종 볼 수 있는 유연(類緣)관계가 생겨난다. 도둑질과 부르주아의 사유재산 존중, 간음한 여자와 '정숙한 여자', 저축과 낭비 등의 예에서 보는 그대로이다. 진정한 선은 악과 대립하지 않는다(직접적으로 뭔가와 대립하는 까닭은 그것과 수준이 같기 때문임이 분명하다). 진정한 선은 악을 초월하고 악을 없애는 것이다.

"악이 침범하는 것은 선이 아니다. 선은 침범할 수 없는 것이기 때문이다. 악은 타락한 선만 침범할 뿐이다."

순수한 선을 열심히 추구하는 영혼은 이 세상에서 어쩔 수 없는 수많은 모

---

*12 이것은 헤르메스(헤르메스 트리스메기스토스(3배나 위대한 자)란 이집트 신의 계시가 담긴 종교문서(1세기부터 3세기의 것). 고대의 모든 종교, 모든 사상의 혼합을 볼 수 있다.)의 공준(公準)이다. 즉 가장 높은 것과 가장 낮은 것은 서로 비슷하다는 말이다. 이 존재의 주요 법칙에서 시몬 베유는 무수한 적용 예를 이끌어 냈다. 즉, 성인(聖人)의 비폭력은 바깥쪽에서 보면 겁이 많은 것과 동일시되고, 최고의 지혜는 무지에 귀착하며, 은총은 동물적 본능의 숙명성을 재현하는 것이다(나는 당신 앞에서는 비천한 짐승이 되었노라⋯⋯), 집착에서 벗어나는 것은 무관심과 비슷하다 등(티봉의 노트).

순에 부딪친다. 모순은 실재성의 기준이다.

"우리의 삶은 불가능하고 부조리하다. 우리가 원하는 것은 모두 저마다와 관련된 조건·결과와 모순을 이루고……우리는 피조물이면서 신이고, 그러면서도 신과는 한없이 다른 존재이며, 다만 모순 그 자체이기 때문이다."

예를 들어 자꾸자꾸 아이를 낳으면 어떻게 될까. 인구과잉이 되어 전쟁을 일으킬 수밖에 없게 된다(이 점에서는 일본의 사례가 전형적이다). 민중의 물질적인 조건을 개선한다고 하자. 그러면 그 영혼의 질적 저하를 불러올 위험이 있다. 누군가에게 완전히 헌신하면 어떻게 될까? 그 사람에게 존재하지 않는 자가 된다. 오직 상상 속의 선뿐이라면 어떠한 모순도 내포하지 않는다. 많은 자손을 원하는 젊은 여성, 민중의 행복을 꿈꾸는 사회개혁가는 행동하지 않는 한 어떤 장애에도 부딪치지 않는다. 순수한 선, 그러나 공허한 선의 망망대해를 모든 돛을 올리고 의기양양하게 나아갈 수 있다. 암초에 부딪쳐 충격을 느끼면 그것은 깨어 있으라는 경보가 된다. 이 모순이야말로 우리의 비참함과 위대함의 표시이다. 그 고통을 철저히 맛보면서 그것을 받아들여야만 한다. 선과 악의 혼합으로 채워진 우리는 이 우주의 부조리를 그대로 체험하고 깊이 괴로워함으로써 순수한 선에 도달한다. 순수한 선의 나라는 이 세상의 것이 아니다.

"선행이란 주의와 의도를 오로지 순수하고 불가능한 선에 계속 맞춘 채, 순수한 선의 매력과 그 불가능성을 어떠한 허위로도 은폐하려 하지 않고 실행하는 행위를 말한다."

필연과 선 사이에 가로놓인 심연을 다양한 꿈(이 세상의 아버지로 간주된 신에 대한 신앙, 과학에 대한 신앙, 진보에 대한 신앙 등)으로 채우려 하지 않고, 모순된 두 가지를 그대로 받아들이며, 그 거리로 자신이 찢어져야 한다. 이 분열 상태야말로 창조행위로 찢어진 신의 모습을 인간에게 투영하는 것이고, 거기서 필연과 선이 처음에 하나였음이 다시 인정되는 것이다.

"신이 전혀 없다는 사실에서 이 세계는 신 그 자체이다. 선과는 어디까지나 다른 것이라는 사실에서 필연은 선 그 자체이다. 그러므로 불행 속에서는 어떠한 위안도 사랑과 진실로부터 사람을 멀어지게 한다. 그것이 바로 신비 중의 신비이다. 그 신비를 접해야만 비로소 우리는 평화를 얻을 수 있다."

그러므로 애매함을 허용할 수 없는 사람은 고난으로 인도된다. 이 세상의 파수꾼한테서 죽은 자들의 나라에 가서 사랑하라는 권유를 받은 안티고네로부터, 인간의 부정 때문에 죽는 날까지 십자가의 고통을 겪은 시몬 베유 그녀에게 이르기까지, 불행은 상대성 속을 헤매며 절대를 사랑하는 사람들 모두의 운명이다.

"오직 선만 원하는 것은 빛을 받은 물체와 그림자가 이어져 있듯이 실재의 선과 악을 잇고 있는 법칙에 어긋나게 된다. 그리고 그 세계의 보편적인 법칙을 어기면 불행 속에 빠질 수밖에 없다."

영혼이 완전히 자신을 버리고 죽지 않는 한, 이렇게 순수한 선을 갈망하는 것은 속죄의 고통을 낳는다. 전혀 죄가 없는 영혼에 대해서는 대속의 고통을 낳는다.

"죄가 없다는 것은 우주 전체의 무게를 지탱하는 것이다. 우주의 무게에 걸맞은 것을 내던지는 일이다."

그러므로 순수함이 고통을 없애 주지는 않는다. 오히려 한없는 고통을 주어 그것에 영원한 의미를 부여한다.

"그리스도교의 가장 위대한 점은 고통에 대해 초자연적인 해결책을 얻으려 하지 않고, 오히려 고통을 초자연적으로 활용하는 데 있다."

인간을 '탈창조'시켜서 신에게 돌아가게 하는 이 고통의 신비는 성육신(成肉身)의 신비가 그 핵이다. 만약 신이 육신을 취하지 않았다면, 괴로워하며 죽어가는 인간은 어떤 의미에서는 신보다 더 위대하다고 할 수 있다. 그러나 신은 인간이 되어 십자가 위에서 죽었다.

"신은 신을 버렸다. 신은 자기를 죽였다. 이 말은 창조도, 수난을 포함한 성육신도 감싸안는 것이다. 우리가 '존재하지 않는 것'이라고 가르치기 위해, 신이 스스로 '존재하지 않는 것'이 되었다."

달리 표현한다면, 우리 안의 피조물을 파괴하는 것을 가르치기 위해 신은 스스로 피조물이 되었다. 신이 신 자신에게서 자신을 분리한 사랑의 행위가 우리를 신에게로 데리고 돌아간다. 인간의 가장 비참하고 비극적인 면을 짊어졌다는 점에서 시몬 베유는 예수 그리스도의 중보자로서의 본질을 보았다. 표시와 기적은 그의 사명의 인간적이고 비교적 낮은 부분을 이룬다. 초자연적인 부분은 죽음의 고통, 피땀, 십자가, 침묵하는 하늘을 향한 헛된 외침이다. 속죄하는 사람의 "나의 하느님, 어찌하여 나를 버리셨나이까?" 하는 외침은 시간과 악 속에 내던져진 피조물의 모든 고뇌를 집약하는 것이다. 이 외침에 대해 아버지인 신은 다만 침묵으로 대답할 뿐이다―그리스도의 이 한마디 때문에 피조물은 그리스도교가 신으로부터 나온 것임을 알게 된다.

인간은 과거와 미래를 버리고, 적나라한 이 한순간 속에서 살아가야만 구원받는다. 이것은 인류의 끝없는 진보라는 근대의 신화를 물리친다. 설령 신이 교육을 받는 모습으로 꾸민다 해도 그렇다. 이토록 신앙이 없는 생각은 그리 많지 않을 것이다. 그 생각은 오직 영원만이 줄 수 있는 것을 미래 속에서 추구하려는 것이다. 즉, 우리를 신에게서 떼어 놓는 것이다.

"어떤 것이든, 그 기원에 가지고 있지 않은 것을 목표로 설정하는 것은 불가능한 일이다. 그 반대의 생각, 진보의 사상, 해독. 이 열매를 가져온 뿌리가 뽑혀야 한다."

이 말은 인류가 시간 속에서 아무것도 수확할 수 없다는 의미가 아니다. 그러한 진보는 시간에 얽매여 있는 한 반드시 한계가 있다는 얘기이다. 지속하는 시간은 언제나 자신이 만들어 낸 것도 삼켜 버리기 때문이다. 시간은 아무리 보아도 영원과는 확실히 다르며, 그렇게 받아들이는 한 우리에게 영원으로 가는 문이 된다. 그런 그것을 영원의 대용품으로 삼아서는 안 된다.

이 순수한 한순간에 살면서 진공 상태에서 괴로워하는 것은 구원을 위해 무엇보다 중요한데, 시몬 베유는 거기서 육체노동의 훌륭한 영적 의의를 이끌어 낸다. 육체노동은 이 지상의 삶에 고유한 부조리와 모순에 인간을 직접 접촉하게 한다. 따라서 노동자가 속임수를 쓰지 않는 한 천국으로 이끄는 매개체가 될 정도이다.

"노동 뒤 피곤에 지쳤을 때, 튕겨진 공이 되돌아오듯 궁극의 목적이 되돌아오는 것을 느낄 수 있다. 먹기 위해 일하고 일하기 위해 먹고……. 이 둘 중 하나를 목적으로 보거나, 둘을 서로 떼어 놓고 각각을 목적으로 본다면, 우리는 어찌할 바를 모르고 말 것이다. 진실은 순환에 내포되어 있다."

그러나 이 순환을 이해하기 위해서는 미래에서 눈을 들어 영원에까지 높아져야만 한다.

"종교가 아니라 혁명이야말로 민중의 아편이다."

이 세상에서는 절대의 꼬리표가 붙은 수많은 상대적인 것들이 영혼과 신 사이에 끼어든다. 인간이 무가 되길 거부하고 모든 것이 되려고 한다면 다양한 우상이 필요해진다.

"우상숭배는 동굴 안에서는 살아가는 데 꼭 필요한 것이다."

그리고 이러한 우상 중에서도 사회적인 것과 집단정신의 우상이 가장 강력하고 가장 위험하다. 죄의 대부분은 사회적인 것과 관련이 있다. 허영과 지배욕의 부추김으로 생겨난 것이다. 시몬 베유는 사회적인 것 자체를 버리자는 게 아니었다. 사회적 환경, 뿌리내리기, 전통 등은 다리이며 하늘과 땅 사이에 있는 '중간적인 것'인 것임을 그녀는 알았다. 그녀가 배척하는 것은 플라톤에서는 '대괴물', 묵시록에서는 '짐승'*13으로 상징되는 전체주의 국가이다. 그 힘과 위광이 영혼의 내부에서 신의 지위를 빼앗고 있다. 사회적인 것이라는 우상숭배는, 보수적 색채를 띠고 나타나든 혁명적 색채를 띠고 나타나든, 또 현재의 국가를 숭배하든 미래의 국가를 숭배하든, 언제나 진정한 신비적 전통을 압살하여 그것을 대신하려는 경향을 보인다. 이 우상숭배에서 예언자들과 성도들에 대한 모든 박해가 생겨났다. 안티고네와 잔다르크가 처형되고, 예수 그리스도가 십자가에 못 박힌 것은 그 때문이다. 사회적 괴물은 인간에게 종교의 대용품을 제공하고, 그로써 인간은 자기를 버리고 죽지 않아도 자신을 초월할 수 있게 되고, 나아가 진정한 신 없이도 지낼 수 있게 된다. 가장 높은 덕도 사회적인 것의 모방 때문에 눈 깜짝할 사이에 바리사이주의로 전락해 버린다.

"복종함으로써 덕이 높은 훌륭한 사람이 된 자를 가리킨다."

고대의 두 민족이 이 집단정신의 우상숭배를 실제로 실천했다. 바로 이스라엘과 로마이다.

"로마는 무신론적이고 물질적이며 자기만을 숭배하는 대괴물이다. 이스라엘은 종교적인 대괴물이다. 둘 다 사랑할 가치가 없다. 대괴물은 언제나 혐오스럽다."

이스라엘과 로마의 충돌에서 니체는 어떻게 할 수 없는 두 인생관이 서로 싸우는 모습을 보았지만, 시몬 베유는 같은 종류의 두 전체주의가 싸우는 것을 보았을 뿐이다. 교회가 구약성경과 신약성경 사이의 연속성을 인정하는 것이 가톨릭에 귀의하는 데 중요한 걸림돌이 됐을 만큼 그녀는 대단히 반유대적이었다. 그러나 그녀의 반유대사상은 어디까지나 순수하게 영적인 영역에 머물

---

*13 요한묵시록 13장 1절 이하.

렀다. 따라서 오늘날 '반유대인 사상'이라 불리는 것과는 아무런 공통점도 없음을 강조해야겠다. 그녀는 이를테면 히틀러의 유대인 배격사상도, 유대인의 세속적인 메시아 신앙도 마찬가지로 혐오했다. 그녀는 반유대인 사상의 뿌리가 유대인에게 있음을 나에게 수없이 얘기했다.

히틀러는 유대인과 같은 위치에 서서 유대인을 배격했고, 유대인 박해는 오로지 현세적이고 잔인하며 배타적인 그들의 종족신을 이름을 바꿔 자신을 위해 이용하고, 그 신을 되살리고자 하는 행위였음을, 그녀는 지치지도 않고 되풀이해서 얘기했다. 사회적인 우상에 대한 그녀의 혐오는 당연히 더욱더 확대되어, 그 밖의 모든 형태의 전체주의적 신비사상, 그 중에서도 특히 마르크스주의에까지 미쳤다. 가톨릭 교회조차 그녀의 사회적인 것에 대한 비판을 면할 수 없었다. 그녀가 가톨릭 교회에 많은 점에서 깊은 경의를 보낸 건 사실이지만, 교회의 유대적·로마적 기원, 현세의 여러 가지 문제에 대한 간섭, 그 조직과 교계제도, 공의회, '교회 밖에는 구원이 없다'*14거나 '파문을 명한다' 같은 일종의 상투어, 종교재판소 같은 역사상의 몇 가지 발현형태 등은, 그녀의 눈에는 어쩌면 사회적 우상숭배의 고도의 양상, 게다가 한없이 무서운 양상으로 보였다. 그러나 그녀는 교회에 신과 계시가 현존함을 철저하게 믿었다. "다행히 지옥의 문도 이것은 이기지 못하리라.*15 스러지지 않는 진리의 핵은 아직도 남아 있다"고 그녀는 인생의 마지막 시기에 써 남겼다.

*

대략적이긴 하지만 이상이 시몬 베유의 사상이다. 이렇게 도식화해서는, 그녀의 주장을 명확하게 밝히고 강화하며 균형을 잡아 주는 많은 뉘앙스가 뒤에 숨어서 보이지 않게 되지만, 어쩔 수 없는 일이다. '입문'이란 말 그대로 문턱을 넘어오라고 손짓해 부르는 것에 불과하지 않은가.

꼭 얘기해야 할까. 시몬 베유에게 품고 있었던 나의 우정과 존경, 그녀를 잃은 고통, 죽음을 넘어선 피안에서는 날마다 그녀와 재회할 수 있다는 기쁨, 끊임없이 그녀의 사상을 양식으로 삼았다는 사실을, 그리고 무엇보다도, 진정으

---

*14 키프리아누스(200?~258, 카르타고의 주교)가 한 말로 알려져 있다. 《서간》 73.
*15 마태오복음서 16장 18절. '지옥의 문'은 오늘날 가톨릭에서는 '저승의 세력', 개신교에서는 '음부(陰府)의 권세'라고 번역한다.

로 깊고 친밀한 사이에는 늘 따라다니게 마련인 극복하기 어려운 수치심 때문에, 그녀의 작품을 비판적으로 분석하려면 반드시 필요한 객관화시키려는 노력이 나에게는 거의 불가능하다는 것을.

나는 가톨릭이었고 시몬 베유는 그렇지 않았다. 초자연적인 진리를 체험으로 안다는 점에서는 그녀가 나보다 훨씬 뛰어남을 나는 한순간도 의심한 적이 없다. 그러나 외부에서 보는 한, 그녀는 마지막까지 교회의 경계에 머물러 있으면서 끝내 세례를 받지 않은 사람이었다. 그녀가 나에게 보낸 마지막 편지 몇 통 가운데 하나에 가톨리시즘에 대한 그녀의 태도가 선명하게 나타나 있다.

"언젠가 머지않은 날 교회가 자신을 위해 죽어 주길 바란다면, 저는 교회에 들어가지 않고도 교회를 위해 죽을 마음이 지금 이 순간에도 준비되어 있습니다. 이렇게 말해도 된다면, 죽음이란 그 무엇에도 구속되는 일이 아닙니다. 거기에 거짓은 없습니다……지금 저는 자신이 무엇을 하든, 교회 밖에 있든 그 안에 들어가든 거짓말을 하고 있다는 느낌이 듭니다. 문제는 아무리 작은 거짓말이라도 그것이 어디에 있는지를 아는 것입니다……."

시몬 베유가 예수 그리스도를 장렬하게 사랑한 사람이었다는 나의 확신은 끝까지 흔들리는 일이 없었다. 역시 그녀가 주장하는 것은 대체로 위대한 그리스도교 진리의 선상에 놓여 있었다. 그럼에도 특별히 가톨릭적인 요소는 아무것도 없었고, 교회가 조제하는, 어디에나 통용하는 묘약은 끝내 받아들이려 하지 않았다. 그런데 가톨릭교도가 비가톨릭교도의 사상을 판단해야 할 때는 대조적인 양극단을 벗어나기가 좀처럼 어려운 법이다. 첫 번째 극단은 문제의 사상과 사변적인 신학의 원칙들을 대결시켜, 외부에서 보아 엄밀하게 정통적이지 않은 것은 모두 가차 없이 단죄하는 것이다. 이 방법은 신에게 건너가는 다리에 반드시 설치해 두어야 하는 난간의 역할을 한다는 이점이 있지만, 이해나 애정 없이 사용한다면 "네 오른 눈이 너를 죄짓게 하거든……"[16]이라는 복음서의 규정을 함부로 적용하는 타락의 위험이 있다.

나는 신학자도 아니고, 그리스도교 신앙이라는 위탁물을 특별히 간수해야

---

*16 마태오복음서 5장 29절.

하는 역할을 맡은 것도 아니므로, 그러한 일을 감히 실행에 옮길 자격은 전혀 없다고 본다. 특히 신이란 곳을 베데커*17 같은 것을 들고서 누비고 온 용감한 여행자의 보고서를—비록 불완전하더라도—전혀 참고하지 않고 이것저것 지시 내리려는 서재 속 신학자가 되고 싶지는 않다. ……두 번째 위험은, 자신이 연구하는 사상을 반드시 가톨릭적인 진리의 방향으로 왜곡해서 해석하려 했던 것이다. 그것은 명백하게 '강권하여 데려오는'*18 방법의 남용이다.

나는 한 인간의 생애와 작품 속에 있는 진실하고 순수한 것은 모두, 앞다투어 억지로 끌어오려고 하지 않아도 자연히 가톨릭적 종합 속에 들어오게 마련이라고 생각한다. 자신의 재물을 늘리는 데 혈안이 된 수전노처럼 모든 것을 자기 쪽으로 끌어당길 필요는 없다. 모든 것은 우리의 것이고 우리는 그리스도의 것이기 때문이다…….*19

시몬 베유의 사상이 어디까지 정통적이고 어디까지 비정통적인가는 내가 결정할 일이 아니다. 나는 다만—나의 증언은 나 자신 이외의 누구도 구속하는 것이 아니므로—한 그리스도인의 영혼이 자신의 영적 생활의 양식을 찾아내기 위해 이 사상을 어떤 방향으로 해석할 수 있는가를 보여 주고 싶을 뿐이다.

특히 나는 시몬 베유가 쓴 언어를 두고 다툼을 불러일으키고 싶진 않다. 그녀가 쓴 어휘는 신비주의자의 것이지 사변적인 신학자의 것이 아니다. 여러 가지 본질에 대한 영원한 질서의 표현을 지향하는 것이 아니라, 신을 추구하는 한 영혼의 구체적인 발걸음을 표현하려는 것이다. 영적인 작가란 모두 그러하다. 그리스도가 시에나의 성 카타리나*20에게 말을 걸었을 때, 《대화》 속에는 '나는 존재하는 자이고, 당신은 존재하지 않는 자'라고 말했다고 기록되어 있다. 피조물을 무와 같은 것으로 보는 이러한 정의는 존재론적 인식의 차원에서는 이해하기 어렵다. 신의 가난함이나, 피조물에 대한 신의 종속을 얘기하는 많은 신비주의자들이 쓰는 표현도 마찬가지이다. 그런 말은 사랑의 질서에서는 진실이지만, 존재의 질서에서는 잘못된 것이다. 자크 마리탱*21은 누구보다 먼저, 그

---

*17 독일의 유명한 여행안내 소책자.
*18 루카복음서 14장 23절.
*19 코린도전서 3장 22, 23절.
*20 이탈리아의 신비가, 도미니크회 제3회원(1347~80). 주저로는 《대화》가 있다.
*21 프랑스의 철학자(1882~1973). 신토마스주의의 입장에서 가톨릭의 정통사상을 옹호했다.

러한 두 종류의 말은 서로 모순되는 것이 아니라, 한쪽은 순이론적인 인식과 관련되고, 다른 쪽은 실천적이고 감정적인 인식과 관련된다는 것을 철학적으로 거의 완벽하고 엄밀하게 보여 주었다.

시몬 베유의 글에서 볼 수 있는 이 두 가지 사항은, 내가 그녀의 원고를 보여 준 몇몇 친구의 심기를 불편하게 한 것 같다. 그것은 첫째로, 악 앞에서 팔짱을 낀 채 우주가 우연과 부조리로 돌아가도록 내버려 두는 초월적인 신과, 창조된 세계가 절대적으로 단절돼 있다고 가정하는 듯 보였기 때문이다. 이러한 단절을 만드는 것은, 결과적으로 역사에서 작용하는 섭리를 부인하고 진보의 관념을 배척할 뿐 아니라 나아가 이 세상의 가치와 의무도 부정하는 위험을 초래한다. 두 번째로, 사회적인 것에 대한 혐오는 개인을 우쭐한 자기만족 속에 고립시키는 경향이 있다.

그러나 다시 말하지만 시몬 베유는 철학자가 아니라 신비가로서 이야기하고 있다. 그녀는 천성적으로, 끊임없이 초자연적인 사실의 절대부동성을 유난히 강조했는데, 그것이 종종 자연과 은총이 연결되는 지점, 중간영역의 요소들을 무시하는 방향으로 끌려가기 쉬웠다는 것도 나는 인정한다. 그녀가 그리스도교 신앙의 몇 가지 면을 구태여 알려고 하지 않은 것은 무엇보다 명백한 사실이다. 하지만 그렇다고 그녀가 묘사한 일면이 그리스도교적이지 않다고 단언할 수는 없다. 어떤 인간의 체험도—그리스도의 체험은 그만두고라도—초자연적인 진리를 전체적으로 감싸안은 적은 한 번도 없었다. 이를테면 십자가의 성 요한은 성 보나벤투라*²²와 같은 신적 현실에 역점을 두고 말하지는 않았다. 수없이 많은 영성의 분파가 있다. 신비주의자에 대해서도, 한 시인이 일반적인 인간에 대해 한 다음의 말에서 '세계'를 '신'으로만 바꿔 그대로 말할 수 있을 것이다.

사람은 저마다 세계를 자기 나름의 의미로 보고 있다,
그리고 사람이 저마다 보는 바는 옳다고 할 수 있다. 그만큼 세계에는 수많은 의미가 있는 것이다.

＊22 신학자(1221?~74). 성 토마스 이후 최대 스콜라 학자로 일컬어진다.

복음서에 나오듯 하늘에는 '거처할 곳이 많다.'*23 마찬가지로 하늘로 통하는 길도 많다.

시몬 베유는 정해지지 않은 길을 선택했다.

"신을 자신에게 가깝게 해 주는 모든 것을 은혜로 여기는 사람들이 있다. 나에게는 신을 멀어지게 해 주는 것이 그렇다."

절대적으로 신과는 다른 무엇(맹목적인 필연, 허무, 악 등……) 속에서 신을 발견하고, 신을 사랑하고자 하는 이 구원의 왕도(王道)는, 사람이 '무'라는 단 하나의 말을 의지하여 걸어가는 무미건조한 카르멜의 산길*24과 신기할 정도로 비슷하지 않은가. 그리고 언어는 그다지 절대적인 울림을 띠지 않지만, 십자가의 성 요한도 창조된 것의 허무와 우리를 그것에 묶어두는 사랑에 대해 얘기한 것이 아닐까.

"모든 피조물의 존재는 신의 무한한 존재에 비하면 허무이고, 따라서 창조된 것에 사로잡힌 영혼도 허무이다. 피조물의 어떠한 아름다움도, 신의 무한한 아름다움 앞에서는 가장 추악하다. 피조물의 어떠한 아치(雅致),*25 어떠한 매력도, 신의 아름다움 앞에서는 무미 그 자체이며 마땅히 혐오의 대상이다. 피조물 속에 깃드는 모든 선도, 신의 선 앞에 서면 최고의 악에 지나지 않는다. 신만이 선이다……."

시몬 베유의 '신학'은 또 한 가정의 아버지나 이 세상의 군주처럼 세계를 통치하는 자들의 신이란 관념을 배격하는 것이라 해도, 언어의 높은 의미에서 신의 섭리작용을 배제하는 것은 전혀 아니다. 우연·운명·섭리 같은 관념은, 각각에 다른 존재의 수준에서 똑같이 진실하다. 물질과 악이 이 세상에서, '그러한 것들에 속하는 모든 인과관계'를 실제로 실행하고 있다는 것은 의심할 여지가 없다. 역사상 수없이 많은 잔학행위를 볼 때, 신의 나라가 이 세상의 것이 아님은 충분히 명백하다(성경은 악마를 가리켜 '이 세상의 우두머리'*26라 부르지 않는가). 그래도 역시 신은 창조의 세계 속에 숨겨진 형태이기는 하지만 현존하고 있다. 그 은총은 우리를 무겁게 짓누르는 운명의 힘을 결코 바꾸지는 않지만,

---

*23 요한복음서 14장 2절.
*24 《카르멜의 산길》은 십자가의 성 요한이 쓴 책. 신비적 수행의 안내서.
*25 아담한 풍치.
*26 요한복음서 12장 31절.

태양의 빛이 구름을 뚫고 빛나는 것처럼 중력의 법칙들을 빠져 나가서 이곳까지 닿는 것이다. '그 사랑 속에 침묵하고 있는' 신은 아리스토텔레스와 스피노자의 신처럼 인간의 비참함에 대해 무관심한 신은 아니다. 자신이 창조한 것에 대한 사랑 때문에, 신은 겉으로는 이 창조의 세계에서 모습을 감추고 있다. 피조물을 최상의 순결로 이끌기 위해, 신은 피조물을 의지할 데 없이 버려진 상태로 남겨두고, 고통과 밤의 모든 과정 속을 지나가게 한다. 악 앞에서 손을 놓은 채 이 세상의 권력과 위신 따위는 모두 벗어던진 신은 자신에게 오직 사랑인 것만을 인간이 사랑해 주기를 바란다.

"신은 인간 앞에 힘 있는 자로 나타나거나 완전한 자로 나타나거나 둘 중 하나이다. 인간이 어떻게 선택하느냐에 따라서."

그런데 무한한 완전이란 이 세상에서는 무한한 약함이다. 신은, 사랑인 한, 모든 것을 십자가에 건다…….

시몬 베유는 이 세상 모든 가치의 중요성과 필요성을 전혀 부정하지 않았다. 그러한 것들 속에 영혼과 신 사이를 매개하는 '중간적인 것'을 간파했다.

"파괴하면 모독이 된다는 것은 도대체 무엇일까? 낮은 것은 아니다. 그런 것은 별로 중요하지 않기 때문이다. 높은 것도 아니다. 그것은 아무리 파괴하려 해도 손이 닿지 않기 때문이다. 중간적인 것, 중간적인 것은 선의 영역이기도 하고 악의 영역이기도 하다. 그 누구에게서도 그의 중간적인 것, 즉 좋은 것이기는 하지만 상대적이고 여러 요소가 혼재한 것(가정·조국·전통·문화 등)을 빼앗아서는 안 된다. 그러한 것은 영혼을 따뜻하게 살 찌우는 양식으로, 성자가 아닌 이상 이것 없이 살아가기란 불가능하다."

그러나 이런 상대적이고 혼합물 섞인 선을 그에 알맞게 다룰 수 있는 자는 오직 신을 사랑하는 마음 때문에 자신의 것을 완전히 벗어던진 사람들뿐이다. 다른 사람들은 모두 다소의 차이는 있을지언정, 그러한 것을 자신의 우상으로 삼고 있다.

"초자연적인 사랑으로 신을 사랑하는 사람만이 수단을 단순히 수단으로 간주할 수 있다."

'선택하는 것, 이 수준 낮은 관념'에 대해, 또 초자연적인 영역에서의 의지적인 노력의 무효에 대해 어떻게 말했든, 시몬 베유는 그로 인해 정적주의*27에 빠지는 일은 없었다. 오히려 그 반대로 끊임없이, 자연적인 덕도 엄격하게 열심히 적용하지 않는 한, 신비생활도 단순히 환상으로 끝나 버릴 수 있다고 주의를 촉구하고 있다. 은총의 원인은 인간의 외부에 있지만, 그 조건은 인간 내부에 있다. 환상이 특히 감각적인 신앙심, 일종의 종교적인 '몽상' 같은 모습으로 나타날 때, 시몬 베유는 그것에 대해 혐오감을 품고, 순화된 영적 생활 속에서 상상력과 교만을 불러일으키는 모든 것에 대해 마음의 균형을 유지하려고 애썼다. 십자가의 성 요한에 이어서 그녀도, 쉽고 수준 낮은 의무의 수행을 피해 가려는 영감은 신에게서 온 것이 아니라고 되풀이해서 얘기했다.

"우리에게 의무가 주어져 있는 것은 '나'를 죽이기 위해서이다……여러 가지 법칙을 지킴으로써 자신의 의지를 소모하지 않는 한, 진정한 기도에 다가설 수 없다."

나날의 의무에 엄격할 정도로 충실하지 않으면 그녀는 어떠한 종교적 고양감도 의심했다. 그러한 의무 수행을 그녀 자신이 매우 드물게 내팽개치는 일이 있으면—대부분은 약한 건강 탓이었지만—자신의 영적인 사명은 과연 진정한지, 늘 안타까운 마음으로 반성했다. 가장 만년에 그녀는 비통하리만큼 자신을 낮추고 이렇게 썼다.

"이렇게 신비적인 놀라운 사건에 대해 저는 결코 자격이 없습니다. 저는 그런 체험도 전혀 한 적이 없습니다. 그러한 것은, 오직 가장 기본적인 정신력의 소유자들에게만 허락됩니다. 제가 얘기한 것은 우연입니다. 아니, 우연히 얘기했다고 진심으로 말할 수 있는 능력조차 없습니다."

시몬 베유의 정치관에 대해서는 나도 완전히 동의하는 만큼, 그 문제에만 너무 집착하지 말라고 되도록 조심스럽게 얘기하고 싶다. 나 아닌 다른 사람이라면, 본디 혁명가 기질이 있었던 그녀가 깊이 반성하고 신앙을 얻은 뒤 조금씩 과거와 전통을 숭배해 간다는 이야기에서 감동적인 효과를 이끌어 낼 수도 있을 것이다. 그러나 도대체 시몬 베유가 혁명가이기를 그만두었는가. 그녀는 다

---

*27 17세기 프랑스에 들어온 이단의 하나로, 자기의식의 소멸과 내면적인 정숙을 설파했다. 기욤 부인, 페늘롱 등이 귀의.

만, 점차 공상적인 미래의 기치(목표) 아래 싸우는 혁명가에서, 영원히 불변하는 것을 위해 사는 혁명가로 변해 간 것이었다. 공상적인 미래는 인간을 실제로 존재하는 것으로부터 돌아서게 하지만, 영원히 불변하는 것은 끊임없이 새롭게 쌓아가게 한다. 그것은 언제나 시간 속으로 전락하는 경향이 있기 때문이다. 시몬 베유는 인류의 끝없는 완성이라는 것을 믿지 않았다. 역사의 전개는 콩도르세*28식의 진보 원칙보다 엔트로피 법칙의 정당성을 증명한다고까지 생각했다. 이 점에서 그녀를 변호할 필요는 없을 것이다. 위대한 그리스의 전통을 본받아, '모든 변화는 한정된 것이거나, 아니면 순환하는 것일 뿐'이라고 생각하는 것은 이단적이라고, 나는 생각하지 않는다. 그녀가 사회적 괴물을 매도하는 말은 이따금 극단적인 형태를 취할 때도 있지만, 그것을 본디 문맥 속에 옮겨놓으면 결코 무질서를 옹호하는 것이 아님을 납득할 수 있다. 그녀는 이렇게 쓰고 있다.

"사회적인 것은 아무래도 이 세상의 왕인 사탄의 영역이다. 사회적인 것에 대해서는, 기껏해야 악을 제한하려고 애쓰는 것 말고는 아무것도 할 일이 없다……사회적인 것에 붙여진 신성이라는 이름표. 모든 방종을 숨기고 사람을 취하게 하는 그 복잡한 것. 변장한 악마."

그러나 그녀는 곧 그 뒤에 이렇게 덧붙였다.

"그러나 '나라'는 어떤가……그것은 사회적인 것이 아니다. 사람들이 숨쉬는 공기만큼도 의식하지 않는 인간적인 환경이다. 자연과 과거와 전통과의 접촉이다. 뿌리를 내리는 것은 사회적인 것과는 다른 것이다."

다시 말해, 사회적인 영향은 자양분도 되고 독도 된다는 얘기이다. 인간으로 살면서 신과도 함께 가는 데 반드시 필요한 내적인 자세를 한 인간에게 부여하는 한 자양분이고, 인간에게서 그 자유를 빼앗고 인간 속에서 신을 대신하는 위치에 오르려고 하는 한 독이다. 사회적인 것이 신적인 것을 끊임없이 침식한다—'신비적인 것'이 언제나 '정치적인 것*29으로 타락하여, 그것이 역사를 채우고 있다—이러한 사실이야말로 이 최종적인 위험의 중대함을 오늘날 어느 때보다 더욱 충분히 보여 주고 있다.

'필요한 변화를 준다면' 교회에 대해서도 같은 고찰을 할 수 있다. 시몬 베유

---

*28 프랑스의 철학자(1743~94). 낙천적인 진보사상의 소유자로 대혁명 때도 활약했다.
*29 로마서 12장 2절.

만큼 절대적으로 굶주리고 목마른 정신은 아무래도 어느 정도 역사적 상대성 감각이 부족한 것이 확실한 듯하다. '세상과 타협하지 말라'*³⁰가 그녀에게는 무조건적인 법칙이었다. 교회가 세속적인 필요를 위해 몇 가지 양보한다고 해서 교회의 영원한 생명이 손상 입는 일은 결코 없다는 것을, 그녀는 도무지 이해할 수가 없었다. 이를테면 샤를마뉴 대제*³¹를 성인의 반열에 넣은 것은, 그녀에게는 사회적 우상과의 치욕적인 타협으로 비쳤다. 어떤 점에서는 교회도 '전체주의적인 대괴물'로 취급했다. 그것은 무엇을 의미할까? 전체주의는 전체의 배척과, 동시에 스스로 전체가 되고자 하는 자만을 특징으로 한다. 가톨릭교회는 이 세상에 '전부인 것'을 전하는 역할을 할 뿐이므로 굳이 전체주의적일 필요는 없다. 그러므로 시몬 베유의 비난은 일단 근거 있다는 가정 아래 교회라는 집단에서 일부러 사랑과 진리의 문에 자물쇠를 채우고, 그렇게 함으로써 가톨릭의 보편적인 사명을 부정하는 일부 사람들에게만 향해진 것밖에 되지 않는다. 지금 여기서—특히 이렇게 많은 가톨릭교도들이 자신들의 어머니인 교회를 치려고 채찍을 주저 없이 들고 나오는 시기에—얼마 전에 '교회, 죄의 집단'이라는 생각에서 일어난 논쟁에 다시 불 붙이는 것은 문제도 되지 않는다. 다만 '지옥의 문도 이것은 이기지 못하리라'*³²는 그리스도의 말은, 교회의 모든 것이 영원히 깨끗하리란 약속이 아니라, 신앙이라는 가장 중요한 기탁물을 무슨 일이 있어도 끝까지 지키리란 다짐이었음을 확인해 두고 싶다.

교회는 신 안에 뿌리를 내리고 있다. 그렇다고 그것 때문에 이 나무에 마른 잎이나 벌레 먹은 가지가 없다는 얘기는 아니다. 믿는다는 것은 신에게서 나오는 수액이 한 방울도 남김없이 자기에게 흘러들어온다는 의미이다. 시몬 베유의 표현을 그대로 쓴다면 이 '스러지지 않는 진리의 핵'이 교회 집단에 혼입된 모든 불순물 속에서 끝까지 보호된다는 것이, 가톨릭교회의 신성을 보여 주는 가장 확실한 증거의 하나이다. 교회는 인간적인 그 몸이 신적인 영혼에서 완전히 분리되지 않는 한 '전체주의적인 대괴물'이 되지는 않을 것이다. 그런 것은 상상도 할 수 없다. 왜냐하면 지옥의 문도 이것은 이기지 못할 테니까……. 오늘날 쇠사슬에서 풀려난 다양한 전체주의 앞에서, 교회야말로 보편적인 것의

---

*30 샤를 페기(1873~1914)의 말.
*31 프랑크 국왕 카를 대제(742~814). 1165년 성인의 반열에 들었다.
*32 위의 역주*16 참조.

마지막 도피처처럼 보인다.

사회적 우상을 배척한다고 해도, 그것이 시몬 베유에게서 신앙의 개인주의를 이끌어 내지는 못한다.

"'나'와 사회적인 것은 두 개의 커다란 우상이다."

은총을 통해 우리는 그 어느 쪽에서도 해방된다. 어쩌면 셀레스탱 부글레*33가 아직 학생이었던 시몬 베유 안에 '아나키스트와 신앙가가 섞여 있는 것'을 알아보고, 그만의 독특한 어법으로 표현하려고 한 것도 그 때문이었을 것이다.

*

시몬 베유를 이해하고 싶다면, 그녀가 얘기한 것과 같은 높이에 서야만 한다. 그녀의 글은 그런 영혼을 향해 쓰인 것이다. 그녀처럼 모든 것을 버린 영혼까지는 아니더라도, 적어도 자기 삶과 죽음을 바쳐 순수한 선을 추구했던 그녀의 열망 같은 것을 내면 깊숙이 줄곧 품어 온 영혼 말이다. 그러한 영적 성질이 얼마나 무서운 것인지는 나도 모르는 바가 아니다. 가장 높은 꼭대기에 서면 가장 심한 현기증이 일어난다. 그러나 그 빛이 사람을 불태우는 것이라 해도, 그것을 '함지 속에 두어도 되는'*34 충분한 이유가 되지는 않는다.

여기서 문제가 되는 것은 철학이 아니라 삶의 방식이다. 시몬 베유는 자신의 사상 체계를 쌓아올리려 한 것이 아니라, 자신의 작품에서 스스로 벗어나기를 있는 힘을 다해 원했던 것이다. 그녀의 단 하나의 소원은, 자기가 신과 인간 사이를 가로막지 않는 것—'창조주와 피조물이 그 비밀을 서로 교환할 수 있도록' 자기가 사라지는 것—이었다. 그녀는 진정한 위대함이란 완전히 무와 같은 것이 되는 것임을 잘 알았기에 자기의 천분은 무시하고 돌아보지 않았다.

"내 안에 있는 에너지니 타고난 재능이니 하는 것이 도대체 무슨 소용이란 말인가? 나는 그것들이 지겹다. 너무 지겨워서 사라져 버리고 싶을 정도다……."

그녀의 기도는 이루어졌다. 그녀의 문장에는 더없는 영감의 표시라 할 수 있는, 어딘가 개인을 초월한 울림을 띠는 것이 몇 가지 있다.

"어떤 사람이 우리에게 악을 끼쳐 그 때문에 우리가 낮은 곳으로 추락했다

*33 사회학자, 파리고등사범학교의 교장으로 시몬 베유를 가르친 적이 있다.
*34 마태오복음서 5장 15절 등.

면, 그 악을 끼친 자를 용서하기란 불가능할 것이다. 그러나 그 악이 우리를 낮은 곳으로 추락시킨 것이 아니라 우리의 실제 수준을 드러내준 것이라고 생각해야 한다."

"누군가가 나에게 해를 가해도, 그 해악 때문에 내가 타락하지 않도록 해 달라고 간구하자. 그것은 나에게 상처 주는 사람들에 대한 사랑 때문이며, 그 사람이 실제로는 어떠한 해도 주지 않았기 때문이다."

비교적 정리된 글보다는 이러한 겸손과 사랑의 외침이 시몬 베유의 순수한 메시지 전달자로서의 모습을 보여 준다. 나는 내내 그녀의 말에 신뢰를 보내 왔다. 이들 문장을 출판하는 것도, 그 신뢰를 그녀의 곁에 오는 모든 사람들도 널리 품어 주기를 바라기 때문이다.

*

이 책에 담긴 모든 문장은 시몬 베유가 개인적으로 나에게 맡긴 원고에서 발췌한 것들이다. 따라서 1942년 5월 이전에 쓴 글이다. 그녀의 부모님이 친절하게도 그 이후의 저작도 나에게 보내 주었으나 이 책에는 들어갈 여지가 없었다. 여기의 글들은 모두 내가 직접 그녀의 노트 속에서 골라낸 것들로서, 노트에는 무수한 인용문, 문헌학적 고증과 과학적인 연구논문이 뒤섞여서 기록되어 있었다. 그것을 어떻게 소개할지, 다음 두 가지 형식을 두고 고민했다. 즉 시몬 베유의 사상적 단편을 적힌 순서대로 나열하느냐, 아니면 어떤 분류를 시도하느냐 하는 것이었다. 나는 후자의 방법이 좋겠다고 생각했다. 이 일을 도와주고 또 격려해 준 모든 분들, 즉 페랭 신부·란자 델 바스트·오노라 씨·오노라 양(시몬 베유의 가까운 친구이기도 했다)·가브리엘 마르셀 장 드 파브레그에게 고맙다는 말을 전한다. 원문을 교정하고 옮겨 적는 단계에서 V.H. 두비두르 씨는 각 단장(斷章) 사이에 끼워 넣은 그리스어 인용문의 번역을 도와 주었고, 헌신적인 협력자 오딜 케레르 양은 아낌없는 도움을 주었다.

1947년 2월

시몬 베유 철학강의에 대하여

와타나베 가즈타미

서문에서 이미 밝혔듯이 이 책은 시몬 베유의 강의를 안 레노 게리트가 필기한 노트이다. 시몬 베유는 로안 여자중고등학교에서 1933년 10월부터 이듬해 6월까지 한 학기 동안 이 학교 최고학년 철학반 학생을 대상으로 강의를 했었다.

이 학교의 철학 강의는 나폴레옹 제정시대부터 오늘날에 이르는 프랑스 중등교육의 커다란 특색을 보여준다. 최고학년의 철학·문학반은 주 8시간이, 이과는 주 3시간이 철학에 할당되어 있다. 시몬 베유의 《철학강의》를 이해하기에 앞서, 이러한 철학 교육은 어떠한 이념을 바탕으로 하며 어떠한 형태로 이루어지는지 먼저 말해 두어야겠다. 먼저 오늘날에도 영향력을 발휘하며, 1925년 9월 2일에 공교육·예술장관인 드 몬지의 이름으로 공표된 〈철학교육지도요강〉을 살펴보자.

거기에는 철학교육의 목적을 두 가지로 들었다. 하나는 '이 새로운 형태의 지적 노력을 통하여, 지금까지 학생들이 배워온 이과·문과 학습의 유효성과 가치를 더욱 잘 파악하고 융합시키는 것'이다. 다른 하나는 '학생들에게 학교를 마치고 인생의 첫걸음을 내딛거나 전공 공부를 통해 다양한 직업을 준비하는 과정에서 사고 방법 및 지적·도덕적 생활의 아주 기본적인 원리를 익히게 함으로써, 학생들이 그것을 새로운 삶의 기반으로 삼고 자기 자신의 직업을 뛰어넘어 사물을 고찰하는 참된 직업인이 됨과 동시에 민주주의사회가 필요로 하는 상식적이고 자주적인 판단력을 갖춘 시민이 되게 하는 것'이다. 한마디로 철학교육 자체가 '사고 훈련을 통해 자유를 배우는 것'이라는 얘기다. 따라서 전문 철학 교육이 아니다. 먼저 교사들은 교실에서 '알아듣기 쉬운 표현, 적어도 일상 생활에서 사용되는 말, 법률·역사·실증과학에서 사용되는 말로 표현'해야 한다. 여기에 이른바 '철학' 영역뿐 아니라 '시간적 문제'에 대해서도 '공평무사한 사고의 정숙한 빛으로 먼저 밝게 비추는 것'이 요구된다.

구체적으로 어떠한 교수법이 있을까? 〈지도요강〉은 '교사는 자유로운 의견을 가질 수 있는 것처럼 자유로운 교육방법을 가질 수 있다'는 대전제를 분명히 한 뒤, '강의내용'에 대해 교사는 자유재량권을 가진다는 것, 강의내용을 '강제로 필기시키지' 말 것, '교과서 사용 자체는 적절한 방법이라 볼 수 없다'는 것, '독서는 교육에서 빼놓을 수 없는 보조수단'이라는 것, 빈번히 부과되는 작문 숙제가 '사상 단련 및 논리적 표현·구상에 도움이 되어야 한다'는 것 등을 세부적으로 규정했다. 마지막으로 철학교사의 직무는 '학생들이 훗날 독단이나 무관심으로 빠지는 일 없이 스스로 적극적인 판단을 내릴 수 있도록 하고, 모든 사상·행동 전반에 걸쳐 자신이 속한 사회 및 모든 인류와 진정으로 일체될 수 있는 견식을 길러주는 것임'을 명확히 했다.

이러한 〈철학교육지도요강〉을 토대로 철학 강의는 1960년까지 심리학, 논리학, 윤리학, 형이상학 등 네 부문으로 나뉘었다(1960년에 개정되어 '인식'과 '행동' 등 두 부문으로 크게 나뉘었고, 1974년 현재는 '인간과 세계', '인식과 이성', '실천과 목적', '인류학·형이상학·철학' 등 네 부문으로 재편되었다). 프랑스 중고등학교의 이러한 철학 교육이 라뇨 알랭과 같은 고명한 철학자를 평생 중고등 철학 교사로 남게 하고, 베르그송, 마르셀, 사르트르, 보부아르, 메를로 퐁티, 레비 스트로스와 같은 사람들이 인생의 첫발을 철학 교사로서 내딛도록 했음은 새삼 설명할 필요도 없다.

시몬 베유가 철학 교사가 된 것은 그녀가 고등사범학교를 마침과 동시에 대학교수자격시험에 합격한 1931년 9월의 일로, 첫 부임지는 르퓌 여자중고등학교였다. 22세의 이 '패션 센스 없는 근시 여교사'가 학과과정표를 무시하고 그녀만의 독특한 철학교육을 시작한 과정은 카보나 페트르만 등의 전기에 자세히 기술되어 있다. 당연히 이 일로 베유와 교장 및 교육위원회 사이에 마찰이 일어났다. 여기에 그치지 않고, 학생시절부터 급진파로 유명했던 베유는 르퓌에 부임하자마자 루아르 현 노동거래소 부서기로서 생테티엔에 거주하는 테비논 부부와 친분을 맺고, 이 둘을 통해 공산당 제명그룹의 혁명적 급진주의자와 접촉하기 시작한다. 노동총동맹(CGT)와 통일노동총동맹(CGTU)로 분열되었던 노동조합전국조직의 통일을 꾀하기 위함이었다. 이리하여 같은 해 12월 17일, 실업구제사업 문제로 실업자 요구진정단과 함께 시청을 찾아가 시장 면담을 요구한 베유는 즉시 보수적 지방신문의 규탄을 받게 된다. 여성 대학교수자격자가 드물었던 당시, 이것은 중앙지에 실릴 만큼 커다란 파문을 일으켰다. 이 일로 클레르몽페랑 대학구 교육위원회에 출두 명령을 받고 계고처분을 받고도 이듬해인 1933년 1월, 르퓌 실업자 무단시위에 가담한 죄로 경찰에 체포된다. 교육위원회가 이 일로 전근명령을 내리자 시몬 자신도 이 명령을 거부했음은 물론이요 노동조합까지 나서 시몬을 지지하기에 이른다. 이제 이 젊은 철학 교사는 지방도시 르퓌의 평화를 위협하는 논란의 중심인물로서 널리 알려진 것이다. 그런 베유도 학기가 끝나는 6월에는 마침내 전근명령을 받아들여, 10월에는 오세르 여자중고등학교에서 근무하게 된다. 여기서도 그녀는 교장 및 동료들과 충돌하는 한편 조합운동에 열을 올렸다. 이듬해인 8월, 교장은 아예 철학반을 폐지함으로써 베유를 쫓아버렸다. 그녀가 세 번째로 부임한 곳은 다름 아닌 로안이었다.

그러나 로안에서는 철학반 학생 수도 네다섯이 고작이었고, 교장과의 관계도 르퓌나 오세르 때보다 훨씬 좋았다. 거기다 시몬 자신도 철학 교사가 된 지 3년째였으므로 학교 사정은 웬만큼 꿰뚫고 있었을 것이다. 로안에서는 르퓌나 오세르에서와는 달리 비교적 평화로운 1년이 지나갔다. 노동자들과의 관계를 아주 끊은 것은 아니었지만, 1933년부터 1934년까지 베유가 몰두한 것은 1933년 1월에 독일 정권을 장악한 나치스의 박해에 고통 받는 독일 공당원의 구출과 스탈린 비판 활동이었다.

나는 일찍이 시몬 베유에 대해 이렇게 쓴 적이 있다. '베유와 같은 또래인 대부분의 지식인, 즉 그녀의 고등사범학교 시절 동창생 블라디악이 명명한 '전쟁의 아이들Warchild'은 세계경제공황이나 파시즘 대두와 같은 일련의 위기에 직면하여 책을 버리고 반전운동에 가담한 끝에 소비에트에서 이상국가를 보는 혁명 신화 실현을 현실 문제로 생각하며 반파시즘을 거쳐 인민전선 결성에 몸을 던졌다. 실천운동과 얼마나 깊은 관계를 맺고 있느냐를 척도로 한다면 이들은 이른바 상승곡선을 그렸다고 할 수 있는데, 이와는 대조적으로 시몬 베유는 홀로 하강곡선을 그렸다. 즉 시몬은 학생시절부터 '빨간 처녀'라 불리며 다른 지식인들보다 훨씬 첨예한 투사로서 출발하여 반소비에트 관점에서 반공주의로 이행했다가 절대 평화주의자로 돌아선 것이다《마지막 신화에 대하여》. 이러한 하강곡선을 결정적으로 만든 것이 바로 1933년 여름 독일 여행 경험을 기초로 로안 체재 중에 구상한 《자유와 사회적 억압의 여러 원인에 대한 고찰》과 《복종과 자유에 관한 고찰》이다. 따라서, 로안 체재 중에 프랑스 전역을 파시즘의 위기의식에 눈뜨게 한 2월 6일 사건이 발발하고 베유의 스승 알랭을 축으로 많은 지식인이 결집하여 '반파시스트 지식인 감시위원회'가 탄생했을 때 베유는 3월 20일에 페트르만 앞으로 이런 편지를 썼다—"나는 모든 정치에서 완전히 몸을 빼기로 결심했습니다. 단 이론 연구는 별개입니다." 7월에는 르퓌의 제자 앞으로 이렇게 썼다. "나는 반파시즘 투쟁이라는 구실하에 러시아 참모본부를 위해 일하기는 싫다. ……앞으로 정치, 사회 분야에도 참여하지 않을 생각이다. 단, 다음 두 가지는 제외이다. 반식민지 투쟁과 방위를 위한 반무장투쟁이다." 1934년 6월 20일, 베유는 철학논문을 집필하기 위해 문부성에 1년짜리 휴가를 신청하고 7월에 로안을 떠난다. 그녀가 파리 알스톰 전기회사에 여공으로 취직한 것은 같은 해 12월 4일의 일이었다. 그러고 보면 얼핏 평온무사했던 로안에서의 1년이 베유의 사상에 하나의 중대한 전기, 즉 앞으로 있을 베유의 도약을 위한 준비 기간이었다고 볼 수 있을 것이다.

이러한 철학 교사였던 시몬 베유를 학교나 감독관청이 신랄하게 비판했음은 쉽게 상상할 수 있는 일이다.

오세르에서 베유의 수업을 참관한 대학구 장학관은 "학생들을 이해시킬만한 충분한 준비가 되어 있지 않다(1932년 11월 22일 보고서)"고 보고했다. 교장인 레인 부인도 "수업이 어수선하고 반 규율이 흐트러져 있으며 ……베유는 태도를 신중히 할 필요가 있다(1932년 12월 15일)"라고 지적했다. 대학구장은 "교사로서 교육 감각이 전혀 없다. 수업은 매우 지리멸렬하고……아무런 계획성도 결론도 없다. 끊임없이 사고를 확장시키기만 한다. ……베유의 교수법은 어떠한 지도요강에도 속하지 않으므로 철학반 수강생이 점점 없어지지 않을까 우려된다(1933년 3월 13일)"라는 평가마저 내렸다. 그러나 이러한 사람들도 "그녀는 학생들을 위해 시간을 아끼지 않는다(레인 부인)"며 그 열정만은 높이 평가했다. 대학구 교육위원회에서 그녀의 전근문제가 불거졌을 때 르퓌 학교의 학부모들이 그녀의 전근을 반대하는 청원서를 문부성에 제출한 사실은 학생들이 베유의 그러한 열정을 교장이나 감독관들과는 달리 받아들였음을 입증해준다. 이러한 측면까지 포함하여, 장학관 가스티넬이 로안에서 베유에 대해 쓴 보고서(1933년 11월 25일)는 베유가 교실에서 어떻게 보이는지를 가장 잘 보여주는 기록이라고 봐도 무방할 것이다. "……베유는 담당인 철학 분야에서 뛰어난 지적자질과 개성 있는 교육감각을 보여주는 동시에 경험부족도 보여준다. 얼핏 보기에 학생들에게 무엇을 호소한다는 인상을 주지는 않는다. 시력이 매우 나쁘고 목소리에는 기운이 없으며 발음은 불분명하다. 말투에는 억양이 없고 거의 한 가지 동작(천천히 팔을 뻗는 것)만 한다. 손은 통 움직일 줄 모른다. 그러나 활발하고 긴장된 지성이 듣는 이의 마음을 파고든다. 학생들은 자신들이 심판받고, 단호한 하나의 의지에 의해 명령받는 듯한 느낌을 받는다."

이러한 자세에서 엿보이는 것이야말로 로안 교장이 지적한 대로 "대학입학 자격시험에 필요한 지식을 주기보다 학생들의 인격을 수양하려는" 의지였을 것이다. 사실 베유가 가르치는 철학반은 르퓌에서 15명, 오세르에서 12명, 로안에서는 네다섯 명이었지만, 그 가운데 대학입학자격시험 합격자는 르퓌에서 2명, 오세르에서 서너 명, 로안에서는 한 명에 불과했다. 교실에서 베유는 기존 해설서는 일절 사용하지 않고, 학생들이 위대한 철학자가 쓴 저서를 읽게 하려고 최대한 노력했으며, 학년말에 그 중 한 구절을 암기시키기까지 했다고 한다.

아이러니하게도 학교나 감독관청의 비난에도 불구하고, 후기 첫머리에 들었던 1925년의 〈철학교육지도요강〉을 떠올려 보면, 대학입학자격시험은 제쳐두고 오로지 "학생들의 인격수양"만을 생각한 베유의 교육이야말로 그 이념에 가장 충실한 교육이 아니었을까 생각해 본다.

어쨌거나 이렇듯 교실에서 베유가 어떤 모습이었는가를 생각해 보면, 베유의 강의노트인 이 책이 베유의 강의를 충실하게 기록한 것이라고는 볼 수는 없다. 서문에서도 말했듯이, 오히려 교실에서 베유가 그날 강의 요점을 칠판에 적거나 특별히 강조하며 학생들에게 필기시킨 강의의 골자를 보여주는 것이라고 봐야할 것이다. 아마 그 골자에 따라 즉흥적으로 다양하고 구체적인 사례를 들고, 장학관이 말했듯이 때로는 탈선하면서 자유분방하게 강의하고, 문제제기하고, 생각하게 하고, 발표시킨 것이 베유 철학 강의의 모든 것이 아닐까 추측해 본다. 그러나 이 강의 골자 자체가 앞서 말한 〈지도요강〉에서 정한 네 부문과 반드시 일치하지는 않음은 분명하다. 그런 의미에서는 "어떠한 지도요강에도 속하지 않는다"는 대학구장의 비판도 전혀 엉뚱한 것은 아니다.

베유와 함께 앙리4세 고등학교에서 알랭의 강의를 듣고, 훗날 베유의 상세한 전기를 쓴 시몬 페트르만은 이 책을 읽고, 그 내용의 절반은 "알랭의 학설이 우리에게 가르쳐준 것과 일치한다"고 말했다. 그러나 그렇다고 해서 이 사실이 〈지도요강〉의 틀을 넘어 이러한 '철학 강의' 전체를 구축한 베유의 독창성을 깎아내리지는 못할 것이다. 더구나 제2부 제2편인 〈사회학〉 부분에는 이 '강의'와 동시에 구상된 이른바 '억압과 자유'에 관한 이론에서 유작인 《뿌리를 갖는 것》에 이르는 일련의 사상이 분명히 드러난다. 반대로 이 부분을 읽음으로써 우리는 공장생활에서 에스파냐 시민전쟁 참가, 대독일 저항에 이르는 베유의 행동을 뒷받침한 것이 무엇이었나를 엿볼 수 있다. 동시에, 구석구석에서 드러나는 베유의 독자적 사상의 싹은, 지금으로부터 반세기 전, 시몬 베유가 24세에서 25세 때 했던 '철학 강의'를 오늘날에도 신선하게 유지시켜준다. 아니, 그 후 반세기의 역사를 거치며 더욱 빛나는 통찰력을 지니게 된 사상으로 인도하는 책으로 만들어준다. '민주주의 사회가 필요로 하는 상식적이고 자주적인 판단력을 갖춘 시민'을 길러내고자 하는 프랑스 철학 교육의 이념을 더욱 충실히 살린 이러한 시몬 베유의 《철학 강의》를 발표하는 것은 결코 무의미한 일이 아닐 것이다.

시몬 베유 하나의 주역

"억압된 자들의 전통은 우리가 사는 '비상사태'가 실은 일상 상태임을 우리에게 가르쳐준다."

1940년 발터 벤야민

시몬 베유는 '아름다운 삶의 자세'를 가진 사람이었다. 그녀가 남긴 모든 작품은 오롯이 34년이라는 생애를 어떻게 살았느냐 하는 사상적 자서전으로서 독자에게 생생한 감동을 주고 깊은 내적 반응을 일으킨다. 그 증거 중 하나가 이 《베유의 철학 강의》이다. 어디까지나 사물을 명료하게 사고하고 판단하는 힘을 길러주는 철학이다. 또 이 책은 그 뒤 전개되고 결실을 맺은 베유 철학의 출발이자 독창적 사상의 응축이라 볼 수 있다. 독창적 사상은 아무래도 어렵게 느껴지기 마련이다. 그 사상의 껍데기가 딱딱해서 접근조차 힘든 사람들은 이 《베유의 철학 강의》('심리''정신''사회''윤리'로 구성)부터 볼 것을 권한다. 베유는 '억압과 자유'라는 문제를 고찰했는데, 그것은 이 강의 제2부에 〈사회적 억압에서 국가의 역할〉 부분에서 명확히 드러난다. 먼저 이 제2부를 읽고 제1부를 읽은 다음 제3부를 읽으면 이해가 쉽다. 읽을 때는 플라톤의 《국가》, 데카르트의 《방법서설》, 칸트의 《프롤레고메나》를 옆에 두고 읽기를 권장한다.

내가 배운 1930년대 사상가 중 시몬 베유만큼 마음에 드는 인물도 없고 그녀만큼 성가신 인물도 없다.

마음에 드는 이유는 그녀가 61년 전에 쓴 논고가 20세기 말 격동의 소용돌이 속에 있는 현재 예언적 통찰력을 가지고 다가오기 때문이며, 성가신 이유는 베유의 종교문제가 내 앞을 가로막고 접근을 거부하기 때문이다.

베유는 1930년대 사상가(대독점자본주의＝레지스탕스, 대파시즘＝레지스탕스, 대스탈린주의＝레지스탕스)라고 일컬어지며, 그녀의 저서 중 생전에 출판된 것은 한 권도 없다. 모든 저서는 사후 편찬된 것이다. 그녀의 사상이 그 시대 사람들에게 직접 작용하고 어떤 역할을 했다는 것은 아니다. 확실히 1930년대에 확립된 사상이지만 프랑스에서 '발견'된 것은 제2차 세계대전 이후이며, 저 《세계문화》 멤버도 P. 니잔은 보도해도 베유까지는 알지 못했다.

내가 특히 베유를 1930년대 사상가로서 중요하게 생각하는 이유는 20세기가 '난민＝뿌리 없는 세기'가 되리라고 예상하기 때문이다.

1945년에 종전된 제2차 세계대전은 민간인과 군인을 합쳐 7천만 명이 목숨을 잃은 인류사상 가장 슬픈 기록을 가지고 있다. 1억 명에 이르는 군인이 서로를 죽고 죽이고, 그것도 모자라 시민까지 희생시킨 결과이다. 그러나 전쟁은 아우슈비츠나 히로시마의 비극을 낳고도 오늘날에도 좀처럼 끝날 기미가 없다. 알랭 레네 감독의 영화 《전쟁은 끝났다》(전쟁은 끝나지 않는다)인 셈이다.

최근 UN개발계획 보고에 따르면 세계 갑부 400명의 재산이 세계 인구의 약 절반에 해당하는 빈곤층 23억 명의 소득 합계보다 높다. 세계 9억 인구가 하루 100엔 이하의 소득최빈곤 상태이다. 이 빈곤 상태는 전혀 개선될 기미가 없다. 89개 개발도상국의 1인당 소득은 10년 전보다 낮고, 이중 70개국은 식민지 독립시대라 불리던 1960년대보다도 낮다. 선진국과의 빈부격차는 더욱 커지고 있다. 이 비참한 빈곤 상태가 이주노동자를 끊임없이 낳고 있다.

현재 선진국에서 일하는 이주 노동자는 3천만 명이며, 부양가족까지 포함하면 4천만 명에 이른다. 전쟁, 동란, 박해 등으로 살 곳을 잃은 난민들은 1천 5백만 명이며, 이 수는 해마다 백만 명씩 늘어, 국적을 초월하는 이민공동체를 형성하고 있다. 이 커다란 흐름이 생긴 것은 1917년 러시아 혁명 이후라고 보는 것이 정설이다. 그러나 나는 근대국가=국민국가의 형성은 레닌까지 거슬러 올라가야 한다고 생각한다. 이는 베유도 분명히 간파했을 것이다.

　유럽에서 절대주의가 붕괴된 뒤 형성된 국민국가는 식민지주의 국가, 식민제국이다. 어떤 의미에서든 식민지를 내적·외적으로 가지고 있다. 유럽은 다른 나라에서 경제 가치를 수탈함으로써 근대 국민국가=근대국가로 발전했다. 자본과 국가권력, 독점자본과 대외팽창의 관계를 가장 극단적인 형태로 이론화하고, 대외팽창은 구조적 필연성에 따른 것이라고 지적한 인물은 《제국주의론》을 쓴 레닌이었다. 레닌은 제1차 세계대전이 갑작스럽게 발발하자 상황 타개를 위해 필사적으로 새로운 이론을 모색했다. 전쟁의 근원은 무엇인가. 왜 각 나라의 사회주의자들은 전쟁에 협력한 걸까. 그 격투의 흔적을 보여준 책이다. 선진 자본주의국가 내부에서 독점이 진행한다. 그와 병행하여 외부적으로는 식민지와 반(半)식민지의 독점이 진행된다. 제국주의에 대해 이렇게 논리적으로 분석하는 일은 홉슨, 힐퍼딩, 레닌, 로저 룩셈부르크 등 모든 마르크스주의자들의 몫이었음을 기억해두기 바란다.

　막스 베버는 다른 해석을 했다. 즉 근대국가는 국민경제, 지역경제 성립을 동반하는 시장거래에 중앙집권적 재정이 필요했기 때문에 생겨났으며, 이를 위해 군인은 상비군을 조직하고, 관료는 관료기구를 새로 만들어야 했다는 것이다. 근대국가의 관료지배 형성과정을 파악하는 데 이용한 '합리화'는 잘 알려져 있다. 베버는 지금으로부터 100년 전인 독일 검품경제 시대 말기에 프라이부르크 대학교수로 취임식 때 '국민국가와 경제정책'이라는 제목으로 당시 독일의 위기, 이른바 '동엘베 문제'에 대하여 언급했다. 즉 융커(독일 귀족의 총칭)는 이미 과거의 산물이며 노동자계급은 너무 미숙하므로, 근대국가를 이끌어갈 수 있는 유일한 방법은 자기 자신도 속한 시민계급(부르주아)을 성숙시키는 일이라는 것이다. 여기서 베버가 문제 삼은 것은 동부 국경지대에서 일하는 많은 슬라브인 노동자(노동자계급)를 독일국민으로 받아들이느냐 마느냐 하는 것이었다. 독일뿐 아니라, 19세기 중반에서 20세기에 걸쳐 수백만 명에 이르는 이민자를 수용한 것이 근대국가라고 할 수 있지 않을까? 근대국가에 맞서 '식민·난민·망명=뿌리 없는 민족 문제'와 식민지 문제를 정면에서 대항하고 죽을 때까지 연구한 인물이 바로 베버라는 것이 내가 말하고자 하는 바이다.

1930년, 베버가 정치활동을 시작했을 때 프랑스 식민지에서 일어난 큰 사건이 이른바 '통킹만 사건'이다. 베트남 북부 통킹(프랑스 보호령 인도차이나)에서 농민들이 시위를 벌이자 프랑스군(식민지 정부)은 공습을 가하여 수많은 마을을 파괴하고 2만 명 이상을 학살하였다. 베유의 사상은 바로 이 사건에서 출발했을 것이라고 생각한다. 베유는 '식민지—제국주의—전쟁—기아—난민'이라는 일련의 문제에 대한 해답의 실마리를 찾기 위해 중고등학교 교사나 여공 생활을 하면서 끊임없는 정열을 쏟아 부었다. 그녀가 사망한 1943년에 쓰인 이른바 런던논집이라 불리는 논문 중에 〈프랑스 국민의 운명과 관련된 식민지 문제에 대하여〉가 있는데, 베유는 여기서 자기가 내내 답을 구했던 '식민지 문제'에 대한 해답을 미숙하나마 명료하게 제시했다. 사상가는 출발점으로 돌아가는 법이라고 흔히 말하는데, 베유 역시 그랬을 것이라고 상상하고 싶다. 1930년에 베유는 고등사범학교에서 〈데카르트의 과학과 지각〉(단어 구사 능력과 권력의 관계)라는 졸업논문의 완성을 전후하여 〈식민지 문제〉라는 논문을 썼다. 이것은 분실된 상태인데 어딘가에 반드시 있을 것이므로 일단 베유의 논문으로 가정해 둔다. 베유는 '하루라도 글을 쓰지 않으면 입에 가시가 돋는' 인물이었다(1989년 갈리마르 서점에서 새로 낸 《베유 전집》〈역사정치논집 제3권〉에 수록된 〈식민지론〉은 전회의 《희망총서》보다 수록논문 수는 늘었지만 내가 상정한 것은 들어 있지 않다).

베유가 '난민=뿌리 없음'을 전개한 《뿌리를 갖는 일》을 '주요저서'로 상정하고 그다지 평가받지 못한 '주요저서'의 윤곽을 대강 파악할 수 있도록, 그녀가 남긴 저서 중 몇 개를 골라 《베유 선집》을 한 권 만든다고 가정한다면 어떤 방식으로 제작을 하든 나는 다음 저서를 반드시 싣고 싶다. 어쨌든 베유가 쓴 모든 책은 누구에 의해 수집된 것이다. 이 글을 읽는 독자도 의무라 생각하고 한 권 만들어봄이 어떻는지?

베유의 음성을 기록한 이 《철학 강의》, 〈발견되지 않는 1장(章)〉, 〈전쟁에 대한 고찰〉, 〈14세기 피렌체 프롤레타리아 봉기〉, 〈자유와 억압의 원인에 대한 재고찰〉, 〈R공장 노동자들에게 호소함〉, 〈트로이 전쟁을 반복하지 않겠다〉, 희곡 〈구원받은 베네치아〉, 그리고 편지 몇 통. 티봉 선생이 고른 《동력과 은총》에서 두 편. 내가 고른 이들 작품은 1930년대에 쓰이고 분실되었다고 여겨지는 '식민지에 관한 논문'에 연장선상에 있다. 이것들이 각각 변주되어 하나의 주제로 심화해 가다가 교향곡 《뿌리를 갖는 일》이 될 때, 이를 듣는 모든 사람은 이것이 베유의 주요저서임을 명확히 이해할 수 있을 것이다. 1943년 프랑스가 독일군에 의해 점령되었을 때 런던에 있는 프랑스 망명정부의 요청을 받고 베유는 프랑스 재기 가능성을 연구하는 보고서 형식으로서 유럽 문명의 구조를 분석했다. 유서라고도 볼 수 있는 이 중요한 보고서에는 베유를 이해하는 열쇠가 몇 개나 들어있다. 뿐만 아니라 이 보고서는 20세기 문명을 근원적으로 비판한 것이라고도 하겠다. 1949년 프랑스에서 서문 없이 발행되었는데, 정신적 사건이라 할 수 있을 만큼 커다란 반향을 불러일으켰다. 3부로 구성되었으며, 영혼이 요구하는 것, 즉 의무, 질서, 자유, 복종, 평등, 명예, 언론 자유 등의 단어를 정의한 뒤 베유는 《뿌리 없음》이라는 표제로 고대로부터 20세기에 이르기까지 그 사상과 행동을 가장 날카롭고 가장 치밀하고 가장 엄격하게 비판했다. 마지막으로 《뿌리를 갖는 일》이라는 표제로 분명한 진단을 내리고 재생 치료법을 고안하여 처방전을 썼다.

베유는 《뿌리를 갖는 일》 제2부 첫 장 〈뿌리 없는 노동자〉에서 다음과 같이 말한다.

평생 안전하게 금전에 속박된 사회계급이 있다. 바로 임금노동자이다. …… 어떤 의미에서, 오늘날 주요한 사회 문제는 우리나라 노동자들도 이민자가 되었다는 사실에서 유래한다. 지리적으로 같은 장소에 머물고 있다고는 하나 그들은 정신적으로 뿌리를 잃고 추방당했다. 그런 뒤에는 이른바 자비심으로 말미암아 '일할 수 있는 몸'이라는 자격을 용인 받았다. 말할 것도 없이, 그들에게 실업은 이중으로 뿌리를 잃는 일이다.

오늘날은, 교양 있는 사회라고 일컬어지는 사회에 속해 있으면서도 한편으로는 인간의 운명에 관해 어떤 관념도 품지 않고도 살 수 있고, 다른 한편으로는 모든 별자리가 사계절 내내 보이는 것이 아니라는 사실을 모른다. 흔히 사람들은 농촌의 초등학생들이 피타고라스보다 그 사실을 더 잘 알 거라고 생각한다. 아이들이 지구는 태양 주위를 돈다고 당연한 듯이 말하고 다니기 때문이다. 그러나 아이들은 이제 별 따위는 보지 않는다. 교실에서 배우는 태양은 그들이 직접 보는 태양과 아무런 관계도 없다. 인간은 아이들을 그들을 둘러싼 세상에서 떼어버렸다.

《베유 저작집》 V, 《뿌리를 갖는 일》)

뿌리를 잃는다는 것은 인간사회에서 가장 위험한 질환이라고 베유는 생각했다. 대체 인류는 왜 뿌리를 잃기 시작했는가? 권력체계 안에 물질적 기계화를 도입함으로써 인류는 억압의 역사에 더욱 새로운 지평을 열어버렸다고 베유는 말한다. 기계를 조작할 줄 아는 기술자와 기계에 종속될 수밖에 없는 노동자들의 억압—피억압 관계이다. 물질적 기계화가 정신적 기계화 경향을 그 극한까지 이끌 때 드러나는 인간 정신의 새로운 질, 즉 '정신의 노예화'를 후자와 관련시켜 이야기한다. 전자도 전문화라는 위기에 직면하며 위축되어 간다. 고도의 전문화는 개인을 제약된 경계 안에 가둔다. 그 결과 개인은 그들을 훨씬 능가하는 집단 속에 갇혀 자기의 모든 활동을 그 집단에 맞추어 규제받게 된다. 베유는 이 '대중화' 문제를 전쟁론에서 다루었다.

인간은 (외적) 자연에 대하여 예속에서 지배로 이행한 것처럼 보인다. 그러나 사실 자연의 위협은 간접적인 것으로 바뀐 데에 불과하다. 그 직접 원인은 인간에 의한 집단의 지배이다. '정신의 노예화'와 '대중화'가 권력체계를 내부에서 지탱함으로써 인간은 뿌리를 잃었다. 나는 이번 지진 때 지진이 천재가 아닌 인재임을 뼈저리게 느꼈다.

1930년대 레지스탕스 가운데 베유가 특히 자기 운명을 지배하며 살아갈 것을 역설했던 '뿌리 새로 내리기'의 '뿌리뽑기'와 '뿌리내리기'의 변증법이야말로 베유의 철학과 사회가 교착된 베유의 사상 중 가장 수준 높은 것이다.

나는 베유의 사상을 완벽하게 정리한 뒤에 이 글을 쓰는 것이 아니다. 베유의 생각을 다시 구성해 보는 과정을 말하고자 하는 것이다. 베유와 동시대를 살았던 몇 명은 이 '뿌리 없음'을 어떻게 생각했는지 살펴보자.

사실 기계화의 위험성은 정신적 기계화 쪽이 훨씬 크다.
《나카이 마사이치 전집》 제2권, 〈사상적 위기에서 예술 및 그 동향〉, 미술출판사)

루이스 맨포드는 다음과 같이 썼다.

조직화와 기계화 과정의 배후에는, 행위를 의식화하고 주체의 리듬과 우주의 사건을 인간과 연결 짓는 반복적 질서에 만족하는 기본 경향이 인간에게 깊이 내재되어 있다.

《권력의 펜타곤》, 이쿠타 츠토무 역 카와데쇼보신샤)

인간은 기계체계, 즉 거대한 기술체계에 의해 기계화되기에 앞서 스스로 기계적으로 조직되어 인간기계가 됨으로써 인간을 부품으로 하는 거대기계(고대 이집트 피라미드를 만든 권력체계에서 그 원형을 찾을 수 있다)를 성립시켰으며, 기계체계·기술체계는 인간부품을 기술부품으로 대체한 데 지나지 않는다는 시각이다. '사물이 인간을 대신하는' 기계화와 '인간이 사물을 대신하는' 기계화는 서로를 보충하는 과정이며, 무인칭적 권위와 굴종에 가까운 순종이, 또한 기계적 집단조직과 인간지배가 서로 맞물리며 나아간다고 할 수 있다.

이 정신의 기계화는 정신의 노예화로 귀결된다. 이것은 베유의 세계이다. 다음으로 빼놓을 수 없는 인물은 나치스가 대두할 무렵 독일 공산당이 나치스에 가담할 것이라고 누구보다 일찌감치 예견한 빌헬름 라이히이다. 라이히는 '동조적 성격구조'—자발적으로 명령에 복종하고 기대된 대로 행동하며 사회기관과 마찰 없이 조화해가는 인간유형을 만들었다. 그 뒤로는 나치스의 절멸강제수용소(홀로코스트) 시대가 시작되었다. 살아남기 위해서는 나치스적 사고를 어느 정도 모방할 수밖에 없었다. 수용소로 끌려간 사람들 가운데, 적의 손아귀에 떨어진 자기 운명에 아주 조금이라도 동화하지 못했던 사람들은 파멸했다.

1940년 발터 벤야민은 몸은 비록 망명하지 못했으나, 그의 업적은 국경을 넘어 망명했다. 1933년 파리에서 쓰고 프라하에서 발표된 《경험과 빈곤》은 그 전체가 '뿌리뽑기' 문제를 다루었다고 봐도 무방하다.

커다란 기술 진보와 함께 전혀 새로운 빈곤(비참)이 인류를 덮쳤다. 사적 경험의 빈곤뿐 아니라 인류의 경험 자체가 빈곤에 빠졌다. '경험의 빈곤화'='뿌리뽑기'이다. '뿌리뽑기'와 '뿌리내리기'의 변증법은 곤란 반복에 의한 곤란 극복이라는 구조를 갖는다. 베유는 첨예한 의식의 소유자로서 사물의 뿌리에 접근할 수 있는 사람=뿌리를 갖는 사람=근본적인 사람이었다. 시대에 어떤 환상도 품지 않고, 그러면서도 무조건 시대 편에 섰다. 사람들이 뿌리를 내리고 영혼의 자양분을 얻을 수 있는 인간 환경은 '국가, 도시, 마을'이라고 보고, 이들을 연합시킴으로써 정치기구로서의 국가(뿌리 뽑아야 할 기관)와 싸웠다. 공공의 역사, 즉 국가의 역사는 살인자의 이야기를 곧이곧대로 믿음으로써 성립한다고 베유는 말한다. 그럼 죽음을 당한 편에 서서 보면 역사는 어떻게 보일까? 죽이는 자와 죽음을 당하는 자의 관계는 어떤 것인가? 결국 식민지 문제로 돌아간다.

《뿌리를 갖는 일》을 썼던 책상 앞에 앉아 밤을 새워가며 써내려간 것이 앞서 말한 〈프랑스 국민의 운명과 관련된 식민지 문제에 대하여〉이다.

이 논문에서 베유는 '식민지 문제'에 대해 분명히 밝혔다.

지금은 레지스탕스가 한창이다. 프랑스의 미래를 이야기할 때 식민지 문제는 빼놓을 수 없다. 일찍이 제3공화국이던 프랑스가 되살아나는 일은 있을 수 없다. 프랑스에는 지금껏 한 번도 식민지 이론이 없었다. 이 문제를 생각하기 위해서는 먼저 세 가지 유혹을 물리쳐야 한다.

(1) 애국심 (2) 전문가에 의존하기(식민지 이주자) (3) 그리스도교(복음과 군함)

프랑스는 식민지를 다섯 군데 가지고 있다.

(1) 알제리아 (2) 모로코·튀니지 (3) 인도차이나 (4) 오세아니아 (5) 중남부 아프리카

식민지 문제는 새로운 문제이다. 두 가지 해결책이 있다.

a 히틀러주의와 프랑스의 식민지 정복은 수법이 같다. 유럽은 식민지화되어 히틀러의 뿌리뽑기 정책에 복종했는지 모른다. 식민지화는 다양한 민족에게서 전통과 영혼을 빼앗음으로써 그들을 허울뿐인 인간으로 환원시킨다. 독일과 싸우는 것은 자유를 빼앗긴 사람들(=식민지 사람들)에게 자유를 보장하는 (=독립) 모든 수단을 지지하는 것이다. 오늘날 유럽의 국민은 그 정체가 불분명하다.

b 유럽은 미국과 오리엔트 사이에 위치한다. 제2차 세계대전 후 유럽에서 미국화가 중대한 위기를 불러일으켰다. 우리가 잃는 것은 무엇일까? 우리 안에 있는 오리엔트적 요소이다. 우리 문명의 근원은 그리스이다. 라틴 문명에서 계승된 것은 나쁜 유산인 국가라는 개념뿐이다. 최근 몇 년 유럽은 각종 질병에 신음했다. 전쟁이라는 주기적인 병도 추가되었다. 수많은 뿌리가 잘려나갔고, 지금도 계속되고 있다. 지금도 한창 뿌리 뽑히고 있는 오리엔트 문화와 접촉함

으로써 병을 치료하려는 결심을 할 때이다. 유색인종이 피정복자가 되는 현실에 단호히 종지부를 찍을 것. 그들을 유럽형 국민으로 만들려는 생각은 광기에 지나지 않는다는 것.

이 논문에는 일본이 종종 언급되어 있다. 침략의 야만성, 뿌리 뽑힌 일본의 상황, 히틀러를 흉내 내는 일본인 등. 기록해두어야 할 것은 프랑스와 일본의 군대가 베트남 국민을 반란자로 규정하고 수없이 학살을 자행했다는 사실이다.

베유의 동급생이었던 시몬 페트르만은 평전 마지막 부분에 이 논문에 대해 이렇게 썼다.

> 프랑스 국민에게 활력을 불어넣기 위한 설교 또는 신앙이라는 과제는 ……식민지 경영 문제와 떼놓고 생각할 수 없다.

식민지가 됨으로써 받는 해악이란 뭐니뭐니해도 뿌리가 잘려나가는 것이다. "과거 영적 보물의 빛만이 은총을 받기 위해 빼놓을 수 없는 조건인 상태로 영혼을 이끌어준다. ……과거를 잃는 것은 초자연적인 것을 잃는 거나 마찬가지이다." 그녀는 식민지가 유럽풍 국가가 되는 것을 바라지 않았다. "세계에는 너무 많은 국가가 있다." 그보다 보호라는 단어에서 "거짓과 위선이 없는 의의"를 찾기를 바란다.(《평전 시몬 베유》 하권, 타나베 타모츠 역, 케이소쇼보).

이래서는 베유가 식민지주의를 지지하는 건지 탈식민지주의를 지지하는 건지 확실히 알 수 없다. 게다가 그녀가 하고자 했던 말과 매우 거리가 멀다. 후기의 베유를 가볍게 다루거나, 신앙 내부로 들어간 것처럼 쓴 것은 불행한 일이며, 분명한 오독이다.

《뿌리를 갖는 일》에는 아직도 풀리지 않은 '설득력' 문제라는 또 하나의 중요한 문제가 숨어 있다.

베유는 다음과 같이 썼다.

> 진리를 치환하는 기술(자기 식대로 읽기, 그런 노력)은 가장 밑바닥에 있으며, 가장 알아채기 힘든 것 중 하나이다.

1936년에 베유가 쓴 〈R공장 노동자에게 호소함〉이라는 팸플릿이 있다. 이것을 보면 베유가 타인의 주체성 존중과 행동촉구의 관계를 어떤 식으로 생각하고 실천했는지, 그 철학의 깊이와 사람들에게 호소하는 훌륭한 화법을 만날 수 있다. 베유는 이 호소문에서 지도나 지배와는 전혀 다른 설득력 넘치는 화법을 유감없이 발휘했다. 소크라테스의 수법과 같다. 논리와 감성 사이에서 표현되고 전개됨으로써 이성이 실현된다. 뿌리내리기의 모방이라고도 할 수 있다. 베유의 논리가 지닌 뛰어난 설득력, 행간에 넘치는 친절과 배려이다. 사랑(타인에 대한 주의)이라고도 하겠다.

　　이 《뿌리를 갖는 일》은 베유의 드라마, 즉 투쟁의 드라마 그 자체이다. 소크라테스—데카르트 유파를 잇는 사상 전략가인 베유의 견해를 가지고 읽으면 진정으로 즐거워진다. 아무 생각 없이 읽으면 드골 정부에 제출한 행정문서로밖에 보이지 않는다. 실천적 관심으로 읽으면 변혁의 그칠 줄 모르는 사상적 무기고가 된다. 읽는 이의 견해와 베유의 견해가 맞부딪치는 극작법이 된다. 이 저작을 읽음으로써 베유의 34년 고투를 간접 체험할 수 있고, 누구나 드라마 연출가가 될 수 있다. 베유는 자기가 받아들인 알랭의 철학 중 몇 가지 개념을 자기 수준에 맞추어 재정립하는 것에서 자기 철학을 시작했다. 권력에 불복종할 것을 시민의 의무라고 본 알랭의 정치원리를 다시 한 번 자기 체험(정치운동, 고등중학 교사, 여공, 에스파냐, 난민, 망명)과 결부시켜 반복 질문하고 거듭 생각한 베유가 거기에 있다.

　　베유는 1960년대에 나타난 '신좌익'의 선두주자인 동시에 '정치참여'의 창시자였다. 모스크바 공산당의 장녀라 불렸던 프랑스 공산당 밑에서 싸웠다는 사실만으로도 놀랍다. 당파 없는 분자. 1960년대 말, 세계가 유동화하고 대학이 지역과 연계된 가두(街頭)시대에 베유의 저서는 발견됨과 동시에 많은 이들에게 읽혔다. 베유를 매개로 친목의 장이 확산되었으나 깊어지지는 않았다. 그로부터 30년, TV를 비롯한 모든 매체는 부족한 이해력·의의·통찰력을 감추기 위해 얼른 비유나 무의미한 말장난으로 사람들의 사고를 끊임없이 방해한다. 몽매주의(베유가 말하는 우상숭배)라는, 제2차 세계대전 후 50년에 걸친 '핵실험'으로 방사능에 오염된 말과 이미지의 범람이다. 슬슬 세 번째로 베유가 본격적으로 읽힐 때가 찾아왔다(이 글은 그 때문에 쓰였다).

　　베유가 말했듯이 인간은 종교문제를 말살하기를 꿈꿔왔지만, 종교문제를 피하거나 못 본 척 할 수 없다. 쿠노 오사무는 하야시 타츠오론에서 "자기 내부에 숨어 있는 기존 신앙의 형태를 하나하나 점검함으로써 주술, 마법, 기존 종교, 신흥 유사종교 모두를 자성의 대상으로 삼는 관점을 확립할 수 있다는 것이 무신론의 최대 특색"이라고 하였다(《1930년대 사상가들》, 이와나미쇼텐). 또 1930년대 인류학자인 로버트 브리폴트의 연구에 따르면, 종교의 세계와 성의 세계는 기원이나 근본에서 밀접한 관계가 있다고 한다. 성적 특색은 종교의 우연한 퇴폐에 의한 것이 아니라 본질적이며 중심적인 것이라고 보았다. 베유도 이 관계를 분명히 간파했다. 내가 줄곧 느껴왔던 베유의 성가신 면은 여기서 얼마간 희미해졌다.

1943년 여름, 베유는 런던에서 죽음을 선택했다. 자살이 어떤 경우에 용서되고 어떤 경우에 용서되지 않는지 《철학 강의》에 쓰여 있으므로, 이 죽음을 생각할 때는 이 책을 꼭 읽어보기 바란다.

이 책을 읽고 알랭의 《정의집》에 나오는 구절(영혼[ÂME]—[마음])을 읽은 다음, 1943년의 역사적 사실을 떠올리며 베유의 죽음을 다시 생각해보기 바란다.

영혼은 육체를 거부하는 그 무엇이다. 가령 육체가 흔들릴 때 도망치기를 거부하는 것, 육체가 화날 때 때리기를 거부하는 것, 육체가 목마를 때 물 마시기를 거부하는 것, 육체가 원할 때 취하기를 거부하는 것, 육체가 두려워할 때 포기를 거부하는 것이다. 이러한 거부는 인간의 사실이다. 완전한 거부는 신성하다. 복종하기 전에 음미하는 것은 지혜이다. 거부하는 힘이야말로 영혼이다. 미치광이에게는 거부할 수 있는 힘이 전혀 없다. 영혼이 없기 때문이다. 미치광이에게는 의식(CONSCIENCE)이 없다. 옳은 말이다. 때리기 위해서든 도망치기 위해서든 단순히 지껄이기 위해서든, 자기 육체에 모든 걸 양보한 사람은 자기가 무엇을 기만하고 무엇을 말하고 있는지 모른다. 인간은 자기의 자기에 대한 대립에 의해서만 의식을 갖는다. ……아량(MAGNANIMITE, 커다란 영혼). 영혼, 즉 커다란 영혼, 비열한(vil : AVILISSEMENT) 영혼이란 없다. 인간은 영혼을 잃을 뿐이다. 이 '영혼'이라는 아름다운 단어는 결단코 하나의 존재를 의미하는 것이 아니라, 언제나 하나의 행위를 의미한다.

역사적 사실이란 1943년 인도 벵골 지방에서 대기근에 의해 350만 명이나 죽은 사실을 가리킨다. 베유는 인도 민중들이 즐겨 외는 《우파니샤드》와 《바가바드기타》를 몹시 좋아했다. 벵골에서 일어난 기근은 일본군이 이웃나라 미얀마를 침략하여 쌀을 매점하고, 인도군 또한 전쟁준비를 위해 쌀을 모조리 사들인 결과였다. 사타지트 레이 감독의 영화 《대지의 눈물》을 본 사람은 기억날 것이다. 바로 이때 베유는 민중의 한 사람으로서 오리엔트를 접하고 죽었다.

이 《철학 강의》를 손에 넣은 것은 내가 파리 대학 대학원에서 〈베유의 전쟁론〉이라는 논문을 준비할 때였다. 인도차이나 인민연대 시위에서 돌아오는 길에 우연히 베유의 아파트가 있는 파리 뤽상부르 공원 근처 헌책방에서 찾아내어 공원 벤치에서 정신없이 읽은 것을 어제 일처럼 기억한다. 거기에는 안전한 사회적 상식 따위는 눈곱만큼도 쓰여 있지 않았다. 본질적 문제를 스스로 터득케 하는 견해. 위험한 지적 도발. 데카르트의 견해처럼 보이기도 하고, 쇼카손주쿠(송하선숙)의 교육을 상기시키기도 했다. "베유를 가톨릭 신비사상 연구자로 보려는 놈들이 너무 많다. 그런 놈들은 다 뒈져버려라"라던 친구의 목소리가 시위 현장의 함성소리와 함께 지금도 귀에 선명하다.

신을 기다리며에 대하여

J.M. 페랭

"예수는 세상의 종말까지 고민하리라. 그 사이에 잠들어서는 안 되리."

꽤 자주 인용되는 파스칼의 말이다. 같은 의미로 이렇게 표현할 수도 있다. "예수는 세상이 끝날 때까지 심판을 한다. 그 법정은 역사와 같이 거대한 것이며, 그와 동시에 한 사람 한 사람 개인의 것이다. 누구나 이 법정에 들게 된다. 모두가 그리스도를 힐난하고 단죄하거나 사랑 가득한 신앙으로 따른다. '지금이 바로 심판의 날이다…….'"

그런데 시몬 베유는 이 신비로운 법정에서 해야 할 말이 있고, 거기에 자신의 사명과 삶의 의미가 있음을 강하게 의식하고 있었다. 독자들은, 아니 날마다 늘어나는 시몬의 친구들은 그녀의 증언에 의지해 그녀에게는 단순한 관념 이상의 것, 즉 진리에 몸을 맡긴 영혼이 있음을 느꼈다.

나는 시몬이 감춘 것을 맡아두고 있다. 시몬 베유는 자신의 사명에 힘을 보태달라고 나에게 끊임없이 부탁했었다. 이별 편지에서 시몬은 자신의 사상에 대해 이렇게 말하고 있다. "이걸 맡아 달라고 당부할 수 있는 분은 당신뿐입니다. 당신은 저를 무척이나 아껴주셨으니까요. 이젠 그 사랑이 저를 떠나 제 안의 것으로 향하기를 바랍니다. 그게 저보다 더욱 좋은 것이리라 믿습니다."

독자는 이 책의 출판이 왜 4년이나 미뤄졌는지 고개를 갸우뚱하리라 본다. 나는 먼저 이 문제에 답해 지금까지 출판하지 않았던 데 대한 변명을 해 본다. 내가 갖고 있던 모든 서적은 체포 당시 게슈타포에게 빼앗겼다. 뒤에 되돌려 받았지만 순서가 엉망이 되어 있었다. 이 원고를 다른 서류에서 골라내어 분류해야만 했다. 그 때문에 이 원고를 《중력과 은총》을 준비하던 귀스타브 티봉에게도 건네지 못했고 그걸 갈망하던 시몬 베유의 다른 제자와 찬미자에게 넘길 수도 없었다. 또 내가 망설였다는 사실도 고백하겠다. 나는 오랜 시간 망설였다.

먼저 나는 시몬 베유의 사상을 존경했기에 망설였다. 하나의 문장에 서명하는 것은 그 책임을 받아들이겠다는 의미이며 그 문장이 내 사상과 의도와 같은 선상에 있음을 인정한다는 뜻이다. 시몬이 고쳐주지 않은 문장을 어떻게 그녀의 이름으로 발표할 수 있겠는가. 시몬은 빠르게 발전하고 있었다. 시몬이 세상을 떠날 즈음엔 이 문장을 어떻게 생각했을까. 특히나 지금의 시몬은 '진리'의 빛 속에서 이걸 어떻게 생각하고 있을까.

아울러 나는 개인적인 혐오감으로 망설였다. 사제이기도 한 나의 부족한 인격을 초월한 비밀과 고난과 열망이 낱낱이 파헤쳐져 있었다. 영혼이 믿는 신성한 존재이자 영혼이 갈망하는 신성한 존재의 심부름꾼이 사제이다. 그 빛 속에서 쓴 편지를 발표하는 것은 나로선 대단한 모독으로 느껴졌고 신성한 것에 대한, 신의 숨겨진 뜻을 위해 만들어진 영혼에 대한 존경이 빠진 행위로 여겨졌다.

그리고 솔직히 말하면 시몬 베유의 몇 가지 사상이 교회 신앙에 대립하기 때문에 망설였다. 그러한 사상을 발표했다간 그것을 인정한다는 뜻이 되어버린다. 하지만 시몬 베유의 찬미자나 친구들이 그녀의 사명을 이해하는 데는 다른 무엇보다 이런 문장이 도움이 되리란 사실을 깨달았기에 결심을 굳혔다.

시몬의 편지를 다시 읽고 논문을 연구하고, 우리의 만남과 일에 대한 모든 개인적인 기억을 총동원했다. 이리하여 이로써 시몬의 영혼이 그녀의 재능에 비교할 수 없을 만큼 고귀하며, 시몬은 그 모든 것을 가지고 살아가는 신의 증인이라고 믿게 되었다.

내가 여기 모은 문장의 깊은 의미와 견줄 데 없는 가치는 그것이 한 저자의 사상이라기보다는 한 영혼의 표현이기 때문일 것이다.

시몬 베유의 위대하고 놀라운 증언을 읽으면 누구든지 무조건 진리에 마음을 열게 된다. 모든 이웃을 자신처럼 사랑하려는 사람은 이미 신을 찾은 것이며 신이 자기 곁에 오는 모습을 보고 있는 것이나 마찬가지다.

내가 이 책에 '신을 기다리며'라는 제목을 붙인 이유는 그 때문이다. 이 제목은 복음서의 'enupomènè(참고 기다리다)'라는 단어를 번역한 것이다[*1]. 이건 시몬이 가장 좋아하는 말 가운데 하나였다. 아마도 거기서 스토아적 성격을 보았기 때문일 테고, 더 확실하게는 그 단어가 신께 자신의 전부를 맡기고 헌신

---

*1 루카복음서 8 : 15, 21 : 19.

하는 시몬의 방식이었기 때문일 것이다. enupomèné는 기꺼이 기다리며 완전히 신의 뜻대로 움직이는 태도였다.

이 책의 몇몇 문장은 무척 아름다워 의심할 나위 없이 영적 문학의 보물로 꼽힐 것이다. 그와 반대로 다른 몇몇 문장은 더 많은 논란의 여지가 있다. 내가 둘을 동시에 발표한 사실을 비난하는 자가 분명히 있을 것이다. 하지만 이러는 편이 이 책의 증언 성격을 엄밀하게 지켜줄 수 있다고 생각했다. 증인은 자신이 알고 있는 것을 긍정하고 자신의 의심과 애매함을 암시한다…… 안내자에게 필요한 자질은 바람직한 방향으로 이끌어나가는 것이지 도달하는 것이 아니다.

특히 일개 사제가 소개한 시몬 베유의 오류와 과장에 불만을 나타내는 사람들에게 나는 이렇게 말하고 싶다. "빛에 반해 죄를 지은 적이 없고, 빛의 모든 요구에 따라 마지막까지 충실했던 사람은 저 여인에게 첫 돌을 던져도 좋다."*² 히포의 위대한 개종자 아우구스티누스의 불멸의 말이 떠오른다. "진리의 가치를 모르는 사람은 당신께 혼이 날지니……."

신음하며 갈구하고 상승을 위해 방황하고 고민하는 불완전한 지혜에 대하여 우리는 자신이 진리를 소유했다는 기쁨, 혹은 자신이 진리를 받아들였다는 기쁨으로 무감각해져야 하는가.

시몬의 증언과 그 사명에 충실과 존경을 유지하려는 똑같은 배려에서, 또는 되도록 객관적으로 시몬을 소개하려는 의지에 따라 나는 그녀의 편지를 조금도 손대지 않고 그대로 발표하기로 했다. 하지만 그 모든 의미를 이해하기 위해 서문을 달아야 했다. 그리고 이 서문에 나는 당혹감을 느끼고 앞서 사죄하고자 한다.

나는 이 글에서 시몬을 찬탄해야 할지도 모른다. 시몬의 친구 중 몇몇은 이미 나와 친구가 되었는데, 그들은 나에게 그러한 증언을 기대하고 있지 않을까? 시몬은 나를 신뢰했기에 내가 그러는 것은 꽤나 곤란한 일이다. 다행히 편지(특히 네 번째와 여섯 번째 편지에서 시몬은 그토록 확실하게 자기 영혼을 드러내보였다)를 발표하는 것은 내가 할 수 있는 것 이상으로 그러한 증언이 되어주었다.

---

*2 요한복음서 3 : 20, 8 : 7.

동시에 시몬의 사명에 봉사하는 의무에 따라 나는 그녀의 모순점을 지적함으로써 그녀의 문제점을 강조해야만 한다. 이것은 부정적인 일로 나에게 맞지 않는 작업이었다.

마지막으로 특히 시몬이 직접 자신의 말로 이야기하게 했다. 독자가 시몬의 증언 자체에 귀 기울이도록 하기 위해서였다.

그래서 내 앞으로 쓴 편지와 더욱 일반적으로 쓰였지만 그녀에게는 같은 의미를 지녔던 논문을 발표하며 되도록 나의 목소리를 죽이고자 노력했다. 여기서 같은 의미란 진리에 봉사하는 나의 사명에 보탬이 되도록 시몬이 자신의 경험과 증언을 나에게 이야기했다는 뜻이다.

그래서 이 서문을 더 짧게 줄이고 싶었지만 나중에 더 낮은 자세로 임할 수 있도록 여기서 본질적인 문제를 정리하고자 한다. 우리의 관계를 간단하게 얘기하고 시몬의 생애를 짤막하게 기술한 다음 그녀의 세례 장애를 연구하고 그 사명에 대해 결론을 지어보자.

시몬에게 나는 어떤 존재였을까? 사제, 그녀가 알던 유일한 사제였다. 나는 도움을 바라는 가난한 사람이나 신의 은총을 바라는 신자, 신을 갈망하나 신을 믿지 않는 사람이 차별 없이 신을 부를 수 있는 교회의 주임신부 같은 존재였을지 모른다. 그 무렵 내 생활은 그와 비슷했다. 거기다 여학생부의 사제직과, 전쟁에 내몰린 불행한 사람들에 대한 배려가 더해져 있었다. 나는 이러한 사람들을 위해서 은신처나 달아날 수단을 마련해줘야만 했다.

나에게 시몬은 무엇이었을까? 내가 깊은 책임감을 느끼며 섬겨야 하는 영혼인 동시에, 나에게 감동스러울 만큼 신뢰를 보내며 신과 함께하는 생활을 알려준 영혼이었다.

내 생활 속에서 많은 시몬 베유를 만났다는 의미는 물론 아니다. 시몬이 행렬 가운데 낀 하나의 단위로서 지나간 존재에 불과하다는 뜻도 아니다. 사제가 '모든 이에게 빚진 사람'임을 여러분이 이해해주었으면 한다. 갚아야 할 빚은 나 자신이자 나의 주의·헌신·시간·자질이며, 천재에게든 무지한 사람에게든 영향력 있는 사람에게든 무능한 사람에게든 빚이 있다.

그런 점에서 우리의 우정은 매우 인격적인 동시에 전혀 인격적이지 않았다. 인격적이라고 하는 이유는 함께 갈망하는 신이 연결고리가 된 사이보나 내면적이고 전체적인 사이는 있을 수 없기 때문이다. 신이 말이나 관념이 아니라 마음을 채워주는 아름다움이며, 살아가는 이유일 때는!

또 우리의 우정은 전혀 인격적이지 않기도 했다. 시몬 베유는 자신이 추구하는 것 말고는 거의 이야기하지 않았다. 시몬이 나에게 문제를 제기하면 우리는 함께 복음서를 펼치고 신의 답을 찾았다. 나는 시몬에게 교회의 사상을 설명하려고 했다. 시몬은 그리스인이나 동방의 아름다운 문장에서 그와 비슷한 사상을 찾았다고 이야기하기를 좋아했다. 다만 우리의 대화는 '사랑의 필요' 때문에 줄어들었다. 시몬은 그것을 아무렇지도 않게 생각했다. 나를 기다리는 사람들이 있을 때면 시몬은 그런 사람들에게 시간을 양보하고 자신은 기꺼이 기다렸다. 그 때문에 시몬은 나를 자주 찾아왔지만 우리의 시간은 언제나 제한되어 있었다. 그래서 자기의 과거, 정치적·준정치적 운동, 경력, 가족, 생활방식에 대해서도 나에게 거의 얘기하지 않았다. 편지에서도 이러한 점은 거의 밝히지 않았다. 애당초 나는 시몬을 '섬겨' 그녀가 신앙을 추구하는 것을 도와주기 위해 무엇이 필요한지 알고 있었다. 내가 보기에 시몬은, 그녀의 아름다운 말을 빌리자면, "빛으로 자란 엽록소처럼" 빛으로 살아가는 능력 말고는 다른 선을 평가하지 않았다.

처음 만났을 때부터 시몬은 체재를 개의치 않았기에 이러한 점이 강하게 부각되어 보였다. 진리를 갈망하는 지성은 넓고 보편적으로 열려 있어 놀랄 만큼 명석하고 강력했는데, 이런 점 때문에 때로는 구체적인 사정을 충분히 고려하지 않고 논의를 철저하게 밀어붙이는 경향을 낳기도 했다.

시몬의 기억력은 비상했고 박식함은 놀랄 만했다. 많은 학문적 문제에 정통했으며 스칸디나비아 민화나 인도 전설, 자신이 좋아하는 그리스 작가, 언어와 시대를 막론한 철학까지 손쉽게 인용했다. 게다가 이 박식함은 그녀에게 온전히 녹아 있었다. 이를테면 시몬의 영혼과 하나가 되어 있었던 것이다.

시몬은 내면의 약동에 반응하는 것을 붙잡아 자신의 살로 삼았다. 이렇게 시몬의 사상은 그녀의 살아있는 존재에 '뿌리내림'으로써 대단한 힘을 얻었지만 때로는 저도 모르게, 또 그녀의 의지에 반하여 객관성을 잃고 현실을 겉도는 일도 있었다. 뿌리내림에 관한 몇 가지 글이 이를 충분히 나타내준다. 아리스토텔레스에 대한 시몬의 혐오감이 이런 종류였다. 그녀는 이 가엾은 철학자가 알렉산드로스 대왕의 잔혹한 정복에 책임이 있다고 생각했는데, 역사가들은 왕의 어머니를 통해 거기에 디오니소스 숭배의 영향이 있음을 명확히 꿰뚫어 보았다. 이는 많은 예 중 하나이다.

시몬 베유는 객관성을 추구하는 바람직한 사고의 소유자였지만 나는 토론할 때 그녀가 양보하는 것을 본 적이 없다. 하긴 토론이나 어느 쪽이 옳으냐를 따지는 것이 아니라 진리이신 유일한 주에게 함께 귀 기울이는 것이 목적이기는 했다.

물론 이는 시몬 베유가 자신의 관념에 굳게 갇혀 있었기 때문이 아니다. 그녀는 진화하고 새로운 관점을 얻어 그것을 솔직하게 인정했다. 하지만 그건 그저 개인적인 성찰의 고독에서만 이루어진 것이다.

이러한 지성을 지녔다는 점이 시몬에게 수많은 고난의 원인이 된 것은 확실하다. 하지만 이 지성은 독립을 지켜줌으로써 그 정신력과 견해의 독창성에 또 그 재능에 크게 도움이 되었고, 그리스도와의 친밀한 만남 뒤에는 인간을 넘어서 그녀를 신의 초월성으로 이어주었다.

성격적인 부분을 말하자면, 시몬은 그 불굴의 의지력과 절대적 자기지배로 사람들을 놀라게 했다. 그녀의 감수성은 매우 스토아적인 규율에 완전히 예속되어 있었다. 그 감수성의 움직임은 분노에서만 느껴지는데, 그 분노는 개인이 아닌 죄를 향해 있었으며 비인간적인 무언가가 포함되어 있었다. 그만큼 그녀는 자신에게서 벗어나려고 노력했다. 어떤 책의 서문에서 본 추종(追從) 때문에 그녀는 '위대한 코르네유'에 대해 현대의 큰 죄악을 대하듯이 분노를 불태웠다.

그녀의 소꿉친구들과 학교친구들은 시몬이 매우 기운 넘치고 활동적이었다고 기억한다. 친한 사람들만이 그녀가 줄곧 무시무시한 편두통에 시달렸음을 알았다. 마르세유의 친구들은 언제나 그녀의 밝고 즐거운 모습만 보았다. 우리 대화는 매우 진지했으며 언제나 시간이 제한되어 있었기에 나는 그녀 영혼의 진지한 면, 고민하는 면밖에 볼 수 없었다. 시몬은 비참하다는 의식을 스스로 과장하거나 매우 엄격하고 소심하게 판정했지만, 그것은 그녀 속에서 다른 사람의 고통에 대한 끊임없는 생각보다는 큰 역할을 하지 못했다.

시몬의 양심은 매우 섬세했고, 그 통찰력은 어떤 불완전함도 놓치지 않았다. 그녀는 인간을 사랑했지만 거기에는 많은 미묘한 점이 있었다. 시몬은 사람들을 식별할 수 있었다. 그녀는 언제나 자진해서 물러서고, 봉사하고, 가진 것을 나눠주려고 했다.

그 바탕에는 2년 전 그녀가 계시 받은 그리스도에 대한 사랑이 있었다. 그 경험은 모든 것에 활력을 주어 그녀 안에 감추어진 불꽃을 태웠다. 마음속 사원의 입구는 굳게 닫혀 있었지만 그것은 시몬의 생명의 실체가 되어 있었기에 그곳에만은 그녀의 우정이 부여될 수 있었다. 우리가 두세 번 만났을 때부터 시몬 베유는 나에게 그렇게 보였다. 그녀가 쓴 글에서도 그녀가 그렇게 보일 것이다.

시몬이 한 친구에게 소개 받아 처음으로 나를 찾아온 것은 1941년 6월의 일이었다. 이 날짜는 정확하다. 이 첫 만남은 내가 샤를르 드 푸코 신부의 '작은 형제' 모임에서 설교를 하기 위해 연기한 날짜로, 나는 5월 하순에 마르세유로 돌아와 그 설교를 했기 때문이다.

곧 시몬 베유는 '불행한 사람들'을 향한 그녀의 사랑을 피력했고, 그들과 운명을 함께하며 이번에는 공장이 아니라 농업 프롤레타리아트 속으로 들어가 (슬프게도 그러한 것이 존재하기 때문에) 그들처럼 살고자 하는 의지를 전했다. 그래서 곧바로 나는 그녀를 귀스타브 티봉에게 소개해주기로 했다.

같은 해 가을에 시몬이 돌아오자 우리의 대화는 다시 시작되어, 나의 설교를 비롯하여 도미니크 수도회 회원으로서의 용무가 허락하는 한 시시때때로 이야기를 나누었다. 겨울에 나는 시몬 베유가 그리스 사상에서 가장 아름답고 계시적이라고 생각하는 글을 읽고 부연설명을 할 수 있도록 모임을 주선했다.

1942년 3월, 나는 몽펠리에로 전근을 했지만, 가끔 마르세유로 돌아올 기회가 있었다. 하지만 내가 멀어졌기 때문에, 5월 17일에 시몬은 떠나면서 내 앞으로 그녀의 영적 여정을 알리는 훌륭한 편지를 쓰게 되었다. 시몬이 약 3주 동안 머물렀던 카사블랑카에서는 3통의 편지를 나에게 보내왔다. 또한 나를 위해 전문적인 글을 몇 가지 더 써주었다. 그것을 서둘러 마무리하기 위해 그녀는 오로지 쓰는 데만 몰두했다. 때문에 시몬은 평소 습관에 맞지 않게 거기 있던 얼마 안 되는 의자 가운데 하나를 독차지했다. 우리가 전쟁으로 떨어지기 전에 그것들을 나에게 보내려고 한 것이다.

또 카사블랑카에서 시몬은 멋진 작별 편지를 보냈다. 거기에는 그녀의 우정의 모든 것이 적혀 있었다. 그것은 갈구와 감사의 우정이었다. 나는 그녀가 비난했던 결점 말고 내게 다른 결점이 없기를 바란다. 시몬은 주로 오해를 바탕에 깐 채 나를 보고 있었기 때문이다. 그리고 특히 내가 이 서문 첫머리에 쓴 내용을 기억했으면 한다. 나는 그녀가 아는 유일한 사제였다는 점이다. 나의 따뜻함과 깊은 이해심, 그 밖에 그녀가 나에 대해 말한 모든 것은 사제의 천직과 사명뿐이다. "아버지께서 저를 세상에 보내신 것처럼 저도 이들을 세상에 보냈습니다."*³ 같은 복음, 같은 사랑, 같은 사명을 띤 사람으로서 주는 우리 사제를 보내셨다.

우리 대화에서 가장 자주 거론된 주제와 문제는 무엇이었던가? 물론 첫째는 신의 사랑이었다. 시몬 베유는 이미 생생하게 신의 사랑을 믿고 있었는데, 그녀에게는 이 짧은 한 해가 풍요로운 발견의 시기였다. 시몬은 그 내용을 작별 편지에 담았다. 그녀는 성체를 발견했다. 그녀는 일요일 미사에 빠짐없이 나와 성스러운 빵의 빛 속에서 기도하기를 좋아했다. 성체에 숨은 뜻에 관한 교회의 신앙을 시몬은 온 영혼으로 받아들이고 경험하여 맛보기까지 했다. '신에 대한 묵시적인 사랑의 여러 형태'를 취하는 그녀의 말에는 논의의 여지가 있겠지만 시몬의 신앙이 확실하고 진정한 것이었음은 틀림없다. 시몬은 정말로 초자연적 빵에 굶주려 있었다. 그것이 세례 문제를 새롭게 의식하게 된 이유 가운데 하나였다. 또 우리는 신의 사랑에 숨겨진 뜻의 다른 양상에 대해서 이야기를 나눴다. 내가 2년 전에 겨우 출판했던 《사랑의 숨은 뜻》이라는 소논문을 빨리 쓰지 않는다며 시몬은 나를 비난했다. 우리는 신에 대해, 신의 선량함에 대해, 신에 이르는 수단에 대해, 모든 인류의 문헌 속에서 가장 아름다운 글을 모으기를 꿈꾸었다. 이것이 뿌리가 되어 시몬은 그리스와 인도의 수많은 번역을 나에게 남겼고, 앞서 말한 토론 모임을 열게 되었다.

세례 문제 또한 때때로 화제에 올랐다. 부정적인 결론을 낼 수밖에 없다고 나에게 편지를 쓴(내가 설교를 위해 어딘가에 가 있을 때였다) 한 달 뒤에도 시몬은 이 문제에 대해 생각하기를 멈추지 않았다. 이 성스러운 의식의 필요성과 가치에 대한 그리스도의 생각을 알기 위해 우리는 복음서를 펼쳤다. "누구든지 물과 성령으로 태어나지 않으면……." 하지만 시몬은 자신이 아직 준비가 되어 있지 않으며, 자신이 본질적이라고 생각하는 몇 가지 문제를 해결한 다음이 아니면 성실하게 세례를 바랄 수 없음을 알고 있었다.

그리고 그녀는 다른 모든 경우와 마찬가지로 이에 대해서도 반역적인 동시에 순종적이며, 불신하면서도 신뢰하고, 온갖 놀랄만한 지식을 갖고 있으면서

---

*3 요한복음서 17 : 18.

도 가톨릭의 몇 가지 요소에는 무지했다. 시몬은 직접 검토한 것이 아니면 아무것도 받아들이지 않았다. 어떤 사람들은 거만하다고 말할 것이다. 또 어떤 사람들은 성실하고 진지하다고 말할 것이다. 그러나 이를 판단할 수 있는 존재는 오직 신뿐이다.

우리를 신에게 다가가게 하는 은총은, 특히 우리의 노력이 없으면, 우리를 신에게서 멀어지게 만드는 결점으로부터 절대로 놓아주지 않는다. 날마다 우리는 그 괴로운 체험을 한다.

지성의 영역에서도 마찬가지, 아니 그 이상이다. 신앙의 조명이 있다고 해서 모든 이차적 진리를 연구하고 탐구하고 찾아내는 의무가 감소하는 것은 아니다. 게다가 영혼 속에서 타오르는 진리에 대한 사랑은 때로는 진실로 착각하는 관념에 한순간 집착하기도 한다. 시몬 베유와 마찬가지로 나도 그것을 몇 번이나 경험했는지 모른다. 뉴먼은 몇 년 동안이나 탐구와 의심을 계속하고 로마교회를 공격했다.

시몬 베유에게 우정은 경계 태도를 취해야 할 가장 큰 이유였다. 그러므로 내가 인간이 아니라 책인 편이 그녀에게는 훨씬 나았을 것이다.

애당초 우리 둘은 모두 신의 은총에는 때가 있으며, 신의 길에는 숨은 뜻이 있다는 사실을 알고 있었다.

시몬 베유는 그리스도 이전과 이후의 비그리스도교도의 구원에 대해서도, 묵시적인 신앙에 대해서도, 교회의 많은 교리에 대해서도 불안해했다. 그녀는 성 토마스를, 때로는 그녀가 매우 표면적으로 또는 풍문으로밖에 알지 못하는 다른 박사들을 과감하게 공격했다. 나는 신이 계시한 신앙과, 가장 권위 있는 것이라 할지라도 신학 사이에는 거리가 있다는 사실을 열심히 그녀에게 알려야 했다.

또 시몬은 세상의 영적인 요구와 그리스도교인이 세상 곳곳에 복음을 전파할 필요성에 대해서 나와 이야기하기를 좋아했다. ……자신이 나의 가장 큰 관심사와 얼마만큼 일치하는지는 생각지도 않고.

이 이상 내가 아는 것이 뭐가 있을까? 내가 아는 것은 우리가 처음 만났을 때 시몬이 나에게 자신이 '교회의 입구'에 있다고 말했다는 것과 몇 달 뒤 한 친구에게 가톨릭의 깊이와 아름다움이 이제야 보이기 시작했다고 말했다는 것뿐이다.

……나는 언제나 이렇게 자문하리라. '나는 그녀에게 복음을 제대로 전했을까?'

심부름꾼에게 필요한 것은 충실하다는 평가이다.

시몬 베유의 상세한 전기를 쓰는 것도, 그 사상의 원천을 연구하는 것도 아직은 때가 아니다. 그녀의 부모님은 조심스럽게 사양하고 반대하고 있다. 그래서 나는 그저 귀스타브 티봉이 기록한 그녀의 생애에 약간의 보충설명을 하고 싶다.

시몬 베유는 1909년에 태어났다. 다섯 살 무렵 제1차 세계대전이 발발해 전방의 병사와 위문편지를 나누다 비참한 사실을 발견한다. 그녀는 전선에서 부상당한 사람들에게 모든 것을 보내기 위해 설탕 한 조각조차 입에 대려고 하지 않았다. 같은 이유에서 겨울에는 가난한 집 아이들과 똑같이 지내려고 양말을 신지 않으려 했다. 이것은 부모님을 안달 나게 하려는 장난기 섞인 심술이기도 했다. 이렇게 이상하리만큼 동정하는 성격—이것이 그녀 생애의 주요 특색 가운데 하나인데—을 이해하려면, 시몬의 어린 시절과 소녀 시절과 훗날 자선 모험의 영웅이 되었을 시절에도 부모님이 끊임없이 그녀에게 베풀었던 물질적 안정과 너그러운 마음, 감동스러운 애정을 떠올려야 한다.

어느 날 부모님의 친구가 베유 일가의 두 아이 이야기를 하며 이러한 감탄사를 내뱉었다. "한 아이는 천재고 한 아이는 미인이군요!" 이 말은 분명히 시몬 베유의 생애에 깊은 영향을 끼쳤을 것이다. 그녀는 진리를 소유하는 것에 비하면 그런 아름다움은 아무것도 아니라는 사실을 깨닫고 외모나 육체적 매력이 될 만한 것들을 무시하려 했다. 아마 그것이 시몬이 말하는 열네 살의 위기이리라.

더구나 그녀의 오빠(앙드레 베유)는 조숙한 데다 놀라운 수학 천재였기 때문에 그에 비해 자신을 평범하다고 생각하며 시몬은 큰 열등감을 품게 되었다. 만년에 그녀가 자신의 영적 여정을 되돌아본 편지에 그 이야기를 썼을 정도로 그 열등감은 깊었다.

격론이 벌어지는 가운데서도 시몬이 완고하고 단순한 어조를 유지하면서 그 속에 얼마나 극단적인 조심성과 부끄러움을 감추고 있었는지 말하지 않아도 될까 모르겠다. 그녀는 어렸을 적부터 부모님을 대할 때 매우 정당하고 자발적인 애정표현조차도 억제했다. 그러면서도 얼마나 부모님을 사랑했으랴.

뒤뤼 학교에서는 어떤 친구의 권유로 르센의 가르침을 받기 위해 철학반에 들어갔다. 이는 그녀의 사상적 방향성을 이해하기 위해 빼놓을 수 없는 부분이다.

앙리4세 학교에서는 에콜 노르말(국립교사자격증) 입학시험을 준비하다 알랭의 영향을 깊게 받는다. 시몬이 그리스도교에 품었던 몇 가지 판단은 직접 재검토할 여유가 없었는데, 그건 이 시기에 형성된 판단이었다. 이 나이든 스승은 많은 제자 가운데서도 시몬의 놀라운 지성을 잊지 못하고, 그녀가 죽었다는 사실을 믿으려 하지 않았다. "그럴 리가 없다. 시몬은 돌아오지 않겠는가?" 그는 이렇게 말할 뿐이었다. 시몬은 열아홉 살에 에콜 노르말 시험에 합격했고 스물두 살에 교사자격을 얻었다. 1928년에서 1931년 사이의 일이다.

첫 부임지는 르퓌였다. 이곳에서 타인의 비극을 실제로 함께하려는 동정심이 마음껏 터져 나오기 시작한다. 노동자들은 실업수당 권리를 얻기 위해 힘든 노동에 내몰려 있었다. 그들이 돌을 부수는 것을 지켜보던 시몬은 그들과 함께 곡괭이를 휘두르고 싶었다. 그녀는 그들과 함께 지방정부에 요구하러 갔다. 그리고 실업수당에 해당하는 금액으로 하루하루 사는 데 만족하고, 남은 돈은 다른 사람들에게 나누어주었다. 시몬이 봉급을 받는 날이면 그녀의 도움을 받으려는 사람들이 이 젊은 철학교사네 현관을 둘러쌌다. 시몬은 가장 좋아하는 독서시간을 빼놓고 관대하게 그들 가운데 몇 사람과 트럼프놀이를 하게 될 때까지 섬세하게 마음을 써주었다—이는 그녀 삶의 가장 아름다운 특색 중 하나가 아닐까 싶다. 이러한 방식과 불행한 사람들을 지키기 위한 정치운동이 말썽을 일으켰음은 말할 필요도 없다. 아주 친한 친구를 빼고 이러한 참사랑의 어리석은 행동에 담긴 영웅적 의미를 누가 이해하겠는가?

하지만 시몬은 만족하지 않았다. 진심으로 사랑에 빠진 사람에게 동정은 고통이다. 그래서 1934년 그녀는 노동자의 어려운 생활조건을 모두 떠안기로 결심했다. 시몬은 굶주림과 피로를 이해하고, 사슬로 이어진 노동이 매몰찬 거절과 억압을 받고 있음을 이해하고, 실업의 고통을 이해했다. 그녀에게 이는 결코 고통의 '실험'이 아니라 현실의 완전한 체험이었다. 시몬의 〈공장일기〉는 그 뼈저린 증언이다. 그 시련은 그녀의 능력을 넘어선 것이었고 그녀의 영혼은 이 불행 의식에 짓눌렸다. 시몬은 평생 그 증표를 새겨두었다. 그녀는 뒤에 "불행한 때 불행을 쳐다볼 힘을 얻으려면 초자연적 양식이 필요하다"고 말했다. 또 나한테 보낸 편지에 이렇게 썼다. "로마인들이 자신들이 가장 경멸하는 노예의 이마에 벌겋게 달군 쇠로 낙인을 찍는 것처럼 그곳에서 저는 영원히 노예의 낙인을 받았습니다. 그 뒤로 저는 자신을 언제나 노예로 간주해 왔습니다." 그런데 이 시기에 시몬은 초자연적 세계의 존재를 몰랐으며 그걸 추구하지도 않았다. 신은 아직 그녀에게 자신을 드러내지 않았다. 하지만 그녀는 영혼의 노예 상태를 경험한 뒤로 언젠가 불행한 사람들을 해방하러 오실 그분을 따르게 될 것이라 예감했다. 나중에 시몬은 이렇게 말했다. "그리스도교에서 극도의 위대함이란 고통의 초자연적 치유를 추구하는 것이 아니라 고통의 초자연적 활용을 추구하는 데서 온다."

얼마 지나지 않아 에스파냐 전쟁이 일어났다. 시몬은 이 전쟁에서 정의의 승리와 불행한 사람들의 해방을 기대했다. 이 전쟁에 참가하는 것이 의무가 되었고, 이것이야말로 이상을 위해 모든 것을 걸 기회가 되어주었다. 시몬은 입대했다. 그러나 육체노동에 익숙하지 못한 탓에 발생한 사고로(기름으로 다리에 화상을 입었다) 얼마 지나지 않아 전선에서 물러났다. 시몬은 전우 이야기를 하기 위해서나 사라진 꿈을 슬퍼하기 위해서가 아니면 살아생전 이 일을 거의 입에 담지 않았다.

이듬해 솔렘에서 그레고리오 성가를 듣고 시몬은 그리스도의 수난을 느꼈다. 수도원의 한 손님에게 배웠던 시는 그녀에게 커다란 계시의 첫 도구가 되었다. 시몬의 말을 들어보자. "그곳에 어떤 젊은 영국 가톨릭 신자가 있었는데⋯⋯ 우연히―저는 섭리보다 우연이라는 말을 즐겨 씁니다―저에게 복음을 전하는 사자(使者)가 되었습니다. 그 사람이 저에게 이른바 형이상학적이라고 불리는 17세기 영국 시인들의 존재를 알려주었기 때문입니다. 나중에 이 시들을 찾아 읽었을 때 〈사랑〉이라는 제목의 시를 발견했는데, 이것이 바로 유감스럽게도 신부님께 어설픈 번역으로 읽어드린 바 있는 바로 그 시입니다. 저는 이 시를 통째로 외웠습니다. 가끔 두통이 절정에 달할 때면 이 시에 온 신경을 집중시키고 이 시가 품고 있는 부드러움에 제 영혼을 내맡기고 암송하는 연습을 합니다. 처음에는 그저 아름다운 시를 암송하고 있다고만 생각했는데 저도 모르는 사이에 이 암송은 기도와도 같은 힘을 가지게 되었습니다. 전에 편지로 말씀드렸다시피 그리스도가 친히 강림하사 저의 손을 잡아주신 것은 바로 이 암송의 순간이었습니다."

어떤 사람의 번역에 따르면 그 시는 다음과 같다.

사랑

조지 허버트[*4]

사랑은 나에게 오라 하시나
죄로 더럽혀진 나의 추악한 영혼은 뒷걸음친다.
하지만 세심하신 사랑은
내가 들어온 순간부터 망설이는 것을 보고
다가와서 다정하게 물으신다. 혹 무엇이 부족하느냐고.
저는 여기에 어울리는 손님이 못 됩니다.
내가 대답하자 사랑은 말하신다.
그대가 바로 그 손님이라.
이 인정머리 없고 은혜도 모르는 자가?
아 사랑이여 나는 당신을 바라볼 수조차 없습니다.
사랑은 미소 지으며 내 손을 잡고 말하신다.
그대의 그 눈을 누가 지었을꼬?
그렇습니다, 주여. 제가 그 눈을 더럽혔습니다.
이 수치에 어울리는 곳으로 가게 하소서.
사랑은 말하셨다. 누가 너의 멍에를 지려는지 모르느냐?
사랑이여, 그렇다면 저는 시중이나 들겠습니다.
그러나 사랑은 말하신다. 앉아서 내 살을 먹으라.
나는 앉아서 그것을 먹었다.

그 뒤 전쟁이 시작되었다(1939). 파리의 비무장 도시 선언이 결정될 때까지 시몬은 파리를 떠나지 않았다. 그리고 그녀는 마르세유로 가서 이 땅의 모든 유대인에 대한 행정처분을 받았다. 1941년 여름 내내 시몬은 이 강요된 자유를 이용해서 비참한 농민과 함께 생활했다. 하지만 이와 동시에 큰 부를 손에 넣게 된다. 이 부란 바로 놀라운 그리스도의 발견으로, 시몬은 편지에 이렇게 썼

[*4] 영국 시인. 1593~1633.

다. "또 이렇게 주기도문을 욀 때나 다른 순간에 가끔 그리스도께서 친히 저와 함께하실 때가 있습니다. 그 존재는 처음 제 손을 잡아주셨을 때보다 훨씬 현실적이고 강하고 뚜렷하며 사랑에 넘치십니다."

시몬이 마르세유에 돌아온 것은 다름 아닌 받았던 은총을 전파하기 위해서였다. 매주 일요 미사는 그녀에게 초자연적 삶의 진보였다. 성체는 신비스럽게 그녀를 끌어당겼다. 그 몇 달 동안 시몬은 그리스와 인도 작가를, 앞서 말했던 의미에서 연구했다. 즉 신의 사랑과 신과의 만남에 관한 온 세계 증언을 탐구한 것이다. 수도원 지하실에서 우리는 몇몇 친구들을 모아놓고, 그녀가 읽은 그러한 작품 이야기를 들었다.

1942년 3월, 나는 몽펠리에로 임지가 옮겨졌지만 가끔 마르세유로 와서 1942년 5월 17일 그녀가 떠나기 전까지 몇 번인가 만났다. 그 뒤 일은 알려진 대로이다. 시몬은 미국으로 떠났고 위험한 곳으로 돌아가겠다는 고통스런 의지를 고수했다. 영국으로 가서 점령지역의 궁핍한 생활을 똑같이 하기를 갈망하다 1943년 8월 24일 젊은 나이로 세상을 떠났다.

영국에서 지낸 몇 달을 간단히 말하기는 불가능하다. 그녀가 소집되어 헌신적으로 일했던 환경의 성격상 그것을 객관적으로 말하기는 어렵다. 충실한 증인들의 말을 모아 두세 가지 특색을 들어보겠다. 먼저 시몬의 생애를 지배했던 것 중 하나였던 동정이 늘 그녀를 따라다녔다. 시몬은 친구가 초대한 식사자리에서도 점령지의 프랑스인이 먹지 못할 것 같은 음식은 완고하게 먹지 않았다. 다른 사람에게 몫이 돌아가도록 자신의 몫은 챙기지 않은 것이다.

상세한 이야기 가운데는 더 감동적인 것도 있다. 그녀의 숙소에 지능이 떨어지는 아이가 있었다. 시몬은 그 무렵 프랑스를 위협하던 증오에 불안을 느끼고 일에 몰두했는데, 그 중 몇 시간을 쪼개어 지은 아름다운 이야기를 그 아이에게 들려주어 기쁘게 해주었다.

광부들과 트럼프놀이를 했던 저 젊은 교사는 10년 뒤에는 전쟁에 열의를 불태우고, 자신의 영원한 운명을 앞에 두고도 이 가련한 아이를 기쁘게 해주기 위해 자신의 재능을 바치느라 모든 것을 잊었다……. 여기서 우리는 단숨에 사랑의 질서 속으로 옮겨 간다. 그녀가 주장한 대부분의 비인간적인 요구 아래 숨겨진 섬세한 마음 씀씀이, 사람들에 대한 '주의'를 나타내기에 이는 너무나도 간단한 서술이다.

동시에 시몬은 한 친구에게 자신은 여전히 세례를 '기다린다'고 밝혔다.

신의 은총이 호교론 교과서처럼 논리적으로 작용하여, 그리스도의 신성에서부터 신이 이룩한 교회까지 전부가 가톨릭 신앙을 품어야 한다는 결론이 나온다면, 시몬 베유의 처지는 조금도 이해받을 수 없으리라. 실제로 시몬은 신을 섬기는 사람을 구원하는 신의 아들 그리스도를 영혼을 다해 믿었다. 세상에 진리를 보존하기 위해 필요한 사회 기관으로서 교회의 가치를 확신했다. 또 '초자연적 빵'이 없으면 불행한 사람들이 완전한 절망에 빠진다고 생각하여 열심히 갈망했다. 거기다 그녀의 철학적 사고에 근거한 몇 가지 말과는 달리 그녀는 성체를 신앙했고 현대 교회에 믿음도 있었다. 성체의 계시로 그녀는 초자연적 조명을 받았던 것이다. 시몬은 나에게 보낸 편지에 이렇게 썼다. "저의 마음은 제단에 계시된 성체 속으로 옮겨 갔습니다. 영원히 옮겨지기를 바랍니다."

시몬의 십자가에 대한 영웅적이며 실로 놀라운 사랑은 "그리스도가 그에 머무른 것처럼 그리스도에 머무르는 것"을 갈망하는 성 바오로를 떠올리게 한다. 이 사랑으로 판단하면 이 시기에 그녀의 깊은 생명은 정점에 가까웠을 것이다. 작별 편지의 마지막 문구를 떠올려보길 바란다. "그리스도의 십자가를 떠올릴 때마다 질투라는 죄를 저지르고 있으니까요."

상황이 이러한데도 시몬이 세례를 바라지 않았던 이유를 어떻게 설명할 수 있을까? 그리고 그녀가 세례를 바라지 않았는데 어떻게 그녀의 사명을 얘기할 수가 있을까? 이 두 가지 문제를 나는 한데 묶어서 얘기해보고 싶다.

세례 문제

어째서 시몬 베유가 세례 문제를 의식하게 되었는지, 많은 세월이 흘렀으므로 나는 알 도리가 없다. 어쩌면 나는 전혀 깨닫지 못하고 있었는지 모른다. 거기에 일조한 것은 나였을까? 시몬의 친구 중 한 명이었을까? 그건 아무래도 좋다. 그리스도교에 빠져서 그 사상의 노예가 되었던 그녀의 의식에는 세례 문제가 빠지려야 빠질 수 없었을 것이다. 그러나 시몬 자신은 비참함이라는 격한 감정 탓에, 그리고 그 성실함 탓에, 또 얼마간의 지적 위치 탓에, 이 문제의식을 똑바로 바라본 적이 없었다. 그 무렵 우리는 복음서를 펴고 신의 가르침을 듣고자 했다. "누구든지 물과 성령으로 태어나지 않으면……." 그녀는 단번에 그 중요성과 아름다움을 이해했지만 '아마도 임종 때를 제외하고는' 그것에서 물러나 있어야 한다고 생각했다.

이 생각이 끈질기게 따라다녔으므로 1942년 친구와 함께 배에 탔다가 난파인지 어뢰공격인지 위험에 처했을 때, 시몬은 작별인사를 하듯 이렇게 말했다. "바다가 아름다운 세례당이 될 것 같지 않아요?"

1943년 7월, 내 벨기에인 친구가 영국을 방문했는데, 죽기 몇 주 전에도 시몬은 여느 때처럼 평화롭고 여느 때와 같은 정신 상태였다고 말한다. 시몬과 같은 영혼은 침묵을 지킬 수 있었고, 때에 따라서 기적은 신의 비밀이기도 하지만, 그녀는 이런 신념을 마지막 순간까지 가지고 있었던 것 같다.

이것은 그녀의 가톨릭 친구들에게는 유감스러운 일이겠지만, 시몬 영혼의 영생과 신과의 관계에서는 심한 불안감이 느껴지지 않는다.

세례는 그리스도의 죽음으로써 부활이라는 새 생명을 얻기 위해 그리스도 안에서 성령으로 다시 태어나는 정상적인 수단이지만, 교회의 신앙은 언제나 희망의 세례, 피의 세례, 세례 희망자의 순교를 인정해왔다. 완전한 사랑을 통해 인간은 성부와 성자와 성령의 관계 속으로 들어간다. 시몬 베유가 쓴 글에는 고통과 회한, 이웃애, 진리에 대한 애착, 그리스도에 대한 절대 복종, 신에 대한 완전한 복종과 같은 의식이 여실히 드러나 있다. 이를 보면 우리는 그것 없이는 아무것도 아닌 신의 실재를 인정할 수밖에 없다.

그래도 문제는 한층 중대해질 뿐이다. 어째서 시몬은 세례를 꼭 필요한 의무로 규정한 스승 그리스도와 다른 의견을 품게 되었을까?

솔직히 이렇게 대답하고 싶다. 이것은 신의 문제이며 이에 대한 판단은 모두 가장 더럽고 나쁜 의미에서 무모한 짓이 될 위험이 있다고. 위대한 아우구스티누스도 "실수를 범하고 싶지 않다면 판단하기를 멈추라"고 말했다. 이러한 사실에 대해 우리의 사상 체계를 만족시킬만한 설명을 제공할 필요는 없지만, 우리의 삶을 위한 가르침을 끌어낼 수는 있다. 나중에 이 문제를 다시 한 번 정리해보자.

그러나 이 답은 우리야 만족시킬지언정, 신의 심오한 가르침에 따르는 것보다 위대하고 어려운 일은 없다고 생각하지 않는 사람들에게는 너무나 안이한 대답으로 보일지 모른다. 어떤 이에게는 걸림돌이 되지 않을까. 그렇기에 나는 이 문제를 좀더 인간적으로 생각해보고자 한다.

문제가 이렇게까지 복잡하지 않고, 자기가 모르는 것을 가르치는 선생님이

나 책에서 얻은 잘못된 관념에 이렇게까지 사로잡히지 않은 영혼에게는 그 길이 쉬운 길임은 분명하다. 오히려 통과해야 할 길이 없어졌다고 해야 옳을 것이다. 시몬 베유는 단숨에 한복판에 던져졌다. 심오한 가르침을 통해 가톨릭교회가 살아있는 것처럼, 성체라는 심오한 가르침이 시몬에게 제시되었다. 시몬은 그것에 굶주려 있었다. 그때 그녀는 이 초자연의 빵을 찾아 하늘에 계신 '아버지' 집의 문을 두드릴 수도 있었다.

가장 원리적인 문제는 시몬이 진리를 대하는 태도, 더 정확히 말하면 사물을 받아들이는 자세, 즉 지적 성실함이었다.

내 생각을 잘 이해해주길 바란다. 시몬의 성실함이나 진리 추구 정신을 조금이라도 의심하려는 것이 아니다. 그녀를 아는 사람이라면 누구나 그럴 것이다. 그녀는 진리를 몹시 사랑했으며, 진리 추구를 위해 살았다. 그러기에 진리가 시몬에게 임한 것이다. 그러나 우리의 대화를 떠올리고 그녀의 글을 되짚어보면, 시몬은 종교 진리의 성질을 다소 오해하고 있었던 듯하다. 그녀는 지성하고만 연관된 수학적 진리나 이성의 영역에 속한 것을 보듯이, 종교 진리를 추상적 진리로 생각하는 경향이 지나치게 강했던 것 같다.

시몬은 탐구의 자유를 빼앗길까 두려워 관여하기를 꺼렸다. 추상적 진리를 대하는 이런 태도는 이해가 가지만, 인격을 대하는 태도로서는 어떨까? "나와 함께하지 않는 자는 나를 거역하는 자이며, 나와 함께 모지이 않는 자는 흩어지리라"고 그리스도는 말했다. 비현실적 사고에 빠진 학자는 늘 모든 것을 의심해도 되고 어떤 생각을 해도 무방하다. 적어도 추상적 대상을 대할 때는 학자의 권리가 된다. 그러나 같은 학자가 자기 아내나 친구들을 그런 식으로 대한다면 어떻게 될까?

시몬 베유에게는 겸손이라는 문제도 있었다. 그녀는 자기 판단을 중지하는 것이 이른바 지성의 영역에 대한 겸허한 덕이라고 믿었다. 이는 위에서 주어진 진리를 대할 때는 잘못된 태도이다.

《뿌리를 갖는 일》의 독자는 〈언론의 자유〉 장에서 다음과 같은 글을 읽고 몹시 놀라게 된다. "출판의 영역에서는 절대 자유라는 특수 예가 인정됨이 바람직하다. 단, 두말할 필요 없이, 그 정도가 어떻든 출판된 저작물이 저자를 구속하지 않고 독자에게 아무런 충고도 하지 않는 방향으로……."

이는 인간이 해명하기 어려운 복잡한 존재임을 망각한 사람에게는 아마도 매력적인 생각일 것이다. 본능도 없고 실제적인 관심도 없는 순수한 지성을 생각하는 것은 인간의 현실을 무시하는 행위이다. 늘 제자리걸음을 하는 이 방법은 모든 인식을 불가능하게 한다고까지 나는 생각한다. 이러한 방법으로 인식하면 모든 행동에 소극적일 수밖에 없다. 늘 주저만 하는 사람은 아무것도 하지 못한다. 늘 의심하는 사람은 앞으로 나아가지 못한다. 기하학이 최초의 명제를 계속해서 의심했다면 어떻게 되었을까?

탐구의 성실함에는 발견한 것에 따르는 유연함과, 얻어진 해결을 주의 깊게 검토하는 자세와, 근거를 얻을 때까지 결론을 서두르지 않는 의식이 포함된다. 검토의 성실함에는 반대파 혹은 아직 탐구 중인 사람이 제시하는 반대 주장과 망설임에 귀를 기울이는 자세와 깊은 이해가 포함되지만 진리를 의심하는 자세는 포함되지 않는다. 그 진리가 신이 사랑하는 인간들 앞에 밝히는 신의 진리일 때에는 특히 그렇다. "모든 이에게 모든 것이 되어라."[*5] 이교도에게는 이교도가 되고, 유대인에게는 유대인이 되려면 모든 것을 듣고 모든 것을 이해해야 한다. 그러나 모든 사람을 '구원하고' 모든 사물에 깃든 진리의 극히 일부분을 완전한 '진리'로 이끌어내기 위해서는, 이 진리를 갈구하고 자기를 낮추고 휘둘리면서도 충실한 제자로서 이 진리에 정착해 있어야 한다.

이리하여 교회는 반대 주장을 가장 잘 이해하고 신앙에 가장 잘 정착한 사람들을 교회 최고의 박사로 인정했다. 그러나 신학의 방법으로서는 '방법적 회의'를 물리쳤다.

마찬가지로, 순수하게 진리를 탐구한다는 구실 아래 '진리를 수학화'하려던 시몬 베유의 경향은 그녀의 몇 가지 판단과 태도에서 엿볼 수 있다. 그녀에게 중간은 없었다. 진리냐 잘못이냐 둘 중 하나였다.

친구들과 진리를 논하는 즐거움을 시몬은 그 진리에 대한 반역이라 생각했는지도 모른다. 나 자신이 그것을 경험했다. 시몬과 비슷한 감정의 사람 또는 환경이 준 가르침을 시몬은 믿으려 하지 않았다. 이러한 지나친 태도가 지적 과오를 범한 몇 사람에게 잘못된 형태로 나타난 적이 있다. 친구라는 이유로 하나의 견해를 강요하는 것, 타인에게 영합하여 어떤 종교를 받아들이는 것은 물론 비난받을 행위이자 이미 그 존재만으로 사랑받아 마땅한 '진리'를 배신하

---

*5 코린토전서 9 : 22.

는 행위이다.

진리로 이끌기 위해 압력을 가하는 행위는 비록 그것이 마음의 압력이라 할지라도 불쾌한 일이다. 그러나 자기가 가진 가장 좋은 것을 친구와 함께 즐기려는 마음이 뭐가 나쁘단 말인가? 그러지 않는 것이 더 나쁜 일 아닌가? 종종 인용되는 플라톤의 아름다운 구절처럼 인간이 '영혼을 다 바쳐' 진리를 대하려면, 단순히 정신적으로 집착할 것이 아니라 생명의 기쁨과 언약이자 영혼 간의 가장 높은 교류를 기초로 해야 한다. 친구라는 것이 이 말에 포함된 기쁨과 풍부함을 총동원하여 진리를 탐구할 때 생기는 존재라고 한다면 진리의 소유와 진리의 빛에 따라 생기는 충실함이 바탕에 깔린 우정은 한층 아름답지 않겠는가?

신은 단순히 진리나 빛이 아니다. 신은 사랑, 자비, 기쁨, 아름다움, 생명이다. 시몬은 잘 알면서도 때때로 그 사실을 잊었던 것 같다. 그리고 이 때문에 시몬의 일부 주장은 비인간적이고 무의미한 성격을 띠게 되었다.

그렇지만 내 생각을 잘 이해해주기 바란다. 시몬의 이상이 추상과 지성에 지나치게 치우친 관념이었을지언정, 나는 곧 신인 진리의 살아있고 사랑해야 할 성격을 그녀가 무시했다고 말하려는 것이 아니며 그렇게 생각하지도 않는다. 그녀는 신의 전능함보다 신의 선량함을 아는 편이 가치 있다고 거듭 주장했다. 또한 그녀는 직관주의자인 동시에 신비주의자였다.

시몬 자체를 모르더라도, 시몬이 나에게 준, 그리스도와의 만남을 적은 훌륭한 편지를 읽으면 그것이 사실임을 충분히 이해할 것이다. 오로지 진리에 온 마음을 바치고, 모든 불쌍한 사람에게 형제애를 보낸 시몬의 영혼이 그리스도를 만난 것은 당연한 일이다. 이에 대한 증언은 의심할 가치가 없다.

그러나 그녀는 우리가 놓인 영역에서 또 다른 문제를 발견한다. 시몬의 지나친 지성주의 경향*6은 주관주의라고 부를 수 있는 또 하나의 경향과 복잡하게 뒤얽혔다. 시몬 베유에게는 모든 사물을 자기 내면의 취향에 따라 판단하는 경향이 있었다. 그녀는 내면으로 느낀 것을 읽는 글에 투사했다. 그녀의 영혼은 어느 서적, 특히 이집트, 그리스, 고대 인도 경전에 쓰인 글에 좌지우지되

---

*6 이러한 모든 문제를 통하여 시몬 베유에게 시사를 주었던 원천, 특히 알랭(Alain)으로 거슬러 올라가기란 어려운 일이 아니다. 시몬의 인격이 어떻게 점차 그것을 빠져나왔고 자기만의 인격을 형성하게 되었는지를 살펴보는 것도 흥미 깊은 일이다.

었던 것일까? 그러한 글의 의미를 시대, 환경, 인물의 관계에서 찾는다는 생각을 시몬은 미처 하지 못했다. 자기 스스로도 말했듯이 시몬은 읽은 것이 아니라 '먹었으며' 그러한 말에서 영양분을 얻었다. 이는 바람직한 일이며, 사랑의 질서 중 매우 높은 단계에서는 이와 같이 행동하도록 권장된다고까지 나는 믿는다. 아름다운 것, 숭고한 것은 어디에서건 신에게로 가는 길이다. 시몬 베유는 그것을 가리켜 다소 과장스럽긴 하지만 매우 아름답게 표현했다. "그레고리오 성가의 선율은 순교자의 죽음과 같은 증언의 힘을 지닌다."

마찬가지로, 시몬은 살아가며 중대한 결정을 내릴 때 특히 세례 문제에 관해서는 오로지 '기다리며', 하늘에서 분명한 명령을 내리지 않는다면, 자기에게 강요하는 충동이 없다면 아무것도 결정하려 들지 않았다. 신의 사랑과 성체 안에 담긴 속죄의 성육신에 대한 신앙을 시몬에게 전달하기 위해 신의 은혜는 이 장애를 극복했다고 나는 말하고 싶다.

이러한 신의 직접적인 말씀에 몸을 의지하려면 위대하고 아름다운 무언가가 있음을 인정해야 한다. 이는 신뢰와 사랑으로 넘치는 자기봉헌이다. 이 자기봉헌이야말로 종교 탐구의 밑바탕이 될 만한 것이며, 종교 탐구의 밑바탕은 지적 문제해결보다는 살아있는 삼위일체를 기다리며 이것과 만나는 것이다.

그러나 이 자기봉헌에 문제가 없는 것은 아니다. 자기봉헌만을 하고, 교회의 살아있는 권위에 근거하지 않고, 객관적 방법(과학에서는 과학적 방법, 성서 해석에서는 성서해석학적 방법, 역사에서는 역사적 방법)에 통제받지 않으면 착각이나 잘못된 견해에 빠질 위험이 있다. 이는 많은 예언자들에게도 보이는 위험이며, 이로 인해 자기 생각이나 편견을 신의 뜻으로 간주하게 된다. 위대한 신비주의자들은 이러한 위험을 경고하고, 이성과 신앙과 많은 표준에 의지할 필요성을 역설했다.

이는 때로 오만을 동반하기도 한다. 신앙에 비추어진 지성은 진리를 발견할 수 있는 영역이고, 그것은 기적에 의지하기 때문이다. 그러나 우리는 그런 위험을 경고할 수는 있어도 그것을 판정하기란 몹시 어렵다. 신의 비밀에 접근해야 하기 때문이다.

어쨌거나 이렇게 개인의 직관에 의지하는 행위는 잘못된 방법이다. 특수한 대상이라면 그 불완전한 성격이 금방 드러난다. 문헌을 찾고 원전을 비판하거나 해석하는 노력을 하지 않으면 모든 것은 왜곡되고 만다. 이런 종류의 진리에는 역사적이고 객관적인 방법이 있기 때문이다. 그러나 시몬이 그 멋진 말로 표현했듯이, 진리에 따라 움직이는 유연성이 없다면 어떤 영역의 어떤 발견도 불가능한 것 역시 사실이다.

이 점은 〈노아의 아들〉을 읽으면 잘 알 수 있다. 성서의 이야기는 흔히 알려진 바와 같다. 노아는 자기가 심은 포도나무 열매의 효능을 몰랐기 때문에 술에 취해서 옷을 벗고 깊은 잠에 빠졌다. 함은 그 모습을 보고 아버지의 나체를 놀려댄다. 그러고는 같이 비웃기 위해 형제들을 부른다. 그러나 형제들은 존경심을 품고 뒷걸음질로 다가가 노아에게 외투를 덮어준다. 이는 유명한 장면이다.

눈을 뜬 노아는 존경심을 보인 아들들을 축복하고 함을 저주한다. 동정심 많은 시몬이 서둘러 함을 구하려 했던 것은 특히 셈 쪽이 함에게 나쁜 짓을 했기 때문이었을까? 시몬이 좋아한 피타고라스학파의 영적 조상과 이름이 비슷해서였을까? 아니면 사랑에 취해 십자가 위에서 벗은 몸으로 잠든 그리스도를 모방한 데 지나지 않기 때문일까? 이는 시몬의 단순한 정신적 유희가 아니다. 시몬이 그것을 가리켜 자기를 세례에서 멀어지게 하는 사상 중 하나라고 공언한 데서 알 수 있다.

아무튼 모든 것은 바뀌었다. 함은 영웅이 되었고, 신의 우애로 넘치는 '지혜'의 제자가 되었다. 함만이 축복을 받았다. 다른 형제는 이 정신에 부합하지 않아 저주받았다.

이 글을 마음으로 읽은 사람은 이 영적 숨결과 아름다움, 영혼의 고양을 찬송할 것이다. 그러나 이성을 발휘해서 종교 역사의 시각으로 읽은 사람은 많은 불합리한 점을 지적할 것이다. 노아가 자는 장면이 그리스도를 모방한 것이라면, 노아가 축복을 내리는 장면은 더욱 그렇지 않은가? 인류의 종교적 운명이 이 종족에 달린 것이 아니라면, 이는 그저 일가족의 작은 싸움이 아니고 뭐란 말인가?

시몬의 친구인 역사가들은 이런 종류의 편파적 태도를 몇 가지 지적했다. 그 가운데 한 사람은 다음과 같은 애교 넘치는 말을 들려주었다.

시몬 : 하지만 헤로도토스가 그렇게 말했는걸요.

친구 : 그 말을 비판하고 그 말의 유래와 의미를 분명히 파헤쳐야지요.

시몬 : (화내며) 당신은 헤로도토스를 비판하는군요!

친구 : 비판이야 할 수 있지 않습니까?

내가 비평을 계속할 수 있도록 허락해 주었으면 한다.

그렇다고 내가 시몬을 칭송하는 마음이 변하는 것은 아니다. 한 친구의 비평은 시몬 배유의 증언과 사명을 올바로 평가하고 있다. 그무렵 그녀가 아직 32세였음을 잊지 말자. 그녀의 직관력과 어학력—특히 그리스어와 산스크리트어—때문에 시몬이 풀어야 할 문제는 한없이 늘어났고, 시몬은 그 충실함으로 어느 것 하나 무시하려 하지 않았다. 그녀가 발견한 것을 증류할 여유도, 박식함의 일부를 소화할 여유도 없었다는 사실에 놀라서는 안 된다. 시몬을 생각하며 나는 얼마나 자주 보들레르의 시구를 떠올렸던가.

"그 거대한 날개가 걸음을 방해한다."

지금까지 시몬 탐구에 관한 일반적 정신을 이야기했으니, 이제 그녀가 쓴 글에서 내가 중요하다고 생각하는 점을 세 가지 들고자 한다. 즉 이스라엘 민족에 대한 혐오, 고대 종교에 대한 사랑, 교회에 대한 반감이다.

이스라엘에 대한 시몬의 적의 때문에 우리는 진리를 추구하는 가운데 최초의 전쟁을 치렀다. 그것은 불가피한 일이었다. 유대인 박해가 가장 심했던 시기에 마르세유에 있는 도미니크 수도원은 박해 받은 사람들을 수용하고 봉사하는 활발한 활동의 중심에 있었다. 유대인을 맞이하는 수도원의 열렬한 환영이 시몬에게 시사하는 바가 있었을 터인데, 그녀는 내게 전혀 엉뚱한 말을 했다. 그녀는 박해를 비난하기만 할뿐 박해를 피하기 위해 아무 노력도 하지 않았는데, 구약성경과 이스라엘의 사명에 대해서는 아무것도 이해하지 못하고 있었다. 나중에 나는 종종 시몬과 그 문제에 대해 이야기하며, 구약성서의 종교적 아름다움과 영적 가치를 그녀에게 보여주려고 시도했다. 그리고 나무줄기가 꽃과 열매를 맺듯이 신이 천천히 준비한 것이 신약 안에서 꽃을 피우고 눈부시게 완성되었다고 해석하는 교회의 가르침을 반복해서 들려주었다. 나는 거기에 대한 그녀의 해석이 바뀌었다고는 생각하지 않는다. 어쩌면 이것은 교회와 이스라엘의 관계를 시몬에게 한층 잘 이해시키고, 오히려 그녀의 반대 입장을 한층 굳히는 계기가 되었을지 모른다.

나는 그 반대로, 때로 시몬이 겸손의 미덕으로, 자기와 관계있는 것, 특히 자기가 유대계라는 사실을 지나치게 낮게 평가하는 경향이 있었다고 믿고 싶다.

또 나는 시몬의 훌륭한 부모님으로부터, 바리사이인 특유의 결점을 지닌 수많은 나이 든 친척들이 그녀의 유년시절에 강한 인상을 남겼다는 말을 들었다. 완고함, 복잡한 형식주의, 누구에게나 엄격하게 대하는 편협함 등과 같은 결점이 그것이다. 제1계율을 중시하는 이스라엘의 종교적 흐름은 시몬과는 거리가 멀었다. 시몬 베유가 그리스도의 십자가를 이스라엘의 종교적 전통의 종결이자 논리적 결론이라고 생각했을 때, 그녀는 부분적 왜곡을 신의 계시와 혼동하는 중대한 실수를 범하게 되었다. 더 나아가 베드로도 요한도 성모도 사도들도 초대 그리스도교 신자들도 성령을 받은 위대한 사람들도 유대인이며, 성경의 말씀으로 자란 사람들임을 망각했다.

또한 시몬은 진보의 개념을 혐오함으로써 유대그리스도교 사상에서 멀어졌다. 보편적인 것을 차근차근 준비하는 부분적 계시이자, 완전에 도달하기 위한 불완전한 계시라는 것이 그 사상이다.

"천국은 겨자씨와 비슷하다……."

마지막으로, 시몬은 진정 열정을 쏟아 그리스를 사랑했으며, 그 문명의 영향으로 히브리적 형태에는 마음의 문을 닫았음이 분명하다.

그녀가 비난한 히브리인 학살은 그리스인 학살과 같은 것이다. '만군의 신'이라는 명칭은 전사들의 신을 의미하는 것이 아니라 하늘의 만군 즉 군대와 같이 질서정연하게 배열된 수많은 신을 의미한다.

시몬이 그리스나 인도의 종교적 가치를 사랑한 것도 그녀 이론의 주체가 되었다. 그녀는 삼위일체와 그리스도와 성체의 가치를 의심했으나, 그리스를 사랑하고 속죄의 보편성에 관심을 기울였기에 신의 그러한 진리가 그네들에게 분명히 계시되고 있다고 확신했다. 시몬의 주장이 현명하고 균형 잡힌 것이었다면, 성 유스티누스나 알렉산드리아의 클레멘스와 같은 교회 교부들의 주장과 일치할 수도 있었을 것이다. 그러나 무턱대고 주장을 밀어붙이기만 한다면…… 대수와 같은 논리가 역사에 귀를 기울일 것인가? 시몬이 누군가 열정적인 그리스 연구가를 만나서 자기가 품은 문제를 함께 철저히 연구하고 객관적으로 문서를 검토할 수 있었더라면 어떠했을지 생각해 본다. 나는 그러기를 바랐지만, 전쟁이라는 불행과 그녀의 죽음으로 인해 그 일은 이루어지지 않았다.

시몬이 문서를 해석하는 방법이 지극히 주관적이었음은 이미 밝혔으니 새삼 반복할 필요는 없을 것이다. 다른 종교에서 개종한 초대 그리스도교도들은 분명히 시몬보다 더 현명한 판단을 했을 것이다. 이것은 그녀의 사명과 결부해서 다루어야 할 문제이기도 하다.

세 번째 문제는 교회이다. 시몬 베유는 자기 사고방식의 원리에 따라 자기가 교회에 이끌리는 것을 느낄수록 교회의 결함을 선언했다. 이는 시몬이 쓴 많은 글의 올바른 의미를 파악할 때 결코 잊어서는 안 되는 사실이다.

나아가 시몬의 본질적인 문제점은, 그녀에게 교회는 역사에 따라 그 생명이 연구되어야 할 하나의 제도에 지나지 않았다는 점이다. 교회의 유일하게 눈에 보이는 소속이나—세례 받은 사람들—눈에 보이지 않는 소속, 신의 은총에서 모든 사람을 지체로 하는 신비체와 교회의 동일성은 시몬에게는 거리가 먼 것이었다. 시몬은 대개 거기에서 문제의 해결점을 찾아냈을 것이다.

그녀는 교회를 사랑하지 않는다고 말했지만, 동시에 교회를 위해 죽으려고도 했다. 그 정도로 시몬은 교회의 중요성을 이해했다. 그녀는 자기가 캄캄한 어둠 속에 있다고 느꼈다. 교회 밖에 머물러 있으면 거짓이 되고, 자기 앞을 가로막는 문제를 해결하지 않고 교회 문을 두드려도 거짓이 되었다.

그것이 모순된 태도임을 그녀는 누구보다도 잘 알았다. 신은 늘 신이 원하는 때에 원하는 방법으로 은혜를 주신다.

나를 만나러 왔을 때 시몬은 자기가 교회 안에 있다고 굳게 믿었다. 그러나 실제로는 많은 편견에 싸인 채 스스로 생각하는 것 이상으로 교회에서 멀어지려는 유행 관념에 빠져 있었다. 시몬은 마르세유에 머물며 문제를 더 객관적으로 의식하게 되었지만 그래도 무지한 부분은 남아 있었다. 평소에 시몬이 모르는 것을 말하기를 꺼렸던 것에 비추어보면 이것은 훨씬 놀랄만한 무지이다.

이리하여 그녀가 '자기가 원하는 세례' 즉 성수 없는 세례라는 관념에 따라 모든 신학을 재해석해야 한다고 썼을 때, 혹은 '묵시적 신앙'에 대해서 그와 비슷한 것을 썼을 때, 또 학설이 복잡한 성 토마스의 신앙과 신비주의자들의 단순한 신앙을 과감하게 대립시켰을 때, 우리는 미소지을 수밖에 없다. 그 모든 것은 자세하고 분명하게 성 토마스의 저서에 쓰여 있기 때문이다. 시몬은 성 토마스의 아리스토텔레스주의를 용서할 수 없었다.

그리스인을 나쁘게 말한 자크 마리탱(Jacques Maritain)을 소환하려던 시몬의 법정에서 그녀 자신의 주장은 얼마만큼 재판을 받았을 것인가?

이토록 쉽게 해명할 수 있는 잘못된 관념에 따라 시몬이 눈에 보이는 한에서는 '영혼의 집'에서 동떨어져 있었음을 생각하면 쓴웃음이 먼저 나올 것이다. 적어도 그녀는 이 집에서, 지상에 존재하는 모든 개화와 평안을 충분한 빛 속에서 발견할 수 있었을 것이다. 그러나 그 뒤 우리는 신중하게 우리 자신에게로 생각의 방향을 되돌릴 것이다. 교회 밖 수없이 많은 환경에 퍼져 있는 이들 관념을 우리가 책임져야 하지 않겠는가. 우리의 화법은 지나치게 물질적이고 개략적이며 신이 주신 복음에 불충하다.

시몬은 주로 자기 탐구의 자유와 사상의 객관성을 구속하는 권위와 편견, 그것으로 자기를 해치는 환경을 두려워한 듯하다.

편지에서 그녀가 나에게 보여준 성실함은, 말로는 훨씬 많이 보여주었는데, 그녀의 그러한 견해를 바꾸는 데 얼마간 도움이 되었다. 사실이나 발견에 대해 어떤 적의를 품는 사람은 체계에 따라 움직이는 사람들—그 체계가 무엇이든, 가령 자유사상이나 반종교 체계일지라도—뿐이다. 신의 자녀들에게 모든 현실은 친구이며 모든 사실은 형제이다. 가톨릭 교리는 체계로서가 아니라 사실을 늘어놓음으로써 제시되며, 그것을 신학적 사고가 체계화한다. 그리고 나는 성 토마스나 라그랑주만큼 맑고 투명한 정신은 없다고 생각한다.

시몬 베유는 교회 권위의 옳고 그름이나 단죄의 의미를 너무나 이해하지 못했다. '거짓'과 '무정통성'의 구별은 이와 관련이 있다. 이 사상이 이단 취급을 받는 까닭은 어떤 때는 그것이 천계 진리에 반하는 동시에 그리스도교의 본질에 접근했기 때문이며, 어떤 때는 그 귀결 방향 그것이 그리스도교도의 의식에 일으키는 동요 때문이다.

이렇게 이단 취급을 받는 것은 저자의 의도나 진리에 대한 사랑이 아니다. 그 비밀은 신의 것이며, 글로 쓰이고 입으로 언급된 것만이 대상이 될 수 있다.

시몬 베유가 어느 사제로부터 심한 이단 취급을 받고 깜짝 놀랐다는 이야기를 나는 그녀가 출발한 다음에 들었다. 시몬이 처음으로 대화를 한 다른 사제였는데, 이 사제는 시몬이 얼마나 열심히 '진리'에 따라 움직이고 싶어 하는지 몰랐다. 그녀의 관념에 대한 이 사제의 판단은 옳았다. 그러나 시몬은 자기의 성실한 의도가 이단시되었다고 생각했다.

시몬 베유의 지식이 턱없이 불충분했음을 느끼게 하는 점을 열거하자면 끝도 없다. 그중 뚜렷한 것을 몇 가지 들겠다.

순교자의 증표에 대해 시몬은 자주 폴리왹트(Polyeucte)의 대사를 인용했는데, 여기에는 《순교자의 행동록》과 공통된 것이 전혀 없다.

기적에 대해서는 할 말이 많다. 지나치게 통속적인 개념과 싸우는 것은 당연한 일이지만, 그녀는 다른 곳에서 들은 이야기를 되풀이할 뿐 분명한 실례를 연구하지는 않았다.

시몬이 '그리스도교의 모든 것이 이 사상과 반대된다'고 믿었던 것도 마찬가지다. 이 사상이란 아리스토텔레스나 성 토마스나 자크 마리탱의 사상인데, 그들이 말한 우정의 개념이 플라톤과 다르다는 것이 시몬이 대는 이유이다. 이러한 단정은 지나친 감이 없지 않다. 나는 그녀에게 마리탱의 《지식의 단계》 또는 더 조심스럽게 《사랑의 신비》를 읽으라고 권하고 싶다. 다시 한 번 말하지만 이들 단서가 시몬 베유의 글에 드러난 문제점을 다 지적한 것은 아니며, 이러한 지적으로 시몬의 위대한 면이 없어지는 것도 아니다. 그녀는 사람, 특히 가장 축복받지 못한 사람들을 사랑했고, 열심히 그리스도를 기다렸다. 그리고 이 모든 오해는 우리의 책임임을 부인할 수 없다.

시몬의 사명

요절로 끝나버린 생애, 모순으로 가득 찬 이 생애("마음은 제단에 나타난 성체에 영원히 옮겨가" 있는데도 그녀는 '아마도' 죽는 순간까지 세례받기를 꺼리고 있었다)를 보고 그 사명을 말하는 것이 과연 가능할까?

거기에는 의심의 여지가 없다. 섭리에 따라 일어난 일들 가운데 무의미한 것은 없다. "목소리 없는 자는 없다." 모든 선에서 유래한 아름다움을 통해 신의 사자가 되는 것과 마찬가지로, 모든 인간은 동정과 속죄를 부르는 죄와 비참함을 통해서도 신의 사자가 된다.

그 사람 안에서 부조화와 신비로움을 발견하면 할수록 우리는 그를 통해 더욱 성찰하여 자신이 기존에 품었던 관념보다 더 높은 곳까지 올라갈 수 있을 것이다. 이것은 공감의 작용이므로 어리석고 동떨어진 태도만 고수한다면 우리는 사물에게도 사람에게도 '무의미한' 표면에 남게 될 것이다.

미완성이라고 해서 인간의 사명을 거부하면 우리는 아무것도 이해할 수 없다. 이 세상에서는 모든 것이 미완성이고, 결정적 세계에 비해 우리의 현세가 얼마나 일시적인가 하는 것은 그로 인해 가장 잘 드러나기 때문이다. 시몬 베유는 '세례지원자'로서 죽었다. 신에게 봉사하고 신으로 통하는 길인 신성한 그리스도에게 무기력하게 이끌림과 동시에 그녀가 진실로서 사랑했던 관념—우리는 그런 관념을 과오로 보지만—을 통해 그녀는 세례에서 멀어져 갔다. 시몬은 그러한 관념을 다시 문제 삼고 탐구하려 했으며, 특히 그런 관념에 따라 자신의 그리스도교 사상을 보완하고자 했다.

그런 의미에서 우리는 그녀로부터 많은 것을 배워야 한다. 그러나 길을 잘못 들어서는 안 된다. 시몬의 글에서 완전한 가르침이나 완성된 사상을 찾으려는 것은 분명히 잘못된 생각이다. 자기 일을 재검토하거나 원고를 정정하지 못했던 시몬 베유의 젊음을, 우리는 그녀의 사고방식과 함께 이해해야 한다. 내가 본 바로는 종종 그녀는 가설 또는 오류라고 여기는 생각을 적고 그 가치를 시험하기 위해서 긍정해보았다. 그러므로 탐구의 일면이나 일시적인 발판에 지나지 않는 관점을 결정적인 것으로 생각하는 것은 우스운 일이다. 시몬은 그야말로 한창 발전 중이었다. 나는 그녀가 마르세유에 있을 때 그것을 알게 되었다. 그녀가 제기하는 문제를 듣고, 제시하는 관념을 검토하고, 어쩌면 특별히 그녀의 증언을 받아들여야 한다.

시몬 베유의 첫째가는 일은 진실이라는 가치를 세상에 지적하는 것이 아니었을까 싶다. 진실은 관념이나 담화가 아니라 자기 자신을 통해 사들이는 것이다. "진실을 행하는 자가 빛으로 온다"고 복음서에도 적혀있다. 그녀에게는 '진리'만이 문제라는 사실을 느끼기 위해서는, 폭 넓은 베레모에 갈색 망토를 걸치고 큰 구두를 신은 시몬을 만나고, 특히 그녀가 진실이라고 생각하는 것을 누구 앞에서도 또 어디에서도 상관하지 않고 단언하는 것을 듣는 것으로 충분했다. 시몬의 생각에 이의를 제기할 수는 있어도 그 성실함을 의심할 수는 없다.

나는 시몬이 죽은 뒤 그녀의 어린 시절과 젊은 시절의 상황을 알고 나서, 그녀가 나와 함께 있을 때조차도 '무명'으로 있고자 얼마나 노력했는지 깨달았다. 마지막 편지를 받기 전까지, 또 그녀가 죽고 나서 그녀의 가족과 친척들을 만나기 전까지, 나는 그녀의 생애를 거의 모르고 있었다.

특히 시몬은 이웃을 '자신처럼' 사랑하는 영웅적 노력을 함으로써 '진리를 행했다.' 그 이웃은 누구라도 상관없었다. 신의 비밀을 이야기하도록 허락받는 것만으로도, 신을 모르고 의식적으로 기도하는 일도 없고 뚜렷한 그리스도 신앙을 품지 않고도 신에게 선택받은 친구들에게 주어지는 위대하고 신비로운 생명에 단숨에 접근하는 셈이었다. 그녀는 사랑이 '묘미'요 신의 찬란한 발견이 되는 수준까지 끌어올려졌는데 이는 다음의 두 가지 덕분이었다. 진리에 대한 격렬하고 절대적인 사랑—이것은 그녀가 모르는 사이에 신을 향한 사랑의 한 형식이 되어 있었다. 그리고 이웃에게 그야말로 형제로서 베푸는 동정—이것은 커다란 조명이 될 만큼 그녀에게는 무의식중에 신에 대한 덕이 되어 있었다.

시몬 베유의 생애가 주는 두 번째 가르침은 이것이다. 그녀의 소박한 차림새에서도 다소 느껴졌지만, 친한 사람이라면 누구나 그녀의 고된 생활을 알았다. 그것은 정신적 가치가 없는 것에 일절 무관심할 뿐 아니라 인간의 고통과 무엇보다 그리스도의 십자가에 동참하려 했다는 데서 연유했다.

성 바오로가 말한 의미에서 '십자가는 장애물'이라 여기는 유대적 경향이 시몬에게는 전혀 없었다. 반대로 그녀에게는 십자가야말로 그리스도의 신성을 나타내주는 가장 강력한 증거이자 가장 눈부신 계시였다. '십자가의 올바름'을 이해하고 그것을 필연으로 느끼기 위해서는, 또 '모든 이득은 그리스도에 대한 손실'이라는 사실을 발견하고 괴롭고 굴욕적이며 주눅 든 모든 것, 가장 강한 의미로 괴로운 것을 좋아하기 위해서는 얼마나 높이 상승해야 했을까?

이런 점에서 시몬 베유는 그리스도교의 위대한 신비사상가들, 이를테면 그녀가 읽은 십자가의 성 요한이나 그녀가 몰랐던 샤르돈의 사상과 일치한다. 이 기적 쾌락에 빠져 십자가를 모독하는 이 세상에서 그녀의 사명이야말로 시기 적절한 것이었음을 새삼 강조할 필요가 있을까?

다음으로는 성실함이다. 생각하지 않은 것을 말하지 않는 초보적 성실함 문제가 아니며, 자기 이익이나 취향에 관계없이 보는 대로만 생각하는 더 높은 수준의 성실함의 문제도 아니다. 그것은 당연한 것이다. 이 두 번째 성실함에 거의 누구도 도달할 수 없는 신성한 차원이 있다 하더라도 말이다. 시몬 베유의 주관적 경향을 반복하는 것이 아니다. 구체적 삶을 정신의 관념과 조화시키는 성실함을 말하는 것이다. 몇 가지 종교 이론을 사고의 질서에 둔 시몬 베유의 사상에는 이론(異論)의 여지가 있다고 생각할 수도 있을 것이다. 그녀에 따르면 거기서는 스스로 책임을 지지 않고 독자에게 아무것도 시사하지 않으며, 모든 것을 긍정하고 모든 것을 부정하고 모든 것을 지지하고 모든 것과 싸울 수 있다. 그러나 시몬의 실생활은 그것과 분명히 달랐다.

사람은 먼저 자기 안의 악을 제거하는 노력을 한 다음이 아니고서는 누구도 그 무엇도 비난할 수 없음을 그녀는 의식했다. 시몬은 분명히 자기 생각을 서술하고 무언가 비난할 때는 먼저 그 잣대를 자기 자신에게 들이대 보았다. 그녀는 로마인, 유대인, 북프랑스인, 코르시카인에게 엄격했다. 지식인과 수학자에게도 엄격했다. 그러나 자신에게도 엄격하기는 마찬가지였다. 그녀는 사람이나 사물을 헤아리는 데 단 한 가지 저울만 사용했다.

그녀의 젊음에서 비롯된 비타협성과 남을 상처 입히는 몇 가지 판단은 그것으로 변명할 수 있을 것이다. 시몬이 34세가 채 되지 않아 죽었다는 사실을 잊어서는 안 된다. 나이를 먹고, 특히 성체의 은혜를 받았다면, 땅을 이어주는 그 다행스런 온화함과 남의 발을 씻겨줄 만큼의 겸손과 상냥한 봉사정신이 그녀에게 스며들었으리라고 나는 확신한다. 그녀를 잘 알던 사람들은 그녀가 '진리'를 얼마나 갈망했는지 안다. 이것은 시몬이 쓴 글의 직설적 어조에 놀라 거기에서 지적인 오만함이나 재판관 같은 엄격함이나 변호사 같은 미묘함을 보려하는 사람들에게 꼭 말해야 하는 부분이다.

그러나 이들 특질, 즉 진리에 대한 사랑과 십자가의 의식과 생활의 성실함은 시몬이 사명을 전부 쏟아 부은 부분이 아니며, 그녀의 가장 색다른 특징을 충분히 드러내는 것도 아니다. 이 영혼은 너무나도 위대하고 너무나도 성실하여 그녀가 제기한 문제에 사람들은 귀를 기울일 수밖에 없다. 먼저 우리에게 제기된 질문이다.

그녀가 일반적으로 받아들여지는 관념을 그토록 많이 비판하는 걸 보면 그녀의 말을 듣고 진지하게 반성하는 편이 좋을지도 모른다. 적대자의 말이라 해도 그 상대가 총명하고 성실하다면 늘 무언가 배울 점이 있다. 더욱이 친구의 말이라면 더욱 그렇다. 교회에 속한 자가 시몬의 어떤 심각한 잘못을 눈치 챘다면서 그녀가 제기한 문제를 모두 물리친다면 그 사람의 경박함은 죄라 해도 좋을 수준이라고 생각한다.

특히 나처럼 그녀의 영적 생활의 실로 초자연적 성격을 인정한다면 그녀가 교회에 끼칠 영향이 무엇일지 생각해야 한다. 그녀가 하는 모든 일에서 성령은 그리스도의 신비체를 만들고, 그리스도의 신부(교회)를 아름답고 성스럽게 만들도록 작용하기 때문이다.

그녀가 우리에게 주거나 적어도 상기시키는 첫 번째 가르침은 숭고한 정신의 순수성이다. 확실히 그녀의 신에 대한 개념은 지나치게 추상적이고, 스토아학파가 말하는 '운명'과 지나치게 비슷하다. 이것은 아마 신약성경 가운데서도 특히 복음서를 읽고 알게 된 것이리라. 하지만 호의로 가득 차서 지상의 아버지 이상으로 아이들의 소원에 귀를 기울이고 우리의 머리카락 수까지도 세는 아버지이신 신이 우리에게 주의를 쏟고 계신 것을 그녀는 복음서 속에서는 충분히 깨닫지 못했다. 애초에 이처럼 절대적으로 초월적이고 한없이 인격적이면서도 신도 되고 인간도 될 수 있는 살아있는 신을 발견하는 것이, 교회 밖에서 그리스도와 긴 접촉 없이 가능한지 나로서는 모르겠다. 밤을 까다롭게 설명한 박사이자 신의 친숙함을 노래한 십자가의 성 요한이나, 순수 현실의 엄밀한 형이상학자이고 초월성의 신학자이며 성체를 노래한 성 토마스를 나는 떠올린다. 성 토마스가 이따금 수기를 제단 위로 옮기고 성궤 위에 이마를 대고 친근하게 그 문을 두드리는 모습을 사람들은 보았다. 이러한 예는 끝없이 제시할 수 있을 것이다.

또한 이따금 시몬은 자신의 비참함에 사로잡혔다. 그녀는 대개 그것을 '내던지지' 않았다. 거기서 '해방'되지 않았다.

이만큼 조건을 붙이면 시몬 베유의 순수성이 요구하는 바에 따라 우리는 많은 것을 얻을 수 있다. 우리가 교육을 통해 받아들인 이상이나 관념이 신의 빛에 따른 엄격한 검토를 얼마나 받아야 하는 것일까? 어느 정도의 말투가 신에게 어울리지 않는 것일까? 복음에 반대하는 태도 가운데 얼마만큼이 우리의 태도가 되어버린 것일까? 세례를 받지 않은 이 사람이 우리에게 구태여 영적 가치 평가와 십자가의 의미와 이웃애를 특히 재검토하게 만들었다.

그러나 의심의 여지도 없이 그녀가 가장 강하게 우리를 불러들이는 부분은 현실에서 가톨릭인 것에 향해 있다.

내 생각을 잘 이해하고, 부디 오해가 없기를 바란다. 보편성이라는 이름 아래 시몬은 모든 것을 혼동하고 모든 것을 동등시했다. 또는 곧 그렇게 되기 직전이었다. 유대교만은 별개로…….

그리스도의 제자들은 그와 반대로 "인간은 구세주로서 예수 말고 다른 이름을 부여받지 않았다는 것", "신과 인간 사이에 이 중보자 말고는 아무도 없다는 것", "유일한 양치기와 유일한 양떼밖에 없는 것처럼", "그는 죽음으로써 모든 사람을 그에게 이끌고자 한다는 것"을 확신했다. 그리고 단순한 판단으로써도 무한한 진리가 대립하는 가르침을 줄 수는 없음을 알 수 있다.

이것을 잘 기억해 둔 바탕에서, 시몬 베유는 우리에게 무엇을 가져다줄 수 있을까? 세 가지가 있을 것이다.

먼저, 연대·장소·문명을 막론하고 인류의 모든 영적 가치에 대해서 우리의 주의를 넓힌 점이다. 선의 파벌주의나 영혼의 협량은 그리스도교도에게 어울리지 않는다. 그리스도교도는 교회의 눈에 보이는 영역과 성 바오로가 말한 '바깥 영역'이 있음을 안다. 그러나 이 영역은 '만인의 구세주이며 특히 신자들의 구세주'인 신의 은총의 경계선이 아니라는 점, 그리스도교도에게 주어진 하사품은 그리스도교도를 다른 사람들과 떼어 놓는 것이 아니라 다른 사람들에게 열고 내맡기는 것이라는 점, 아버지의 집은 모든 아이들을 맞아들이는 곳이라는 사실도 안다. 그러므로 그리스도교도는 '세계의 형제'이며, 모든 선을 칭송하고 순수하게 기뻐하는 존재여야 한다. 성 토마스에 따르면 신의 마음과 가장 인연이 없는 감정은 질투이다. 그것은 슬픔이고, 신은 기쁨 자체이다. 질투는 어떤 선에 대립하는 것이지만, 신은 동시에 원인이고 이상이고 목적이며 모든 선 그 자체이다. 그래서 성경에는 신이 모든 과업을 기뻐하신다고 적혀있다. 신의 자녀들의 마음도 그래야 한다.

다음으로, 선에 대한 보편적 사랑의 귀결이다. 가장 좋은 포교 방식은 가장 적극적으로 하는 것이고, 정당한 가치를 전혀 파괴하지 않고 오히려 모든 선을 완성으로 이끌도록 주의하는 방법이다. 이것은 모든 위대한 포교자들이 취한 방식이며, 교회가 밀라노칙령 뒤에 로마 세계를 개종시키기 위해 쓴 방법이다.

오늘날 세계는 통신기관의 발달에 따라 작아지는 동시에 대립 격화에 따른 분열로 새로운 문제에 고통 받고 있다. 이 세계를 복음화하려면 영웅주의에 이르도록 헌신적이고 포괄적인 사랑이 요구된다. 시몬 베유가 진짜 천재적인 신성의 필요성을 말한 것은 이러한 의미에서이다. 이는 우리가 복음을 전하는 데 필요한 모든 노력을 이해하기 위해 기억해야 하는 그녀의 말 가운데 하나이다.

마지막으로, 시몬 베유는 굳이 우리가 속죄의 보편성 문제를 한층 강하게 반성하도록 만들었다. 눈에 보이는 한 교회에 소속되지 않은 모든 사람들에게 신의 은총은 어떤 길을 취할 것인가? 몇몇 신학자가 주의 깊게 이 난제를 다루었고, 이것은 구원에 필요한 묵시적인 신앙 문제로서 고전적인 문제가 되었다. 그러나 그리스도에 앞서 존재했던 인류의 긴 세대를 의식하고 지구의 크기를 생각하면 우리는 이 중대한 문제를 한층 구체적으로 제기할 수밖에 없다. 아마도 거짓된 종교 안에서 '그리스도가 없어도 그리스도교적인' 종교 가치를 식별하는 능력을 시험해보아야 할 것이다. 여기서 시몬이 제시한 표준, 즉 다소나마 올바르게 신의 이름을 말하는 것과, 특히 불행한 사람들에게는 십자가에 못 박힌 구세주라고 묵시적으로 합일되는 것이라는 표준은 우리의 주의를 끈다. 그러나 여기서도 그리스도교의 신앙은 그리스도가 정한 성체, 신자가 그 의미를 그리 깊이 이해하지 못한다 해도, 그 가치를 지키고 있는 성체와 인간이 만든 제례를 구별한다. 우상숭배의 성실함과 알 수 없는 신의 자비로운 은총으로 그 제례가 초자연의 세계에 접근하게 된다 해도.

그러나 시몬 베유는 자신이 특히 비그리스도교도를 위해 사명 받았음을 알았다. 종교에 관한 이성을 의심하고 형이상학이나 역사 탐구에 의문을 던지는 사람들을 향해 시몬 베유의 경험은 신이 살아있다는 사실, 그리스도가 그녀에게 자신을 드러냈다는 사실을 부르짖는다. 이 증언을 의심할 수 있는 사람이 있을까? 그녀는 자신이 섭리에 따라 '그리스도교와 그리스도교가 아닌 모든 것 사이의 경계'에 놓여있고, 모든 것을 그리스도교로 이끌어야 함을 알았다. 그녀가 세례에서 멀어진 이유는 다른 사람들에게서 멀어지지 않고 그들의 말과 문화 속에서 복음을 전하려는 배려에서였다.

많은 사람은 가톨릭 신자, 특히 사제의 증언은 당연히 의심해야 한다고 상상한다. 남들보다 잘못을 저지르고 싶지 않다는 생각을 우리도 한다는 사실을 모르는 듯하다. 언젠가 그녀가 '교회로 들어가지 않고 사람을 교회로 부르는 종'의 예를 몹시 재미있어한 적이 있다. 이는 물론 그리스도의 유일한 교회에 눈에 보이게 소속시키는 것을 뜻한다.

이 종소리가 먼 곳까지도 퍼져서, 신앙에서 떨어져 있는 많은 사람에게, 그리스도는 살아있다는 것, 그리스도는 그들을 사랑하고 그들을 자신에게 이끌기를 소망한다는 것을 알렸으면 좋겠다.

그녀의 영혼이 내는 목소리가 담긴 이 글들을 내가 형제의 정을 담아 그들에게 보내는 것은 이 부름의 종소리를 들려주기 위해서이다.

시몬 베유 연보

1909년   2월 3일, 파리 스트라스부르 거리 19번지에서 태어남. 아버지는 베르나르 베유(의사). 세 살 위의 오빠 앙드레 베유는 뒷날 세계적인 수학자가 되어, 프린스턴 고급과학연구소 교수 등을 역임함.

1912년(3세)   파리의 생미셸 거리 37번지로 이사. 어린 시절부터 뛰어난 재능의 징후를 보이기 시작.

1914년(5세)   제1차 세계대전 발발과 함께, 온 가족이 누샤토·망통·마옌·샤르트르·라발 등을 전전하다가 마지막에 파리로 돌아옴. 전선에서 싸우는 병사들이 설탕을 먹지 못함을 알고 자신도 먹지 않음.

1916년(7세)   샤르트르에 머물 때 사립학교에 다니기 시작하여 두각을 나타냄. 이듬해 라발 중고등학교에 들어감.

1919년(10세)   페늘롱 중고등학교(파리)에 입학. 이 무렵 창작동화《불의 요정》을 씀.

1924년(15세)   6월, 대학입학 자격시험 고전과목에 합격. 10월, 빅토르 뒤뤼 중고등학교 철학반에 입학, 르센에게 배움.

1925년(16세)   6월, 대학입학 자격시험(철학과) 통과. 10월, 앙리4세 고등학교에 입학. 철학자 알랭의 지도를 받아 그리스 철학에 눈뜨고, 사고의 방법을 배움.

1927년(18세)   일종의 '민중대학(자유대학)' 운동에 참가하여 무보수로 강의를 진행. 혁명적 노동운동에 흥미를 가짐.

1928년(19세)   셋 뿐인 여학생 가운데 하나로 고등사범학교에 입학. 알랭의 강의를 듣는 한편, 마르크주의에 흥미를 기울이기 시작하고 각종 사회활동과 학생운동에도 적극적으로 참여함.

1930년(21세)   두통(잠복성 부비강염)의 첫 발작. 졸업논문《데카르트에서의 과학과 지각》.

1931년(22세) 7월, 중고등학교 교수자격시험에 합격하여, 가을부터 오토 루아르 주 르퓌 시의 여자중고등학교 철학교사로 부임. 생테티엔 광부들의 조합활동을 지원하고, 노동자학교에 협조함. 르퓌 실업자들의 진정과 청원운동에 가담하여 체포된 적도 있음. 조합신문과 전위적인 잡지에 시사논문을 끊임없이 발표함.

1932년(23세) 여름에 독일 여행. 나치스가 마침내 독일의 지배권을 장악하려는 현상에 우려를 표명하고, 스탈린의 소비에트 관료체제를 비판하는 논고를 잇따라 공표함. 그해 가을 교육위원회의 간섭으로 욘 주의 오세르 중고등학교에 배치됨. CGTU(통일노동총동맹)에 가입.

1933년(24세) 루아르 주 로안 여자중고등학교에 전임됨. 다시 생테티엔의 노동자와 접촉하면서 과격한 활동을 되풀이함. 잡지 〈프롤레타리아 혁명〉에 사회주의를 비판한 논문 〈전망〉〈자유와 사회적 억압의 원인에 대한 고찰〉을 발표하고. 파리에서 트로츠키와 회견함.

1934년(25세) 1년 동안 휴가를 얻어, 12월 4일 알스톰 전기회사에 여공으로 입사.《공장일기》를 쓰기 시작함.

1935년(26세) 4월, 알스톰을 떠나 바스 안도르 철공소의 카르노 공장에서 일하다가, 5월에 해고되어 6월부터 르노의 공장에 들어감. 7월 31일 그곳을 나옴. 여름휴가 때 포르투갈로 여행하여, 어촌에서 하룻밤 묵으면서 그리스도교는 노예의 종교라는 계시를 받음. 가을에 셰르 주 부르주 중고등학교에 부임. 로지에르 주철공장의 지배인 막달레나와 알게 됨. 잡지 〈우리의 동료〉에 그리스 비극의 해설을 기고함.

1936년(27세) 인민전선 내각성립. 르노의 공장에서 노동자들 격려. 7월, 에스파냐 시민전쟁 발발. 8월 초, 바르셀로나에 가서 아나키스트계 조합 D.N.T 휘하의 두르티 부대에 배속되어 아라곤 전선에 출진함.《에스파냐 일기》. 8월 17일, 취사 중에 끓는 기름이 다리에 쏟아져 부상, 시트헤스의 병원에 들어감. 입원 중 내란에 휩싸인 에스파냐에서 전개되었던 비인간적인 사건들을 보고 들으며, 전쟁의 잔학함과 집단의 악에 눈뜨고, 2년 뒤 《베르나노스에게 보내는 편지》에 자신의 체험을 써 보냄. 12월, 병 때문에 1년 휴가를 신청함.

1937년(28세) 병이 악화되어 괴로워함. 유럽의 사태가 급박해지자 각지에 시사
문제를 논한 기사를 잇따라 기고하면서 평화유지를 위해 마음을
태우지만, 점차 외부의 사회적 활동에서 몸을 빼고 내면을 깊이
돌아보게 됨. 잡지 〈새 수첩〉의 그룹과 교류함. 여름에 이탈리아
여행, 성 프란체스코의 도시 아시시의 예배당에서 '태어나서 처음
으로 무릎을 꿇음.' 가을에 엔 주 생캉탱 중고등학교 교사에 임명
되지만, 병 때문에 다시 휴직.

1938년(29세) 봄의 고난주에 솔렘 수도원에 머묾. 모든 수행에 참여하는 동안
'그리스도의 수난' 사상을 배움. 한 영국인 학생을 통해 영국의 형
이상파 시인들의 작품(특히 조지 허버트)을 접하고, 자주 음송함.
격렬한 두통 가운데 그리스도의 수난에 대한 계시를 받음. '시'에
대한 관심이 다시 불타올라 형이상학적 작품 몇 편을 씀.

1939년(30세) 여름, 휴직 연장신청. 부모와 함께 제네바에 체재. 9월, 제2차 세계
대전이 일어나 파리로 돌아옴. 《히틀러주의의 기원》에 대한 고찰
을 잡지에 발표. 《일리아스》, 《바가바드기타》 등을 읽기 시작함.

1940년(31세) 6월, 파리 함락. 가족과 함께 프랑스 남부로 피난. 페탱의 임시정
부가 있었던 비시에 두 달 동안 머물면서 희곡 〈구원받은 베네치
아〉(미완성)의 집필을 시작함. 10월, 마르세유로 옮겨 지중해 해안
의 카탈랑 거리에서 지냄. '카이에 뒤 쉬드'의 그룹과 가까워져서,
이 잡지에 《일리아스》에 대해, 또 프랑스 남부 문명의 본질에 대한
논고를 발표함. 카타리파(派)를 연구하기 시작하여, 지중해 문명의
역사에 대해 날카로운 통찰을 시도함.

1941년(32세) 3월 J.O.C(그리스도교 청년노동자연맹)의 집회에 참석하여 커다란
감동을 느낌. 6월, 난민구제사업에 종사하던 조제프 마리 페랭 신
부와 알게 되어 깊은 영적 감화를 받음. 시인 르네 도말 부처와 교
제함. 8월, 페랭 신부의 소개로 아르데슈 지방 생마르셀의 철학자
귀스타브 티봉을 찾아가 농장일을 도우면서, 함께 기도하고 책을
읽고 토론함. 이웃 마을의 포도밭에서 고된 포도따기 작업에 종사
함. 10월에 마르세유로 돌아옴.

1942년(33세) 부활절에 카르카손으로 여행, 앙카르카의 수도원을 방문하고, 시

인 조 부스케를 찾아가 하룻밤 애기를 나눔. 5월, 독일군의 프랑스 전역 점령을 앞두고, 부모와 함께 미국으로 망명하기 위해 마르세유를 출발, 도중에 카사블랑카에 3주일 동안 머문 뒤, 6월 말에 뉴욕에 도착. 출발하기 직전에 페랭 신부에게 편지로, 세례거부에 대한 변명과 영적(靈的) 자서전 등을 써 보내고,《신을 기다리며》에 수록된 소논문을 맡김. 또 티봉에게 몇 권의 노트를 맡김. 뉴욕에서도 곧 다시 프랑스로 건너갈 기회를 모색하면서, 친구 모리스 쉬망의 도움으로 런던의 자유프랑스정부에서 일하게 되어, 11월 영국으로 향함. 교회의 수용소에서 약 한 달 동안 지낸 뒤, 런던 시내의 하숙집에 들어감.

1943년(34세) 1월, 노팅힐 지구 프랜시스 부인의 집에 머물면서 자유프랑스정부에서 일하는 한편, 나중에 《런던 논집》에 수록된 논고들,《초자연적 인식》속의 런던 노트 등을 밤새워 집필함. 저항운동에 참여하기 위해 점령하의 프랑스 잠입을 희망했지만 이루지 못하고, 사명감에 시달리며 괴로워함. 대전 뒤의 프랑스의 지향해야 할 모습을 추구한 역작 《뿌리를 갖는 일》을 완성. 전시하의 궁핍한 동포들의 생활을 생각하여 거의 식사를 하지 않아 점점 쇠약해짐. 4월 15일, 폐결핵이 악화되어 하숙방에서 의식을 잃고 병원에 실려 감. 8월, 켄트 주 애쉬포드의 요양소로 옮겨짐. 의사의 간절한 설득에도 불구하고 음식을 거부하여 기아와 같은 상태에 빠진 채 8월 24일 세상을 떠나다.

1945년 베유 최초의 유작 《일리아스 : 힘의 시 The Iliad : or, The Poem of Force 》출간.

1947년 《중력과 은총》 출간. 중력에 의해 쓰러져 있던 만물이 신의 은총으로 일어나게 된다고 주장.

1949년 공장에서 겪은 일을 다룬 《뿌리를 갖는 일》출간.

1950년 베유의 정신적 자서전 《신을 기다리며》 출간.

1956년 《비망록》 2권 출간.

1957년 《고대 그리스인들에게 나타난 그리스도교의 징후》 출간.

1959년 《철학강의》 출간.

이희영(李希榮)

성균관대학교 국사학과 졸업. 성균관대학교 대학원 사학과 졸업. 파리사회과학고등연구원
EHESS 역사인류학 박사과정 수학. 지은책 「솔로몬 탈무드」 「바빌론 탈무드」 「카발라 탈무드」 「지적여성생활방법」 「여성의 품격」 「여성의 지성」, 옮긴책 베르그송 「웃음」 「창조적 진화」
「도덕과 종교의 두 원천」 아미엘 「아미엘 일기」 시몬느 드 보부아르 「제2의 성」 등이 있다.

세계사상전집093
Simone Adolphine Weil
LA PESANTEUR ET LA GRÂCE
LEÇONS DE PHILOSOPHIE/ATTENTE DE DIEU
중력과 은총/철학강의/신을 기다리며
시몬 베유/이희영 옮김
동서문화창업60주년특별출판
1판 1쇄 발행/2017. 1. 20
1판 2쇄 발행/2021. 7. 1
발행인 고정일
발행처 동서문화사
창업 1956. 12. 12. 등록 16-3799
서울 중구 마른내로 144(쌍림동)
☎ 546-0331~6 Fax. 545-0331
www.dongsuhbook.com

*

이 책은 출판권은 동서문화사가 소유합니다.
의장권 제호권 편집권은 저작권 법에 의해 보호를 받는 출판물이므로
무단전재와 무단복제를 금합니다.
사업자등록번호 211-87-75330
ISBN 978-89-497-1608-4 04080
ISBN 978-89-497-1514-8 (세트)